L'ALTRA MEDICINA/111

La collana 'L'altra medicina' propone una serie di testi sulle diverse vie per realizzare, mantenere o recuperare la salute. Orientate sulla nozione di benessere (piuttosto che su quella di malattia), di equilibrio unitario fisico e mentale, queste discipline sono spesso tenute ai margini, se non ostacolate o ignorate, dalla medicina accademica dominante.

La collana presenta, volume dopo volume, un'informazione chiara, accessibile, concreta su diversi aspetti della moderna visione di un'ecologia del corpo.
Ognuno dei testi che qui viene proposto è il risultato di una scelta svolta, al livello internazionale, tra tutto ciò che di meglio viene elaborato nell'ambito di ciascun soggetto; ciò nonostante, la forma di presentazione e il linguaggio sono curati in modo tale che l'argomento risulti accessibile e praticabile non solo da parte degli specialisti, ma di ciascun lettore che semplicemente sia interessato, per ragioni di conoscenza o motivi personali, alla prospettiva di un reale ampliamento dell'arte di guarire ed essere sani.

L'editore sarà lieto se queste 'proposte' susciteranno dibattiti, interventi, richieste di ulteriori ampliamenti o approfondimenti. Sarà inoltre lieto di dare notizie delle nuove pubblicazioni a chiunque semplicemente invii il proprio nome, cognome, indirizzo a:
red edizioni, via Volta 43, 22100 Como, telefono 031/279146.

Claude ed Emmanuelle Aubert

il grande manuale della CUCINA NATURALE

Teoria e pratica di un'alimentazione sana, completa e appetitosa.

red edizioni

IL GRANDE MANUALE DELLA CUCINA NATURALE

Direzione editoriale
Maurizio Rosenberg Colorni

Autori
Claude Aubert
Emmanuelle Aubert

Adattamento ed elaborazione dei testi
Elena Speciani

Consulenza ai testi
Gudrun Dalla Via
Tiziana Valpiana

Coordinamento redazionale
Giovanna Galeazzi

Progetto grafico
Paolo Giomo

Disegni
Jana Costa (MIA, Milano)
Marcella Grassi

Fotografie
Hans Joachim Döbbelin
Jordi García

Traduzione
Elena Speciani

Redazione
Katia Galeazzi

Coordinamento tecnico
Paolo Giomo

Videoimpaginazione
Carmine Cassella

Hanno collaborato inoltre per i disegni Angela Giaccardi e Lidia Bianchi. Le fotografie della copertina e delle pagine 8, 122, 126, 198, 236, 270, 356, 392, 408 sono di Hans Joachim Döbbelin. Le fotografie delle pagine 20, 24, 28, 32, 36, 40, 44, 48, 53, 56, 60 e 64 sono di Jordi García.

Finito di stampare nel mese di settembre 1992 da Cipiemme, Mariano Comense (Como)
L'altra medicina periodico mensile, numero 111/1992; registrato con il numero 8/78 presso il Tribunale di Como; direttore responsabile Maurizio Rosenberg Colorni ISSN 0391-0822

I edizione 1992

Gli autori

Claude Aubert, ingegnere agronomo, uno dei primi e massimi esperti in Europa di agricoltura biologica, da tempo si occupa scientificamente e professionalmente delle molteplici discipline che riguardano l'alimentazione. Dalla produzione dei cibi al consumo, il suo approccio al tema è complessivo e puntuale: i metodi di coltivazione, i sistemi di conservazione, preparazione e cottura degli alimenti, l'analisi dei loro principi nutritivi, la psicologia e la cultura dell'alimentazione.
C. Aubert è stato segretario generale dell'associazione Nature et Progrès e membro del comitato direttivo dell'IFOAM (International Federation of Organic Agriculture Movement).
Attualmente è condirettore della rivista di giardinaggio biologico 'Les quatre saisons du jardinage' e collabora, come autore di articoli e come consulente, a numerose riviste in tutta Europa.
Ha pubblicato i seguenti libri:
Curare la terra per guarire gli uomini red edizioni, Como (esaurito)
L'agriculture biologique Le Courrier du Livre, Paris
Un altro piatto Mondadori, Milano
Onze questions-clés sur l'agriculture, l'alimentation, la santé, le Tiers-Monde Terre Vivante, Paris
L'assiette aux céréales Terre Vivante, Paris
La fermentazione tradizionale MEB, Padova
Dimmi come cucini ti dirò come stai red edizioni, Como
Fabuleuses légumineuses Terre Vivante, Paris.

Emmanuelle Aubert, moglie di Claude Aubert, organizza e conduce corsi, seguitissimi e apprezzati, di cucina e terapie naturali tramite l'alimentazione. Ha pubblicato:
Les 9 grains d'or dans la cuisine Le Courrier du Livre, Parigi.

Claude ed Emmanuelle Aubert vivono in Francia, ma passano lunghi periodi dell'anno nella campagna toscana vicino a Firenze, dove hanno pensato e scritto questo libro. E dove, da qualche anno, soprattutto nel periodo estivo, Emmanuelle ha iniziato a tenere i suoi corsi di alimentazione e terapie naturali.

Se qualcuno volesse approfondire gli argomenti che tratta *Il grande manuale della cucina naturale* o avere ulteriori chiarimenti, può rivolgersi a Claude ed Emmanuelle Aubert, via Casaglia 38, 50041 Calenzano (Firenze).

LA CUCINA NATURALE: QUALE, COME, PERCHÉ

Nella prima parte di questo libro, 'La cucina naturale: quale, come, perché' troviamo tutte le informazioni necessarie per riconoscere il tipo di alimentazione più adatta alle nostre esigenze, per reperire i cibi 'giusti' (e pulirli, conservarli e cuocerli nel migliore dei modi), per imparare a combinare fra loro gli alimenti e comporre ogni giorno pasti gustosi e salutari.

Nei primi capitoli passiamo in rassegna le diverse 'scuole' e le diverse tradizioni alimentari. È un sollievo scoprire, attraverso questo viaggio nello spazio e nel tempo, come le 'regole' di una cucina veramente naturale siano poche, e molto meno rigide di quanto si possa pensare...

Nel capitolo 'L'identikit degli alimenti naturali' troviamo, uno per uno, tutti gli ingredienti delle ricette della seconda parte del libro, con il loro valore nutrizionale, le indicazioni, le eventuali controindicazioni.

Nel capitolo 'Dieta? No, grazie' impariamo a districarci nel ginepraio dei mille regimi alimentari che ci vengono quotidianamente proposti, alla scoperta di quelli consigliabili e di quelli, invece, da evitare perché troppo rigidi o squilibrati.

Ma come (e dove) fare la spesa? Come conservare gli alimenti? Come prepararli? Come cucinarli? Come combinarli fra loro nella maniera più corretta e salutare? Negli ultimi tre capitoli di questa prima parte troviamo tutti i consigli per nutrirci nel modo più naturale e 'pulito' possibile.

LA CUCINA NATURALE IN PRATICA

Nella parte centrale di questo libro, 'La cucina naturale in pratica', sono presentate più di quattrocento ricette, tratte dalla cucina mediterranea e dalle tradizioni alimentari più celebri e più buone del mondo, che ci danno infiniti suggerimenti originali per mangiar sano in modo piacevole. Troviamo anche, all'inizio di ogni capitolo, le preparazioni di base e numerosissimi consigli sugli ingredienti, noti e meno noti, della cucina naturale.

Questa parte del manuale è suddivisa in sette capitoli, che possiamo riconoscere subito, anche a libro chiuso, grazie alle 'tacche colore' sul bordo delle pagine. Le ricette sono state raggruppate in base al gruppo di 'alimenti principali': cereali, leguminose, proteine animali, verdure. I gruppi di alimenti, a loro volta, sono stati suddivisi in 'ingredienti principali' (per esempio, nel caso dei cereali, in avena, farro, grano, eccetera). Dolci, spuntini, salse, conserve e bevande sono radunati in capitoli appositi.
Ogni capitolo contiene indicazioni sugli ingredienti e sulle preparazioni di base. Seguono le ricette, presentate in ordine alfabetico (così come in ordine alfabetico è l'ordine degli ingredienti principali in ogni capitolo).

Possiamo trovare molto facilmente le ricette anche utilizzando la 'Tabella indice', la grande tabella colorata che si trova nella terza parte del libro.
La 'Tabella indice' ci dà la possibilità di ritrovare rapidamente, in base ad alcune caratteristiche che ci interessano (per esempio la stagionalità, la rapidità di preparazione, se il piatto è vegetariano o vegetaliano, eccetera) la ricetta che ci serve.

TABELLE DI CONSULTAZIONE

Oltre alla 'Tabella indice', troviamo in questa parte il 'Glossario dei termini di cucina naturale', la 'Tabella degli additivi alimentari', che ci può aiutare nella lettura delle etichette e la 'Bibliografia' con consigli per approfondire i temi che tratta questo manuale.

LA CUCINA NATURALE: QUALE, COME, PERCHÉ

Panini speziati indiani
(vedi *la ricetta a pagina 158*)

Un appuntamento quotidiano

Mangiare è l'appuntamento quotidiano che abbiamo con la nostra sopravvivenza, con la nostra voglia di stare al mondo.

Ogni volta che mangiamo (e ancora di più, ogni volta che prepariamo da mangiare per noi stessi e per le persone che ci sono care), compiamo un atto d'amore: verso di noi, verso i nostri commensali, verso la terra che ci dà i suoi frutti, verso la storia (che spesso è una storia millenaria), che ci ha insegnato a utilizzare quel cibo, a creare quella ricetta, a percepire quel particolare sapore.

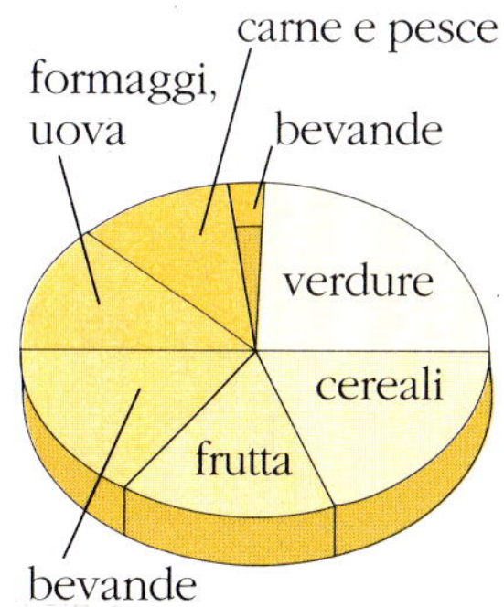

I consumi alimentari in Italia
Le statistiche dicono che ogni italiano, in media, consuma in un anno oltre 850 kg fra alimenti e bevande. Fra i diversi generi alimentari, la quota principale dei consumi è quella destinata ai prodotti di origine vegetale (e qui il grano ha il ruolo preminente, cosa che ci differenzia dagli altri paesi europei). Fra i prodotti di origine animale, il latte è molto importante, seguito dai formaggi e dai latticini. Purtroppo l'apporto di pesce alla dieta dell'italiano è ancora molto modesto, nonostante lo sviluppo costiero della penisola e soprattutto l'alta qualità delle carni del pesce, ricche di proteine 'nobili' e di preziosi acidi grassi polinsaturi. Vediamo nello schema il rapporto esistente fra i diversi consumi alimentari in Italia.

Che cosa si mangia, oggi?

È sempre più difficile, oggi, dire che cosa mangiamo.

Mangiamo seguendo le offerte speciali del supermercato, la simpatia di un nome scelto bene, di un pacchetto colorato, di una canzoncina o di un premio fedeltà.

Mangiamo quello che ci impone la moda, o digiuniamo secondo la dieta di moda.

Comperiamo i cibi che troviamo nei negozi senza sapere sempre che cosa contengono, quale effetto hanno sul nostro organismo, e senza neppure sapere se ci piacciono veramente. (In molte case di città si cucinano soprattutto le ricette stampate sulle confezioni della pasta, dei surgelati, dei sughi pronti, con qualche ricordo delle ricette della mamma e qualche idea presa nelle riviste femminili...)

Mangiare in questo modo tiene in vita. Ma c'entra poco col cibo vero, col vero piacere di nutrirsi... proprio come una novelletta rosa (o una videocassetta 'a luci rosse') c'entra poco con il vero amore...

Il grande mercato dell'alimentazione

La verità (quella vera) è che non mangiamo più secondo le nostre esigenze e il nostro piacere, ma secondo le esigenze del mercato dell'alimentazione: un mercato che oggi è vastissimo, enormemente complesso, e agisce su scala planetaria in base alla sua logica e ai suoi obiettivi. Non dimentichiamo che la carne dei fast food arriva dalle foreste amazzoniche, la frutta dal Medio Oriente, il pesce dall'altro capo del mondo...

Se gli allevatori scoprono che allevare animali rende di più che coltivare grano, i consumatori vengono immediatamente informati che una dieta a base di proteine rende forti e snelli, mentre la pastasciutta fa ingrassare.

Se la CEE produce latticini in eccesso (laghi di latte, montagne di

Carne e pesce

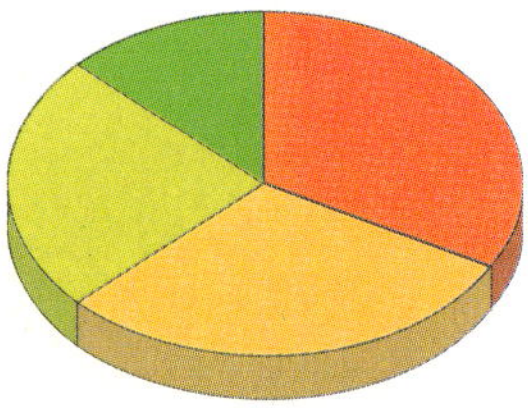

Latte, formaggi, uova

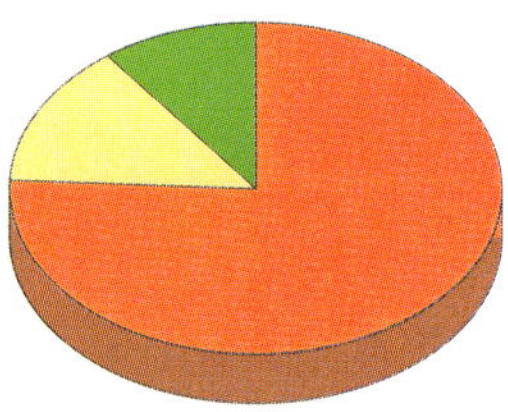

Negli schemi di questa pagina (e della pagina a fronte) vediamo il rapporto esistente fra i diversi consumi degli italiani in uno stesso gruppo di alimenti (carne e pesce; latte, formaggi e uova; prodotti di origine vegetale; condimenti; bevande).

burro nei magazzini), viene studiata una campagna pubblicitaria internazionale su larga scala per convincere le famiglie a consumarne di più.

I consumi di zucchero diminuiscono, ed ecco che parte una campagna d'opinione per ricordare che 'il cervello ha bisogno di zucchero'.

Bugie? Non sempre, e non tutte. Il problema sta altrove: lo scopo, anche legittimo, dell'industria alimentare è quello di realizzare profitti (non quello certamente di aiutare le persone a mangiare correttamente).

E il sapore? E la freschezza?

Quando l'industria alimentare diventa un affare planetario, elementi come il sapore o la freschezza di un cibo diventano un impiccio. Un sapore 'naturale' non è mai esattamente identico, cambia, si evolve, può piacere ai giapponesi delle grandi città ma non ai contadini pugliesi o ai ragazzini americani. Una cosa viva (come un germe, un fermento, una vitamina) è delicata, non sopporta gli sbalzi di temperatura, richiede cure e costi.

Molto più conveniente, per l'industria, lavorare su alimenti il più possibile 'morti' (cioè raffinati, sterilizzati, ridotti ai minimi termini, stabilizzati). Quanto al sapore vero, che è incontrollabile e troppo personalizzato, meglio eliminarlo e sostituirlo (in laboratorio) col sapore immutabile del sale, dello zucchero, degli aromi sintetici. E per convincere la gente a comperare si useranno i regalini, i concorsi a premio, i personaggi, le canzoncine della pubblicità: qualcosa, insomma, che non c'entra niente col cibo.

Il nostro modo di mangiare, oggi, riflette esattamente questa situazione.

- Mangiamo cose senza più sapore, o con sapori volutamente 'forzati' e artificiali. Così mangiamo senza vero interesse, senza gustare, senza masticare, ed evitando accuratamente di chiederci 'che cosa c'è dentro'.
- Le calorie di cattiva qualità (grassi, zuccheri, proteine di scarto) sono stabili e costano poco. Gli elementi vitali (vitamine, enzimi, aminoacidi, fermenti) costano molto e sono delicati da maneggiare. Così, mangiando quel che conviene all'industria, riusciamo contemporaneamente a ingrassare (troppe calorie) e ad essere sempre affamati (di nutrienti vitali).
- Siamo disorientati. Per scegliere il cibo che va bene per noi non possiamo più fidarci del nostro appetito, né del nostro gusto. Sappiamo solo che qualcosa non va. Ci rivolgiamo quindi ansiosamente ai medici, ai dietisti, agli specialisti dei mass media, a chiunque. Ma un punto di riferimento 'nostro', per sapere che cosa ci fa bene e che cosa ci fa male, non l'abbiamo più. Per di più, oltre a sentirci a disagio, adesso ci sentiamo anche in colpa...
- Soprattutto, siamo stufi. Giornali, riviste, libri, TV continuano a parla-

re di cibo: i grassi, il colesterolo, le combinazioni alimentari, la fibra, l'additivo, la dieta. Quello che viene detto oggi viene smentito domani. Tutto è spesso troppo complicato, troppo confuso. Viene voglia di lasciar perdere, di mangiare come capita, tanto è lo stesso...

La cosa strana è che, oggi, è più facile mangiar male nelle famiglie più preparate, attente, che si informano e cercano di nutrirsi nel modo migliore, piuttosto che nelle famiglie semplici e di basso reddito. Chi ancora una generazione fa mangiava i polli e le verdure di casa, e ha ancora qualche parente in campagna, non ha dimenticato il sapore del cibo vero. Le donne sanno distinguere i sapori diversi di una cipolla bianca, rossa, dorata, e quale va bene per un risotto, un sugo, una zuppa di verdura. Forse qualcuna preferirebbe aprire una scatola di sugo pronto, ma gli uomini (dopo decenni di sapori 'giusti') hanno il gusto raffinato e protestano al primo sentore di conservante, al primo colorante artificiale.

Perché questo libro?

Questo libro è per 'gli altri': le famiglie normali, attente, ben informate, che in qualche punto, vicino o lontano, della loro storia hanno perso il contatto col cibo vero, così come in molte famiglie si è perso il contatto con la propria lingua o il proprio dialetto originale.

Lo scopo di questo libro non è quello di 'mettervi a dieta', o farvi perdere chili, o guarirvi da ogni male. È quello di aiutare ciascuno 'a ritrovare i punti di riferimento perduti', per orientarsi nell'infinito caos alimentare del nostro tempo e recuperare il piacere, e il benessere, di un mangiare sensato.

Il nostro filo conduttore è la tradizione alimentare dei paesi di tutto il mondo. Riesaminata, certo, alla luce di tutto quello che la dietetica e la scienza hanno scoperto di nuovo, ma anche ascoltata con rispetto e fiducia, perché ha garantito la vita dei nostri antenati mille anni prima che si cominciasse a parlare di germi, vitamine, diastasi e colesterolo.

Mangiare bene non è solo questione di salute, di bellezza, di una vita più lunga e divertente, di soldi risparmiati, di ambiente naturale più protetto. Prima, e oltre tutto questo, è una questione di rispetto per se stessi.

Come vedremo lungo il corso di questo libro (sia nella parte 'teorica', sia in quella 'pratica'), mangiare bene non è poi così difficile. Vogliamo provare?

Prodotti di origine vegetale

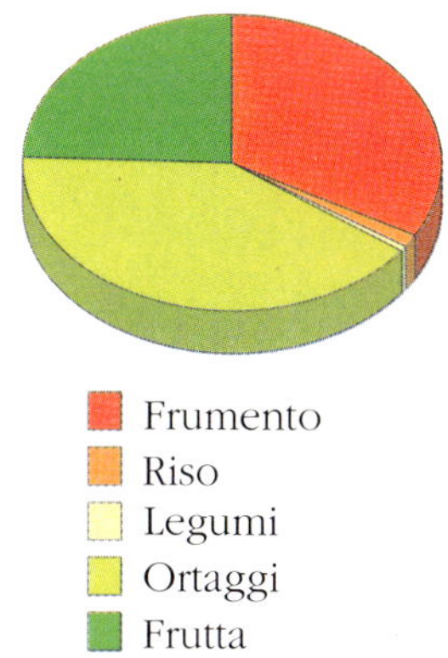

Condimenti

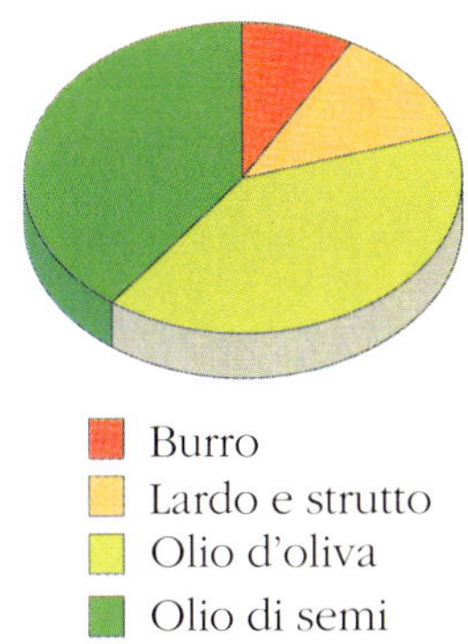

Bevande

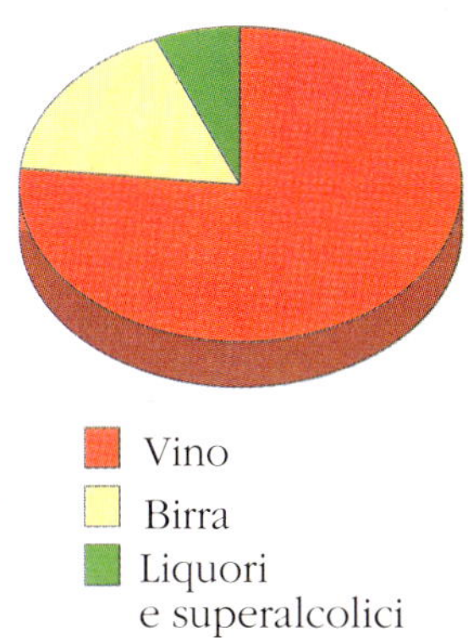

Le mille e una scuola dell'alimentazione sana

Qualsiasi cosa ne pensino i suoi detrattori, la dietetica è una scienza. Non solo una scienza seria, con un metodo sperimentato, strumenti sofisticati e ricercatori di tutto rispetto, ma una scienza importante. Infatti la ricerca legata all'alimentazione è strettamente connessa, nel bene e nel male, all'industria alimentare globale, cioè a un settore economico infinitamente ricco e complesso. Quando la dietetica, la scienza che studia come mangiare per restare in buona salute, dice che un certo prodotto 'fa bene' o 'fa male', le conseguenze sul mercato internazionale possono essere immense: fabbriche che si chiudono o che si aprono, valori di borsa che salgono o scendono, disoccupazione o ricchezza per allevatori, commercianti, trasportatori, agenzie di pubblicità...

La ricerca alimentare ufficiale non può sicuramente permettersi falsi allarmi, dati imprecisi o affermazioni incontrollate. Non è quindi il caso di sottovalutare i suoi risultati, o di considerarli, per principio, 'di parte'.

Ricordiamo in poche parole che cosa ci insegna la dietetica ufficiale. Tutti gli organismi animali e vegetali sono sostanzialmente costituiti da quattro elementi semplici (carbonio, ossigeno, idrogeno, azoto) e si suddividono in tre grandissimi gruppi:

- le proteine;
- i carboidrati (o zuccheri);
- i grassi.

Per restare in buona salute il nostro corpo ha bisogno di energia (che gli viene fornita dagli zuccheri o dai grassi e, nelle situazioni di emergenza, dalle proteine) e di costituenti proteici (gli aminoacidi) per far fronte alla quota di logorio, cioè a quella parte di proteine cellulari che continuamente si distrugge e va ricostruita. Alcuni aminoacidi non possono essere sintetizzati dall'organismo, cioè fabbricati con elementi più semplici: sono gli aminoacidi cosiddetti essenziali, che devono essere presenti come tali nel cibo che mangiamo.

Inoltre l'organismo ha bisogno di ricevere in opportuna proporzione altri elementi (come acqua, sali minerali, vitamine, oligoelementi, fibre, eccetera) che non contengono calorie né elementi plastici ma sono essenziali per la trasformazione dell'energia e la regolazione del metabolismo.

La dietetica, una scienza (in)esatta
La dietetica classica ha stabilito la quantità e la proporzione ottimale di tutti i nutrienti per le diverse categorie della popolazione: a seconda del sesso, dell'età, del rapporto fra peso e altezza, delle esigenze particolari come la gravidanza o l'allattamento, e del tipo di vita. Sembra tutto molto coerente e perfettamente 'scientifico'... ma le cose non sono così semplici.

La scienza dell'alimentazione sa molte cose... ma non sa ancora tutto

Come tutte le scienze autentiche, anche la dietetica progredisce lentamente, per tentativi ed errori.

Si è cominciato a parlare delle prime vitamine solo all'inizio del secolo.

Ancora negli anni Cinquanta i nutrizionisti pensavano che le fibre, essendo indigeribili, ingombravano inutilmente l'intestino: meglio eliminarle.

In medicina, perfino un farmaco apparentemente semplice come l'aspirina viene studiato da interi decenni e ancora la scienza non ha finito di scoprire come funziona. E la nutrizione è un fenomeno molto più complesso dell'azione di un farmaco; niente di strano che in fatto di alimentazione le cose che si sanno siano infinitamente meno di quelle che non si sanno ancora.

Le vitalie
Per valutare correttamente il valore nutrizionale di qualsiasi alimento bisogna partire non solo dalle sue componenti chimiche, ma anche dalla sua vitalità. I 'fattori vitali' (o 'vitalie': il concetto è del nutrizionista Luciano Pecchiai), pur non essendo ancora del tutto chiariti nella loro composizione chimica, appaiono già molto importanti per la nostra salute. Mangiare cose viventi significa nutrirsi di cibi freschi e crudi, che non abbiano subito alcuna alterazione, né per mezzo della cottura né attraverso un qualsiasi processo di trasformazione.

La scienza funziona in laboratorio, ma la nutrizione riguarda le persone vere e i cibi reali

In laboratorio una proteina è sempre una proteina, da qualunque parte provenga. Ma per lo stomaco (e per chi sta mangiando) può esserci una differenza nutrizionale enorme fra una tazza di fagioli, la coscia del tacchino di Natale, un vassoio di ostriche in una cenetta fra innamorati, o il robusto panino con tonno che un adolescente si mangia dopo una partita di calcio.

Lo zucchero di una mela non è la stessa cosa dello zucchero di una banana, anche quando la quantità (teorica) è la stessa.

La dietetica dovrebbe sempre ricordare che è fatta di astrazioni, mentre le persone e i cibi sono esseri viventi. E la vita è sempre qualcosa di diverso dalla somma dei suoi componenti.

In pratica

I dati scientifici che riguardano il fabbisogno dei nutrienti di base sono un punto di riferimento che permette di evitare errori dietetici grossolani. Ma non ci dicono tutto. E soprattutto non hanno risolto i nostri problemi nutrizionali.

È perfettamente vero, infatti, che, nonostante le indicazioni della scienza dietologica, la maggior parte della gente mangia male, ha molti disturbi legati all'alimentazione, è troppo grassa o presenta disturbi da carenza (o entrambe le cose) e in generale non è contenta di come mangia.

Oggi le librerie sono stracolme di libri sul nutrimento 'alternativo', ma la ricerca di un'alimentazione diversa e migliore non è una moda di oggi. Molti grandi uomini dei tempi moderni, da Leonardo a san Francesco d'Assisi, da Galileo a Maria Montessori, da Lev Tolstoj a George Bernard Shaw, erano vegetariani. Molti regimi alternativi, come quelli che si richiamano a Rudolf Steiner, all'abate Kneipp, alla digiunoterapia, hanno alle spalle quasi un secolo di tradizione. Yukikazu Sakurazawa, che in Europa assunse il nome di George Ohsawa, cominciò a diffondere in Occidente la macrobiotica già poco dopo gli anni Sessanta.

Le alternative: chi ha ragione?

Esistono, letteralmente, migliaia e migliaia di libri sull'alimentazione 'sana', ed è estremamente difficile trovarne due che vadano d'accordo. Ci sono le diete a base di frutta e quelle che puntano sui cereali. C'è chi considera la carne la radice di ogni male e chi punta il dito sullo zucchero, o sui latticini. Ci sono i partigiani dei cibi crudi e quelli che consigliano di mangiare soprattutto cibi cotti. Ci sono le diete che lavorano sulle combinazioni fra gli alimenti, quelle che prescrivono certi sistemi di cottura, eccetera.

Una scelta difficile

Oggi, chi cerca una proposta di alimentazione più naturale e benefica di quella corrente ha molto più che l'imbarazzo della scelta. La maggior parte delle scuole alternative è a tendenza vegetariana, ma con criteri spesso contraddittori: alcuni basano il loro regime sulla frutta, altri sui cereali, sugli alimenti fermentati, sui cibi crudi, e così via.

Comunque, da chi prescrive di mangiare 300 grammi di carne al giorno ai sostenitori del vegetarianesimo integrale, nell'universo dell'alimentazione alternativa possiamo trovare tutte le vie di mezzo. Ce n'è per tutti i gusti, certo, ma per quanto le persone siano dotate di facoltà di adattamento, è difficile credere che tutti questi regimi siano validi.

Come dobbiamo considerarci: carnivori, onnivori, lattovegetariani, fruttariani, vegetariani rigorosi, cerealisti macrobiotici, o un po' di tutto questo insieme?

È sempre bene diffidare un pochino delle teorie elaborate partendo, per esempio, dalla forma dei nostri denti, dalla lunghezza del nostro intestino, o dalle nostre origini scimmiesche. In questo tipo di logica è facile dimenticare:

- che l'uomo non è esattamente un animale come gli altri;
- che, in materia di scienza, come diceva il premio Nobel francese Alexis Carrel (chirurgo e fisiologo): «un po' di teoria e molta osservazione valgono più del contrario».

Quello che funziona davvero: la tradizione

La dietetica moderna ha meno di un secolo, ma il genere umano è apparso sulla terra circa un milione di anni fa, e ha saputo nutrirsi e sopravvivere (in condizioni più difficili delle attuali) senza degenerarsi.

Prima dell'agricoltura l'uomo si nutriva dei prodotti della caccia e degli alimenti spontanei (bacche, frutti, radici, foglie, piccoli animali, insetti, come fanno tuttora alcune popolazioni preistoriche sopravvissute, i cosiddetti 'fossili antropologici'). Soprattutto della caccia, dicono i carnivori; soprattutto della raccolta, dicono i vegetariani. Probabilmente di entrambe, secondo il clima e le condizioni locali.

Vegetariani e vegetaliani
I regimi vegetariani escludono carne e pesce, ma ammettono i latticini e le uova. Esistono numerose varianti, a seconda dello spazio destinato alla frutta, alle verdure, ai cereali e ai sottoprodotti animali. I regimi vegetariani (vegetaliani) di stretta osservanza escludono tutti i prodotti di origine animale, compresi latte, formaggi, uova, miele. Quando sono ben calibrati possono fornire all'organismo tutti gli elementi essenziali.

La millenaria storia del cibo

Una decina di migliaia di anni fa l'umanità diventò sedentaria e cominciò a praticare l'agricoltura. I Sumeri, che hanno edificato la prima grande civiltà conosciuta (5000 anni avanti Cristo), coltivavano già il grano, l'orzo, il miglio, le lenticchie, i ceci, le cipolle, l'aglio e, senza dubbio, molte altre verdure. Consumavano frutta (datteri, fichi, melograni), carne e pesce. Bevevano vino, birra, latte di capra e di pecora.

Ecco perché, nel corso dei millenni, numerose popolazioni hanno potuto vivere in buona salute e trasmettere di generazione in generazione il loro patrimonio genetico intatto, con un'alimentazione che comprendeva fino al novanta per cento di cereali e legumi. Va anche osservato che, mentre altre piante sono più produttive o più facili da coltivare (per esempio i tuberi come la patata, la manioca, l'igname), tutti i popoli della terra, o almeno tutti i popoli che hanno creato le grandi civiltà, hanno preferito coltivare i cereali e i legumi. A questa base si aggiungevano alcuni complementi: altri vegetali (tuberi, frutta, verdura, alghe) e i prodotti animali, cioè carne, pesce, latticini, uova. Verdure e frutta sono conosciute e consumate universalmente da millenni, ma in quantità ben minore di cereali e legumi. Il consumo di prodotti animali è ancora più irregolare da una regione all'altra, e in una stessa regione da un individuo all'altro. Alcuni popoli sono stati praticamente vegetariani per millenni, per necessità o per convinzioni religiose, come gli Indiani.

Lo studio delle civiltà che ci hanno preceduto dimostra il ruolo fondamentale di due grandi famiglie di cibi: i cereali e i legumi. Ancora ai nostri giorni, cereali e leguminose (un'associazione alimentare niente affatto casuale) costituiscono la base dell'alimentazione nella stragrande maggioranza dei paesi poco industrializzati. Infatti, come la scienza moderna ha scoperto solo recentemente, le leguminose forniscono all'organismo gli aminoacidi essenziali che mancano ai cereali, in particolare la lisina.

Che cosa mangiano i centenari?

Ci sono popolazioni che sono diventate leggendarie, fra gli studiosi dell'alimentazione, per la longevità e la buona salute. È una mossa classica della dietetica, non solo naturale, cercare di scoprire il segreto di questi popoli 'immortali'.

Lo studio dei metodi tradizionali di alimentazione rivela l'importanza di una categoria di alimenti che troviamo ovunque, in forme estremamente diverse: gli alimenti fermentati. La fermentazione aumenta la digeribilità e il valore nutritivo del cibo, e l'uomo l'ha utilizzata in ogni civiltà, ottenendo alimenti come il pane, il vino, la birra, i formaggi, i crauti e mille altre preparazioni, dotate di caratteristiche nutrizionali particolarmente pregiate. Non è certo un caso se ovunque (fin dalle origini dell'agricoltura) l'uomo ha provato il bisogno di far fermentare innumerevoli cibi e bevande.

Tre popolazioni sono state particolarmente studiate:
- gli Hunza, che vivono a nord del Kashmir;
- gli Abkazi del Caucaso;
- i 'centenari delle Ande' della regione di Villabamba, in Ecuador.

Gli Hunza hanno un'alimentazione a base di cereali a cui si aggiungono leguminose, verdure, frutti e formaggio. La carne è molto rara. Le albicocche vengono consumate regolarmente e con abbondanza. Lorimer, che ha studiato gli Hunza nel 1934-35, ha scritto: «Le albicocche secche sono, con i cereali, il principale alimento conservato degli Hunza».

Gli Abkazi del Caucaso mangiano a ogni pasto una pappa di mais che fa le veci del nostro pane. Mangiano pochissima carne, ma consumano ogni giorno una specie di yogurt, e talvolta delle uova. Frutta e verdura hanno uno spazio importante, e così i fagioli, molto cotti e ridotti in purè. Mangiano anche diversi tipi di noci. Consumano molta uva e la tengono in grande stima. «Dall'uva nasce la vita», dicono i vecchi Abkazi. Fanno un vino leggero, che accompagna i loro pasti.

Gli abitanti della regione di Villabamba, in cui i centenari sono frequenti, mangiano grandi quantità di grani di mais, manioca, patate, fagioli, fave, formaggio, verdure, e, ogni tanto, un po' di carne.
Insomma, nessun alimento miracoloso. Ma ci sono punti in comune:
- i cereali vengono consumati quotidianamente;
- la carne viene mangiata solo occasionalmente;
- i prodotti raffinati e conservati sono sconosciuti;
- legumi, verdure e frutta sono presenti in quantità variabili;
- i derivati del latte sono consumati con regolarità.

Numerosi altri fattori, oltre all'alimentazione, possono essere alla base della straordinaria salute e longevità di questi popoli (e sarebbe interessante sapere se anche oggi, dopo i contatti con la scienza e la civiltà moderna, i loro primati tengono ancora). Ma, sicuramente, anche queste osservazioni ci danno da meditare.

In realtà non esistono alimenti 'miracolosi', né cibi 'assassini', né diete 'universali'. Il segreto di una buona alimentazione è legato infatti a tre parole chiave: misura, equilibrio e qualità.
- La misura è la costante infallibile di tutti i popoli e gli individui che vivono a lungo e stanno bene fino alla fine.
- L'equilibrio è la capacità di accostare nelle giuste proporzioni tutti i nutrienti importanti, secondo le esigenze particolari del proprio organismo e del proprio stile di vita.
- La qualità di quel che mangiamo è ciò che realmente fa la differenza fra un'alimentazione teoricamente corretta e un'alimentazione davvero benefica e naturale.

Tutti gli studi epidemiologici e numerose osservazioni sugli animali confermano che (indipendentemente da quello che si mangia) il fatto di mangiare troppo è in se stesso una delle cause principali delle malattie.

L'identikit degli alimenti naturali

Per la dietetica scientifica l'equilibrio alimentare è un problema di componenti: tanto di proteine, tanto di carboidrati, tanto di vitamine o di oligoelementi. Invece l'alimentazione naturale parte dai cibi così come sono in natura: vale a dire come 'organismi vitali e compiuti in se stessi', da considerare e conoscere nella loro complessità e nella loro ricchezza specifica.

Quando mangiamo un pezzo di pane o una minestra di riso, di solito non pensiamo che i cereali sono semi. Come l'uovo degli animali, ogni granello è un apparato vivente in grado di riprodurre esattamente l'organismo da cui è nato. E anche la struttura è simile all'uovo: un 'guscio' protettivo di cellulosa molto resistente, una scorta nutritiva di amidi, con le stesse funzioni del bianco dell'uovo, e un piccolo germe vitale.

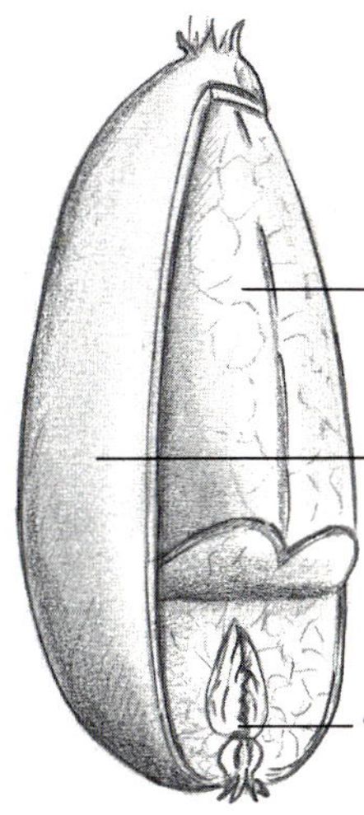

Come primo passo per un modo di nutrirci più naturale, dunque, esamineremo da vicino le grandi categorie degli alimenti, così come ce le presentano la scienza e la tradizione.

I cereali

Per diecimila anni i cereali hanno costituito la base, il piatto forte dell'alimentazione, in tutti i popoli sedentari. E infatti nessun'altra categoria di alimenti è tanto equilibrata nei suoi componenti, e tanto vicina a un apporto nutrizionale completo.

A partire dagli anni Cinquanta-Sessanta siamo stati educati a pensare che un'alimentazione a base di cereali fosse misera, monotona, pericolosamente carente di elementi essenziali. Ma i popoli che per millenni si sono nutriti di cereali, secondo il clima e la natura del suolo (riso in Estremo Oriente, mais in America, miglio e sorgo in Africa, grano e orzo nel bacino del Mediterraneo, avena, segale e farro nel nord Europa) non erano affatto malnutriti.

Il consumo quotidiano era rilevante, e circa dello stesso ordine di grandezza in tutti i paesi: 400-600 grammi al giorno per persona, fino a un chilo per chi svolgeva i lavori più pesanti. (Queste cifre si riferiscono ai cereali secchi e crudi, e non raffinati.) Oggi un europeo medio mangia 150 grammi di cereali al giorno, di cui 100 sotto forma di pane, mentre un secolo fa ne mangiava 500 grammi.

Inoltre, oggi l'industria alimentare utilizza in massima parte cereali raffinati, cioè impoveriti di una buona parte dei loro nutrienti, mentre il consumo tradizionale si riferiva ai cereali integrali, dal potenziale nutritivo ancora intatto.

Nei paesi industrializzati i cereali hanno cominciato a perdere il loro posto privilegiato nell'alimentazione di tutti i giorni alla fine del secolo scorso. Hanno subìto la concorrenza prima della patata, poi degli alimenti più costosi e considerati più nobili: verdure e frutta, ma soprattutto carne, prodotti derivati dal latte, uova, zucchero, grassi.

Riso integrale *È povero di grassi e ha un basso contenuto di sodio. È adatto per l'alimentazione delle persone di salute delicata.*

Fiocchi di mais *A causa della loro durezza, è bene consumarli mescolati con altri fiocchi. Molto energetici, ricchi di calcio.*

Avena *Ricca di grassi facilmente assimilabili, è il cereale dei Paesi nordici. Diuretica, è adatta per l'alimentazione dei diabetici.*

Segale *Meno ricca in glutine del grano, è utile per la circolazione sanguigna.*

Riso a grana lunga *Molto popolare in Asia, tranne in Giappone, si comincia a consumare ora anche in Europa.*

Farina di mais *Povera di glutine, è adatta per la preparazione di minestre, torte, gallette, panini e focacce.*

Fiocchi di avena *Sono i fiocchi di uso più comune. Energetici, sono adatti per l'alimentazione degli sportivi.*

Farina di segale *Dà un pane molto compatto e più pesante del pane di farina di frumento.*

Orzo *Contiene molti zuccheri (che permettono di produrre bevande alcoliche). È ricco di calcio, potassio, fosforo.*

Cuscus *È la semola di grano duro. Una volta si preparava con frumento integrale ed era quindi più saporito di quello odierno.*

Miglio *Ricco in fosforo, ferro e vitamina A, è il cereale ideale contro la fatica intellettuale, i disturbi nervosi, l'astenia e l'anemia.*

Mais *Il mais (o granoturco) è il cereale più ricco di grassi. È originario dell'America. I frutti, macinati, danno la farina gialla.*

Fiocchi di orzo *Sono ottimi nelle minestre. Hanno un effe terapeutico nelle infiammazio dell'apparato urinario.*

Grano saraceno *Non è un cereale, bensì una poligonace Contiene più calcio e proteine del frumento.*

Fiocchi soffiati *Si trovano in commercio molto zucchera Consumateli occasionalmente*

Maizena *È farina di mais alla quale è stato aggiunto il nutriente germe (sopra).*

Semola di mais *È la farina 'gialla' per la polenta. Ricca di grassi e vitamine (sotto).*

Grano *Possiamo consumare il grano sotto diverse forme: in chicchi, in varie farine (con le quali preparare pane, pasta, pizze, torte...), in fiocchi, in germe, come bulghur, come cuscus...*

Gli alimenti che hanno sostituito i cereali erano più facili da preparare (patate, conserve, carne) oppure avevano un'immagine più prestigiosa. Il pane era il cibo di tutti i giorni; la carne, il burro, lo zucchero, il formaggio erano i cibi preziosi, i cibi dei ricchi. Man mano che il tenore di vita cresceva (e la qualità dei cibi peggiorava, facendo scendere i prezzi) la bilancia si spostava sempre più dai cereali alle proteine animali. E la dietetica 'all'americana' degli anni Cinquanta (uova al bacon, bistecche e insalata per diventare forti come i marines) ha dato il colpo di grazia a cinquemila anni di menu a base di cereali.

Che cosa contengono

Sul piano nutrizionale l'abbandono dei cereali non ha alcuna giustificazione, perché il loro valore nutritivo è eccezionale. Alcuni nutrizionisti classificano i cereali fra gli alimenti glucidici, cioè zuccherini, nella stessa categoria delle patate e dello zucchero: alimenti che apportano molte calorie e poco altro. Ma questo è vero (relativamente) solo per i cereali raffinati (farina bianca, riso brillato, eccetera) mentre è assolutamente falso per quanto riguarda i cereali integrali, che invece sono alimenti molto complessi, capaci di fornire all'organismo una grande varietà di nutrienti. E cioè:

- carboidrati, certo, ma sotto forma di amido, uno zucchero complesso che fornisce energia in modo lento e regolare, senza gli inconvenienti degli zuccheri semplici;
- proteine. Di solito ce lo dimentichiamo, ma i cereali sono una fonte importantissima di proteine. Ne contengono dall'8 al 15 per cento, il 12 per cento, in media, se consideriamo il grano. È meno della carne (che contiene dal 18 al 22 per cento di proteine) ma basta per coprire più della metà dei bisogni proteici. I dietologi obiettano che la qualità delle proteine dei cereali è inferiore a quella dei prodotti animali. È insieme vero e falso: è vero se i cereali sono l'unica fonte di proteine del pasto (il che non succede mai in un pranzo sensato); è falso se insieme con i cereali (che mancano di alcuni aminoacidi essenziali, in particolare di lisina) si mangiano alimenti che ne sono ricchi, come le leguminose, i semi oleosi o le proteine animali;
- vitamine. Quando si parla di vitamine si pensa alla frutta e alle verdure fresche, ma si dimentica il ruolo fondamentale delle vitamine del gruppo B. Insieme ai legumi, i cereali sono la categoria di alimenti più ricca di vitamina B1. Contengono anche vitamina B2, PP, B6 e piccole quantità di vitamina E. In particolare sono ricchissimi di vitamine i cereali germinati, che contengono in più le vitamine A e C;
- minerali. I cereali forniscono tutta la gamma degli elementi necessari all'organismo, e sono ricchi di fosforo e magnesio. Il tasso di sali minerali va dall'1 al 4 per cento, e comprende numerosi oligoelementi;

Cereali e legumi
L'associazione di cereali e legumi è la base dietetica di numerosi piatti di moltissime tradizioni alimentari: cuscus coi ceci nell'Africa del Nord, fagioli e tortillas in Messico, riso e salsa di soia in Giappone, zuppa di lenticchie e riso in India, pasta e fagioli in Italia, o tutte le zuppe di legumi da mangiare col pane.
È un'associazione ideale, sia dieteticamente sia nell'economia della coltivazione, e ogni popolo l'ha realizzata con i vegetali del proprio territorio e del proprio clima.

fibre. Oggi mangiamo farina raffinata, cioè privata del suo rivestimento di cellulosa, e poi compriamo a caro prezzo in farmacia quella stessa cellulosa sotto forma di crusca. Ormai è ben nota l'importanza delle fibre nel transito intestinale e nella prevenzione delle malattie degenerative. Ma la fibra non è semplicemente cellulosa. I sali minerali, gli enzimi, le vitamine e gli elementi proteici sono sotto al suo strato protettivo e intimamente legati a esso. Inoltre la cellulosa è un veicolo ideale per trasportare le sostanze nutritive attraverso l'apparato digerente.

Facciamo giustizia, una volta per tutte, della vecchia storia che i cereali (cioè il pane, la pasta, eccetera) fanno ingrassare. I cereali integrali posseggono, tra gli altri vantaggi, una caratteristica che alcuni cercano a caro prezzo nelle specialità farmaceutiche di sintesi: la capacità di 'riempire', di togliere subito, e per lunghe ore, il senso di vuoto allo stomaco che ci fa sgranocchiare le cose più strane. I cereali completi richiedono una masticazione accurata, quindi più lunga, che dà tempo all'organismo di registrare gli apporti calorici e di segnalare al momento giusto il 'troppo pieno' della sazietà. Certo, si può ingrassare mangiando cereali, ma solo se li usiamo in forma totalmente impoverita e soltanto come puro 'veicolo' per alimenti eccessivamente ricchi di calorie (come una fetta di pane da toast, quasi completamente denaturata e carica di conservanti, abbondantemente spalmata di burro e di marmellata). L'uso dei cereali integrali, con il loro gusto intenso e delicato e la capacità di nutrire e saziare in profondità, tende a correggere automaticamente questa maniera di mangiare, che è inutile quanto dannosa.

Ripetiamo, comunque, che i cereali (anche quelli integrali) non sono un alimento completo. Nessun popolo si è mai nutrito esclusivamente di cereali e, per fornire all'organismo tutti gli aminoacidi e le vitamine essenziali, occorre integrarli con proteine e vitamine provenienti da altre categorie di cibo. Nell'alimentazione tradizionale, come abbiamo già visto, la fonte classica delle proteine integrative sono le leguminose.

Perfino chi conosce soltanto le forme più banali e impoverite dei cereali, come il riso brillato e la pasta di farina bianca, può mangiare tranquillamente cereali a ogni pasto senza stancarsi mai, tale è la varietà e la bontà delle ricette che ce li propongono. Ma infinitamente più ampia e interessante è la possibilità di variare le portate se usiamo tutta la gamma dei cereali più noti, dal mais alla segale, al farro, al grano saraceno (anche se il grano saraceno, botanicamente parlando, non è un cereale, ossia una graminacea, bensì una poligonacea, esso viene comunemente usato allo stesso modo dei cereali), al miglio, all'orzo e così via. Ciascun cereale può essere mangiato in grani, in germi, in fiocchi, in farina, in pasta, in mille modi: col suo sapore, la sua particolare consistenza, la sua specifica ricchezza nutritiva.

Le leguminose

Come i cereali, i legumi avevano un tempo un posto fondamentale nell'alimentazione umana. E come loro hanno perso importanza, man mano che il livello di vita si alzava, a favore delle fonti di proteine animali, come carne, pesce, uova e latticini.

Il consumo di leguminose è universale. Le specie più conosciute sono la soia, i fagioli, il dolico (il cosiddetto 'fagiolo dell'occhio', molto coltivato in Africa), le lenticchie, i ceci, i piselli, le fave e le arachidi, che sono una leguminosa ma vengono usate soprattutto come seme oleoso.

Fave *La loro ricchezza proteica si avvicina a quella della soia. Sono molto ricche di carboidrati.*

Fagioli rossi *Originari dell'America, sono molto popolari nella cucina messicana. Sono molto ricchi di proteine e carboidrati.*

Fagioli borlotti *È una delle varietà più popolari in Italia. Hanno le stesse caratteristiche degli altri fagioli (ricchezza proteica ed energetica, qualche difficoltà di digestione).*

Fagioli bianchi *Sono ricchi sia di proteine sia di carboidrati. Cucinateli con erbe aromatiche.*

Ceci *Molto coltivati in India, sono ricchi di proteine e molto nutritivi. Con la farina di ceci si preparano gustose frittelle.*

Fagioli dell'occhio *Originari dell'Africa, si stanno diffondendo in Europa e negli Stati Uniti. Si distinguono dagli altri fagioli per il sapore che ha una punta di acido.*

Azuki *Si tratta di soia rossa. È la leguminosa più ricca in proteine. Di colore rosso scuro, si coltiva e si consuma soprattutto in Giappone.*

Piselli *Originari del Medio Oriente, si sono da qui diffusi nel bacino del Mediterraneo. I piselli secchi sono più calorici di quelli freschi, ma sono di più difficile assimilazione.*

Lenticchie *Si tratta di una delle coltivazioni più antiche (sono originarie del Mediterraneo Orientale). Energetiche e nutritive, diventano più digeribili se ben cotte.*

Soia *È l'unica leguminosa che contiene tutti gli aminoacidi essenziali (il suo tenore proteico supera quello della carne). Dalla soia si ottengono farina, latte, tofu, tamari e olio.*

Fagioli mung *Conosciuti con il nome di 'soia verde', sono fra le leguminose più coltivate. Sono ottimi consumati crudi, germogliati.*

Lenticchie rosse *Sono più piccole delle lenticchie normali, ma hanno lo stesso contenuto alimentare. Non necessitano di ammollo.*

Un esempio: dal punto di vista dell'apporto proteico, 30 g di fagioli secchi e 120 g di farina di mais valgono come 100 g di bistecca se vengono mangiati separatamente, e come 150 g se vengono mangiati insieme.

Che cosa contengono

Il valore nutritivo delle leguminose è straordinario. Il livello di proteine va dal 17 al 25 per cento, ossia il doppio dei cereali (per la soia va dal 36 al 38 per cento). Ricordiamo, a titolo di confronto, che il contenuto di proteine della carne varia dal 18 al 22 per cento e quello del pesce dal 14 al 20 per cento.

Molti nutrizionisti dicono che le proteine vegetali sono di qualità inferiore a quelle di origine animale, ma questo sarebbe vero solo se fossimo costretti a nutrirci esclusivamente di legumi. Come abbiamo visto parlando dei cereali, il contenuto di aminoacidi nei legumi è complementare a quello dei cereali: la maggior parte dei legumi è ricca di lisina, di cui i cereali sono provvisti in misura insufficiente. La complementarietà funziona quando i cibi, le cui proteine si completano a vicenda, vengono mangiati insieme.

Ma i legumi contengono numerosi altri elementi nutritivi preziosi, e soprattutto vitamine e sali minerali. Sono particolarmente ricchi di calcio, ferro e magnesio (fave e ceci contengono tanto calcio quanto un formaggio). Sono anche una buona fonte di vitamine del gruppo B, che, essendo poco sensibili al calore, vengono poco alterate dalla cottura.

Un altro vantaggio importante: le nostri fonti principali di proteine animali, la carne e i latticini, hanno l'inconveniente di essere ricche di grassi. Invece le leguminose ne sono praticamente prive, a parte la soia e le arachidi. I pochi grassi delle leguminose sono inoltre ricchi di acidi grassi insaturi e sono privi di colesterolo. Infine le leguminose contengono proporzioni importanti di fibre.

Nei legumi, ricordano alcuni dietologi, sono presenti alcune sostanze che si oppongono a una digestione normale. Inoltre i legumi contengono purine, basi azotate che danno origine all'acido urico. Secondo questa analisi i legumi sarebbero un alimento indigesto, addirittura tossico, e perciò da evitare.

Che cosa dobbiamo pensare di queste obiezioni?

Dobbiamo mettere a confronto, ancora una volta, i legumi 'di laboratorio' (cioè in provetta e sotto il microscopio), e i legumi veri nella vita vera. Nella realtà, praticamente tutte le sostanze non digeribili sono distrutte dalla cottura o dal semplice ammollo. E ci sono molte meno purine nei legumi che nella carne. Di fatto sembra che l'eliminazione delle purine avvenga normalmente, senza rischio di accumulo, se le quantità sono moderate.

Una volta di più, è bene diffidare delle teorie e delle deduzioni fatte partendo solo dall'analisi chimica di un alimento. A parte i casi di consumo improprio, che si sono verificati in passato in tempi di carestia, le leguminose sono consumate da tempo immemorabile in tutti i paesi del mondo senza provocare effetti nocivi.

Le condizioni di impiego dei legumi devono obbedire alle regole stabilite nella pratica da un'esperienza millenaria e universale. Vedremo più avanti, in dettaglio, il modo più efficace e saporito per cucinare i legumi nella maniera più digeribile.

Il caso della soia
La soia è la leguminosa considerata più indigesta. Eppure da millenni è una delle basi dell'alimentazione nel Sud-Est asiatico. Ma non viene mai mangiata cruda e raramente in grani, anche se cotti. Si può qui apprezzare l'importanza dei procedimenti tradizionali di preparazione degli alimenti, e soprattutto della fermentazione. Come vedremo, infatti, la soia subisce quasi sempre una fermentazione che modifica considerevolmente il suo valore alimentare, aumentando la digeribilità e favorendo l'eliminazione dei fattori indesiderati.

Le verdure

Con i cereali e le leguminose, le verdure costituiscono il terzo grande gruppo di cibi universalmente presenti in tutte le tradizioni alimentari.

Che cosa contengono

Gli ortaggi sono stati a lungo i parenti poveri dell'alimentazione moderna, eppure la maggior parte di essi è più ricca di minerali e vitamine della frutta. Tuttavia, benché diversi fra loro, gli ortaggi hanno numerosi aspetti in comune:

- hanno un contenuto di acqua elevato, dall'80 al 94 per cento;
- apportano all'organismo poche calorie;
- sono ricchi di minerali (in rapporto al residuo secco sono gli alimenti più ricchi di minerali in senso assoluto);
- sono ricchi di vitamina C e, alcuni, di carotene (provitamina A); contengono anche vitamine del gruppo B;
- contengono fibre, in quantità variabili secondo le specie e il livello di maturazione;
- alcuni di essi contengono quantità abbastanza importanti di proteine, anche se la presenza di acqua in abbondanza mantiene bassi i livelli complessivi dell'apporto energetico e plastico;
- alcune verdure sono più ricche di zuccheri dei frutti. È il caso della carota (9 per cento), della cipolla (10 per cento), del carciofo (11 per cento). Lo zucchero nella frutta fresca varia dal 5 al 17 per cento.

Le verdure una per una

Il gruppo delle verdure è molto eterogeneo, e quando si parla di verdure bisogna sempre precisare di che cosa si tratta (c'è infatti pochissimo in comune, dal punto di vista alimentare, fra una patata e una lattuga). Vediamole di seguito, una per una.

I tuberi

Sono le patate e i topinambur, e fra gli ortaggi sono considerati una categoria a parte. Non vanno mangiati come complemento dei cereali.

Indivia belga *È una varietà di cicoria. Si può consumare cruda, in insalata, oppure grigliata nel forno.*

Lattuga romana *Uno dei principali tipi di lattuga (*Lactuga sativa*).*

Cavolini di Bruxelles *Sono ricchi di ferro, di potassio e vitamina C.*

Scarola *Di sapore amarognolo, è molto diuretica.*

Cavolo rosso *Saporito, diuretico e lassativo.*

Lattuga cappuccio *È chiamata anche lattuga 'a palla'. È rimineralizzante. Adatta all'alimentazione dei diabetici.*

Cetriolo *Contiene molta acqua, oltre che vitamine e minerali.*

Cipollotto *Si consuma crudo, in insalata. È più dolce della cipolla normale. Anche le foglie tenere dell'aglio si possono consumare crude, in insalata.*

Broccoletto *Chiamato anche 'cima di rapa', è facilmente digeribile e molto ricco di vitamina C.*

Finocchio *Ha sapore di anice; è facilmente digeribile e diuretico. I semi calmano la tosse.*

Spinacio È la verdura più ricca di proteine. Contiene anche numerose vitamine.
Sedano Diuretico, dà sapore alle insalate e alle minestre.
Barbabietola rossa È ottima anche consumata cruda. Lassativa, è molto ricca di ferro.
Cipolla È un alimento 'medicina': non solo è diuretica, ma anche espettorante e antireumatica.
Crescione Molto ricco di vitamina C.
Cornetti Una specie di fagiolini. Sono ottimi per il fegato. Contengono molti minerali.
Fagiolini Sono i baccelli teneri e dei fagioli, che si consumano come verdura.
Cavolo Crudo, in insalata (magari condito con un po' di cumino) è più digeribile che cotto. Molto ricco di vitamine e minerali.
ietola ricca di itamina A di minerali. tile nelle ndigestioni.
Pastinaca Ricca di carboidrati e di minerali.
Carota Molto ricca di vitamine, minerali e oligoelementi. Utile contro l'anemia.
Rapa Diuretica, è ottima nelle minestre e, cruda, in insalata.

Possiamo distinguere le verdure che consumiamo considerando le loro caratteristiche 'funzionali': fra di essi ci sono frutti, semi, foglie, bulbi, eccetera, e ciascuna forma presenta caratteristiche vitali diverse in rapporto alla propria funzione. La foglia è verde, ricca di clorofilla. Il frutto maturo è ricco di acqua, enzimi e vitamine. (Le scuole vegetariane di più stretta osservanza considerano i frutti l'unico alimento che non distrugge parti vitali dell'organismo-pianta, quindi l'unico alimento accettabile sul piano etico). La radice esplora il terreno alla ricerca di sostanze nutritive (acqua e sali minerali): è quindi un organo 'di riserva', ricca di zuccheri e di altre sostanze utili. Il germoglio è delicato, pieno di sostanze vitali. Riconoscendo un fiore da un frutto, una radice da una foglia sapremo anche come trattare i diversi ortaggi nella cottura e nella preparazione. Gli ortaggi 'frutto' sono particolarmente ricchi di potassio, mentre gli ortaggi 'foglia' e 'fiore' (cioè gli ortaggi verdi) contengono buone percentuali di ferro.

È meglio invece consumarli al loro posto. Le patate sono ricchissime di amido e contengono importanti quantità di vitamine B e K, sali di potassio, fosforo e zuccheri. Contengono abbondante vitamina C (e cotte con la buccia la mantengono intatta anche nella cottura prolungata). In complesso i tuberi sono meno equilibrati dei cereali (hanno molto più potassio e meno proteine) per cui non è consigliabile mangiarne troppo spesso. Le patate sono originarie del Nuovo Mondo e come le altre Solanacee (pomodori, peperoni, melanzane) sono state introdotte in Europa da Cristoforo Colombo.

Le verdure in foglia e gambo

È il gruppo di verdure più numeroso. Comprende le specie coltivate (insalate, bietole, spinaci, porro, cardo, coste, erbette, sedano...) e numerosissime specie spontanee che i nostri vecchi conoscevano e consumavano regolarmente, mentre noi non ne conosciamo più neppure il nome (malva, ortica, borraggine...) Le verdure in foglia sono tenerissime, ricche di proteine, di sali minerali e di elementi vitali. Quando sono concimate con prodotti chimici contengono un eccesso di nitrati (composti organici che non sono pericolosi in sé, ma che nello stomaco formano composti molto più dannosi, i nitriti). I nitrati sono più abbondanti anche nelle verdure molto giovani e in quelle cresciute in serra, che non hanno avuto una normale esposizione al sole. Una dose eccessiva di nitrati è pericolosa soprattutto per i bambini molto piccoli.

I bulbi

Comprendono poche specie (cipolla, aglio, scalogno) fondamentali. Sono ricchissimi di elementi vitali, tanto da essere anche curativi. Fanno, insieme, da verdura e da aroma. Contengono in abbondanza sali di zolfo e di potassio e vitamina B.

Le verdure in frutto

Appartengono soprattutto a due grandi famiglie, quella delle zucche e quella delle Solanacee (che comprende, oltre alle patate, peperoni, melanzane, pomodori). Sono ricchi di acqua e di cellulosa, di sali minerali, di enzimi, di vitamine A, C, K, e di zuccheri. Sono anche una fonte preziosa di colori e di aromi. I pomodori, quando sono acerbi, contengono la solanina, che è un alcaloide tossico. Alcune scuole nutrizioniste consigliano di consumare poche Solanacee, e solo a perfetta maturità.

Le verdure a fiore

Sono i carciofi e la vastissima, e preziosa, famiglia dei cavoli, con le sue infinite varietà (broccoli, cavolfiori, cavolini di Bruxelles, cavolo rosso, eccetera). Contengono poca acqua, sono molto ricchi di fibra e contengono in abbondanza proteine, vitamine B, K, C e sali minerali, fra cui zolfo e ferro... La vitamina C, particolarmente abbondante nei cavoli (ed è quindi un ottimo apporto nell'alimentazione invernale), è presente soprattutto nelle foglie più scure. I 'germogli', come gli asparagi, contengono sostanze azotate, vitamine A e B e sali di ferro, di manganese e di potassio.

Le radici

Sono carote, rape, rapanelli, sedano-rapa. Le radici si conservano a lungo e possono essere consumate tutto l'inverno, fornendo preziosi apporti di zuccheri, fibre, vitamine e sali minerali.

I semi

I semi delle leguminose costituiscono il gruppo dei fagioli, piselli, fave, lenticchie, eccetera, che sono una vera e propria miniera di nutrienti pregiati e di cui abbiamo già parlato.

Le verdure: crude o cotte?

Come i cereali, le verdure sono un alimento-chiave che va consumato tutti i giorni. Ma nella pratica, come è meglio utilizzarle: crude o cotte?

Fra una verdura cruda e una cotta rapidamente (e con le tecniche adatte) nessuno può dire, in realtà, quale fornirà più vitamine e sostanze vitali all'organismo.

Nella pratica, una soluzione saggia sembra quella di mangiare una parte di verdure crude e un'altra di verdure cotte. Inoltre tutte le tradizioni hanno dato spazio alle verdure lattofermentate, il cui valore alimentare verrà esaminato più avanti.

La frutta

La frutta forma un gruppo molto eterogeneo perché comprende sia l'anguria, che contiene il 95 per cento di acqua, sia la noce, che contiene il 6 per cento di acqua e più del 60 per cento di grassi.

Che cosa contiene

La frutta è in genere molto ricca di potassio, e invece povera di sodio. Contiene numerosi zuccheri: alcuni molto semplici, come il fruttosio, altri più complessi (come gli amidi delle castagne e delle banane) e infine cellulose e pectine. La cellulosa fa da membrana protettiva, la pectina è una sorta di imbottitura di sostegno fra cellula e cellula. Le cellulose e le pectine non sono attaccabili dai succhi digestivi e attraversano intatte l'apparato digerente. Ma la loro funzione è importante.

Il crudo e il cotto

La superiorità delle verdure crude non è sempre evidente. La percentuale delle vitamine distrutte dalla cottura varia, secondo la cottura e la durata. Le patate, cotte con la buccia, mantengono praticamente tutta la loro vitamina C. Il cavolo cotto per un'ora perde il 70 per cento delle sue vitamine, ma cotto per cinque minuti solo il 20 per cento. L'assimilazione del carotene presente nelle carote crude rappresenta l'1 per cento della quantità ingerita, a causa della scarsa frantumazione delle carote, normalmente grattugiate e mal masticate. Il coefficiente di assimilazione si aggira invece intorno al 20 per cento quando le carote vengono masticate accuratamente, oppure passate al mixer e trasformate in crema omogenea. In tali casi la cellulosa, interamente frantumata, libera il contenuto delle cellule delle carote durante la digestione, mentre generalmente la cellulosa ne protegge il contenuto dall'attacco dei succhi gastrici.

Ravanello *Stimola l'appetito e aiuta l'espettorazione in caso di tosse secca.*

Zucchino *Per il suo bassissimo contenuto di calorie, è utile nelle diete dimagranti (sempre che non si consumi fritto, perché assorbe molto olio). Potete consumare anche i fiori di zucchino, all'inizio dell'estate.*

Porro *Ricco di vitamine B e C, è molto diuretico. Ottimo nelle minestre.*

Peperoncino *Molto piccante. Essiccato e triturato, costituisce la droga detta 'peperoncino rosso' o 'pepe di Caienna'.*

Melanzana *Cruda è tossica, come la patata. Ottima per tenere sotto controllo il tasso di colesterolo, è ricca di calcio e di fosforo.*

Peperone *Verde, giallo o rosso, è ricco di vitamine A e C e minerali (soprattutto di potassio). Cotto (e senza pelle) è più digeribile.*

Pomodorino sardo *Molto saporito, arricchisce le insalate.*

Pomodori a grappolo *Questa varietà di pomodoro si può conservare (appesa in un ambiente fresco) e consumare in inverno.*

Aglio *È l'ortaggio con maggiori proprietà terapeutiche. È utile nelle indigestioni, per l'apparato circolatorio e per quello respiratorio.*

Pomodoro *Ricco di vitamine e minerali, soprattutto di potassio. Consumateli ben maturi.*

Patata *Apporta carboidrati e minerali. Molto digeribile, diminuisce l'acidità di stomaco.*

Zucca *Diuretica, è utile nelle infezioni renali. I suoi semi sono efficaci contro i parassiti intestinali.*

I nitrati e i nitriti: che cosa sono, cosa fanno, come si evitano

Nitrati e nitriti sono composti di azoto: nei nitrati è presente come NO_3 (un atomo di azoto per tre di ossigeno), nei nitriti come NO_2 (un atomo di azoto per due di ossigeno).

La presenza dei nitrati nei vegetali è normale, perché sono la materia prima che permette alle piante di fabbricare le proteine. Il problema nasce quando la quantità di nitrati è troppo alta: e questo succede da quando l'agricoltura si è industrializzata, cominciando a impiegare concimi chimici ricchi di azoto. Infatti (in particolare durante la digestione) i nitrati presenti negli alimenti in quantità eccessive si trasformano in nitriti, che possono dar vita a composti cancerogeni e danneggiano l'ossigenazione del sangue nei bambini piccoli.

L'uso indiscriminato dei concimi chimici (usati per ottenere rese maggiori, più veloci e più gonfiate) ha riempito di nitrati anche l'acqua.

Inoltre i nitrati sono usati nella lavorazione delle carni, perché evitano lo sviluppo di microrganismi tossici e mantengono alla carne conservata l'originario colore rosso. In Italia nitrati e nitriti (E250, E251, E252) sono aggiunti nei salami e nelle carni.

I nitrati possono accumularsi in diversi ortaggi, ma sono un problema soprattutto per le verdure a foglia verde. Le verdure sono più cariche di nitrati se:
- hanno avuto un eccesso di concimi azotati;
- hanno preso poco sole (come capita in serra e fuori stagione);
- sono molto giovani. I nitrati diminuiscono con la maturazione alla luce del sole, che li trasforma in proteine vegetali.

I nitrati possono trasformarsi in nitriti negli ortaggi cucinati, in particolare quando fa caldo e quando l'alimento non si trova a contatto dell'aria, come capita nel caso degli imballaggi di plastica.

Per mantenerli a livello di sicurezza seguite queste norme:
- controllate l'acqua di rubinetto, e se è troppo ricca di nitrati, passate all'acqua minerale;
- date solo acqua minerale ai bambini fino a un anno di età;
- scegliete ortaggi biologici, maturi e non conservati nella plastica;
- soprattutto d'estate, scegliete verdure fresche, portatele in tavola senza attese e, dopo cotte, tenetele sempre nel frigo;
- consumate con prudenza salumi e carni conservate, e cercate prodotti fabbricati senza conservanti ma con buone garanzie igieniche.

La spesa di stagione

Non è facile definire i 'tempi' dei vegetali. Anche evitando le verdure di serra e la frutta importata, molti ortaggi vengono coltivati in varietà che allungano il periodo di produzione.

Inoltre c'è da mettere in conto gli scherzi della stagione, spesso capricciosa. Una stagione mite o più rigida anticipa o ritarda il calendario dei vegetali.

Patate, carote, cipolle e mele sono reperibili tutto l'anno. Carote e cipolle sono nuove in primavera avanzata, patate e mele a settembre.

Primavera

È la stagione delle insalatine novelle. Ravanelli, cipollotti e spinaci danno sapore e aromi alle insalate. È il tempo delle prime fave. Poi maturano fagiolini, piselli, asparagi, carciofi.

Estate

È la stagione dei colori pieni: pomodori, peperoni, melanzane, cetrioli, zucchine. Continuano i piselli, maturano i fagioli freschi. Arrivano le barbabietole, che proseguono fino a fine inverno. Ciliege, pesche, albicocche, susine, fragole, meloni, cocomeri sono al colmo. Maturano i fichi.

Autunno

Si raccolgono le patate. È il tempo degli ultimi pomodori, dei cardi, della zucca. Arrivano i primi finocchi. Comincia il momento dell'uva, di mele, pere, castagne e noci.

Inverno

Ci sono finocchi, sedani, cicoria, indivie, cardi, coste, erbette. È il momento di rape, porri e cavoli. Sono verdure forti, meno acquose, più solide nella struttura. Non solo sopportano le gelate, ma per essere veramente buone devono aver sentito il gelo. Maturano cachi, arance, mandarini.

Cellulose e pectine infatti assorbono e trattengono acqua, facilitando il transito intestinale e l'eliminazione delle scorie.

La frutta è particolarmente digeribile quando viene mangiata lontano dai pasti. Nell'insieme la frutta fresca è un alimento meno ricco e completo delle verdure, che sembra avere funzioni più di 'lubrificante vitale' che di nutrimento vero e proprio. Proprio la sua ricchezza di minerali, vitamine e acidi organici, unita alla semplicità dei suoi componenti zuccherini, fa della frutta uno spuntino perfetto, che soddisfa, disseta e 'riempie' senza creare sovraccarichi energetici.

Dalla frutta fresca in generale bisogna distiguere alcune categorie particolari, dal valore nutritivo spiccatamente diverso. E cioè:

- la frutta secca (uva, albicocche, prugne, datteri, fichi...) È molto ricca di zucchero, tanto da costituire un utile e sano sostituto dello zucchero bianco in molte preparazioni. La frutta secca che si trova normalmente in commercio viene trattata con anidride solforosa;
- la frutta oleosa (noci, nocciole, mandorle, pinoli...) Costituisce una riserva di alto valore nutritivo. La frutta oleosa (o oleaginosa) è ricchissima di grassi (50-60 per cento) con un'alta percentuale di acidi grassi essenziali. Contiene inoltre proteine (13-20 per cento), sali minerali e vitamina E. Questo genere di frutta va consumato senza dimenticare il suo importante potenziale energetico, come una vera e propria portata o come spuntino ad alto valore nutritivo. È pericoloso, invece, mangiarne come 'di più', per esempio con l'aperitivo, soprattutto se i semi oleosi sono stati trattati e pesantemente salati;
- la frutta ricca di amidi (castagne, banane). Anche questo tipo di frutta va consumato con particolare attenzione al potenziale energetico, che è molto elevato. Entrambi hanno costituito un alimento di base, al posto dei cereali, in alcune tradizioni alimentari.

Le alghe

Le alghe sono un'altra importante fonte di complementi alimentari, quasi sconosciuta nella tradizione occidentale ma fondamentale in tutto l'Oriente. Il loro valore nutritivo, eccezionale e particolarmente ricco di elementi pregiati, le ha rese popolari e familiari in molte scuole di alimentazione naturale, soprattutto quelle di orientamento vegetariano.

Che cosa contengono

Le alghe sono state definite 'un concentrato di acqua di mare'. Contengono moltissima clorofilla, mucillagini, aminoacidi, vitamine e sali minerali. I sali minerali più importanti sono iodio, magnesio, potassio, calcio, ferro, alluminio, manganese, fosforo, zolfo, rame, oro...

La frutta è uno dei gruppi di alimenti preferiti dai nutrizionisti 'classici', per la sua ricchezza di vitamine, mentre per le diverse scuole di alimentazione naturale rappresenta un soggetto controverso. I frugivori suggeriscono che l'ideale sarebbe nutrirsi soltanto di frutta, mentre i macrobiotici, per esempio, consigliano di mangiarne poca. L'analisi delle diverse tradizioni alimentari ci mostra che l'uomo ha sempre consumato frutta, ma (almeno da quando esiste l'agricoltura) raramente durante il pasto, e mai, sembra, in grandi quantità.

Attenzione alla frutta che si compera

In generale oggi la frutta viene pesantemente manipolata dall'industria alimentare, e di regola viene colta prima della maturità, conservata in celle frigorifere o in atmosfera modificata, e spedita anche lontanissimo. È bene invece scegliere frutta di stagione, colta a maturazione e possibilmente cresciuta biologicamente, meglio se nella zona in cui abitiamo. Mangiare primizie e frutti esotici è sconsigliabile, non solo dal punto di vista ecologico ma anche da quello nutrizionale.

Mela delizia *Indicata contro l'obesità e nella prevenzione delle malattie circolatorie. Ottima (e più digeribile) anche cotta.*

Mela renetta *Di sapore dolce con un tocco di asprigno, ha una polpa quasi croccante.*

Mela starking *Ottima contro la diarrea, soprattutto dei bambini. Disinfettante, è buona anche per l'alimentazione dei diabetici.*

Mela golden *Di sapore dolce, consumata prima di andare a letto ha un effetto rilassante.*

Mela verde *Molto ricca di vitamine (anche e soprattutto nella buccia), costituisce un buon antisettico intestinale.*

Susina *È un ottimo frutto, povero di calorie. Efficace contro la stitichezza.*

Prugna regina Claudia *Molto digeribile, stimola la secrezione salivare. È utile nei casi di ulcera gastrica.*

Pesca gialla *Rinfrescante, lassativa, libera il fegato dall'eccesso di bile.*

Pescanoce *È un ibrido (fra una mela e una pesca gialla) che ha incontrato grossa diffusione. Rinfrescante, è però meno saporita dei frutti da cui ha tratto origine.*

Pesca bianca *Molto ricca di acqua e povera di zuccheri, indicata per chi soffre di diabete. Combatte la ritenzione idrica.*

Prugna *Ricca di zuccheri, di potassio e di vitamina A.*

Pera Williams *Depurativa, aiuta l'attività renale. Utile contro la dissenteria.*

Pera comice *Diuretica e depurativa, migliora l'attività renale.*

Mela cotogna *Stimola l'appetito. È efficace contro la dissenteria.*

Fico *Frutto molto calorico. Si può mangiare sia fresco sia essiccato.*

Melagrana *È ricca di manganese e di vitamina B_2. È un buon tonico cardiaco. È astringente e vermifuga.*

Paraguaya *Varietà di pesca, a forma schiacciata e con polpa bianca, con buone proprietà diuretiche.*

Uva moscato *Ha gli acini sferici con la buccia resistente. È molto dolce, diuretica e lassativa.*

Limone *Molto ricco di vitamine (soprattutto la vitamina C), è un buon antisettico e un buon tonico cardiaco.*

Uva nera *Ricca di zuccheri assimilabili direttamente dall'organismo, è utile nei casi di anemia, di reumatismi e nelle indigestioni.*

Arancia *Previene le malattie da raffreddamento, grazie al suo alto contenuto di vitamina C.*

Pompelmo *Favorisce l'eliminazione delle tossine, attivando le funzioni renali, digestive ed epatiche. È ricco di vitamina C.*

Anguria *È molto ricca di acqua (circa il 93 per cento). È ricca di potassio e di vitamina A.*

Mangiare secondo natura: le scuole più conosciute

La grande famiglia delle scuole vegetariane

Il termine 'vegetariano' è nato ufficialmente a Londra nel 1847, con la fondazione della Vegetarian Society.

Ma in realtà l'alimentazione vegetariana è stata praticata fin dall'antichità, per ragioni religiose o salutistiche. Da intere popolazioni, ma anche da piccoli gruppi o da singole persone particolarmente attente ai problemi che concernono il cibo.

Il vegetarianesimo è una dottrina dietetica, ma anche etica, che privilegia i cibi di provenienza vegetale ed esclude i prodotti animali, evitando in linea di principio l'uccisione o il danneggiamento di esseri viventi.

In pratica, il vegetarianesimo viene applicato a diversi livelli di rigore.

Il regime vegetariano

Il regime vegetariano, o 'alimentazione non cruenta', ammette tutti quei prodotti che non richiedano il sacrificio degli animali, come il latte e i suoi derivati, le uova, il miele.

Il regime vegetaliano

Il regime vegetaliano o vegan, che viene detto anche *non-dairy vegetarianism* (cioè vegetarianesimo senza latticini), si limita rigorosamente ai soli alimenti vegetali.

Esclude il latte, le uova e il miele. È quindi più preciso anche l'impegno non violento nei confronti degli animali, che non solo non devono essere uccisi ma neppure sfruttati o costretti a una vita innaturale.

All'interno di questa linea ci sono gruppi particolari come:
- i fruttariani, che scelgono una dieta di frutta;
- i nutariani, che privilegiano i semi oleosi;
- i crudisti, che utilizzano soltanto i cibi crudi.

I fruttariani sostengono che è moralmente sbagliato mangiare qualcosa che interrompa il ciclo vitale di un organismo vivente, animale o vegetale.

Quindi sono commestibili solo i frutti, non le radici, le foglie, i semi e i gherigli, che sono portatori di vita.

La macrobiotica

La macrobiotica (da due termini greci che significano 'lunga vita') è uno stile alimentare fondato su una dieta tradizionale giapponese e introdotta in Occidente da George Oshawa.

Questa dieta tende a equilibrare l'energia (ki) bilanciando gli alimenti che appartengono ai due grandi principi contrapposti, Yang e Yin. I macrobiotici considerano l'uso dei cibi tradizionali, come i cereali integrali, i fagioli e le verdure raccolte sul luogo, la fonte primaria di energia alimentare e di nutrimento. La dieta, inoltre, contempla il consumo di derivati della soia, che sono stati usati in Oriente per centinaia di anni, e di alimenti tratti dal mare, dai vegetali marini ad alcune specie di pesci. Nella dieta macrobiotica la carne rossa e il pollame vengono sostituiti con moderate quantità di pesce bianco e di frutti di mare.

Il sale raffinato e lo zucchero normalmente usati vengono sostituiti con sale marino e dolcificanti naturali derivati dai cereali, come lo sciroppo di riso o di malto d'orzo.

La scuola ayurvedica

In sanscrito *Ayurveda* significa 'scienza della vita' e da seimila anni è la scuola medica praticata in India.

Anche il regime dietetico Ayurveda punta a riequilibrare l'organismo, rafforzando le sue capacità di difesa e guarigione. Il precetto induista dell'astensione dalla carne è legato alla dottrina della metempsicosi.

La scuola igienista

Il suo maggiore rappresentante è il medico americano Herbert M. Shelton, di San Antonio. La scuola igienista pratica l'alimentazione dissociata, accostando nello stesso pasto solo alimenti che richiedono processi digestivi analoghi (per esempio solo carne, o solo carboidrati). In questo modo la digestione è più rapida e perfetta, senza scorie tossiche.

Come si vede la pratica di un'alimentazione 'secondo natura' può nascere sia da motivi religiosi, sia cosmici, fisiologici o morali. Molte delle differenze e delle sfumature fra regimi dietetici che hanno molti obiettivi in comune nascono non da un disaccordo sui fatti dell'alimentazione, ma dal diverso sistema di valori a cui l'alimentazione fa riferimento.

I nutrienti essenziali: ciò che non può mancare in tavola

Ci sono alcune sostanze di base che l'organismo non riesce a fabbricare da sé, ma deve trovare già pronti negli alimenti.

Questi nutrienti sono detti 'essenziali'. Indichiamo in questa pagina i principali, insieme con i cibi che ce li forniscono.

Aminoacidi essenziali
Gli aminoacidi sono venti, ma quelli essenziali sono otto:
- lisina;
- triptofano;
- fenilalanina;
- treonina;
- valina;
- metionina;
- leucina;
- isoleucina;
- tirosina.

Per il neonato è essenziale anche l'istidina.

Si trovano in abbondanza nelle carni e nei latticini ma anche nei derivati della soia, nel sesamo, nei semi oleosi. Le leguminose sono molto ricche di lisina.

Acidi grassi essenziali
Sono l'acido linoleico, l'acido linolenico e l'acido arachidonico (Vitamina F).

Si trovano negli oli di pesce e negli oli vegetali non raffinati, in particolare negli oli di noce, di vinacciolo, di girasole, di mais, di germe di grano.

Vitamine essenziali
VITAMINA A, O RETINOLO. Protegge dalle infezioni, mantiene sani occhi e pelle. Si trova nel latte e nei suoi derivati, nelle uova, nelle verdure arancione (carote, zucche, eccetera), nelle verdure verdi.

VITAMINA B_1, O TIAMINA. Protegge il sistema nervoso. È presente nei legumi, nei cereali e nella frutta: ribes, more, lamponi, prugne, albicocca, limone, arancia.

VITAMINA B_2, O RIBOFLAVINA. Protegge la pelle, le mucose, la vista. Si trova nel latte e nell'uovo, nella frutta, nel polline, nei germogli, nelle verdure verdi.

VITAMINA C, O ACIDO ASCORBICO. Protegge i vasi sanguigni, potenzia la resistenza alle infezioni. È abbondante negli agrumi ma anche in peperoni, pomodori, rapanelli, cavolo, prezzemolo, verdure verdi.

VITAMINA D, O CALCIFEROLO. Controlla il metabolismo di calcio e fosforo. Presente nel latte, nel pesce, nel polline, nelle verdure verdi.

VITAMINA E. Protegge il sistema riproduttivo e il cuore. È presente nel latte e nei suoi derivati, negli oli di semi, nel germe di grano e di mais, nel fegato, nelle uova, nei piselli e nelle fave, nei cereali.

ACIDO NICOTINICO O NIACINA, O VITAMINA PP (cioè *Pellagra Preventing*, capace di prevenire la pellagra). Protegge il sistema nervoso e l'apparato digerente. È una vitamina del gruppo B. È presente nel fegato, nel latte, nel lievito, nelle leguminose, nei cereali interi.

È molto importante anche un'altra vitamina del gruppo B, l'acido folico, presente nelle foglie degli spinaci, nel lievito, nel fegato. L'acido folico è necessario per la rigenerazione dei globuli rossi del sangue, in collaborazione con la vitamina B_{12}, o cianocobalamina. (Di vitamina B_{12} sono particolarmente ricche le alghe, la carne, le uova, il germe di grano, il riso integrale.)

Minerali essenziali
Calcio. Rafforza le ossa e i denti e regola l'equilibrio dei minerali; è presente nel latte, nei semi oleosi, in molte verdure.

FERRO. È il costituente fondamentale dell'emoglobina del sangue. Stimola l'apporto di ossigeno alle cellule e previene l'anemia. È presente nella carne, nelle uova, nelle lenticchie, nei semi di girasole, nella soia, nelle verdure verdi.

SODIO. Aiuta a mantenere normale il livello dei liquidi cellulari e l'attività nervosa e cellulare. È presente nel sale da cucina e in quasi tutte le verdure.

MAGNESIO. È importante per il metabolismo delle proteine e per l'attività di cellule, muscoli e nervi. È presente in quasi tutte le verdure e nei cereali integrali.

POTASSIO. È indispensabile per l'attività del cuore, dei reni, del sistema nervoso e della circolazione sanguigna. È presente nella frutta, nella verdura, nel latte e nei suoi derivati, nei legumi e nei frutti di mare.

ZINCO. Favorisce la cicatrizzazione, l'attività dell'insulina e una corretta funzionalità epatica. È presente nei legumi, nei cereali integrali, nei semi oleosi e nella carne.

Dattero *Molto sugoso quando è fresco, diventa dolcissimo una volta essiccato.*

Cocco *È ricco di magnesio, calcio e potassio.*

Pinolo *È ricco di grassi, di magnesio, di ferro e di fosforo.*

Sesamo *È ricco di proteine, di grassi insaturi e di minerali. Dal sesamo si ottengono olio, burro e il gomasio.*

Pistacchio *È ricco di calcio, potassio, fosforo e di vitamina A. Non è molto facilmente digeribile.*

Seme di girasole *Contiene vitamina B_1, lecitina e grassi insaturi.*

Uva passa *È ricca di potassio. Aiuta a compensare eventuali carenze nell'uso prolungato di lassativi o diuretici.*

Uvetta di Corinto *Detta anche 'uvetta sultanina', è uva passa ad acini privi di semi. È un ingrediente essenziale di vari tipi di dolci.*

Fico secco *Frutto molto calorico, da consumare in inverno.*

Albicocca secca *Contiene più proteine rispetto agli altri frutti secchi.*

Pera secca *Sono ottime conservate con uno sciroppo di zucchero che le mantiene umide.*

Nocciola *Consumata cruda, è il più digeribile tra i frutti secchi. È ricca di grassi, di proteine e di vitamine B ed E.*

Prugna essiccata *Molto nutritiva, è lassativa.*

Mandorla *È molto ricca di acidi grassi insaturi e proteine. Ha applicazioni terapeutiche e cosmetiche.*

Arachide *Detta anche 'spagnoletta', è nutritiva ed energetica. È più digeribile tostata che cruda. Se estratto a freddo, il suo olio è ottimo.*

Pesca secca *Ricca di minerali e proteine.*

Noce *È il frutto più ricco di zinco e di rame. È utile per il sistema nervoso e per la formazione dei tessuti. Le persone con problemi digestivi dovrebbero consumarla solo occasionalmente.*

La carne sotto accusa
È vero che la carne e i prodotti di origine animale provocano malattie? Il problema è sorto quando l'alimentazione standard dell'europeo medio è cambiata (meno cereali e legumi, più carne, più latticini, più grassi, più cibi raffinati) e quasi in contemporanea sono comparse a livello di massa le cosiddette 'malattie della civiltà': stitichezza, obesità, malattie di cuore, alcuni tipi di tumore. Sono ormai innumerevoli gli studi scientifici approfonditi sul nesso fra cibi di origine animale e malattie. I risultati sono spesso controversi; anche perché, più ci rendiamo conto di quanto è complesso il nostro organismo, più è difficile trovare risposte semplici ai problemi della salute. È ormai ampiamente ammesso, tuttavia, che l'abuso di grassi e proteine animali va di pari passo con l'incidenza di numerosi problemi. I principali:
- *stitichezza e sue complicazioni, riassorbimento di scorie tossiche, disturbi del colon;*
- *affaticamento epatico e renale, iperuricemia;*
- *obesità, ipercolesterolemia, ipertensione, malattie cardiocircolatorie;*
- *tumori del colon, della mammella, della prostata.*

Contengono tutte le vitamine principali, compresa la preziosa vitamina B12, una vitamina 'essenziale', difficilissima da trovare al di fuori dei prodotti animali.

Gli aminoacidi presenti nelle alghe sono acido glutammico, cistina, metionina, leucina, tirosina, lisina, acido aspartico.

Ce n'è davvero a sufficienza per dire che sono riequilibranti, rimineralizzanti, che aiutano a controllare l'obesità. Sono controindicate soltanto a chi ha problemi di ipertiroidismo, a causa del loro alto contenuto di iodio (tranne quelle di acqua dolce).

Le alghe sono considerate una leccornia in tutto l'Oriente. Troverete i nomi e le caratteristiche delle più usate nella seconda parte di questo libro (nel capitolo 'Le verdure').

La carne

Pochi alimenti hanno suscitato fra gli esperti di alimentazione tante controversie come la carne. I vegetariani la considerano come un veleno. I nutrizionisti 'classici' l'hanno ritenuta per lungo tempo indispensabile. A nostro avviso, le sole cose che si possono affermare con certezza a questo proposito sono le seguenti:

- la carne non è indispensabile per restare in buona salute. Ci si può nutrire in modo perfettamente equilibrato anche senza mai mangiare carne, pesce o altri prodotti di origine animale;
- consumare molta carne (ogni giorno, o addirittura a ogni pasto) provoca effetti negativi sulla salute, a breve termine e nel lungo periodo;
- nella situazione attuale dell'industria dell'allevamento, la carne che troviamo in commercio è generalmente di pessima qualità: gli allevatori selezionano le varietà che crescono (cioè si gonfiano d'acqua) più in fretta; utilizzano quantità rilevanti di medicinali e ormoni; badano a ottenere la massima crescita nel minimo tempo senza preoccuparsi del valore nutritivo o del sapore. Da tempo i nutrizionisti consigliano di evitare la carne rossa (più ricca di grassi) per orientarsi sulle carni bianche come pollo, tacchino, coniglio. Va detto, però, che nella situazione attuale di pesante uso di farmaci, gli animali grossi e adulti hanno il vantaggio di avere un fegato che depura efficacemente il loro organismo dalle scorie più nocive. Oggi il fegato degli animali adulti è molto inquinato, ma le altre carni sono relativamente 'pulite';
- è possibile trovare in commercio carni provenienti da allevamenti biologici, in cui gli animali si nutrono di cibo non trattato e i trattamenti medici sono ridotti al minimo. Il consumo di carni di buona qualità, in quantità moderata, non ha, fino a prova contraria, effetti negativi sulla nostra salute.

Che cosa contiene

La carne contiene fondamentalmente acqua, proteine (dal 18 al 22 per cento), grassi e minerali. Non è possibile indicare un valore medio per i grassi: si va da un 2-3 per cento (di grassi di buona composizione) per il pollo e il coniglio, fino al 35-40 per cento (di grassi saturi) per il bue e il maiale.

Fra i minerali, molto ridotti, è discreto l'apporto di ferro.

Fra le vitamine sono importanti quelle del gruppo B, presenti soprattutto nel fegato.

L'allevamento di animali da carne su larga scala è un fenomeno soltanto moderno, che ha coinciso con l'introduzione delle nuove diete ad alto contenuto di proteine. Infatti, se per produrre una certa quantità di proteine vegetali occorre una certa superficie, la stessa quantità di proteine animali richiede una superficie fino a dieci volte maggiore. Evidentemente, in un'economia attenta agli equilibri locali, le popolazioni sedentarie trovavano molto più conveniente coltivare cereali e legumi piuttosto che foraggio. Per questo un tempo la carne era un prodotto di lusso. E lo è tuttora: non tanto per noi quanto per il nostro pianeta. Consumare carne al ritmo imposto dalla nostra civiltà 'carnivora' richiede la riconversione all'allevamento di terre vergini, fra cui le foreste amazzoniche, fondamentali per l'equilibrio del nostro habitat.

Nella storia dell'alimentazione la carne è sempre stata un complemento del pasto e non il suo 'piatto forte', salvo che nei popoli nomadi e sulle tavole dei ricchi. Per l'aristocrazia inglese, la cacciagione era segno di potere e di prestigio, e i bracconieri che cacciavano selvaggina nei boschi dei nobili erano condannati a pene severissime. Per il popolo, la macellazione e la preparazione delle carni degli animali domestici era quasi un rito (e lo è tuttora nelle campagne, anche le nostre, dappertutto dove sopravvivono gli usi contadini). Spesso la carne, quando c'era, era in quantità minime e veniva aggiunta ai piatti solo come ingrediente in più. Questa è l'origine di molti piatti unici tradizionali, come le paste al ragù, i ravioli, i ripieni.

Il pesce

Il pesce, un tempo considerato alimento di second'ordine di fronte al 'superiore valore nutritivo' della carne, ha conosciuto recentemente una grossa rivalutazione da parte dei nutrizionisti.

Che cosa contiene

Il pesce è un alimento di alto valore proteico (dal 12-14 per cento al 30 per cento) ma il suo valore nutrizionale è diverso, e per certi aspetti molto più interessante di quello della carne. Infatti il pesce è ricco di grassi che, diversamente da quelli della carne, sono costituiti in buona parte da acidi grassi polinsaturi, i grassi 'buoni' che diminuiscono la quantità di colesterolo nel sangue e prevengono i problemi vascolari.

Il pesce inoltre, nelle sue infinite varietà, è particolarmente ricco di minerali e oligoelementi pregiati. Gli elementi più rappresentati sono il sodio, il fosforo, il calcio, lo iodio, il fluoro, mentre il ferro è degno di nota solo in alcuni molluschi. Le vitamine sono quelle del gruppo B, la A e la D.

Oltre al pesce fresco, che ha bisogno di costosi trasporti per essere distribuito in tempi utili, la tradizione ha sempre usato il pesce secco e

Cagliata *Consumare la cagliata è una maniera salutare (e molto digeribile) per approvvigionarsi di calcio e di proteine.*

Yogurt *Si assimila facilmente (qualcuno dice che è 'latte predigerito') senza creare problemi neanche a chi è intollerante al latte. Mantiene l'equilibrio della flora intestinale.*

Burro *È grasso puro (grassi saturi): per questo motivo è meglio che le persone con problemi di colesterolo non lo consumino spesso. In ogni caso è meglio mangiarlo crudo e non usarlo per friggere.*

Latte di soia *Può essere un buon sostituto del latte di origine animale. È più digeribile, non crea intolleranze e ha un contenuto nutritivo equiparabile a quello, appunto, del latte.*

Panna *Ricca di grassi saturi, di proteine, di calcio e di vitamine A e D. Molto nutriente e ipercalorica.*

Burro chiarificato fuso
Il burro chiarificato (chiamato anche ghee) può essere riscaldato a temperature più alte di quello normale senza che annerisca. È comunque preferibile farlo fondere 'a bagno maria' e non friggerlo.

Latte *Apporta vitamine, proteine e minerali (calcio e fosforo). È preferibile consumarlo scremato.*

Tofu *È un 'formaggio' a base di soia. Non contenendo grassi saturi, non presenta alcun problema per quanto riguarda il tasso di colesterolo.*

Kefir *È una bevanda effervescente, molto nutriente, che si ottiene dalla fermentazione del latte (ma anche dalla fermentazione della frutta). È più digeribile del latte.*

Siero di latte *È la parte del latte che rimane dopo la formazione del formaggio. Disinfetta l'intestino.*

Il pesce è più 'pulito' della carne?
Il pesce proviene in genere dal mare aperto e non, come le carni, da allevamenti industrializzati. Ricordiamoci, però, che non esistono più mari 'selvaggi': tutti sono inquinati, dai metalli pesanti come mercurio, rame, piombo, cadmio. L'inquinamento è più grave quanto più il mare è chiuso e poco profondo, oltre che più industrializzato. È giusto quindi conoscere la provenienza del pesce che compriamo, in modo da poter valutare il grado di inquinamento delle varie zone di pesca. Non dimentichiamo inoltre che si sta diffondendo l'allevamento del pesce, sia di mare sia di acqua dolce, con relativo uso di mangimi.

I surgelati
Il pesce surgelato, come altri alimenti trattati in questo modo, offre garanzie nutrizionali praticamente identiche a quelle dei prodotti molto freschi, in particolare per quanto riguarda il tenore di vitamine. Questo avviene però con un forte dispendio energetico: infatti la protezione degli elementi nutritivi funziona solo se la 'catena del freddo' non si interrompe mai, il che significa magazzini, trasporti, grossisti e banchi di vendita, in tutto il mondo.

il pesce fermentato. L'essiccazione e la fermentazione consentono di conservare il pesce migliorando le sue caratteristiche nutrizionali senza dispendio di energia. Una strada moderna che oggi abbiamo a disposizione è quella della surgelazione: il pesce proveniente da mari lontani viene pulito e surgelato immediatamente dopo la pesca, già a bordo di speciali navi attrezzate, e mantiene intatte quasi completamente le sue caratteristiche di freschezza nel corso dell'intera distribuzione.

Anche il pesce sott'olio e in salamoia mantiene intatte alcune delle sue caratteristiche nutrizionali, in particolare il valore dei grassi.

Le uova

Per i vegetariani di stretta osservanza, uova e derivati del latte sono da evitare quanto carni e pesci, e per le stesse ragioni: perché sfruttano esseri viventi, e perché il loro consumo è correlato all'insorgenza di molte malattie.

Ma anche per i nutrizionisti 'classici' questi alimenti sono controversi. In particolare le uova sono state oggetto nei decenni scorsi di una campagna denigratoria molto pesante, soprattutto per il loro contenuto di colesterolo. Oggi, invece, le azioni delle uova sono risalite.

Che cosa contengono

L'uovo è costituito da un'unica, grandissima cellula che contiene tutto ciò che occorre per dare origine a un nuovo organismo. Come ha sempre sostenuto la tradizione contadina, le proteine del tuorlo sono di altissimo valore biologico: nessun'altra proteina alimentare può essere utilizzata in modo così completo.

Oltre che di proteine, il tuorlo è ricco di grassi: colesterolo, un terzo di grassi saturi, due terzi di preziosi acidi grassi insaturi. E la presenza di colesterolo è bilanciata dall'abbondante lecitina, ottimo ripulitore delle arterie. L'albume dell'uovo contiene una proteina (l'ovoalbumina) che può provocare allergia nei bambini molto piccoli.

Occorre quindi evitare di dare uova ai bambini fino a un anno di età. Un'altra proteina dell'albume (l'avidina) rallenta la digestione dell'uovo crudo, ma sparisce nell'uovo cotto. Per digerire un uovo crudo ci vogliono due ore, mentre per un uovo cotto (senza grassi) bastano 90 minuti.

L'uovo è controindicato solo per chi soffre di calcoli delle vie biliari, perché la sua ingestione può provocare la contrazione della colecisti. Le altre controindicazioni tradizionali, dall'insufficienza epatica all'arteriosclerosi, si sono dimostrate senza fondamento.

L'uovo è particolarmente ricco di vitamina A e di altre vitamine importanti. La sua qualità nutrizionale dipende anche dalla sua provenienza: animali alimentati con mangimi biologici, o meglio all'aperto, con la possibilità di nutrirsi di alimenti selvatici, danno prodotti di qualità molto elevata. È molto importante anche la freschezza, che è strettamente legata alla digeribilità.

Il latte e i suoi derivati

Non ci sono solo i vegetariani di stretta osservanza a dire male del latte. Oggi anche i nutrizionisti 'classici', dopo il lungo periodo in cui il latte e i suoi derivati sembravano l'unico alimento sano e sicuro, hanno cominciato a mettere a fuoco una serie di problemi.

Un tempo considerato il prototipo degli alimenti innocui, oggi il latte viene guardato più realisticamente. Proviene dagli allevamenti industriali, quindi può essere inquinato (spesso anche pesantemente) da residui di farmaci. Ma soprattutto è un alimento che nella natura ha uno scopo particolare, l'alimentazione dei cuccioli immaturi. L'uomo è l'unica specie che consuma latte anche dopo lo svezzamento. Alcune delle razze umane sono sprovviste degli enzimi necessari a digerirlo; e per molti adulti si tratta comunque di un alimento che può presentare problemi. (Quando si manifesta un'intolleranza alimentare il latte è sempre in prima linea fra i possibili sospetti.)

Che cosa contengono

Il latte e i suoi derivati sono considerati la fonte più sicura e a portata di mano di un minerale molto importante: il calcio. In realtà anche molti vegetali sono ricchi di calcio, per esempio prezzemolo, tarassaco, foglie di rapa, crescione e alghe.

Latte e derivati sono alimenti gradevoli e ricchi di elementi nutritivi che, se vengono usati in modo intelligente, apportano all'organismo molti benefici. Conviene:

- prestare un orecchio attento alle eventuali intolleranze individuali (per la verifica basta qualche giorno di sospensione);
- consumare di preferenza latte fermentato invece che al naturale: yogurt, latte cagliato, formaggio fresco;
- consumare preferibilmente la parte magra del latte: in molte preparazioni la ricotta può sostituire il burro, lo yogurt magro la panna.

Una nota a parte meritano i formaggi, in particolare quelli stagionati. Le proteine dei formaggi sono di buona qualità, superiori a quelle della carne. E in alcuni formaggi (come il parmigiano reggiano, certi taleggi,

Caciotta di capra *Fomaggio preparato con latte crudo di capra, può prendere il nome di 'caciotta', 'formaggella' o 'fiore' (in Sardegna).*

Gorgonzola *È forse il più celebre fra i formaggi piccanti italiani. Ha un contenuto di grassi molto alto (dal 48 al 55 per cento).*

Formaggio di pecora affumicato *Preparato con latte crudo di capra, ha pasta dura, senza buchi.*

Grana *Di latte vaccino parzialmente scremato, confezionato in forme stagionate almeno per un anno. È adatto per essere grattugiato. Ha un contenuto di grassi di circa il 30 per cento.*

Formaggio di capra stagionato *Di sapore molto forte, tende ad 'ammuffire' invecchiando, assumendo un colore verde-bluastro.*

Formaggio di pecora *Di latte crudo di pecora, ha un sapore forte e aromatico, salato e poco acido.*

Formaggio di capra *Ricco di vitamina B_2, contiene meno calcio, calorie e vitamina A di quello di pecora.*

Formaggio fresco di capra *Povero di grassi e calorie, è di sapore dolce.*

Taleggio *Di latte di mucca, crudo, morbido, contiene circa il 50 per cento di grassi.*

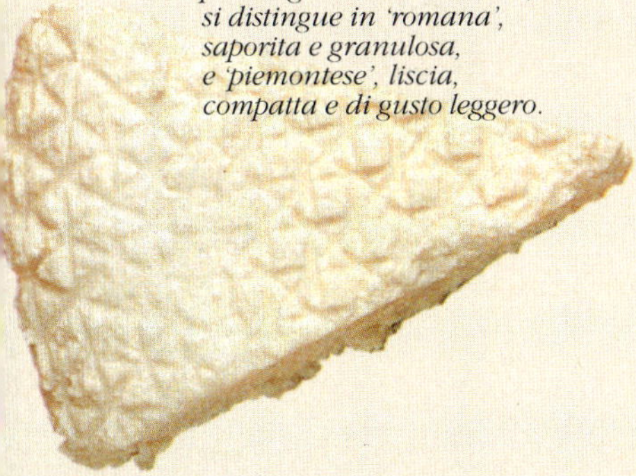

Ricotta *È il formaggio più magro. Ricca di calcio, si distingue in 'romana', saporita e granulosa, e 'piemontese', liscia, compatta e di gusto leggero.*

Gruviera *Di latte di mucca (grassi 45 per cento circa), è molto nutriente. Il 'gruviera', o 'groviera' è il nome attribuito al formaggio 'tipo emmental' di produzione nazionale.*

olcelatte *È uno dei omi che viene dato l formaggio esco di mucca, olce e cremoso, iù facile da digerire ei formaggi stagionati.*

Crescenza *Detta anche 'stracchino', ha un contenuto medio di grassi di circa il 45 per cento. Di sapore tenue e facile digeribilità, va mangiata molto fresca (basta un giorno di troppo e può assumere un sapore acido o amarognolo).*

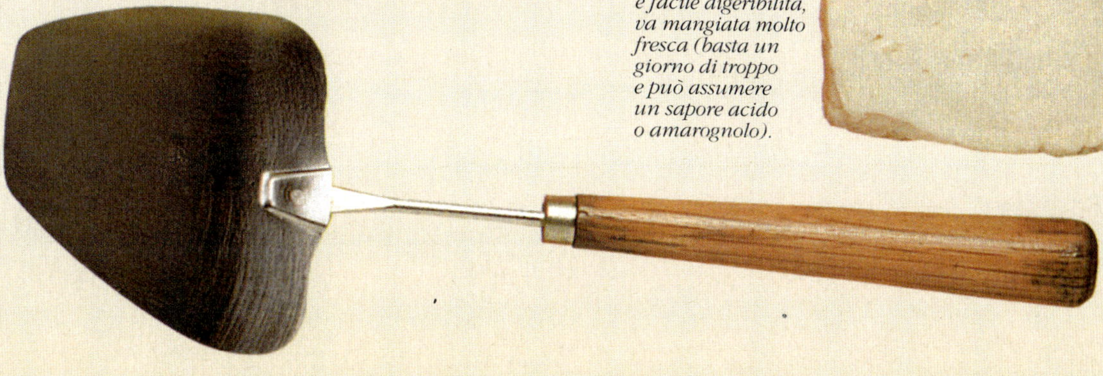

Il latte nella tradizione
Tradizionalmente i popoli hanno preferito consumare (al posto del latte crudo) i prodotti ottenuti dalla sua fermentazione, molto più digeribili, come i vari tipi di yogurt e le infinite varietà di formaggi.

le fontine, i formaggi originali del Sud) la lavorazione particolare e la stagionatura producono trasformazioni profonde. Nonostante la ricchezza di grassi, formaggi di questo genere sono di solito altamente digeribili anche quando c'è una specifica intolleranza al latte fresco.

Sono invece da evitare i formaggi manipolati e trattati dall'industria (soprattutto i formaggi fusi, i cosiddetti 'formaggini'): molto spesso sono prodotti di scarto, pesantemente additivati.

I GRASSI

Se esiste un campo in cui gli scienziati non riescono a mettersi d'accordo, questo è proprio quello che riguarda il rapporto fra grassi e salute.

Una certa quantità di grassi è essenziale per l'organismo; è vero, però, che l'europeo medio ne consuma assolutamente troppi, spesso di pessima qualità e alterati da cotture pericolose (le patatine fritte in sacchetti, presenti in tutti i negozi di alimentari e i grassi presenti nelle merendine confezionate sono fra gli esempi negativi).

Vergine e no

Le caratteristiche dell'olio d'oliva che troviamo nei negozi sono fissate per legge (decreto n. 509 del 1987). Ci sono solo quattro tipi di olio d'oliva in commercio: olio di oliva extravergine, olio di oliva vergine, olio di oliva, olio di sansa di oliva.

Olio di oliva extra vergine
È olio vergine, cioè ottenuto solo con procedimenti meccanici e fisici che non lo alterano in alcun modo. Non ha subìto riscaldamento, né trattamenti chimici, né è stato mescolato ad altri oli. Dev'essere di gusto perfetto. Si chiama 'extra' perché deve avere un tasso di acidità (espressa in acido oleico) basso: non più dell'1 per cento.

Olio di oliva vergine
Ha le stesse caratteristiche dell'extravergine salvo per l'acidità, che può arrivare a una percentuale del 2 per cento.

Olio di oliva
È una miscela di olio vergine e di olio raffinato, cioè trattato con procedimenti chimici per eliminare difetti e acidità eccessiva. L'acidità non può superare l'1,5 per cento. L'olio vergine serve solo per ridare sapore, ma può essere anche meno del 20 per cento.

Olio di sansa di oliva
È una miscela di olio vergine (che in pratica serve anche qui solo per ridare sapore) e di olio di sansa di olive raffinato. La sansa di olive è la massa pastosa che resta dopo la spremitura dell'olio migliore. L'olio che ancora contiene viene ottenuto per mezzo di un solvente e raffinato per eliminarne i difetti. L'olio di sansa di oliva non può superare l'1,5 per cento di acidità.

È evidente che la genuinità dell'olio d'oliva viene tutelata dalla legge solo nei primi due casi; l'olio extravergine è ovviamente più consigliabile per sapore e profumo.

La legge non impone al produttore di specificare la zona di produzione dell'olio messo in commercio. È invece un'informazione importante, perché l'olio vero, come il vino buono, cambia caratteristiche e sapore a seconda della provenienza. Inoltre ci sono oli stranieri (per esempio spagnoli) che sono assai meno pregiati dei nostri, anche se sono degli extravergine. Un po' di attenzione ai sapori e agli accostamenti ci aiuterà a distinguere, fra olio e olio, i più genuini e i migliori.

Grassi saturi e insaturi

È facile fare confusione fra i grassi e gli acidi grassi. I grassi sono le sostanze che usiamo per condire e per cuocere, come l'olio, lo strutto, il burro. Gli acidi grassi sono il costituente principale della struttura chimica dei grassi, e sono grosse molecole fatte di atomi di carbonio, di idrogeno e di ossigeno.

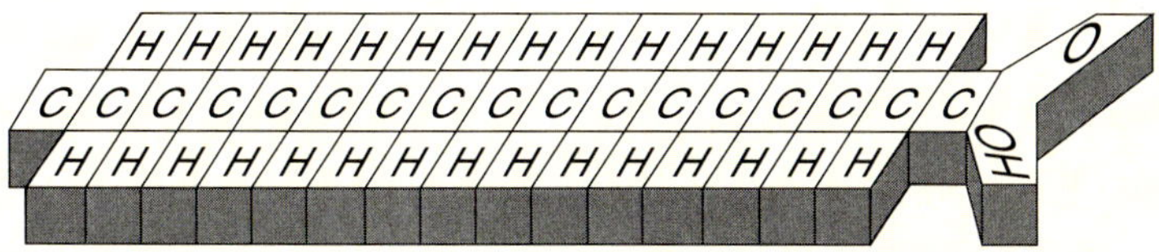

Acido grasso saturo

Nella molecola degli acidi grassi ogni atomo di carbonio può legarsi saldamente a due atomi di idrogeno, uno per lato. Ma a volte nella catena rimangono dei 'buchi': due atomi di carbonio, uno vicino all'altro, si legano con un solo atomo di idrogeno e non con due.

Quando nella catena molecolare non ci sono buchi, e ogni atomo di carbonio è legato saldamente a due atomi di idrogeno, l'acido grasso è saturo. Quando invece ci sono dei buchi l'acido grasso è detto insaturo. Se nell'acido grasso insaturo il 'buco' è uno solo si parla di acido monoinsaturo, come nel caso dell'olio d'oliva.

Quando i buchi sono due o più si parla di acido grasso polinsaturo. Gli acidi grassi polinsaturi sono particolarmente instabili: sono cioè facili a irrancidire e durante la cottura si alterano formando sostanze cancerogene. Più la molecola è 'bucata' più il grasso è fluido; per questo gli oli di semi, ricchi di acidi grassi polinsaturi, sono molto fluidi, mentre il burro e i grassi animali, ricchi di acidi grassi saturi, sono solidi anche a temperatura ambiente. Gli oli di semi vengono solidificati, cioè trasformati in margarine, per mezzo della idrogenazione, un procedimento che aggiunge idrogeno nei punti mancanti. Ma durante l'idrogenazione le molecole degli acidi grassi cambiano struttura. Il numero e il tipo degli atomi rimane lo stesso degli acidi grassi naturali, ma la loro disposizione cambia: come in una graffetta che viene aperta e stortata. Nascono così gli acidi grassi trans-saturi, in pratica inesistenti in natura.

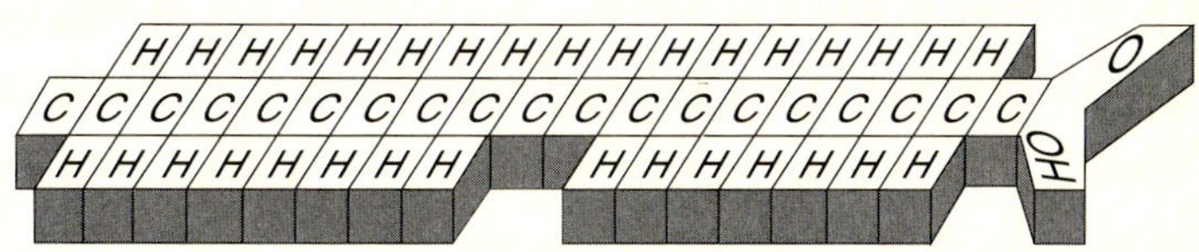

Acido grasso monoinsaturo

I grassi che contengono molti acidi grassi saturi, cioè i grassi animali e alcuni oli vegetali come l'olio di cocco e di palma, sono necessari all'organismo solo in piccole quantità. Consumati in eccesso, hanno dimostrato in numerosi studi di correlarsi alle malattie cardiovascolari.

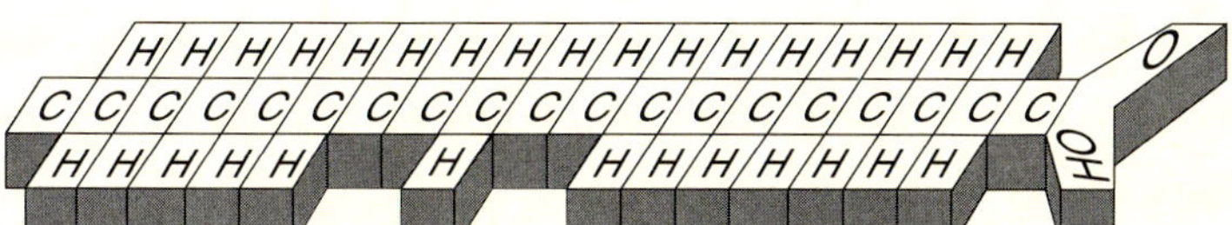

Acido grasso polinsaturo

Gli oli ricchi di acidi grassi insaturi sono anch'essi necessari all'organismo e svolgono un'efficace azione di prevenzione nei confronti di alcune malattie, abbassando per esempio il livello del colesterolo nel sangue.

L'unica certezza scientifica, in fatto di grassi, è che esiste un fabbisogno minimo sotto cui non si può scendere (circa l'8 per cento della quota calorica totale) e un massimo che non si può superare senza rischi di malattie.

La prima cosa da ricordare è che i grassi non sono tutti uguali, e che il nostro organismo richiede un apporto equilibrato fra i diversi tipi. I grassi della carne e dei latticini, e molti dei grassi 'nascosti' della nostra alimentazione, sono grassi saturi.

È opportuno quindi usare, per cucinare e condire, i grassi vegetali, in particolare i preziosi grassi insaturi che devono costituire almeno un terzo del totale.

È importante anche proteggere i grassi dall'ossidazione (cioè dall'irrancidimento) soprattutto durante la cottura. La protezione migliore è data dalla vitamina E, che però è presente solo negli oli integrali (non raffinati) e spremuti a freddo.

L'olio migliore per cucinare e per cuocere è quindi l'olio extravergine di oliva.

Gli acidi grassi trans-saturi
Durante il processo di idrogenazione (la solidificazione degli oli) le molecole degli acidi grassi cambiano struttura, formando gli acidi grassi trans-saturi. Secondo lo scienziato francese Michel Odent, gli acidi grassi trans-saturi entrano in competizione con gli acidi grassi naturali e bloccano alcune importanti catene metaboliche. La cosa è preoccupante perché gli acidi grassi 'buoni' (soprattutto gli acidi grassi essenziali) hanno una funzione importante nello sviluppo del cervello del neonato e nella formazione delle membrane cellulari. Secondo Michel Odent le donne incinte e le madri che allattano dovrebbero evitare i grassi idrogenati con particolare attenzione.

Diversi oli di semi potrebbero trovare un ottimo impiego alimentare, in alternanza con l'olio di oliva, a condizione però di essere stati estratti con metodi delicati, come la spremitura a freddo, e non raffinati in seguito.

La legge italiana ha per lunghi anni imposto persino una decolorazione (con solventi chimici) degli oli di semi per poterli distinguere dagli oli di oliva. Grazie ai nuovi sistemi di analisi e all'unificazione delle norme legislative nei vari paesi CEE, si stanno però rivedendo tali disposizioni, anche se probabilmente passerà qualche anno prima che, sugli scaffali dei supermercati, possiamo trovare oli di semi di qualità, cioè non raffinati né decolorati.

Uno degli ingredienti più diffusi nell'industria alimentare sono i grassi idrogenati. Sono grassi insaturi, cioè fluidi, che vengono saturati di idrogeno e diventano quindi solidi a temperatura ambiente, simili al burro. È così che vengono fabbricate le margarine. Ma l'idrogenazione fa perdere ai grassi le capacità protettrici nei confronti delle malattie vascolari.

In fatto di grassi la cosa più sensata da fare è quella di seguire alcune precauzioni:

- eliminare dalla nostra alimentazione tutti i grassi inutili, quelli che usiamo solo per abitudine. Spesso basta cambiare tipo di pentola, o genere di cottura, per ridurre la quantità di grassi;
- scegliere per cucinare e condire solo grassi della migliore qualità, freschi e possibilmente biologici;
- evitare i prodotti industriali troppo ricchi di grassi, e tutti quelli che impiegano grassi di qualità cattiva o dubbia.

Zucchero in polvere
Più raffinato dello zucchero grezzo, è comunque meglio dello zucchero bianco.

Zucchero grezzo
Essendo meno raffinato dello zucchero bianco, demineralizza meno l'organismo. È comunque da usare con moderazione.

Zollette di zucchero poco raffinato *Come tutti gli zuccheri, vanno consumate con moderazione (pur essendo meglio delle comuni zollette di zucchero bianco).*

Zucchero candito
Originario di Creta (Candia), si presenta sotto forma di cristalli scuri. Non è di facilissima digestione.

Miele millefiori
È il miele più comune. Salutare, nutriente, ricco di vitamine (purché vergine integrale).

Miele di rosmarino
Favorisce le funzioni del fegato ed è indicato in convalescenza e contro il mal di gola.

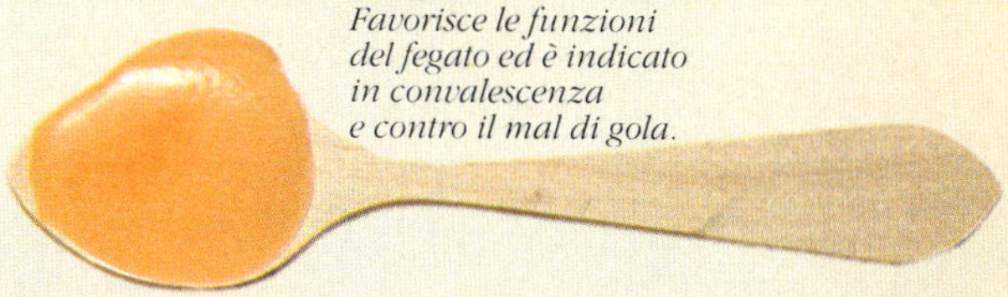

Melassa *È il liquido denso che si separa dai cristalli durante la fabbricazione dello zucchero. Ha un elevato tenore di saccarosio.*

Sciroppo di mela
È un concentrato di mela. È dolce e gelatinoso.

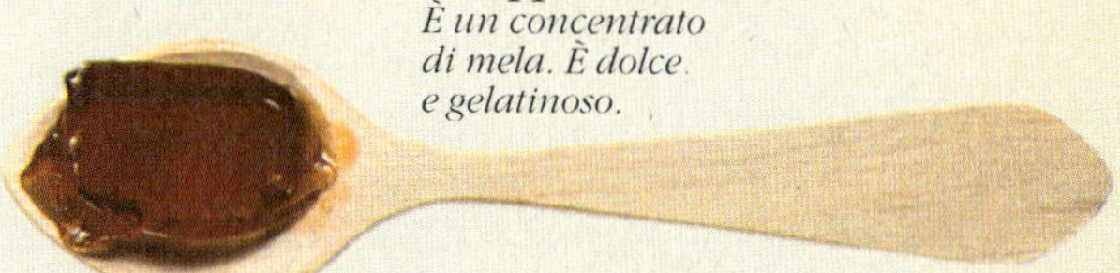

Caramello
Se viene preparato con lo zucchero grezzo, è più salutare di quello preparato con lo zucchero raffinato.

Sciroppo di acero
Molto popolare nell'America del Nord, è una bevanda densa e dolce. Si ottiene dalla linfa dell'acero.

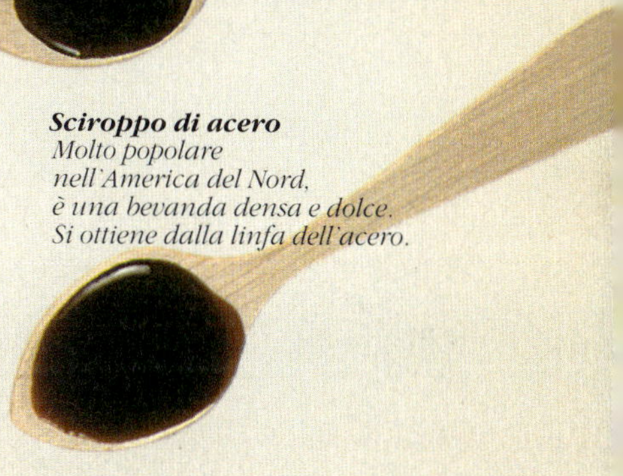

Lo zucchero e i dolci

Lo zucchero bianco ha introdotto nell'alimentazione un nonsenso dietetico: un prodotto chimicamente puro, un concentrato di sostanza energetica senza nessuno dei componenti che servono all'organismo per assimilare il cibo. In più si tratta di zucchero semplice, che viene immediatamente assorbito, provoca una rapidissima reazione di riequilibrio da parte delle funzioni corporee, e brucia in questa reazione molti preziosi elementi vitali. Dopo di che, l'eccesso di energia introdotto nel corpo viene stivato sotto forma di grasso.

Lo zucchero bianco è diventato sempre più economico (mentre lo zucchero coloniale, di canna, era molto costoso e veniva usato con parsimonia) e ha creato una nuova categoria di alimenti, i dolci: caramelle, torte, biscotti, brioches...

Il gusto per gli alimenti molto zuccherati è qualcosa che si impara, ed è forse legato alla mancanza cronica di oligoelementi vitali. Per la maggior parte degli adulti e per i bambini che si nutrono correttamente le caramelle e i dolci industriali sono, appunto, troppo dolci: un bambino può fare un grosso capriccio per avere il leccalecca che vede in mano al suo amichetto, e poi sputarlo dopo un minuto.

Lo zucchero bianco
Lo zucchero bianco è un'invenzione recente. Per tutta l'antichità non è mai esistita una vera e propria categoria di dolci separata dal resto degli alimenti. Ancora due secoli fa la grande cucina europea mescolava con una certa disinvoltura miele, droghe e grassi con selvaggina, verdure e qualsiasi altro ingrediente. Il dolce è diventato una categoria alimentare a parte dopo l'invenzione dello zucchero di barbabietola, la cui ricerca fu 'sponsorizzata' da Napoleone per aggirare il blocco inglese delle merci d'oltremare.

Chi ha bisogno di zuccheri semplici?

Si ha bisogno di zuccheri semplici quando si ha freddo, quando si è stanchi, oppure quando il gusto è rovinato dai sapori troppo forti e smaccati. Per un organismo abituato a nutrirsi bene, il gusto del 'troppo dolce' passa da solo. Si preferiscono automaticamente i sapori degli zuccheri complessi, cioè dei cereali completi, molto più equilibrati e di un dolce graduale (anche un boccone di pane bianco diventa dolce per chi lo mastica lentamente), con il tocco di sapore della frutta secca, dei semi oleosi, degli aromi.

Questa è realmente l'unica strada per uscire senza soffrire dalle 'tentazioni' dello zucchero, che giustamente tutti i nutrizionisti accusano di gravi peccati (mentre per le scuole di alimentazione naturale è spesso l'incarnazione del male).

A parte la sua eccessiva carica calorica, lo zucchero è sotto accusa perché consuma gli enzimi e gli oligoelementi che occorrono per la sua assimilazione, traendoli dalle riserve dell'organismo.

Chi cerca il dolce può sostituire vantaggiosamente lo zucchero con altri prodotti (attenzione, però: tutti gli alimenti molto dolci hanno il problema di essere 'bombe caloriche', per cui vanno utilizzati con parsimonia, anche se sono ricchi di sostanze utili). Fra di essi contiamo:

- il miele, meravigliosa sostanza (rubata alle api, e quindi respinta dai vegetariani di stretta osservanza), ricchissima di enzimi e sostanze vitali. Attenzione, però: il miele dev'essere integrale e non riscaldato, altrimenti i suoi elementi vitali muoiono;

- lo zucchero di canna completo, ricco di minerali e vitamine;
- lo zucchero d'orzo, in vendita come estratto sciropposo di malto d'orzo, che contiene numerosi nutrienti. È molto ricco di enzimi e facilita la digestione dei cereali;
- la frutta secca, coi suoi sapori zuccherini e squisiti, può rimpiazzare vantaggiosamente lo zucchero in molti dessert.

Esistono in commercio molti sostituti sintetici dello zucchero. Alcuni sono sicuramente dannosi, e nessuno offre all'organismo elementi nutrizionali di qualche utilità. Ci sono mezzi più sensati per ridurre il consumo di zucchero; è meglio quindi evitarli.

Il sale e gli aromi

L'abuso di sale (soprattutto di sale raffinato, cioè privato come lo zucchero dei suoi nutrienti) è un altro dei peccati capitali dell'alimentazione moderna.

La sua presenza nei prodotti industriali ha lo scopo di creare un sapore deciso, e sempre uguale, negli alimenti in cui il sapore vero è stato ucciso, o è inaccettabile.

Un modo dolce e non traumatico per consumare meno sale (che in eccesso risulta dannoso) è quello di sostituire il sale raffinato col sale marino integrale, che contiene oligoelementi preziosi. L'impiego del sale integrale è il primo passo per saziare la 'fame' nascosta di oligoelementi che ci spinge a mangiare più del dovuto.

Un'altra mossa essenziale è quella di non salare, o salare pochissimo, gli alimenti, in modo che ciascuno possa aggiungere sale al suo piatto (se lo desidera) soltanto in funzione delle proprie esigenze. Gradualmente il nostro gusto tornerà a percepire i sapori nascosti del cibo e proverà sempre meno il bisogno di coprirli con un gusto 'esterno'.

L'Oriente e la cucina naturale usano molto volentieri, al posto del sale, numerosi derivati della soia, meno ricchi di sodio e con grandi proprietà alimentari (la maggior parte è prodotta dalla fermentazione della soia). Troverete la loro descrizione nella seconda parte del libro.

Per quanto riguarda gli aromi, di solito i nutrizionisti li trascurano: infatti non forniscono elementi energetici, e apportano pochi elementi nutritivi. Sono però essenziali, e da sempre l'alimentazione tradizionale ci insegna a usarli generosamente.

Impariamo a 'sentire' i sapori
Fate una prova pratica: quando mangiate un piatto con poco o pochissimo sale e molto sapore (come un'insalata mista o una zuppa di verdure) vi accorgerete che ai primi bocconi il gusto vi sembra insipido. Vorreste salare abbondantemente... ma non fatelo. Se dopo qualche istante vi servite di nuovo, noterete che il gusto 'al naturale' è quello che vi soddisfa. È come quando i vostri occhi si abituano a una stanza buia, e quello che all'inizio sembrava un nero profondo diventa gradatamente visibile.

Rosmarino *È una spezia tipica del Mediterraneo; è carminativo, leggermente diuretico e stimolante. Va usato con moderazione perché il suo aroma è molto intenso.*

Finocchio *I semi di finocchio sono digestivi, alleggeriscono i piatti ricchi di grassi. Si utilizzano nelle minestre, nelle salse, nelle insalate. Aromatizzano il pane con il loro sapore di anice.*

Origano *Molto aromatico, si può consumare sia fresco sia essiccato. Ottimo sulle verdure crude e cotte e sulle pizze. È quasi un simbolo, assie al basilico, della cucina mediterranea*

Timo *Aromatizza e alleggerisce molti piatti, da quelli a base di pesce alle carni, ai purè di patate. Il suo sapore si combina bene con maggiorana e rosmarino.*

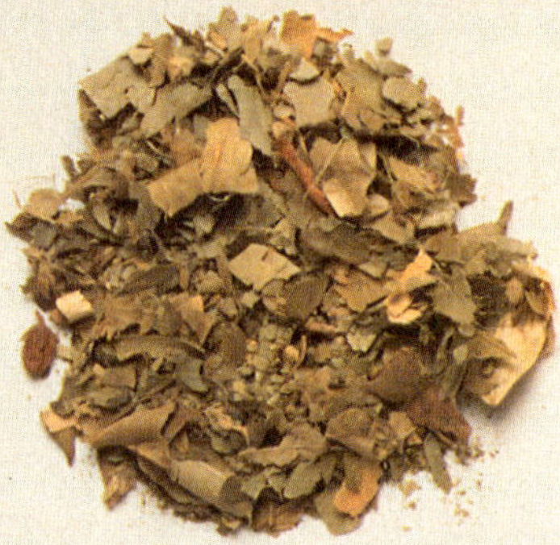

Foglie di arancio *Sono aromatiche e, in infusione, hanno proprietà sedative, calmanti dei bruciori di stomaco e carminative.*

Aneto *Le foglie fresche hanno un sapore piuttosto piccante; i semi sono più forti e amari. Aggiungete l'aneto sempre a fine cottura.*

Salvia *Le foglie possono essere utilizzate fresche o essiccate. In infusione è buon sedativo ed equilibrante del sistema nervoso.*

Dente di leone (tarassaco) *Si può usare fresco o essiccato per insaporire numerosi piatti. È diuretico, depurativo e blandamente lassativo.*

Maggiorana *Ha un aroma dolce e delicato e può essere aggiunta a tutt i piatti. Si può usare sulle insalate di pomodori, sulle pizze, sugli spaghe*

Cumino *Ha un sapore forte e aromatico; si può utilizzare intero o polverizzato. È adatto per insaporire cavoli, cavolfiori, patate e altre verdure cotte.*

Menta *Molto rinfrescante, la varietà 'piperita' contiene più mentolo. Adatta per condire insalate, carni bollite, succhi di frutta. È digestiva e tonificante.*

Prezzemolo *Fresco è adatto per condire insalate, minestre, piatti di pesce e carne (si aggiunge crudo, alla fine della cottura).*

Alloro *Le foglie diventano più profumate se vengono spezzate. Si può usare fresco o essiccato. È stimolante, antisettico, digestivo.*

Prezzemolo essiccato *Si usa come il prezzemolo fresco. Per farlo essiccare (e mantenerne in più possibile l'aroma e il colore), mettetelo nel forno, al minimo, con la porta aperta.*

Anice verde *Carminativo (che evita la formazione di gas nello stomaco e nell'intestino), fornisce un particolare sapore a verdure cotte e insalate.*

Coriandolo *I semi macinati sono usati nel curry; si possono aggiungere alla frutta cotta e ai dolci. I semi interi si usano nelle paste da torte o da pane.*

Basilico *È molto aromatico. Si può usare, crudo, nelle salse, nelle insalate e nelle paste. Stimola la digestione.*

SPEZIE E PIANTE AROMATICHE

Nome	Storia	Proprietà generali	Principali usi culinari
Acetosa (*Rumex acetosa*)	Molto consumata nell'antica Roma e nel medioevo.	Facilita la digestione.	Insalate di verdure crude, minestre, salse per accompagnare la carne o il pesce.
Aglio (*Allium sativum*)	Coltivato nell'antichità in Cina, in Egitto e in tutto il bacino mediterraneo. Usato ovunque.	Potente antisettico, vermifugo.	Salse, ortaggi, carni, pesci e cereali.
Aneto (*Anethum graveolens*)	Originario del bacino del Mediterraneo. Carlo Magno ne ordinò la coltivazione sulle sue terre.	Previene i gas intestinali. Antispasmodico, antisettico e calmante. Stimola l'appettito.	Insalate, yogurt, minestre, ortaggi e pesce.
Angelica (*Archangelica officinalis*)	Utilizzata soprattutto nell'Europa del Nord, da dove proviene.	Stimola l'apparato digestivo. Antisettica. Secondo gli antichi prolungava la vita.	Gli steli sono utilizzati in pasticceria. Le radici sono usate per la fabbricazione dei liquori.
Anice verde (*Pimpinella anisum*)	Originario del bacino del mediterraneo. Introdotto in Europa nel XVI secolo.	Previene la formazione di gas intestinali. Favorisce la digestione.	Utilizzato soprattutto per aromatizzare il pane, i dolci e gli ortaggi lattofermentati.
Badiana (*Illicium verum*)	Usata in Cina da millenni. Introdotta in Europa nel XVI secolo.	Facilita la digestione. Previene i gas intestinali. Diuretica.	Dolci, marmellate. Nella cucina cinese viene usata con alcune carni (anatra, maiale).
Basilico (*Ocimum basilicum*)	Originario dell'Asia. Introdotto in Europa nel XVII secolo.	Previene i gas intestinali. Stimola l'appetito. Facilita la digestione.	Base per la minestra provenzale al basilico (*pistou*) e per il pesto genovese
Borragine (*Borrago officinalis*)	Originaria del bacino del Mediterraneo. Consumata nel medioevo.	Effetto euforico (secondo la medicina del medioevo).	Insalate, crudità, ortaggi lattofermentati e nei ravioli.
Cannella (*Cinnamomum zeylanicum*)	Originaria dell'India. Una delle spezie usate più anticamente.	Previene il raffreddamento. Antisettica. Vermifuga. Stimolante.	Dolci, composte di frutta, pani speziati, torte, vini caldi.
Cardamomo (*Elettaria cardamomum*)	Originario dell'India. Già conosciuto dai Greci e dai Romani.	Stimola l'appetito e la digestione.	Salumi, carne, ortaggi lattofermentati, pasticceria, composte.
Carvi (*Carum carvi*)	Una delle spezie coltivate più anticamente. Proviene dal Medio Oriente.	Facilita la digestione. Efficace contro mal di stomaco e aerofagia.	Pani, alcuni formaggi, crudità, insalate, minestre, ortaggi cotti.

SPEZIE E PIANTE AROMATICHE			
Nome	**Storia**	**Proprietà generali**	**Principali usi culinari**
Cerfoglio (*Anthriscus caerefolium*)	Originario del Caucaso; utilizzato dall'antichità.	Ricco di vitamina C. Depurativo e diuretico.	Frittate, ortaggi, insalate, crudità, minestre, carne, pesce, formaggio bianco.
Chiodo di garofano (*Caryophyllus aromaticus*)	Coltivato in India e in Estremo Oriente da millenni. Introdotto in Europa nel medioevo.	Antisettico e antiossidante. Stimola l'appetito e la digestione. Usato contro il mal di denti.	Dolci, carne, pesce, vino caldo, leguminose secche, ortaggi (soprattutto cavolo rosso).
Coriandolo (*Coriandrum sativum*)	Conosciuto dagli antichi Egiziani e menzionato nella *Bibbia*. Introdotto in Europa dai Romani.	Previene i gas intestinali. Stimola la digestione.	Ortaggi (soprattutto il cavolo), crauti, legumi secchi, pane, salsiccia, pollame, selvaggina.
Cumino (*Cuminum cyminum*)	Utilizzato un tempo dagli Ebrei come spezia. Serviva anche per pagare la decima.	Stimola la digestione. Diuretico.	Pane, dolci, cavolo, crauti, formaggi, fagioli, cuscus, pollame.
Curcuma (*Curcuma longa*)	Originaria dell'India. Importata in Europa fin dall'antichità.	Favorisce la produzione e l'evacuazione della bile. Stimola l'appetito.	Usata per dare colore al riso e ai dolci, per uova strapazzate, insalate di pesce, maionese, carni.
Dragoncello (*Artemisia dracunculus*)	Usato da molto tempo in Cina e in Europa. Probabilmente originario della Siberia.	Rinfresca l'alito.	Pollame, frittate, insalate, pesce, aceto, cetrioli, salse (bernese, tartara), marinate.
Fieno greco (*Trigonella foenumgraecum*)	Originario del bacino del mediterraneo.	Corroborante. Stimola la digestione. Previene i gas intestinali.	Utilizzato nelle miscele di spezie, in particolare del curry.
Finocchio (*Foeniculum vulgare*)	Menzionato negli scritti dei Sumeri. Utilizzato da migliaia di anni in Asia e in Europa.	Stimola la digestione, soprattutto dei grassi. Diuretico. Favorisce la secrezione del latte.	Aromatizza minestre e verdure, pane, dolci, ortaggi lattofermentati, carni, castagne e pesce.
Ginepro (*Juniperus communis*)	Pianta spontanea molto diffusa nell'emisfero settentrionale.	Stimola l'appetito. Efficace contro gas intestinali e diarree. Antisettico.	Aromatizza cavolo, barbabietola, pesce, selvaggina e carne.
Issopo (*Hyssopus officinalis*)	Originario del bacino mediterraneo. Molto usato nel medioevo.	Stimola la produzione dei succhi gastrici. Facilita la digestione.	Ortaggi, insalate, salse, minestre, selvaggina e carni grasse.
Lauro (*Laurus nobilis*)	Nell'antichità il lauro (o alloro) simboleggiava il successo e la gloria.	Stimola l'appetito.	Per preparare marinate, bolliti, zuppe di pesce, ortaggi e paella.

Senape nera *Di sapore piccante, i suoi semi si possono usare assieme a sale e aceto per condire le insalate. La senape nera è una degli ingredienti della 'senape di Digione'.*

Senape bianca *La senape bianca è efficace contro i disturbi di stomaco e il mal di pancia. Stimola l'appetito e facilita la digestione dei grassi.*

Senape in polvere *Si tratta di semi di senape bianca e nera mescolati e triturati (a cui spesso vengono aggiunti della curcuma o dello zafferano).*

Capperi *Sono i boccioli di un arbusto sempreverde. Salati e marinati nell'aceto, si usano per insaporire salse e sughi per la pasta.*

Chiodi di garofano *Si utilizzano in salse o per aromatizzare bevande. Hanno proprietà antisettiche e anestetiche.*

Noce moscata *Conferisce un particolare sapore ai piatti e alle salse contenenti latte. Ha proprietà carminative.*

Pepe nero *Insaporisce quasi tutti i piatti. Da usare con moderazione perché, a forti dosi, è irritante.*

Pepe bianco *Si ottiene dalle bacche mature di pepe nero, che vengono macerate in acqua.*

Pepe verde *Le bacche di pepe verde sono le stesse di pepe nero colte acerbe. Aiuta la digestione dei grassi.*

Peperoncino *Detto anche 'pepe di Caienna', è utilizzato nelle salse, nelle minestre, per aromatizzare le carni.*

Polvere di peperone *Si ottiene macinando i peperoni rossi essiccati. È meno piccante del peperoncino.*

Paprica *Polvere piccante ottenuta per essiccazione e triturazione del peperoncino rosso.*

Curcuma *Detta anche 'zafferano delle Indie', è uno degli ingredienti del curry. Si può aggiungere alla senape, ai sottaceti, alle salse.*

Zafferano *Si usa in piccole quantità per conferire colore ed aroma ai piatti (tipico il suo uso nel 'risotto alla milanese'). Ha proprietà carminative.*

Curry *È una miscela, di origine asiatica, di spezie che variano a seconda del paese di origine (tra queste coriandolo, cumino, zenzero, curcuma, peperoncino).*

Zenzero *Ha un sapore sorprendente, tra il limone e il peperone. Se ne usa la radice. Ha proprietà digestive, stimolanti, antireumatiche e antisettiche.*

Fieno greco *Detto anche 'trigonella', può entrare nella composizione del curry. Stimola l'appetito. Con i semi si possono preparare salse.*

Ginepro *Le sue bacche aromatiche entrano nella preparazione delle conserve e dei piatti 'in carpione'. È stimolante e diuretico.*

Vaniglia *Si ottiene da una pianta delle Orchidacee (è il suo frutto, dapprima verde poi bruno). È digestiva, espettorante e cura l'inappetenza. Usata per aromatizzare i dolci.*

Cannella *È la corteccia essiccata di una pianta delle Lauracee. Ha un odore caratteristico e un sapore bruciante. Stimola il cuore, l'apparato respiratorio e la digestione.*

SPEZIE E PIANTE AROMATICHE			
Nome	**Storia**	**Proprietà generali**	**Principali usi culinari**
Levistico o sedano perenne (*Levisticum officinale*)	Originario del Medio Oriente. Molto usato nell'antichità e nel medioevo.	Stimola la digestione. Ricco di vitamina C.	Le foglie sono usate nelle minestre, nelle insalate, con gli ortaggi e con alcune carni.
Maggiorana (*Majorana hortensis*)	Originaria del bacino mediterraneo. Veniva usata già nell'antichità.	Antisettica.	Minestre, patè, ripieni, salse e salumi.
Melissa (*Melissa officinalis*)	Originaria del bacino mediterraneo. Molto usata dai Romani.	Digestiva. Stimola la secrezione epatica.	Frittate, riso, pesci, pollame, insalate, ortaggi, aringhe marinate, formaggio bianco, succhi di frutta, marmellate..
Menta piperita (*Mentha piperita*)	Molto apprezzata fin dal medioevo.	Stimola la secrezione dei succhi intestinali. Utile contro il mal di stomaco.	Ortaggi, insalate, bulghur, fave, formaggio bianco e yogurt.
Noce moscata (*Myristica fragrans*)	Originaria delle isole Molucche. Introdotta in Europa dagli Arabi.	Antiossidante. Facilita la digestione. Calmante a piccole dosi. Tossica a forti dosi.	Ortaggi, purè di patate, insalate, minestre, salse, carne, pesce, dolci e pan pepato.
Origano (*Origanum vulgare*)	Pianta spontanea in Europa, in Asia e in America. Molto usata nell'Italia meridionale.	Facilita la digestione. Antisettica.	Ortaggi, pizza, carni, pesci, pasta.
Pepe (*Piper nigrum*)	Originario dell'India. È la droga conosciuta più anticamente.	Stimola l'appetito. Previene i gas intestinali. Irritante a forti dosi.	La droga più usata in Occidente; ha innumerevoli usi.
Peperoncino (*Capsicum annuum*)	Originario dell'America latina.	Stimola la secrezione della saliva e le funzioni digestive.	Utilizzato per salse, per accompagnare minestre, carni e salumi.
Prezzemolo (*Petroselinum sativum*)	Originario del bacino del Mediterraneo. Introdotto in Europa nel medioevo.	Ricco di vitamina A e C, e anche di minerali.	Può accompagnare quasi tutti gli alimenti.
Rosmarino (*Rosmarinus officinalis*)	È una delle piante aromatiche più apprezzate sia nell'antichità sia nel medioevo.	Antiossidante.	Carne, pesce, ortaggi, formaggio bianco, pane, composte e macedonia di frutta.
Ruta (*Ruta graveolens*)	Usata come pianta medicinale dai Greci e dai Romani.	Stimola l'appetito. Previene la formazione di gas intestinali. Da usare solo a piccole dosi.	Pesce, selvaggina e uova. Viene anche utilizzata per aromatizzare la grappa.

SPEZIE E PIANTE AROMATICHE			
Nome	**Storia**	**Proprietà generali**	**Principali usi culinari**
Salvastrella (*Sanguisorba minor*)	Originaria del bacino del Mediterraneo. Cresce spontaneamente in tutta l'Europa.	Facilita la digestione. Viene utilizzata dalla medicina popolare contro le diarree.	Insalate di verdure crude, frittate, verdure cotte e minestre.
Salvia (*Salvia officinalis*)	Nel medioevo venne utilizzata come condimento e anche come pianta medicinale.	Efficace contro le infiammazioni della bocca. Antiossidante. Facilita la digestione.	Minestre, ortaggi, stufati, leguminose secche, carne di maiale, salumi e pollame.
Santoreggia (*Satureia hortensis*)	Usata fin dall'antichità fu persino consigliata da Virgilio, poeta latino del I secolo a.C.	Favorisce la digestione. Previene la formazione dei gas intestinali. Stimola l'appetito.	Leguminose secche (soprattutto i fagioli), carne, pesce, patate, ortaggi, stufati.
Sedano (*Apium graveolens*)	Usato correntemente fin dall'antichità.	Stimola l'appetito. Ricco di vitamina E.	Le foglie aromatizzano gli ortaggi, le minestre, i bolliti, la carne.
Senape bianca (*Sinapis alba*)	Originaria del Mediterraneo. Usata nell'antichità come ortaggio e come pianta medicinale.	Ha le stesse proprietà della senape nera.	Preparazione della senape da tavola; ortaggi lattofermentati.
Senape nera (*Brassica nigra*)	Originaria del Mediterraneo. Usata nell'antichità come ortaggio e pianta medicinale.	Proprietà antisettiche. Efficace contro il mal di pancia e il mal di stomaco. Stimola l'appetito.	Per la preparazione della senape. Ortaggi lattofermentati. Le foglioline possono essere aggiunte alle insalate.
Serpillo (*Thymus serpyllum*)	Cresce spontaneo in Europa, in Asia, in Africa del nord e in America.	Favorisce la digestione.	Ha gli stessi usi del timo (*vedi* Timo).
Timo (*Thymus vulgaris*)	Fu consigliato dal medico greco Dioscoride.	Ha proprietà battericide. Facilita la digestione dei grassi.	Viene usato per ortaggi, minestre, pesce, carni e salumi.
Vaniglia (*Vanilla planifolia*)	Gli Aztechi se ne servivano per aromatizzare il cacao.	Stimola la digestione.	Composte, creme, dolci, gelati.
Zafferano (*Crocus sativus*)	Originario dell'Asia Minore. Molto usato nel medioevo.	Stimola la digestione. Calma alcuni mali di stomaco.	Dà colore e profuma piatti di riso, pesci al forno e dessert.
Zenzero (*Zingiber officinale*)	Conosciuto in Asia e nel bacino mediterraneo fin dall' antichità.	Stimola appetito e digestione. Antiossidante. Previene i gas intestinali. Contro il mal di stomaco.	Minestre, pollame, dolci, curry.

Semi di papavero *Usati soprattutto per aromatizzare il pane e i dolci. Hanno proprietà antitosse.*

Cardamomo *È un buon condimento sia per i piatti dolci sia per quelli salati. Stimola l'appetito.*

Melissa *Di sapore simile al limone, si usa soprattutto per aromatizzare marmellate o macedonie di frutta.*

Pepe di Giamaica *Bacca non ancora matura di pepe. Si può utilizzare intera o macinata, come aromatizzante.*

Cumino dei prati *(sopra) Detto anche 'cumino tedesco', ha un sapore leggermente piccante. È stimolante e facilita la digestione.*

Santoreggia *(sopra) È utile per digerire i piatti pesanti. È molto saporita ed è quindi indicata nelle diete senza sale.*

Dragoncello *(sotto) Usato per preparare salse e nelle miscele di erbe aromatiche. Stimola l'appetito.*

Anice stellato *(sotto) Il suo sapore è leggermente più forte di quello dell'anice comune.*

Oggi nei prodotti industriali sono spesso sostituiti da sostanze di sintesi e soprattutto da quantità enormi di sale e zucchero raffinato.

La legge italiana ammette di chiamare 'aromi naturali' anche sostanze di sintesi purché il loro sapore sia presente anche in natura. Inoltre nuovi decreti legislativi prevedono anche aromi derivanti da sostanze di origine animale e l'impiego di procedimenti enzimatici e microbiologici (un argomento in pieno dibattito, che comunque invita alla prudenza e ad un attento controllo delle etichette).

Invece la cucina tradizionale sa (e la scienza lo sta scoprendo) che mangiare piatti aromatizzati, o no, può significare grosse differenze a livello di assimilazione. Nella cóttura delle leguminose, per esempio, la presenza di aromi migliora nettamente la digeribilità. In genere, un piatto con gli aromi giusti viene meglio assimilato di uno senza sapori.

Le sostanze nervine

C'è un'intera classe di sostanze (i cosiddetti 'nervini') che vengono classificate fra i cibi per comodità ma in modo improprio. In realtà la loro funzione non è quella di nutrire, né di fornire sostanze al metabolismo.

Sono il caffè, il tè, il cacao, alcuni aromi e (anche se le sue modalità di consumo sembrano diverse) il tabacco. Sono insomma i vegetali 'psicotropi', quelli che 'ci tirano su' quando siamo stanchi, depressi o un po' annoiati.

Tè e caffè vengono dall'Oriente; cacao e tabacco dall'America. Per molto tempo, in Europa, sono stati considerati (come lo zucchero e l'alcol) un medicinale, da vendere in farmacia.

Ma nei luoghi d'origine erano considerati con rispetto ben diverso, e usati con precauzione e norme rituali precise. Ingenuità di popoli primitivi? È difficile pensarlo di una civiltà come quella cinese, o come i Maya. In realtà si trattava di una strategia efficace per l'uso di sostanze che, utilizzate impropriamente, sono pericolose.

Per gli Indiani d'America il tabacco era un dono divino, e il *mezcal* (un particolare fungo dai poteri allucinogeni) è tuttora una 'droga' della loro religione ufficiale.

C'erano riti specifici per il loro uso personale e collettivo, in cui venivano utilizzati come strumenti per raggiungere una maggiore consapevolezza spirituale, in comunione con l'intera tribù e con le sue potenze protettrici.

Caffè, tè, cacao, cioccolato e bibite alla cola
Li riuniamo insieme perché sono, tutti, alimenti ricchi di caffeina, un alcaloide che influenza direttamente il sistema nervoso centrale. Una tazza di caffè contiene in media 100-150 mg di caffeina; una bottiglia di bibita alla cola 33-55 mg; un etto di cioccolato anche 75 mg. L'attività stimolante della caffeina è reale, e molto più naturale e benefica di quella di altri eccitanti, come le anfetamine. Però funziona solo se la caffeina è assunta saltuariamente. Quando viene consumata abitualmente i suoi effetti si affievoliscono, e, come succede per tutti gli stimolanti, alla fase di eccitazione subentra in fretta una fase depressiva.

Il caffè è una sostanza potente e benefica. Ma solo se usato con rispetto, cioè solo quando occorre. Consumare regolarmente caffè per il piacere intrinseco del suo gusto è potenzialmente pericoloso, come prendere tutti i giorni tre pastiglie di aspirina o di antibiotico perché ci fanno sentire 'su di giri'.

In un organismo che non beve caffè (ma il discorso vale anche per il tè, il cacao, le bibite alla cola) una dose di caffeina provoca reazioni determinate e registrabili.

Su un organismo assuefatto sembra che non succeda niente; ma in realtà si crea un 'rumore di fondo' che ottunde le reazioni psichiche primarie come attenzione, lucidità, capacità di rilassarsi. Prendiamo un tè o un caffè quando ci sentiamo confusi, assonnati, troppo stanchi. Quel che succede in realtà è che la stimolazione artificiale indotta dalla caffeina ci impedisce di percepire e riconoscere i segnali d'allarme del corpo: cioè proprio la stanchezza, il bisogno di sonno, le emicranie da tensione.

È la stessa logica delle pubblicità televisive con le pillole 'magiche'. Mal di testa, influenza, tensione, una pillolina e tutto passa. Alimentazione naturale significa anche dimenticarsi i mal di testa. E quando, rarissimamente, arriva un'emicrania il segnale è preciso: mancanza di sonno, errore alimentare, eccesso di stress. L'unica risposta giusta è intervenire sulla causa. A che cosa serve una pillolina, o un caffè?

Le bevande

Fra i 'nutrienti' necessari all'organismo ogni giorno c'è anche l'acqua, di cui dobbiamo rimpiazzare regolarmente circa due litri.

Tuttavia non è necessario bere effettivamente tutta questa acqua. Un'alimentazione corretta ne contiene comunque una gran parte: sia come acqua biologica contenuta nelle verdure fresche e nella frutta, sia come ingrediente di minestre o zuppe, sia come parte integrante di un'alimentazione basata su cereali e leguminose, che assorbono in cottura da due a tre volte il loro volume in acqua.

In pratica, l'alimentazione naturale (che utilizza sapori più puliti e meno violenti di quella industriale) ha sempre meno bisogno di dissetarsi durante i pasti, e preferisce non farlo per non impoverire i succhi gastrici.

È invece utile assecondare e soddisfare l'istinto della sete lontano dai pasti: appena svegli, oppure dopo aver sudato, o comunque quando si avverte la necessità di bere.

Quando beve a tavola, il commensale 'naturale' lo fa con moderazione, senza sete e per puro piacere gastronomico. Di solito con un bicchiere, o un sorso, di vino genuino (meglio se rosso e leggero), di cui la scienza ha scoperto solo recentemente le capacità protettive.

Tuttavia tutte le grandi tradizioni alimentari hanno scoperto (e prestissimo) le bevande fermentate: birra, vino, sidro, kvas. Sono bevande realizzate a partire da qualsiasi cosa fermentabile: grano, uva, mele e pere, patate, pane inzuppato nell'acqua, latte.

Oggi l'uso che la società moderna fa delle bevande fermentate spinge a una condanna globale. Ma tradizionalmente le cose erano diverse.

La maggior parte delle bevande fermentate era (ed è tuttora, dove la produzione continua coi metodi originari) a bassa, a volte bassissima gradazione alcolica. Molte delle bevande erano e sono ricchissime di elementi vitali e nutritivi.

Qualcuna ha un proprio valore come alimento.

L'uso delle bevande fermentate, di solito riservato ai momenti conviviali e non all'alimentazione quotidiana, è qualcosa di ben diverso dalla 'fuga alcolica' che caratterizza la nostra cultura, e merita una riscoperta senza pregiudizi.

Altre bevande classiche della tradizione sono gli infusi di erbe, gustati per puro piacere o per le loro proprietà benefiche.

Dieta? No, grazie

Una domanda classica per chi vuole migliorare il proprio modo di nutrirsi è quella che esperti e nutrizionisti si sentono fare instancabilmente: qual è, dunque, la dieta da seguire?

Noi siamo convinti che non esista un modo di alimentarsi che vada bene per tutti, dovunque, a tutte le età. Esistono alcune norme generali da seguire, ma le esigenze di nutrimento variano da persona a persona secondo il clima, l'età, l'attività, la struttura fisica, la sensibilità personale. E ci sono altri elementi: il cibo disponibile localmente, il tempo a disposizione per preparare e consumare i pasti, la storia alimentare precedente, la tradizione di provenienza, anche (ed è uno degli aspetti più importanti) le esigenze inconsce profonde legate al nutrirsi e ai diversi alimenti. Insomma uno stile alimentare standard che sia veramente 'corretto' non può esistere. Infatti:

- la capacità di assimilazione dei vari alimenti varia molto fra individuo e individuo. «Ciò che è alimento per una persona è veleno per un'altra», diceva il più grande medico dell'antichità, Ippocrate di Cos. Il rapporto che ognuno di noi ha con i diversi alimenti è strettamente personale, e ne sono un segnale le allergie e le intolleranze alimentari, frequentissime (soprattutto oggi) e diverse per ciascuno. C'è chi digerisce molto bene un piatto di cereali integrali e chi ci riesce con difficoltà. Alcuni assimilano bene le proteine vegetali, altri hanno bisogno di proteine animali. Ciascuno deve fare le proprie esperienze, e adattare il suo modo di mangiare alle reazioni del proprio organismo. La 'dieta' calibrata per noi dal computer più informato del mondo è perfettamente inutile se non rispetta la nostra unicità;
- le esigenze alimentari variano con le stagioni e con il clima. Chi non ha perso del tutto i contatti col mondo naturale lo sente d'istinto: nei climi freddi desideriamo alimenti più concentrati ed energetici; con il caldo intenso abbiamo bisogno di ripristinare l'acqua e i sali minerali perduti col sudore. In primavera le insalatine e i vegetali novelli apportano preziosi enzimi e principi stimolatori; in autunno l'uva e la frutta autunnale consentono una depurazione profonda importante per prepararsi all'inverno;
- il modo di mangiare varia secondo lo stile di vita. L'alimentazione che è equilibrata per una persona sedentaria non lo è per uno sportivo o per un lavoratore manuale. Chi fa un'attività fisica intensa deve mangiare di più, ma anche consumare, in proporzione, una maggiore quantità di elementi energetici (molti programmi di preparazione atletica prestano una grandissima attenzione alle proporzioni dei cibi). Alimenti conside-

È importante ritrovare il ritmo delle stagioni e perdere l'abitudine moderna di mangiare qualsiasi cosa in qualsiasi stagione. Mangiare fagiolini a dicembre, fragole a gennaio e pomodori tutto l'anno è un 'nonsenso' ecologico. Ogni stagione ha i suoi frutti e le sue verdure. Ostinarsi a voler mangiare verdure fuori stagione significa coltivarle in serra (il che rappresenta uno sperpero di energia e produce verdure insipide e cariche di nitrati) oppure farle venire da lontano (il che rappresenta un altro genere di sperpero e ci espone al rischio di mangiare alimenti perfino più inquinati dei nostri).

rati poco digeribili, come le leguminose, vengono assimilati molto meglio quando si pratica regolarmente un po' di moto;

- anche l'età è importante. I bambini, gli adolescenti e le donne dopo la menopausa hanno bisogno di alcuni minerali, come il calcio, in misura maggiore degli adulti. Le persone anziane hanno bisogno di ridurre il carico energetico e di elevare i nutrienti vitali. Si mangia diversamente quando si è malati, quando si sta guarendo, quando si è sotto stress. Il fabbisogno di nutrienti nelle donne che aspettano un figlio e in quelle che allattano cambia quasi giorno per giorno, secondo la fase di accrescimento del bambino. Anche i gusti cambiano con l'età. Bambini e adolescenti preferiscono sapori poco pronunciati, consistenze semplici: passati, purè, bastocini di verdure. Col tempo e con l'educazione del gusto si apprezzano le mescolanze, i sapori più complessi e agrodolci, i sapori amari di certe verdure, i sapori spiccati di certi formaggi. È giusto tenere conto anche di questo;
- la composizione degli alimenti, e in particolare dei vegetali, varia in misura considerevole.

È bene diffidare da chiunque vi prescriva una dieta fatta di grammi e di ingredienti precisi. Solo il vostro organismo è autorizzato a sapere se avete avuto abbastanza di un particolare nutriente. Ed è l'unico 'esperto' di cui potete fidarvi davvero.

È possibile fidarsi solo del proprio istinto?

Vi abbiamo dato cinque ottime ragioni per 'non' seguire una dieta.

Eppure, per troppi di noi fidarsi del proprio istinto e del proprio appetito è ancora impossibile.

Non è facile passare di colpo da anni di 'mangiar male' all'autogestione, alla ripresa del controllo diretto.

Perfino le regole d'oro dell'alimentazione sana (imparate a ridurre il sale, eliminate lo zucchero bianco, eccetera) rischiano di essere 'prescrizioni dall'alto', se prima non abbiamo rimesso in efficienza i collegamenti elementari col nostro corpo, le nostre esigenze, il nostro benessere o malessere.

Oggi i bambini dislessici (che, per esempio, confondono la *b* e la *d*, o altre lettere che si somigliano) vengono curati non con gli esercizi di lettura, ma facendoli gattonare per terra, finché il corpo e il cervello non hanno reimparato le strutture fondamentali dell'orientamento nello spazio.

Allo stesso modo, non si può risolvere un problema di alimentazione soltanto con la logica e la volontà. Bisogna ripartire dalle basi, quelle su cui si svilupperanno autonomamente i comportamenti giusti.

Il modo con cui un animale viene allevato, trattato, nutrito influenza direttamente il valore degli alimenti che produce. Le tecniche di coltivazione di un vegetale (scelta del terreno, scelta della varietà, concimazione, trattamenti, temperatura, tempo di raccolta...) fanno sì che il valore nutritivo del prodotto finale cambi in modo notevole. C'è poi il problema dei trattamenti successivi: quanti nutrienti contengono gli stessi prodotti dopo un mese o una settimana di magazzinaggio, dieci giorni o due giorni dal fruttivendolo, tre ore o tre giorni di frigorifero? Quanto vale, in vitamine, un'insalata appena colta e una che è in frigorifero da una settimana? Il pane integrale ha lo stesso valore nutritivo del pane raffinato?

Dieta: l'alimentazione artificiale

'Dieta' (una parola che abbiamo accuratamente evitato in tutto questo libro dedicato all'alimentazione sana) significa un regime alimentare artificioso, cioè diverso da una alimentazione normale e completa, studiato per esigenze specifiche, e in particolare nel caso di alcune malattie (per esempio problemi renali, del ricambio, di masticazione o di digestione, eccetera).
Da molti anni medici e nutrizionisti sperimentano diete terapeutiche. Alcune di esse sono strumenti curativi riconosciuti e applicati.

Ma si chiamano 'diete' anche i regimi alimentari studiati, soprattutto negli ultimi decenni, per far perdere rapidamente peso alle persone che mangiano troppo e male. Ne esistono a decine; possono essere più o meno consigliabili o sconsigliabili sul piano nutrizionale, ma il vero rischio che comportano sta in un equivoco di fondo.
Nella maggioranza dei casi chi fa una 'dieta dimagrante' la considera un intervento cosmetico. Si perdono un po' di chili (o si cerca di farlo) esattamente come si cambia taglio di capelli, o si compera un nuovo vestito.
L'idea di base è che comunque perdere qualche chilo è sempre una buona cosa, e vale qualche disagio alimentare o qualche sintomo spiacevole.

C'è anche un eccesso di fiducia nei mass media. Se una 'dieta' è presentata su una rivista, su un libro, in una trasmissione TV, vuol dire automaticamente che è buona, sicura, senza conseguenze. ▶

Nome	**Alimenti consentiti**	**Effetti sull'organismo**	**Numero di calorie**
Cura del gel di grano	5 pasti con una pappa di grano (prodotto dietetico). Complementi: succo di frutta, succhi di verdura, erbe fresche, lievito	Fortemente diuretica, depurativa, utile nei casi di ipertensione	750
Cura delle mele	Sei mele non sbucciate al giorno, tisana di bucce di mele	Fortemente diuretica	350
Cura delle patate	1 kg di patate al giorno. In purè, al forno o in minestra. Né sale né grassi. Come complemento mele, pomodori e cetrioli	Sollievo del metabolismo, diuretica, utile per reni e ipertensione	950
Cura del riso	300 g di riso in 4 o 5 pasti. Complementi: frutta, pomodori, cetrioli; niente sale; aromi autorizzati: cannella, pepe, paprika, limone, erbe aromatiche fresche	Diuretica, benefica per i reni e per la circolazione; utile per l'ipertensione	1200
Cura di succhi	Digiuno a base di succhi di frutta. Quantità consentite: da 3/4 a 1 litro di succo al giorno, in piccole dosi. Complementi: acqua minerale in quantità	Sollievo della circolazione e del metabolismo, diuretica	300-500
Dieta a zero calorie	Sono consentiti solo brodi di verdura, tisane addolcite col miele e acqua minerale	Depurazione e disintossicazione dell'organismo	0
Dieta della regina Beatrice	100 g di formaggio per pasto. Come bevanda acqua minerale, tè o caffè		1500

▶ Invece mangiare 'contronatura' (implicito nel concetto di dieta) è un atto che non è mai privo di conseguenze sul piano della salute. Se una dieta con carenze nutrizionali viene proseguita per più di qualche giorno le conseguenze, a breve termine ma non solo, possono essere pesanti. Per fortuna la maggior parte delle 'diete' viene abbandonata rapidamente. Per mancanza di forza di volontà, si dice, ma in realtà per sano istinto di sopravvivenza.

Un altro rischio delle diete, anche effettuate sotto controllo medico, è la sostituzione del normale rapporto fra cibo e appetito con un'alimentazione 'forzata', imposta dall'esterno per qualità, quantità, proporzioni, componenti. Al di là delle conseguenze sul piano fisico, si tratta di una violenza psicologica, di un 'azzeramento' (scelto o accettato) del proprio istinto e delle proprie voglie.

L'eccesso di peso è sgradevole, ed è segno di un rapporto sbagliato col cibo; ma un dimagrimento ottenuto grazie alla puntigliosa applicazione di una dieta imposta dall'esterno rischia di avere conseguenze emotive anche più gravi. Inoltre sono sempre più frequenti gli studi che dimostrano i rischi di dimagrimenti e ingrassamenti ripetuti: probabilmente è meglio qualche chilo in più, ma stabile, di un'altalena fra chili persi in modo artificiale e poi recuperati.

La tabella che segue elenca molte delle diete più famose, sia terapeutiche sia cosmetiche, confrontandone i criteri, gli effetti e gli eventuali rischi.

Durata	**Tipologia**	**Perdita di peso**	**Rischi**	**Valutazione**
3-5 giorni	Dieta carente, forte percentuale di abbandoni	1,5-2,5 kg	Nessuno	Consigliabile
2 giorni	Dieta carente	1-1,5 kg	Per chi soffre di stomaco o di ipertensione	Consigliabile
2 giorni	Dieta carente	1,5 kg	Nessuno	Consigliabile
Da 1 giorno a 4 settimane sotto controllo medico	Dieta carente, forte percentuale di abbandoni	0,5 kg al giorno	Nessuno	Consigliabile
Un giorno alla settimana	Dieta carente, forte percentuale di abbandoni	circa 1 kg	Nessuno	Raccomandabile
10-28 giorni	Dieta carente. Non va proseguita oltre i 5 giorni senza controllo	12 kg in 4 settimane	Vertigini e svenimenti nelle persone che soffrono di ipertensione, coliche nefritiche, disturbi renali	Consigliabile
2 giorni	Dieta carente, forte percentuale di abbandoni	1-1,5 kg	Disturbi del metabolismo, troppo impegnativa per fegato e cistifellea	Discussa

Nome	Alimenti consentiti	Effetti sull'organismo	Numero di calorie
Dieta di Gaylord-Hauser	Ricca di proteine e povera di lipidi e glucidi. Molte verdure e insalate. Latte scremato e succhi di vegetali con lievito di birra. Integrato da prodotti vitaminici	Nessuna sensazione di fame, benessere generale	Circa 1000
Dieta di Haas	Dieta ricca di glucidi, con molte patate, pane integrale, cereali e pasta. Proteine in quantità limitata ma sufficienti, pochissimi lipidi. Frutta e verdure ammesse	Non comprende uova (poca carne), per abbassare il colesterolo e l'acido urico	900-1200
Dieta di Hay	Separazione dei protidi e dei glucidi. Nel corso dello stesso pasto si mangiano solo proteine (pesci o carni) o glucidi (pane, patate, riso). L'80% dell'alimentazione è costituito da frutta e verdure, essenzialmente crude	Calo di peso e, sembra, miglioramento del metabolismo e stimolazione dei reni	Indeterminato
Dieta di Schroth	Alimentazione solida e liquida a giorni alterni. Nei giorni di alimentazione liquida le bevande sono consentite in quantità illimitata. Nei giorni di alimentazione solida, 5 panini secchi e pappa d'avena, un po' di brodo e di tisana	Stimolazione della diuresi e disintossicazione dell'organismo. Utile nei casi di artrite	Circa 1300
Dieta intensiva di Schnitzer	Dieta strettamente vegetariana e composta esclusivamente di verdure crude. Povera di protidi, senza latte né pane, senza zucchero né sale	Normalizzazione del metabolismo, efficace contro la costipazione	Circa 1500
Dieta Mayo	Dieta ricca di proteine e povera di glucidi. 6 uova al giorno, a cui si aggiungono ogni due giorni carne o pesce, una fetta di pane tostato, frutti		850-1000
Dieta punti	Grassi e proteine sono consentiti in quantità illimitata; invece forte riduzione dei glucidi. Si attribuisce un punteggio a ogni alimento e il punteggio totale prefissato non dev'essere superato		Illimitato
Dieta Scarsdale	Dieta ricca di proteine, povera di glucidi e priva di grassi		1000
Dieta Weight Watchers	Dieta povera di calorie ma equilibrata. Protidi e verdure a sufficienza, 15 g di grasso al giorno. 3 volte al giorno, 30 g di pane o 100 g di patate		Circa 1500

Durata	**Tipologia**	**Perdita di peso**	**Rischi**	**Valutazione**
Non limitata	Può essere a breve o a lungo termine	3-3,5 kg a settimana	Nessuno	Consigliabile
3 mesi	Dieta a lungo termine, con forte percentuale di abbandoni	Circa 7,5 kg	Nessuno	Consigliabile
Indefinita	Dieta a lungo termine	Molto variabile	Eventuali disturbi del metabolismo	Discussa
3 settimane	Dieta carente, forte percentuale di abbandoni	7,5 kg	Presenta rischi nelle affezioni cardiache e nelle epatiti	Consigliabile solo con riserva
1-3 settimane	Dieta carente	1-1,5 kg a settimana	Comparsa di carenze nel lungo periodo	Consigliabile
14 giorni	Dieta carente, forte percentuale di abbandoni	10 kg	Innalzamento del tasso di colesterolo, rischio di arteriosclerosi, troppo impegnativa per il fegato	Sconsigliabile
Una settimana	Dieta carente, forte percentuale di abbandoni	3,5 kg	Rischio di arteriosclerosi, troppo impegnativa per il cuore e la circolazione, costipazione per mancanza di fibra	Sconsigliabile
14 giorni	Dieta carente, molti abbandoni	4-5 kg	Disturbi del metabolismo, affaticamento	Discussa
Dieta a lungo termine	È una buona educazione per modificare le abitudini alimentari. Successo sostenuto dal lavoro di gruppo	Donne: 1 kg a settimana. Uomini: 1,5 kg a settimana.	Nessuno	Consigliabile

Mangiar sano: ricominciare dalle basi

Un'alimentazione equilibrata è una sintesi che ciascuno deve raggiungere da solo, senza seguire alla lettera tutte le prescrizioni di questo o quest'altro sistema 'salutistico'. Qui di seguito ci sono i suggerimenti per riprendere contatto e confidenza col vostro organismo, la sua competenza, la sua capacità di regolarsi.

Riprendete contatto con la natura

In che fase è la luna in questo momento? In questo periodo dell'anno le giornate stanno allungandosi o accorciandosi? In campagna, che cosa sta crescendo negli orti in questa stagione?

Non sentitevi imbarazzati se non lo sapete: non lo sa più quasi nessuno.

Quando si vive in città, con le finestre chiuse e le luci accese, fra riscaldamento centralizzato e aria condizionata, capita che il solo contatto diretto con la natura (l'erba che cresce, la stagione, il movimento dei cieli) siano i brevi istanti fra il parcheggio dell'auto e la porta di casa. È come vivere su un'astronave: ogni giorno è uguale all'altro, ogni cosa è uguale all'altra. Anche il cibo è sempre uguale, allineato sotto le luci dei supermercati, asettico e impacchettato come se venisse dal pianeta Marte.

In realtà basta poco per rimettere il piede sulla terra: magari un cane, che ogni giorno ci costringe a fare almeno una passeggiata all'aperto. Oppure coltivare qualsiasi cosa, da un intero frutteto a una piantina sul davanzale.

Oppure un programma regolare di esercizio fisico, nuoto, passeggiate, meditazione. A livello molto più impegnativo, niente è più efficace per 'risintonizzarsi' coi ritmi naturali che mettere al mondo un figlio.

I grandi ritmi della natura (cielo e terra, notte e giorno, riposo e rinascita) scorrono ugualmente, anche se non ce ne accorgiamo più. Riscoprirli e rispettarli rende la vita più facile: si può traversare un'onda alla cieca, controcorrente, senza sapere neppure cos'è che ci disturba e ci minaccia, e si può usarla con fiducia per farci portare e aiutare.

Caloria è la quantità di calore necessaria per elevare da 0 a 1 °C la temperatura di 1 kg di acqua. Qualche anno fa un accordo internazionale ha deciso di sopprimere la caloria come unità energetica e di sostituirla con il Joule (dal fisico inglese James Prescott Joule): una caloria corrisponde a 4,184 Joules. Ricordiamo comunque che la cucina naturale non punta, per i suoi menu, sul calcolo delle calorie. Ai fini di una dieta corretta ed equilibrata, infatti, non è tanto importante 'quanto' si mangia, ma 'che cosa' e 'come'.

Mangiate lentamente

Da solo, questo è il consiglio che può cambiare radicalmente il vostro modo di alimentarvi. È anche il modo più facile per iniziare: non costa una lira, non c'è niente da comperare o da preparare, e potete cominciare immediatamente con qualsiasi cosa abbiate nel piatto. La regola è semplicissima.

Qualsiasi cosa mangiate, masticate ogni boccone a lungo, molto a lungo, più a lungo che potete.

Secondo Ruggero Dujany, medico omeopata di Milano, basta questo accorgimento da solo per darvi una linea perfetta e un ventre piatto come una tavola. Come mai?

C'è un accurato sistema di segnali interni, nel nostro organismo, per segnalare la fame, la sazietà, la sete, l'avversione, la soddisfazione. È un sistema molto sofisticato, ma funziona solo se gli si dà tempo, almeno qualche minuto. Quando mangiamo quasi senza masticare, a grossi bocconi, in fretta, possiamo metterci nello stomaco grandi quantità di calorie prima che il cervello riesca a registrare la sensazione di 'troppo pieno'. Così mangiamo troppo, ci sentiamo gonfi e a disagio dopo il pranzo, digeriamo male, e naturalmente ingrassiamo.

Questa è la ragione biochimica. C'è un'altra ragione, nutrizionale: la masticazione prolungata e gli enzimi della saliva sono un momento chiave della digestione, importante per tutti i cibi, essenziale per i cereali e gli alimenti che contengono amido. È nella bocca, a contatto con la saliva, che gli amidi si trasformano in zuccheri e cominciano ad apportare all'organismo il loro benefico carico energetico. Prendete un pezzo di pane, così com'è, e masticatelo a lungo. Dopo qualche istante lo sentirete diventare dolce. E questa digestione avviene solo in bocca, non altrove nel tubo digerente: meno si mastica, più elementi nutritivi vanno perduti.

L'importanza della masticazione
Masticare a lungo è una questione di rispetto per il cibo, e per voi stessi. Mangiare con calma, assaporare ogni boccone, significa diventare coscienti di quello che stiamo mangiando. Significa sentire davvero i sapori, le consistenze, la reazione dell'organismo. Significa imparare ad avvertire la differenza fra cibo e cibo, fra sapore e sapore. Non esiste un modo più sicuro di questo per digerire meglio, per imparare a distinguere il valore di ciò che mangiamo, per mangiare di meno senza bisogno di imporcelo.

Imparate ad ascoltare il corpo

Fra le cose che abbiamo perso, nell'alimentazione standard, c'è il senso di rapporto fra quello che mangiamo e come ci sentiamo. Dopo una notte di baldoria, in cui abbiamo bevuto sicuramente troppo, ci chiediamo seccati come mai, il giorno dopo, siamo così annebbiati e a disagio. Abbiamo sempre fame, eppure ci sono rotolini di grasso sempre più grossi sul nostro giro vita. Siamo stressati sul lavoro, mangiamo soprattutto panini nei bar, e ci stupiamo di avere 'anche' questo problema di brufolini e capelli flosci.

Insomma non sappiamo più riconoscere quello che ci serve, quello di cui davvero abbiamo 'fame', quello che ci fa bene o che ci fa male. Eppure questo istinto è presente in tutti gli animali e anche noi l'abbiamo, da piccoli: un bambino con la febbre smette di mangiare, un cane che ha fatto indigestione cerca da solo le erbe che lo aiuteranno a liberarsi, un adulto invece continuerà a mangiare anche quando ha l'organismo intossicato, solo perché è l'ora di pranzo.

La prima volta che vi capita di digerire male, fate la prova. Chiedete a voi stessi: che cos'è che mi ha fatto male? Il cotechino con le lenticchie, l'aperitivo, le verdure che erano in frigo da tre giorni? Ci pensate e non avete dubbi: è stata la torta al limone. Non sapete come mai, ma il vostro organismo lo sa: ripensando alle varie portate, è la torta, e solo la torta, che vi dà un senso di fastidio.

Lo stesso meccanismo funziona, per chi sa ascoltarlo, anche in via preventiva. Senza saperlo, chi va a fare la spesa compra spesso le cose di cui ha 'fame' (uno dei 'trucchi' consigliati a chi vuole dimagrire è quello di mangiare a sazietà prima di metter piede nel supermercato).

Anche il pranzo di famiglia dovrebbe tener conto che ciascuno ha esigenze personali, magari diverse da individuo a individuo. Un piatto di base è importante, ma sono importanti anche le possibili alternative, magari già pronte, da integrare anche all'ultimo momento.

Così, quando vi sedete a tavola (da soli, in famiglia, fra amici), date un'occhiata 'interiore' al vostro stomaco, e chiedetevi di che cosa avete fame. Magari avete bisogno di un alimento ricco di potassio, o di rame, o di vitamina C; qualcosa che il menu del giorno non comprende. In questo caso, il rischio che correte è quello di mangiare (per appetito e per buona educazione) tutto quello che avete davanti, e di trovarvi alla fine troppo pieni e non ancora sazi, per cui continuate a mangiucchiare, anche dopo, qualunque cosa vi capiti sotto i denti.

Una cosa davvero importante: un po' di buon 'gusto'

'Liebe, trinke, singe... sind drei gute dinge' *dice una vecchia canzone tedesca da osteria: 'fare l'amore, bere e cantare... sono tre bellissime cose'. Ne è rimasta fuori una (ma forse a quei tempi era implicita) ancora più importante, la capacità di sentire il gusto di ciò che si mangia, insomma quello che gli americani chiamano* juice, *il succo. Ma va sicuramente aggiunta all'elenco, per la generazione che ha imparato a mangiare da sola davanti al televisore acceso: l'arte e il piacere di ridere insieme, seduti alla stessa tavola... e possibilmente guardandosi in faccia.*

Con un po' di esperienza, e con le indicazioni giuste, potete mangiare molto meno e con più soddisfazione se imparate a dar retta alla vostra 'fame'. Se da tre giorni pensate a un gelato al pistacchio, cercate di mangiarlo anche se in teoria lo disapprovate.

È il celebre meccanismo delle 'voglie' delle gestanti. Ma le abbiamo tutti, sempre, se impariamo ad ascoltarle (e vale la pena di seguirle anche senza la scusa del pancione).

Può capitare, magari durante un periodo di particolare impegno fisico o mentale (e soprattutto durante una dieta) di essere sopraffatti da ondate di fame 'compulsiva' che ci costringono a mangiare, mangiare, mangiare, apparentemente senza riuscire a saziarci.

Possono esserci molti meccanismi inconsci sotto questa ondata di fame, ma spesso si tratta di fame vera per un elemento che non troviamo in quel che mangiamo. Se l'ondata persiste, meglio una telefonata al vostro medico. Se è un buon medico saprà sicuramente aiutarvi a trovare quel che vi serve.

'Ascoltarsi' è anche il modo migliore per imparare a riconoscere e a evitare le reazioni negative specifiche del nostro organismo. Possiamo reagire male a un alimento che è pesante o troppo trattato, ma anche a un alimento che per tutti gli altri è naturale e benefico. Se cento libri di alimentazione sana vi dicono che la carota è un alimento meraviglioso, ma a voi la carota fa male, date retta al vostro organismo che ne sa sicuramente di più.

Una mela vera
Se vi capita di assaggiare una mela vera, cresciuta sull'albero, sarà più difficile accontentarsi delle mele venute da lontano, tenute fresche col gas e inquinate dal piombo dalle macchine del viale.

Provate alternative

Questo è un suggerimento più avanzato, da fare solo quando avrete già abbastanza dimestichezza con l'ABC: cominciate a tastare qua e là fra le proposte della cucina naturale. Olio invece del burro, per esempio. Sale integrale invece che raffinato. Una padella per cuocere con un filo soltanto di grasso. Una ricetta di sugo alle verdure, invece del ragù in scatola. Il vostro primo piatto di riso integrale. Il fornaio che fa il pane con la lievitazione naturale. La torta fatta con le mele selvatiche invece che con quelle del negozio.

Provateci. Senza fretta. Vi piace? Vi sembra strano? Questo sì, quello no? Fate i vostri esperimenti con calma e ascoltate attentamente le reazioni del vostro corpo. Se le proposte sono quelle giuste per voi, non ci sono cambiamenti improvvisi o sacrifici da fare.

Per gradi e con il vostro ritmo, vi costruirete lo stile di alimentazione che vi fa bene e che fa per voi. (È questa, e nessun'altra, la famosa 'dieta giusta' di cui parlavamo all'inizio.)

Non fatevi imporre le cose dall'esterno

Quando si cominciano ad apprezzare i sapori e i nutrienti reali, al posto di quelli prefabbricati, diventa molto irritante subire le imposizioni dell'industria alimentare. Se avete risintonizzato la sensibilità al sapore, per esempio, diventa fastidioso accorgersi che praticamente tutto quello che comperate (dai fagioli in scatola ai fiocchi per la prima colazione) contiene generose aggiunte di sale e di zucchero raffinato.

Insomma, imparerete a cavarvela da soli. Magari farete un po' di strada in più per trovare verdure e cereali cresciuti biologicamente; preferirete cucinare invece di aprire qualche scatola; farete cose che prima non immaginavate, come macinarvi la farina per il pane, o coltivare germogli. Forse anche, se non l'avete già fatto, smetterete di fumare, di bere caffè o bibite gassate. Insomma, imparerete a mangiare quello che volete voi, e non quello che vogliono gli altri.

I buoni consigli della cucina naturale

Alcune sostanze nocive sono molto difficili da eliminare dal nostro ambiente. Altre, invece, richiedono solo un minimo di informazione e di attenzione. Per esempio, basta comperare le verdure di stagione per eliminare una buona parte dei nostri tossici quotidiani. Alcuni resteranno comunque, ma il livello generale dello 'sporco chimico' sarà nettamente minore. E l'organismo, sollevato e rafforzato, potrà liberarsene da solo più efficacemente e più in fretta. Se conosciamo le risorse del nostro corpo, e siamo in grado di aiutarlo nei momenti di crisi, ci rendiamo conto di essere meno impotenti e meglio attrezzati nei confronti dei rischi ambientali. E questo è l'antidoto migliore allo 'stress da inquinamento'.

Una volta riscoperto l'ABC del mangiare corretto, ci sono indicazioni da tenere presenti per chi vuole mangiare nel modo più benefico e naturale? Sicuramente sì. Nonostante le infinite sfumature delle diverse scuole nutrizioniste, ci sono alcuni punti fermi che sono alla base di tutta la buona alimentazione. Ma non sono precetti: sono consigli, da adattare alle proprie esigenze per gradi, in modo creativo e flessibile.

Primo (e fondamentale): mangiare 'pulito'

Dalla scoperta dei batteri fino a pochi anni fa, 'pulito', in cucina, significava sterile.

Ma oggi mangiare 'pulito' ha un altro significato. Vuol dire mangiare alimenti cresciuti naturalmente e senza forzature, senza residui di medicinali pericolosi, di ormoni, di additivi, di veleni industriali, di veleni ambientali, di radiazioni nocive. Senza conservanti e coloranti, senza 'cosmetici', senza l'immensa gamma dei piccoli e grandi veleni che ormai fanno parte integrante della nostra vita quotidiana.

Per mangiare più sano non c'è bisogno di un'isola deserta e di una vita in stile 'età della pietra' (anche perché un po' di piogge acide, di mare inquinato e di radiazioni arriverebbero anche lì). Nel capitolo 'La cucina naturale dalla terra alla tavola' parleremo dei sistemi per trovare cibo più naturale e più pulito (nei limiti del possibile) anche in città.

Una cosa che va comunque meditata, per chi comincia a preoccuparsi dello 'sporco' chimico e farmaceutico presente nei suoi cibi e nella sua vita quotidiana, è che l'organismo possiede enormi capacità di neutralizzare i veleni che lo circondano, soprattutto se non viene ostacolato (deliberatamente o meno) nelle sue attività di recupero.

Mangiare pulito significa anche smettere di coprire i nostri cibi con carichi eccessivi di sale, zucchero, grassi, cotture troppo pesanti e prolungate, salse e aromi prepotenti. Quando il sapore originale non si sente più vuol dire che qualcosa non va nello stile alimentare: ed è il segnale, inequivocabile, che il livello di sale, zucchero, grasso... sta superando il livello di guardia.

Secondo: mangiare fresco

Abbiamo visto che all'organismo servono due tipi di nutrienti:

- una parte 'grossolana' (costituita da carboidrati, grassi, proteine, acqua, fibre, insomma la materia prima che serve come combustibile e come mezzo di trasporto);

- una parte, molto più impalpabile e delicata (enzimi, vitamine, oligoelementi, neuromediatori, fermenti vitali).

E questa parte 'viva' è fondamentale per la 'regolazione fine' dell'organismo e delle sue funzioni, che corre i rischi più grandi e richiede la massima attenzione.

Soltanto in circostanze particolari possiamo accostarci alla parte più vitale della nostra alimentazione in tutta la sua pienezza: come quando mangiamo un frutto appena staccato dal ramo, o un'insalata appena colta nell'orto. Ma la vitalità e la freschezza si possono preservare. Nel capitolo 'La cucina naturale dalla terra alla tavola' troveremo appunto le tecniche migliori per trattare gli alimenti senza impoverirli.

Come regola generale fresco è meglio che conservato, integro è meglio che trattato, crudo (o poco cotto) è meglio che cotto a lungo, 'vivo' è meglio di stabilizzato e sterilizzato. Uno dei consigli di base dell'alimentazione naturale è quello di dare ampio spazio ogni giorno alla frutta e alla verdura fresca, possibilmente biologica. La frutta soprattutto come spuntino, a colazione e lontano dai pasti; la verdura fresca come prima portata dei pasti, nel momento in cui i suoi fattori vitali apportano il massimo beneficio all'organismo e alla digestione.

Terzo: mangiare completo

Il sovrappeso, uno dei problemi principali dell'alimentazione di oggi, è collegato strettamente alla cattiva qualità del cibo che mangiamo e alla fame di nutrienti fini che è la sua diretta conseguenza.

La nostra fame non è quella del Terzo Mondo. È quella dei bambini obesi già a cinque anni, dei trentenni con la pancia e le guance cascanti, delle donne che mantengono la linea a prezzo di diete ed esercizi feroci. Abbiamo tutte le malattie degenerative legate al mangiar troppo (dal diabete a molti tipi di cancro, alle malattie vascolari) eppure siamo sempre affamati, e dobbiamo imporci a forza dei limiti dietetici.

L'unico sistema per spezzare il circolo vizioso è quello di tornare a un'alimentazione più completa e più viva. Allora la quantità di cibo necessaria per saziarsi si riduce spontaneamente, aiutando a risolvere il problema del peso eccessivo e, con esso, molti altri problemi di salute.

'Mangiare completo' significa scegliere, per quanto è possibile, alimenti integrali, cioè alimenti così come li propone la natura.

Il problema non è la mancanza di questa o quella vitamina, ma il fatto che un cibo naturale è un insieme 'vitale', la cui azione sull'organismo è maggiore, e diversa, della somma dell'attività di tutti i costituenti separati. È quindi il caso di diffidare, non solo degli alimenti impoveriti, ma anche di quelli artificialmente 'arricchiti' con l'aggiunta di vitamine, crusche, e altri elementi cosiddetti 'dietetici'. Come dice Barry Commoner, studioso di ecologia, nelle sue 'leggi dell'ecologia', «la natura è l'unica a sapere il fatto suo».

Quarto: mangiare vegetale

Gli alimenti di origine animale sottopongono l'organismo a una fatica (nella digestione, nell'assimilazione, nell'eliminazione) che è maggiore, a volte molto maggiore, di quella richiesta dai corrispondenti alimenti

Gli antichi riti
Ricordiamoci che l'uomo ha sempre consumato prodotti animali nella sua storia, ma in misura ridotta e soprattutto con rispetto.
Un 'selvaggio' non uccide un bisonte, una balena o un orso senza prima aver chiesto ritualmente perdono all'essere che uccide. E il contadino non uccide il maiale, o il galletto, senza dispiacere, e spesso senza il supporto di 'cerimonie' antiche e consolidate. Anche noi mangeremmo meno carne se prima di fare l'arrosto dovessimo offrire un sacrificio di espiazione alla Madre Terra? Forse vale la pena di pensarci.

di origine vegetale. In generale, quindi, facciamo un favore al nostro organismo (soprattutto pensando ai prossimi venti, trenta, quarant'anni) ogni volta che scegliamo olio invece di burro, nocciole al posto di bistecche, frutta al posto di salame, pane integrale invece di uova e pancetta, insalata mista invece di prosciutto.

Questo non significa che gli alimenti di origine animale siano in sé dannosi, o negativi. (Naturalmente è diverso il discorso per chi sceglie di mangiare vegetariano per motivi etici.) È dannoso, però, mangiarne nelle quantità e nelle proporzioni previste dall'alimentazione contemporanea; ed è dannoso anche per il pianeta intero, perché i costi ecologici necessari per la produzione di tanta carne, latte, formaggi, burro sono davvero enormi.

Quinto: trovare il proprio ritmo

Come la veglia e il sonno, l'energia e la stanchezza, la concentrazione e il relax, anche la fame e la sazietà hanno un loro ritmo, che è intimamente vostro e che va trovato e rispettato.

In pratica vi stiamo consigliando di mangiare quello che volete, quando volete, finché volete.

Nell'alimentazione 'standard' questo significa condannarsi automaticamente all'obesità e alle malattie degenerative. Nell'alimentazione naturale significa dar retta al maggior esperto disponibile sul mercato, cioè voi stessi.

Questa è la risposta, l'unica possibile, a chi chiede se è meglio mangiare di più a colazione, a pranzo, a cena, se è meglio fare pasti piccoli e frequenti o il contrario.

Ci sono teorie e ricerche numerose su questo argomento. Alcuni studi suggeriscono, per esempio, che il corpo brucia più rapidamente gli alimenti nelle ore del mattino, e che i carboidrati non vengono assimilati nelle ore notturne; ma questo ha poca importanza, se non corrisponde alle vostre esigenze.

Ascoltare la propria fame significa anche ascoltare il proprio ritmo, imparare a capire quando ci occorrono proteine, quando uno spuntino energetico, quando un pasto tutto fresco o addirittura una pausa di riposo. Sarà poi compito di un po' di abilità organizzativa imparare a far quadrare queste esigenze con le esigenze degli altri.

Sesto: rispettare i cibi 'a rischio'

Solo uno sciocco va in alta montagna senza una giacca a vento; solo un incosciente sale su una barca senza saper nuotare. In un certo senso anche mangiare, far da mangiare, sono attività 'a rischio', e molte delle sgradevoli 'malattie della civiltà' che affliggono l'umanità contemporanea nascono dal fatto che nessuno conosce più i segnali d'allarme.

Una volta questi segnali erano automatici. Il cibo pericoloso non c'era, o costava così caro che nessuno pensava ad abusarne. Oggi la barriera dei prezzi è crollata, e un intero settore economico (si pensi solo a quel che significa la pubblicità delle merendine confezionate per la nostra rete di televisione pubblica e privata) lavora a tempo pieno per far comprare cibo anche a chi non ne ha voglia.

Ma i cibi 'problematici' restano tali anche quando sono naturali e biologici. L'olio d'oliva extravergine è ricco di elementi vitali preziosi, ma se ne usiamo troppo avremo problemi di peso. Il miele integrale e i fichi secchi sono una miniera di oligoelementi e di enzimi, ma se ne mangiamo distrattamente, senza averne bisogno, per pura golosità, avremo comunque gli stessi problemi da eccesso di zucchero (carie, obesità, problemi digestivi, diabete) di chi mangia solo caramelle. Quanto ai cibi 'estremi' (sale, zucchero bianco, sostanze nervine, alcol) abbiamo già visto che il problema non è l'alimento in sé, ma l'uso giusto o sbagliato che riusciamo a farne.

Come dice la celebre campagna antidroga americana: «*Just say no*», basta dire no. O, come diciamo noi, «non ce l'ha ordinato il medico». È sempre la 'fame', non l'alimento, quello che porta a commettere errori in fatto di alimentazione.

Settimo (e non meno importante): non fermarsi al cibo

È una stortura della nostra società pensare al cibo (naturale o non) come a un valore in sé. Mangiare è un momento importante sia sul piano pratico (senza mangiare si muore) sia simbolicamente, perché è il momento in cui riscopriamo che non siamo autosufficienti, che siamo esseri umani, legati alla natura come una foglia sull'albero e un pesciolino nello stagno.

Imparare a mangiare più naturalmente significa anche riscoprirsi come persone complete, fatte di corpo e di spirito, capaci di raddoppiare i profitti dell'azienda ma incapaci, magari, di digerire le zucchine.

Non siamo robot, e nemmeno puri spiriti. Siamo fatti, in parte, di quello che mangiamo, e imparare a mangiare con rispetto, amore e piacere fa parte del rispetto elementare che dobbiamo a noi stessi.

Mangiare meglio non serve a molto, se ci fermiamo lì. Ma se mangiare meglio è il punto di partenza, può aiutarci a cambiare altre cose: come muoverci di più, respirare e dormire meglio, imparare a bilanciare la tensione e il riposo. Si può arrivare molto lontano quando si ha imparato a riconoscere i punti di riferimento. Vogliamo provarci?

È bene anche imparare a capire quando si mangia per fame e quando, invece, per tenere a bada lo stress (capita quando si è nervosi, spaventati, preoccupati). Masticare, in questi casi, è una strategia valida quanto un'altra, e, se funziona, è più efficace, e meno dannoso, di uno psicofarmaco o di una sigaretta. È solo importante capire che in quel momento non abbiamo realmente fame, abbiamo solo bisogno di 'sentire la bocca', come quando eravamo bambini e ci succhiavamo il pollice. Esistono ottimi e facili spuntini che non creano superlavoro e superenergie: tutta la frutta fresca, molte verdure come carote a bastoncini, finocchi, cetriolini o cipolline all'agro.

La cucina naturale dalla terra alla tavola

Abbiamo visto com'è importante per nutrirsi bene una buona materia prima, cioè alimenti di alta qualità nutritiva, sani, completi, senza rischi nascosti.

Dai campi fino alla nostra tavola il viaggio dei cibi è lungo e non privo di rischi. In questo capitolo lo seguiremo da vicino, indicando a ogni passaggio i consigli pratici per preservare e valorizzare al massimo il valore nutritivo di ogni alimento.

Fare la spesa

Fare bene la spesa è soprattutto questione di sapere che cosa si sta cercando, e che cosa si vuole evitare. Non è detto che per comprare alimenti più sani dobbiate assolutamente andare in un negozio naturista o in una fattoria modello.

L'industria alimentare di oggi, infatti, porta nei negozi tutto e il contrario di tutto: cibi ottimi e pessimi, buoni, orribili, accettabili o così così. Il tutto avvolto in una nube rumorosa, colorata e sempre nuova di offerte speciali, canzoncine, regalini, raccolte punti e concorsi a premi.

Concentrarsi sulla sostanza

La prima cosa da fare per comperare meglio è imparare a chiudere mentalmente occhi e orecchi di fronte al 'canto delle sirene', e concentrarsi sul cibo. Per legge, tutti i prodotti alimentari confezionati devono avere un'etichetta che spiega 'che cosa c'è dentro', con regole e modalità ben precise.

Anche se le etichette non dicono molte cose, già ci si può fare un'idea. La cosa più importante è che l'etichetta deve citare tutti gli ingredienti in ordine di quantità, cominciando dal più abbondante. Se un ingrediente viene citato espressamente nella pubblicità di vendita (per esempio 'biscotti al burro' o 'formaggio di capra'), l'etichetta deve indicare in percentuale il contenuto di quell'ingrediente.

I bambini e la pubblicità
Per i bambini piccoli può essere difficile conciliare la voglia di mangiar sano con la 'fame' infantile di giocattolini e premietti. Può valer la pena, in alcuni momenti, di comprare lo stesso l'ovetto ripieno o le patatine, insegnando però ai bambini a gettar via la parte alimentare malsana, e a distinguere un bel giocattolino da uno stuzzichino pericoloso.

Per quanto riguarda gli additivi e i prodotti aggiunti, tenete presente che alcuni (anche se hanno sigle strane e un po' spaventose) sono prodotti naturali (per esempio l'agar agar, un addensante molto usato in vari prodotti industriali, è una gelatina tratta da un'alga benefica).

Come regola generale, comunque, se un prodotto alimentare ha più di tre additivi scegliete qualcos'altro.

Un'altra cosa importante è la data di scadenza. Tutte le volte che comperiamo un prodotto confezionato, soprattutto se si tratta di alimenti 'vivi' come il latte pastorizzato, lo yogurt, i formaggi freschi, la data ci permette di scegliere i prodotti che sono all'inizio del loro ciclo vitale e non al limite (in cui sono ancora commestibili, ma senza più vita).

Anche in un negozio 'normale', che vende di tutto senza badare alla qualità biologica del cibo, spesso bastano pochi clienti che acquistano con attenzione per indurre il negoziante (o la direzione del supermercato) a mettere sugli scaffali prodotti più genuini. Se la ricerca di cibi naturali non rimane un fatto isolato, alcuni negozianti possono anche procurarvi a richiesta i prodotti che cercate, selezionando così fornitori più attenti e cibi migliori. Anche questo è un modo per contribuire alla qualità della vita...

Evitare i facili errori

Anche quando comperate verdura e frutta in un negozio normale, potete comunque garantirvi una spesa più genuina se ricordate alcune regole elementari.

Cominciate evitando i rischi più evidenti: non comperate mai, per esempio, la merce esposta all'esterno, fra il piombo e i gas di scarico delle auto.

Poi, nei negozi normali, fate la massima attenzione ai prezzi: evitando le merci più costose eviterete automaticamente i vegetali che arrivano da molto lontano (e che presentano il rischio di pesticidi incontrollati e lunghe conservazioni nel viaggio), gli ortaggi coltivati in serra (i più esposti al rischio dei nitrati), gli ortaggi e i frutti fuori stagione, forzati, insipidi, molto più deboli degli ortaggi cresciuti al naturale e quindi molto più carichi di residui chimici.

Chiedete al negoziante la provenienza dei vari prodotti, e scegliete i vegetali che sono stati coltivati il più vicino possibile alla vostra regione. Saranno più freschi, avranno viaggiato meno, saranno più legati al tempo e al ritmo biologico che è anche il vostro.

Scegliete anche, dove è possibile, varietà 'rustiche' e locali, che di solito sono molto più saporite delle varietà 'universali', studiate per viaggiare sui mercati di tutto il mondo.

Inoltre non fatevi incantare dalla frutta e dalla verdura lucida, perfetta, senza una macchiolina o un filo di terra. Ma fidatevi, più di tutto, del sapore: una mela con qualche segno di grandine e di taglia un po' irregolare può essere più o meno genuina di una mela splendente e lucida. Basterà il primo morso per dirvi la verità.

Scegliere la qualità
Ortaggi e frutta meno ricchi di nitrati e più ricchi di fibra li avrete automaticamente se sceglierete vegetali non troppo giovani: le zucchine piccole come un dito, i fagiolini sottilissimi sono una moda recente, senza nessuna giustificazione dietetica. Inoltre, per quanto riguarda le verdure in foglia, ricordate che le parti più ricche di vitamina C e di ferro sono le parti verde scuro, più resistenti, non i 'cuori' giallini. Quando scegliete, quindi, orientatevi sugli elementi vitali e non sugli aspetti di prestigio. Anche in questo caso, dire al negoziante (e agli altri clienti) perché preferite certe cose e non altre può creare collaborazione e 'contagio'.

Per acquistare bene anche nei negozi normali è fondamentale imparare di nuovo a riconoscere le stagioni e la verdura di stagione. Nessun pomodoro può essere genuino e ricco di sostanze vitali nel cuore dell'inverno. Mangiare fragole e ciliege a dicembre vuol dire solo scherzare con l'onnipotenza dell'uomo, e si può ben dire 'a caro prezzo'. Imparate a vivere di nuovo il cibo nel ritmo dell'anno. E se vorrete concedervi qualche 'fuori stagione' (magari per puro divertimento, o per fame improvvisa) siatene consapevoli.

La spesa biologica

È sempre più facile oggi comperare prodotti biologici, sia nelle grandi città sia nei piccoli centri. I supermercati più attrezzati mettono in vendita ortaggi e cereali a coltivazione biologica. I punti vendita specializzati diventano sempre più numerosi e più forniti. Ciascuno di essi offre di solito, oltre ai prodotti, anche un prezioso servizio di informazione e consulenza per chi cerca un modo di mangiare più sano. Ma che cosa significa, esattamente, 'coltivazione biologica'?

Il principio su cui si basa l'agricoltura biologica è semplice: i vegetali di cui ci nutriamo, e di cui si nutrono gli animali di allevamento, sono esseri viventi. È dunque importante mantenerli in buona salute e nutrirli correttamente.

Il suolo stesso è un ambiente ricco di vita. In un suolo 'biologico', il numero dei microrganismi supera il miliardo per grammo di terra, e il peso totale degli esseri viventi supera i seimila chilogrammi per ettaro. Direttamente e indirettamente tutti questi esseri contribuiscono all'alimentazione delle piante e forniscono loro, nelle proporzioni e nel momento giusto, tutti gli elementi necessari.

Piante più robuste
L'agricoltura biologica produce piante assai più resistenti ai parassiti di quelle forzate dai concimi chimici. Molti trattamenti diventano inutili, e per quel poco che serve si utilizzano prodotti naturali che invece di uccidere i parassiti rafforzano le difese della pianta o moltiplicano i loro nemici naturali (come, per esempio, le coccinelle).

Mentre i concimi chimici solubili, base dell'agricoltura moderna, forniscono alle piante, in proporzioni non equilibrate, sostanze direttamente assimilabili, l'agricoltura biologica evita sia i concimi chimici, sia i trattamenti con prodotti tossici.

I prodotti dell'agricoltura naturale vengono anche trattati con tecniche che ne rispettano il valore e l'integrità. Durante la lavorazione e lo stoccaggio dei cereali, per esempio, non viene mai fatto uso di additivi chimici, e nella macinatura si evita il calore intenso che uccide la maggior parte degli elementi vivi e vitali.

I negozi 'alternativi' mettono in vendita i seguenti prodotti 'biologici', cioè cresciuti e trasformati rispettandone le caratteristiche naturali e vitali, in una gamma che può essere molto vasta:

- cereali in grani, in farina, in fiocchi;

- sale marino integrale, zucchero completo, zuccheri d'orzo, dolcetti e merendine con ingredienti naturali, conserve di frutta senza zucchero, aromi vegetali per brodo;
- frutta e verdura fresca coltivata biologicamente;
- yogurt, gelati, creme fatti con prodotti biologici;
- carni di animali allevati biologicamente;
- alghe, salse, preparazioni esotiche di svariatissimi generi, aceti di mele;
- vini, birre non pastorizzate, lieviti, propoli, argilla...

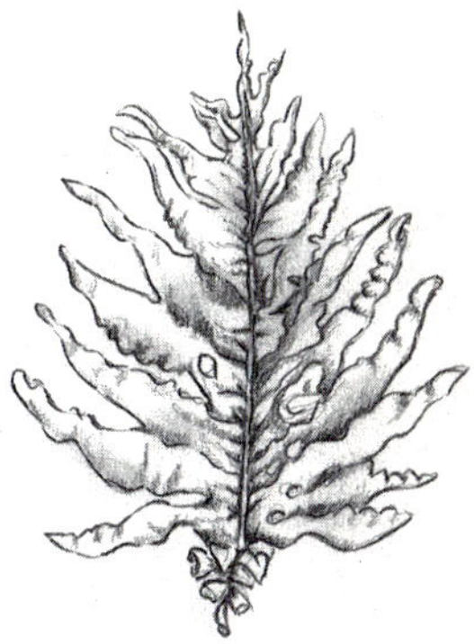

La wakame (nel disegno) è un'alga molto popolare in Giappone. Si apprezzano molto, tra l'altro, le sue proprietà disintossicanti, anche da scorie radioattive.

Di solito potete trovare anche libri di documentazione, ricette, consigli per la salute e la bellezza. E anche detersivi biologici, carta riciclata, pentole e attrezzi speciali per cucinare, tessuti e filati naturali colorati con colori vegetali.

Entrare in un punto vendita biologico, soprattutto se è molto ben fornito, può essere un pochino disorientante, all'inizio. Ma se sapete cosa cercare non perderete la bussola fra tanti prodotti nuovi e sconosciuti. Pian piano, con l'esperienza, molti di quei vasetti misteriosi diventeranno buoni e fedeli amici in cucina.

Facendo la spesa in un centro alternativo, conviene:

- cercare prodotti con marchi di qualità;
- fare attenzione ai prezzi, tenendo però presente che è piuttosto normale che le tecniche di produzione biologiche costino di più di quelle industriali;
- comperare piccole quantità. I prodotti biologici meritano di essere mangiati 'vivi', ed essendo privi di conservanti artificiali a volte sono più delicati dei prodotti industriali;
- fare sempre prove e assaggi prima di comprare regolarmente un prodotto. Sapori, consistenze, digeribilità vanno provati caso per caso, per vedere se si adattano al vostro organismo e al vostro gusto.

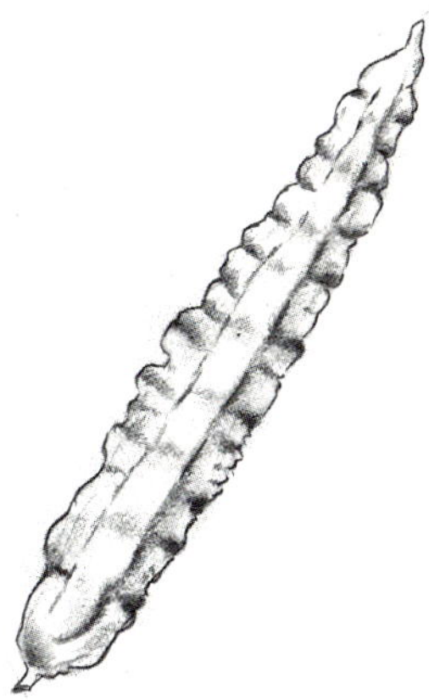

Le alghe kombu (nel disegno) sono molto apprezzate per il loro contenuto in sali minerali.

E se non ci sono punti di vendita biologici a portata di mano?

Ci sono altre possibilità, come i cataloghi per corrispondenza. Sono ottimi e comodi. Oppure, se preferite, potete fare regolari spedizioni di approvvigionamento (magari in compagnia di qualche amico) quando andate in una città che ha un buon centro di vendita.

Il 'fai da te'

Oltre ai canali di distribuzione normale e a quelli 'alternativi', esistono altre possibilità di fare la spesa naturale. Per esempio potete mettervi in contatto con agricoltori della vostra zona, che producono ancora frutta, vino, ortaggi, uova alla maniera contadina e sono disposti a vendervi. (Controllate però da vicino se la produzione è davvero tradizionale.)

Le more si raccolgono da agosto a novembre. Sono nutrienti, astringenti, rinfrescanti, depurative. Le foglie del rovo (o mora selvatica) sono utili nella terapia del diabete.

Il mirtillo selvatico europeo ha sapore piuttosto aspro. Il miglior periodo per la raccolta è l'autunno.

Anche in questo caso ci si può muovere in gruppi, magari acquistando insieme determinati prodotti nel momento in cui sono al punto giusto di maturazione.

Non è troppo difficile costituire un gruppo d'acquisto (fra persone che lavorano nello stesso ufficio, o abitano nello stesso quartiere) e rende le cose più semplici.

Un'altra possibilità è quella di raccogliere personalmente una parte del proprio cibo. Quando è la stagione giusta e se ne ha la possibilità, si può unire il piacere di fare passeggiate in posti non inquinati e ricchi di vegetazione alla raccolta diretta di erbe selvatiche, frutta, castagne, more, mirtilli, funghi.

Bisogna però fare attenzione:

- alle norme locali. In molte zone i turisti possono raccogliere prodotti selvatici solo dopo aver acquistato una tessera, e solo se si impegnano a rispettare alcune regole di tutela della natura;
- agli eventuali inquinamenti. Non ha senso, per esempio, fare chilometri per andare a raccogliere more nel bosco, se poi la mulattiera è ampiamente battuta da gitanti motorizzati e ragazzini in motocross. Attenzione anche all'inquinamento delle acque, che possono contenere scarichi industriali o cariche batteriche pericolose.

Quando raccogliete erbe o bacche, fatelo sempre con vegetali che conoscete bene o con la guida di una persona esperta. Un tempo gli abitanti delle zone rurali conoscevano e usavano decine e decine di specie selvatiche nella loro alimentazione: le persone della vecchia generazione, se le trovate, possono esservi di aiuto.

Infine, avete la possibilità di allevare e coltivare da soli almeno una parte del vostro cibo. Chi può impiantare un orto, anche piccolo, o un frutteto, avrà a disposizione cibo di alta qualità biologica, oltre che un impegno e un piacere senza fine.

Tuttavia non è il caso di credere che coltivare il proprio orto sia facile, veloce o economico. Un orto, anche piccolo, richiede molto lavoro, molto impegno, e anche molta esperienza. Chi non ha generazioni di contadini alle spalle sia preparato a pagare molto caro ogni pomodoro maturato sulla pianta, e ogni fagiolino raccolto al punto giusto. In pratica, per la maggior parte delle persone che vivono in città, e hanno già un lavoro, la coltivazione diretta può essere un hobby meraviglioso, ma in quanto a costo-rendimento, anche un indiscutibile lusso.

È invece sicuramente economico, facile e sano sostituire sempre di più i prodotti confezionati con prodotti più semplici e 'fatti in casa'. Invece di cercare lontano dei biscotti veramente genuini, è molto più sano fare colazione con pane vero e poco miele integrale.

Anche in questo caso, 'quanto', 'dove' e 'cosa' comperare dipende dall'uso flessibile delle risorse che avete a disposizione: collaborazione o meno di fornitori e vicini, tempo, facilità di trasporto, eccetera. Anche nel campo della spesa, insomma, niente precetti assoluti.

La farina integrale 'fai da te'
La soluzione migliore per trovare farina completa veramente fresca può essere l'acquisto di un macinacereali, che vi permette di fare in casa la farina fresca ogni volta che vi serve.

Conservare

Avete fatto la spesa. Avete scelto bene: fresco, genuino, di stagione. E adesso? Fra il momento in cui comperate (o cogliete) un alimento e il momento in cui lo cucinate o lo portate in tavola si apre un altro periodo ricco di incognite alimentari: la conservazione. Un periodo in cui qualsiasi cibo corre il rischio di alterarsi, di contaminarsi, e soprattutto di impoverirsi dei suoi elementi vitali, in particolare delle vitamine.

Attenzione ai batteri

Un rischio abbastanza trascurato, in cucina, è quello della contaminazione batterica. Forse perché i cibi che comperiamo di solito sono sempre asettici, inscatolati, implasticati; forse perché è sempre più difficile ricordare che vengono dai campi, dalla terra, dagli allevamenti; fatto sta che li tocchiamo e maneggiamo senza precauzioni, come se fossero di plastica.

Naturalmente non è così. Anche la 'fettina' più gonfiata e artificiale proviene da un organismo vivente, con la sua carica batterica specifica e i suoi possibili inquinanti. E questo è praticamente vero per tutti i cibi.

Una delle regole d'oro, per conservare bene e con sicurezza, è quella di lavarsi spesso le mani. Lavatevi le mani quando riponete i vostri acquisti, dopo aver maneggiato carni crude, quando toccate o lavate i taglieri, e ogni volta che tornate in cucina dopo aver carezzato il gatto, soffiato il naso al bambino o innaffiato le piante.

Per quanto riguarda i cibi già cotti, non lasciateli a lungo a temperatura tiepida, o ambiente, che è la più pericolosa per la formazione dei germi. Piuttosto metteteli decisamente in frigo, o all'aperto nella stagione fredda.

Quando li riscaldate, non limitatevi a una scaldatina, giusto finché la temperatura è gradevole. Ogni cibo già cotto va riscaldato almeno finché non supera i 70 °C in tutti i suoi punti (mescolate spesso; solo in questo modo vengono sicuramente distrutti i germi che possono essersi formati nel cibo). Una delle ragioni per cui è bene essere prudenti nell'uso del forno a microonde è proprio la sua caratteristica di scaldare i cibi freddi in modo non uniforme, con il rischio di lasciare in vita così germi pericolosi.

Per evitare disturbi ('tossinfezioni'), pericolosi e a volte letali, specialmente in gravidanza e per le persone debilitate, seguite le seguenti norme igieniche. Tenete ben pulito il lavello, i piani di lavoro, l'interno del frigorifero, gli armadietti della dispensa, la zona dei rifiuti. Cambiate ogni giorno gli strofinacci e usate carta da cucina se vi serve una presa 'sterile'. Evitate in modo particolare i contatti involontari fra carni crude e carni cotte. Se le preparate spesso fate in modo di avere due taglieri separati, uno per le carni crude, uno per le altre. Coprite accuratamente i cibi non riposti, con coperchi, asciugamani, ripari di rete, e, se necessario, adottate protezioni antimosche.

Per conservare bene i cibi in modo naturale, soprattutto quelli vivi, che sono più ricchi e più vulnerabili, un'igiene attenta e accurata è un requisito indispensabile.

... e ai nemici delle vitamine

Durante la conservazione dei cibi freschi, e in particolare dei vegetali in foglia, bisogna fare attenzione a due elementi:

- il contenuto di vitamine, che va preservato dal decadimento;
- il contenuto di nitrati, che è dannoso e tende ad aumentare.

Come si formano i nitriti
Quando vengono raccolti, gli ortaggi più ricchi di nitrati contengono già piccole quantità di nitriti. Durante la conservazione i nitriti si formano in assenza di ossigeno e quando la temperatura è sufficientemente alta. Per esempio una cesta di spinaci, ben compressa e lasciata al caldo, è una vera e propria fabbrica di nitriti. Lo stesso avviene in una minestra, in un succo, o in un piatto di spinaci che dimentichiamo di mettere al fresco. Anche se il recipiente è aperto, l'aria comunque non può penetrare nella massa o nel succo. Gli ortaggi crudi chiusi in un sacchetto di plastica e lasciati a temperatura ambiente, sono nelle condizioni più favorevoli per produrre nitriti. (A proposito di questo problema, vedi *anche* *'Nitrati e nitriti: che cosa sono, cosa fanno, come si evitano', a pagina 34).*

Anche se le diverse classi di vitamine hanno reazioni molto diverse fra loro, il principale nemico delle vitamine è il calore.

In più tutte le sostanze organiche, vegetali o animali, si modificano rapidamente in presenza dell'aria. È l'ossidazione: l'ossigeno si combina con le molecole organiche, specialmente le vitamine, e le decompone progressivamente.

La rapidità dell'ossidazione aumenta con la temperatura e con la superficie di contatto con l'aria. Ecco perché una carota, che perde lentamente il carotene (sostanza contenuta nelle carote, che il fegato trasforma in vitamina A) se viene conservata intera e al fresco, lo perde più in fretta se viene grattugiata e lasciata a temperatura ambiente.

La luce ha un effetto distruttore sulle vitamine, soprattutto in presenza dell'ossigeno. Gli effetti dell'aria e della luce sono più graduali di quelli del calore, e sono tanto più lenti quanto più la temperatura è bassa. Anche in frigo o nel congelatore, le vitamine continuano a diminuire.

La stabilità delle vitamine dipende anche dall'acidità (per esempio la vitamina C è molto più stabile in ambiente acido).

I migliori metodi di conservazione

Uno dei sistemi migliori, per i fortunati che la possiedono, è una cantina ben attrezzata, fresca, scura, senza umidità, con ripiani su cui è possibile disporre le provviste.

Un'altra possibilità, quando il tempo è rigido, è quella di disporre sui balconi cassette da frutta ben riparate dalla polvere e dalla luce, ma non sigillate ermeticamente, in modo che l'aria possa circolarvi.

Poi c'è la soluzione più ovvia, il frigorifero: talmente comodo che c'è il rischio di dimenticarci dentro il prodotto acquistato con tanta cura.

E infine c'è il congelatore, costoso e ingombrante, ma certo (nei suoi limiti) efficace.

Ricordiamo che il frigorifero va usato con attenzione, senza buttarci dentro gli alimenti col pensiero che tanto lì sono al sicuro.

L'interno del frigo va pulito regolarmente e i prodotti vanno disposti all'interno nella zona più adatta (gli ortaggi in basso, i formaggi nella zona intermedia, carni e pesci nella zona più fredda).

Le persone che lavorano e hanno una vita molto intensa farebbero bene a segnare la data di acquisto sugli alimenti che mettono in frigo, come si fa per gli alimenti che si mettono nel congelatore. Altrimenti si corre il rischio di utilizzare cibi apparentemente freschi, che in realtà hanno già perso buona parte del loro valore vitale o che, addirittura, sono avariati.

Al buio, al fresco, al riparo

Per quanto riguarda le scorte meno immediatamente deperibili (come cereali, farine, paste, olio, miele, salse) sarebbe meraviglioso avere una dispensa all'antica, chiusa, riparata, con tanti ripiani e tanto spazio per riporre con comodo ogni cosa. Luce, calore e ossigeno sono comunque un nemico anche per questo tipo di alimenti. Per conservarli è bene usare vasi e boccali di vetro chiuso ermeticamente, meglio se scuro, riparati dagli insetti e dagli sbalzi di temperatura.

Latticini e formaggi freschi vanno conservati in frigorifero, e così la carne e il pesce, che va comunque consumato il più fresco possibile.

Formaggi stagionati e salumi, invece, si conservano al meglio nelle cantine climatizzate, e soffrono sempre un po' in frigorifero; meglio quindi, se il frigo è l'unica possibilità, comprarne a piccole dosi.

Il burro, che nella cucina naturale viene usato piuttosto raramente, va comprato in confezione piccola solo al momento dell'uso, oppure acquistato in scatola (è meno facile che irrancidisca) e conservato nel freezer.

Surgelati: sì o no?

L'industria alimentare usa su larga scala la surgelazione e sostiene (non del tutto a torto) che un prodotto surgelato all'origine, appena colto o pescato, è più ricco di elementi vitali di un prodotto 'fresco', impoverito dai lunghi immagazzinaggi, dai trasporti, dagli sbalzi di temperatura.

Anche in questo caso si tratta di guardare bene le cose da vicino. Il vantaggio della surgelazione sta nel conservare senza bisogno di prodotti chimici, usando un processo totalmente naturale. Lo svantaggio è che si tratta comunque di una conservazione, che rallenta, ma non interrompe, il processo di degradazione degli elementi vitali. Per questo è particolarmente importante non prendersi confidenze coi surgelati: ridurre al minimo il tempo in cui restano esposti alla temperatura

La cantina, come una volta
La cantina è il luogo ideale per il vino e le bevande fermentate (birra, sidro, kvas...) che continuano a maturarvi lentamente, restando vive. Anche le conserve, fatte in casa o comprate fuori, stanno meglio al buio e al fresco. Vanno controllate ogni tanto, per verificare la data di scadenza ed eventuali alterazioni nel contenuto (scatole gonfie, arrugginite o lesionate possono contenere microrganismi tossici e vanno subito buttate via).

Surgelati 'semplici' e surgelati 'pasticciati'
Se il prodotto fresco, pulito e surgelato è un'ottima alternativa a un prodotto fresco chiaramente moscio, stantio e di cattiva qualità, non si può dire lo stesso per molti piatti pronti surgelati che utilizzano ricette 'industrializzate', troppo ricche di grassi e di sapori pesanti, e di solito a prezzi molto alti.

Il congelatore
Chi dispone di un freezer o di un congelatore può conservare alimenti freschi o già cucinati per un certo tempo, senza troppo alterare il valore nutrizionale dei cibi. Ci sono comunque alcune indicazioni da ricordare. Gli alimenti devono essere in perfetto stato di freschezza e maturazione. Più un alimento è grasso, più breve è la durata della conservazione possibile. I grassi irrancidiscono abbastanza rapidamente anche al freddo. Le vitamine si conservano assai meglio se gli alimenti vengono sbollentati, cioè passati per pochi istanti in acqua bollente. In questo modo vengono inattivati gli enzimi che distruggono le vitamine, anche nel congelatore. Gli alimenti, puliti, e se occorre sbollentati, vanno sigillati accuratamente negli appositi sacchetti di plastica.

normale (per esempio dal negozio a casa) e utilizzare le apposite borse termiche. Non risurgelate né conservate a lungo i prodotti scongelati.

Se salta la corrente per un breve periodo, non aprite il congelatore e copritelo con panni di lana, in modo da preservare il più possibile la temperatura interna.

È anche importante valutare attentamente i diversi surgelati in commercio. I surgelati 'puri' si limitano a pulire e preparare gli alimenti per la cottura. Ma ci sono molti gradi di lavorazione (dall'impanatura alla preparazione di piatti complessi ed elaborati) e ciascuno pone problemi dietetici suoi.

Il surgelato è comunque un prodotto che crea numerosi problemi ecologici. Infatti 'funziona' solo a patto di disporre di una rete planetaria di depositi climatizzati che vanno alimentati con notevoli apporti di energia elettrica. (Oltretutto i gas refrigeranti sono in prima linea fra i nemici dell'ozono.)

Altre conservazioni

Esistono altri sistemi industriali per conservare i cibi freschi:

- le conserve sotto vuoto;
- le conserve zuccherine (come le marmellate);
- le conserve sott'olio;
- le conserve in salamoia;
- le conserve sott'aceto.

La cucina naturale disapprova, in linea di principio, tutte le conserve. Ma con gradi diversi. Per esempio le conserve sott'olio si sono dimostrate buone per la conservazione dei pesci grassi, come sardine, sgombri, tonno, eccetera. La scoperta che gli acidi grassi di questi pesci proteggono le arterie dal colesterolo ha rivalutato questo tipo di alimento, e molte proprietà benefiche dei pesci sono reperibili anche nell'olio di conservazione. Acquistando pesce conservato sott'olio, quindi, fate attenzione a sceglierlo confezionato con olio di buona qualità (e cioè olio d'oliva, possibilmente vergine) invece che con oli di scarto.

Tutti i vegetali conservati vengono impoveriti di sostanze importanti, e questo è vero in particolare con le verdure conservate per sterilizzazione. In più, in quasi tutte le conserve industriali, ci sono aggiunte che sarebbe meglio evitare: di solito almeno un po' di sale e di zucchero, per non parlare di eventuali 'cosmetici' chimici come i coloranti.

Un tempo, in molte famiglie, la fine dell'estate era il tempo delle conserve: i prodotti dell'orto venivano raccolti, preparati e chiusi in

VERDURA FRESCA NEL CORSO DELL'ANNO

✗ mesi di abbondante disponibilità   (✗) mesi di scarsa disponibilità

Qualità	gen.	feb.	mar.	apr.	mag.	giu.	lug.	ago.	set.	ott.	nov.	dic.
Asparagi					✗	✗						
Barbabietole	✗	✗	(✗)					(✗)	✗	✗	✗	✗
Broccoli							(✗)	✗	✗	(✗)		
Carote	✗	✗	✗		(✗)	(✗)	✗	✗	✗	✗	✗	✗
Cavolfiori				(✗)	(✗)	(✗)	✗	✗	✗	✗	(✗)	
Cavolini di Bruxelles	✗	✗	(✗)							(✗)	✗	✗
Cavolo bianco	✗	✗	✗				(✗)	✗	✗	✗	✗	✗
Cavolo rapa					(✗)	✗	✗	✗	(✗)			
Cavolo rosso	✗	(✗)	(✗)					✗	✗	✗	✗	✗
Cavolo verde	✗	✗	(✗)							(✗)	✗	✗
Cetrioli							✗	✗	✗	✗	✗	✗
Cipolle	✗	✗	✗	✗	✗			✗	✗	✗	✗	✗
Fagioli					(✗)	✗	(✗)					
Fagiolini							✗	✗	✗			
Finocchi							(✗)	(✗)	✗	✗	(✗)	
Mais dolce								✗	✗			
Peperoni								✗	✗	✗	(✗)	
Piselli					(✗)	✗	✗	✗				
Pomodori							(✗)	✗	✗	(✗)	(✗)	
Porri	(✗)	(✗)	(✗)	✗			✗	✗	✗	✗	✗	
Scorzonera	✗	✗	(✗)	(✗)							✗	✗
Sedano								✗	✗	✗	(✗)	
Sedano rapa	✗	✗	✗						(✗)	✗	✗	✗
Topinambur	(✗)	(✗)	✗							✗	✗	(✗)
Verze	(✗)						(✗)	✗	✗	✗	✗	✗
Zucche						(✗)	(✗)	✗	✗	✗	(✗)	
Zucchine							(✗)	✗	✗	(✗)		

Sono state prese in considerazione soltanto le verdure coltivate all'aperto, nelle nostre zone.

barattoli per l'inverno. Il procedimento casalingo evita le aggiunte indesiderabili, anche se la sterilizzazione distrugge comunque molte vitamine ed elementi vivi.

Il giudizio dell'alimentazione naturale è senza appello e molto pesante nei confronti delle conserve con lo zucchero, vale a dire le marmellate. Lo zucchero, come il sale, è un antisettico: in forte dose blocca lo sviluppo dei batteri. Per funzionare, però, esige una lunga cottura del frutto. Il risultato è un prodotto che contiene altissime dosi di zucchero bianco, il più calorico, il più nocivo, mentre i nutrienti e il sapore del frutto sono andati praticamente del tutto perduti.

Per le scuole di alimentazione naturale, mangiare queste marmellate significa mangiare zucchero 'travestito' da frutta.

È possibile, invece, preparare in casa ottime marmellate cambiando la proporzione fra zucchero e frutta (più frutta e meno zucchero) e curando attentamente la preparazione (la scelta della frutta e il tempo di cottura) per evitare la formazione di muffe.

La marmellata preparata con succo d'uva al posto dello zucchero, per esempio, si conserva perfettamente senza altro zucchero che quello contenuto naturalmente nella frutta. Nella parte dedicata alle ricette ci sono alcune conserve preparate senza aggiunta di zucchero.

Ci sono altre tecniche industriali di conservazione, come la liofilizzazione (che altera pesantemente i componenti nutritivi), la sterilizzazione con raggi gamma (da evitare) e la conservazione di prodotti freschi in atmosfera modificata. Altre, sicuramente, sono in corso di elaborazione (alcune prevedono l'alterazione genetica delle piante). Senza particolari preconcetti, sarebbe bene comunque diffidare dalle tecniche di conservazione molto pesanti, da quelle che impiegano modifiche genetiche e l'uso della radioattività e da quelle che, in genere, alterano in negativo il bilancio nutrizionale dei cibi.

Una sterilizzazione 'parziale'
In generale le marmellate con il 10-20 per cento di zucchero si conservano perfettamente, a condizione che i barattoli vengano sterilizzati dopo la cottura e vengano conservati in frigo una volta aperti. Più semplicemente si possono riempire i vasi a caldo, chiuderli subito e capovolgerli per un momento. Questa sterilizzazione 'parziale' assicura un'eccellente conservazione.

Le tecniche di conservazione tradizionali

Esistono, per fortuna, anche tecniche di conservazione semplici, ecologiche e che migliorano, invece di peggiorarlo, il valore nutrizionale del cibo. Sono tecniche conosciute in tutte le tradizioni alimentari:

- l'essiccazione;
- la fermentazione.

L'essiccazione

L'uomo fa essiccare la frutta al sole fin dai tempi più antichi. Insieme al miele, la frutta secca era la fonte principale di zucchero.

La distruzione delle vitamine che avviene con l'essiccazione dipende dal tipo di frutta utilizzata: è limitata nei frutti acidi, più rilevante negli altri frutti.

Tradizionalmente l'essiccazione è stata usata, oltre che per la frutta e la verdura, anche per conservare carni o pesci, e tuttora viene utilizzata con ottimi risultati. In alcuni casi l'essiccazione viene unita all'affumicatura, alla salatura, alla concia con aromi e ad altri trattamenti.

Nel caso dei pesci conservati sotto sale, è necessario dissalarli e ammollarli per un tempo conveniente prima di poterli utilizzare.

La fermentazione

C'è un altro sistema 'classico' per la conservazione degli alimenti, che è stato usato fin dai tempi antichi in tutte le tradizioni alimentari. È la fermentazione, che viene applicata a numerosi tipi di alimento e che provoca una serie di effetti nutrizionali particolarmente benefici:

- la fermentazione del latte dà origine allo yogurt, ai formaggi freschi, agli infiniti tipi e varietà di formaggi;
- la fermentazione dei cereali ci dà il pane, la birra, il malto, la vodka;
- la fermentazione della frutta dà origine al vino, al sidro, ai distillati.

È senza numero la varietà dei prodotti fermentati in tutti i paesi, in tutti i tempi, in tutte le culture alimentari.

Vogliamo però parlare in particolare di uno specifico genere di fermentazione: la lattofermentazione, che, per la sua utilità e universalità, merita il titolo di 'regina delle fermentazioni'.

Come indica il suo nome, la lattofermentazione è caratterizzata dalla produzione di acido lattico, che può formarsi sia dall'amido dei cereali, sia dal fruttosio della frutta e degli ortaggi, sia dal lattosio del latte. I microrganismi che danno il via al processo vengono chiamati fermenti lattici; la fermentazione è anaerobica (cioè si svolge in assenza d'aria) e determina una acidificazione progressiva dell'ambiente, man mano che si forma acido lattico. Quando l'acidità raggiunge il valore di 3,5-4, la moltiplicazione dei batteri lattici si ferma e si ottiene un ambiente stabile, che può conservarsi per parecchi mesi e anche per alcuni anni.

La fermentazione lattica presenta tanti vantaggi che ci si stupisce di non vederla adoperata di più; è un procedimento ineguagliato per conservare gli alimenti, renderli di più facile impiego e arricchirli di nuovi sapori. Ed è talmente semplice che ognuno lo può applicare a casa propria (come si faceva una volta) senza altri strumenti che un recipiente di terracotta, una tavoletta, un pezzo di stoffa e una pietra. O, più semplicemente, con vasetti di vetro a chiusura ermetica.

Essiccare in casa

Si può fare essiccare la frutta anche in casa con molta facilità. Esistono in commercio essiccatoi elettrici che occupano lo spazio di una pentola, oppure si può usare il forno a gas oppure (per chi ha la fortuna di possederlo) il forno da pane. Se si ha una casa in campagna, un essiccatoio solare di dimensioni più grandi è un buon acquisto e si ammortizza rapidamente; nei climi umidi bisognerà prevedere anche un riscaldamento elettrico. Ci sono molti vantaggi a essiccare la frutta in casa. In particolare si può essiccare la frutta e la verdura dell'orto, o proveniente da colture biologiche (questo è molto raro per la frutta in commercio), e si è sicuri che la frutta secca non è stata trattata, come quella industriale, con anidride solforosa. L'essiccazione è il modo migliore per conservare la frutta in grandi quantità, come capita quando si possiede un frutteto o ci si approvvigiona nel momento del raccolto. Con l'essiccazione si conservano ottimamente anche i funghi, i pomodori, i peperoncini, e altre verdure; le tradizioni del Meridione conoscono squisite specialità di verdure secche.

C'è fermentazione e fermentazione...
In pasticceria il lievito naturale viene sostituito dalla polvere lievitante (che fa lievitare la pasta ma con un processo puramente chimico: lo sviluppo di gas carbonico). La pasta è leggera e ben aerata, ma scompaiono tutti i vantaggi della fermentazione. Per conservare i cetriolini, invece di farli fermentare, li si immerge direttamente nell'aceto. Così sono più acidi, meno saporiti e completamente privi di fermenti lattici. Nei negozi di prodotti orientali si trovano molti ortaggi fermentati. Ma sono talmente salati che la fermentazione diventa impossibile: è solo conservazione sotto sale, che non ha nessuno dei vantaggi della fermentazione lattica. Il caso estremo è la salsa di soia, che tradizionalmente deve fermentare per uno o due anni e che invece viene prodotta industrialmente in uno o due giorni, con grande aggiunta di prodotti chimici.

Per gli ortaggi la fermentazione ha bisogno di poca sorveglianza. L'unico lavoro è la preparazione degli alimenti, e il costo energetico è nullo. Per quanto riguarda l'efficacia, si spiega con la proprietà dei batteri lattici di continuare a svilupparsi a pH bassi, vicino a 4, che invece ostacolano la riproduzione di altri microrganismi. Inoltre l'ambiente acido è favorevole alla conservazione delle vitamine, in particolare della vitamina C.

La fermentazione tradizionale si sposa male con i moderni metodi di produzione e commercializzazione. Ai nostri giorni si cerca di produrre alimenti standardizzati, che possano essere conservati per mesi e spediti in tutto il mondo. Invece la fermentazione richiede tempo e cure, e il risultato ottenuto (come sanno i panettieri e i vinai) non è mai esattamente lo stesso. I prodotti fermentati si conservano bene, ma a patto che vengano rispettate certe precauzioni: molti sopportano male i lunghi viaggi e i forti sbalzi di temperatura.

Di qui, la sostituzione della fermentazione con procedimenti che la imitano e ne conservano, almeno apparentemente, i vantaggi, soddisfacendo allo stesso tempo le esigenze della produzione industriale.

Attenzione, quindi: la fermentazione è una ricchezza tradizionale che corre il rischio di perdersi dopo decenni di alternative industriali. Molti libri di cucina, vecchi e nuovi, ne portano le tracce: le ricette di bortsch, il cui sapore tipicamente acido viene dalle barbabietole fermentate, chiedono una semplice aggiunta di aceto. Le ricette della farinata di ceci 'dimenticano' un passaggio importante: due ore di attesa, in cui la pastella ha tempo di fermentare spontaneamente. E i sottaceti sono una variazione industriale, 'morta', di una conservazione infinitamente più ricca di valore biologico. Tra l'altro, i sottaceti possono essere mal tollerati, mentre crauti e altre verdure a fermentazione lattica possono essere terapeutici, persino per chi soffre di ulcera gastrica.

Cucina naturale vuol dire anche fare attenzione a queste tracce quasi perdute delle tradizioni antiche, per riscoprirle e valorizzarle al servizio dell'alimentazione d'oggi.

Preparare

Uno dei modi per rispettare l'integrità e il valore nutritivo di un alimento consiste anche nel lavarlo e prepararlo con attenzione, e senza commettere errori. Che sono invece frequenti.

I gambi, le foglie, i piccioli

Quando comperiamo vegetali siamo abituati a scartare in partenza una serie di elementi di contorno (le foglie più esterne delle verze, le foglie delle rape e delle carote, il verde dei porri) che invece sono importanti. Il ferro e la vitamina C si concentrano nella parte più scura delle foglie verdi, e gettare via proprio queste parti è senz'altro una perdita da evitare. Foglie e gambi di rapa, di carota e di ravanello sono gradevolissimi e ricchi di minerali, in particolare di calcio.

Le verdure

In generale è consigliabile pulire e lavare qualsiasi verdura immediatamente prima di utilizzarla, perché la ripulitura impoverisce sempre un po' la sostanza vitale del vegetale, e una volta lavati gli ortaggi perdono rapidamente una parte della loro freschezza.

Inoltre, non sempre è necessario lavare. Dai frutti a buccia liscia è più facile asportare piombo e conservanti strofinando la superficie con un panno asciutto, piuttosto che lavando la buccia. I funghi vanno ripuliti con un coltellino, senza immergerli nell'acqua; le fragole lavate perdono gran parte del profumo.

Sbucciare

Per molti vegetali la mondatura è un'abitudine ingiustificata. Sbucciare le rape e le carote è perfettamente inutile: basta lavarle, magari con uno spazzolino. Lo stesso vale per le patate da lessare. Cotte con la buccia le patate conservano quasi il 100 per cento della loro vitamina C. La buccia si toglie molto facilmente dopo, volendo; oppure, in alcune ricette raffinate viene mangiata con la polpa. Le patatine novelle non si sbucciano, basta sfregarle in un panno ruvido.

Molti vegetali a fiore o a germoglio sono automaticamente protetti dallo sporco grazie agli strati di rivestimento più esterni. È così per i carciofi, i finocchi, i cavolfiori, alcuni tipi di insalata. Altri vegetali vengono sbucciati solo per abitudine, come le zucchine, i cetrioli, le melanzane. La buccia, oltre a proteggere gli elementi vitali sottostanti, aumenta il livello di fibra dell'alimentazione, contribuendo a rendere più equilibrato il cibo ingerito.

Spremere, tagliare, grattugiare

Più un alimento viene esposto all'aria e alla luce (come quando viene tagliuzzato o grattugiato) più l'ossidazione delle vitamine è rapida.

La regola generale è quella di servire, per quanto possibile, frutta e verdura integra. Anche le verdure già pronte per il pinzimonio possono essere servite a pezzi grossi, o interi. Ogni commensale potrà, se lo desidera, tagliarle a pezzi più piccoli. E la frutta è al massimo delle sue proprietà vitali quando il frutto viene mangiato direttamente, non sbuc-

Quando e come lavare i vegetali?
Diventa importante lavare i vegetali quando hanno subito trattamenti chimici, e quando sono molto sporchi di terra. Facciamolo però senza troppo accanimento. Non è piacevole, certo, sentire la terra scricchiolare sotto i denti, ma la terra in sé non è tossica. Certo rimarrà qualche microbo, ma quelli che si trovano nei terreni biologici non sono pericolosi, e comunque non è possibile eliminarli completamente né col lavaggio, anche il più energico, né con la mondatura. La perdita di vitamine e minerali è molto accentuata quando i vegetali vengono messi nell'acqua già tagliati. Si mette a bagno la verdura a foglie intere, si cambia più volte l'acqua (la regola 'classica' per gli spinaci dice di continuare a cambiare l'acqua fino a che non rimangono più tracce di terriccio: cosa che spesso può durare in eterno. Fermatevi pure anche un po' prima). Infine si centrifuga senza schiacciare troppo (tradizionalmente la verdura in foglie viene scrollata in un asciugamano).

Mani come coltelli
Un mezzo per ridurre l'ossidazione e la perdita di vitamine è quello di affettare con lame ben affilate. Una lama ottusa rompe una maggiore quantità di cellule, accelerando l'alterazione. La tradizione contadina 'apre' mele e cipolle spaccandole col pugno, senza coltelli. Il coltello altera il profumo delle foglie di basilico, che vanno spezzate a mano.

ciato, affettato, frullato o centrifugato. In questo modo, insieme ai succhi si assimilano anche la cellulosa e le pectine, preziose per la digestione.

Le verdure cambiano sapore, gusto e aspetto a seconda di come vengono tagliate, e un uso creativo di questo tipo di preparazione può consentire piacevoli variazioni. Più una verdura viene tagliata sottilmente più rapidamente cuocerà, e più facilmente i succhi gastrici ne effettueranno la digestione. Una semplice carota, per esempio, può essere mangiata intera, a grossi pezzi, a bastoncini, a fettine sottili, a cubetti, a fiammiferi, a filettini, a scagliette... ogni volta l'aspetto, la consistenza e il sapore cambiano, e si prestano di volta in volta a un minestrone, a un pinzimonio, a un'insalata mista, a un antipasto esotico, a un contorno, a un'insalata russa, a possibilità di ogni genere.

Le verdure affettate finemente andrebbero preparate appena prima di consumarle. Le speciali lame dei frullatori che consentono di affettare rapidamente 'a julienne' una grande quantità di verdure possono essere di grande aiuto in queste preparazioni 'dell'ultimo momento'.

Oppure possono essere conservate al fresco, al riparo dalla luce e dall'aria, e meglio se spruzzate di limone o di aceto, perché la vitamina C si degrada molto più lentamente in un ambiente acido.

Oggi sono in commercio insalate e verdure già pronte, pulite e tagliate a fettine. È sempre meglio evitare l'acquisto di tali prodotti: anche in atmosfera modificata, infatti, la verdura tagliata è quella che perde più rapidamente i suoi nutrienti vitali.

Anche nella preparazione, dunque, sarà bene ricordare che esistono procedimenti più o meno sani, più o meno capaci di salvaguardare l'integrità dei nutrienti contenuti in un alimento. Questo non significa che non è il caso di affettare le verdure: significa che è bene, caso per caso, sapere cosa comporta l'uno o l'altro tipo di preparazione, in modo da scegliere i modi e i tempi più adatti per le varie occasioni.

È bene anche riscoprire il piacere dei frutti e delle verdure intere, o a pezzi grossi. Può darsi che una padrona di casa abituata a servire verdure crude finemente tagliate si senta un po' imbarazzata a servire un pinzimonio di cavolfiore, carote, sedani, rapanelli, finocchi appena sgrezzati. Ma l'effetto scenografico può essere comunque bellissimo, e non è difficile spiegare perché si è scelta una presentazione più 'primitiva'. Anche attraverso piccole scelte come queste passa l'alimentazione naturale.

I cereali

Mentre lavare un frutto o un vegetale intero non lo priva dei suoi nutrienti, lavare un cereale (soprattutto se è un cereale già privato del suo involucro di protezione) significa impoverirlo, perché l'acqua scioglie e dilava una parte dei suoi componenti.

Per preparare un cereale è bene metterlo in una ciotola, coprirlo d'acqua, mescolarlo e versare via l'acqua, ripetendo l'operazione finché l'acqua non è pulita. A questo punto, se occorre, il cereale viene messo a bagno in altra acqua pulita (è utile usare un misurino per avere le giuste proporzioni di cereali e di acqua) e dopo l'ammollo la stessa acqua verrà utilizzata per la cottura.

Le leguminose

Diverso è il caso delle leguminose. Di solito i legumi secchi non necessitano di una particolare pulizia. Richiedono però un ammollo adeguato (salvo le lenticchie e i piselli), che li aiuta anche a liberarsi delle sostanze che rallentano la digestione. Per questo, dopo l'ammollo, i legumi vanno sciacquati sotto l'acqua corrente in un colapasta e messi al fuoco con nuova acqua pulita.

Cucinare

Intere scuole di alimentazione naturale (come i crudisti, per esempio) vorrebbero eliminare completamente la cottura, ritornando a un'alimentazione totalmente 'viva' che lasci intatte tutte le vitamine, gli enzimi e i microrganismi benefici del cibo.

Abbiamo visto però che altre scuole naturali sostengono con ragioni altrettanto valide la superiorità (o il pari valore) degli alimenti cotti. Come al solito l'unico vero giudice è il nostro organismo, con le sue voglie, i suoi ritmi, le sue esigenze, che variano anche con il tempo e la stagione. D'estate, con il caldo, gradiamo di più frutta e verdura fresca, d'inverno cerchiamo piatti caldi e energetici.

Comunque c'è cottura e cottura. Ognuna ha i suoi vantaggi e i suoi rischi, e conoscerli è di grande aiuto per imparare a trattare ogni cibo nel modo più adatto e più sano.

In questo paragrafo esamineremo da vicino le diverse tecniche di cottura, quelle classiche e anche quelle un po' esotiche, con le indicazioni che occorrono per usarle al meglio. Ma prima dedichiamo qualche parola ad alcune attrezzature fondamentali (il fuoco, l'acqua, i recipienti per la cottura) che verranno esaminate più in dettaglio nel paragrafo 'Che cosa serve in cucina'.

Il wok è una pentola che permette di cuocere con pochi grassi.

Acqua e fuoco

La cosa che conta, nella cucina naturale, è la possibilità di avere una fonte di calore regolabile, soprattutto alle basse temperature. In molte

Per diffondere il calore in modo omogeneo
Sarà utilissimo avere anche reticelle spargifiamma (di metallo; quelle di vecchio tipo, di amianto, sono assolutamente da evitare) che permettono di rendere ancora più regolare e diffuso il calore.

ricette tradizionali si cuoce, anche a lungo, a fuoco bassissimo. Fuoco mal regolato significa rischio di cibo che brucia, cottura irregolare, necessità di sorvegliare continuamente la pentola.

Molto utile e pratica, anche se non indispensabile, è una sveglia da cucina, che ci avverte quando una cottura è finita o quando conviene controllare. Chi dispone di una cucina con temporizzatore, che accende e spegne il fuoco da sola sotto i recipienti, potrà gustare i suoi cereali appena cotti a puntino appena arrivato a casa.

Per quanto riguarda l'acqua, di solito è possibile usare quella di rubinetto per cucinare senza correre grossi rischi. Solo nel caso essa sia molto ricca di nitrati preferitele l'acqua minerale per i neonati e i bambini piccolissimi. L'acqua dura, molto ricca di sali di calcio e magnesio, si può usare senza problemi.

Naturalmente l'ideale è avere acqua pura di sorgente, e non acqua di città. Chi abita in campagna o in montagna non trascuri però di controllare regolarmente la potabilità delle acque libere, che possono presentare inquinamenti organici pericolosi.

Le pentole

Ne parleremo più ampiamente nel paragrafo 'Che cosa serve in cucina', soprattutto per quanto riguarda la scelta dei materiali migliori. In generale, per cucinare secondo i consigli della cucina naturale è importante avere recipienti con fondo liscio e spesso, che distribuisca bene il calore e non bruciacchi i cibi.

Qualche recipiente solido e affidabile è quindi un buon investimento, che renderà più redditizio il lavoro in cucina e ci farà mangiare meglio con poca fatica.

Le tecniche di cottura

Le tecniche che usiamo di solito per cuocere appartengono fondamentalmente a tre categorie:

- ci sono i sistemi a calore asciutto: in forno, alla piastra, al cartoccio, in recipiente asciutto, alla brace, nella cenere, su pietra, sulla bistecchiera, alla griglia;
- ci sono le cotture in acqua: cottura a vapore, a lesso, a pressione, in stufato (o *nishime*, cioè cottura in pochissima acqua), scottatura in acqua bollente;
- ci sono i sistemi che utilizzano grassi di cottura, in particolare la frittura in olio abbondante, la rosolatura o doratura (in poco grasso), e la frittura nel *wok*, la tipica padella orientale a fondo arrotondato.

L'importanza del coperchio
Fondamentale è anche avere coperchi che chiudano bene. Molte cotture senza grassi e senza aggiunte devono la loro riuscita proprio alla perfetta tenuta dei coperchi.

Cotture a calore asciutto

In genere le cotture a calore asciutto sono abbastanza consigliabili dal punto di vista nutrizionale. Tendono a sciogliere e a far scolare il grasso contenuto negli alimenti (carni, pesci, salumi), e provocano una rapida cottura della superficie sigillando all'interno i succhi, i sapori e i nutrienti vitali dell'alimento.

I rischi sono di due tipi:

- l'interno dell'alimento può restare crudo, il che è un vantaggio in certi casi (come la costata alla fiorentina), ma diventa rischioso quando (come nel caso del maiale) il cibo può contenere parassiti;
- ma soprattutto (e questo è il rischio maggiore) la superficie degli alimenti proteici, esposta a calore diretto e violento, può alterarsi in modo grave, formando composti pericolosi per la salute. Questo rischio non esiste per gli alimenti poveri di proteine, come i vegetali.

Esistono in commercio alcuni tipi di pentole che riescono a cuocere anche senz'acqua e senza grassi, raggiungendo al loro interno temperature di cottura molto basse. Sono pentole di costo piuttosto elevato in quanto realizzate in leghe metalliche pregiate (per evitare che i cibi si attacchino sul fondo e sulle pareti), con coperchi a perfetta chiusura, fornite a volte di termometro per poter valutare la temperatura interna. Il principio su cui si basano è quello della cottura a depressione: i vapori prodotti dalla cottura incontrano la superficie fredda del coperchio, che può essere a forma di tegame e contenere acqua, si condensano e ricadono sul fondo come goccioline, creando un ambiente in cui la pressione è inferiore a un'atmosfera, cioè una depressione. In questa situazione l'acqua bolle prima di raggiungere i 100 °C.

Cotture in acqua

Per le cotture in acqua il problema di base è il dilavamento e la perdita di minerali e vitamine che, come abbiamo già visto, sono sensibili al calore. Bollire significa quindi uccidere le vitamine? In realtà le cose non sono così semplici.

Per esempio, gli spinaci scottati in acqua a 66 °C perdono il 90 per cento della loro vitamina C, ma se l'acqua è a 95 °C la perdita è solo del 18 per cento. Come mai? In realtà il responsabile 'tecnico' della distruzione non è il calore in sé, ma l'azione di alcuni enzimi, che fra i 50 e i 65 °C sono in piena attività, mentre oltre i 70 °C sono resi inattivi dal calore.

Per preservare le vitamine e gli elementi nutritivi, quindi, è bene cuocere a bassa temperatura, ma con un 'colpo di fuoco' iniziale (sopra i 90 °C) per inattivare gli enzimi. In pratica, la cosa migliore è quella di immergere i vegetali freschi nell'acqua bollente e subito dopo abbassare la temperatura di cottura.

Una volta 'sistemati' gli enzimi, più l'acqua è abbondante, più la temperatura è alta e più la cottura è prolungata più gli elementi vitali si dilavano, passando nell'acqua di cottura. Il valore nutrizionale degli alimenti fatti cuocere in acqua dipende quindi da come si userà l'acqua di cottura: se la gettiamo via è il sistema peggiore, se la utilizziamo è uno dei sistemi migliori. (Tradizionalmente in cucina si usavano due ricette per il lesso: quella in cui si puntava al 'buon lesso' e quella per il 'buon brodo'.)

Un altro problema della cottura in acqua consiste nell'esistenza dei residui chimici. L'acqua dilava sia i minerali utili sia quelli pericolosi, sia gli elementi vitali sia i pesticidi e l'atrazina. La scelta che dobbiamo fare dipende da quanto è 'pulito' il vegetale. Più è biologico, più la sua acqua di cottura è preziosa. Più è 'sporco' (magari perché è fuori stagione, o perché era in vendita all'aperto in una via molto inquinata dal traffico) più l'acqua di cottura è da scartare.

I 'trucchi' della cottura in acqua

Si può 'giocare' con la cottura in acqua in diversi modi, per esempio usando più o meno acqua (ricordiamo però che meno è, meglio è) oppure tagliando più o meno fini le verdure da cuocere. È bene anche assaggiare durante la cottura e non fidarsi delle prescrizioni troppo precise: i fagiolini possono richiedere da pochi minuti di cottura a oltre mezz'ora, e così gli altri ortaggi freschi. Dipende dalla stagione, dal grado di maturazione, dalla freschezza, dalle dimensioni. Le patate cotte nell'acqua possono cuocere in mezz'ora, se sono intere e grandi, o in pochi minuti, se sono tagliate a filetti sottili. Il momento giusto di terminare la cottura è quando la consistenza è ancora ben soda. Quando si fa un minestrone, l'ideale (come facevano i vecchi) è mettere al fuoco per prime le verdure più lunghe da cuocere, come i fagioli freschi, e poi aggiungere man mano le verdure più tenere, in ultimo le foglie verdi e a fuoco spento gli aromi appena colti. (I macrobiotici fanno lo stesso nelle cotture a strati sovrapposti.)

Cotture in poca acqua

Una cottura ottima e particolarmente sana è lo 'stufato' in poca acqua, che in macrobiotica si chiama *nishime*. In Italia è conosciuta in certe ricette di pesce: come il polipo cotto 'nella sua acqua'. È una cottura che richiede pentole a fondo liscio e a tenuta ermetica. Si mettono sul fondo verdure a fettine ricche d'acqua e sopra, a strati, verdure di consistenza più tenace oppure carni o pesci. È possibile non aggiungere nulla, ma si può unire qualche cucchiaio d'acqua o un filino d'olio. Si aggiunge un pizzico di sale marino integrale (importante, perché facilita l'emissione dell'acqua) e si cuoce a fuoco basso e a coperchio chiuso, senza mescolare. Il coperchio si toglie a cottura quasi completa per asciugare, se occorre, l'acqua residua. In questo modo gli elementi minerali e vitali vengono integralmente riassorbiti nel cibo.

Cotture in acqua per cereali e legumi secchi

I cereali e i legumi secchi vengono cotti anch'essi nell'acqua, ma hanno esigenze in parte diverse da quelle delle verdure fresche.

Ripetiamo la regola base: l'acqua dell'eventuale ammollo va usata nel caso dei cereali (contiene elementi utili) e va gettata nel caso dei legumi (contiene elementi che rendono difficile la digestione).

I cereali vanno messi al fuoco in acqua fredda, con la quantità d'acqua necessaria. Poi si copre la pentola, si porta a bollore e si abbassa successivamente la fiamma al minimo, magari usando anche una reticella per distribuire meglio il calore. Si lascia cuocere per il tempo indicato, senza mescolare. Quando i cereali sono cotti si spegne il fuoco e si lascia riposare ancora per cinque-dieci minuti.

La cottura a vapore non è indicata per cuocere i cereali, ma è ottima per riscaldarli.

La cottura dei legumi secchi va fatta rispettando alcune regole, semplici ma essenziali per digerirli bene. Dopo l'ammollo le leguminose vanno sciacquate, messe in pentola e coperte con nuova acqua fredda (o tiepida). La cottura deve iniziare molto dolcemente. Si aggiungono quindi le erbe aromatiche più gradite e si lascia cuocere a fuoco dolcissimo. (A questo proposito ricordiamo che la ricetta toscana dei fagioli al fiasco è basata proprio sull'estrema delicatezza della cottura.)

Bisogna salare solo alla fine, altrimenti i legumi rimangono duri.

Cotture con i grassi

Cuocere con i grassi ha un doppio aspetto:

- si usano i grassi in cottura per ragioni pratiche, prima di tutto per impedire che il cibo attacchi alla pentola e si bruci;
- si usano i grassi perché i cibi cotti in questo modo, se preparati bene, sono molto appetitosi.

Sappiamo però che i grassi sono alimenti potenzialmente nocivi, perché ricchissimi di calorie; e questo è doppiamente vero per i grassi cotti, che ad alta temperatura sviluppano sostanze pericolose e perdono la loro parte più vitale. Bisogna quindi distinguere bene la funzione 'tecnica' dei grassi dalla loro funzione 'gastronomica', anche perché la cucina naturale impiega i grassi soprattutto a crudo, dopo e non durante la cottura.

Cotture con i grassi in padella

A parte la cottura in stufato a coperchio chiuso (che può richiedere un filo d'olio iniziale ma è essenzialmente una cottura in acqua), la cottura coi grassi più usata (e abusata) in cucina è quella in padella, che viene definita con vari verbi (saltare, dorare, rosolare, soffriggere) a seconda del tempo che si impiega.

La cottura in padella è tanto più sana quanto più il fondo della pentola è uniforme e poco aderente. Una padella di teflon di buona qualità, dal fondo spesso, non rigata e trattata con le precauzioni necessarie può rendere ottimi servigi (ma anche padelle più 'classiche', come quella tradizionale in ferro 'da non lavare mai', funzionano ottimamente).

La presenza di un velo di grasso, anche minimo, permette al cibo di dorare e insaporire senza attaccare alla pentola, il che non solo forma sostanze pericolose, ma sciupa l'alimento e gli impedisce di fare la lieve crosticina protettiva che lo aromatizza e lo lascia più integro all'interno.

Ma, appunto, basta un minimo di grasso. Cerchiamo di utilizzare il grasso in cucina solo quando serve davvero. Per esempio, molti riscaldano automaticamente un avanzo mettendolo in padella con altro grasso: non è necessario. Per un riscaldamento veloce può funzionare ottimamente, secondo i casi, anche un po' d'acqua, di latte, o una breve cottura a vapore. Perfino una ricetta 'classica' come l'uovo fritto ha una variante dietetica molto gradevole: l'uovo 'alla silfide', che viene 'fritto' in una padellina antiaderente, usando al posto dell'olio o del burro due

Legumi ed erbe aromatiche

L'aggiunta delle erbe aromatiche nella cottura dei legumi non è una cosa facoltativa. Non si sa bene perché, ma gli aromi aumentano effettivamente la digeribilità delle leguminose. L'aggiunta del bicarbonato, che riduce i tempi di cottura, è invece da evitare, perché aumenta considerevolmente il tasso di distruzione delle vitamine. Sembra che l'aggiunta di una foglia d'alloro abbia gli stessi effetti benefici del bicarbonato, senza i suoi inconvenienti.

Un pennello in cucina
Il modo più semplice per usare bene l'olio extravergine di oliva è quello di spennellarlo sul fondo della padella, usando un pennello da cucina, o comunque un qualsiasi pennello riservato a questo uso. Così tutta la padella viene lubrificata, ma solo con il minimo di grasso realmente necessario.

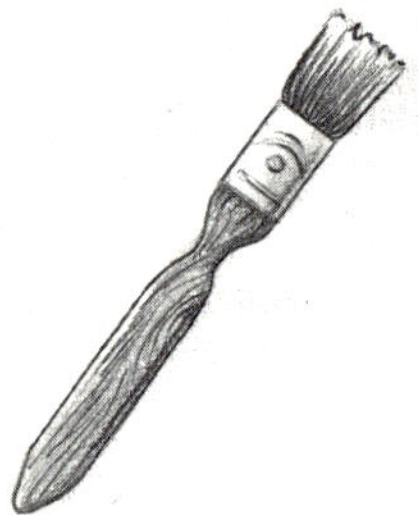

cucchiaiate d'acqua. L'unica precauzione è quella di versare le uova dopo che l'acqua ha cominciato a sfrigolare.

Fritture

L'altra importante cottura nel grasso è la frittura vera e propria, che ha un meccanismo del tutto diverso. Idealmente la frittura richiede una grande quantità di grasso (meglio se si tratta di un recipiente alto e stretto, dove gli alimenti possono galleggiare liberamente) che va scaldata intensamente (ma non fino a fumare). Gli alimenti, in pezzi piccoli e rivestiti con una leggera infarinatura, vengono tuffati nel grasso e lasciati cuocere per pochi istanti (rivoltandoli se è il caso), finché non formano una crosticina dorata e croccante. A questo punto vengono immediatamente tolti, sgocciolati, passati su carta assorbente, e serviti subito. (La cottura alla cinese, nel *wok*, è una variante di questa tecnica. Siccome il fondo è arrotondato si può usare meno olio.)

Questa è la teoria. Nella realtà, siccome friggere in questo modo è costoso, poco pratico, un po' pericoloso (fumo, schizzi, eccetera), si frigge mettendo in padella molto grasso (molto di più che per 'saltare', ma non abbastanza per creare il 'colpo di calore') e cuocendoci dentro gli alimenti molto più a lungo del necessario. Il risultato sono i cibi impregnati di grasso, oltre tutto cotto nel modo peggiore.

Nel caso migliore, il cibo che è stato rosolato in padella o fritto è croccante, saporito e quasi asciutto fuori, mentre dentro l'alimento è intatto e morbido. Nel caso peggiore, è una cosa bisunta e sgradevole, carica dell'odore del grasso cotto e quasi completamente priva di elementi vitali.

Anche nel caso migliore, comunque, eliminare del tutto il grasso fritto dai cibi cotti è praticamente impossibile. Chi vuole mangiare sano e naturale ricorrerà a questi piatti allegri e importanti solo raramente, magari nei momenti tradizionali delle feste e delle 'trasgressioni', come a Carnevale e nelle feste paesane.

Cotture ad alta tecnologia

Che cosa pensa la cucina naturale delle cotture moderne come la pentola a pressione, la friggitrice elettrica, la bistecchiera elettrica, il forno a microonde? Anche in questo caso non esistono preconcetti assoluti. A parte il fatto che è corretto chiedersi perché usare cose complicate se una cosa più semplice funziona altrettanto bene..., se le tecniche di cottura sono quelle corrette nulla impedisce di usarle. (La macrobiotica raccomanda saggiamente di variare i tipi di cottura, senza affezionarsi troppo a uno o all'altro sistema.) Resta da dire qualcosa sul forno a microonde, che negli ultimi anni si è diffuso sempre più e sul cui conto corrono voci pesanti.

Molti seri studi sui forni sono stati condotti da organizzazioni indipendenti, e la loro pericolosità sembrerebbe essere esclusa.

Resta il fatto che cuocere a microonde è diverso che cuocere in un forno normale, e questo può portare a un uso scorretto. In particolare, comodo com'è per scaldare gli alimenti, non li scalda in modo uniforme e può lasciare all'interno del cibo microrganismi tossici ancora attivi.

Attenzione, quindi, ai vantaggi ma anche ai rischi.

Un sano ritorno all'antico
Perché non lasciare da parte, dove e quando è possibile, i ritrovati delle nostre cucine high tech *per riscoprire la bellezza dei sistemi all'antica: la polenta nel paiolo sul fuoco di legna, le verdure del minestrone tagliate a mano, il mortaio invece del frullatore, la lentissima cottura al fiasco, gli stufati?*

Che cosa serve in cucina

Si può fare dell'ottima cucina naturale utilizzando esattamente lo stesso arredo e la stessa attrezzatura di qualsiasi cucina. L'abbiamo detto: mangiare sano è questione di buon senso e di scelte intelligenti, non di regole ferree o di attrezzi miracolosi.

È vero, però, che un modo di cucinare più naturale e attento cambia un pochino lo spirito con cui si lavora in cucina. Mentre la scelta di certi ingredienti, di certe ricette, di certe tecniche di cottura può rendere più importanti dettagli che di solito vengono trascurati. Dedichiamo dunque qualche riga anche alla cucina come vorremmo che fosse. Solo pochi fortunati possono organizzarsi una cucina ideale, 'naturale' negli spazi, nei materiali, nell'atmosfera. Ma ne parliamo lo stesso. Al prossimo trasloco, o quando sistemeremo la seconda casa, chissà...

L'ambiente

In una cucina ideale c'è molto spazio. Spazio sui tavoli per lavorare comodamente, spazio per riporre scorte e conserve, spazio per i bambini che giocano e le amiche che passano a fare un salutino.

Piccola o grande, è bene che una cucina abbia una buona illuminazione. È importante che la luce sia di buona qualità e che sia bella, gradevole: un'illuminazione squallida fa sembrare deprimente tutto il lavoro di cucina. L'ideale è tanta luce naturale durante il giorno, e luci ben dirette e di giusta intensità per la sera.

Una cosa importante, su cui possiamo influire, è la temperatura della stanza. In generale è bene che sia un po' più bassa che nel resto della casa. Le cotture fanno comunque salire la temperatura di qualche grado, e in generale un ambiente fresco mantiene più integri i cibi tenuti in cucina. Inoltre frigo e congelatore avranno meno bisogno di energia e funzioneranno meglio.

Sarebbe magnifico se la cucina avesse, come una volta, i suoi annessi: la cantina fresca, buia e ventilata (non quelle con la caldaia in

L'aria in cucina
La ventilazione in cucina è essenziale e va curata attentamente. Cappe e aspiratori elettrici possono aiutarvi nei casi difficili, ma una buona ventilazione naturale sarebbe il meglio. Una nuova scienza, la bioarchitettura, ha riscoperto le cose che fino a due o tre generazioni fa i nostri vecchi sapevano benissimo, per esempio che si sta meglio in una stanza ben orientata e ventilata, di materiali belli e naturali come la pietra, il cotto, il legno, senza vernici o collanti dannosi da respirare, e senza troppo rumore. Sarebbe l'ideale, e forse prima o poi ci arriveremo tutti...

funzione); la dispensa riparata e capace; il passaggio diretto all'orto o al giardino; un po' di spazio attrezzato su davanzali e balconi per le piante aromatiche, per un piatto da raffreddare in fretta, per le verdure che non stanno in frigo. Per chi può averli, sono spazi preziosi. Ma anche in un cucinino di città ci si può attrezzare comodamente, utilizzando bene gli armadietti e i davanzali e organizzando con efficienza il frigo, il freezer, l'eventuale congelatore.

L'acqua

L'acqua che esce dal rubinetto di casa non è certo l'ideale, ma dovrebbe avere comunque livelli accettabili di nitrati, residui, metalli pesanti.

È il caso di usare i depuratori, o di sostituirla con l'acqua minerale? Dipende.

Il livello di nitrati è importante quando in casa c'è un neonato. L'acqua viene considerata potabile se contiene meno di 50 mg di nitrati per litro, ma è prudente non darla ai neonati se ne contiene più di 10 mg.

I nitrati sono poco tossici in sé, ma diventano pericolosi durante la digestione, quando si trasformano in nitriti. Nei lattanti questa trasformazione è più facile, e i nitriti possono impedire la normale ossigenazione dell'organismo (infatti la pelle diventa bluastra) con esiti anche fatali.

Per sapere quanti nitrati contiene la vostra acqua potete chiedere in Comune, alle USSL, oppure potete fare analizzare l'acqua da un laboratorio, o fare la prova voi stessi con un test (lo vendono in alcune farmacie, ha un costo modesto, ma purtroppo serve solo a darvi un'idea).

Il contenuto di calcio non danneggia gli alimenti, anzi ne aumenta il valore nutritivo, quindi non è necessario addolcire l'acqua.

Di solito l'acqua potabile non contiene batteri patogeni, perché viene controllata regolarmente ed è molto più facile eliminare i microbi che le sostanze chimiche.

Talvolta per disinfettare l'acqua viene usato il cloro. Se l'acqua è clorata può essere usata per cucinare, ma non per preparare alimenti fermentati, come il pane, perché il cloro blocca lo sviluppo dei microrganismi. Se l'acqua ha un odore di cloro pronunciato basta lasciarla per un'ora in una brocca, e il cloro evapora spontaneamente. Il cloro sparisce anche durante la cottura senza lasciare tracce.

È il caso di usare un depuratore da rubinetto?

Di solito la risposta è no. La maggior parte dei depuratori in commercio non forniscono dati esaurienti sulla loro reale efficacia, eliminano solo una parte delle sostanze potenzialmente pericolose, e quando i sistemi filtranti sono saturi (cosa che non è facile da stabilire), diventano un buon terreno per la proliferazione dei batteri, il che peggiora la situazione.

I filtri più efficaci, quelli a osmosi inversa, eliminano dall'acqua anche i minerali utili, fornendo un'acqua troppo distillata, che può portare a demineralizzare l'organismo.

Come eliminare il piombo
Tracce di piombo si trovano con frequenza nell'acqua dei rubinetti perché molte tubature (soprattutto quelle delle case vecchie) sono di questo metallo. In questo caso, più l'acqua ristagna nei tubi più piombo contiene. È consigliabile quindi lasciarla scorrere per un po' prima di usarla. Ed è meglio non usare mai acqua del rubinetto calda per cucinare, perché nell'acqua calda i metalli pesanti si sciolgono più facilmente.

Il fuoco

Per quanto riguarda la fonte di calore, l'importante è che sia comoda, sicura e regolabile al minimo senza troppi problemi. Cuocere su fuoco di legna (nel camino o nella stufa) è affascinante e dà ottimi risultati; per chi può permetterselo, magari in campagna, è una splendida alternativa di cottura, soprattutto in inverno, quando le pentole 'fremono' lentamente sull'angolo della stufa sempre accesa. Gli altri sistemi di cottura vanno scelti in funzione della praticità, del costo, del possibile risparmio energetico.

Gli 'aiutanti'

La gamma normale degli aiutanti di cucina comprende, a parte i grossi elettrodomestici, frullatori-robot, centrifughe, frullatori a immersione, tostapane, bistecchiere, friggitrici... una gamma sempre più ricca, costosa e complicata, ma che può rendere utili servigi anche nella cucina naturale, soprattutto quando il tempo è prezioso. Avere un buon robot da cucina, di quelli che tagliano, affettano, frullano, grattugiano il formaggio, può consentirvi per esempio di preparare un minestrone naturale in pochi minuti invece di ripiegare su un cibo conservato, quando magari avete l'influenza, un bambino appena nato o un periodo di superlavoro, cioè proprio quando ne avete più bisogno.

Ma ci sono altri 'aiutanti' un po' meno noti, che ci consentono di applicare le tecniche della cucina sana. Non tutti sono elettrici o elettronici. Alcuni sono vecchi di secoli. Altri sono quasi sconosciuti fra noi, ma ben noti in altri paesi dove l'alimentazione naturale è più diffusa e organizzata. Proviamo a elencarne qui i principali.

Il macinacereali

È il piccolo 'mulino' personale che consente di preparare farina freschissima al momento dell'uso. Purtroppo è ancora costoso, ma non più di molti altri elettrodomestici, e potrebbe essere un buon acquisto per un gruppo di famiglie. Le mole sono in pietra e vengono ventilate durante la macinatura, in modo che l'attrito non surriscaldi la farina.

Sono in commercio anche macinacereali azionati a mano, adatti per piccole quantità. Ma per fare il pane regolarmente è necessario il macinino elettrico.

I mescolatori

Oggi esistono apparecchi elettrici che mescolano automaticamente la polenta, il risotto, la pasta da pane. In realtà la cucina naturale usa molto spesso le cotture lente che non richiedono rimescolature (anzi, nel caso dei cereali e dei legumi secchi mescolare è controindicato). Ma nelle preparazioni che richiedono un lungo impastamento e una lunga mescolatura, come la polenta e il pane, i mescolatori possono tornare utili, anche se il piacere di fare queste cose col tocco della propria mano è insostituibile.

La yogurtiera

Esiste in diversi modelli e misure e permette di prepararsi in casa, con molta semplicità, il proprio yogurt. Per fare lo yogurt in casa si possono usare anche mezzi più semplici, un po' meno pratici ma meno dispendiosi in termini ecologici (*vedi* nel capitolo 'Le proteine animali').

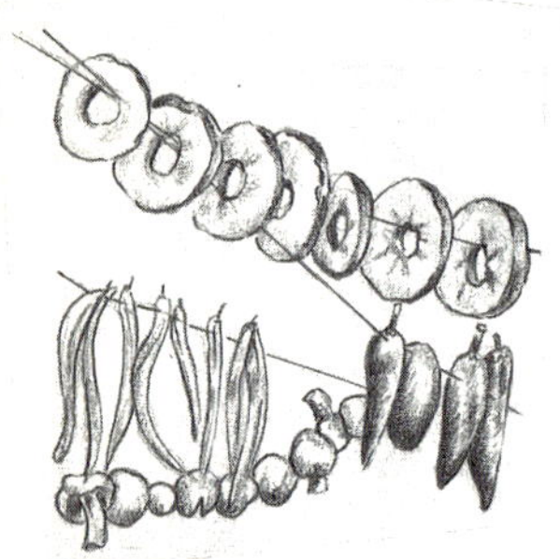

L'essiccazione mantiene totalmente il contenuto di minerali degli alimenti, mentre provoca piccole perdite di vitamina C e di quelle del gruppo B. Come per tutti gli altri metodi di conservazione, dovete assicurarvi che la frutta e la verdura siano giunte a piena maturazione e non presentino punti guasti e ammaccature. Se volete far seccare gli alimenti accanto alla stufa o ad un termosifone, appendete la verdura e la frutta su dei fili. È importante che i vari pezzetti non si tocchino fra loro.

Il germogliatore

Preparare da soli in casa i germogli, che arricchiscono l'alimentazione di preziosi elementi vitali, è facilissimo. Per chi li consuma regolarmente la cosa diventa ancora più facile se si usano i germogliatori in commercio, pratici, comodi, eterni.

L'essiccatoio

Può essere utile per chi ha un frutteto o un orto importante. Per le piccole quantità va bene anche il sole, il forno a gas, o (per i fortunati che ce l'hanno) il forno da pane.

Lo sterilizzatore

Per preparare conserve col calore si possono anche usare recipienti di fortuna (basta una grossa pentola piena di barattoli avvolti in stracci) ma lo sterilizzatore facilita le cose, soprattutto a chi lavora su quantità rilevanti di frutta e verdura.

I recipienti per fermentare

Anche la lattofermentazione può essere fatta in casa utilizzando recipienti comuni, ma esistono vasi tradizionali che consentono la chiusura ermetica del recipiente utilizzando chiusure ad acqua.

Taglieri, pestelli e strumenti tradizionali

I gesti tipici della cucina naturale sono molto più vicini al legno e alla pietra che alla plastica e ai cristalli liquidi degli elettrodomestici.

Il tempo e il ritmo che occorrono per pestare un aroma o una salsa, invece di frullarli, perdono il loro 'sapore' di corvé se impariamo di nuovo a gustarne il valore tranquillizzante: ci si può rilassare anche preparando un pesto come lavorando a maglia, o mondando un cesto di fagiolini...

Così nella cucina naturale è facilissimo trovare i mortai prodotti con materiali tradizionali (il legno, il marmo, la ceramica) con i pestelli di legno carichi di aromi. Contrariamente al frullatore, che fa fatica a tritare e spezzettare le piccole quantità, il pestello è pratico e perfetto quando occorre schiacciare aglio, cipolle, aromi, semi oleosi.

Tradizionalmente il pestello era abbinato ai setacci, di varia finezza e robustezza. Una verdura cotta e pestata, passata al setaccio, si liberava senza troppa fatica delle bucce e delle fibre meno digeribili. Oggi il passaverdure svolge la stessa funzione con maggiore praticità, ma per le piccole quantità della cucina quotidiana il pestello è troppo bello per rinunciarvi.

Anche i taglieri sono una tradizione dimenticata. Solidi, stabili, del legno giusto, sono un aiuto insostituibile quando bisogna tagliuzzare una verdura o affettare un alimento. Per chi invece prepara in casa le verdure lattofermentate esistono numerosi 'aiutanti' tradizionali, come lo svolgirape, che permettono di preparare i vegetali con poca fatica.

Una volta erano importanti anche i piani di lavoro, nei materiali più adatti alle varie preparazioni. La madia per il pane, il tavolo di marmo per la pasta sfoglia. In certe province italiane il matterello è ancora fondamentale per preparare la sfoglia. E in molte cucine funziona ancora la macchina a rulli per fare la pasta in casa, invece di comperarla.

La tradizione del pesto
I contadini liguri usano ancora riservare al pesto un pestello speciale, che con gli anni si impregna lentamente dell'aroma del basilico e diventa un bene prezioso, da tramandare in famiglia.

Le pentole

Vediamo ora, caso per caso, quali sono le pentole più adatte (e quelle che lo sono meno) per cucinare in maniera davvero naturale.

Le pentole di terracotta

Le pentole di terracotta costituiscono una categoria molto particolare. Quelle lasciate al naturale, opache e porose, funzionano splendidamente oggi come cinquemila anni fa.

Le pentole di terracotta sono pesanti, assorbono lentamente il calore e lo restituiscono in cottura regolarmente e senza sbalzi.

Sono fragili, sensibili alle brusche fluttuazioni di calore e possono fessurarsi e rompersi con una certa facilità. In compenso sono molto belle e relativamente poco costose. Capita spesso di doverle sostituire, ma a volte una vecchia pentola un po' crepata è quella che dura di più e diventa la veterana della cucina.

Le pentole di terracotta sono talvolta rivestite di uno strato di smalto vetrificato a fuoco, e quindi perfettamente inerte e impenetrabile, anche se abbastanza facile a scheggiarsi. Le pentole trattate in questo modo

In tutte le tradizioni di cucina ci sono ricette speciali che richiedono recipienti e accessori particolari. Ne citeremo parecchi nelle ricette della seconda parte: il 'fiasco' dei fagioli toscani, la teglia stagnata della farinata ligure, il ferro per cialde, il 'diable' per cuocere le patate a calore asciutto, eccetera. Può essere interessante arricchire la propria cucina con questi oggetti, spesso di fattura artigianale, con la bellezza tipica dei materiali naturali e delle cose fatte a mano. Chi viaggia molto può farsi, se vuole, una intera collezione di strumenti da cucina originali, che può essere lo spunto per molte cotture diverse dal solito.

sono più igieniche e facili da pulire (quelle porose possono trattenere particelle di cibo e detersivo) ma le altre non sono meno belle né meno efficaci.

Le pentole di vetro e ceramica

La superficie dei recipienti di ceramica o di vetro da fuoco è perfettamente inerte, e quindi assolutamente igienica. Anche queste pentole vanno trattate con qualche precauzione, e come quelle di terracotta non sono adatte a far bollire rapidamente un liquido. Possono essere molto belle, anche se sono più 'fredde' della terracotta. Costano molto di più, ma di solito sono anche molto più resistenti.

Le pentole di metallo

Sono caratterizzate dal fatto che gli alimenti cucinati al loro interno assorbono inevitabilmente quantità minime, ma misurabili, del loro metallo. Questo altera, più o meno lievemente, l'equilibrio del cibo e degli altri nutrienti. In particolare è bene stare attenti alle cotture in acqua (soprattutto quando questa è 'dolce' e favorisce lo scioglimento dei metalli), ai cibi acidi e zuccherini (come le conserve di frutta) e al grasso lasciato lungamente a contatto con la loro superficie.

- L'alluminio ha dimostrato di influenzare in più modi i cibi che contiene. Favorisce la distruzione della vitamina C, trattiene il piombo presente nell'acqua e lo libera in presenza di acidi, forma sostanze pericolose nelle cotture ad alta temperatura. Inoltre è leggero, non trattiene bene il calore, si deforma facilmente, e anche se costa poco, richiede moltissima energia nella fabbricazione. È stato perfino accusato di provocare l'insorgenza del morbo di Alzheimer. In pratica è meglio evitarlo.

- L'acciaio inox è stabile, ed è il materiale migliore per scaldare rapidamente l'acqua (scaldare i liquidi in un recipiente cattivo conduttore di calore richiede più tempo). Non è adatto per le cotture alla griglia.

- Il ferro e la ghisa erano un tempo fra i materiali più usati per i recipienti di cottura. Anche col ferro, come con l'alluminio e gli altri metalli, è inevitabile che piccole quantità di metallo passino nel cibo, ma, al contrario dell'alluminio, il ferro non crea inconvenienti e probabilmente è addirittura benefico. Le carenze di ferro sono uno dei problemi dell'alimentazione moderna, e alcuni ricercatori le attribuiscono, almeno in parte, alla sostituzione delle vecchie pentole con l'alluminio.

La padella tradizionale di ferro era la tipica padella per friggere, quella 'da non lavare mai' perché non si arrugginisse. La tradizione insegnava a pulirla, dopo le cotture, con sale grosso e carta da pane.

Le pentole in acciaio inox
È bene procurarsi pentole d'acciaio con manici solidi e ben isolati, e con coperchi a buona tenuta. Un fondo solido e perfettamente piatto è fondamentale per ottenere cotture soddisfacenti.

- Il rame, che un tempo era la ricchezza e l'orgoglio delle cucine tradizionali, è tornato in auge dopo anni di abbandono: in parte per la sua bellezza, in parte perché conduce e diffonde il calore in modo meraviglioso, tanto che è il materiale di cottura preferito dai grandi cuochi. Il rame grezzo, se non viene pulito regolarmente, forma il verderame (patina dal tipico colore verde bluastro), che è velenoso. Il rame più sicuro e più pratico, e anche più bello, è il rame stagnato. La stagnatura dovrebbe essere fatta con stagno purissimo, totalmente privo di piombo. Controllate perciò, se ne avete, le vostre pentole antiche: in tempi meno scrupolosi capitava che le pentole venissero stagnate con la lega per saldature, ricca di piombo e molto pericolosa. Anche il rame distrugge in cottura molta vitamina C.

- Le vecchie pentole di ferro smaltato sono bellissime, ma lo smalto si screpola facilmente e può finire nei cibi. Invece sono ottimi ed eterni (con il solo difetto di essere costose e molto pesanti da maneggiare) i recipienti di ghisa vetrificata, che permettono cotture molto buone sia a fuoco lento sia nelle cotture veloci, a fuoco più alto.

- Molto discusse sono le pentole rivestite di teflon, un composto antiaderente che permette di cuocere senza grassi e senza che gli alimenti si attacchino al recipiente.

Teoricamente è inoffensivo, ma quando supera i 250 °C (può capitare se si lascia per sbaglio sul fuoco una pentola vuota) si decompone e diventa tossico. Anche i graffi possono essere pericolosi, perché liberano composti dannosi che possono finire nel cibo.

In realtà queste obiezioni vanno valutate con un po' di buon senso. C'è una differenza pratica enorme fra la padella di alluminio leggero rivestita di un velo di teflon, venduta a poco prezzo sulle bancarelle del mercato, e un recipiente di metallo pesante, a fondo spesso, con un rivestimento di buona qualità che è molto più difficile da intaccare.

Usate soltanto il teflon del secondo tipo, con le precauzioni necessarie: maneggiare i cibi solo con posate di legno; non scaldare eccessivamente il recipiente; pulirlo solo con una spugna morbida e un detersivo leggero.

Gli accessori

Pentole e recipienti da fuoco a parte, chi vuole fare cucina naturale dovrebbe badare ai materiali anche per gli accessori. Uno splendido materiale è il legno, che viene usato per i taglieri, i piatti di portata dei formaggi, le insalatiere, i mestoli, le spatole, i forchettoni. Per piatti di portata, zuppiere, caraffe sono bellissimi vetro e ceramica. Attenzione

Accessori di bambù
La cucina orientale utilizza spesso per la cottura cestelli e stuoini di bambù, che andranno ben puliti e lasciati asciugare dopo l'uso.

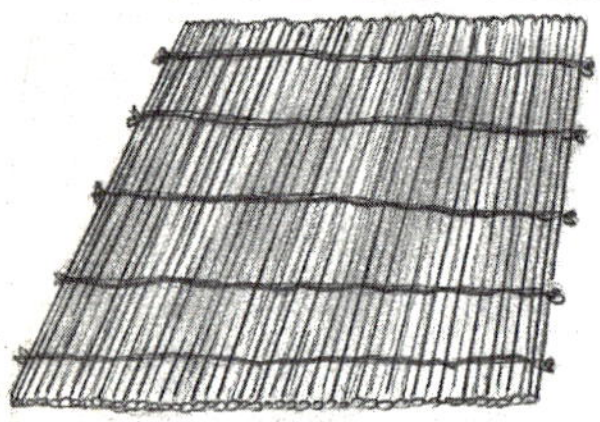

però alla ceramica dipinta a smalto, che può contenere colori al piombo (erano usati in passato e lo sono ancora in molti paesi). Nel dubbio evitiamo di lasciarvi a lungo cibi e bevande, soprattutto se sono acidi, perché possono dissolvere grandi quantità di piombo.

La plastica non è un buon materiale, soprattutto nella versione morbida e poco stabile, che può cedere composti ai cibi.

Per i bambini sul seggiolone, per i quali far cadere piatti e bicchieri è uno sport importante, può essere utile l'uso temporaneo di stoviglie di plastica. Ma in questo caso è bene scegliere oggetti di melamina, molto più dura e impenetrabile, e stabile, del tipo leggero.

Le pellicole di protezione, sempre più usate nelle cucine moderne, richiedono qualche attenzione.

Al posto della 'carta d'argento', costituita da una lamina di alluminio, sarebbe meglio usare le nuove carte da forno o da cartoccio.

La pellicola di plastica può rendere utili servigi, ma è meglio usarla per sigillare la bocca di vasetti o tazze di vetro o di ceramica, senza lasciarla direttamente a contatto dei cibi.

I piatti, i bicchieri, le posate

La cucina naturale tende a usare stoviglie 'contadine': più grosse, più semplici e più pesanti di quelle usate di solito nelle case di città.

È difficile mangiare una zuppa o una ricca insalata mista nei piattini del 'servizio bello'. E ancora una volta in primo piano c'è la ceramica, naturale o decorata, in tazze e ciotole semplici, col minimo di posate necessarie e il minimo di cambi di stoviglie.

Quando si impara a fare a meno dei grassi sbagliati, dei sapori troppo forti, dei coloranti inutili è più difficile apprezzare i disegni leziosi, i materiali troppo leggeri o artificiali, i colori accostati male. I bicchieri di plastica, o i calici di cristallo, non si trovano a loro agio nella cucina naturale. Meglio un bicchiere solido e di buona linea, che non soffra nel lavello o nella lavapiatti. Piatti, posate, bicchieri devono avere le dimensioni giuste per il cibo e le porzioni. Devono piacervi, tutti i giorni: non solo quando ci sono gli ospiti. E la 'pesantezza', che nel mondo del fast food è considerata uno svantaggio, nella cucina naturale si trova bene: come un segno di calma, di stabilità, di solidità.

L'arte dei menu nella cucina naturale

Abbiamo visto che cosa significa scegliere alimenti di buona qualità nutritiva, e come si fa a prepararli e cuocerli danneggiandoli il meno possibile. In questa parte vediamo un altro aspetto della cucina sana: come accostare fra loro i cibi che prepariamo, componendo giorno dopo giorno menu gradevoli, nutrienti e facili da digerire.

Mangiare equilibrato nella famiglia di oggi

Fino a un paio di generazioni fa la famiglia media italiana consumava regolarmente insieme almeno due pasti al giorno, più la colazione e la merenda per i bambini. Oggi questo schema di tempi e di menu tradizionali (pastasciutta a pranzo, minestra per cena, niente formaggio prima di dormire, eccetera) si è dissolto quasi completamente, con le donne che lavorano fuori casa, i bambini che fanno l'orario lungo, le mense, i familiari che arrivano ed escono a qualsiasi ora.

Chi mangia in casa, e quando, e come? Ha ancora senso parlare di menu per la famiglia, quando tutti stanno seguendo una dieta, o sono allergici a qualcosa, o hanno le esigenze più varie? Ed è ancora la padrona di casa a decidere che cosa si mangia, o il grosso dei pasti della famiglia viene determinato dalle scorte di biscotti e merendine?

E inoltre: in una famiglia i cui componenti mangiano a scuola o al lavoro, come si fanno a stabilire i fabbisogni generali? E occorre davvero, come chiede la dietetica classica, che ogni pasto sia 'bilanciato' in tutti i suoi componenti (tanto di proteine, tanto di grassi, tanto di vitamina X e di aminoacido Y)?

Un'organizzazione quotidiana
Chi in famiglia si occupa del cibo dovrà organizzare l'alimentazione dei familiari tenendo conto, giorno per giorno, di numerosi elementi. Prima di tutto la situazione specifica dei commensali. C'è qualcuno sovrappeso? C'è qualcuno troppo magro? Ci sono anziani che hanno bisogno di calcio, donne incinte che hanno bisogno di ferro? Poi occorre valutare il genere e la quantità di cibo che ciascuno mangia quando è fuori casa, come il menu dei bambini a scuola o la pizza notturna dei figli più grandi.

Un equilibrio giornaliero

Sembra molto più sensato parlare di equilibrio alimentare non per singolo pasto, ma nell'arco di un'intera giornata. Fra tutti i nostri ritmi vitali quello delle ventiquattr'ore (o circadiano) è il più importante, il più universale, e forse l'unico ancora rispettato in questi tempi di orari impazziti e di tradizioni ribaltate. In realtà molti nutrienti hanno vita ben più lunga di un giorno, per cui si fa in tempo a riequilibrarsi nell'arco non di 24 ore, ma di 48 o 72. Ma, in generale, è bene che sia 'la giornata' l'arco basilare di tempo in cui mangiare in maniera equilibrata.

Che cosa si mangia stasera?

Trovare la risposta giusta a questa domanda è un'arte, che ha le sue radici in molte direzioni diverse. Queste sono le principali:

- le richieste, dirette e indirette, dei vostri commensali;
- i problemi di peso, che richiedono una conoscenza e un uso intelligente della capacità saziante dei cibi;
- i problemi di digestione, che si risolvono applicando correttamente le combinazioni alimentari;
- le eventuali intolleranze personali, di cui bisogna tener conto.

Infine, un menu è 'giusto' dal punto di vista nutrizionale soltanto se costituisce un piacere per il gusto, la vista, l'odorato. Naturale o no, un pasto funziona solo se fa brillare gli occhi e fa venire l'acquolina in bocca a chi lo consuma.

I segnali del corpo

Il primo e più importante suggeritore a cui dare ascolto, quando cercate di trovare il menu quotidiano, è l'appetito, il vostro e quello dei vostri commensali. Abbiamo visto che le 'voglie' hanno una ragione importante. Se qualcuno a tavola dice 'avrei tanto voluto...' o 'è tanto tempo che non prepari...' fateci un pensierino.

Altri suggerimenti importanti possono venirci dai nostri familiari se impariamo a leggere le esigenze del corpo, che, quando ha problemi, si esprime mostrando segni di sofferenza. A volte i segnali sono immediati (digestione difficile, gonfiori, gas...), a volte più sottili, e sono quelli che chiamiamo 'problemi di bellezza': brufoli, capelli spenti, pelle opaca e grigia, unghie fragili, problemi di linea. Oppure i segnali sono decisi, con veri e propri sintomi di malattie anche gravi.

Non 'curare', ma 'fare stare bene'
Il compito dell'alimentazione non è quello di curare, bensì quello di far stare bene la gente. (Ci sono regimi drastici che si sono dimostrati curativi, ma sono regimi 'estremi' da usare solo sotto controllo medico e per un tempo limitato. Nessun regime estremo è adatto sul lungo periodo.) Il compito della padrona di casa non è quello di 'curare' con il cibo il disagio e la malattia. È quello di dare ascolto alla voglia e al bisogno del corpo, che chiede (a volte con prepotenza) un certo genere di cibo e ha diritto di ricevere risposta.

Il problema del sovrappeso

Lo squilibrio più visibile dell'alimentazione moderna (anche se non l'unico né il più grave) è l'eccesso di peso. Nelle zone del mondo più industrializzate la lotta al grasso eccessivo è diventata una vera e propria industria, fatta di alimenti speciali, attrezzature sportive, indumenti, libri, ricerche scientifiche, analisi sociologiche... e infinite diete, nessuna delle quali a quanto pare funziona. La verità è che il sovrappeso è una richiesta d'aiuto globale, un modo per dire che si sta mangiando male. La soluzione non è in nessuna delle 'diete' proposte come temporanea bacchetta magica. È il ritorno alla maniera corretta di mangiare. Ma si può mangiare correttamente e contemporaneamente perdere peso?

Oltre al potere nutritivo, gli alimenti hanno un'altra caratteristica molto importante: la capacità di saziare.

La sazietà è una sensazione complessa e poco analizzata, di cui si parla poco nella dietetica classica. Ma è un altro dei segnali importanti con cui l'organismo comunica le sue esigenze, oltre che una funzione fondamentale dello star bene. Chi ha provato una dieta classica, 'medica', sa quale tortura fisica e psicologica sia il senso di fame (o di vuoto, o di carenza) che prende anche dopo il pranzo in cui si sono ingurgitati tutti i nutrienti teoricamente necessari.

Abbiamo visto che il senso di sazietà, espresso spontaneamente dall'organismo, non si produce automaticamente subito dopo che un cibo è stato inghiottito. Ci vuole tempo, qualche minuto, perché i segnali biochimici raggiungano i centri giusti. Ma non basta.

Alzarsi da tavola con un po' di appetito
Le diete dimagranti, e molte alimentazioni salutistiche, hanno una cattiva fama perché chiedono a chi le segue di 'alzarsi da tavola con un po' di appetito', oppure ammettono apertamente di provocare una sensazione di fame. D'altra parte i farmaci antifame sono una delle piaghe della medicina che si occupa di alimentazione.

Alimenti che saziano e alimenti che non lo fanno

A parità di calorie (l'elemento che determina il crescere o il diminuire del grasso) esistono alimenti che saziano e altri che non lo fanno affatto. Come regola generale (ed è abbastanza ovvio) gli alimenti più ricchi di calorie sono i più concentrati in volume, quelli che saziano di meno, che non 'riempiono', che non fanno massa nello stomaco. Olio, burro, noccioline, salse oleose si mangiano come niente. Come ricorda il vecchio detto sulle patatine fritte: 'tre secondi in bocca, tre ore nello stomaco, trent'anni sui fianchi'.

Ciò che sazia immediatamente (durante e dopo il pasto), che provoca la sensazione fisica di pienezza, è il volume di un alimento. E, dopo che la digestione è iniziata, la risposta alla fame di elementi vitali, quelli che hanno vita più breve, dalle vitamine agli oligoelementi. Volume e oligoelementi sono presenti (di solito insieme) negli alimenti ingombranti, quelli che sono ricchi (oltre che di calorie e di nutrienti) anche di scorie e di acqua.

Quando il corpo chiede con urgenza un'alimentazione meno ricca di calorie ci si può orientare su pranzi voluminosi, finché l'equilibrio non è stato ristabilito (e non sarà difficile, perché il cibo sarà comunque ottimo, vario, e tale da saziarci abbondantemente).

Mangiare in questo modo fa dimagrire senza fretta ma con costanza. Questa gradualità non è uno svantaggio, bensì un pregio. Dimagrire di colpo provoca sull'organismo una serie di ripercussioni, dalle smagliature allo scatto di un meccanismo automatico di regolazione (presente fin dalle origini per aiutarci a sopravvivere in tempi di carestia), che abbassa i consumi energetici dell'organismo quando si mangia di meno. In pratica, più si soffre la fame, meno si dimagrisce.

Un'altra cosa da tener presente bilanciando gli alimenti di diverso valore energetico è il tempo disponibile. Mangiare una ciotola di insalata mista che sia sufficientemente grande da saziare, per esempio, richiede

Quando manca il tempo per mangiare
Se avete poco tempo, è meglio mangiare una piccola porzione di un alimento concentrato. Magari pane integrale con qualcosa di grasso: qualcosa che vi 'tenga su' a lungo.

parecchio tempo: ogni boccone va masticato con calma, le fogliette e i pezzi vanno raccolti lentamente. In questo caso mangiare 'voluminoso', se avete soltanto una pausa di pochi minuti, è controproducente.

Se riuscite a prendere confidenza con il meccanismo, le possibilità sono infinite. In questo modo, e questo è basilare, siete di nuovo voi ad avere il controllo su quello che mangiate (e non è più quello che mangiate, cioè la vostra fame) a prendere il controllo su di voi.

Digerire bene: le combinazioni alimentari

L'altro grande problema teorico, quando si creano i menu della giornata, è quello di scegliere 'come accostare gli alimenti fra loro'. Questo è un punto importante, su cui si sono scontrate e si scontrano tuttora molte scuole di alimentazione.

La dietetica classica divide gli alimenti in gruppi (carboidrati, latticini, verdure a foglia scura, eccetera) e consiglia di consumare a ogni pasto un po' di alimenti di ciascun gruppo. L'idea è che in questo modo si evitano carenze gravi, perché, mangiando un po' di tutto, i nutrienti, fini e grossolani, si bilanceranno praticamente da soli. Ma questa è una logica che ha due difetti:

- questo significa spesso abusare di alimenti potenzialmente dannosi (come i grassi e le proteine animali);
- dato che gli alimenti di base sono di solito impoveriti e carenti, si rischia comunque di non averne abbastanza. (Curiosamente, anche la macrobiotica consiglia di servire a ogni pasto sette diversi tipi di cibo).

La tradizione alimentare del passato ha fatto una scelta che è grosso modo simile in tutti i paesi.

Lo schema di base, molto vicino a quanto sostiene la scienza più avanzata, prevede:

- un piatto principale a base di cereali, con piccole aggiunte di leguminose, e soltanto occasionalmente con piccolissime integrazioni di proteine animali;
- le verdure, solitamente cotte o fermentate, vengono mangiate in quantità non eccessive. Spesso il pranzo inizia con verdure crude;
- la frutta viene consumata fra i pasti;
- i dolci o i grandi piatti a base di carne sono riservati alle occasioni speciali, festose.

Le combinazioni alimentari secondo Shelton

Alle proposte della tradizione si oppone, ormai da anni, la teoria delle combinazioni alimentari, che viene oggi applicata, anche se con molte varianti, dalla maggior parte delle scuole naturiste.

Le basi teoriche delle combinazioni alimentari sono state poste dal medico americano Herbert M. Shelton, considerato uno dei capiscuola della scuola igienista.

Il problema che sorge, esaminando cosa succede da vicino durante la digestione, è che non tutti gli alimenti sono digeriti negli stessi tempi e allo stesso modo.

La dieta igienista classifica i cibi secondo la composizione chimica in:

- cibi ricchi di amido;
- cibi ricchi di proteine;
- grassi;
- cibi zuccherini;
- cibi acidi.

Per capire meglio qual è il problema, vediamo che cosa succede in pratica.

La digestione dei cibi ricchi di amido (cereali, legumi, patate) inizia in bocca. Quando si mastica bene, cioè a lungo, un enzima della saliva, la ptialina, inizia la digestione dell'amido trasformandolo in composti zuccherini più semplici. Quando il boccone viene inghiottito lo stomaco produce un succo gastrico debolmente acido, in modo che la ptialina, che è attiva in ambiente alcalino e si blocca in ambiente acido, possa continuare a funzionare per almeno altre due ore.

A quel punto il succo gastrico diventa acido, in modo da poter digerire la parte proteica del cibo.

La situazione è diversa per i cibi proteici.

Durante la masticazione non comincia nessun processo digestivo. Nello stomaco, invece, l'acido cloridrico del succo gastrico attiva un enzima (il pepsinogeno) che diventerà pepsina, la sostanza capace di dare il via alla digestione delle proteine.

Che cosa succede se si mangiano assieme amidi e carne?

Si verificherà una produzione di succo gastrico acido troppo in fretta per le esigenze degli amidi, quindi la digestione degli amidi diventerà difficilissima.

C'è ancora un'altra complicazione: i succhi gastrici non sono gli stessi neppure per alimenti della stessa classe. Per esempio il succo gastrico della carne è molto acido fin dall'inizio, quello del latte solo verso la fine.

I cibi acidi, come la frutta acida e le bevande gasate, inattivano la ptialina, che riesce a lavorare bene solo in ambiente alcalino. Ma

Enzimi diversi per alimenti diversi

Le reazioni digestive (che hanno luogo in tutto il tubo digerente, dalla bocca allo stomaco all'intestino, coinvolgendo tutti i distretti dell'organismo) sono innescate e regolate da particolari sostanze, gli enzimi.

Ci sono moltissimi tipi diversi di enzimi, perché ciascuno di essi è capace di agire solo su un particolare legame chimico: ogni categoria di cibo (in base alla sua composizione) trova nel tubo digerente un enzima (o un gruppo di enzimi) 'su misura', che funziona in un particolare punto, in un particolare lasso di tempo, in un particolare tipo di ambiente.

inattivano anche la pepsina, perché se lo stomaco è già acido non produce acido cloridrico, l'unico che può attivare la pepsina.

I cibi molto zuccherini sono composti di zuccheri più semplici di quelli degli amidi, e non vengono attaccati dalla ptialina. In compenso gli zuccheri riducono la quantità di ptialina nella saliva, rendendo più difficile la digestione degli amidi; e riducono anche le secrezioni dello stomaco e la sua mobilità, rendendo difficile anche la digestione delle proteine.

I grassi (in particolare il burro e la panna, l'olio invece molto meno) inibiscono la motilità e la secrezione acida dello stomaco, per cui consumare proteine con molti grassi rallenta la digestione.

L'unica classe di alimenti che non interferisce con la digestione delle altre categorie è quella delle verdure povere di amido.

La frutta è un caso a parte. È sì un cibo zuccherino, ma è composta di zuccheri molto semplici (come il fruttosio) che non hanno bisogno di venire scomposti in bocca o nello stomaco e vengono assorbiti direttamente, per la maggior parte, nell'intestino tenue.

Questo significa che la frutta, mangiata da sola, viene digerita in un tempo rapidissimo. Se invece viene mangiata a stomaco pieno dovrà subire un'attesa forzata (e inutile, viste le sue caratteristiche). A quel punto, nell'ambiente caldo e umido dello stomaco, comincerà a fermentare, e farà fermentare anche il resto del cibo.

Cibi 'amici' e cibi 'nemici'
Per riassumere, secondo Shelton la 'lotta aperta' è fra i cibi proteici e i cibi ricchi di amido: da una parte stomaco (ambiente acido e pepsina), dall'altra la bocca (ambiente alcalino e ptialina). Le verdure prive di amido si abbinano tranquillamente a tutte e due le categorie. Grassi animali e zuccheri raffinati rallentano e appesantiscono il tutto; la frutta è 'neutrale' e (se lasciata tranquilla) non prende parte alle ostilità. Questa, grosso modo, è la scacchiera su cui si muovono le pedine delle combinazioni alimentari.

Secondo la teoria di Shelton, i residui di cibo non ben digeriti inevitabilmente fermentano, sviluppando gas e sostanze tossiche, che verranno poi assorbite dall'organismo appesantendo il carico generale.

È giusto seguire rigidamente queste indicazioni, basate su osservazioni fisiologiche, e scegliere un tipo di alimentazione esclusivamente di proteine e verdure, o di carboidrati e verdure?

In realtà ci sono alcune osservazioni da fare, e alcuni accorgimenti da seguire.

Per prima cosa la maggior parte dei cibi, e soprattutto dei cibi integri e genuini, non è facile da suddividere in categorie nette. In tutta la gamma dei latticini proteine e grassi sono presenti in infinite gradazioni; nella lista delle verdure ci sono ortaggi ricchissimi di amido, come le patate, o ricchissimi di fibra, come gli spinaci, più tutte le sfumature intermedie; ortaggi zuccherini come le carote, frutta amidacea come le banane o le castagne sembrano fatti apposta per mescolare le acque. E che dire delle leguminose, col loro meraviglioso equilibrio di carboidrati, proteine, grassi?

È probabile che anche nella 'battaglia degli enzimi' i campi non siano così contrapposti, e che un minimo di condizioni favorevoli aiuti a formare accordi anche non esattamente ortodossi.

Sicuramente alcuni elementi sono di aiuto. E cioè:

- il grado di elaborazione degli alimenti;
- la loro quantità relativa. Non a caso, nelle grandi tradizioni alimentari gli accostamenti vengono fatti seguendo certe proporzioni: l'esempio più classico è quello dei cereali con i legumi (in proporzione di tre a uno), mentre nei piatti unici tradizionali la parte di aggiunte animali (grassi, carni, pesci, molluschi) è sempre molto piccola in proporzione ai cereali e alle verdure. A quanto pare il nostro sistema digerente è deciso ma non fiscale: ha preferenze molto spiccate, ma tollera volentieri deroghe, purché nei giusti limiti. (Perfino alcune associazioni naturiste sostengono che la classica spruzzatina di parmigiano sui cereali non può essere definita una vera e propria violazione della regola);
- buon ultimo viene il fatto che la nocività delle possibili reazioni digestive è comunque relativa se la parte interna del sistema digerente è 'protetta' da una dose adeguata di fibra indigeribile, soprattutto nei suoi componenti che assorbono acqua. In questo modo il contenuto viene 'tamponato' e si muove molto più velocemente lungo il percorso, evitando l'azione prolungata dei composti negativi sull'organismo.

Che cosa succede quando si mangia senza tener conto delle combinazioni 'giuste' o 'sbagliate'?

Può non succedere proprio niente. L'organismo ha molte risorse (alcune delle quali sconosciute) e molta tolleranza. Chi ha una solida digestione può superare senza troppa fatica anche le combinazioni sbagliate: in fondo non riusciamo tutti a sopravvivere, per una volta all'anno, ai pranzi di Natale?

Il problema cambia per chi ha una digestione delicata, o qualche punto debole a livello di benessere generale.

Allora accostare i cibi nel modo sbagliato può significare digestione difficile, acidità, alito cattivo, pancia gonfia, problemi di evacuazione. In modo meno evidente, mangiare cibi 'che non vanno d'accordo' può significare un'assimilazione scorretta, problemi di peso, formazione di sostanze tossiche che ci avvelenano un pochino tutti i giorni.

Non è un caso che tutte le tradizioni alimentari usino regolarmente alimenti fermentati, cioè già parzialmente digeriti e scissi in elementi più semplici. Quanto più la fermentazione è accurata (e di solito anche lunga) tanto più l'alimento che ne deriva sarà digeribile. (In alcune preparazioni orientali la soia viene fermentata per tre anni.) C'è una differenza molto grande, per esempio, fra il pane lievitato rapidamente col lievito di birra e il pane a lievitazione naturale, molto più lunga e complessa. E ci sono differenze di digeribilità enormi fra il latte naturale, il latte anche semplicemente scremato, lo yogurt, e un formaggio come il parmigiano reggiano. Anche la cottura, che elimina una parte degli elementi più 'personali' di un alimento, contribuisce a 'limare gli spigoli' durante la digestione.

Combinazioni buone e combinazioni da evitare
Abbiamo visto in questo capitolo perché le combinazioni alimentari non devono essere considerate 'regole' da seguire rigidamente. Questa tabella ci chiarisce comunque, in generale, quali sono le migliori e le peggiori combinazioni alimentari. È una sintesi di ciò che viene proposto da diverse scuole ed è valida per tutte le persone in buono stato di salute. In ogni caso sono consigliabili pasti di composizione abbastanza semplice, anche se vari. Possiamo vedere che amidacei e verdure sono un'accoppiata vincente: un pasto completo sia sotto il profilo del gusto sia sotto quello nutritivo. Gli abbinamenti sono infiniti (nella parte delle ricette daremo numerosissimi esempi pratici).

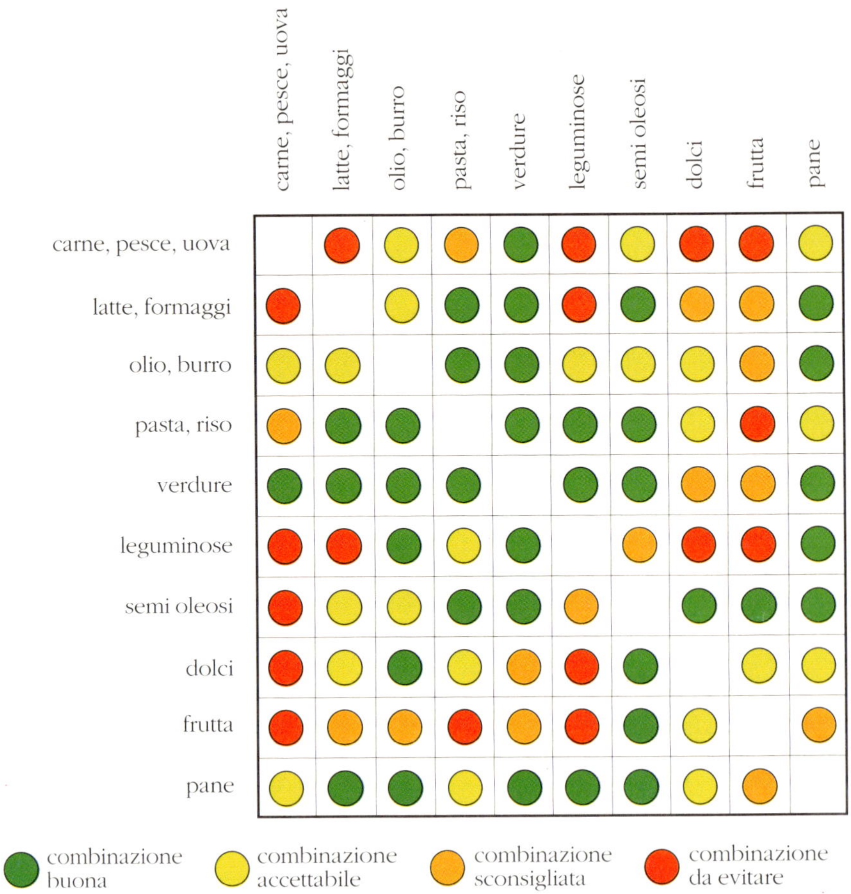

Allergie e intolleranze

Al problema della corretta combinazione degli alilmenti, che è un problema di ordine generale, si aggiunge quello più personale della sensibilità individuale a certi cibi o a certi componenti, anche a quelli di solito inoffensivi. È un campo ben noto già ai grandi medici dell'antichità, ma è sempre più rilevante in questi tempi di 'malcostume alimentare'.

Scrive il medico milanese Attilio Speciani nel suo libro *Sopravvivere all'inquinamento* (Mondadori, Milano): «La gente pensa all'intestino come a un luogo in cui il cibo si limita a passare, e in cui avviene la digestione che consente di estrarre le sostanze utili, mentre quelle inutili restano nel canale intestinale finché non ne vengono espulse. In realtà la superficie intestinale è un'enorme superficie di contatto fra l'interno del corpo e gli alimenti, che sono comunque qualcosa di immunologicamente diverso dall'organismo stesso. Basta pensare che la pelle è a contatto col mondo esterno su una superficie di circa due metri quadrati; i polmoni su circa 60 metri quadrati; ma a livello intestinale la superficie varia fra 200 e 300 metri quadrati (provate a pensare a un appartamento di cento metri quadrati moltiplicato per tre). Subito sotto la mucosa intestinale si trova una buona concentrazione delle cellule del sistema immunitario, incaricate prima di tutto di 'riconoscere' il cibo e quindi anche di difendere l'organismo se il cibo risultasse dannoso. La superficie intestinale non solo è enorme, ma rimane a contatto del cibo per un tempo molto lungo: è il tempo che in genere occorre per il corretto svolgimento delle funzioni di digestione e assorbimento, ma è anche un tempo in cui i vari tossici presenti hanno l'occasione di creare disturbo o danno locale».

Scoprire le proprie intolleranze
Individuare e trattare correttamente le proprie intolleranze alimentari (là dove esistono) consente a volte miglioramenti spettacolari del benessere complessivo.
Oggi esistono test rapidi che permettono di diagnosticare le intolleranze alimentari con buona affidabilità, ma lo strumento più efficace in questo campo è come al solito la capacità di ascoltarsi, di essere disponibili a capire i segnali che il nostro corpo ci invia.

Osservando le cose da questo punto di vista diventa più facile farsi un'idea del danno che un alimento mal tollerato può provocare in questa avventura intestinale.

Le reazioni possono essere visibili (stanchezze immotivate, mal di testa, problemi respiratori...) Ma il danno peggiore è un altro. Un alimento che credevamo benefico è in realtà nostro nemico, e l'organismo è costretto a difendersene quotidianamente utilizzando nella lotta 'truppe immunologiche' che sarebbero utili altrove. È il caso delle influenze e dei raffreddori così frequenti in chi è intollerante al latte; ma non è il caso di generalizzare in un campo così personalizzato.

A livello pratico, il trattamento delle intolleranze alimentari richiede non tanto l'eliminazione dell'alimento pericoloso, quanto la sua 'rotazione'. Di solito è sufficiente consumare il cibo 'proibito' a intervalli, di solito di tre giorni, che permettano al corpo di riposarsi fra uno 'scontro' e l'altro.

I rischi della 'virtù'

Chi passa a un'alimentazione più naturale può esagerare anche nelle cose buone. Quanti di noi, per esempio, sanno che è possibile eccedere anche con l'alimentazione vegetale?

Eccedere con le vitamine

Ci sono vitamine che si sciolgono nell'acqua, come la vitamina C, e che non costituiscono mai un problema. Se sono in eccesso vengono eliminate con le urine (gli americani, che prendono molti supplementi vitaminici, hanno le urine più costose, e più vitaminizzate, del mondo).

Altre vitamine, come la A e la D, si sciolgono nel grasso, e se sono in eccesso non possono venire eliminate. Per la vitamina A, per esempio, i sintomi di eccesso sono pericolosamente simili ai sintomi da carenza, come la desquamazione e l'irritazione cutanea. Il medico di famiglia in questo caso è prezioso per inquadrare il problema.

Eccedere con i sali minerali

Anche i sali minerali possono essere troppi. Per esempio gli spinaci, che contengono acido ossalico, possono portarne in eccesso all'organismo quando sono consumati cotti, cioè ridotti a un volume molto piccolo. In caso di eccesso minerale le cotture in acqua sono un buon correttivo.

Adattarsi a esigenze diverse

Ma, in pratica, come si fa a predisporre un pasto che soddisfi le esigenze di tutti, se tutti hanno esigenze diverse? Un'ottima soluzione è il 'menu modulare', di cui ciascuno si serve liberamente. È la tecnica che si usa in Oriente e che rende così attraenti i buffet freddi: ciascuno sceglie liberamente quello che lo attira, cioè (in genere) quello che gli fa bene, senza essere obbligato dalla buona educazione a mangiare qualcosa da ogni piatto di portata.

Oltre al piatto unico
Attorno al piatto unico si può prevedere una serie di possibilità già pronte per le esigenze specifiche. I grassi, per esempio. Se invece di essere già nel piatto di portata, gli oli e le salse vengono messe in tavola separatamente, ciascuno potrà servirsene secondo il suo gusto e la sua necessità. Diverse portate di verdure fresche, cotte o preparate forniscono nutrienti diversi alle esigenze di ognuno. E i supplementi di proteine (formaggi, semi oleosi, carni o pesci conservati, eccetera) possono essere a disposizione in qualsiasi momento.

È bene che l'elemento centrale del pasto sia comunque un alimento voluminoso e ricco di nutrienti fini, e la soluzione migliore è che si tratti di un piatto a base di cereali o verdure. Ancora meglio se si tratta di un piatto unico, già completato con le necessarie (e piccole) aggiunte di proteine e sapori.

E allora?

Per quanto lungo o complesso sia sembrato il discorso sugli abbinamenti, è possibile riassumere tutto quello che abbiamo detto finora in poche righe di consigli pratici.

- Scoprite qual è il ritmo giusto dei pasti, per voi e per la vostra famiglia.
- Se avete particolari problemi digestivi, impostate i vostri pranzi sul modello dissociato (verdura-carboidrati o verdura-proteine), mangiando frutta ed eventuali dolci solo lontano dai pasti. Cominciate sempre ogni pasto con una buona scelta di verdure crude.
- Se la vostra digestione e la vostra salute sono normali, potete adottare il pranzo 'tradizionale': antipasti di verdure crude, molti cereali integrali in giusto abbinamento coi legumi, verdure senza esagerare, grassi e proteine animali solo come complemento. In più, dosi modeste ma regolari di cibi fermentati e germogliati, di dolci leggeri e di frutta.

- Imparate e insegnate ai vostri familiari ad ascoltare i segnali del corpo. Fame, appetito, repulsione, 'voglie', digestione buona o cattiva, e modi per migliorare la situazione.

- Riscoprite e valorizzate gli spuntini. Un ottimo modo per mangiare equilibrato senza rinunciare a nessuno degli alimenti preferiti è imparare a giocare coi momenti della giornata e coi cibi difficili da abbinare. Nei momenti di calo glicemico una ciotola di mandarini, un paio di mele, un cestello di ciliege o di uva sono deliziosi da mordere, leggerissimi da digerire, del tutto ininfluenti sul peso (se mangiati da soli), e molto belli anche da vedere. Per una fame più impegnativa coppe di frutta secca (ottima l'accoppiata uvette-pinoli, per esempio) sono una vera bomba di calorie e di nutrienti pregiati. Prima del pranzo, quando i commensali ritardano e lo stomaco brontola, le verdure sono un delizioso intermezzo, ideale dal punto di vista dietetico, e piacevolissimo.

- Quando non si tratta di un pranzo di famiglia ma di un avvenimento importante (festa, ricevimento, occasione speciale) sviluppate la formula degli *optionals* realizzando piatti più complessi e decorativi, ma mantenendo tranquillamente la formula di base. Non è questione di cambiare i singoli piatti, solo la successione delle portate. E quasi tutti i piatti classici della cucina naturale si adattano meravigliosamente agli incontri e alle feste: è un piacere cucinare per gli amici, quando si fa cucina naturale.

- Infine non lasciate che la cucina naturale diventi un'ossessione, per voi e per i vostri commensali. Non guardate male l'ospite che fa un abbinamento sbagliato. Magari è quello giusto, per lui. Non sgridate troppo il vostro bambino che vuole un lecca-lecca troppo rosso: non si vive di solo pane, ma anche di peccati e (piccole) trasgressioni.

Il bello della cucina naturale è soprattutto che è una cucina squisita: le ricette della seconda parte, tratte dall'esperienza e dalla saggezza di tutte le grandi cucine del mondo, ve ne faranno scoprire gli splendori.

Così potete smettere di pensare alle calorie e al colesterolo, all'accoppiata grassi-carboidrati o al peso forma. Sarà il cibo stesso a insegnarvi tutto quello che vi occorre sapere.

Cucinare naturale non è difficile

Cucinare naturale, e nelle giuste combinazioni, non richiede necessariamente una montagna di tempo in cucina. Imparate a razionalizzare. Un antipasto di verdure crude e un piatto-base di cereali con (pochi) complementi proteici, oppure di proteine o verdure, oppure di sole verdure cotte, è sostanzialmente tutto quello che occorre, sia per dare l'essenziale del nutrimento, sia per 'fare tavola', sia per dare calore e profumo alla cucina e all'incontro. Il resto del pasto, come abbiamo già visto, può ruotare su elementi già pronti, in modo che ciascuno si crei liberamente il 'suo' menu seguendo le sue esigenze personali.

LA CUCINA NATURALE IN PRATICA

Il grande manuale della cucina naturale è nato per aiutarci a inventare, giorno per giorno, in piena libertà, un modo di mangiare sano e buono che sia sempre il più adatto per i nostri gusti, le nostre voglie, le nostre tradizioni.

Questo è un libro di cucina diverso dagli altri, e anche le ricette sono raggruppate in modo un po' differente dalla formula classica ('antipasti', 'primi piatti', 'secondi', 'contorni', eccetera).

Nella cucina naturale infatti (e quindi in questo libro) non ci sono sequenze obbligate: l'ideale è che ogni pasto sia equilibrato, contenga cioè un 'piatto di base' con una giusta dose di sostanze nutritive come i carboidrati e le proteine e una buona ricchezza di nutrienti vitali come le vitamine e i minerali.

Così tutte le ricette sono state raggruppate in base al tipo di 'ingrediente principale': i cereali, le leguminose, le proteine animali, le verdure. I dolci e gli spuntini, le salse, le conserve e le bevande sono stati radunati in capitoli appositi.

In ogni pagina possiamo trovare una o due ricette. Qui sotto viene presentata una pagina 'tipo'.

Possiamo ricercare rapidamente le ricette attraverso la tabella colorata di consultazione, che inizia a pagina 419, in base ad alcune caratteristiche che ci interessano: la stagionalità, il tempo di preparazione, se la ricetta è vegetariana o vegetaliana, eccetera. Qualche termine tecnico poco chiaro all'interno della ricetta viene spiegato nel 'Glossario dei termini della cucina naturale', che inizia a pagina 432.

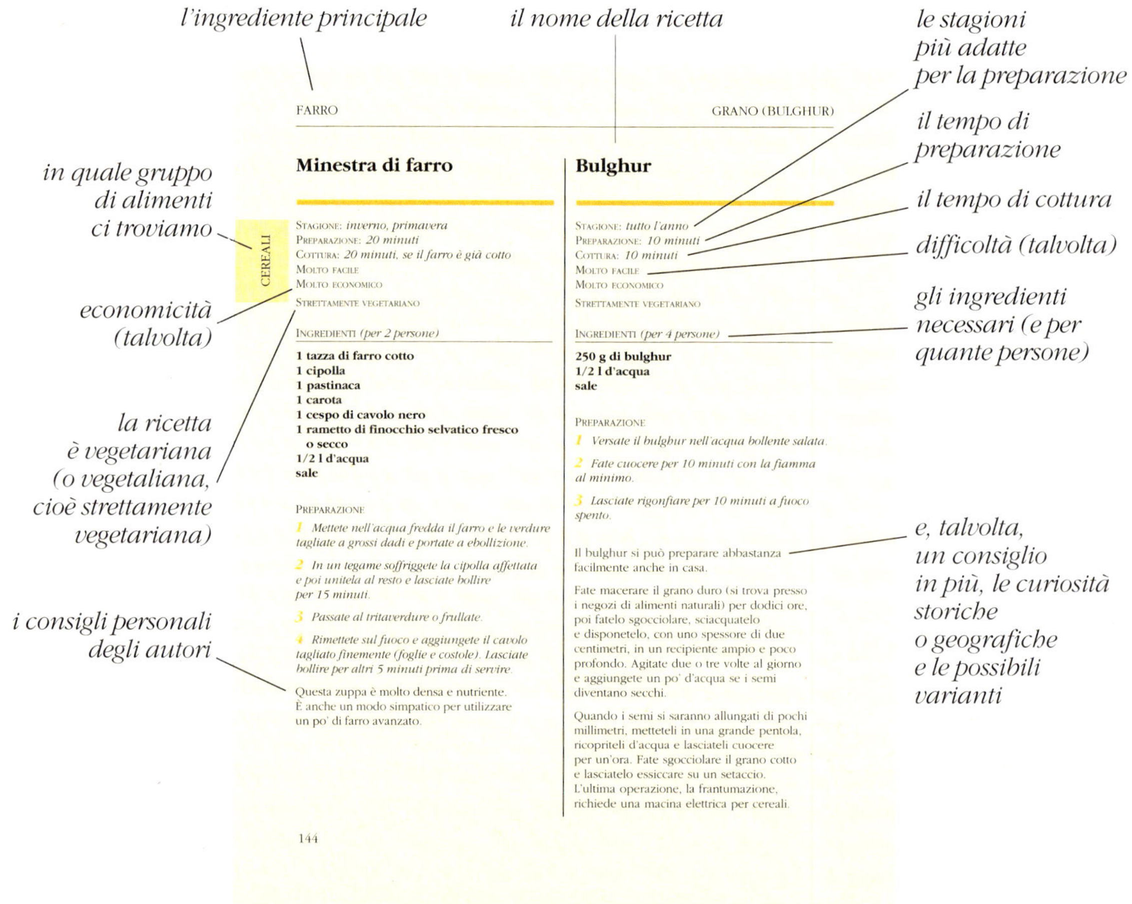

FARRO

Minestra di farro

STAGIONE: *inverno, primavera*
PREPARAZIONE: *20 minuti*
COTTURA: *20 minuti, se il farro è già cotto*
MOLTO FACILE
MOLTO ECONOMICO
STRETTAMENTE VEGETARIANO

INGREDIENTI *(per 2 persone)*

1 tazza di farro cotto
1 cipolla
1 pastinaca
1 carota
1 cespo di cavolo nero
1 rametto di finocchio selvatico fresco o secco
1/2 l d'acqua
sale

PREPARAZIONE

1 *Mettete nell'acqua fredda il farro e le verdure tagliate a grossi dadi e portate a ebollizione.*

2 *In un tegame soffriggete la cipolla affettata e poi unitela al resto e lasciate bollire per 15 minuti.*

3 *Passate al tritaverdure o frullate.*

4 *Rimettete sul fuoco e aggiungete il cavolo tagliato finemente (foglie e costole). Lasciate bollire per altri 5 minuti prima di servire.*

Questa zuppa è molto densa e nutriente. È anche un modo simpatico per utilizzare un po' di farro avanzato.

GRANO (BULGHUR)

Bulghur

STAGIONE: *tutto l'anno*
PREPARAZIONE: *10 minuti*
COTTURA: *10 minuti*
MOLTO FACILE
MOLTO ECONOMICO
STRETTAMENTE VEGETARIANO

INGREDIENTI *(per 4 persone)*

250 g di bulghur
1/2 l d'acqua
sale

PREPARAZIONE

1 *Versate il bulghur nell'acqua bollente salata.*

2 *Fate cuocere per 10 minuti con la fiamma al minimo.*

3 *Lasciate rigonfiare per 10 minuti a fuoco spento.*

Il bulghur si può preparare abbastanza facilmente anche in casa.

Fate macerare il grano duro (si trova presso i negozi di alimenti naturali) per dodici ore, poi fatelo sgocciolare, sciacquatelo e disponetelo, con uno spessore di due centimetri, in un recipiente ampio e poco profondo. Agitate due o tre volte al giorno e aggiungete un po' d'acqua se i semi diventano secchi.

Quando i semi si saranno allungati di pochi millimetri, metteteli in una grande pentola, ricopriteli d'acqua e lasciateli cuocere per un'ora. Fate sgocciolare il grano cotto e lasciatelo essiccare su un setaccio. L'ultima operazione, la frantumazione, richiede una macina elettrica per cereali.

144

LA CUCINA NATURALE IN PRATICA

I CEREALI

Il mondo dei cereali è tanto vasto che riesce difficile, a volte, tradurre il concetto generale in immagini concrete.

Cereali sono i pani appena sfornati, i fiocchi d'avena della prima colazione, il riso 'all'imperatrice' che piaceva tanto a Proust, le piadine dei nottambuli romagnoli, la polenta grigia dei montanari bergamaschi, i cialdoni con la panna, la sobria pastasciutta alla napoletana e le ricche tagliatelle al ragù delle terre emiliane, il panettone e la pastiera, la kasha dei romanzi russi e il riso all'indonesiana. I cereali più conosciuti fra noi sono otto: grano, riso, mais, segale, orzo, avena, miglio, farro. Il grano saraceno non è propriamente un cereale ma, siccome le sue preparazioni (dalle varie farine alle ricette che lo contengono) sono simili a quelle dei cereali, è stato inserito in questo capitolo.

Ciascun cereale ha un suo sapore e un suo profilo nutritivo, esattamente come il vitello è diverso dal cinghiale e la trota dall'anguilla. E sono disponibili in grani, in fiocchi, in farine, in pasta, moltiplicando ancora all'infinito le possibilità di variazione.

Niente di strano, dunque, se le ricette dedicate ai cereali fanno la parte del leone nel libro della cucina naturale. Abbiamo visto nella prima parte fino a che punto sono indispensabili nel nutrimento di tutti i giorni.

Sappiamo, ormai, che un buon piatto di cereali è il perno (piacevolissimo, pratico e poco costoso) attorno a cui ruota tutta l'alimentazione naturale.

Le ricette raccolte in questo libro, e provenienti da molte tradizioni alimentari diverse, dicono solo una piccola parte di quel che si può fare in cucina con questi alimenti meravigliosi.

Pane con grani di sei cereali
(vedi *la ricetta a pagina 155*)

I cereali integrali: dosi e tempi di cottura

La maggior parte dei cereali integrali richiede, dopo il lavaggio, un ammollo più o meno lungo. L'acqua dell'ammollo contiene elementi nutritivi utili e conviene utilizzarla per la cottura. È bene quindi misurare l'acqua dell'ammollo, con una tazza o un misurino, in modo da rispettare le proporzioni più adatte per i diversi tipi di cereale.

Cereale	*Ammollo*	*Tostatura*	*Volume d'acqua*	*Tempo di cottura*
Avena	facoltativo	-	tre volte l'avena	50-60'
Farro	6 ore	-	il doppio	60'
Frumento	6 ore	-	il triplo	50-60'
Grano saraceno	-	sì	il doppio	20'
Mais(chicchi)	48 ore	-	il quadruplo	2 ore
Miglio	-	sì	il doppio	20'
Orzo	6-12 ore	-	il triplo	60'
Riso integrale	facoltativo	-	due volte e 1/2	45-60'
Segale	qualche ora	-	il triplo	45'

I tempi di cottura possono variare, e vanno verificati assaggiando. Dopo la cottura è bene lasciare i cereali a riposo sul fuoco spento per una decina di minuti.

Se ne avete voglia, potete mangiare cereali ogni giorno per il resto della vostra vita senza mai ripetere la stessa ricetta.

Ricordiamo le principali regole pratiche riguardanti i cereali:
- cercate di utilizzare di preferenza cereali completi, di provenienza biologica e possibilmente freschi;
- se vi è possibile, preparate voi stessi le farine (col macinino per cereali, ma anche con il macinino da caffè);
- potete anche fare in casa senza grossi problemi il pane, la pasta, i germogli, con la sicurezza di un'assoluta genuinità;
- passate gradatamente ai cereali completi, cominciando da piccole dosi;
- se avete problemi di digestione dei cereali ricordate le soluzioni classiche: fermentazione, tostatura, germinazione;
- ricordate, soprattutto, di masticare bene e a lungo. Perché è indispensabile per digerire bene i cereali, d'accordo. Ma anche perché in questo modo mangiare è molto più piacevole. E quale alimento si merita una buona degustazione più dei cereali?

Per digerire meglio i cereali

Per facilitare la digestione dei cereali esistono diverse tecniche ben collaudate. Si possono setacciare le farine, in modo da eliminare in tutto o in parte la crusca. Chi macina la farina in casa potrà setacciarla secondo il suo gusto personale.

Farina e grani si possono tostare leggermente sul fuoco. In questo modo una parte dell'amido si predigerisce, trasformandosi così in destrina.

La germinazione, oltre ad arricchire i semi di sostanze preziose, li rende più digeribili.

La fermentazione è il sistema più diffuso per aumentare la digeribilità dei cereali. Il pane e la birra ne sono gli esempi più antichi.

L'avena

L'avena è un tipico cereale dei paesi freddi, molto nutritivo e riscaldante. Infatti era l'alimento base in Scozia, nella Germania settentrionale, nelle zone montagnose della Francia. Stimola il ricambio e le funzioni tiroidee.

Un tempo si consumava in grani decorticati; oggi si utilizza soprattutto sotto forma di fiocchi, che si possono mangiare anche senza bisogno di cuocerli, dopo un semplice ammollo. I fiocchi d'avena sono i migliori tra i fiocchi di cereali, e permettono di preparare ottimi dolci, zuppe, muesli, cialde. Gli impasti preparati con l'avena 'ungono' naturalmente i recipienti e non richiedono aggiunta di grassi.

Il farro

Botanicamente il farro appartiene alla famiglia del grano, ma si può mangiare in chicchi, come il riso.

Il farro è rustico e resistente al freddo. Viene quindi coltivato soprattutto nelle zone montagnose (Alpi, Appennini, Ardenne). È il protagonista di squisiti piatti tradizionali toscani. Viene molto apprezzato anche perché non è sottoposto a coltivazioni intensive, come il grano, e quindi è più genuino e meno trattato (quasi un alimento biologico 'naturale').

Il grano

Da molto tempo il frumento, o grano, è diventato il cereale più diffuso nel mondo, soppiantando altri cereali un tempo più coltivati.

Il grano deve il suo successo su larga scala alle alte rese produttive, ma anche al fatto che la sua farina è la più adatta a fare il pane. Infatti il grano è il cereale più ricco di glutine, un particolare composto proteico che imprigiona le bollicine della fermentazione e assicura una buona lievitazione. E infatti per fare il pane con le farine di cereali poveri di glutine a volte è necessario mescolarvi un po' di farina di frumento. Gli altri cereali ne contengono poco; il riso ne è completamente privo (ed è per questo che si può dare ai bambini fin dai primissimi mesi).

Il grano viene coltivato in due varietà fondamentali:
- il grano duro, che contiene fino al 15 per cento di glutine. Questo tipo di grano cresce nelle regioni più calde;
- il grano tenero, che contiene dall'8 al 12 per cento di glutine ed è tipico delle regioni temperate.

Il grano duro è il più adatto per le semole e le paste alimentari, che devono resistere alla cottura restando sode ed elastiche.

Il grano tenero è adatto alle paste da infornare. (La pasta fatta col grano tenero intorbida l'acqua di cottura e si affloscia spiacevolmente.)

Il grano viene consumato in molte forme differenti. Possiamo mangiarlo crudo, in grani macinati grossolanamente e lasciati a bagno per una notte, come ingrediente del muesli.

Si può mangiarlo germinato, nelle insalate o nelle minestre.

In Medio Oriente viene mangiato soprattutto come bulghur, che è grano duro germinato, precotto e spezzettato, e costituisce un alimento di base di altissimo valore nutritivo.

Nei paesi nordafricani viene consumato soprattutto sotto forma di cuscus, semola di grano duro inumidita, agglomerata in granellini e seccata.

Nell'Europa meridionale il grano viene usato sotto forma di paste alimentari, che vengono prodotte in una infinita varietà di formati e si prestano a ricette senza fine.

Sempre nella cucina mediterranea sono dif-

Il pane integrale

In pratica, per distinguere il vero pane integrale da quello finto bisogna osservare alcuni dettagli.

Il colore. Il pane integrale vero è bruno uniforme, quello finto è chiaro con i puntini più scuri della crusca aggiunta.

Il peso e la consistenza. Il pane integrale vero è più sodo e pesante, quello falso è leggero e croccante come il pane bianco normale.

La mollica. Il pane bianco è a grossi buchi irregolari (il segno della lievitazione chimica), quello integrale ha la mollica uniforme, con piccoli buchi tutti più o meno uguali.

La crosta. Nel pane integrale vero è bruna, non troppo lucida, e si trasforma gradatamente in mollica.

Naturalmente gli elementi che permettono di distinguere davvero il pane integrale autentico sono altri: il profumo, il sapore, il senso di 'nutrimento' che nessun pane bianco riesce a imitare.

Queste note sono utili solo per chi non è ancora mai riuscito ad assaggiare il pane vero.

È evidente dunque che il pane integrale avrà tempi e modi di consumo un po' diversi da quelli del solito pane.

Sia perché è un vero alimento, e non semplicemente un elemento decorativo da mettere in tavola, sia perché è molto più facile da gestire. Intanto non c'è bisogno di comperarlo o di prepararlo tutti i giorni.

Le necessità variano secondo il consumo familiare, ma anche per chi vive da solo la cosa migliore è comprare una pagnotta intera e mangiarne a fette, secondo la necessità.

Basta tenere il pane al riparo dalla polvere. Se necessario le fette di pane possono essere scaldate o tostate al momento del consumo, ma sono ottime anche al naturale. Alcune scuole di alimentazione raccomandano di dare ai bambini solo pane di parecchi giorni.

fusissime le pizze e le torte salate, che utilizzano la pasta lievitata come base per piatti unici saporiti e leggeri.

Ma l'utilizzazione più importante del grano, in tutto il mondo, è il pane, un alimento fondamentale nell'alimentazione umana fin dalle origini della civiltà, per il suo valore nutritivo ma anche per i suoi significati simbolici.

Il pane

Il pane bianco, che troviamo normalmente nei negozi, è fatto di farina impoverita e devitalizzata. Può essere gradevole, ma è un alimento di valore nutritivo scarso e poco equilibrato.

Ben diverso è il valore del pane integrale che, come vedremo più avanti, è possibile fare in casa senza grossi problemi.

Ma oggi molti fornai seguono le mode ecologiche e vendono pani 'all'antica': integrali, di segale, ai cinque cereali...

Molti di questi pani sono integrali solo di nome, ed è importante imparare a distinguere il pane veramente genuino da quello che finge solo di esserlo.

Il pane integrale autentico è fatto di farina integrale, cioè intera. Invece il pane finto-integrale è fatto di farina raffinata, a cui è stata aggiunta un po' di crusca o tritello.

E la lievitazione deve essere naturale, lenta e graduale, non la lievitazione veloce del lievito di birra o del lievito chimico.

Solo la lievitazione naturale inattiva l'acido fitico (una sostanza presente nella crusca, che provoca il malassorbimento del calcio e del ferro) e dà un pane digeribile e profumato, capace di conservarsi perfettamente anche per due settimane.

È bene anche scegliere il pane cotto in forme rotonde di almeno un chilo di peso. Infatti prima della cottura il pane ben lievitato è ricchissimo di elementi vitali preziosi.

Se la forma del pane è tonda e grande a sufficienza, la zona centrale (che viene detta 'pulcino') non verrà raggiunta da temperature troppo elevate, e gli elementi vitali potranno sopravvivere. Se il pane non viene consumato immediatamente, nel giro di uno-due giorni enzimi e fermenti ricolonizzeranno la forma, e il nostro pane sarà di nuovo un alimento vitale, ricchissimo di microrganismi benefici.

Nell'alimentazione naturale il pane compare in tavola come integrazione, in piccola quantità, oppure come vero e proprio componente del pasto, da aggiungere in abbondanza ad altre portate che lo completano.

Può essere portato a tavola intero, su un tagliere, oppure a fette nel cestino del pane.

È molto gradevole preparare più tipi di pane integrale, con farina setacciata, di altri cereali, con aggiunte di noci o semi oleosi e metterne in tavola di diversi tipi, in modo che ognuno possa sceglierne secondo i suoi gusti e le sue esigenze.

Il pane integrale mantiene le sue caratteristiche superiori anche quando è secco. Può entrare vantaggiosamente nella composizione di molti piatti (ripieni, torte dolci e salate, gnocchi) con poca fatica e ottimi risultati.

Ricordiamo che il pane a lievitazione naturale è molto più facile da digerire del solito pane, e in giusta quantità si accosta bene anche ad alimenti che richiedono un altro ambiente digestivo.

Come preparare il pane

Cuocere il pane è molto più facile e richiede molto meno tempo di quel che si pensa. Ed è un grande piacere mangiare il pane fatto con le proprie mani, dividendolo con la famiglia e gli amici! Se potete disporre di un forno da pane tradizionale, a legna, tanto meglio. Ma potete fare un pane eccellente anche nel forno di cucina elettrico o a gas.

Per fare un buon pane ci vuole buona farina, buona acqua e buon lievito.

La farina

Procuratevi della farina integrale fresca, possibilmente appena macinata.

Ma la cosa migliore è fare la farina da soli. Per questo dovete procurarvi un macinino per cereali; ci sono in commercio macinini manuali o elettrici per uso familiare, molto efficienti, che macinano tutti i tipi di cereali e danno una farina finissima.

Potrete anche procurarvi una stacciatrice, o due setacci di diverse finezze per setacciare la vostra farina, perché non vi consiglio di fare il pane con farina solo integrale. Questo tipo di pane conviene alle persone che fanno molta attività fisica e hanno una digestione perfetta, ma per gli altri è irritante e ingrassante, e può provocare congestioni. Una farina leggermente setacciata viene tollerata molto meglio dalla maggior parte degli organismi.

L'acqua

Una buona acqua di sorgente è l'ideale per fare un buon pane. In alternativa si può usare l'acqua del rubinetto, purché non sia troppo clorata o ricca di nitrati. Se l'acqua del rubinetto è inadatta bisognerà usare un'acqua imbottigliata poco mineralizzata.

Il lievito

C'è ancora molta confusione in fatto di lieviti, e molti credono che il lievito naturale sia il lievito di birra.

Invece il lievito naturale, o selvaggio (o pastella acida) si ottiene lasciando fermentare spontaneamente un miscuglio di farina e acqua. In

La preparazione del lievito

È facilissima. Basta mescolare farina e acqua, senza aggiungere nient'altro.

In una terrina, intridete 300 g di farina setacciata con acqua tiepida fino a ottenere una pasta di consistenza morbida, ma non troppo molle. Coprite con un asciugamano, poi con un panno di lana. Lasciate così per tre giorni a temperatura dolce (20 °C).

A questo punto si è formata una crosta un po' bruna, screpolata. Il lievito è fermentato; emana un gradevole odore di birra, che dev'essere dolce e non piccante. Il vostro lievito naturale è pronto. È il lievito-madre, a cui aggiungerete acqua e farina dodici ore prima di iniziare a fare il pane, per ottenere il lievito che unirete alla pasta (vedi la ricetta del pane alle pagine 134-135).

Conservate il lievito in un luogo fresco, dentro un vaso di terracotta o in un boccale di vetro a chiusura ermetica. Dopo qualche settimana diventa più o meno acido.

L'ideale è fare il pane ogni 10-15 giorni, altrimenti vi consiglio di rivitalizzare il vostro lievito. Basta aggiungere acqua tiepida e una tazza di farina come per il lievito-madre: lasciate fermentare una notte, poi l'indomani rimettete il lievito nel boccale.

Il lievito secco

È un lievito-madre seccato. È molto pratico per ridare vita rapidamente a un lievito naturale se avete lasciato andare a male il vostro. Fate un lievito-madre. Dev'essere ben consistente: se c'è troppa acqua rischia di ammuffire. Lasciatelo a una temperatura di 20 °C, in un luogo asciutto, per 15-20 giorni. Sorvegliate la crosta per togliere i punti di muffa, se se ne formano.

Sbriciolate la crosta e passatela al setaccio. Otterrete una polvere che farete seccare per qualche giorno. Conservate in un boccale a chiusura ermetica.

Per usare questo lievito, prendetene un cucchiaio e diluitelo in due cucchiai d'acqua tiepida. Lasciate rigonfiare per un'ora. Poi aggiungete farina e acqua e lasciate fermentare per 12 ore.

Per preparare il lievito occorrono soltanto farina e acqua.

Mescolate la farina con l'acqua tiepida in una terrina.

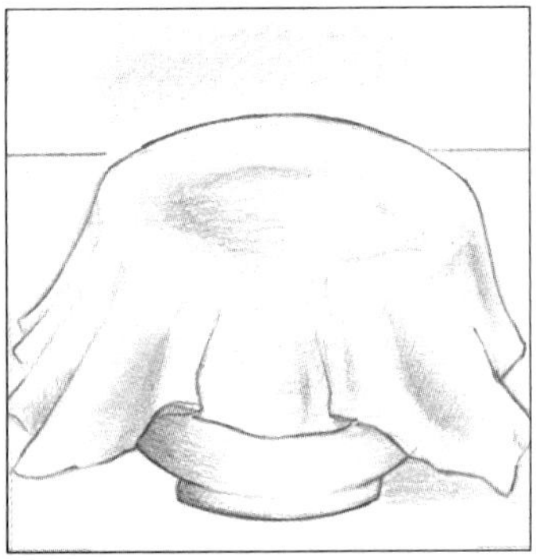

Coprite con un asciugamani e con un panno di lana.

Conservate il lievito in un vasetto di vetro a chiusura ermetica.

Ricordate di rigenerare il lievito ogni volta che preparate il pane.

questo lievito si sviluppano numerosi microrganismi: lieviti e batteri di diverse specie. I batteri hanno una funzione importante nelle fermentazioni, e molte specie sono benefiche.

Il lievito utilizzato dai panettieri, quello che si vende a cubetti, è la coltura pura di un solo tipo di microrganismo, il lievito di birra (*Saccharomices cerevisiae*). Quando si fa un lievito partendo dal lievito di birra si ottiene quindi una fermentazione molto diversa da quella che si ottiene a partire dal lievito naturale. La differenza è ancora più grande se il pane è fatto direttamente col lievito di birra.

La fermentazione con lievito naturale produce un pane nettamente più acido, perché si forma più acido lattico.

L'acidità consente alle fitasi di agire e di decomporre l'acido fitico, che è accusato di rendere decalcificante il pane integrale.

Infatti l'acido fitico, molto più abbondante nelle farine integrali che nelle farine bianche, si combina con calcio e ferro formando fitati insolubili.

Questa reazione si produce quando la fermentazione è quella veloce, col lievito di birra. Nella panificazione tradizionale, con lievito naturale e fermentazione lenta, le fitasi, cioè gli enzimi che decompongono l'acido fitico, trovano il tempo e l'ambiente che occorre per agire. In questo modo l'acido fitico viene in gran parte distrutto e non c'è più da temere l'effetto decalcificante del pane integrale.

È meglio quindi non usare il lievito di birra per accelerare l'effetto del lievito naturale, come si fa troppo spesso per una questione di comodità. Se vi prendete la briga di farvi il lievito naturale, le qualità nutritive, il sapore e anche la conservabilità del vostro pane saranno decisamente migliori.

La cottura nel forno a legna

Cuocere il pane in un forno a legna è un'altra cosa, molto più emozionante: come prepararsi a una festa.

La madia, la pasta che lievitava vicino al focolare, l'accensione, i pani messi in forno, l'odore delizioso del pane per tutta la casa, tante cose ricche di simboli impregnavano la casa di una pace gioiosa.

La tecnica è la stessa, ma con il forno tradizionale è meglio procurarsi una madia perché bisogna fare un'infornata di 10-20 kg di pane: non vale la pena di scaldare un forno a legna per due o tre pani, tanto più che cotto in questo modo, col calore che diminuisce progressivamente, il pane si conserva anche per molte settimane.

Per far lievitare il pane bisogna avere, invece delle teglie, le ceste rivestite di tela che si trovano ancora da certi panettieri. Come le teglie, questi panieri vanno infarinati e riempiti a mezza altezza.

Circa due ore e mezza prima del momento di infornare bisogna cominciare a scaldare il forno. Lo si accende con qualche fascina e si continua con ceppi di faggio, di pino o di quercia. Il successo della cottura dipende dalla temperatura che c'è al momento in cui si inforna. Non complicate le cose con un termometro e usate il sistema tradizionale. Prendete una manciata di paglia, annodatela e gettatela nel forno. Se la paglia si accende o diventa nera il forno è troppo caldo; se prende un colore bruno è il momento giusto, è tempo di infornare. Il colore del pane sarà all'incirca quello della paglia. Le prime volte sarà meglio scaldare il forno un po' troppo, piuttosto che troppo poco. Lasciandolo aperto qualche minuto la temperatura scenderà; un'altra prova con la paglia permetterà di verificare se stavolta la temperatura sia quella giusta.

Come preparare il pane

Prima di cominciare a fare il pane, non dimenticate di tenere da parte una tazza di lievito per la volta successiva.

Versate la farina in un recipiente grande (per tre pani occorre circa 1,5 kg di farina). Tenetevi da parte, di scorta, una piccola quantità di farina e d'acqua tiepida. Mettete da un lato una terrina con la farina e dall'altra una tazza d'acqua da aggiungere.

Fate la fontana al centro della farina, metteteci il lievito (ne occorre circa una tazza per 1,5 kg di farina) e l'acqua a poco a poco, perché l'assorbimento varia secondo la qualità della farina. Mescolate con le dita farina, lievito, acqua e aggiungete il sale; bisogna che sentiate il grado di umidità della pasta. Controllate che non resti farina asciutta in fondo al recipiente.

La farina deve assorbire solo la quantità d'acqua che è strettamente necessaria. Questa fase è importantissima perché determinerà il tempo del successivo impastamento. Se la dose dell'acqua è quella giusta (circa 1 litro per 1,5 kg di farina) ci vorrà meno tempo. State attenti anche a non mettere troppo sale (per 3 pani ne basta un cucchiaino).

A questo punto la pasta va maneggiata a piene mani; con una mano spingete in avanti, con l'altra tirate nell'altro senso.

La pasta va 'sentita' con il cuore: allora diventerà vostra amica, si lascerà andare e vi darà il suo messaggio; i gesti verranno naturali, così come il ritmo giusto.

Se l'impasto si appiccica un po' aggiungete qualche pizzico di farina, ogni volta che occorre.

Impastate tirando la pasta dal basso verso l'alto. Lavorate con molta scioltezza: dalle vostre mani deve uscire un'opera d'arte, un pane di vita.

A poco a poco la pasta diventa più elastica e si stacca più facilmente dal recipiente. Continuate a impastare finché non smette di attaccarsi alle dita, il che richiede circa un quarto d'ora.

La pasta dev'essere abbastanza elastica da poter essere stirata almeno fino a 70 cm senza strapparsi. Stiratela verso l'alto, otto o dieci volte; piegatela in tre; fatene una palla. Sollevatela e gettatela con forza verso il basso.

Ripetete per 7-10 volte. Quando il gioco vi avrà lasciato tutti e due senza fiato, ponete l'impasto nel suo paniere, come in una culla; copritelo con un panno ben caldo e lasciatelo riposare per un'ora.

Dopo questo tempo sollevate la copertura. L'intesa è perfetta, l'impasto risponde, comincia a gonfiarsi ma ha bisogno di stirarsi ancora. Stiratelo, piegatelo in tre, stiratelo ancora. Ripetete almeno per cinque o sei volte poi rifatene una palla.

Dividete l'impasto in diversi pezzi (secondo la grandezza dei vostri stampi). Per formare ogni pezzo mettete il taglio della mano destra sull'impasto, ripiegate con l'altra mano la parte sinistra sulla destra, ruotate la palla di pasta di un quarto di giro, poi ripetete altre due volte.

Oliate le teglie con un pennello poi spruzzatele di crusca, così i pani usciranno dalle teglie più facilmente, isolati dal grasso.

Mettete i pezzi di pasta nelle teglie a mezza altezza e copriteli con una coperta.

Lasciate lievitare al riparo dalle correnti d'aria perché continui il lento e misterioso lavoro della fermentazione; la pasta ha bisogno di calore e di riposo.

Perché l'opera giunga a buon fine, nelle condizioni adatte occorrono circa tre ore.

A questo punto la pasta deve arrivare al colmo della teglia.

Con la lama di un coltello potete fare in superficie delle incisioni profonde 1/2 cm, che lasciano sfuggire il vapore e danno al pane un aspetto più bello.

Infornate nel forno già scaldato a 220 °C.

Riducete subito la temperatura a 180 °C e lasciate cuocere per un'ora o un'ora e un quarto.

Perché la crosta non indurisca potete mettere in forno un pentolino di pyrex o di terracotta pieno d'acqua calda.

Dopo un'ora o poco più un odore piacevolissimo vi avverte che il pane è cotto.

Sfornate il vostro pane su una griglia, e ammirate il suo bel colore bruno dorato.

E per favore, non mettete questo pane di vita nel congelatore.

È un trattamento brutale, indegno di lui, e lì perderebbe tutto il suo sapore.

Rigenerate il lievito, aggiungendo acqua e farina, circa 12 ore prima di preparare il pane.

Unite alla farina il lievito e l'acqua, mescolando dapprima con un cucchiaio di legno, poi con le mani.

Impastate a piene mani su una superficie infarinata (per circa 15 minuti).

Ponete l'impasto in una ciotola. Lasciatelo riposare per un'ora, ben coperto.

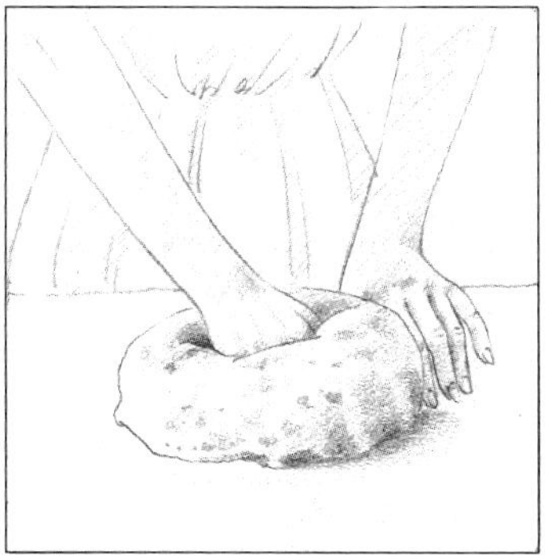

Impastate ancora vigorosamente per qualche minuto.

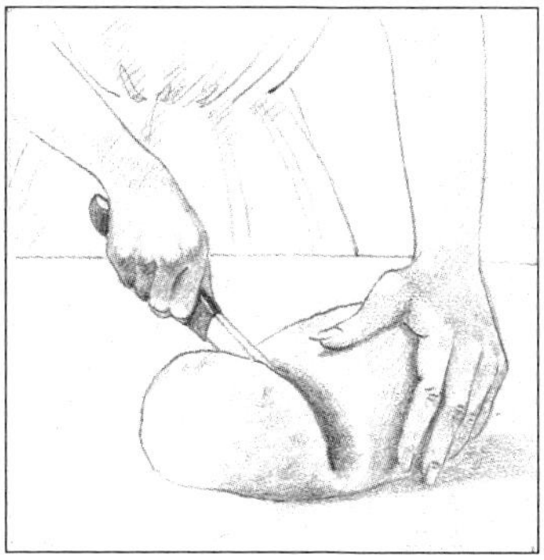

Dividete ora l'impasto e dategli la forma voluta.

Una volta esperti nell'arte della panificazione, potete provare diversi tipi di farina e di ingredienti. Troverete molte ricette di pani (nella seconda parte di questo capitolo), a base sia di farina di frumento sia di altri cereali, come il pane di segale, il delizioso pane scuro il cui sapore migliora dopo un giorno.

Al pane si possono aggiungere, a piacere, vari ingredienti, come frutta oleosa, semi, germogli di grano o di leguminose, cereali cotti...

Per ottenere pani più 'ricchi' si può integrare l'acqua con latte, yogurt, uova.

Panini dolci possono essere preparati aggiungendo all'impasto miele e frutta secca.

Potete anche decidere, se seguite una dieta povera di sodio, di eliminare del tutto il sale dalla ricetta di base.

I panini richiedono una cottura a calore più elevato, mentre i pani ricchi di uova o zucchero dovrebbero essere cotti in forno a temperature inferiori, magari per più tempo. Una copertura di uova, oppure la spennellatura con acqua durante la cottura rendono più croccante la superficie, mentre il latte la ammorbidisce. I panini a base di latte e uova danno una crosticina morbida; quelli preparati con acqua sono più croccanti.

Non ci sono praticamente limiti alla creatività nel campo della panificazione, né per quanto riguarda gli ingredienti né per quanto riguarda le mille forme in cui possiamo consumarlo.

Per infornare il pane ci vuole una pala da pane, come quella che un tempo avevano tutti i panettieri. Alcune sono magnifiche, col lungo manico patinato da molte generazioni di panettieri, e a volte con la pala amorosamente scolpita. Quando è il momento di infornare si portano i pani nella stanza del forno, stando bene attenti che non prendano freddo, o la pasta si affloscia.

Per infornare si capovolge il paniere sulla pala, e con un coltello si fa una croce o due tratti paralleli sul pane che si mette immediatamente in forno, senza perdere tempo perché la temperatura non si abbassi. Dopo un'ora, un'ora e mezzo il pane è cotto, e con la pala si fanno uscire i pani di un bruno dorato. Il forno è ancora abbastanza caldo per cuocere pasticceria, o per seccare frutta, olive o castagne.

Pasta

La pasta asciutta è stata disprezzata e sbeffeggiata per decenni di dieta all'americana, e nonostante gli elogi che attualmente le riserva la dieta mediterranea è guardata ancora con sospetto. La pasta che si trova normalmente in commercio è fatta di farina raffinata, e quindi impoverita di molti preziosi elementi. Ma anche la pasta 'normale' cura attentamente le sue materie prime: quella buona è fatta soltanto di semola di grano duro, impastata con acqua depurata e semplicemente essiccata. È ricca di amidi ma anche di proteine, e fra gli alimenti industriali è fra i meno trattati e additivati.

Si può fare ottima pasta anche con le farine integrali, e nei negozi di alimentazione naturale ce ne sono svariatissimi tipi. Ma è possibile anche fare la pasta in casa, a mano (tirando la sfoglia col matterello, come ancora fanno molte massaie italiane) o con le apposite macchinette. In questo caso, il massimo del valore alimentare si avrà macinando al momento la farina necessaria.

Biologica, normale o fatta in casa la pasta è comunque un alimento piacevolissimo, che

Pasta di farina e acqua

La ricetta è semplicissima. In quella originaria la farina viene disposta sulla spianatoia 'a fontana', cioè in forma di montagnola con un cratere alla sommità. Si versa acqua calda nella cavità e si mescola fino ad avere un impasto liscio.

Bisogna impastare a lungo, fino a ottenere la consistenza del lobo dell'orecchio. Poi si lascia riposare un po' la pasta e la si tira in sfoglia col matterello, o nella macchinetta a rulli. Alla fine si taglia nel formato desiderato e si lascia asciugare all'aria, oppure si usa immediatamente.

Oggi la pasta fresca in casa si può fare a macchina, coi mescolatori o nel frullatore.

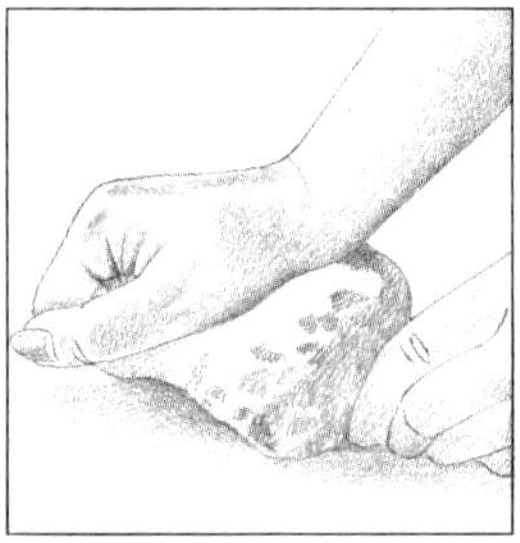

Impastate a lungo il composto premendo con l'interno del polso.

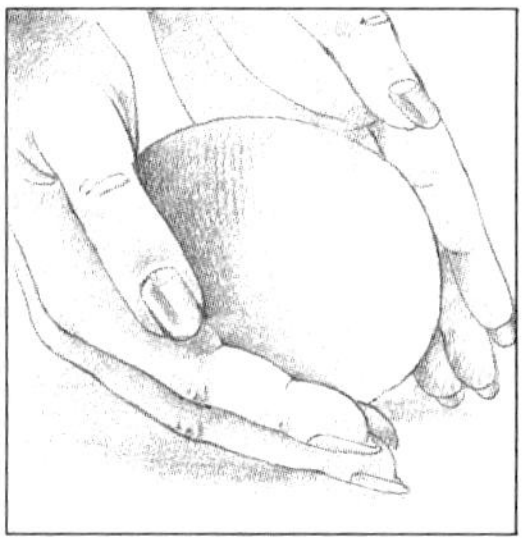

Sollevate l'impasto e fatene una palla (deve riposare per mezz'ora).

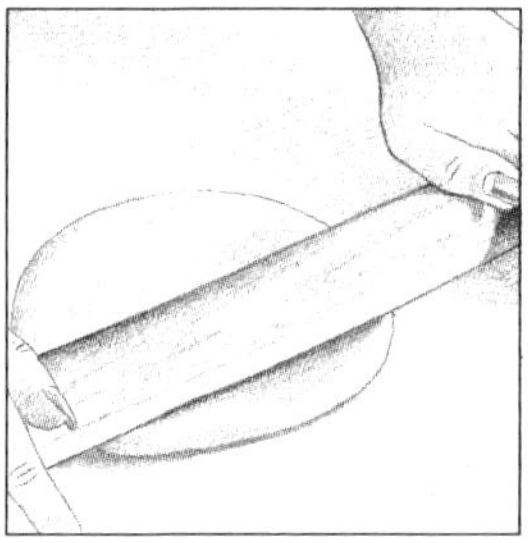

Stendete la pasta formando un cerchio che appiattirete .

Alla fine dell'operazione, la pasta deve diventare una sottile sfoglia.

Pasta all'uovo

È la pasta 'ricca' della tradizione emiliana, e nella sua versione originaria è nutriente quanto squisita.

Si fa di sola farina e uova, con poca aggiunta di acqua.

La farina viene versata 'a fontana' sulla spianatoia, e vi si aggiunge un uovo intero per ogni etto di farina. Si impasta per una decina di minuti, aggiungendo un po' d'acqua o un po' di farina secondo la necessità.

Per il resto si procede come per la pasta semplice. In realtà solo le tradizioni culinarie ricche usano la pasta di farina e uova. In molti casi si usano meno uova, ed è ottima anche quella che non ne contiene del tutto. Si può aggiungere all'impasto spinaci passati, pomodori o altre verdure.

In questo caso l'impasto tende ad appiccicarsi e richiede più farina quando si stende la sfoglia.

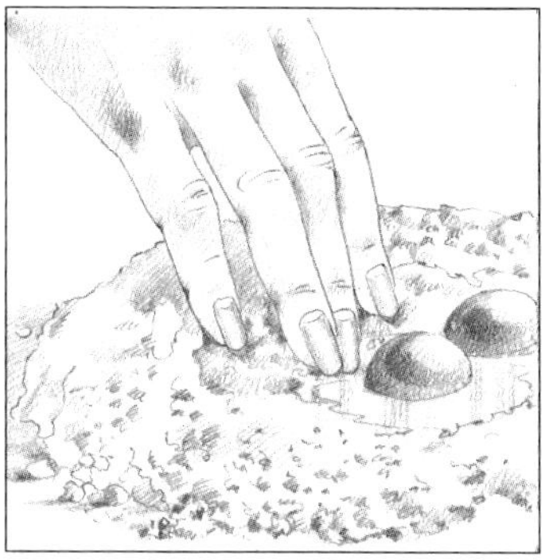

Fate al centro della farina una fontana. Ponete al centro le uova (ed eventualmente gli altri ingredienti).

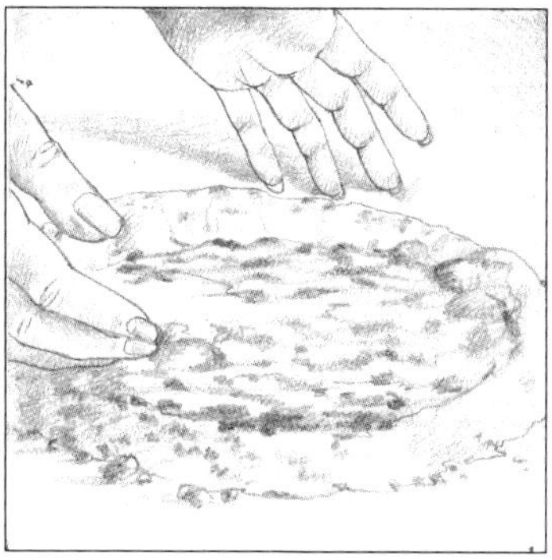

Con la punta delle dita amalgamate la farina partendo dai lati. Aggiungete farina se l'impasto è troppo liquido.

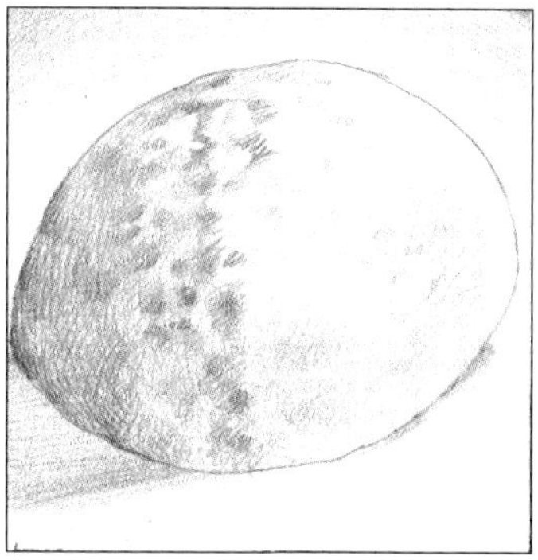

Lavorate la pasta e, quando è elastica, formate una palla (che deve riposare per circa mezz'ora).

cuoce in pochi minuti e si presta a piatti unici sempre diversi. Inoltre è enormemente gradita alle nostre tradizioni alimentari, e un piatto di pasta (magari abbinato al sugo di verdure più fresco e leggero di tutti) è accolto con allegria anche dai commensali meno portati alle novità. Secondo la ricetta tradizionale la pasta va cotta in abbondante acqua bollente salata, in modo che il bollore possa riprendere al più presto. Appena il bollore è ripreso si scoperchia la pentola, si abbassa la fiamma e si assaggia più volte, perché la pasta non passi di cottura.

È meglio scolarla al dente e non troppo asciutta, perché la pasta di buona qualità continua a 'bere' anche nel piatto di portata. La pasta di farina integrale tende a cuocere più rapidamente di quella di semola.

Il grano saraceno

Il grano saraceno non appartiene alla famiglia delle Graminacee. Un tempo era molto coltivato in Giappone, nell'Europa Orientale, in alcune zone europee come la Bretagna e la Valtellina. Tuttora è un alimento di base in Russia, soprattutto sotto forma di kasha.

Il grano saraceno è molto nutritivo e adatto ai paesi freddi. Contiene un alto tenore di aminoacidi essenziali ed è particolarmente ricco di magnesio.

Il grano saraceno viene consumato sotto molte forme. In Russia e in Polonia è usato tradizionalmente in grani decorticati, al naturale oppure abbrustoliti (in questo caso è particolarmente digeribile).

Come preparare la pizza

Per preparare la pizza utilizzate una pasta da pane (come quella indicata nella ricetta delle pagine 134 e 135). Date alla pasta la forma di una palla e quindi appiattitela con il matterello. Quindi lavorate la pasta formando una circonferenza (o un ovale) delle dimensioni desiderate.

Lo spessore della pasta non dovrebbe superare 1 cm.

Dopo aver aggiunto gli ingredienti per farcire la pizza, è bene far lievitare la pasta per 15 minuti prima di metterla nel forno.

Cuocete in forno molto caldo per 10-20 minuti.

Trasferite la pasta su una teglia o su una piastra e formate un bordo non troppo alto per contenere la farcitura. Aggiungete gli ingredienti scelti lasciando liberi 2 cm ai bordi. Con un movimento deciso della mano fate scivolare la pizza su una griglia preriscaldata. Cuocetela in forno a 230 °C. Il tempo di cottura può variare dai 10 a 20 minuti a seconda delle dimensioni della pizza e della farcitura.

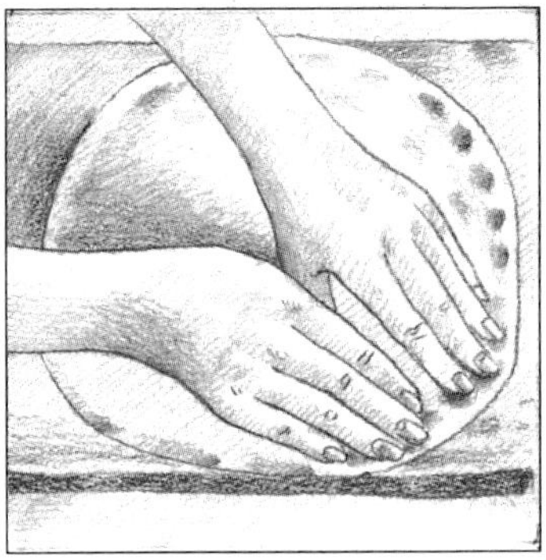

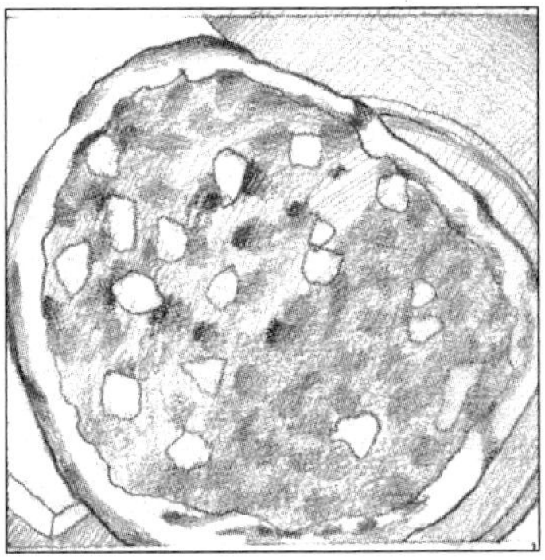

Come tagliare e fare asciugare la pasta

Quando la pasta è diventata una sfoglia sottile, se volete tagliarla a mano lasciatela asciugare su un canovaccio di cotone finché la superficie è secca ma l'interno è ancora piuttosto morbido.

Per preparare i cannelloni pareggiate i bordi della sfoglia e tagliateli in rettangoli della dimensione di circa 7 cm per 15.

Per preparare le lasagne, tagliate la pasta a strisce di circa 5 cm.

Per fare asciugare la pasta (per evitare la formazione della muffa) potete porre la pasta su un manico di scopa appoggiato tra due sedie oppure su un canovaccio cosparso di farina, in maniera che i pezzi di pasta non si attacchino tra di loro.

La pasta deve asciugare per almeno 2-3 ore.

La pasta all'uovo fresca può essere conservata fino a 3-4 giorni, mentre quella senza uovo si può conservare anche fino a un mese. Quella con il ripieno andrebbe consumata in giornata.

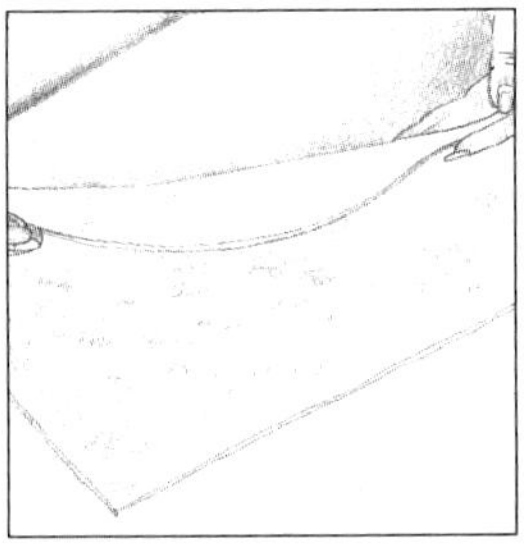

Per preparare fettuccine o tagliatelle cospargete la pasta con farina e arrotolatela, piegandola.

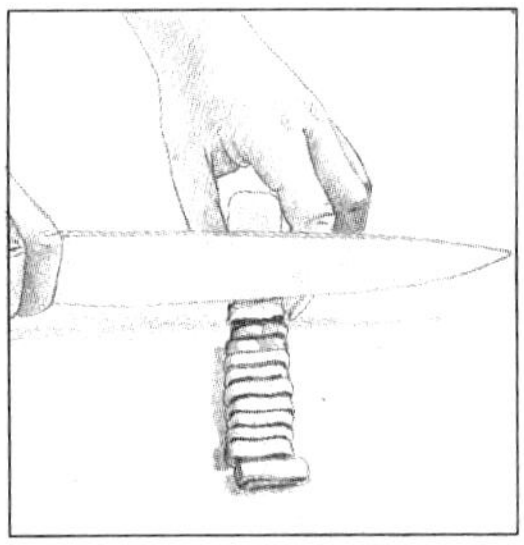

Tagliate la sfoglia arrotolata in strisce di 5 mm circa con un coltello.

Disfate le fettuccine con le mani e fatele asciugare su un piano cosparso di farina.

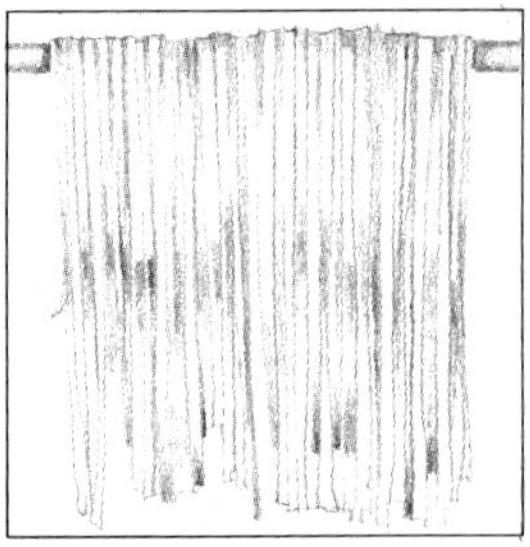

Per asciugare bene la pasta ponetela su un manico di scopa appoggiato tra due sedie.

La farina di grano saraceno è scura, saporita e viene usata, da sola o mista alla farina di mais, per fare ottime polente ('polenta taragna').

In Bretagna la farina viene impastata con acqua per farne una pasta particolare, foggiata a salsicciotto. Le frittelle di grano saraceno sono il piatto bretone per eccellenza, e si prestano a deliziosi dessert.

Molto viva, anche se limitata, è la tradizione della pasta di grano saraceno. In Giappone se ne fanno le 'sobas'; in Valtellina i celebri pizzoccheri.

Il mais

Il mais è il cereale del Nuovo Mondo: il 'terzo grande' del regno dei cereali. È tuttora un alimento di base in Messico e in America Latina.

In America viene mangiato di solito sotto forma di tortillas, focaccine di mais che di solito si abbinano ai fagioli. Le tortillas vengono sottoposte a uno speciale trattamento con acqua di calce, e in questo modo diventa assimilabile la vitamina PP (*Pellagra Preventing*) che è contenuta nel mais in forma non disponibile.

Invece le popolazioni europee consumano il mais sotto forma di farina, come polenta. Nei tempi di penuria le popolazioni che si nutrivano di sola polenta, senza integrazione di altri cibi, soffrivano appunto di pellagra.

Ancora due generazioni fa la polenta era l'alimento di base in alcune zone europee, soprattutto nelle zone di montagna: il Bergamasco, la Savoia, la Lombardia, il Piemonte.

Tuttora gli abitanti dell'Italia del nord vengono chiamati 'polentoni' da chi abita più a sud. In alcuni casi la farina di mais viene mescolata con farina di grano saraceno.

Più recentemente, sulla scia delle mode alimentari americane, sono arrivati anche in Europa i 'corn flakes', cioè i fiocchi di mais per la prima colazione, e i 'pop corn', chicchi di granoturco scoppiato: buoni e sani se preparati al naturale, pericolosi se conditi, come in America, con forti dosi di sale e di grassi cotti.

Oggi da noi è molto usato anche il mais fresco in chicchi, che di solito viene venduto in scatola e viene utilizzato in gradevoli insalate miste.

Il mais è ottimo anche in pannocchie, che quando sono raccolte al punto giusto di maturazione, sono deliziose.

Il miglio

Fino al secolo scorso il miglio era abbondantemente coltivato in Europa, soprattutto in Francia e in Germania.

Durante i giorni di magro era considerato un ottimo sostituto della carne; è ricco di lecitina e colina, che lo rendono un buon alimento per chi svolge attività intellettuali.

Viene considerato un vero e proprio 'prodotto di bellezza' per la pelle, i capelli, le unghie e lo smalto dei denti.

Il miglio si mangia in fiocchi o in grani decorticati. Cuoce rapidamente, è molto digeribile ed è particolarmente saporito.

L'orzo

L'orzo è stato fino al secolo scorso il cereale più usato intorno al Mediterraneo.

I pani del Vangelo, quelli che furono moltiplicati miracolosamente, erano pani d'orzo, e l'orzo era l'alimento di base dei gladiatori romani. La capacità di adattamento dell'orzo è sorprendente: le coltivazioni vanno dalla Svezia ai confini del Sahara.

L'orzo è nutriente quasi quanto il frumento, ma è particolarmente rinfrescante. Viene consumato in fiocchi, in grani o sotto forma di pane. Il pane d'orzo è buono quando è caldo, appena uscito dal forno, ma non mantiene la sua croccantezza.

L'orzo in grani è in commercio, come il riso, in versione integrale e raffinata. L'orzo completo viene venduto come 'orzo mondo'; quello raffinato è detto 'orzo perlato', cioè lucidato come una perla, ed è impoverito come il riso brillato.

Un'altra utilizzazione importante dell'orzo è la birra, che è fatta con orzo germinato.

La birra d'orzo era la bevanda nazionale dei Galli e di altre popolazioni europee. Era densa, non troppo alcolica e costituiva in pratica una bevanda-alimento, ricca di vitamine e di elementi nutritivi pregiati.

Il riso

È il cereale più coltivato al mondo dopo il frumento, e da millenni è la base dell'alimentazione delle popolazioni orientali.

È forse il più equilibrato dei cereali (contiene tutti gli aminoacidi essenziali e importanti quantità di vitamine) ed è l'unico privo di purine, le scorie azotate che affaticano l'organismo. Per questo è il cibo più adatto anche ai bambini piccolissimi, ai convalescenti, alle persone che digeriscono con difficoltà o soffrono di problemi renali.

Il riso viene prodotto in un gran numero di varietà: a chicco lungo, corto, semilungo, più o meno farinosi o resistenti alla cottura. Il riso dolce o glutinoso è particolarmente apprezzato nella cucina orientale per la preparazione dei dessert. In fatto di riso, la distinzione pratica più importante è fra riso completo e riso brillato. Il primo è il chicco privato del rivestimento esterno più duro (la lolla) ma ancora rivestito del pericarpo e con il germe intatto. Invece il riso brillato è completamente spogliato, privato delle preziose sostanze nutritive superficiali e lucidato ('brillato') con sostanze estranee, come la vaselina.

Il riso brillato è un alimento buono da mangiare ma impoverito e squilibrato, da usare con precauzione, perché fornisce molte calorie e pochi nutrienti strutturali. Il riso completo (che si trova in commercio con la denominazione di 'sbramato di risone') è invece un cibo prezioso, che merita un posto di protagonista assoluto in una alimentazione corretta.

Il riso si presta a una immensa varietà di preparazioni; è buono al naturale, ma accompagna con discrezione ogni tipo di portata e di sapore. Spesso nella cucina europea viene cucinato e servito con altri cibi, come nei risotti e nella paella.

Invece nei paesi asiatici viene spesso cucinato da solo e servito a parte, come accompagnamento di altri piatti. In questo caso ha esattamente la stessa funzione che un tempo aveva il pane sulle nostre tavole.

La segale

La segale cresce bene anche con poco sole, e quindi è stato tradizionalmente un cereale dei paesi freddi: Russia, Germania, Svizzera, Francia orientale.

È raccomandata alle persone sedentarie perché favorisce la circolazione, rende elastici i vasi sanguigni e combatte la stitichezza.

Si trova in fiocchi o in grani decorticati, ma viene usata soprattutto nel pane, che è diffusissimo e delizioso.

La fermentazione del pane di segale nell'acqua dà una bevanda frizzante e leggerissimamente alcolica che era la bevanda nazionale dell'Europa orientale (kvas, che si può preparare in casa: troverete alcune ricette nel capitolo 'Le bevande').

Cialde di fiocchi d'avena

STAGIONE: *tutto l'anno*
PREPARAZIONE: *15 minuti, più qualche ora per lasciar riposare la pasta*
COTTURA: *8 minuti per cialda*
MOLTO FACILE

STRETTAMENTE VEGETARIANO

INGREDIENTI *(per 4 persone)*

500 g di fiocchi d'avena
1/2 l d'acqua o di latte di soia
1 cucchiaio di zucchero integrale
la scorza di un limone, sale

PREPARAZIONE

1 *Mescolate i fiocchi con l'acqua, il sale e lo zucchero. Lasciate riposare l'impasto per qualche ora in un luogo tiepido; l'ideale sarebbe prepararlo la sera prima.*

2 *Al momento di preparare le cialde aggiungete acqua e battete energicamente fino a ottenere una pasta semifluida che si attacca al cucchiaio.*

3 *Fate scaldare il ferro da cialde. Grazie al grasso naturale contenuto nell'avena non c'è bisogno di oliare lo stampo, salvo che per la prima cialda. Quando il ferro è ben caldo versateci un mestolino di impasto e chiudetelo.*

4 *La cottura è un po' più lunga che per le cialde classiche: calcolate 8 minuti per ciascuna. Queste cialde sono leggere e saporite, e saranno ancora più croccanti se sostituirete l'acqua, in tutto o in parte, con del latte di soia.*

Le cialde sono ottime al naturale, sia calde sia fredde, tuttavia potete versarci sopra dello sciroppo d'acero, o accompagnarle con una composta di mele o di corbezzoli.

Minestra di avena

STAGIONE: *tutto l'anno*
PREPARAZIONE: *15 minuti*
COTTURA: *15 minuti*
MOLTO FACILE
MOLTO ECONOMICO

STRETTAMENTE VEGETARIANO

INGREDIENTI *(per 4 persone)*

300 g di fiocchi d'avena
2 cipolle
2 carote
1 manciata di prezzemolo, di sedano selvatico, o alcuni cipollotti
3/4 di l d'acqua
2 cucchiai di tamari
1 cucchiaio d'olio

PREPARAZIONE

1 *Fate rosolare le cipolle a fettine e le carote a pezzettini, e versatele nell'acqua bollente salata insieme ai fiocchi.*

2 *Lasciate bollire per un quarto d'ora.*

3 *Alla fine della cottura unite il prezzemolo tritato e il tamari.*

Il sedano selvatico è noto anche con il nome di 'appio'.

Minestra di fiocchi d'avena

STAGIONE: *primavera*
PREPARAZIONE: *15 minuti*
COTTURA: *15 minuti*
MOLTO FACILE
MOLTO ECONOMICO
STRETTAMENTE VEGETARIANO

INGREDIENTI *(per 2 persone)*

1 manciata di foglie di carote tritate
1 cucchiaio d'olio
1 cipolla bianca
1 scalogno
3 cucchiai di fiocchi d'avena
2 carote
3 dl d'acqua
2 cucchiaini di miso
1 cucchiaio di prezzemolo tritato

PREPARAZIONE

1 *Soffriggete le foglie di carota.*

2 *Unite le carote tagliate a fettine, la cipolla affettata, i fiocchi d'avena e l'acqua.*

3 *Cuocete per un quarto d'ora a fuoco lento. A cottura ultimata aggiungete il prezzemolo e il miso diluito in un po' d'acqua.*

Porridge

STAGIONE: *tutto l'anno*
PREPARAZIONE: *15 minuti*
COTTURA: *15 minuti*
MOLTO FACILE
MOLTO ECONOMICO
STRETTAMENTE VEGETARIANO

INGREDIENTI *(per 4 persone)*

300 g di fiocchi d'avena
1 pizzico di sale
1 cucchiaino di zucchero integrale o di tamari (se preferite il porridge salato)
latte di soia o acqua
1 cucchiaio di mandorle o di nocciole tritate e tostate

PREPARAZIONE

1 *Mettete i fiocchi in una casseruola dal fondo spesso; aggiungete l'acqua o il latte di soia fino al livello dei fiocchi, poi il sale e lo zucchero.*

2 *Fate cuocere per circa un quarto d'ora a fuoco dolce mescolando ogni tanto perché il porridge non si attacchi al fondo della casseruola.*

3 *A cottura ultimata aggiungete le mandorle o le nocciole ed eventualmente il tamari.*

Origine: paesi anglosassoni

Farro al forno

STAGIONE: *estate, inverno*
PREPARAZIONE: *30 minuti, più qualche ora per l'ammollo*
COTTURA: *1 ora e mezza*
MOLTO FACILE

STRETTAMENTE VEGETARIANO

INGREDIENTI *(per 4-6 persone)*

500 g di farro
3-4 costole di sedano o 1/4 di sedano rapa
4 carote
1 porro
1 pastinaca o 2 topinambur
1 cipolla
1 cucchiaio di miso diluito
3 chiodi di garofano
1/2 cucchiaino di semi di finocchio
1/2 foglia di alloro
1 rametto di timo
3 spicchi d'aglio
1 cucchiaio d'olio
sale

PREPARAZIONE

1 *Mettete a bagno il farro per qualche ora o per tutta la notte, secondo la varietà.*

2 *Tagliate a fiammiferi e mettete in una pentola di terracotta, a strati successivi, il porro, il sedano, la pastinaca e le carote.*

3 *Aggiungete la cipolla steccata coi chiodi di garofano, gli aromi, il miso, il farro e infine tanta acqua calda fino ad arrivare al livello dei chicchi.*

4 *Coprite e mettete in forno a temperatura media. Fate cuocere un'ora e mezza; cinque minuti prima della fine aggiungete l'aglio schiacciato con un cucchiaio d'olio.*

Farro bollito

STAGIONE: *tutto l'anno*
PREPARAZIONE: *2-3 ore per l'ammollo del farro*
COTTURA: *1 ora*
MOLTO FACILE
MOLTO ECONOMICO

STRETTAMENTE VEGETARIANO

INGREDIENTI *(per 2 persone)*

200 g di farro
1 costola di sedano o di aneto
sale

PREPARAZIONE

1 *Scegliete un farro di varietà tenera. Lasciatelo a bagno per 2-3 ore in 1/2 l d'acqua.*

2 *Passato questo tempo togliete il farro e portate l'acqua dell'ammollo a ebollizione; aggiungete poi il farro, il sale e gli aromi tagliati finemente.*

Il farro, noto anche con il nome di 'spelta', era noto già agli antichi Romani.

Minestra di farro

STAGIONE: *inverno, primavera*
PREPARAZIONE: *20 minuti*
COTTURA: *20 minuti, se il farro è già cotto*
MOLTO FACILE
MOLTO ECONOMICO
STRETTAMENTE VEGETARIANO

INGREDIENTI *(per 2 persone)*

1 tazza di farro cotto
1 cipolla
1 pastinaca
1 carota
1 cespo di cavolo nero
1 rametto di finocchio selvatico fresco o secco
1/2 l d'acqua
sale

PREPARAZIONE

1 *Mettete nell'acqua fredda il farro e le verdure tagliate a grossi dadi e portate a ebollizione.*

2 *In un tegame soffriggete la cipolla affettata e poi unitela al resto e lasciate bollire per 15 minuti.*

3 *Passate al tritaverdure o frullate.*

4 *Rimettete sul fuoco e aggiungete il cavolo tagliato finemente (foglie e costole). Lasciate bollire per altri 5 minuti prima di servire.*

Questa zuppa è molto densa e nutriente. È anche un modo simpatico per utilizzare un po' di farro avanzato.

Bulghur

STAGIONE: *tutto l'anno*
PREPARAZIONE: *10 minuti*
COTTURA: *10 minuti*
MOLTO FACILE
MOLTO ECONOMICO
STRETTAMENTE VEGETARIANO

INGREDIENTI *(per 4 persone)*

250 g di bulghur
1/2 l d'acqua
sale

PREPARAZIONE

1 *Versate il bulghur nell'acqua bollente salata.*

2 *Fate cuocere per 10 minuti con la fiamma al minimo.*

3 *Lasciate rigonfiare per 10 minuti a fuoco spento.*

Il bulghur si può preparare abbastanza facilmente anche in casa.

Fate macerare il grano duro (si trova presso i negozi di alimenti naturali) per dodici ore, poi fatelo sgocciolare, sciacquatelo e disponetelo, con uno spessore di due centimetri, in un recipiente ampio e poco profondo. Agitate due o tre volte al giorno e aggiungete un po' d'acqua se i semi diventano secchi.

Quando i semi si saranno allungati di pochi millimetri, metteteli in una grande pentola, ricopriteli d'acqua e lasciateli cuocere per un'ora. Fate sgocciolare il grano cotto e lasciatelo essiccare su un setaccio. L'ultima operazione, la frantumazione, richiede una macina elettrica per cereali.

Bulghur ai fagioli

STAGIONE: *estate, autunno*
PREPARAZIONE: *20 minuti*
COTTURA: *20 minuti (se avete i fagioli già cotti)*
MOLTO FACILE
MOLTO ECONOMICO
STRETTAMENTE VEGETARIANO

INGREDIENTI *(per 4 persone)*

150 g di fagioli cotti
300 g di bulghur
5 cipolle bianche
1/2 cucchiaino di maggiorana o di timo
1 peperone verde
1 pomodoro piccolo
1 spicchio d'aglio
2 cucchiaini d'olio
1 presa di sale

PREPARAZIONE

1 *Fate soffriggere le cipolle a fettine e il peperone, grigliato in forno, sbucciato e tagliato a striscette.*

2 *Aggiungete il bulghur, il sale, il timo o la maggiorana e lasciate rosolare per qualche minuto.*

3 *Unite il pomodoro pelato e tagliato a pezzettini, i fagioli, lo spicchio d'aglio e una tazza d'acqua.*

4 *Coprite e lasciate insaporire per 20 minuti.*

Bulghur alle carote

STAGIONE: *tutto l'anno*
PREPARAZIONE: *15 minuti*
COTTURA: *30 minuti*
MOLTO FACILE
MOLTO ECONOMICO
STRETTAMENTE VEGETARIANO

INGREDIENTI *(per 2 persone)*

250 g di bulghur
3 carote
2 prese di timo
sale
acqua
1 cucchiaino di olio di sesamo

PREPARAZIONE

1 *Tagliate le carote in due nel senso della lunghezza, poi a fettine sottili.*

2 *Fatele rosolare in un tegame con un po' d'olio e spolverate di timo e di sale.*

3 *Versate dell'acqua tiepida fino ad arrivare a metà altezza del tegame, mettete il coperchio e lasciate cuocere 15 minuti, poi unite il bulghur e il sale.*

4 *Aggiungete ancora acqua calda, fino a coprire appena il bulghur.*

5 *Mettete di nuovo il coperchio e continuate la cottura per altri 15 minuti.*

6 *Mescolate prima di servire.*

Bulghur alle foglie di carote

STAGIONE: *tutto l'anno*
PREPARAZIONE: *15 minuti*
COTTURA: *15 minuti*
MOLTO FACILE
MOLTO ECONOMICO
STRETTAMENTE VEGETARIANO

INGREDIENTI *(per 2 persone)*

200 g di bulghur
1 manciata di foglie di carote
1 cucchiaino di olio di sesamo
1 cucchiaino di tamari (facoltativo)
sale

PREPARAZIONE

1 *Lavate le foglie di carote e tritatele, affettando i gambi più fini che potete.*

2 *Fateli saltare in padella con una presa di sale e un cucchiaino di olio di sesamo.*

3 *Aggiungete 1/2 l d'acqua calda, il bulghur e un cucchiaino di tamari.*

4 *Coprite e lasciate cuocere a fuoco dolce per 15 minuti.*

Di solito le foglie di carote vengono gettate via, perché pochi sanno che sono ricche di minerali e di vitamine, oltre che molto gustose. Ecco un buon sistema per utilizzarle.

Bulghur alle lenticchie

STAGIONE: *tutto l'anno*
PREPARAZIONE: *20 minuti*
COTTURA: *30 minuti*
MOLTO FACILE
MOLTO ECONOMICO
STRETTAMENTE VEGETARIANO

INGREDIENTI *(per 4 persone)*

150 g di bulghur fine
150 g di lenticchie
1 cipolla
5 cucchiai di olio d'oliva
sale

PREPARAZIONE

1 *Mettete le lenticchie a cuocere a fuoco vivo con l'acqua che deve corrispondere a circa una volta e mezza il loro volume.*

2 *Quando le lenticchie sono quasi cotte versate nella stessa casseruola il bulghur, mescolando il tutto. Aggiungete acqua, se occorre, fino a coprire l'insieme.*

3 *Salate e mettete il coperchio. Quando le lenticchie e il bulghur sono pronti togliete la pentola dal fuoco e lasciatela scoperta per un po'.*

4 *Mettete l'olio a scaldare in una padella e aggiungete le cipolle a fettine. Quando sono colorite gettate in un colpo solo cipolle e olio sulle lenticchie e il bulghur.*

Potete servire questo piatto caldo o freddo e sostituire il bulghur col riso.

Origine: Libano

Bulghur alle noci

STAGIONE: *tutto l'anno*
PREPARAZIONE: *20 minuti*

MOLTO FACILE
MOLTO ECONOMICO

STRETTAMENTE VEGETARIANO

INGREDIENTI *(per 4 persone)*

300 g di bulghur fine
40 g di gherigli di noci
1 cipolla
qualche foglia di menta fresca (facoltativo)
sale

PREPARAZIONE

1 *Versate sul bulghur 1/2 litro di acqua bollente salata e lasciate rigonfiare per un quarto d'ora.*

2 *Pestate le noci nel mortaio, tritate finemente la cipolla e mescolatele bene con il bulghur.*

3 *Disponete il composto in un piatto fondo e decorate con le foglie di menta.*

4 *Mettete in frigo per un quarto d'ora (facoltativo) e servite con un'insalata.*

Questo piatto, che non ha bisogno di cottura e si mangia freddo, come il tabulé, è ideale per l'estate e per le preparazioni dell'ultimo minuto.

Origine: Libano

Bulghur alle verdure

STAGIONE: *tutto l'anno*
PREPARAZIONE: *20 minuti*
COTTURA: *20 minuti*
MOLTO FACILE
MOLTO ECONOMICO

STRETTAMENTE VEGETARIANO

INGREDIENTI *(per 4 persone)*

2 tazze di bulghur cotto
4 cipolle
4 carote
basilico o santoreggia

PREPARAZIONE

1 *Tagliate le verdure a fettine sottili e fatele soffriggere in una padella con un po' d'olio.*

2 *Mescolate al bulghur cotto e aggiungete il basilico o la santoreggia tritati.*

Origine: Medio Oriente

Kibbé alla zucca

STAGIONE: *tutto l'anno*
PREPARAZIONE: *1 ora*
COTTURA: *30 minuti*
MOLTO FACILE
MOLTO ECONOMICO
STRETTAMENTE VEGETARIANO

INGREDIENTI *(per 6-8 persone)*

1 kg di zucca
700 g di bulghur fine
150 g di farina
1 grossa cipolla
sale
pepe

Per il ripieno:
1 tazza di ceci cotti
1 grossa cipolla
2 cucchiai di olio d'oliva

PREPARAZIONE

1 *Lasciate il bulghur a bagno nell'acqua tiepida per mezz'ora.*

2 *Nel frattempo pulite la zucca e tagliatela a pezzi, poi mettetela a cuocere in una casseruola con mezzo bicchiere d'acqua, a fuoco medio, mescolando ogni tanto con un cucchiaio di legno. Spegnete e lasciate intiepidire.*

3 *Passate la zucca al passaverdure.*

4 *Strizzate il bulghur fra le mani e mescolatelo bene con la zucca passata, la cipolla tritata finemente, il sale, il pepe e la farina che aggiungerete a poco a poco. Quando l'impasto è sufficientemente sodo mettetelo da parte a riposare per un po'.*

PER IL RIPIENO

1 *Fate dorare i ceci già cotti e la cipolla tritata grossolanamente con un po' d'olio d'oliva. Salate e pepate.*

2 *Preparate delle frittelle di kibbé e farcitele con lo stesso sistema della ricetta indicata a pagina 247 (kibbé al forno).*

3 *Cuocetele in padella con l'olio.*

4 *Potete servirle con un'insalata e un caviale di melanzane.*

I kibbé sono piatti molto popolari in Libano e ne esistono numerosissime varianti.

Al kibbé, in Libano, viene unita solitamente la carne di montone (*vedi* per esempio la ricetta 'kibbé al forno' di pagina 247). Esistono però anche kibbé di pesce e vegetariani, come questo alla zucca o alle noci.

Il bulghur, componente base del kibbé, è leggero e saporito, arricchito di vitamine grazie alla germinazione. Lo si può preparare a casa (*vedi* la ricetta 'bulghur' di pagina 144) usando il grano duro. Fare da sé il bulghur è facile, ma non è molto comodo nelle cucine degli appartamenti moderni, poiché l'essiccazione richiede un po' di spazio. In una casa di campagna, invece, soprattutto d'estate, è un gioco da ragazzi.

Il bulghur fatto in casa è spesso migliore di quello che si compera ed è molto meno caro (e non dimentichiamo che si tratta già di uno degli alimenti più economici che esistano). È anche un cibo ideale per chi ha poco tempo a disposizione, poiché cuoce in un quarto d'ora e può essere mangiato anche crudo, dopo appena un'ora di macerazione.

Tabulè

STAGIONE: *estate, autunno*
PREPARAZIONE: *20 minuti (più 30 minuti per far rigonfiare il bulghur)*

MOLTO FACILE

STRETTAMENTE VEGETARIANO

INGREDIENTI *(per 3 persone)*

300 g di bulghur fine
1 manciata di prezzemolo tritato
1 manciata di menta tritata
1 cipolla
5 pomodorini ben maturi
il succo di un limone
2 cucchiai di olio d'oliva
sale
mezzo cucchiaino di cumino pestato (facoltativo)

PREPARAZIONE

1 *Mettete a bagno il bulghur nell'acqua calda salata, lasciatelo rigonfiare per mezz'ora.*

2 *Tagliate i pomodori a cubetti, affettate la cipolla, aggiungete il prezzemolo, la menta, il limone ed eventualmente il cumino e mescolate tutti gli ingredienti.*

3 *Tenete al fresco per un'ora prima di servire.*

Questa è una ricetta particolarmente veloce e facile da preparare, e non richiede cottura.

Origine: Libano

Cuscus alle cipolle

STAGIONE: *tutto l'anno*
PREPARAZIONE: *20 minuti, più una notte di ammollo per i ceci*
COTTURA: *1 ora*
MOLTO FACILE

VEGETARIANO

INGREDIENTI *(per 4 persone)*

400 g di cuscus
500 g di cipolle
100 g di ceci
25 g di burro, sale, pepe

PREPARAZIONE

1 *Pulite le cipolle ma senza tagliarle. Mettetele a bollire in una casseruola, con i ceci già ammollati. Salate e pepate.*

2 *Intanto inumidite il cuscus con un bicchiere d'acqua salata, lasciate assorbire il liquido. A questo punto mettete i granelli, senza premerli, nella cuscussiera, cioè l'apposito recipiente bucherellato posto sopra la pentola, che permette la cottura a vapore del cereale.*

3 *Trascorso questo tempo togliete il cuscus e mettetelo in un piatto fondo. Disfate gli eventuali grumi con un cucchiaio di legno e se occorre sgranate il cuscus aiutandovi anche con le mani. Spruzzate d'acqua fredda. Lasciate riposare e rigonfiare.*

4 *Controllate la cottura dei ceci. Quando sono quasi pronti rimettete il cuscus nel recipiente forato che fisserete di nuovo sopra la pentola. Alzate la fiamma e lasciate cuocere per altri cinque minuti da quando il vapore fuoriesce.*

5 *Servite versando sul cuscus la salsa, i ceci e le cipolle intere. Aggiungete anche il burro e lasciatelo sciogliere.*

CEREALI

Cuscus al pesce

STAGIONE: *tutto l'anno*
PREPARAZIONE: *30 minuti, più una notte di ammollo per i ceci*
COTTURA: *1 ora e un quarto*
PIUTTOSTO DIFFICILE

INGREDIENTI *(per 4 persone)*

500 g di cernia, di muggine o di un altro pesce dalle carni sode
500 g di cuscus
1 cucchiaino di cumino pestato
3 cucchiai di olio d'oliva
1 cipolla
1/2 cucchiaio di passato di pomodoro
1/2 cucchiaino di peperoncino rosso in polvere
1/2 cucchiaino di zafferano (o meglio di stimmi di zafferano pestati)
1/2 cucchiaino di harissa (facoltativo)
100 g di ceci
2 carote
2 rape
200 g di zucca (o 2 zucchine)
4 peperoncini verdi dolci
1 noce di burro
sale, pepe

PREPARAZIONE

1 *Lavate i tranci di pesce e conditeli con sale, pepe nero e un po' di cumino. Lasciateli da parte.*

2 *Mettete l'olio in una pentola, unite la cipolla tritata, il passato di pomodoro, il peperoncino in polvere, lo zafferano, la harissa, il resto del cumino, i ceci già ammollati, le carote e le rape. Bagnate con 3/4 di litro d'acqua. Portate a ebollizione e lasciate sobbollire.*

3 *Intanto inumidite il cuscus con un bicchiere d'acqua salata, lasciate assorbire il liquido. A questo punto mettete i granelli, senza premerli, nella cuscussiera. Da quando il vapore comincia a uscire dalla parte superiore calcolate circa mezz'ora di cottura.*

4 *Trascorso questo tempo togliete il cuscus e mettetelo in un piatto fondo. Disfate gli eventuali grumi con un cucchiaio di legno e se occorre sgranate il cuscus aiutandovi anche con le mani. Spruzzate d'acqua fredda. Lasciate riposare e rigonfiare.*

5 *Controllate la cottura dei ceci. Quando sono quasi pronti aggiungete i pezzi di zucca (o di zucchina) e lasciate cuocere per altri 10 minuti. A questo punto mettete nel brodo il pesce e i peperoncini verdi.*

6 *Rimettete il cuscus nel recipiente forato che fisserete di nuovo sopra la pentola. Alzate la fiamma e lasciate cuocere per altri cinque minuti da quando il vapore fuoriesce.*

7 *Versate il cuscus in un piatto grande, mescolatelo rapidamente col burro, il sale e il pepe. Bagnatelo col brodo, tanto quanto riesce ad assorbirne, mescolando delicatamente perché non restino dei grumi. Poi versate il cuscus in un grande piatto fondo. Disponeteci sopra i pezzi di pesce, i ceci, i pezzi di zucca (o di zucchina) e i peperoncini.*

8 *Servite a parte un po' di brodo, per chi desidera eventualmente aggiungerlo al cuscus.*

L'harissa è un condimento molto piccante a base di peperoncino in polvere.

Origine: Africa del Nord

Cuscus coi datteri

STAGIONE: *tutto l'anno*
PREPARAZIONE: *1 ora*
COTTURA: *1 ora*
MOLTO FACILE
MOLTO ECONOMICO

INGREDIENTI *(per 6 persone)*

400 g di cuscus
400 g di carne di montone o di bue
400 g di datteri
200 g di fave
400 g di carote
200 g di rape
5 spicchi d'aglio
30 g di harissa
10 g di pimento in polvere
sale, pepe

PREPARAZIONE

1 *Mettete la carne a bollire nell'acqua a fuoco vivo.*

2 *Sbucciate le carote e le rape, tagliatele a pezzettini e buttatele nella pentola.*

3 *Snocciolate i datteri e tagliateli a metà.*

4 *Mondate l'aglio e schiacciatelo nel mortaio.*

5 *Quando la carne è quasi cotta disponete sopra la pentola la cuscussiera. Versateci dentro il cuscus e cuocetelo a vapore una prima volta.*

6 *Poi distendete il cuscus in un grande piatto, eliminate i grumi col dorso di un cucchiaio, spruzzatelo con un po' d'acqua fredda e lasciatelo per un po' a rigonfiare.*

7 *A questo punto mescolate il cuscus coi datteri e rimettete il tutto a cuocere a vapore.*

8 *Quando il cuscus è cotto versatelo nel piatto di portata.*

9 *Prendete dalla pentola una parte del brodo e aggiungeteci l'harissa e l'aglio schiacciato. Spolverate di pepe, di pimento e di sale.*

10 *Mettete sul fuoco finché il liquido non si è ridotto di un quarto.*

11 *Servite questa salsa piccante a parte, e la carne col resto del brodo e delle verdure.*

Questo cuscus, molto energetico, è perfetto per l'inverno.

Origine: Sahara

La cuscussiera è una particolare pentola bucherellata che va appoggiata sopra un'altra pentola contenente acqua: la migliore cottura per il cuscus è infatti quella a vapore.

Frittelle di grano alle cipolle

STAGIONE: *tutto l'anno*
PREPARAZIONE: *30 minuti*
COTTURA: *30 minuti*
MOLTO FACILE
MOLTO ECONOMICO
STRETTAMENTE VEGETARIANO

INGREDIENTI *(per 4 persone)*

1 terrina di grano tritato
4 cipolle
1 manciata di prezzemolo
1 pizzico di timo
acqua
sale

PREPARAZIONE

1 *Aggiungete gradatamente dell'acqua salata tiepida al grano precedentemente tritato, fino a ottenere un impasto molto sodo. Lasciate gonfiare per parecchie ore in un luogo tiepido, meglio ancora se al sole, coperto da un telo leggero.*

2 *Aggiungete poi le cipolle e il prezzemolo tritati molto fini e il timo.*

3 *Prendete l'impasto con un mestolino e versatelo a cucchiaiate in una padella con olio caldo. Rendete uniforme la pastella aiutandovi con una forchetta fino a ottenere delle frittelle spesse 1 cm.*

4 *Fate cuocere per mezz'ora circa a fuoco dolce rivoltando le frittelle durante la cottura. L'interno dev'essere ben cotto.*

Queste deliziose frittelle, nutrienti ed economiche, si accordano perfettamente con le carote stufate.

Origine: Francia

Gnocchi alla romana

STAGIONE: *tutto l'anno*
PREPARAZIONE: *30 minuti*
COTTURA: *15 minuti*
MOLTO FACILE
MOLTO ECONOMICO
VEGETARIANO

INGREDIENTI *(per 4 persone)*

250 g di semolino
1 l di latte
2 tuorli d'uovo
burro o olio
parmigiano grattugiato
pangrattato
sale

PREPARAZIONE

1 *Mettete in una pentola il latte e mezzo litro d'acqua. Salate leggermente, e quando bolle versate il semolino a pioggia mescolando bene. Cuocete il semolino per almeno 10 minuti, poi togliete il recipiente dal fuoco e lasciatelo intiepidire. Quando si è un po' raffreddato aggiungete i tuorli d'uovo e un po' di parmigiano grattugiato, mescolando bene.*

2 *Versate il semolino su una spianatoia oliata e stendetelo con la lama di un coltello in uno strato spesso circa 1 cm. Lasciatelo raffreddare, poi tagliatelo a dischi servendovi di un bicchiere.*

3 *Disponete i dischi a file in una pirofila oliata, sovrapponendoli leggermente e lasciando i meglio riusciti in superficie. Cospargete ogni fila di formaggio grattugiato misto a poco pangrattato. Aggiungete qualche goccia di olio o di burro e fate gratinare in forno.*

Origine: Lazio

Bruschetta

STAGIONE: *tutto l'anno*
PREPARAZIONE: *5 minuti*
COTTURA: *pochi minuti*
MOLTO FACILE
MOLTO ECONOMICO
STRETTAMENTE VEGETARIANO

INGREDIENTI *(per 4 persone)*

4 o più fette di pane integrale
olio
sale
aglio, pepe, peperoncino (facoltativi)

PREPARAZIONE

1 *Tagliate delle fette di buon pane integrale (di solito ne basta una a persona, ma è meglio abbondare). La tradizione vuole che ogni fetta sia grande come il piatto e sia alta almeno un dito.*

2 *Il pane, meglio se un po' raffermo, va abbrustolito senza farlo annerire.*

3 *Poi strofinateci uno spicchio d'aglio e condite con olio di buona qualità. Chi vuole può aggiungere un pizzico di sale, una spruzzata di pepe o un briciolo di peperoncino.*

Oggi si trovano bruschette 'stile esportazione' anche nelle tavole calde. Di solito sono coperte di pomodoro, ma la ricetta originale (tuttora amatissima nell'Italia centrale) non lo prevede, anche perché il pomodoro rammollisce il pane che invece deve restare 'brusco', cioè croccante.

Origine: Italia centrale

Panata

STAGIONE: *tutto l'anno*
PREPARAZIONE: *30 minuti*
COTTURA: *5 minuti*
MOLTO FACILE
MOLTO ECONOMICO
VEGETARIANO

INGREDIENTI *(per 2 persone)*

1 grossa tazza di pane raffermo
1 uovo
1 l d'acqua
1/2 cucchiaino di noce moscata
1 presa di sale grosso

PREPARAZIONE

1 *Portate a ebollizione l'acqua. Metteteci il pane a pezzi (che avrete lasciato in acqua per circa mezz'ora), il sale e la noce moscata.*

2 *Lasciate bollire per 45 minuti a fiamma bassissima.*

3 *Togliete dal fuoco e unite l'uovo al pane battendo energicamente con la frusta.*

È una zuppa rustica che permette di utilizzare il pane avanzato.

Origine: Francia

Pancotto

STAGIONE: *tutto l'anno*
PREPARAZIONE: *5 minuti*
COTTURA: *30 minuti*
MOLTO FACILE
MOLTO ECONOMICO
VEGETARIANO

INGREDIENTI *(per 4 persone)*

pane integrale
1 litro di acqua o di brodo di verdure
1 cipolla
1 spicchio d'aglio
olio
4 cucchiai di formaggio grattugiato
sale

PREPARAZIONE

1 *Prendete del buon pane integrale, anche raffermo, e tagliatelo a pezzetti. Mettetelo al fuoco coperto d'acqua o, se ne avete, di brodo di verdure. Lasciatelo cuocere per 30 minuti circa, mescolando ogni tanto.*

2 *A cottura ultimata aggiungete dell'olio crudo e del formaggio grattugiato; se preferite un sapore più deciso fate imbiondire nell'olio uno spicchio d'aglio e una cipolla finemente affettati.*

Potete arricchire il pancotto mescolandoci insieme, direttamente nel piatto, un tuorlo d'uovo fresco.

È un piatto nutriente, leggero ed estremamente digeribile.

Pane alla fiorentina

STAGIONE: *tutto l'anno*
PREPARAZIONE: *30 minuti*
COTTURA: *30 minuti*
PIUTTOSTO DIFFICILE
MOLTO ECONOMICO
STRETTAMENTE VEGETARIANO

INGREDIENTI *(per 4 persone)*

300 g di pasta da pane
2 tazze di ramerino (rosmarino) tritato finissimo
6 cucchiai di olio d'oliva
2 cucchiai di zucchero integrale (o eventualmente di miele)

PREPARAZIONE

1 *Mescolate l'olio e il rosmarino, e fateli scaldare in padella per qualche minuto affinché l'olio si impregni bene del profumo del rosmarino.*

2 *Preparate la pasta del pane (secondo la ricetta indicata alle pagine 134 e 135) con la farina ben setacciata e aggiungete lo zucchero e l'olio al rosmarino. Lavorate energicamente la pasta.*

3 *Lasciatela lievitare al tiepido per 20 minuti e quindi dividete la pasta in piccoli pani.*

4 *Prima di infornare fate un'incisione a forma di croce su ogni panino. Cuocete in forno ben caldo per 30 minuti.*

Si tratta di una specialità tradizionale toscana. In Versilia lo trovate in pani lunghi e sottili, mentre a Firenze i panini sono tondi e dorati, lucidi e squisiti.

Pane con grani di sei cereali

STAGIONE: *tutto l'anno*
PREPARAZIONE: *50 minuti (più il tempo di lievitazione)*
COTTURA: *2 ore circa*

STRETTAMENTE VEGETARIANO

INGREDIENTI (PER 10 PERSONE)

600 g di miscela di cereali interi (frumento, segale, orzo, avena, miglio, grano saraceno)
400 g di farina integrale di segale
300 g di farina integrale di frumento
40 g di lievito
1 cucchiaio di miele
350 ml di acqua tiepida
3 cucchiaini di sale marino integrale
2 cucchiaini di coriandolo macinato
1 cucchiaino di carvi
150 g di lievito naturale
80-100 g di fiocchi d'avena

PREPARAZIONE

1 *Coprite i chicchi dei vari cereali con acqua e lasciateli gonfiare per dieci ore.*

2 *Mescolate farina integrale di segale e frumento.*

3 *Formate una depressione nel centro, schiacciando con la mano e versatevi il lievito.*

4 *Aggiungete il miele e 100 ml di acqua.*

5 *Mescolate. Lasciate lievitare questo pre-impasto per 20-30 minuti in un luogo caldo.*

6 *Aggiungete gli altri ingredienti, compresi i chicchi, dopo averli scolati, nonché 250 ml di acqua. Impastate bene; lasciate lievitare per due ore.*

7 *Dividete l'impasto in due parti e formate due pagnotte rotonde.*

8 *Spennellate con acqua, cospargete di fiocchi d'avena e schiacciate questi leggermente sulla superficie.*

9 *Cuocete nel forno preriscaldato a 200 °C per due ore scarse.*

Il mio consiglio è quello di preparare questo pane con farine macinate al momento. Non c'è pane migliore infatti (sia dal punto di vista del gusto sia da quello dell'apporto degli elementi nutritivi) di quello con farine appena macinate.

Il macinino per i cereali ci permette di avere farina appena macinata (e quindi ricca di sapore e di nutrienti). Il macinino manuale è sufficiente per le piccole quantità, ma per fare il pane regolarmente è necessario un macinino elettrico.

CEREALI

Pane di zucca

STAGIONE: *inverno, primavera*
PREPARAZIONE: *40 minuti*
COTTURA: *1 ora e 20*
PIUTTOSTO DIFFICILE
MOLTO ECONOMICO
VEGETARIANO

INGREDIENTI *(per 4 persone)*

600 g di farina di frumento setacciata
600 g di zucca americana
2 cucchiai di uvette
1 stecca di vaniglia
1 stecca di cannella
2 cucchiai di lievito
1 scorza di limone o di mandarino
sale

PREPARAZIONE

1 *Tagliate la zucca a cubetti.*

2 *Cuocetela in pochissima acqua con la vaniglia, la cannella, il sale e le uvette già ammollate.*

3 *Dopo 20 minuti di cottura togliete gli aromi e passate le verdure.*

4 *Raccogliete il passato in una terrina in cui metterete anche il lievito e la scorza di limone.*

5 *Aggiungete la farina e impastate fino a ottenere un impasto morbido che non attacchi alle mani.*

6 *Mettetelo in una pentola di terracotta unta d'olio e infarinata. Coprite con un panno di lana e lasciate lievitare qualche ora in ambiente tiepido.*

7 *Mettetela coperta nel forno ben caldo e fate cuocere per un'ora.*

Panini alle erbe aromatiche

STAGIONE: *tutto l'anno*
PREPARAZIONE: *50 minuti*
COTTURA: *30-35 minuti (più il tempo di lievitazione)*

VEGETARIANO

INGREDIENTI (PER 6 PERSONE)

500 g di farina integrale di frumento
25 g di lievito
1/2 cucchiaino di miele
1/8 l di latte
1/8 l di latte e yogurt mescolati
2-3 cucchiai di panna acida
1 cucchiaio di erbe provenzali (miscela)
1 cucchiaino e mezzo di sale
6 cucchiai di semi di girasole
1 cucchiaio di olio per ungere la piastra
4 cucchiai di latte per spennellare i panini

PREPARAZIONE

1 *Macinate il più fresco possibile la farina integrale di frumento. Formate una depressione nel centro e sbriciolatevi dentro il lievito.*

2 *Mescolate con miele e latte tiepido; cospargete di un velo di farina e lasciate lievitare, coperto, in un luogo caldo, per circa 20 minuti.*

3 *Aggiungete il latte e lo yogurt mescolati, la panna acida, le erbe provenzali, il sale e i semi di girasole. Impastate bene e lasciate lievitare nuovamente, per 45 minuti.*

4 *Formate 12 panini rotondi, poneteli su una lastra unta. Incideteli a croce e spennellateli nuovamente con del latte.*

5 *Lasciate lievitare per altri 15 minuti, infornate a 200 °C e fate cuocere per 30-35 minuti.*

Panini ripieni

STAGIONE: *tutto l'anno*
PREPARAZIONE: *20 minuti*
COTTURA: *10 minuti*
MOLTO FACILE
MOLTO ECONOMICO

INGREDIENTI *(per 4 persone)*

3 uova sode
1 costola di sedano o 1 porro
1 cipolla grossa
3 spicchi d'aglio
1 tazza di olive nere
150 g di filetti di acciuga sott'olio
1 cetriolo fresco o lattofermentato
1 cucchiaio di aceto di mele
2 cucchiai di olio d'oliva
4 panini
sale

PREPARAZIONE

1 *Tritate le acciughe e unitele alle olive, alla cipolla, al sedano e al cetriolo che avrete tagliato a pezzettini.*

2 *Pestate l'aglio, sbriciolate le uova sode e uniteli alla preparazione.*

3 *Poi condite con l'olio, il sale, l'aceto e mescolate bene.*

4 *Tagliate a metà i panini e togliete la parte superiore.*

5 *Svuotateli all'interno e al posto della mollica mettete il ripieno. Richiudete i panini.*

6 *Conservate al fresco in un canovaccio un po' umido.*

Questa preparazione è ideale per un pic-nic o in viaggio.

Con gli stessi ingredienti potete preparare i tramezzini ripieni.

È la stessa preparazione di quella precedente, ma in questo caso si usa un pan carré intero.

1 *Tagliate nel senso della lunghezza il pan carré in due parti ed eliminate i crostoni alle estremità. Con un coltello togliete la mollica senza sciupare la crosta.*

2 *La mollica, tagliata a cubetti e imbevuta di succo di cetriolo, viene aggiunta agli altri ingredienti del ripieno.*

3 *Riempite il pan carré premendo un pochino e conservatelo al fresco, avvolto in un canovaccio.*

4 *Al momento di servire tagliate a fette il pan carré. L'effetto è sorprendente e molto piacevole.*

Per preparare i panini, date alla pasta del pane (vedi la ricetta alle pagine 134 e 135) la forma di un cilindro. Tagliate quindi trasversalmente in pezzetti regolari. Non mettete troppa farina sulle mani per evitare di far seccare l'impasto.

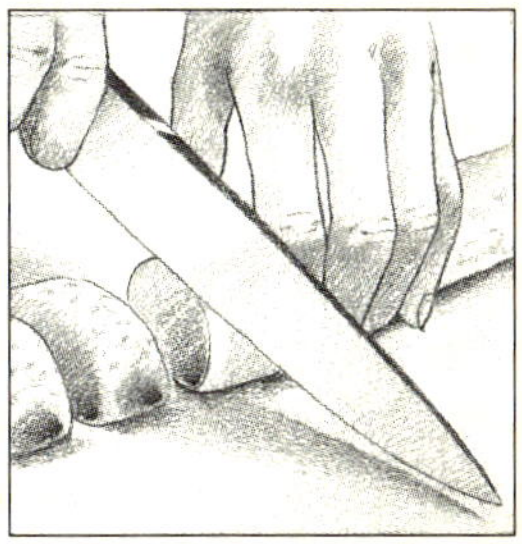

Per preparare dei panini rotondi (come quelli indicati nella ricetta) ponete sotto il palmo della mano (aperto a forma di coppa) un pezzo di pasta di pane delle dimensioni desiderate e formate, con movimenti circolari, una pallina liscia.

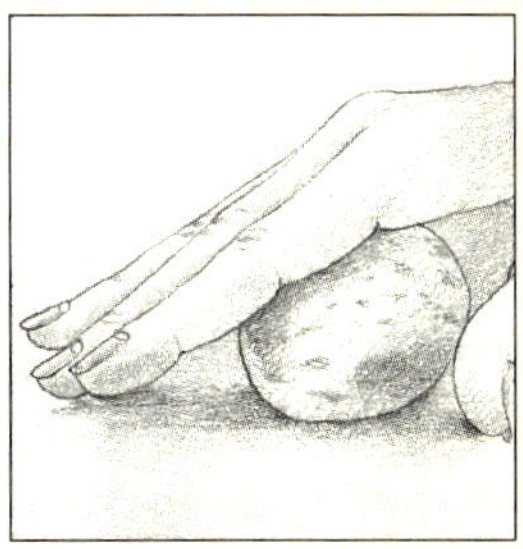

Panini speziati indiani

STAGIONE: *tutto l'anno*
PREPARAZIONE: *40 minuti*
COTTURA: *30 minuti (più mezz'ora di riposo dell'impasto)*
MOLTO ECONOMICO
VEGETARIANO

INGREDIENTI (PER 4 PERSONE)

100 g di piselli gialli
150 g di grano verde
3-4 cucchiaini di coriandolo
2 cipollotti
1 cucchiaio di burro
200 ml circa di acqua
sale marino integrale
1 presa di curcuma
burro o olio per ungere la lastra

PREPARAZIONE

1 *Macinate i piselli secchi, il grano verde e il coriandolo fino a ottenere una farina sottile. Mescolateli.*

2 *Affettate sottilmente i cipollotti e stufateli alcuni minuti nel burro.*

3 *Aggiungete l'acqua tiepida e le cipolle alla farina. Lasciate insaporire e impastate bene.*

4 *Stendete con il matterello. Formate quattro focacce basse, rotonde e ponetele su una lastra da forno unta. Spennellate con acqua calda.*

5 *Ponete nel forno freddo e cuocete a 190 °C per 20-25 minuti circa.*

Panzanella

STAGIONE: *estate*
PREPARAZIONE: *30 minuti, più qualche ora al fresco*

MOLTO FACILE
STRETTAMENTE VEGETARIANO

INGREDIENTI *(per 4 persone)*

1 kg di pane integrale raffermo
2 cipolle rosse
5-6 pomodori (facoltativi)
1 cetriolo
basilico
maggiorana
peperoncino
olio, aceto, sale

PREPARAZIONE

1 *Mettete il pane integrale a bagno in un po' d'acqua, poi strizzatelo bene e sbriciolatelo sul fondo di una zuppiera piuttosto grande.*

2 *Coprite il pane con le cipolle rosse e il cetriolo non sbucciato tagliati a fettine sottilissime; salate, aggiungete l'olio, l'aceto e gli aromi.*

La panzanella era la tipica cena contadina dell'Italia centrale. Veniva preparata al mattino e tenuta al fresco, nel pozzo di casa o in una grotta, fino all'ora di cena.

Nel Lazio e in Campania la panzanella prevede l'aggiunta di piccoli pomodori rossi, ben maturi e tagliati a metà. Al momento di servirla, la panzanella deve essere mescolata. Si mangia con la forchetta. È fresca come un gazpacho, ed è altrettanto piacevole per le cene dei giorni di calura.

Origine: Italia centrale

Piadina

Stagione: *tutto l'anno*
Preparazione: *1 ora*
Cottura: *pochi minuti*
Molto facile
Molto economico
Strettamente vegetariano

Ingredienti *(per 6 persone)*

500 g di farina bianca o integrale
30 g di lievito
1 cucchiaio di olio

Preparazione

1 *Impastate gli ingredienti e lasciate lievitare l'impasto per tre quarti d'ora.*

2 *Stendete la pasta in una sfoglia sottile (non più di 2 mm), ritagliatela in dischi di circa 15 cm di diametro e cuocete le piadine sul 'testo', che è una speciale lastra di terracotta (ora si trova anche in ghisa) arroventata da un fuoco di legna.*

3 *Cuocete le piadine dalle due parti e mangiatele calde, con l'accompagnamento che preferite. In Romagna si mangiano farcite di prosciutto, di salsiccia o del cremoso formaggio 'squaquarone'.*

Origine: Italia centrale

Pissaladiera

Stagione: *tutto l'anno*
Preparazione: *40 minuti*
Cottura: *40 minuti*
Molto facile
Molto economico

Ingredienti *(per 2 persone)*

300 g di pasta da pane
2 cipolle
1 cucchiaio di olive nere tritate
3 acciughe piuttosto grosse
1 cucchiaio di olio d'oliva
1 pizzico di noce moscata
sale

Preparazione

1 *Fate rosolare le cipolle a fettine nella padella, poche per volta, senza lasciare che prendano colore, e versatele in una terrina.*

2 *Pestate nel mortaio le acciughe diliscate fino a ottenere una crema. Aggiungete un cucchiaio d'acqua tiepida e mescolate.*

3 *Impastate di nuovo la pasta del pane con un cucchiaio d'olio, in modo da renderla più morbida. Stendetela a 1/2 cm di spessore e tagliatela in tondo.*

4 *Aggiungete alle cipolle le acciughe e le olive, mescolate e disponete sulla pasta.*

5 *Cuocete per 35 minuti a forno medio.*

Il nome di questa ricetta deriva da 'pissalà', contrazione di 'pei salà', pesce salato, il nome che indica le acciughe pescate sulla costa provenzale.

Origine: Provenza

CEREALI

Zuppa alla pavese

STAGIONE: *tutto l'anno*
PREPARAZIONE: *5 minuti*
COTTURA: *10 minuti*
MOLTO FACILE
MOLTO ECONOMICO

INGREDIENTI *(per 4 persone)*

8 fette sottili di pane integrale
1 l di brodo di carne o di verdure
4 uova
olio
parmigiano grattugiato

PREPARAZIONE

1 *Tostate le fette di pane o doratele leggermente nell'olio.*

2 *Mettetele in scodelle individuali e rompeteci sopra con delicatezza un uovo freschissimo.*

3 *Versate nelle scodelle il brodo bollente, facendo attenzione a non scomporre l'uovo. Servite con del formaggio grattugiato. Potete anche passare per un attimo le scodelle in forno (se sono di una ceramica che regge il fuoco) in modo che l'uovo si rapprenda lievemente e il formaggio diventi filante. Ma non è necessario.*

È una ricetta semplicissima, rapida ma dieteticamente perfetta e molto gradevole. La leggenda dice che fu inventata da un cuoco in difficoltà che doveva preparare la cena al re Francesco I sconfitto nella battaglia di Marignano.

Origine: Lombardia

Bucatini all'amatriciana

STAGIONE: *tutto l'anno*
PREPARAZIONE: *10 minuti*
COTTURA: *10 minuti*
MOLTO FACILE
MOLTO ECONOMICO

INGREDIENTI *(per 4 persone)*

400 g di bucatini
100 g di guanciale magro di maiale
olio
1 cipolla
1 peperoncino
formaggio pecorino grattugiato
2 pomodori ben maturi (facoltativi)

PREPARAZIONE

1 *Tagliate a dadini il guanciale (potete sostituirlo con della pancetta magra) e fatelo sciogliere in un tegame con un filo d'olio, con la cipolla affettata e, verso la fine, il peperoncino a pezzettini.*

2 *Cuocete la pasta in abbondante acqua salata, scolatela ancora al dente e mescolatela nella zuppiera con l'intingolo e abbondante formaggio pecorino.*

3 *Se volete il pomodoro aggiungetelo al soffritto di guanciale e cipolla.*

Anche questa ricetta ha conosciuto molte varianti, e di solito si fa aggiungendo pomodoro fresco tagliato a pezzetti. Ma la ricetta qui indicata è quella ancora seguita dai montanari del Lazio. ('Amatriciana' deriva infatti da Amatrice, un paesino in provincia di Rieti.)

Origine: Italia centrale

Cappelletti all'abruzzese

STAGIONE: *tutto l'anno*
PREPARAZIONE: *2 ore*
COTTURA: *20 minuti*
MOLTO FACILE
PIUTTOSTO COSTOSO

INGREDIENTI *(per 6 persone)*

Per la pasta:
500 g di farina setacciata
2 cucchiai di olio d'oliva
5 uova, sale

Per il ripieno:
350 g di ricotta
1 uovo
1 manciata di prezzemolo

Per il ragù:
600 g di carne di castrato o di pecora
60 g di lardo
polpa di pomodoro
1/2 bicchiere di vino rosso
1/2 cipolla
rosmarino, sale, pepe

PREPARAZIONE

1 *Preparate una pasta secondo la ricetta di pag. 137 (pasta all'uovo).*

2 *Fate riposare la pasta per un'ora al fresco, poi dividetela in due parti e stendetela col mattarello fino a ottenere due sfoglie molto sottili.*

3 *Preparate il ripieno che otterrete mescolando la ricotta con l'uovo e il prezzemolo tritato.*

4 *Tagliate la pasta a dischetti di circa 6 cm di diametro e ripiegateli a metà, schiacciando bene i bordi.*

5 *Per preparare il ragù, fate un soffritto con lardo, cipolla e rosmarino tritati.*

6 *Metteteci a rosolare la carne (in un pezzo solo), lasciate che colorisca bene e bagnatela col vino. Quando il liquido è evaporato unite qualche cucchiaio di polpa di pomodoro, poi lasciate bollire pianissimo per più di due ore. Il sugo deve riuscire abbondante.*

7 *Quando il sugo è pronto mettete i ravioli a bollire in acqua bollente salata a fuoco basso, per circa 20 minuti.*

8 *Condite col sugo della carne.*

Origine: Italia centrale

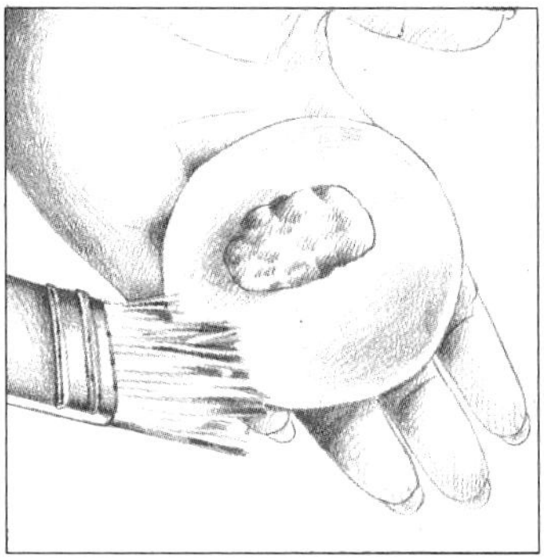

Sistemate al centro della pasta un po' di ripieno. Spennellate i margini con acqua.

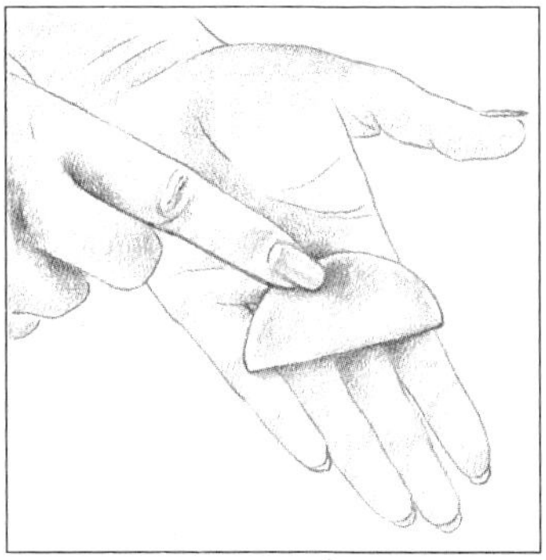

Piegate un lato sull'altro, racchiudendovi il ripieno. Sigillate bene i bordi con le dita.

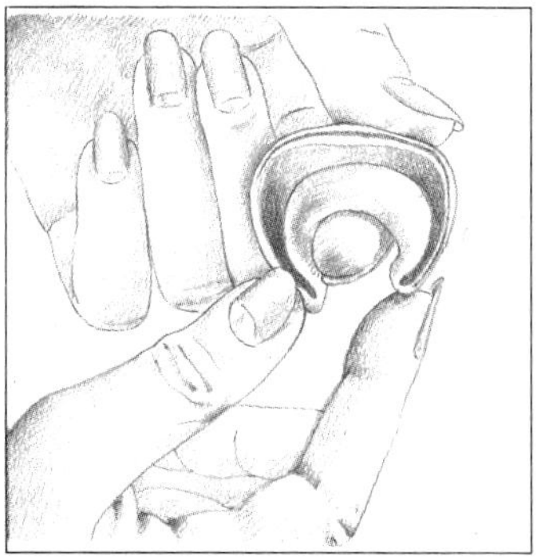

Avvolgete il cappelletto attorno al dito indice, formando un anello chiuso.

Insalata di maccheroni

Stagione: *primavera*
Preparazione: *25 minuti*
Cottura: *20 minuti*
Molto facile

Vegetariano

Ingredienti *(per 4 persone)*

250 g di maccheroni
250 g di ricotta (o di formaggio bianco magro)
1 manciata di pisellini teneri
1 cipolla
3 scalogni
1 manciatina di basilico tritato
3 foglie di salvia fresca tritate
1 cucchiaino di prezzemolo tritato
1 peperone verde
1 cucchiaio di olive nere tritate
1 cucchiaino di maggiorana
sale

Preparazione

1 *Fate cuocere la pasta, scolatela e lasciatela raffreddare.*

2 *Sciogliete la ricotta in mezza tazza d'acqua fredda in modo da ottenere una crema morbida.*

3 *Abbrustolite il peperone in forno, pulitelo, privatelo dei semi e tagliatelo a striscioline.*

4 *Pestate (o frullate) le cipolle, gli scalogni, le erbe aromatiche, unite il pesto alla ricotta poi aggiungete la pasta, i pisellini che avrete fatto lessare a parte, il peperone, le olive e la maggiorana.*

5 *Mescolate e servite freddo.*

Krepler

Stagione: *tutto l'anno*
Preparazione: *30 minuti, più 2 ore per la lievitazione*
Cottura: *15 minuti*
Piuttosto difficile

Strettamente vegetariano

Ingredienti *(per 4 persone)*

400 g di farina setacciata
15 g di lievito
1 cucchiaino di olio di sesamo
200 g di ricotta
2 tuorli d'uovo
1/4 l di acqua tiepida
1 pizzico di sale

Preparazione

1 *Sciogliete il lievito in un po' di acqua tiepida. Disponete la farina a fontana aggiungendovi il lievito, l'acqua, il sale e l'olio. Impastate fino ad avere una pasta morbida e liscia. Coprite e lasciate lievitare in un luogo tiepido.*

2 *Dopo due ore la pasta deve risultare ben lievitata. Stendetela in uno strato spesso 1/2 cm; tagliatela in quadratini di 5 cm e mettete al centro di ognuno una pallina del ripieno che avrete preparato mescolando le uova al formaggio. Piegate i quadratini a triangolo e pizzicate i bordi per chiuderli bene.*

3 *Gettate i krepler in una pentola d'acqua bollente salata e cuocete per 15 minuti a fuoco dolce; quando sono cotti, verranno a galla.*

Questi krepler, una variante dei pirojki, dei quali viene fornita la ricetta a pag. 165, sono assolutamente squisiti.

Origine: Russia

Lasagne vegetariane

STAGIONE: *tutto l'anno*
PREPARAZIONE: *40 minuti*
COTTURA: *30 minuti*
PIUTTOSTO DIFFICILE

VEGETARIANO

INGREDIENTI *(per 4 persone)*

Per la pasta:
300 g di farina
3-4 cucchiai d'acqua salata
2 uova

Per il ripieno:
250 g di funghi freschi
2 scalogni
1 pizzico di noce moscata
1 pizzico di maggiorana
700-800 g di verdura a foglia verde a scelta
1 tazza di salsa besciamella
1 cucchiaio d'olio

PREPARAZIONE

1 *Versate la farina in una terrina, disponetela a fontana e aggiungete le uova.*

2 *Mescolate aggiungendo acqua fino a ottenere un impasto morbido; fatene una palla e lasciatela riposare al fresco per mezz'ora.*

3 *Poi stendete la pasta col matterello (deve riuscire sottilissima) e tagliatela in quadrati di 8 cm di lato.*

4 *Tuffateli nell'acqua bollente salata e lasciateli cuocere 3 minuti. Scolateli e passateli sotto l'acqua fredda.*

5 *Sbollentate le verdure in foglia (spinaci, ortiche, bietole, piantaggine, dente di leone, foglie di malva) separatamente o insieme per qualche minuto.*

6 *Scolate le verdure e passatele sotto l'acqua fredda. Spremetele per eliminare l'eccesso d'acqua e tritatele.*

7 *Togliete ai funghi il piede terroso, lavateli rapidamente, asciugateli con un telo, tagliateli a fettine e fateli scottare in una padella asciutta con un pizzico di sale. Quando avranno buttato la loro acqua aggiungete l'olio e lo scalogno tritato finemente.*

8 *Lasciate cuocere per 10 minuti a fuoco dolce e al coperto.*

9 *Incorporate i funghi alle verdure. Oliate un piatto da forno rettangolare. Coprite il fondo coi quadrati di pasta, stendete uno strato di verdura e funghi e di salsa besciamella (trovate la ricetta a pag. 402).*

10 *Mettete un secondo strato di pasta, poi di verdure e infine di besciamella. Ripetete l'operazione altre due volte, terminando con la pasta.*

11 *Fate cuocere in forno ben caldo per 25 minuti. Tagliate prima di servire.*

Per tagliare le lasagne, spianate bene la pasta su un piano infarinato (la superficie della pasta deve essere secca, ma l'interno ancora morbido). Pareggiate i bordi della sfoglia e tagliate la pasta a strisce larghe circa 5 cm.

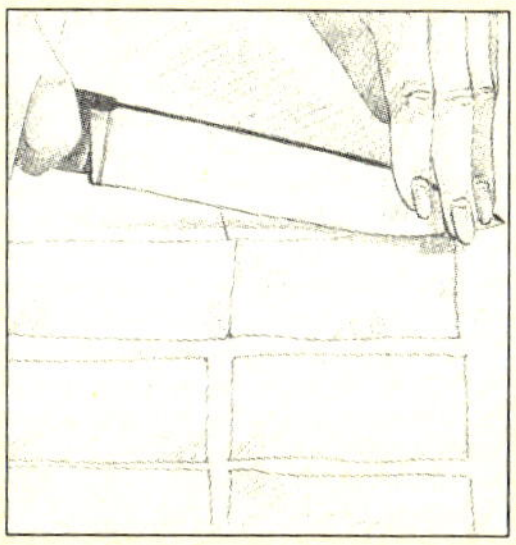

Pasta ai funghi

STAGIONE: *tutto l'anno*
PREPARAZIONE: *20 minuti, più un'ora di ammollo per i funghi*
COTTURA: *20 minuti*
MOLTO FACILE
STRETTAMENTE VEGETARIANO

INGREDIENTI *(per 4 persone)*

250 g di pasta
100 g di funghi secchi porcini o di altro tipo
2 scalogni
2 porri
1 carota
1 cucchiaio di fecola
3 cucchiaini di tamari
timo
olio
sale

PREPARAZIONE

1 *Mettete i funghi per almeno un'ora a bagno in acqua tiepida.*

2 *Fate cuocere la pasta in abbondante acqua salata per 10-15 minuti, poi scolatela e versateci sopra dell'acqua fredda. Smuovete la pasta con un cucchiaio di legno perché non si incolli.*

3 *Tagliate la carota a fiammiferi e i porri a fettine sottilissime e rosolateli in una padella già scaldata e oliata. Aggiungete il sale.*

4 *Lavate, scolate, asciugate e rosolate i funghi con gli scalogni tritati. Unite poi le altre verdure e il timo. Versate il tutto nella padella. Aggiungete due bicchieri d'acqua bollente, poi la fecola già diluita in mezza tazza d'acqua fredda, e infine il tamari.*

5 *Lasciate insaporire per 5 minuti e versate sulla pasta.*

Pasta con le sarde

STAGIONE: *tutto l'anno*
PREPARAZIONE: *1 ora*
COTTURA: *15 minuti*
MOLTO FACILE

INGREDIENTI *(per 4 persone)*

500 g di sarde fresche
400 g di maccheroni
60 g di finocchiella selvatica
20 g di pinoli
20 g di uvetta
3 filetti d'acciuga
2 spicchi d'aglio
1 cipolla
3 cucchiai di olio d'oliva
sale

PREPARAZIONE

1 *In un tegame fate insaporire l'olio con l'aglio, la cipolla tritata, i filetti di acciughe a pezzi e un po' di finocchiella. (Potete sostituirla con le parti verdi del finocchio coltivato o coi semi tritati del finocchio.)*

2 *Poi sbollentate nell'acqua il resto della finocchiella, scolatela, tritatela finemente e unitela al composto, insieme ai pinoli e all'uvetta ammollata e portate nel frattempo la pasta a mezza cottura.*

3 *In una teglia disponete, a strati, la pasta, le sarde ben pulite e diliscate, e l'intingolo.*

4 *Mettete in forno a dorare per un quarto d'ora.*

È un antichissimo piatto unico palermitano, tipico dei pescatori e dei contadini, con qualche tocco di influenze arabe.

Origine: Sicilia

Pirojki

STAGIONE: *autunno*
PREPARAZIONE: *30 minuti*
COTTURA: *20 minuti*
PIUTTOSTO DIFFICILE

VEGETARIANO

INGREDIENTI *(per 4 persone)*

200 g di pasta per torte
150 g di funghi porcini freschi
100 g di formaggio di pecora o di capra
2 gambi di aneto
erba cipollina
1 pizzico di sale

PREPARAZIONE

1 *Lavate i funghi, asciugateli, affettateli e fateli cuocere in una padella di ghisa a fuoco dolce; aggiungete il sale.*

2 *Quando i funghi avranno perso la loro acqua aggiungete un cucchiaio d'olio.*

3 *Spolverate con l'aneto e l'erba cipollina tritati. Lasciate insaporire per 7-8 minuti. Ritirate dal fuoco.*

4 *Preparate la pasta come indicato nella ricetta 'krepler' di pag. 162 e stendetela in una striscia lunga e sottile.*

5 *Con un bicchiere (il più piccolo che trovate) ritagliate nella pasta dei dischi.*

6 *Guarnite ogni dischetto di pasta con i funghi e metteteci sopra una nocciolina di formaggio.*

7 *Sigillate i bordi pizzicando bene, in modo che i pirojki siano ben chiusi e non si aprano durante la cottura.*

8 *Gettateli nel brodo in ebollizione: bastano 8 minuti di cottura.*

Sono bocconcini di pasta, fritti o bolliti, ripieni di tutto ciò che la terra e l'acqua di Russia sanno offrire: pesci, verdure, uova sode, riso.

Sono i gioielli della cucina russa, ma sono famosi anche in Polonia, Romania e in tutti i Paesi slavi.

In Polonia se ne preparano di piccoli e saporitissimi che vengono cotti e mangiati in brodo.

Origine: Russia

Ravioli all'uso di Romagna

STAGIONE: *tutto l'anno*
PREPARAZIONE: *1 ora*
COTTURA: *15 minuti*
PIUTTOSTO DIFFICILE

INGREDIENTI *(per 6 persone)*

Per la pasta all'uovo:
500 g di farina
5 uova

Per il ripieno:
1 petto di pollo
200 g di ricotta
parmigiano grattugiato
1-2 uova
noce moscata
1 scorza di limone grattugiata
sale, pepe

Per il condimento:
burro e parmigiano grattugiato

PREPARAZIONE

1 *Preparate la pasta come è indicato nella ricetta di pasta all'uovo a pagina 137 e tiratela in sfoglie sottili.*

2 *Nel frattempo lessate il petto di pollo e tritatelo poi finemente.*

3 *Mescolate al trito la ricotta, un uovo, un po' di formaggio grattugiato, un briciolo di noce moscata e di scorza di limone, e regolate sale e pepe. Se l'impasto è troppo sodo aggiungete ancora un tuorlo, o un uovo intero.*

4 *Disponete il ripieno a cucchiaini sulla sfoglia, coprite con un'altra sfoglia, tagliate la pasta a quadrati e ripiegatela a forma di ravioli. (Quelli da fare in brodo sono un po' più piccoli di quelli da mangiare asciutti.)*

5 *Cuoceteli per un quarto d'ora in abbondante acqua bollente.*

6 *Scolateli e conditeli con burro fuso e parmigiano. Se preferite un condimento più leggero serviteli con un sugo di pomodoro.*

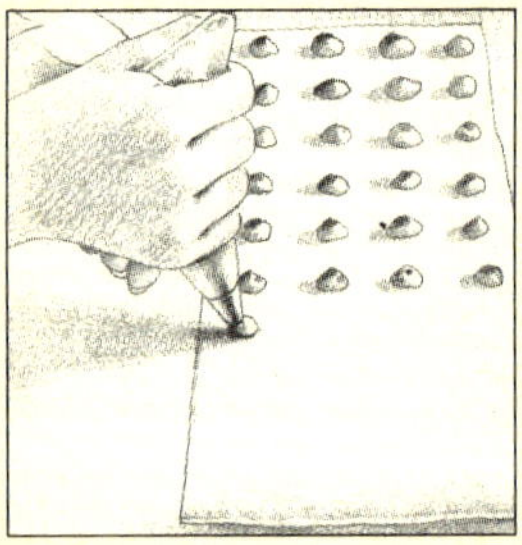

Con un cucchiaino o una sacca ponete il ripieno sulla pasta lasciando uno spazio di circa 4 cm tra l'uno e l'altro.

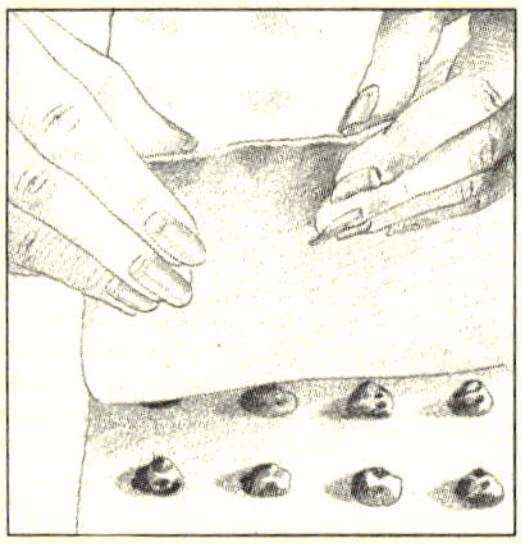

Ponete un altro strato di pasta sopra il ripieno (lo spessore della pasta deve essere molto sottile: al massimo di 1,5 mm).

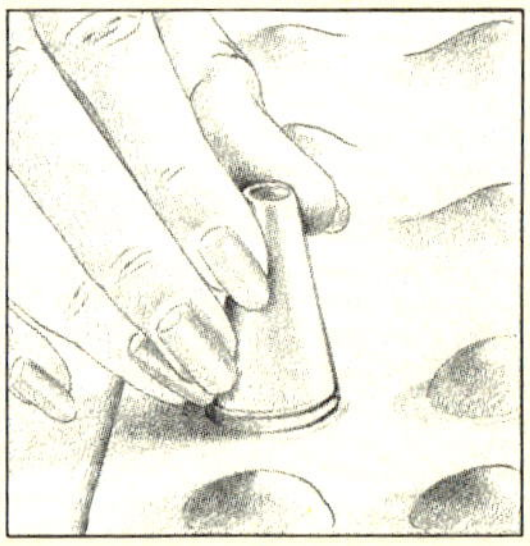

Passate un attrezzo circolare (per esempio una siringa da pasticceria) su ogni raviolo per sigillarlo bene.

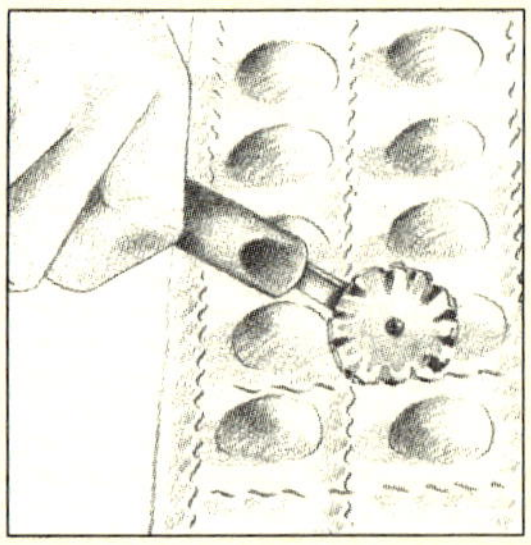

Con un coltello, oppure con un utensile apposito, separate i ravioli. Fateli asciugare su un tovagliolo, separati gli uni dagli altri.

Ravioli alle ortiche

STAGIONE: *primavera, estate, autunno*
PREPARAZIONE: *30 minuti*
COTTURA: *15 minuti*
PIUTTOSTO DIFFICILE
MOLTO ECONOMICO
VEGETARIANO

INGREDIENTI *(per 4 persone)*

Per la pasta:
300 g di farina setacciata
2 uova
1 cucchiaio di olio
1 pizzico di sale
1 tazza d'acqua

Per il ripieno:
1 terrina di ortiche
3 spicchi d'aglio o 4 scalogni
1 formaggino di capra
o 200 g di ricotta

PREPARAZIONE

1 *Preparate una pasta secondo la ricetta indicata a pagina 137 (pasta all'uovo).*

2 *Lasciatela riposare per un'ora; nel frattempo sbollentate per 3 minuti le ortiche in acqua salata, scolatele bene e tritatele.*

3 *Pestate l'aglio o gli scalogni nel mortaio, aggiungete il formaggio sbriciolato, il sale, le ortiche, e mescolate bene il tutto.*

4 *Dividete la pasta in due parti e stendetela col matterello fino a ottenere due sfoglie molto sottili.*

5 *Stendete una sfoglia di pasta su uno stampo per ravioli, deponete in ogni cavità una piccola noce di ripieno e coprite con la seconda sfoglia.*

6 *Con un matterello sottile o una riga premete bene per saldare le due sfoglie di pasta, poi staccate i ravioli servendovi di un coltello. Se non avete lo stampo per ravioli potete tagliare la pasta in quadrati di 4 cm di lato con una rotella da pasticceria.*

7 *Cuocete i ravioli per 15 minuti in acqua bollente.*

Potete gustare una variante di questa ricetta usando al posto delle ortiche gli spinaci.

Contrariamente alla sua reputazione l'ortica è amica dell'uomo. Lo segue dovunque egli si installi. Era la verdura delle popolazioni preistoriche e la si è mangiata, cucinata come gli spinaci, fino al XVI secolo. Nella medicina popolare era considerata un afrodisiaco (e a questo proposito veniva consigliato un decotto di ortica da aggiungere al vino).

Per evitare le fastidiose infiammazioni della pelle, è consigliabile raccogliere l'ortica (meglio in primavera, lontano dalle strade e meglio raccogliere solo le foglie più piccole e tenere) con i guanti. Dopo una breve bollitura (bastano pochi minuti in acqua bollente), le foglie di ortica perdono il loro potere urticante e possono quindi essere maneggiate senza più problemi.

Spaghetti alle arachidi

STAGIONE: *tutto l'anno*
PREPARAZIONE: *20 minuti*
COTTURA: *30 minuti*
MOLTO FACILE
MOLTO ECONOMICO

STRETTAMENTE VEGETARIANO

INGREDIENTI *(per 4 persone)*

300 g di spaghetti
150 g di champignon o di gallinacci
4 scalogni
1 spicchio d'aglio
1 cipolla
1 cucchiaio di semi di girasole
1 cucchiaio di arachidi tostate
1 manciata di dragoncello o di prezzemolo tritato
2 prese di origano
sale

PREPARAZIONE

1 *Pulite i funghi, tagliateli a fettine e cuoceteli a fuoco dolce in una padella, fino a far perdere l'acqua.*

2 *Nel frattempo fate cuocere gli spaghetti in abbondante acqua salata.*

3 *Fate saltare in una padella a parte gli scalogni, l'aglio e la cipolla a fettine; aggiungeteli ai funghi, insieme alla pasta scolata e alle arachidi già tostate e macinate.*

4 *Mescolate e lasciate insaporire per 10 minuti.*

5 *A cottura ultimata aggiungete il dragoncello.*

Spaghetti al pomodoro

STAGIONE: *estate, o tutto l'anno con i pomodori in conserva*
PREPARAZIONE: *20 minuti*
COTTURA: *10 minuti*
MOLTO FACILE

STRETTAMENTE VEGETARIANO

INGREDIENTI *(per 4 persone)*

400 g di spaghetti di grano duro
1 kg di pomodori sodi e ben maturi
olio
2 spicchi di aglio
1 cipolla
qualche foglia di basilico

PREPARAZIONE

1 *Il sugo si prepara velocemente. I pomodori vengono sbucciati (risulterà facile se verranno tuffati per pochi secondi in acqua bollente), tagliati a filetti e cotti brevemente in poco olio, con aglio e cipolla tagliati a fettine sottili. Appena tutto è ammorbidito e insaporito il sugo è pronto, oppure può essere passato al setaccio. Il basilico fresco viene aggiunto a cottura ultimata. Anche l'olio viene aggiunto crudo sulla pasta scolata al dente e già mescolata al sugo.*

La ricetta originaria è già di per sé fresca, ricca di vitamine e di gusto. Gli aromi troppo forti e il formaggio grattugiato sarebbero fuori posto.

È il piatto più tipico della cucina italiana e mediterranea: è semplicissimo, leggero e di grande sapore.

Origine: Italia centro-meridionale

Timballo di spaghetti

STAGIONE: *tutto l'anno*
PREPARAZIONE: *30 minuti*
COTTURA: *30 minuti*

INGREDIENTI *(per 4 persone)*

300 g di spaghetti
20 olive verdi
100 g di gamberetti
150 g di funghi freschi
3 scalogni
2 tazze di salsa besciamella
sale

PREPARAZIONE

1 *Fate cuocere gli spaghetti in abbondante acqua salata.*

2 *Lavate i funghi, asciugateli e tagliateli a fettine; sgusciate i gamberetti; togliete i noccioli alle olive e tagliatele a pezzettini.*

3 *Rosolate i funghi con gli scalogni tritati, unite il sale e i gamberetti, poi un bicchiere d'acqua; lasciate cuocere a fuoco lento per 15 minuti.*

4 *Preparate la salsa besciamella secondo la ricetta indicata a pag. 402; aggiungete le olive snocciolate e il sugo dei funghi. Lasciate cuocere per 10 minuti a fuoco lento.*

5 *Unite i funghi, i gamberetti e la salsa bianca alla pasta. Mescolate. Versate il tutto in uno stampo cilindrico di porcellana e cuocete a bagnomaria.*

Per un pranzo di gala, con questa preparazione potete farcire dei vol-au-vent (la ricetta è spiegata qui sotto).

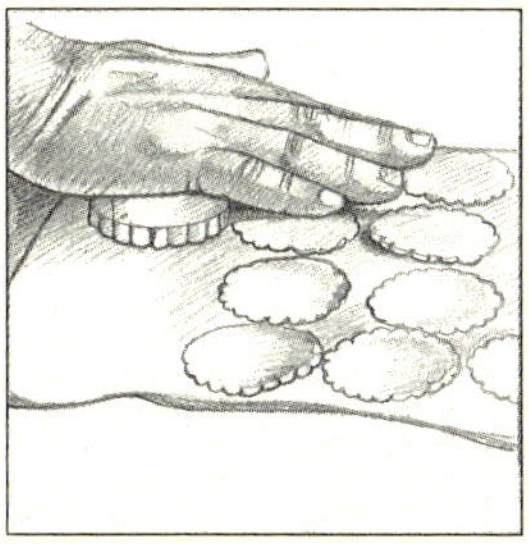

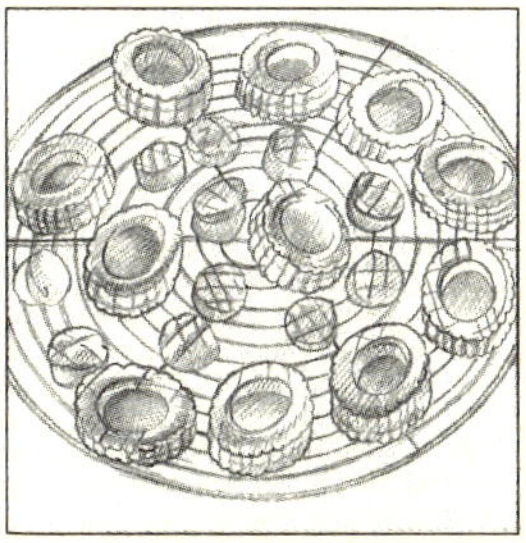

Come preparare i vol-au-vent

Stendete la pasta sfoglia (vedi la ricetta indicata a pag. 361) con uno spessore di circa 3 mm e stampate dei cerchi con un tagliapasta o con un bicchiere.

Con un tagliapasta (oppure con un bicchiere) più piccolo incidete la metà dei cerchi, creando così degli anelli.

Trasferite i cerchi su una piastra inumidita e pennellateli con albume di uovo. Ponete gli anelli sui cerchi e premete delicatamente.

Dopo la cottura, il centro dei vol-au-vent si sarà gonfiato al punto da formare un coperchio: toglietelo ed eliminate la pasta non cotta. Fateli raffreddare e riempiteli.

Grano saraceno (ricetta di base)

STAGIONE: *tutto l'anno*

COTTURA: *15 minuti*
MOLTO FACILE
MOLTO ECONOMICO

STRETTAMENTE VEGETARIANO

INGREDIENTI *(per 4 persone)*

300 di grano saraceno
1/2 l d'acqua
1 rametto di timo
sale

PREPARAZIONE

1 *Versate il grano saraceno nell'acqua bollente salata, unite il timo. Coprite e abbassate la fiamma al minimo. Dopo un quarto d'ora spegnete il fuoco.*

2 *Prima di servire lasciate rigonfiare ancora per 10 minuti.*

Il grano saraceno può essere mangiato in chicchi solo se è stato precedentemente decorticato.

Far guvines

STAGIONE: *tutto l'anno*
PREPARAZIONE: *15 minuti*
COTTURA: *45-60 minuti*
MOLTO FACILE
MOLTO ECONOMICO

STRETTAMENTE VEGETARIANO

INGREDIENTI *(per 4 persone)*

500 g di farina di grano saraceno
sale
aglio, scalogno (facoltativi)

PREPARAZIONE

1 *Fate abbrustolire leggermente la farina in una padella asciutta, poi aggiungete dell'acqua e il sale fino a ottenere una pappa spessa che aderisca bene al cucchiaio.*

2 *Versate questo impasto in un sacchetto di tela riservato solo a questo scopo.*

3 *Chiudete l'imboccatura con una cordicella e mettete il sacchetto in una pentola d'acqua bollente. Cuocete da 40 minuti a 1 ora, a seconda delle dimensioni del sacchetto.*

4 *La pasta deve cuocere bene fino al centro: fate la prova infilando un bastoncino di legno nel sacchetto.*

5 *Togliete il far dal sacchetto. Potete mangiarlo così com'è, sbriciolandolo e accompagnandolo con una salsa allo yogurt o all'umeboshi, o, in alternativa, tagliarlo a fette piuttosto sottili che farete dorare nell'olio e completerete con aglio o scalogno già tritati e saltati.*

È una ricetta tipicamente bretone che ormai conoscono solo in pochi.

Origine: Bretagna

Frittelle di grano saraceno

STAGIONE: *tutto l'anno*
PREPARAZIONE: *5 minuti, più alcune ore di riposo per l'impasto*
COTTURA: *2 minuti per ogni frittella*
MOLTO FACILE

VEGETARIANO

INGREDIENTI *(per 4 persone)*

200 g di farina di grano saraceno
acqua
sale

Per i vari ripieni:
porri e funghi
carote e cipolle
ortiche e tofu
carote e lenticchie
passato di ceci con aglio e prezzemolo
formaggio bianco e uvette
formaggio bianco con scalogno ed erba cipollina

PREPARAZIONE

1 *Diluite la farina con l'acqua e il sale fino a ottenere un impasto fluido e, se potete, lasciatelo riposare almeno 5 ore in un ambiente tiepido.*

2 *L'ideale per cuocere le frittelle è una piastra larga di ghisa pesante. Fatela scaldare e oliatela con un pennello, ma solo prima di cuocere la prima frittella.*

3 *Prendete un mestolino di pasta, versatela in mezzo alla placca e allargatela subito con l'apposita paletta di legno. In questo modo le frittelle diventano sottilissime e cuociono subito.*

4 *A mano a mano che le frittelle sono pronte arrotolatele e in attesa di riempirle tenetele al caldo: potete appoggiare il piatto sopra una pentola d'acqua calda se vi piacciono morbide, o metterle in forno tiepido se le preferite croccanti.*

Le frittelle di grano saraceno sono il piatto 'nazionale' della Bretagna.

Per queste frittelle la scelta del ripieno è praticamente illimitata.

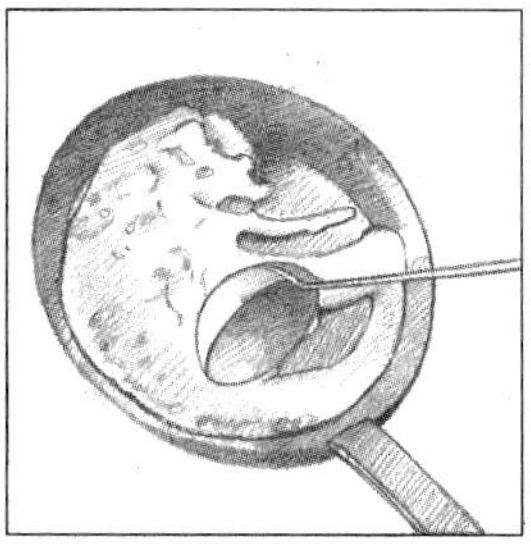

Per preparare le frittelle potete utilizzare anche una padella oliata con un pennello. Versate un mestolino di pastella.

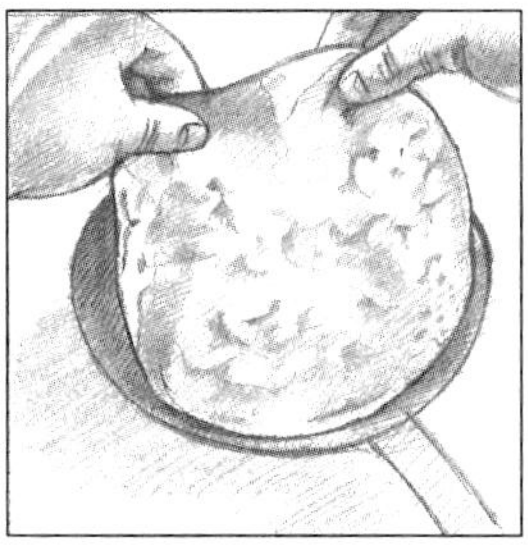

Friggete la frittella velocemente fino a quando non è solida nella parte superiore. Giratela con le mani.

Potete provare anche con un rapido movimento del polso a girare la frittella lanciandola verso l'alto.

Una volta aggiunto il ripieno potete ripiegare le frittelle dando a loro la forma che preferite (triangolo, sigaretta...)

Grano saraceno agli aromi

Stagione: *tutto l'anno*
Preparazione: *5 minuti*
Cottura: *15 minuti*
Molto facile
Molto economico
Strettamente vegetariano

Ingredienti *(per 4 persone)*

300 g di grano saraceno
1 cucchiaino di olio di sesamo o di oliva
1 cucchiaino di santoreggia o di maggiorana
sale

Preparazione

1 *Fate scaldare l'olio in una casseruola di ghisa. Versate il grano saraceno quando l'olio è ben caldo e rosolate per 5 minuti.*

2 *Unite il sale, la santoreggia e 1/2 l di acqua bollente. Abbassate il fuoco al minimo. Coprite e fate cuocere per un quarto d'ora.*

3 *Prima di servire lasciate rigonfiare ancora per 10 minuti.*

Alla preparazione precedente potete aggiungere, insieme agli aromi, un cucchiaio di uvette. È un piccolo tocco di fantasia che dà al grano saraceno un gusto del tutto diverso.

Kasha ai funghi

Stagione: *tutto l'anno*
Preparazione: *30 minuti*
Cottura: *30 minuti*
Molto facile
Molto economico
Strettamente vegetariano

Ingredienti *(per 4 persone)*

300 g di grano saraceno
300 g di funghi freschi
150 g di olive nere
2 cipolle
1 spicchio d'aglio
timo
rosmarino
olio d'oliva
sale
pepe

Preparazione

1 *Preparate la kasha, una specie di polenta, facendo cuocere il grano saraceno col timo e il rosmarino in 1/2 l di acqua, come indicato nella ricetta di pagina 170; nel frattempo snocciolate le olive e affettate le cipolle e i funghi.*

2 *In una casseruola mettete a rosolare nell'olio le cipolle, aggiungendo poi i funghi con l'aglio schiacciato o tritato. Non appena i funghi sono dorati aggiungete le olive.*

3 *Salate, pepate, lasciate soffriggere il tutto per qualche minuto.*

4 *Dopo 20 minuti circa, quando la kasha è pronta togliete il timo e il rosmarino, versatela nella casseruola insieme ai funghi e alle olive e mescolate bene. Lasciate insaporire ancora per 5-10 minuti.*

Origine: Russia

Pizzoccheri valtellinesi

STAGIONE: *autunno, inverno*
PREPARAZIONE: *15 minuti*
COTTURA: *30 minuti*
MOLTO FACILE
VEGETARIANO

INGREDIENTI *(per 4 persone)*

400 g di pizzoccheri (tagliatelle grosse di grano saraceno)
100 g di bitto (formaggio tipico valtellinese) o di altro formaggio non troppo grasso, come il quartirolo
1/2 verza bianca
foglie di bietola
2-3 patate di medie dimensioni
aglio
salvia
80 g di burro
formaggio grattugiato
sale

PREPARAZIONE

1 *Sbucciate le patate e tagliatele a pezzi non troppo piccoli, tagliate la verza a striscette.*

2 *Fate cuocere in abbondante acqua salata le patate, poi aggiungete la verza, le erbette e i pizzoccheri.*

3 *Quando sono cotti (ci vorranno circa 10 minuti) scolate il tutto.*

4 *Disponete i pizzoccheri e le verdure a strati in un piatto largo e basso, condendo ogni strato con il formaggio tagliato a pezzetti e il burro fuso insaporito con salvia e spicchi d'aglio.*

5 *Serviteli molto caldi e con del formaggio grattugiato.*

I pizzoccheri, che sono fatti di farina integrale di grano saraceno, si trovano già pronti nei negozi oppure si fanno a mano con farina e acqua.

Devono essere larghi circa 1 cm e non troppo lunghi.

Piatto saporitissimo della cucina della Valtellina, nutriente, leggero, salutare, è la versione 'prealpina' della pasta con le verdure meridionale, il tipico 'piatto unico' povero della tradizione mediterranea. Con la differenza che la farina di grano saraceno è più ricca di proteine e più digeribile di quella di grano.

Un piatto di pizzoccheri costituisce un piatto unico, sufficiente come pasto completo. Contiene infatti proteine vegetali (grano saraceno) e animali (formaggi), amidi, grassi e infine le verdure (verze, bietole, patate) appena cotte 'al dente', in maniera da conservare il più possibile le vitamine e i sali minerali.

Se volete rendere più fresco e 'mediterraneo' questo piatto prealpino, potete sostituire la salvia con il prezzemolo fresco, il burro con olio di oliva extravergine ed eliminare del tutto i formaggi.

Origine: Valtellina (Italia settentrionale)

Macedonia di mais

STAGIONE: *estate, autunno*
PREPARAZIONE: *20 minuti*
COTTURA: *30 minuti*
MOLTO FACILE

STRETTAMENTE VEGETARIANO

INGREDIENTI *(per 2 persone)*

2 pannocchie di mais fresco
4 carote
1 cavolfiore piccolo
1 gambo di sedano
sale

PREPARAZIONE

1 *Cuocete le pannocchie di mais in acqua bollente salata per 15- 20 minuti, poi sgranatele.*

2 *Dividete il cavolfiore in cimette. Tagliate a fiammiferi le carote e il sedano.*

3 *Mettete in una casseruola di terracotta le carote, il sedano, il cavolfiore e il mais. Bagnate con un bicchiere d'acqua. Salate, coprite, e cuocete a fiamma bassa per un quarto d'ora circa.*

Se al momento di servire aggiungerete delle alghe iziki e del prezzemolo tritato il vostro piatto sarà ancora più ricco di colori e di sapore.

Miques

STAGIONE: *tutto l'anno*
PREPARAZIONE: *20 minuti*
COTTURA: *30 minuti*
MOLTO FACILE
MOLTO ECONOMICO

VEGETARIANO

INGREDIENTI *(per 4 persone)*

200 g di farina di mais
200 g di farina di grano
50 g di burro
olio d'oliva
sale

PREPARAZIONE

1 *Mescolate le due farine con il burro fuso e dell'acqua fino a ottenere un impasto omogeneo.*

2 *Dividetelo in tre parti e lavoratelo con le mani facendone delle palle.*

3 *Tuffatele nell'acqua bollente salata e lasciatele cuocere per mezz'ora, voltandole spesso durante la cottura.*

4 *Quando sono cotte toglietele dall'acqua e mettetele a sgocciolare su una tela. Poi rosolatele in padella nell'olio d'oliva.*

Origine: Francia

Pannocchie di mais

STAGIONE: *estate, autunno*
PREPARAZIONE: *5 minuti*
COTTURA: *15-20 minuti*
MOLTO FACILE

VEGETARIANO

INGREDIENTI *(per 4 persone)*

4 pannocchie di mais
sale, burro, ingredienti diversi (facoltativo)

PREPARAZIONE

1 *Le pannocchie si possono cuocere in forno con il loro cartoccio di foglie (mezz'ora di forno medio) o alla brace, o bollite nell'acqua (15-20 minuti) dopo aver tolto le foglie.*

2 *Spruzzatele di sale o spalmatele con un po' di burro, e sgranocchiatele ben calde.*

Oppure sgranate le pannocchie (dopo averle cotte), passate i chicchi al passaverdura e mescolateli a una composta di mele ben soda, profumata con la scorza di un limone.

In alternativa potete anche mangiare i chicchi di mais cotti saltati e mescolati con cipolle e sedano, o unirli agli ingredienti di una bella insalata o di una minestra di verdura.

Origine: America

Polenta

STAGIONE: *autunno, inverno*
PREPARAZIONE: *10 minuti*
COTTURA: *45-90 minuti*
MOLTO FACILE
MOLTO ECONOMICO

STRETTAMENTE VEGETARIANO

INGREDIENTI *(per 4 persone)*

350 g di farina di mais
1 l e 1/4 di acqua
sale

PREPARAZIONE

1 *Fate scaldare l'acqua in un paiolo di rame e poco prima che giunga all'ebollizione salate e versate a pioggia la farina, rimestando in continuazione con l'apposito bastone o con un cucchiaio di legno.*

2 *Cuocete per il tempo indicato, rimestando di tanto in tanto in modo da evitare la formazione di grumi di farina.*

3 *La polenta sarà pronta quando avrà formato una crosta sulle pareti del paiolo dalle quali si stacca facilmente.*

La polenta di farina di mais, nota e diffusa in tutto il nord Italia, è particolarmente apprezzata nel Bergamasco e nell'Italia orientale, Veneto e Friuli. La polenta bergamasca è a grana più grossa e viene cotta anche per un'ora e mezza, quella veneta è più fine, cuoce più brevemente ed è lasciata più morbida.

Origine: Italia del nord

Polenta alle ortiche

STAGIONE: *primavera, estate, autunno*
PREPARAZIONE: *30 minuti (più 1 ora per lasciar rigonfiare la farina)*
COTTURA: *35 minuti*
MOLTO ECONOMICO
STRETTAMENTE VEGETARIANO

INGREDIENTI *(per 4 persone)*

300 g di semola di mais
2 manciate di ortiche cotte
3 cucchiai di olio d'oliva
400 g di tofu
1 piccola testa d'aglio
erba cipollina
sale

PREPARAZIONE

1 *Mettete la semola a bagno in acqua salata caldissima; lasciatela rigonfiare per un'ora; disponete in una tortiera l'impasto umido e soffice e premete bene con le mani per farlo aderire al bordo della teglia.*

2 *Pestate l'aglio col sale. Tritate le ortiche e aggiungetevi metà dell'aglio e l'olio.*

3 *Lavorate il tofu con una forchetta incorporandovi il resto dell'aglio pestato e l'erba cipollina tritata.*

4 *Cospargete la farina con le ortiche, e poi con il tofu.*

5 *Cuocete per 35 minuti a forno medio.*

La polenta può anche essere un piacevole sostituto del pane, sia quando è appena cotta sia quando è fredda, tagliata a fette che vengono grigliate o passate nella padella oleata.

Miglio (ricetta di base)

STAGIONE: *tutto l'anno*
PREPARAZIONE: *5 minuti*
COTTURA: *15 minuti*
MOLTO FACILE
MOLTO ECONOMICO
STRETTAMENTE VEGETARIANO

INGREDIENTI *(per 2 persone)*

250 g di miglio
1/2 l d'acqua
1 presa di sale

PREPARAZIONE

1 *Prima di versare il miglio nell'acqua bollente salata potete abbrustolirlo leggermente. Bastano poi 15 minuti di cottura.*

2 *Quando l'acqua è tutta assorbita mescolate delicatamente con un forchettone di legno e lasciate rigonfiare ancora per 10 minuti.*

Gnocchi di miglio

STAGIONE: *primavera, estate, autunno*
PREPARAZIONE: *20 minuti, se le ortiche e il miglio sono già cotti*
COTTURA: *15 minuti, se le ortiche e il miglio sono già cotti*
MOLTO FACILE
VEGETARIANO

INGREDIENTI *(per 2 persone)*

1 tazza di miglio cotto
2 manciate di ortiche
1 uovo
2 spicchi d'aglio o 3 scalogni
noce moscata
sale o tamari (facoltativo)

PREPARAZIONE

1 *Tritate le ortiche già cotte e ben spremute.*

2 *Riunite in una insalatiera il miglio, le ortiche, l'uovo sbattuto e l'aglio pestato. Mescolate bene il tutto. Assaggiate e se necessario aggiungete sale o tamari.*

3 *Prendete l'impasto a cucchiaiate e fatene dei gnocchi con le mani.*

4 *Fate cuocere a vapore per 15 minuti.*

Ecco un ottimo sistema per utilizzare un avanzo di miglio e/o di ortiche.

Miglio ai funghi

STAGIONE: *tutto l'anno*
PREPARAZIONE: *20 minuti, più 30 minuti per l'ammollo se usate dei funghi secchi*
COTTURA: *30 minuti*
MOLTO FACILE
STRETTAMENTE VEGETARIANO

INGREDIENTI *(per 2 persone)*

250 g di miglio
1 cipolla
50 g di funghi secchi (porcini o gallinacci) o 150 g di funghi freschi
3 cucchiai di prezzemolo tritato
olio
sale

PREPARAZIONE

1 *Mettete a bagno i funghi secchi per mezz'ora e fate rosolare la cipolla tritata finemente.*

2 *Scolate i funghi, strizzateli in un canovaccio, tagliateli a fettine, fateli saltare in padella aggiungendo poi il prezzemolo e la cipolla.*

3 *Unite il miglio che avrete già abbrustolito a parte e tanta acqua bollente salata fino ad arrivare al livello dei chicchi.*

4 *Fate cuocere per 20 minuti.*

Nel caso i funghi siano freschi affettateli e fateli poi saltare direttamente in padella.

Miglio al formaggio

STAGIONE: *tutto l'anno*
PREPARAZIONE: *5 minuti*
COTTURA: *20 minuti*
MOLTO FACILE

VEGETARIANO

INGREDIENTI *(per 2 persone)*

250 g di miglio
2 cucchiai di parmigiano grattugiato
1/2 l d'acqua
1 presa di sale

PREPARAZIONE

1 *Fate bollire l'acqua e aggiungete a poco a poco il miglio precedentemente lavato.*

2 *Unite il sale e il formaggio grattugiato e mescolate bene.*

3 *Coprite e fate cuocere per 20 minuti a fuoco dolce.*

Preparato in questo modo il miglio è particolarmente saporito.

Miglio alle verdure

STAGIONE: *estate, inverno*
PREPARAZIONE: *20 minuti*
COTTURA: *30 minuti*
MOLTO FACILE
MOLTO ECONOMICO
VEGETARIANO

INGREDIENTI *(per 4 persone)*

300 g di miglio
2 cipolle
1 porro
1 cucchiaio di olio d'oliva
1 cucchiaio di parmigiano grattugiato
1 cucchiaino di origano o di maggiorana
1/2 l d'acqua
sale

PREPARAZIONE

1 *Affettate finemente le verdure.*

2 *Rosolate le cipolle, il porro e il miglio. Quando il miglio è leggermente dorato aggiungete l'acqua calda, il parmigiano, il sale e l'origano (o la maggiorana). Mescolate, coprite e lasciate cuocere per 20 minuti a fuoco bassissimo.*

Miglio al mais fresco

STAGIONE: *estate, autunno*
PREPARAZIONE: *20 minuti*
COTTURA: *30 minuti*
MOLTO FACILE
MOLTO ECONOMICO
STRETTAMENTE VEGETARIANO

INGREDIENTI *(per 4 persone)*

300 g di miglio
2 cipolle o scalogni
1 tazza di chicchi di mais fresco
1 l e 1/2 d'acqua
1 foglia di alloro
1 cucchiaio di olio d'oliva
sale

PREPARAZIONE

1 *Fate rosolare le cipolle o gli scalogni a fettine; mettete in una casseruola l'acqua fredda col sale, l'alloro e il mais.*

2 *Tostate leggermente il miglio in una padella asciutta. Quando l'acqua del mais bolle, il miglio è pronto per essere aggiunto al mais con le cipolle.*

3 *Lasciate cuocere per altri 20 minuti a fuoco dolce.*

Orzo (ricetta di base)

STAGIONE: *tutto l'anno*
PREPARAZIONE: *5 minuti più le ore per l'ammollo*
COTTURA: *35 minuti*
MOLTO FACILE
MOLTO ECONOMICO
STRETTAMENTE VEGETARIANO

INGREDIENTI *(per 2 persone)*

200 g d'orzo mondo
1/2 l d'acqua
1 foglia di alloro
sale

PREPARAZIONE

1 *Mettete l'orzo a bagno per una notte.*

2 *La mattina dopo sgocciolatelo e asciugatelo in un canovaccio. Tenete da parte l'acqua dell'ammollo per la cottura.*

3 *Tostate l'orzo finché non sprigiona un buon profumo, poi versatelo nell'acqua che avrete portato a ebollizione e salato insieme all'alloro.*

Minestra d'orzo

STAGIONE: *tutto l'anno*
PREPARAZIONE: *30 minuti, più una notte per l'ammollo dell'orzo e dei fagioli*
COTTURA: *un'ora e 15 minuti*
MOLTO FACILE
STRETTAMENTE VEGETARIANO

INGREDIENTI *(per 4 persone)*

150 g d'orzo mondo
3 cipolle
4 spicchi d'aglio
3 pastinache di medie dimensioni
20 g di funghi secchi
80 g di fagioli secchi
1 manciata di foglie di carota o di cerfoglio o di prezzemolo
1 cucchiaio di olio di sesamo o di girasole

PREPARAZIONE

1 *Mettete a bagno separatamente l'orzo e i fagioli per una notte; ammollate i funghi per mezz'ora.*

2 *Scolate l'orzo, asciugatelo in un canovaccio e fatelo abbrustolire.*

3 *Tagliate a pezzetti tutte le verdure e fatele rosolare separatamente.*

4 *Mettete in una casseruola le pastinache, le cipolle, i fagioli, l'aglio, poi i chicchi d'orzo coi funghi. Utilizzate l'acqua dell'ammollo dell'orzo per coprire il tutto. Lasciate bollire a fuoco dolce per un'ora. Tenete pronta dell'acqua calda da aggiungere a mano a mano che il liquido viene assorbito. Unite le verdure poco prima di spegnere.*

Questa zuppa d'orzo è un piatto molto sostanzioso. Sapore e sostanza saranno ancora migliori se ci aggiungerete un cucchiaio di miso d'orzo.

Orzo alle olive

STAGIONE: *tutto l'anno*
PREPARAZIONE: *20 minuti*
COTTURA: *35 minuti*
MOLTO FACILE
MOLTO ECONOMICO
STRETTAMENTE VEGETARIANO

INGREDIENTI *(per 2 persone)*

200 g di orzo mondo
1 cucchiaio di olive nere
3 porri o 2 costole di sedano
1 rametto di alloro
1 rametto di timo

PREPARAZIONE

1 *Fate tostare l'orzo come indicato nella ricetta base.*

2 *All'inizio della cottura con l'acqua unite le olive e l'alloro.*

3 *Preparate a parte i porri e tritateli finemente.*

4 *Oliate una padella con un pennello e fate rosolare i porri.*

5 *Aggiungeteli all'orzo 8 minuti prima che sia cotto.*

Pane d'orzo al sesamo

STAGIONE: *tutto l'anno*
PREPARAZIONE: *30 minuti, più 4 ore per la fermentazione dell'orzo*
COTTURA: *40 minuti*

STRETTAMENTE VEGETARIANO

INGREDIENTI

500 g di farina d'orzo
150 g di farina di frumento
3 cucchiai di lievito naturale
3 cucchiai di semi di sesamo
acqua
sale

PREPARAZIONE

1 *Impastate farina, acqua, lievito e sale fino a ottenere una pasta liscia e morbida.*

2 *Lasciate lievitare al caldo per un'ora. Poi riprendete la pasta e fatene due parti. Siccome il pane d'orzo lievita poco, è meglio preparare pani non molto spessi, in forma di focaccette ovali.*

3 *Stendete i semi di sesamo sulla piastra da forno. Inumidite la superficie dei pani servendovi di un pennello, poi appoggiateli sulla piastra picchiettando per fare aderire i grani.*

4 *Coprite e lasciate lievitare al caldo per 3 ore.*

5 *Infornate a forno ben caldo, lasciate cuocere un quarto d'ora, poi abbassate la temperatura e cuocete ancora 25 minuti a forno medio.*

Questo pane è delizioso se mangiato caldo, come è tradizione nell'Africa del Nord. Il sesamo gli conferisce uno squisito gusto di nocciole.

Dosas

STAGIONE: *tutto l'anno*
PREPARAZIONE: *40 minuti*
COTTURA: *30 minuti*
PIUTTOSTO DIFFICILE
MOLTO ECONOMICO

VEGETARIANO

INGREDIENTI *(per 4 persone)*

300 g di riso
100 g di lenticchie di Rodi
sale
acqua
erba cipollina, scalogno, cipolle (facoltativi)

PREPARAZIONE

1 *Gli ingredienti e la preparazione sono gli stessi dell'idli, indicato più avanti, ma in questo caso dopo la fermentazione si aggiunge dell'acqua perché l'impasto risulti fluido; si può insaporire con erba cipollina, scalogno, cipolla. Con questa pasta si preparano crêpes più o meno sottili. Si mangiano così come sono, o riempite a piacere.*

Mettendo in padella una piccolissima quantità d'impasto si ottengono delle crêpes fini come il pizzo. Sono squisite. Ma bisogna avere la mano, perché sono fragilissime.

Origine: India

Idli

STAGIONE: *tutto l'anno*
PREPARAZIONE: *30 minuti, più 12 ore di fermentazione e il tempo necessario per l'ammollo*
COTTURA: *20 minuti*
MOLTO ECONOMICO
VEGETARIANO

INGREDIENTI *(per 4 persone)*

300 g di riso
100 g di lenticchie di Rodi
sale
acqua

PREPARAZIONE

1 *Lavate il riso e le lenticchie. Metteteli a bagno, separatamente, per almeno 4-5 ore. L'acqua deve arrivare giusto al livello dei chicchi.*

2 *Trascorso questo tempo passate il riso e le lenticchie al frullatore. Verificate la quantità dell'acqua: l'impasto non dev'essere troppo liquido.*

3 *Riunite riso e lenticchie in una terrina grande, salate e mescolate. Lasciate in un ambiente tiepido per almeno 12 ore, perché il composto fermenti.*

4 *Coprite con un coperchio bombato per lasciare all'impasto lo spazio necessario per la fermentazione. Quando questo si gonfia e la crosta in superficie diventa rosa è il momento di passare alla cottura. Controllate attentamente la fermentazione: la pasta deve gonfiarsi uniformemente. Se la terrina è vicina a una fonte di calore, giratela ogni tanto. Ciò è importante perché se la pasta è mal fermentata l'idli non viene bene.*

5 *La cottura va fatta a vapore. Se non avete gli speciali stampi da idli che si trovano nelle botteghe indiane potete usare i colini da formaggio in gres. Oliate i colini e riempiteli per due terzi, o per tre quarti. L'impasto dev'essere spumoso, leggerissimo.*

6 *Mettete gli stampi nella pentola per la cottura a vapore e fate cuocere per 20 minuti. La pasta continuerà a gonfiarsi, e si screpolerà in cima. Sformate subito, l'operazione vi risulterà più semplice.*

L'idli si mangia caldo, così com'è o preparato in vari modi. Si può anche tagliare a fette spesse e dorare sui due lati in una padella spennellata d'olio.

Origine: India

Insalata della Camargue

STAGIONE: *estate, autunno*
PREPARAZIONE: *20 minuti*
COTTURA: *40 minuti*
MOLTO FACILE
MOLTO ECONOMICO
VEGETARIANO

INGREDIENTI *(per 4 persone)*

200 g di riso a grana lunga
1 cetriolo
1 peperone verde
4 pomodori
qualche foglia di lattuga
100 g di olive nere
1 cipolla
1 spicchio d'aglio
3 cucchiai di olio d'oliva
1 cucchiaio di aceto
1 scatola di acciughe sott'olio
1 scatola di tonno sott'olio
3 cucchiai di capperi
sale
pepe

PREPARAZIONE

1 *Cuocete il riso in abbondante acqua salata e lasciatelo raffreddare.*

2 *Tenete da parte per la decorazione una decina di fettine di cetriolo e tagliate il resto a dadini.*

3 *Tagliate a dadini anche il peperone e i pomodori.*

4 *Tritate finemente la cipolla e schiacciate l'aglio.*

5 *Mescolate tutti questi ingredienti coi capperi, la metà delle olive e i filetti d'acciuga ben tritati.*

6 *Condite con olio, aceto e pepe.*

7 *Lasciate macerare per mezz'ora.*

8 *Mettete il composto su un piatto da portata sopra le foglie di lattuga, decorandolo con le rondelle di cetriolo e il resto delle olive.*

9 *Disponete intorno al piatto degli spicchi di pomodoro alternati con dei pezzetti di tonno in scatola.*

La Camargue è l'unica regione francese in cui viene coltivato il riso.

Per preparare un buon riso bollito si versa semplicemente il riso nell'acqua già bollente e salata, poi si lascia cuocere, assaggiando ogni tanto, fino a cottura completa (circa 20 minuti per il riso brillato, circa 50 minuti per il riso integrale). Se è rimasta acqua (ma è più consigliabile fare in modo che non ne rimanga), il riso viene scolato in un colapasta.

Se, come nel caso di questa ricetta, il riso bollito va usato freddo, la cottura va fermata qualche minuto prima che il riso sia pronto. È bene sciacquare il riso in acqua fredda finché non si è raffreddato: non soltanto in questo modo si interrompe la cottura, ma l'acqua corrente lava via l'amido che dà morbidezza al riso, permettendo ai chicchi di rimanere ben staccati per parecchio tempo.

Un ultimo consiglio: quando acquistate del tonno in scatola accertatevi che vi sia sull'etichetta il marchio 'Amico del delfino'. Questo marchio contraddistingue il tonno che è stato pescato con sistemi che non mettono in pericolo le altre specie ittiche.

Minestra di riso

STAGIONE: *tutto l'anno*
PREPARAZIONE: *10 minuti*
COTTURA: *45 minuti*
MOLTO FACILE
MOLTO ECONOMICO
VEGETARIANO

INGREDIENTI *(per 4 persone)*

150 g di riso
4 cipolle piccole
20 g di burro
1 pizzico di pepe (facoltativo)
1 pizzico di cannella
1/2 l d'acqua
1 limone
sale

PREPARAZIONE

1 *Lavate il riso e le cipolle e metteteli a cuocere nell'acqua bollente con sale, cannella e pepe. Lasciate poi cuocere per 45 minuti a fuoco dolcissimo.*

2 *Togliete dal fuoco e unite il burro. Servite la zuppa con spicchi di limone.*

È possibile realizzare delle varianti di questo piatto aggiungendo un grosso pomodoro pelato, senza semi e tagliato a dadi. Oppure potete sostituire il burro con due cucchiai di olio d'oliva e il riso con del bulghur.

Origine: Libano

Paella col baccalà

STAGIONE: *estate, autunno*
PREPARAZIONE: *30 minuti, più 24 ore per dissalare il baccalà*
COTTURA: *1 ora*
MOLTO FACILE

INGREDIENTI *(per 8 persone)*

300 g di baccalà
600 g di riso lungo semi-integrale
500 g di piselli sgusciati
6 carciofi piccoli
3 pomodori ben maturi
1 peperone verde
4 cipolle
8 spicchi d'aglio
2 cucchiai di origano o di timo sfogliato
10 g di zafferano
3 cucchiai di olio d'oliva
sale

PREPARAZIONE

1 *Preparate le verdure e il riso come indicato nella ricetta 'paella vegetariana' (a pagina 185).*

2 *Quando il baccalà è dissalato (dopo 24 ore a bagno nell'acqua corrente), sgocciolato e asciugato, rosolatelo a tranci con tre spicchi d'aglio e l'olio e unitelo alle verdure subito prima di aggiungere il riso.*

3 *Coprite le verdure e il pesce col riso e aggiungete un bicchiere d'acqua.*

4 *Dopo circa mezz'ora di cottura a fuoco dolce, mescolate con delicatezza per mischiare bene tutti gli ingredienti.*

Origine: Spagna

Paella vegetariana

STAGIONE: *estate, autunno*
PREPARAZIONE: *20 minuti*
COTTURA: *1 ora*
MOLTO FACILE
MOLTO ECONOMICO
STRETTAMENTE VEGETARIANO

INGREDIENTI *(per 6 persone)*

600 g di riso lungo semi-integrale
500 g di piselli sgusciati
6 carciofi piccoli
1 limone
3 pomodori ben maturi
1 peperone verde
4 cipolle
5 spicchi d'aglio
2 cucchiai di origano o di timo sfogliato
10 g di zafferano
maggiorana
2 cucchiai di olio d'oliva
sale

PREPARAZIONE

1 *Preparate i carciofi: strappate via i gambi (non tagliateli), tagliate la parte superiore e le foglie esterne per liberarne il cuore.*

2 *Passate i carciofi col limone per non farli annerire, poi coprite i cuori allargandone le foglie, tagliateli a fette di 1/2 cm di spessore e metteteli a bagno per un'ora nell'acqua fredda.*

3 *Cuocete il riso per 25 minuti in acqua bollente salata, poi scolatelo e fatelo raffreddare sotto l'acqua. Asciugate in un canovaccio o in un foglio di carta assorbente da cucina e poi cuocetelo in una padella dal fondo spesso, senza grassi.*

4 *Tagliate le cipolle e i pomodori a cubetti piuttosto grossi, tritate l'aglio e affettate il peperone.*

5 *Versate l'olio in una grande padella dal fondo spesso e fateci rosolare le cipolle, i carciofi, i peperoni e i piselli; poi aggiungete i pomodori, il sale e la maggiorana.*

6 *Quando il riso sarà asciugato bene, aggiungete lo zafferano e mescolate perché tutti i chicchi se ne impregnino bene.*

7 *Coprite le verdure col riso e aggiungete un bicchiere d'acqua.*

8 *Dopo circa mezz'ora di cottura a fuoco dolce, mescolate con delicatezza per distribuire i vari ingredienti.*

La paella è il piatto nazionale spagnolo, e ne esistono innumerevoli varianti. Tradizionalmente contiene frutti di mare, a volte anche pesce o pollo. Le verdure variano con la stagione.

Origine: Spagna

Pane di riso

STAGIONE: *tutto l'anno*
PREPARAZIONE: *30 minuti, più una notte per la fermentazione*
COTTURA: *1 ora, se avete del riso già cotto*
PIUTTOSTO DIFFICILE
STRETTAMENTE VEGETARIANO

INGREDIENTI *(per 4 persone)*

2 tazze di riso cotto (o 2 tazze di riso e 1 tazza di miglio)
farina d'orzo o di frumento
1/2 tazza di noci sgusciate (facoltativo)
coriandolo o cannella e chiodi di garofano
1 pizzico di sale

PREPARAZIONE

1 *Pestate nel mortaio, fino a ridurle in polvere, le spezie e poi le noci.*

2 *Riunite gli avanzi di riso (eventualmente anche di miglio) in una terrina e schiacciateli con un pestello di legno.*

3 *Unite il sale, le spezie, le noci, la farina. Mescolate e cominciate a impastare; se occorre inumidite un po'.*

4 *Continuate a mescolare fino a ottenere un impasto liscio e sodo.*

5 *Oliate una teglia di ghisa o di coccio, rivestitela di crusca e metteteci il pane.*

6 *Coprite con uno telo umido, poi con un panno di lana; lasciate a riposare tutta la notte in un luogo tiepido.*

7 *L'indomani mattina, per effetto della fermentazione, la crosta sarà screpolata e ne uscirà un odore gradevole.*

8 *Infornate subito a forno medio, per un'ora.*

Pane di riso alla frutta secca

STAGIONE: *tutto l'anno*
PREPARAZIONE: *30 minuti, più 6 ore per l'ammollo delle albicocche e una notte per la fermentazione*
COTTURA: *1 ora*
PIUTTOSTO DIFFICILE
STRETTAMENTE VEGETARIANO

INGREDIENTI *(per 4 persone)*

2 tazze di riso cotto
3 cucchiai di albicocche selvatiche secche, già ammollate
2 cucchiaini di malto d'orzo
2 cucchiai di gherigli di noce
1 cucchiaino di miso (facoltativo)
1/2 baccello di vaniglia
1 tazza di farina d'orzo o di segale

PREPARAZIONE

1 *Pestate finemente la vaniglia nel mortaio.*

2 *Tagliate a pezzetti le noci, poi le albicocche (tenute prima nell'acqua calda per almeno 6 ore).*

3 *Sciogliete il malto d'orzo nell'acqua bollente.*

4 *Pestate il riso col pestello. Aggiungete tutti gli ingredienti poi impastate con la farina.*

5 *Lasciate fermentare tutta la notte e la mattina dopo fate cuocere per un'ora in forno medio.*

Riso agli anacardi

STAGIONE: *tutto l'anno*
PREPARAZIONE: *15 minuti*
COTTURA: *1 ora*
MOLTO FACILE
MOLTO ECONOMICO

STRETTAMENTE VEGETARIANO

INGREDIENTI *(per 4 persone)*

300 g di riso
3 cucchiai di anacardi
1 cipolla
1 grossa mela
3 costole di sedano
1 cucchiaio di olio d'oliva
sale

PREPARAZIONE

1 *Cuocete il riso all'indocinese come indicato nella ricetta di pag. 188.*

2 *Tagliate a pezzettini la cipolla, la mela e il sedano, e fateli saltare in padella con gli anacardi.*

3 *Bagnate con tre cucchiai di acqua e coprite.*

4 *Lasciate insaporire per 10 minuti, poi aggiungete il riso.*

5 *Mescolate tutti gli ingredienti e servite.*

Potete servire, se volete, questa squisita preparazione con delle lenticchie rosa.

Origine: Indocina

Riso ai pinoli

STAGIONE: *tutto l'anno*
PREPARAZIONE: *20 minuti*
COTTURA: *45 minuti*
MOLTO FACILE

STRETTAMENTE VEGETARIANO

INGREDIENTI *(per 4 persone)*

300 g di riso
100 g di pinoli
1 cipolla
1 cucchiaino di olio di sesamo
sale

PREPARAZIONE

1 *Cuocete il riso all'indocinese come indicato nella ricetta di pag. 188.*

2 *Rosolate insieme la cipolla tritata finemente e i pinoli. Unite un cucchiaio d'acqua e lasciate cuocere pian piano per 8-10 minuti.*

3 *Quando il riso è cotto aggiungete i pinoli e la cipolla. Mescolate e servite subito questo piatto originale, che sarà molto apprezzato.*

Riso al forno

Stagione: *tutto l'anno*
Preparazione: *5 minuti più una notte per l'ammollo del riso*
Cottura: *55 minuti*
Molto facile

Strettamente vegetariano

Ingredienti *(per 4 persone)*

300 g di riso
1/2 l abbondante di acqua
1 pizzico di sale

Preparazione

1 *Lavate il riso e lasciatelo a bagno nell'acqua per una notte in una casseruola di terracotta col coperchio.*

2 *Il giorno seguente aggiungete il sale, portate a ebollizione e lasciate bollire per 10 minuti.*

3 *Poi mettete in forno la casseruola coperta, e fate cuocere, a temperatura moderata, per altri 45 minuti.*

Con questa ricetta il riso riesce molto soffice.

Riso all'indocinese

Stagione: *tutto l'anno*
Preparazione: *5 minuti*
Cottura: *45 minuti*
Molto facile

Strettamente vegetariano

Ingredienti *(per 4 persone)*

300 g di riso
1/2 l abbondante di acqua
1 pizzico di sale

Preparazione

1 *Versate il riso lavato in una casseruola. Aggiungetevi l'acqua fredda fino a due dita sopra il livello del riso. Salate, fate bollire e coprite la casseruola con il coperchio.*

2 *Quando il riso ha raggiunto il livello dell'acqua mescolatelo con una forchetta e aprite nel mezzo un 'camino' affinché il vapore sfiati.*

3 *Appoggiate sulla casseruola un panno di cotone piegato in quattro. Lasciate cuocere a fuoco bassissimo finché il panno non è asciutto.*

Questo è un sistema eccellente per cuocere il riso. Il sapore è particolare e i chicchi rimangono ben staccati gli uni dagli altri.

Riso alla mantovana

Stagione: *tutto l'anno*
Preparazione: *20 minuti*
Cottura: *20 minuti*
Molto facile

Ingredienti *(per 4 persone)*

350 g di riso
200 g di salsiccia mantovana
cannella
parmigiano grattugiato

Preparazione

1 *Preparate l'intingolo mettendo al fuoco la salsiccia spellata e sbriciolata. Cuocetela piano piano, non deve soffriggere.*

2 *Dopo un quarto d'ora allungate il sugo con mezzo bicchiere d'acqua calda e insaporite con una puntina di cannella.*

3 *Intanto cuocete il riso in acqua salata, facendo in modo che quando il riso è cotto risulti asciutto e ben sgranato (Indicativamente: a una parte di riso ne devono corrispondere due d'acqua.)*

4 *Disponete il riso e la salsiccia a strati sul piatto da portata, mettendo fra strato e strato un po' di formaggio grattugiato.*

Questo piatto è meraviglioso se trovate le vere salsicce mantovane, che devono essere freschissime.

Origine: Lombardia

Riso alle foglie di carota

Stagione: *tutto l'anno*
Preparazione: *10 minuti*
Cottura: *10 minuti, se il riso è già cotto, altrimenti 1 ora*
Molto economico
Strettamente vegetariano

Ingredienti *(per 4 persone)*

2 tazze di riso cotto
1 manciata di foglie di carota
1 cucchiaio di olio d'oliva
sale

Preparazione

1 *Lavate le foglie delle carote; tagliate via i gambi che potrebbero servirvi per un brodo.*

2 *Tritate finemente le foglie. Fatele saltare in una padella di ghisa con poco olio e un pizzico di sale e mescolate spesso perché sono delicate e bruciano facilmente. Saranno pronte in circa 5 minuti.*

3 *Aggiungete le foglie al riso cotto e fate scaldare il tutto.*

Di solito le foglie di carota si gettano via, ma è un errore. Mescolatele al riso, come in questa ricetta, sono deliziose.

Riso alle melanzane

STAGIONE: *estate, autunno*
PREPARAZIONE: *30 minuti*
COTTURA: *45 minuti*
MOLTO FACILE

VEGETARIANO

INGREDIENTI *(per 4 persone)*

250 g di riso
4 melanzane di medie dimensioni
750 g di pomodori
2 spicchi d'aglio
1 fogliolina di alloro, 1 pizzico di timo
1 cucchiaio di prezzemolo tritato
80 g di groviera o parmigiano grattugiato
4 uova
olio d'oliva, sale, pepe

PREPARAZIONE

1 *Mondate le melanzane e tagliatele a rondelle non troppo sottili, cospargetele di sale, lasciatele spurgare una mezz'ora e asciugatele.*

2 *Cuocetele in padella con l'olio senza che coloriscano troppo. Poi fatele scolare bene.*

3 *Aggiungete in padella i due spicchi d'aglio, fateli dorare, poi toglieteli e mettete la polpa dei pomodori sbucciati e senza semi, il timo e l'alloro sbriciolato. Fate cuocere per 20 minuti, poi aggiungete il prezzemolo, il sale, il pepe.*

4 *Versate metà del composto in un piatto da forno. Disponete le melanzane in superficie, spruzzate con la metà del formaggio, ricoprite col resto dei pomodori e del formaggio. Cuocete in forno caldo. Il piatto è pronto non appena il formaggio è dorato.*

5 *Servite con uova fritte e riso pilaf (come indicato nella ricetta a pag. 193).*

Riso con le castagne fresche

STAGIONE: *autunno*
PREPARAZIONE: *30 minuti*
COTTURA: *1 ora*
MOLTO FACILE
MOLTO ECONOMICO

STRETTAMENTE VEGETARIANO

INGREDIENTI *(per 4 persone)*

300 g di riso
1 tazza di castagne
1 baccello di vaniglia
sale

PREPARAZIONE

1 *Mettete le castagne e la vaniglia nell'acqua fredda.*

2 *Fate bollire per 5 minuti poi abbassate la fiamma, lasciando sobbollire l'acqua.*

3 *Tirate fuori le castagne un po' per volta (devono essere caldissime) e togliete la buccia e la pellicina.*

4 *Rimettete le castagne nell'acqua e proseguite la cottura. A una ventina di minuti dal termine lavate il riso e mettetelo nella casseruola con l'acqua che occorre e il sale.*

5 *Coprite e lasciate cuocere pian piano per altri 20 minuti.*

Riso con le castagne secche

Stagione: *tutto l'anno*
Preparazione: *10 minuti, più 4 ore per l'ammollo delle castagne*
Cottura: *2 ore circa*
Molto facile
Strettamente vegetariano

Ingredienti *(per 4 persone)*

250 g di riso integrale
50 g di castagne secche
1 baccello di vaniglia
3/4 di l d'acqua
sale

Preparazione

1 *Lasciate a bagno le castagne per quattro ore, poi fatele bollire per un'ora con la vaniglia.*

2 *Aggiungete il riso e il sale e continuate a cuocere per circa 50 minuti.*

Non è molto semplice cuocere il riso assieme ad altri ingredienti, poiché occorre mescolare spesso, molti ingredienti si possono frantumare, o cuociono in tempi molto diversi.
Per questo viene molto usata oggi la formula del riso 'composto', in cui il riso e le altre componenti (verdure, frutti di mare, salse, eccetera) vengono cotti separatamente e uniti solo alla fine, o addirittura solo al momento di servire.

Anche in questa ricetta potete scegliere di fare cuocere separatamente il riso integrale e le castagne e unire i due ingredienti soltanto alla fine della cottura.

Riso con le lenticchie

Stagione: *tutto l'anno*
Preparazione: *5 minuti*
Cottura: *45 minuti*
Molto facile
Molto economico
Strettamente vegetariano

Ingredienti *(per 4 persone)*

300 g di riso integrale
150 g di lenticchie
1 cipolla
1 cucchiaio di salsa di pomodoro
3 cucchiai di olio d'oliva
sale
pepe

Preparazione

1 *Cuocete il riso in abbondante acqua salata.*

2 *Nel frattempo fate soffriggere la cipolla nell'olio, unite le lenticchie, la salsa di pomodoro, il sale, il pepe e l'acqua (due volte il volume delle lenticchie) e lasciate cuocere.*

3 *Quando le lenticchie sono cotte mescolatele al riso.*

Origine: Turchia

Riso con le verdure

STAGIONE: *tutto l'anno*
PREPARAZIONE: *20 minuti*
COTTURA: *20 minuti*
MOLTO FACILE
MOLTO ECONOMICO
STRETTAMENTE VEGETARIANO

INGREDIENTI *(per 4 persone)*

3 carote
1/2 cavolo
3 cipolle
2 tazze di riso cotto

PREPARAZIONE

1 *Tagliate finemente le verdure tenendole separate.*

2 *Mettetele nella casseruola in strati successivi, prima il cavolo, poi la cipolla ed infine le carote.*

3 *Distribuite il riso sopra a tutto il resto e aggiungete dell'acqua, che deve arrivare fino a coprire la metà delle verdure.*

4 *Lasciate cuocere a fuoco dolce per 20 minuti.*

È una ricetta molto indicata per utilizzare un avanzo di riso.

Riso e zucca

STAGIONE: *tutto l'anno*
PREPARAZIONE: *20 minuti, più una notte di ammollo per il riso*
COTTURA: *45 minuti*
MOLTO FACILE
STRETTAMENTE VEGETARIANO

INGREDIENTI *(per 4 persone)*

300 g di riso già tenuto a bagno
3/4 di l d'acqua
600 g di zucca americana
sale

PREPARAZIONE

1 *Tagliate la zucca a fettine disponendole in un piatto da forno munito di coperchio e spolveratela con un pizzico di sale.*

2 *Aggiungete il riso salato con l'acqua dell'ammollo, coprite e mettete in forno a temperatura moderata per 45 minuti.*

3 *Mescolate prima di servire, in modo che appaia l'allegro colore della zucca.*

È possibile realizzare la stessa ricetta sostituendo il riso con il miglio.

Riso integrale bollito

STAGIONE: *tutto l'anno*
PREPARAZIONE: *5 minuti*
COTTURA: *45 minuti*
MOLTO FACILE

STRETTAMENTE VEGETARIANO

INGREDIENTI *(per 4 persone)*

300 g di riso integrale
1/2 l abbondante di acqua
1 pizzico di sale

PREPARAZIONE

1 *Lavate il riso e mettetelo in una casseruola con l'acqua fredda e il sale.*

2 *Portate a ebollizione a fuoco medio, poi lasciate cuocere tenendo la fiamma al minimo.*

Praticamente tutte le ricette a base di riso possono essere realizzate sia con il riso integrale (più ricco e nutriente) sia con quello brillato, più calorico, meno completo, ma spesso più facile da assimilare da chi ha problemi digestivi. Mentre il riso brillato cuoce in circa 20 minuti, il riso integrale necessita di circa 40-50 minuti di cottura.

Per quanto riguarda la misura del riso, sia per quello brillato sia per l'integrale vale la regola del 'tre per uno' (una dose di riso, tre di acqua).
È meglio usare una misura precisa, in maniera che, entro la fine della cottura, tutto il liquido (con il suo prezioso contenuto di nutrienti) abbia il tempo di riassorbirsi completamente.

Riso pilaf

STAGIONE: *tutto l'anno*
PREPARAZIONE: *15 minuti*
COTTURA: *45 minuti*
MOLTO FACILE
MOLTO ECONOMICO

VEGETARIANO

INGREDIENTI *(per 4 persone)*

300 g di riso
2 cipolle
50 g di burro
timo
alloro
sale
pepe

PREPARAZIONE

1 *Pulite le cipolle e affettatele. Rosolatele nel burro e quando sono appena dorate aggiungete il riso.*

2 *Mescolate con un cucchiaio di legno finché tutti i chicchi non sono conditi.*

3 *Versate 3 dl d'acqua e insaporite con timo, alloro, sale e pepe.*

4 *Coprite e lasciate cuocere a fiamma bassissima finché l'acqua non è completamente assorbita.*

Riso pilaf alle cozze

STAGIONE: *tutto l'anno*
PREPARAZIONE: *30 minuti*
COTTURA: *50 minuti*
MOLTO FACILE

INGREDIENTI *(per 4 persone)*

2 kg di cozze
250 g di riso
1 cipolla
5 scalogni
2 cucchiai di olio d'oliva

PREPARAZIONE

1 *Pulite e lavate bene le cozze, poi mettetele in un tegame coperto con la fiamma al minimo affinché le conchiglie si aprano.*

2 *Rosolate le cipolle tritate in una casseruola, aggiungete il riso, copritelo con l'acqua, unite il sale e fate cuocere con la fiamma al minimo.*

3 *Dopo mezz'ora aggiungete le cozze con la loro acqua passata al setaccio.*

4 *Lasciate cuocere ancora per 20 minuti.*

Riso rosa

STAGIONE: *tutto l'anno*
PREPARAZIONE: *5 minuti*
COTTURA: *40 minuti*
MOLTO FACILE
MOLTO ECONOMICO
STRETTAMENTE VEGETARIANO

INGREDIENTI *(per 4 persone)*

300 g di riso
150 g di fagioli azuki
1 l e 1/2 di acqua
1 pezzo di alga kombu (circa 10 cm)
2 prese di sale

PREPARAZIONE

1 *Tagliate l'alga a pezzettini e mettetela per mezz'ora a bagno in acqua fredda. Versatela, con l'acqua in cui è stata a bagno, in una casseruola di ghisa.*

2 *Fate bollire, aggiungete i fagioli azuki e lasciate cuocere per mezz'ora a fuoco basso.*

3 *Aggiungete il riso e il sale, e fate bollire ancora 35 minuti a fuoco bassissimo.*

I bambini amano molto questo riso, delicatamente roseo, per il suo sapore e per il suo colore.

Origine: Giappone

Riso tostato

STAGIONE: *tutto l'anno*
PREPARAZIONE: *10 minuti*
COTTURA: *35 minuti*
MOLTO FACILE

STRETTAMENTE VEGETARIANO

INGREDIENTI *(per 4 persone)*

300 g di riso lungo
1/2 l di acqua
1 pizzico di sale

PREPARAZIONE

1 *Lavate il riso e asciugatelo in un canovaccio. Tostatelo nella padella asciutta, a fuoco dolcissimo, mescolandolo con un movimento a spirale.*

2 *Quando i chicchi cominciano a colorirsi e mandano un buon odore versate il riso nell'acqua calda salata.*

3 *Fate cuocere con la fiamma al minimo per 35 minuti.*

Risotto alla milanese

STAGIONE: *tutto l'anno*
PREPARAZIONE: *5 minuti*
COTTURA: *20 minuti circa*
MOLTO FACILE
MOLTO ECONOMICO

INGREDIENTI *(per 4 persone)*

350 g di riso
50 g di burro o del midollo di bue
1 cipolla
1 l di brodo di carne
zafferano
parmigiano grattugiato
sale

PREPARAZIONE

1 *Mettete in un tegame una cipolla tritata finemente con burro abbondante, e cuocetela piano finché non diventa trasparente. Non deve prendere colore.*

2 *Quando accenna a dorare unite il riso e mescolatelo per qualche istante perché assorba bene il condimento e tosti leggermente.*

3 *Tenete a bollore su un altro fornello il brodo e aggiungetelo a mano a mano, mescolando ogni tanto; col primo mestolo di brodo aggiungete anche lo zafferano.*

4 *Il riso cuoce, secondo le varietà, in 15-18 minuti. Quando è pronto spegnete il fuoco e aggiungete un po' di parmigiano grattugiato e di burro fresco.*

Il risotto alla milanese, come tutti i risotti, è assolutamente squisito se cotto in un buon brodo di carne.

Origine: Lombardia

Risotto alla parmigiana

STAGIONE: *tutto l'anno*
PREPARAZIONE: *5 minuti*
COTTURA: *20 minuti*
MOLTO FACILE
MOLTO ECONOMICO

INGREDIENTI *(per 4 persone)*

350 g di riso
1 l di brodo di carne
cipolla
burro
parmigiano grattugiato
sale

PREPARAZIONE

1 *Rosolate dolcemente la cipolla tritata finemente nel burro, finché non è trasparente.*

2 *Tostate il riso nel soffritto, poi aggiungete via via il brodo caldo. Quando è pronto servitelo con dell'abbondante formaggio grattugiato.*

Il riso, bianco o integrale, ha un sapore delizioso e delicato anche se viene cotto semplicemente in un buon brodo di carne o di verdure, senza nessun altro condimento. Diverso, ma sempre ottimo, è il riso bollito nell'acqua semplice e condito con olio buono e formaggio grattugiato.

Origine: Italia centrale

Risotto alle verdure

STAGIONE: *estate, autunno*
PREPARAZIONE: *15 minuti*
COTTURA: *45 minuti, se i fagioli sono già cotti*
MOLTO FACILE
MOLTO ECONOMICO
VEGETARIANO

INGREDIENTI *(per 4 persone)*

300 g di riso
5 carote medie
1/2 costola di sedano
2 pomodori
5 spicchi d'aglio
6 belle foglie di basilico o 1 cucchiaio di timo fresco tritato
1 tazzina di fagioli cotti
1 cucchiaino di olio
sale

PREPARAZIONE

1 *Cuocete il riso scegliendo una delle ricette di base indicate alle pagine precedenti.*

2 *Tagliate le verdure a cubetti.*

3 *Fate rosolare l'aglio, poi le carote e il sedano, infine aggiungete i pomodori, il sale e mezza tazza d'acqua.*

4 *Lasciate cuocere piano per 20 minuti.*

5 *A questo punto unite i fagioli, il riso e il basilico tritato (o il timo).*

6 *Mescolate bene il tutto e lasciate cuocere ancora 10 minuti.*

Naturalmente il risotto non ha bisogno di presentazioni. I libri di cucina ne presentano numerose varianti, e ciascuno può aggiungerci gli ingredienti che preferisce. Questo è molto semplice, molto economico e molto buono.

Pane di segale

STAGIONE: *tutto l'anno*
PREPARAZIONE: *30 minuti (più una notte per la fermentazione)*
COTTURA: *1 ora*
PIUTTOSTO DIFFICILE

INGREDIENTI *(per 4 persone)*

300 g di farina di segale (setacciata)
100 g di farina di grano (setacciata)
1 cucchiaino di sale
3 cucchiai di lievito naturale
acqua

PREPARAZIONE

1 *Si procede come per preparare il pane di frumento (vedi la ricetta indicata alle pagine 134 e 135). La farina di segale è però meno ricca di glutine di quella di grano, e la pasta è più appiccicosa. Quindi state molto attenti a mettere solo l'acqua che serve a ottenere un impasto molto consistente.*
2 *L'impasto sarà al punto giusto dopo 30-40 minuti di lavorazione.*
3 *Con la farina di segale la fermentazione è più lenta. Una buona tecnica è fare il pane alla sera e lasciarlo lievitare per tutta la notte in un luogo un po' fresco (15 °C circa); l'indomani mattina la pasta lievitando avrà riempito lo stampo e si potrà infornare.*

Il pane di segale è incomparabile: dolce e profumato, rimane fresco molto a lungo. È particolarmente indicato per le persone sedentarie.

La lavorazione è un po' lunga, ma lo sforzo vale ampiamente il risultato. Si può fare il pane con la sola farina di segale, ma per cominciare è meglio mescolare segale e grano.

Potete preparare una variante di questo pane aggiungendo dei gherigli di noce agli altri ingredienti (circa 100 g per 1/2 kg di farina). Le noci si accordano meravigliosamente bene col pane di segale.

Mescolate il lievito con le farine di segale e grano e l'acqua.

Coprite e lasciate lievitare per due ore (ma anche per tutta una notte).

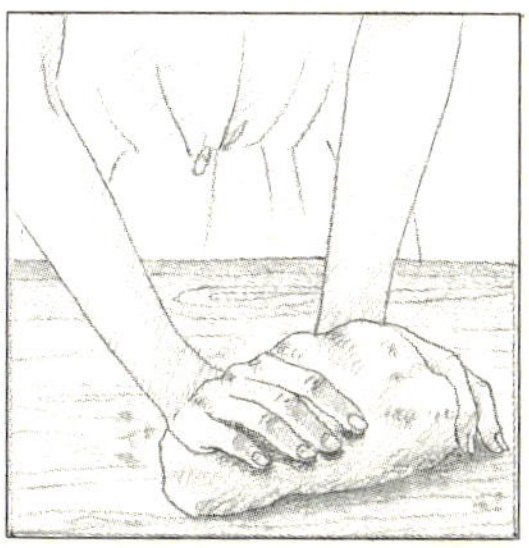

Impastate vigorosamente finché il composto non diventa liscio.

Formate le pagnotte (devono lievitare ancora 30 minuti).

LE LEGUMINOSE

Conosciuti come 'carne del povero', i legumi (ceci, fagioli, lenticchie, fave, piselli secchi) hanno una cattiva reputazione. Sono accusati di essere lunghi da cucinare, indigesti, pesanti, di riempire l'intestino di gas, e, peggio di tutto, si dice che fanno ingrassare. Così sono spariti quasi del tutto dalle nostre tavole.

In Italia, all'inizio del secolo, il consumo giornaliero era di 50 grammi a persona, oggi il consumo è sceso a 10 grammi e continua a diminuire. Succede lo stesso in ogni parte del mondo: man mano che il livello di vita si innalza i legumi vengono sostituiti da proteine animali (carne, pesce, latticini, uova) che sono considerate, decisamente a torto, più 'nobili'.

Invece i legumi, come alimento, meritano la massima attenzione.

Sono più ricchi di proteine della carne e del pesce. Le loro proteine sono complementari a quelle dei cereali: in particolare sono ricchi di lisina, l'aminoacido che manca nei cereali.

Sono il gruppo di alimenti che contiene più fibra. È molto meglio mangiare fagioli o ceci che comprare crusca in farmacia!

Contengono minerali in misura elevata e in particolare sono ricchi di oligoelementi (rame, manganese, zinco, iodio).

Sono una buona fonte di vitamina B_1, di vitamina PP (niacina); contengono anche riboflavina (vitamina B_2), acido folico, biotina, acido pantotenico e piridossina. Tutte queste vitamine sono resistenti al calore e non vengono eccessivamente danneggiate dalla cottura.

Per la maggior parte i legumi contengono pochissimi grassi. In più i componenti oleosi

Insalata di fagiolini e ceci
(vedi *la ricetta a pagina 221*)

Come cuocere i legumi

È davvero arrivato il momento di vedere le leguminose con occhi nuovi: una gamma di proposte gastronomiche stuzzicanti, saporite e sempre diverse che rappresenta la fonte di proteine più comoda e più sana che ci sia. E anche la più conveniente, per il nostro bilancio e per il nostro pianeta.

Ricordiamo, anche qui, le cose importanti.

Cucinare le leguminose è facile. Alcune cuociono rapidamente e senza ammollo, ma tutte cuociono senza bisogno di sorveglianza e durano in frigo per giorni senza perdere il loro splendido valore nutritivo.

Bastano poche leguminose: un quarto della dose di cereali. I legumi sono un'integrazione, non un piatto di base.

Le leguminose sono il gruppo di alimenti che contiene più fibra e assorbe più acqua. A parità di peso un piatto di legumi sazia più di qualsiasi altro cibo, aiutandovi a trovare l'equilibrio giusto fra l'apporto calorico e il piacere di mangiare.

Le leguminose sono un alimento potente che va usato con misura, rispettando le regole fissate dalla tradizione per una consumazione senza problemi. Vale a dire:
- l'ammollo, che elimina la maggior parte delle sostanze antinutritive (ricordiamo che l'acqua dell'ammollo va buttata via);
- la cottura lenta, a fuoco basso e con gli aromi;
- l'eliminazione della buccia, che toglie di mezzo la parte meno digeribile.

I passati di legumi sono tanto popolari nel mondo proprio perché consentono di eliminare le bucce senza fare troppa fatica: basta utilizzare un setaccio e un pestello. Un altro modo semplice per eliminare il problema è comperare leguminose già sbucciate.

Coprite i legumi con acqua fredda. Lasciateli in ammollo per una notte.

Scolateli dall'acqua dell'ammollo e sciacquateli in acqua fredda.

Fateli bollire assieme agli aromi (ma senza sale), mescolando ogni tanto.

Scolateli quando sono cotti. Non gettate l'acqua di cottura: può servire per numerose ricette.

dei legumi sono ricchi di acidi grassi insaturi e non contengono colesterolo.

I legumi sono dotati anche di proprietà medicinali non ancora sfruttate: abbassano il tasso di colesterolo nel sangue, regolarizzano la glicemia e sono un'arma particolarmente efficace contro la costipazione.

Secondo la medicina del Medio Evo almeno tre legumi (ceci, fagioli e fave) sono afrodisiaci. A quell'epoca il linguaggio era più ricco di immaginazione: 'eccitano ai piaceri di Venere', si diceva, proprietà che i serissimi trattati dietetici dell'epoca classificavano fra gli inconvenienti!

Veniamo ai veri inconvenienti dei legumi perché, non nascondiamolo, ne hanno davvero. È vero che provocano gas, che sono a volte difficili da digerire, e che contengono (la soia più degli altri) sostanze antinutritive. Ma è facile eliminare questi inconvenienti usando alcune tecniche, che per la maggior parte sono conosciute da molto tempo.

L'ammollo (a condizione di gettare via l'acqua di ammollo) elimina una parte delle sostanze antinutritive dei legumi; la cottura a regola d'arte, sufficientemente lunga, a fuoco basso e in presenza di aromi prolunga e perfeziona l'azione dell'ammollo.

Sottolineiamo l'importanza degli aromi, la cui importanza va ben al di là delle ragioni gastronomiche: infatti, con un meccanismo ancora poco noto, migliorano in modo importante la digeribilità dei legumi; l'eliminazione della buccia, o scorticatura, è spesso praticata per i legumi a buccia consistente (fave, piselli secchi, a volte fagioli e ceci). E infatti la buccia è la parte più difficile da digerire.

Noi mangiamo i piselli secchi spezzati invece che interi proprio perché la rottura è il solo mezzo pratico di eliminarne la buccia. Per lo stesso motivo in tutta l'India si consumano i 'dals', legumi di tutti i tipi scorticati e rotti. E perché credete che i passati di legumi siano tanto popolari in tutto il mondo?

Non certo per risparmiare la fatica di masticare. Trasformare in passato un seme di legume è in realtà l'unico sistema comodo, a livello familiare, per separare la buccia dal seme... purché naturalmente si usi il sistema tradizionale, mortaio e setaccio, e non il frullatore.

Altre due tecniche: la germogliazione e la fermentazione permettono contemporaneamente di migliorare la digeribilità dei legumi e di aumentare il loro valore nutritivo arricchendoli di vitamine in modo naturale. La germinazione è usata soprattutto per la 'soia verde' (che in realtà non è soia ma una varietà di fagiolo) ma anche per le lenticchie, i ceci, i piselli secchi. La fermentazione è usata più che altro per la soia ma anche per i ceci, le fave, le lenticchie, eccetera (vedi ricette).

Un'ultima regola importante, per digerire bene i legumi, è di non mangiarne troppi nello stesso pasto; i legumi non devono mai costituire il piatto principale, ma solo un complemento del menu.

Anche le ricette delle leguminose sono numerose, e provengono da ogni parte del mondo.

Ci auguriamo che vi suggeriscano tante nuove idee per interpretare i legumi sulla tavola di ogni giorno, magari in vesti inconsuete come i patè o le frittelle dolci. La cucina europea non ha idea di come può essere divertente cucinare le leguminose...

I ceci

I ceci sono il legume classico del bacino mediterraneo, dove sono coltivati e mangiati da tempi immemorabili.

La popolarità dei ceci è testimoniata dal numero di espressioni proverbiali in cui vengono citati. In Spagna, una persona poverissima è uno che 'conta i suoi ceci'. Nella Roma antica si vendevano i ceci fritti nelle strade.

I fagioli

Il fagiolo è, insieme ai ceci, il legume più consumato in Italia. La maggior parte delle varietà attuali è di origine americana: i primi fagioli sono stati portati dal continente americano da Cristoforo Colombo. Il solo fagiolo di origine europea è il fagiolo 'dell'occhio', che in realtà appartiene a un diverso genere botanico (genere *Dolichos*, mentre gli altri fagioli appartengono al genere *Phaseolus*).

Il fagiolo è ancora abbastanza popolare in certe regioni, soprattutto in Toscana. Cotto molto a lungo a fuoco bassissimo, in presenza di aromi è delizioso e si digerisce senza difficoltà. Si può prepararlo in cento modi diversi.

I fagiolini

Anche i fagiolini sono coltivati in diverse varietà: gialli, verdi, viola cupo, piatti o cilindrici, precoci o tardivi. I fagiolini 'mangiatutto', o taccole, hanno meno nitrati e più proteine degli altri. Ai fagiolini (i 'cornetti') bisogna togliere il 'filo'.

Sono particolarmente nutritivi fra i vegetali estivi, ed è bene coglierli non troppo giovani.

Le fave

La fava fresca (colta prima che arrivi a perfetta maturazione) è un legume apprezzato in molte regioni d'Italia.

Invece le fave secche sono consumate di rado, certo a causa della buccia spessa e indigesta che è quasi indispensabile eliminare.

La soluzione, per chi vuole riscoprire questo interessante legume, è farne dei passati (il che permette di eliminare le bucce) o comprare fave già sbucciate, che vengono vendute rotte come i piselli e per la stessa ragione. La cucina del Medio Oriente ne fa largo uso.

Le lenticchie

Coltivata dall'uomo da tempo immemorabile, attualmente questa pianta erbacea annuale non si trova più allo stato spontaneo, nemmeno nell'Asia sud-occidentale di cui, pare, sia originaria.

Esistono numerosissime specie commerciali di lenticchie, ma le principali distinzioni sono quelle tra lenticchie a semi grandi e a semi piccoli e quella attuata in base al colore.

Tra le lenticchie grandi troviamo la lenticchia comune, con il seme di color bruno o rossastro, le lenticchie rosso-screziate e la lenticchia verde. Tra le piccole le famose egiziane, di color arancio acceso, e le lenticchie bruno-rossastre.

I piselli

Sono una delle prime verdure estive. I piselli freschi sono deliziosi nella loro freschezza zuccherina, e sono molto ricchi di proteine. È meglio non mangiarli troppo piccoli.

Un tempo i piselli secchi erano uno dei legumi più consumati nei paesi del Nord Europa. Interi, sono praticamente scomparsi dal mercato, ma si continuano a trovare i piselli rotti che hanno il vantaggio si essere già sbucciati. Diventano purè da soli mentre cuociono. Hanno due vantaggi importanti, in comune con le lenticchie: cuociono in fretta (da mezz'ora a tre quarti d'ora) e non hanno bisogno di ammollo. In più si digeriscono facilmente e non provocano gas.

La soia e i suoi derivati

La soia è un alimento straordinario. E' due volte più ricca di proteine della carne, con grassi pregiati, lecitina, preziose vitamine e minerali. Eppure allo stato naturale la soia è inconsumabile, indigeribile, perfino tossica.

La tradizione alimentare orientale ha aggirato l'ostacolo sottoponendo la soia a innumerevoli trasformazioni (quasi tutte basate sulla fermentazione) che hanno dato vita a specialità deliziose, non solo facili da digerire, ma addirittura potenziate nella loro già altissima potenzialità nutritiva.

Il miso

Il miso è una pasta più o meno scura ottenuta fermentando a lungo (da qualche settimana a due anni) la soia con sale e, spesso ma non sempre, con un cereale. Il risultato è un alimento straordinariamente ricco di proteine,

Come preparare in casa il latte di soia

Mettete la soia in grani a bagno nell'acqua per una giornata. Scolate i fagioli, uniteli a una quantità d'acqua pari a tre volte il loro volume e frullateli. Mettete il composto a fuoco vivo e fate bollire per un quarto d'ora. Scolate l'impasto e strizzatelo in modo da ottenere il 'latte'.

Oppure: mescolate una tazza di farina di soia in quattro tazze d'acqua fino a ottenere una crema liscia. Lasciate riposare due ore poi fate cuocere a bagnomaria per 40 minuti. Filtrate con un tovagliolo e , se occorre, aggiungete un po' d'acqua.

Questi sono i sistemi casalinghi. La lavorazione industriale preferisce usare semi di soia già sbucciati, che danno un latte meno amarognolo.

Lasciate in ammollo i semi di soia per circa 24 ore.

Frullateli (dopo averli sciacquati) assieme all'acqua.

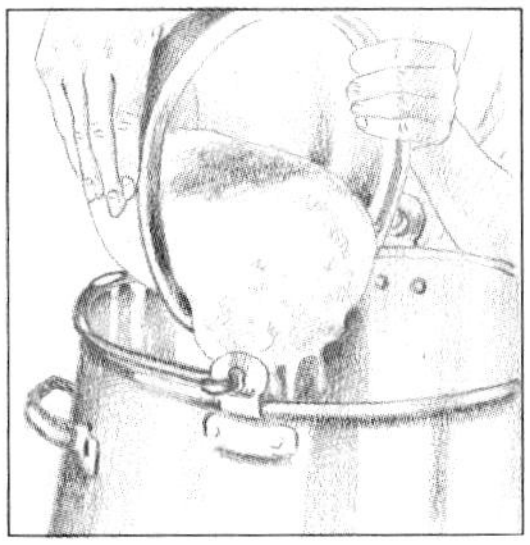

Fate bollire il composto ottenuto per almeno15 minuti.

Filtrate con l'aiuto del canovaccio: il liquido ottenuto è il 'latte di soia'.

enzimi e fermenti lattici, da non scaldare eccessivamente per non inattivare la sua vitalità.

Il miso è l'ingrediente base della zuppa di miso, che in Giappone è consumata ogni giorno, ma è anche un ottimo condimento per molti piatti.

Siccome contiene il 10 per cento di sale, i piatti che lo contengono non vanno salati.

Tamari e shoyu

Il tamari è una salsa di soia preparata facendo fermentare a lungo la soia (da molti mesi a tre anni) in botti di legno di quercia, con sale e speciali fermenti.

Lo shoyu ha la stessa preparazione, ma contiene anche, oltre alla soia, frumento e ha un sapore meno spiccato.

Purtroppo nei negozi di articoli esotici compaiono anche salse di soia prodotte industrialmente, che non hanno nulla della ricchezza nutritiva dell'originale e che quindi sarebbero da evitare.

Tamari e shoyu (o, genericamente, tamari) vengono usati volentieri nella cucina naturale per insaporire gli alimenti, al posto dei dadi o delle salse industriali.

Il tamari è un ricostituente fisiologico e un potente rigeneratore cellulare; va comunque usato con misura, senza coprire col suo gusto intenso il sapore naturale dei cibi.

Il tempeh

È una specie di croccante: la soia gialla, cotta e sbucciata, viene inoculata con un batterio che cresce fino ad avvolgerla in un unico blocco di muffa bianca, di aspetto un po' simile alla superficie del camembert. Ha un gusto speciale a cui ci si abitua facilmente, è ricco di sostanze nutritive e può entrare in moltissime preparazioni. Si può fare in casa con poca fatica, basta avere un'incubatrice anche rudimentale o uno scaldavivande.

Altri prodotti fermentati a base di soia, ma meno conosciuti in Europa, sono il *natto,* simile al tempeh, ma con un bacillo e un sapore diverso, l'*hamanatto*, che è giapponese e nasce dalla fermentazione lunga della soia in grani, e il *kecap* o *kedjap*, equivalente giapponese delle salse di soia cinesi e giapponesi. Il *ketchup* europeo è una imitazione malriuscita della salsa originaria.

C'è anche l'olio di soia, ma è l'unico derivato della soia con un profilo alimentare negativo. Infatti viene sia estratto sia depurato con sistemi molto aggressivi, che lo impoveriscono totalmente della sua originaria ricchezza nutrizionale.

Il tofu

Dal latte di soia, come dal latte di mucca, si fa un formaggio fresco, il tofu. Il tofu è l'unico 'formaggio' totalmente privo di colesterolo. È ricco di proteine, poco grasso, estremamente digeribile. Si può fare in casa o comprare nei negozi specializzati. È bianco, senza odore e senza gusto spiccato, e può essere usato in moltissime preparazioni alimentari. In Cina si mangia anche un tofu fermentato per qualche settimana, il *sofu.*

Preparazione casalinga del tofu

Lasciate i grani di soia nell'acqua fresca per una giornata, cambiando l'acqua almeno due volte. Schiacciate bene i semi macerati (meglio se in un mortaio), poi mettete sul fuoco con acqua bollente, rimestando spesso per far riassorbire la schiuma che si forma. Portate a bollore tre volte, interrompendo ogni volta la bollitura con un po' di acqua fredda. Infine fate cuocere per qualche minuto senza far bollire, ma solo fremere.
Strizzate il composto in un telo pulito raccogliendo il liquido in un recipiente. Fatelo scaldare a 90 °C e fatelo coagulare con mezzo bicchiere di succo di limone. (A livello industriale si usa il *nigari*, cloruro di magnesio estratto dal sale marino.)
Lasciate riposare finché la parte coagulata non si separa dal latticello, poi scolate il tofu in un telo sottile pressandolo con un peso.
Il tofu si conserva in frigo per una settimana immerso nell'acqua rinnovata spesso.
Il valore nutritivo del tofu (in giapponese *to-fu* significa 'carne senza ossa') equivale, o addirittura supera, quello dei formaggi a base di latte vaccino (contiene tutti gli aminoacidi essenziali). Con la differenza però che il tofu è totalmente privo di grasso. Costituisce così un alimento completo e digeribile per tutti, dai bambini anche molto piccoli agli anziani con limitazioni dietetiche.

Fate coagulare il liquido ottenuto con il succo di limone.

Aiutatevi con un colino per separare la parte coagulata dal latticello.

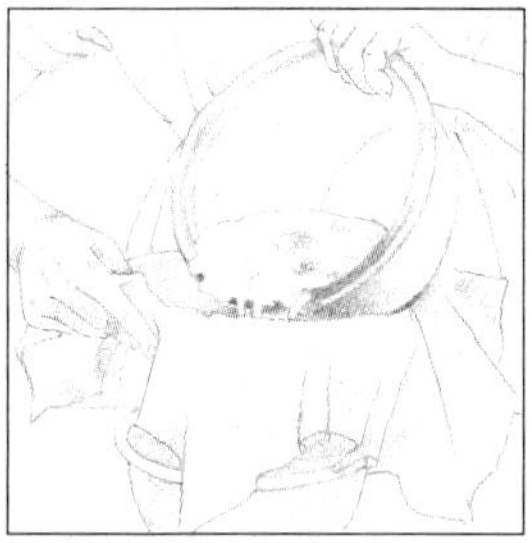

Scolate delicatamente il tofu in un canovaccio a trama sottile.

Un peso appoggiato sopra al tofu vi aiuterà a pressarlo e solidificarlo.

Ceci bolliti con erbe aromatiche

STAGIONE: *tutto l'anno*
PREPARAZIONE: *5 minuti, più una notte per l'ammollo dei ceci*
COTTURA: *2 ore*
MOLTO FACILE

STRETTAMENTE VEGETARIANO

INGREDIENTI *(per 4 persone)*

300 g di ceci
3 foglie di alloro (o 3 rametti di timo)
1 spicchio di aglio
1 mazzetto di aromi (salvia, rosmarino, alloro)
sale marino integrale

1 *Mettete a bagno i ceci in acqua fredda con qualche foglia di alloro o timo.*

2 *Sciacquateli, dopo circa 12 ore, abbondantemente in acqua fredda.*

3 *Fate poi cuocere, a fuoco moderato, in abbondante acqua per circa 2 ore, aggiungendo lo spicchio di aglio e il mazzetto di aromi.*

4 *Salate alla fine della cottura.*

Potete utilizzare i ceci così preparati, dopo averli lasciati intiepidire, in insalata assieme a qualsiasi tipo di verdura.

Potete anche passarli per preparare crocchette (per esempio assieme a funghi, erbe aromatiche e olive nere frullate).

È consigliabile, per non perdere la ricchezza di sali minerali e altre sostanze nutrienti, utilizzare l'acqua di cottura dei ceci per preparare minestre di verdura, saporitissime.

Ceci e uova alla menta

STAGIONE: *tutto l'anno*
PREPARAZIONE: *15 minuti, più una notte per l'ammollo dei ceci*
COTTURA: *2 ore*
MOLTO FACILE

STRETTAMENTE VEGETARIANO

INGREDIENTI *(per 4 persone)*

300 g di ceci
2 cipolle
2 cucchiai di olio d'oliva
3 spicchi d'aglio
4 uova
1 cucchiaio di aceto
foglie di menta
sale

PREPARAZIONE

1 *Cuocete i ceci già ammollati con una cipolla tagliata a fette piuttosto grosse e salate a fine cottura.*

2 *Fate rosolare dolcemente l'altra cipolla nell'olio d'oliva, con l'aglio tritato finemente e le foglie di menta.*

3 *Quando il soffritto comincia a dorare unite i ceci e 1/2 l della loro acqua di cottura. Lasciate insaporire a fuoco dolcissimo.*

4 *Unite le uova sbattute.*

Origine: Portogallo.

LEGUMI

Farina di ceci gratinata

STAGIONE: *tutto l'anno*
PREPARAZIONE: *10 minuti*
COTTURA: *30 minuti*
MOLTO ECONOMICO
MOLTO FACILE
VEGETARIANO

INGREDIENTI *(per 4 persone)*

500 g di farina di ceci
3 uova
cumino
sale

PREPARAZIONE

1 *Versate la farina di ceci in una terrina e salate. Formate una fontana al centro e rompeteci le uova, poi amalgamate il tutto.*

2 *Aggiungete dell'acqua a poco a poco, sempre mescolando, fino a ottenere un impasto leggero.*

3 *Imburrate uno stampo e versateci la pasta.*

4 *Fate cuocere per 30 minuti in forno già caldo finché non si forma una crosta ben dorata in superficie.*

5 *Tagliate a fette, spolverate di cumino e servite.*

Origine: Algeria

Farinata

STAGIONE: *tutto l'anno*
PREPARAZIONE: *10 minuti più 12 ore per la fermentazione dei ceci (facoltativo)*
COTTURA: *20 minuti*
MOLTO FACILE
STRETTAMENTE VEGETARIANO

INGREDIENTI *(per 4 persone)*

500 g di farina di ceci
1 bicchierino d'olio d'oliva
sale
pepe (facoltativo)

PREPARAZIONE

1 *Stemperate la farina di ceci con l'acqua, senza formare grumi e mescolate energicamente fino a ottenere una pasta abbastanza fluida.*

2 *Lasciate fermentare per circa 12 ore in un ambiente tiepido.*
La pasta sarà al punto giusto quando è leggermente cresciuta in volume ed emana un odore di lievito. A questo punto aggiungete l'olio e il sale mescolando con cura servendovi di un cucchiaio di legno.

3 *Tradizionalmente la farinata si cuoce in forno: versatela in uno stampo ben oliato, spruzzate di pepe macinato e cuocete 20 minuti a forno caldo. Però potete cuocerla anche in padella, sotto forma di frittatine.*

La farinata genovese di farina di ceci è una ricetta semplicissima e molto rapida.

La fermentazione non è indispensabile, ma dà un risultato più leggero e digeribile.

Origine: Liguria

Frittelle di ceci

STAGIONE: *tutto l'anno*
PREPARAZIONE: *20 minuti, più una notte per l'ammollo dei ceci*
COTTURA: *7-8 minuti*
MOLTO FACILE

STRETTAMENTE VEGETARIANO

INGREDIENTI *(per 4 persone)*

150 g di farina di ceci
1 cipolla media
1 patata
3 cucchiai di coriandolo fresco tritato
1 cucchiaino di peperoncino rosso in polvere
1 pizzico di cumino
olio per friggere
sale

PREPARAZIONE

1 *Preparate un impasto abbastanza denso con la farina di ceci e dell'acqua.*

2 *Unite la cipolla affettata finemente, la patata cruda e grattugiata, il coriandolo, il cumino, il peperoncino e il sale.*

3 *Mettete l'olio a scaldare in una padella per friggere, o meglio in un wok.*

4 *Prendete l'impasto con un cucchiaio e fatelo scivolare nell'olio caldo aiutandovi con un altro cucchiaio.*

5 *Girate le frittelle e lasciatele friggere finché non sono ben dorate (per 7-8 minuti). Sgocciolatele poi su carta assorbente.*

Il wok è una grossa padella usata per friggere nei paesi asiatici. La potete trovare in alcuni negozi macrobiotici.

Origine: India

Hommos

STAGIONE: *tutto l'anno*
PREPARAZIONE: *30 minuti, più una notte per l'ammollo*
COTTURA: *2 ore*
MOLTO FACILE

STRETTAMENTE VEGETARIANO

INGREDIENTI *(per 4 persone)*

200 g di ceci
6 cucchiai rasi di tahin
1 limone
4 spicchi d'aglio
sale grosso

PREPARAZIONE

1 *Cuocete i ceci già ammollati e fatene un passato non troppo liquido.*

2 *Schiacciate l'aglio e il sale grosso nel mortaio. Diluite il tahin col succo di limone e aggiungete l'aglio e il sale.*

3 *Unite al passato di ceci e mescolate bene tutti gli ingredienti. Se il composto risulta troppo denso potete aggiungere un po' d'acqua.*

4 *Servite freddo.*

L'hommos si mangia tradizionalmente con pezzi di pane arabo, a forma di focaccina piatta, prendendolo con il pane piegato a cornetto.

Origine: Libano

Insalata di ceci

STAGIONE: *tutto l'anno*
PREPARAZIONE: *15 minuti, più una notte per l'ammollo dei ceci*
COTTURA: *2 ore*
MOLTO FACILE

STRETTAMENTE VEGETARIANO

INGREDIENTI *(per 2 persone)*

150 g di ceci
1 cipolla
2 spicchi d'aglio
2 cucchiai di olio d'oliva
2 cucchiai di succo di limone
3 cucchiai di prezzemolo tritato
sale
pepe

PREPARAZIONE

1 *Cuocete i ceci già ammollati e scolateli.*

2 *Sbucciate e schiacciate l'aglio, mescolatelo all'olio e al succo di limone unendo anche il sale e il pepe appena macinato.*

3 *Mescolate il tutto con i ceci ancora caldi.*

4 *Insaporite col prezzemolo e la cipolla tagliata a rondelle sottili.*

Origine: Medio Oriente

Insalata di ceci allo yogurt

STAGIONE: *primavera, inverno*
PREPARAZIONE: *15 minuti, più una notte di ammollo*
COTTURA: *2 ore*
MOLTO FACILE

VEGETARIANO

INGREDIENTI *(per 4 persone)*

150 g di ceci
500 g di spinaci
125 g di yogurt
4 cucchiai di olio d'oliva
1 cucchiaio di aceto
2 cucchiai di prezzemolo tritato
sale
pepe

PREPARAZIONE

1 *Cuocete i ceci precedentemente ammollati.*

2 *Fate lessare rapidamente gli spinaci, scolateli e tritateli grossolanamente.*

3 *Uniteli ai ceci e insaporite con l'olio, l'aceto, il sale e il pepe.*

4 *Mescolate bene il tutto e mettete in fresco.*

5 *Al momento di servire disponete i ceci in un piatto, copriteli con lo yogurt e cospargete di prezzemolo tritato.*

Origine: Medio Oriente

Lobio

STAGIONE: *tutto l'anno*
PREPARAZIONE: *5 minuti (se utilizzate ceci già cotti)*
COTTURA: *10 minuti*
MOLTO FACILE
STRETTAMENTE VEGETARIANO

INGREDIENTI *(per 4-6 persone)*

400 g di ceci già cotti
2 cipolle
200 g di noci sgusciate
1 cucchiaio di olio d'oliva
un pizzico di zenzero grattugiato
sale

PREPARAZIONE

1 *Rosolate le cipolle tagliate a fettine sottili nella padella unta di olio.*

2 *Aggiungete i ceci, ben scolati, e lasciate insaporire.*

3 *Unite le noci e lo zenzero e passate al frullatore, o nel mortaio.*

4 *Servite freddo.*

Il lobio è un paté tutto vegetale, facile da preparare, saporito ed estremamente nutriente.

Al posto dei ceci potete utilizzare, a piacere, anche lenticchie o fagioli e, al posto delle noci, mandorle e nocciole.

È un piatto di origine caucasica. La ricetta originale prevede l'aroma dello zenzero, ma il lobio è ottimo anche con peperoncino, paprica, o altri aromi decisi. Potete servirlo come antipasto, come contorno, come stuzzichino, o per farcire tartine.

Minestrone coi ceci

STAGIONE: *estate, autunno*
PREPARAZIONE: *30 minuti più una notte per l'ammollo dei ceci*
COTTURA: *2 ore*
MOLTO ECONOMICO
MOLTO FACILE

INGREDIENTI *(per 4 persone)*

200 g di ceci
100 g di lardo
2 carote
1 costola di sedano
2 zucchine
200 g di fagiolini
2 cipolle
2 spicchi d'aglio
2 cucchiai d'olio
basilico (facoltativo)
sale, pepe

PREPARAZIONE

1 *Mettete i ceci già ammollati in una casseruola col lardo. Coprite abbondantemente d'acqua e fate cuocere per circa 2 ore. Salate soltanto a fine cottura.*

2 *Intanto mondate l'aglio e la cipolla. Tagliate i fagiolini a pezzetti lunghi circa 3 cm, il sedano a fiammiferi, le carote e le zucchine a rondelle. Tagliate i pomodori a dadi piuttosto grossi.*

3 *Fate rosolare le verdure per 5 minuti, poi lasciatele cuocere per mezz'ora aggiungendo, se occorre, un po' d'acqua.*

4 *Unite le verdure ai ceci 20 minuti prima che siano cotti, e se occorre aggiustate di sale e pepe.*

5 *In estate prima di servire potete spruzzare il minestrone di basilico fresco tritato.*

Minestrone di ceci e bulghur

STAGIONE: *estate, autunno*
PREPARAZIONE: *30 minuti più una notte per l'ammollo dei ceci*
COTTURA: *2 ore*
MOLTO FACILE

STRETTAMENTE VEGETARIANO

INGREDIENTI *(per 4 persone)*

200 g di ceci
200 g di bulghur
2 patate
10 cipolle piccole
2 carote
3 peperoni verdi
2 pomodori
4 cucchiai di olio d'oliva
sale

PREPARAZIONE

1 *Mettete a cuocere i ceci ammollati e il bulghur in tre volte il loro volume d'acqua.*

2 *Tagliate tutte le verdure a pezzettini e unitele (quando manca circa mezz'ora alla fine della cottura dei ceci) al composto di ceci e di bulghur. Condite con olio e sale e cuocete finché le verdure non sono diventate tenere.*

D'inverno potete preparare questo piatto senza i peperoni e sostituendo i pomodori con del concentrato o dei pomodori secchi.

Origine: Turchia

Passato di ceci

STAGIONE: *tutto l'anno*
PREPARAZIONE: *20 minuti*
COTTURA: *20 minuti, se i ceci sono già cotti*
MOLTO FACILE
MOLTO ECONOMICO

STRETTAMENTE VEGETARIANO

INGREDIENTI *(per 4 persone)*

1 tazza di ceci cotti
2 cipolle
2 porri
1 ciuffo di salvia
1 l e mezzo d'acqua
1 cucchiaio di tamari
sale

PREPARAZIONE

1 *Mettete la salvia nell'acqua fredda e portate a ebollizione. A questo punto unite i ceci e lasciate cuocere per un quarto d'ora. Pochi minuti prima di spegnere aggiungete i porri tagliati a tronchetti.*

2 *Passate il trito al passaverdure.*

3 *Al momento di servire insaporite con le cipolle tagliate a fettine, l'aglio pestato e il tamari.*

Purè di ceci alla greca

STAGIONE: *tutto l'anno*
PREPARAZIONE: *25 minuti più una notte di ammollo*
COTTURA: *2 ore*
MOLTO FACILE
STRETTAMENTE VEGETARIANO

INGREDIENTI *(per 4 persone)*

300 g di ceci
3 grosse cipolle
2 spicchi d'aglio
2 pomodori
3 cucchiai di olio d'oliva
3 cucchiai di prezzemolo tritato
3 cucchiai di menta tritata
succo di limone
sale
pepe

PREPARAZIONE

1 *Cuocete i ceci precedentemente ammollati.*

2 *Scolateli e passateli, meglio se col tritaverdure, così eliminerete le bucce.*

3 *Fate rosolare nell'olio la cipolla e l'aglio tagliati finemente, unite i pomodori a pezzi e fate cuocere per altri cinque minuti.*

4 *Aggiungete il passato di ceci, il prezzemolo, la menta, il succo di limone, il sale e il pepe. Lasciate cuocere a fiamma bassa finché tutto non è ben caldo.*

5 *Servite con crostini di pane fritti e con olio d'oliva che ciascuno aggiungerà a piacere.*

Origine: Grecia

Purè di ceci col pane tostato

STAGIONE: *tutto l'anno*
PREPARAZIONE: *2 ore, più una notte per l'ammollo dei ceci*
COTTURA: *2 ore*
MOLTO FACILE
STRETTAMENTE VEGETARIANO

INGREDIENTI *(per 4 persone)*

300 g di ceci
3 spicchi d'aglio
200 g di pane arabo o di pane tostato
olio d'oliva
paprika
sale grosso

PREPARAZIONE

1 *Mettete a bagno i ceci e cuoceteli. Quando sono teneri scolateli e tenete da parte l'acqua di cottura.*

2 *Pestate nel mortaio l'aglio col sale grosso, unite questo pesto ai ceci e passateli. Condite con un po' di olio d'oliva.*

3 *Fate a pezzi il pane tostato e disponetelo in un piatto.*

4 *Bagnatelo con l'acqua di cottura dei ceci finché non è ben impregnato.*

5 *Coprite col passato di ceci, versate un filo d'olio e spruzzate con un po' di paprika.*

6 *Servite caldissimo.*

È un piatto tradizionale del Libano.

LEGUMI

Fagioli all'olio

STAGIONE: *tutto l'anno*
PREPARAZIONE: *15 minuti, più una notte per l'ammollo dei fagioli*
COTTURA: *1 ora*
MOLTO FACILE

STRETTAMENTE VEGETARIANO

INGREDIENTI *(per 4 persone)*

200 g di fagioli secchi
1 grossa cipolla
2 spicchi d'aglio
2 cucchiai di concentrato di pomodoro
3 cucchiai di olio di oliva
sale
pepe

PREPARAZIONE

1 *Mettete a bagno i fagioli la sera prima.*

2 *Sciacquateli, scottateli per 5 minuti nell'acqua bollente e scolateli.*

3 *Rosolate la cipolla affettata in un po' d'olio. Aggiungete i fagioli, poi il sale, il pepe, l'aglio schiacciato o tritato finemente, il concentrato di pomodoro e 2 mestoli d'acqua bollente.*

4 *Lasciate cuocere per un'ora a fuoco medio.*

5 *A cottura ultimata aggiungete l'olio d'oliva. Serviteli caldi o tiepidi.*

Allo stesso modo potete preparare i piselli secchi o i piselli spezzati.

Origine: Libano

Fagioli bolliti con salvia o santoreggia

STAGIONE: *tutto l'anno*
PREPARAZIONE: *una notte per l'ammollo dei fagioli*
COTTURA: *1 ora e mezza*
MOLTO FACILE
MOLTO ECONOMICO

STRETTAMENTE VEGETARIANO

INGREDIENTI *(per 4 persone)*

300 g di fagioli secchi
qualche foglia di salvia o di santoreggia
sale

PREPARAZIONE

1 *Dopo un indispensabile ammollo di 8-12 ore, scolate i fagioli e metteteli in una pentola abbondantemente coperti d'acqua fredda con un po' di salvia o santoreggia.*

2 *Cuocete per un'ora, un'ora e mezza secondo la varietà.*

3 *Salate a fine cottura.*

I fagioli cotti si conservano nel frigorifero per parecchi giorni.

Fagioli dell'occhio alle noci

STAGIONE: *tutto l'anno*
PREPARAZIONE: *45 minuti, più una notte per l'ammollo dei fagioli*
COTTURA: *1 ora e mezza*
MOLTO FACILE

STRETTAMENTE VEGETARIANO

INGREDIENTI *(per 3 persone)*

200 g di fagioli dell'occhio secchi
1 grossa cipolla
2 pomodori
1 cucchiaio di concentrato di pomodoro
150 g di gherigli di noci
2 cucchiai di prezzemolo tritato
1 spicchio d'aglio
olio d'oliva
sale
pepe

PREPARAZIONE

1 *Cuocete i fagioli (secondo la ricetta 'Fagioli bolliti con salvia o santoreggia', a pag. 212) e scolateli.*

2 *Fate rosolare nell'olio la cipolla a fettine poi aggiungete l'aglio, i pomodori, il concentrato e cuocete ancora 10 minuti fino ad avere un passato ben denso.*

3 *A questo punto unite le noci pestate, il prezzemolo e i fagioli, schiacciandoli leggermente. Salate e pepate.*

4 *Cuocete a fuoco lento per una decina di minuti mescolando spesso.*

Questa ricetta si accompagna bene con delle patate e un'insalata verde.

Origine: Armenia

Fagioli di Spagna al forno

STAGIONE: *tutto l'anno*
PREPARAZIONE: *1 ora, più una notte per l'ammollo dei fagioli*
COTTURA: *2 ore*
MOLTO FACILE

STRETTAMENTE VEGETARIANO

INGREDIENTI *(per 4 persone)*

200 g di fagioli di Spagna secchi
2 cucchiai di olio di oliva
100 g di zucchero di canna
1 cucchiaio di senape

PREPARAZIONE

1 *Dopo aver lasciato in ammollo i fagioli, sciacquateli e metteteli in acqua bollente. Fateli cuocere per 2 minuti, poi lasciateli riposare per un'ora.*

2 *Scolateli e metteteli nuovamente in acqua bollente, assieme all'olio di oliva, lasciandoli cuocere finché non saranno teneri.*

3 *Scolateli e poneteli in una pirofila, ricoprendoli con un quarto di litro di acqua calda, nella quale avrete disciolto lo zucchero di canna e la senape.*

4 *Infornate coperto e a bassa temperatura, lasciando cuocere per un'altra ora, poi togliete il coperchio e lasciate consumare l'acqua.*

LEGUMI

Fagioli nel fiasco

STAGIONE: *tutto l'anno*
PREPARAZIONE: *nessuna*
COTTURA: *circa 2 ore e mezza*
MOLTO FACILE
MOLTO ECONOMICO
STRETTAMENTE VEGETARIANO

INGREDIENTI *(per 4 persone)*

fagioli secchi
2-3 cucchiai di olio d'oliva
qualche foglia di salvia
sale

PREPARAZIONE

1 *Per questa famosissima ricetta toscana occorre un fiasco spagliato e tanti fagioli toscanelli secchi che arrivino a riempire metà fiasco. Aggiungete dell'acqua fredda fino a coprirli bene e un po' di olio, insieme a qualche foglia di salvia.*

2 *Chiudete il fiasco con un tappo nel quale avrete precedentemente inciso una scanalatura in modo da far sfiatare il vapore. Mettete il fiasco in una pentola, sostenendolo in modo che non tocchi il fondo. I fagioli cuociono così a bagnomaria, con l'acqua che sobbolle appena appena.*

3 *Quando l'acqua è evaporata, i fagioli sono pronti. Togliete il tappo e sostituitelo con un batuffolo di cotone, lasciandolo sul fuoco ancora per 5 minuti.*

Una cottura che dà risultati simili a quella nel fiasco si può fare anche in pentola.

1 *Mettete i fagioli in una casseruola, coprendoli d'acqua fredda fino a superarli di due dita. Iniziate la cottura a fuoco vivace ma sorvegliatela attentamente: non appena l'acqua inizia a bollire dovete abbassare la fiamma. I fagioli devono cuocere lentamente, con l'acqua ferma, e solo al centro dev'esserci un piccolo gorgoglio di bollore. Il trucco è che i fagioli devono stare fermi (altrimenti si spappolano), senza mai smettere di bollire (se no le bucce induriscono).*

2 *Quando la bollitura è perfetta e ben stabilizzata mettete sulla pentola una scodella piena d'acqua, che farà da coperchio e coprite a sua volta la scodella con un coperchio. Se mancasse acqua ai fagioli aggiungetela caldissima, ma di solito basta aggiungere quella della scodella.*

3 *Salate solo alla fine, senza mescolare.*

Origine: Toscana

Durante la cottura a bagnomaria dei fagioli non dimenticate di fare una scanalatura lungo il tappo che chiude il fiasco: il vapore che si crea nel recipiente deve avere la possibilità di fuoriuscire.

Frittelle di fagioli

STAGIONE: *tutto l'anno*
PREPARAZIONE: *30 minuti più una notte per l'ammollo dei fagioli*
COTTURA: *1 ora e mezza*
MOLTO FACILE
MOLTO ECONOMICO

INGREDIENTI *(per 4 persone)*

300 g di fagioli secchi
1 cipolla
olio
peperoncini piccanti
scampi secchi
sale
pepe

PREPARAZIONE

1 *Cuocete i fagioli già ammollati insieme alle cipolle, finché non diventano teneri. Salate soltanto alla fine della cottura.*

2 *Passate il tutto e fatene dei bocconcini che friggerete nell'olio.*

3 *Tritate finemente i peperoncini, gli scampi e una cipolla e fateli rosolare nell'olio. Aggiungete acqua fino a ottenere una salsa.*

4 *Servite le frittelle con la salsa.*

Origine: Brasile

Frittelle di fagioli dell'occhio

STAGIONE: *tutto l'anno*
PREPARAZIONE: *30 minuti, più una notte di ammollo*
COTTURA: *20 minuti*
MOLTO FACILE
STRETTAMENTE VEGETARIANO

INGREDIENTI *(per 4 persone)*

300 g di fagioli dell'occhio secchi
1 cipollina tritata
peperoncini, pepe o zenzero
sale

PREPARAZIONE

1 *Mettete a bagno i fagioli e dopo averli scolati fatene una pasta. Battete con una forchetta l'impasto finché non diventa leggero e ben aerato.*

2 *Unite la cipolla, i peperoncini, il pepe macinato, lo zenzero grattugiato, il sale e se occorre un po' d'acqua.*

3 *Fate friggere la pasta a cucchiaiate nell'olio ben caldo. Le frittelle devono riuscire brune e croccanti.*

In tutti i mercati dell'Africa Occidentale si possono gustare frittelle di fagioli appena fatte. Sono deliziose.

Origine: Nigeria

Insalata di fagioli bianchi con crescione e acciughe

STAGIONE: *estate, autunno*
PREPARAZIONE: *15 minuti, più una notte per l'ammollo dei fagioli*
COTTURA: *1 ora*
MOLTO FACILE

INGREDIENTI *(per 4 persone)*

200 g di fagioli bianchi secchi
1/2 mazzo di crescione
60 g di filetti di acciuga sott'olio
3 cucchiai di olio d'oliva
3 spicchi d'aglio
prezzemolo
aceto
sale

PREPARAZIONE

1 *Cuocete i fagioli già tenuti a bagno, scolateli e aggiungeteci subito l'olio d'oliva.*

2 *Tritate finemente l'aglio e il prezzemolo e aggiungeteli ai fagioli.*

3 *Lavate il crescione, mondatelo e asciugatelo in un canovaccio.*

4 *Mettete i fagioli in un piatto tondo. Decorateli con una corona di steli di crescione sul quale verserete qualche goccia di aceto. Guarnite i fagioli con i filetti d'acciuga, disponendoli a stella o a reticolato.*

5 *Servite quando i fagioli sono ancora tiepidi.*

Origine: Francia

Macedonia di verdura coi fagioli

STAGIONE: *inverno, primavera*
PREPARAZIONE: *20 minuti, più una notte per l'ammollo dei fagioli*
COTTURA: *2 ore*
MOLTO FACILE
STRETTAMENTE VEGETARIANO

INGREDIENTI *(per 4 persone)*

300 g di fagioli secchi
1 piccolo cavolo
4 carote
1 rafano nero o 1/2 sedano medio
4 cipolle
2 patate medie
santoreggia
alloro
2 prese di sale grosso
2 cucchiaini d'olio d'oliva

PREPARAZIONE

1 *Scolate i fagioli dall'ammollo e metteteli nella pentola con l'acqua fredda, l'alloro e la santoreggia.*

2 *Aggiungete le verdure a pezzetti e le cipolle già rosolate. Portate lentamente a ebollizione e cuocete per un paio d'ore. L'acqua deve soltanto sobbollire.*

Origine: Francia

Minestra di fagioli borlotti con il bulghur

STAGIONE: *tutto l'anno*
PREPARAZIONE: *15 minuti, più una notte per l'ammollo dei fagioli*
COTTURA: *1 ora*
MOLTO FACILE

STRETTAMENTE VEGETARIANO

INGREDIENTI *(per 2 persone)*

50 g di fagioli borlotti secchi
50 g di lenticchie
100 g di bulghur
1 cipolla
3 cucchiai di olio d'oliva
1 cucchiaio di concentrato di pomodoro
menta
pepe
sale

PREPARAZIONE

1 *Mettete a cuocere, in cinque volte il loro volume d'acqua, i fagioli (già ammollati), le lenticchie, il bulghur e il concentrato di pomodoro.*

2 *Fate soffriggere nell'olio la cipolla tagliata finemente.*

3 *Unite la menta e il pepe e versate tutto nella minestra. Alla fine della cottura, aggiungete il sale marino integrale.*

Origine: Turchia

Minestra di fagioli e farro

STAGIONE: *tutto l'anno*
PREPARAZIONE: *30 minuti, più una notte per l'ammollo dei fagioli*
COTTURA: *1 ora e mezza*
MOLTO FACILE
MOLTO ECONOMICO

INGREDIENTI *(per 6 persone)*

300 g di fagioli secchi
200 g di farro
cotenna di lardo
2 cucchiai d'olio d'oliva
2 spicchi d'aglio
salvia
sale

PREPARAZIONE

1 *Mettete i fagioli a bagno la sera prima. Cuoceteli in abbondante acqua con l'aglio, qualche foglia di salvia e una cotenna; salate a metà cottura.*

2 *Quando i fagioli sono al dente passatene la metà per addensare la minestra e rimetteteli in pentola (alla fine della cottura, altrimenti è facile che si attacchino sul fondo!). Aggiungete poi il farro e l'olio. Per il farro bastano 40 minuti di cottura. Se occorre durante la cottura diluite con un po' d'acqua o di brodo bollente.*

Questa ricetta è tratta da *La cucina di Versilia e Garfagnana* di M. Salvatori, edito da Angeli.

Nella regione di Lucca, in Toscana, si coltiva ancora il farro, il grano a chicchi teneri che si cucina e si mangia come il riso.

Origine: Toscana

Minestrone di riso e fagioli dell'occhio

STAGIONE: *tutto l'anno*
PREPARAZIONE: *30 minuti, più una notte per l'ammollo dei fagioli*
COTTURA: *1 ora e mezza*
MOLTO FACILE

INGREDIENTI *(per 4 persone)*

150 g di fagioli dell'occhio secchi
150 g di riso
1 cipolla
qualche foglia di cavolo nero, di verza o di cavolo cappuccio
aglio
salvia
brodo di carne (facoltativo)
olio
sale

PREPARAZIONE

1 *Mettete a bagno i fagioli dell'occhio la sera prima. Cuoceteli a fuoco basso (non nella stessa acqua dell'ammollo), aggiungendo salvia, metà cipolla, aglio e un po' d'olio.*

2 *Al momento di preparare il minestrone, mettete da parte un po' di fagioli, passate gli altri e rimetteteli nel brodo di cottura per farlo addensare. Aggiungete il riso.*

3 *Rosolate a parte, nell'olio, l'altra metà della cipolla affettata, la salvia ed eventualmente altri aromi. Aggiungeteli al minestrone alla fine della cottura e salate.*

In Italia si mangiano i fagioli dell'occhio fin dal tempo dei Romani; sono particolarmente apprezzati nei minestroni.

Origine: Toscana

Passato di fagioli e porri

STAGIONE: *tutto l'anno*
PREPARAZIONE: *30 minuti, più una notte per l'ammollo dei fagioli*
COTTURA: *1 ora e mezza*
MOLTO FACILE

STRETTAMENTE VEGETARIANO

INGREDIENTI *(per 6 persone)*

500 g di fagioli bianchi secchi
1 cipolla steccata di chiodi di garofano
2 o 3 porri
olio
sale

PREPARAZIONE

1 *Cuocete i fagioli dopo averli tenuti a bagno per una notte intera.*

2 *Intanto mettete in padella con un po' d'olio la parte bianca di due o tre porri tagliati in quarti e affettati; fate rosolare qualche istante senza far prendere colore, bagnate con qualche cucchiaio dell'acqua di cottura dei fagioli.*

3 *Aggiungete il tutto ai fagioli e continuate la cottura.*

4 *All'ultimo momento, quando i fagioli sono praticamente spappolati, passate tutto al setaccio dopo aver tolto i chiodi di garofano.*

5 *Tenete al caldo fino al momento di servire.*

Nella stagione estiva ovviamente è meglio usare i fagioli freschi e allora non è necessario tenerli a bagno.

Origine: Provenza

Zuppa di fagioli borlotti col pane

Stagione: *tutto l'anno*
Preparazione: *45 minuti, più una notte per l'ammollo dei fagioli*
Cottura: *2 ore*
Molto facile

Ingredienti *(per 4 persone)*

300 g di fagioli borlotti secchi
cavolo (qualche foglia)
100 g di prosciutto crudo
1 cipolla
prezzemolo, basilico
olio
salsa di pomodoro
pane integrale
aglio (facoltativo)
sale, pepe

Preparazione

1 *Cuocete i fagioli già tenuti a bagno e rosolate leggermente in un po' d'olio il prosciutto, la cipolla, il prezzemolo e il basilico ben tritati. Aggiungete una tazza d'acqua in cui avrete sciolto un po' di salsa di pomodoro, sale e pepe.*

2 *Quando la salsa si è un po' ristretta unite la parte tenera di qualche foglia di cavolo nero toscano, o di un altro cavolo, tagliata a pezzetti.*

3 *Appena il cavolo è cotto unite i fagioli e cuocete ancora un po', mescolando ogni tanto. Se occorre potete aggiungere un po' di brodo caldo, tuttavia questa zuppa deve rimanere abbastanza densa.*

4 *Mettete nei piatti fondi qualche bella fetta di pane abbrustolito, eventualmente strofinata con l'aglio e versate la zuppa sul pane.*

Zuppa di fagioli cannellini

Stagione: *tutto l'anno*
Preparazione: *20 minuti*
Cottura: *30 minuti, se i fagioli sono già cotti*
Molto facile
Molto economico
Strettamente vegetariano

Ingredienti *(per 6 persone)*

800 g di fagioli cannellini cotti
2 cipolle
1 cavolo
6 carote
prezzemolo
basilico
2 costole di sedano
2 cucchiai di olio d'oliva
pane tostato o raffermo

Preparazione

1 *In una pentola di coccio mettete il cavolo tritato grossolanamente, le carote a pezzi, le cipolle a fettine e fateli rosolare con un po' d'olio.*

2 *Mentre le verdure buttano la loro acqua passate la metà dei fagioli e versateli nella pentola; aggiungete circa 1 l d'acqua e i fagioli rimanenti. È importante che la cottura sia lenta.*

3 *Mettete nella zuppiera il pane tagliato a fette sottili, poi versateci sopra la zuppa caldissima. La preparazione tradizionale alterna strati di pane e di verdure finendo con queste ultime, in modo che risulti una specie di torta.*

4 *Prima di servire lasciate riposare la zuppa una ventina di minuti. In estate potete mangiarla fredda.*

Origine: Toscana

Fagiolini alla greca

STAGIONE: *estate, autunno*
PREPARAZIONE: *20 minuti*
COTTURA: *30 minuti*
MOLTO FACILE
MOLTO ECONOMICO
STRETTAMENTE VEGETARIANO

INGREDIENTI *(per 4 persone)*

750 g di fagiolini
3 cucchiai di olio d'oliva
3 scalogni, 1 spicchio d'aglio
3 pomodori medi
8 cipolline
1 rametto di timo e 1 foglia di alloro
alcuni semi di coriandolo
1 limone
1 peperoncino piccante
sale, pepe

PREPARAZIONE

1 *Scegliete dei fagiolini teneri. A fine stagione non sempre lo sono: scottateli per 2 minuti in acqua bollente salata, passandoli poi subito nell'acqua fredda perché restino verdi.*

2 *Scaldate l'olio in una casseruola, unite gli scalogni e le cipolline tritati finemente, soffriggeteli per 10 minuti mescolando, poi aggiungete la polpa dei pomodori spezzettata, l'aglio, il timo, l'alloro e il coriandolo.*

3 *Quando il composto è omogeneo unite i fagiolini, coprite e cuocete a fiamma bassa mescolando di tanto in tanto. A metà cottura aggiungete il peperoncino sbriciolato.*

4 *Proseguite la cottura finché i fagiolini non sono cotti, pur essendo ancora sodi. Assaggiate, pepate se occorre e spremeteci sopra il limone.*

Fagiolini stufati

STAGIONE: *estate, autunno*
PREPARAZIONE: *15 minuti*
COTTURA: *25 minuti*
MOLTO FACILE
MOLTO ECONOMICO
STRETTAMENTE VEGETARIANO

INGREDIENTI *(per 4 persone)*

500 g di fagiolini
500 g di carote
1 cipolla bianca
1/4 di l d'acqua
1 cucchiaio di tamari

PREPARAZIONE

1 *Mettete in una casseruola i fagiolini verdi spezzettati con un pizzico di sale, le carote tagliate a dadini e la cipolla.*

2 *Aggiungete l'acqua e il tamari.*

3 *Portate a ebollizione e lasciate cuocere per 25 minuti a fuoco dolce.*

Insalata di fagiolini e ceci

STAGIONE: *primavera, estate, autunno*
PREPARAZIONE: *20 minuti, più una notte di ammollo per i ceci*
COTTURA: *2 ore*
MOLTO FACILE

VEGETARIANO

INGREDIENTI *(per 4 persone)*

500 g di fagiolini (cornetti)
120 g di ceci
1 foglia di alloro
2 rametti di levistico
2 cipollotti
2 pomodori
1 tazza di germogli di segale
1 limone
1 spicchio di aglio
4 cucchiai di yogurt al naturale
1 cucchiaio di prezzemolo tritato
qualche foglia fresca di menta
6 cucchiai di olio d'oliva
sale
pepe nero macinato fresco

PREPARAZIONE

1 Lasciate in ammollo i ceci durante la notte.

2 Fate cuocere i ceci in acqua con la foglia di alloro, per un'ora a fuoco vivo, e per un'altra a fuoco dolce.

3 Fate cuocere a vapore i fagiolini con il levistico. Fermate la cottura quando sono ancora al dente (circa 15 minuti).

4 Tagliate i cipollotti ad anelli e i pomodori a spicchi.

5 Mescolate il succo di limone con il sale marino integrale, il pepe e l'aglio schiacciato.

6 Aggiungete gradualmente l'olio extravergine di oliva, poi il prezzemolo tritato e metà delle foglie di menta, anch'esse tritate.

7 Mescolate i ceci raffreddati con i fagiolini, i germogli di segale, i cipollotti e i pomodori.

8 Servite su piatti individuali, versando il condimento e decorando ogni porzione con le rimanenti foglie di menta.

Del levistico, noto anche con il nome di 'sedano di montagna' si possono utilizzare sia le foglie sia le radici. Nella medicina popolare la grossa radice fusiforme è spesso stata utilizzata, per le sue proprietà diuretiche e carminative.

LEGUMI

Crema di fave e piselli con crostini

STAGIONE: *primavera*
PREPARAZIONE: *30 minuti*
COTTURA: *30 minuti*
MOLTO FACILE

VEGETARIANO

INGREDIENTI *(per 4 persone)*

200 g di fave sgusciate
200 g di piselli sgusciati
1 pomodoro
1 scalogno
2 cucchiai di olio d'oliva
brodo di verdura (vedi sotto)
2 cucchiai di panna
sale
noce moscata
4 fettine di pane raffermo

Per il brodo:
1 carota a pezzetti
1 porro a fettine
1 cipolla a fettine
1 chiodo di garofano
3 foglioline di alloro
3 rametti di timo
1 pizzico di sale grosso
3/4 di litro d'acqua

PREPARAZIONE

1 *Mettete le verdure per il brodo in una pentola con l'acqua e il sale e cuocete per mezz'ora.*

2 *Versate separatamente le fave e i piselli in acqua bollente.*

3 *Quando saranno cotte togliete alle fave la buccia spessa pizzicandole fra pollice e indice.*

4 *Tritate finemente lo scalogno e fatelo soffriggere in una casseruola con un po' d'olio d'oliva.*

5 *Unite le fave, i piselli e il brodo, e fate cuocere finché le fave non sono tenere. Aggiungete la panna, fate bollire, spolverate di noce moscata. Aggiustate di sale.*

6 *Nel frattempo preparate i crostini: tagliate il pane raffermo a dadini e tostateli nel forno.*

7 *Frullate in modo da ottenere una crema vellutata.*

8 *Versate subito nei piatti caldi già pronti coi crostini abbrustoliti.*

In alternativa potete preparare i crostini friggendo nell'olio o nel burro, anche se ovviamente risulteranno meno leggeri.

Origine: Francia

Si può togliere facilmente (sia prima sia dopo la cottura) la pellicina alle fave, schiacciandole leggermente fra pollice e indice. Nel caso lo facciate prima della cottura, praticate una piccola incisione longitudinale, per favorire l'uscita della polpa.

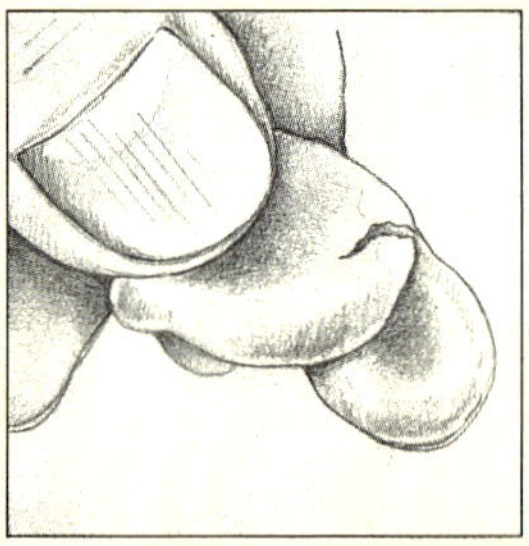

Fave ai carciofi

STAGIONE: *primavera*
PREPARAZIONE: *40 minuti*
COTTURA: *50-60 minuti*
MOLTO FACILE

INGREDIENTI *(per 6 persone)*

1,5 kg di fave fresche (meglio se piccole)
12 carciofi
100 g di prosciutto crudo
16 cipolline bianche
1 limone
50 g di burro
sale, pepe

PREPARAZIONE

1 *Sgusciate le fave e gettatele in acqua bollente molto abbondante. Fatele lessare per tre minuti.*

2 *Scolatele e passatele nell'acqua fredda. La buccia si toglie facilmente tagliando con l'unghia la linea nera e premendo sulla fava.*

3 *Mondate i carciofi, conservando solo i cuori. Passateli man mano sul limone tagliato perché non anneriscano.*

4 *Fate fondere in un tegame una grossa noce di burro. Metteteci il prosciutto tagliato a dadini, le cipolline intere e fatele colorire per qualche minuto mescolando. Unite i carciofi, bagnate con un bicchiere d'acqua e coprite. Fate cuocere mezz'ora a fuoco basso.*

5 *Aggiungete le fave e il resto del burro. Salate dopo aver assaggiato, pepate, mescolate, coprite e cuocete a fiamma bassissima finché le fave non si disfano. Ci vorranno ancora da 10 a 30 minuti per terminare la cottura.*

Fave fresche alla casalinga

STAGIONE: *primavera, estate*
PREPARAZIONE: *30 minuti*
COTTURA: *30 minuti*

VEGETARIANO

INGREDIENTI *(per 2 persone)*

500 g di fave fresche
1 cipolla
1 cucchiaio di olio d'oliva
2 tuorli d'uovo
1 rametto di santoreggia
sale

PREPARAZIONE

1 *Sgusciate e sbucciate le fave.*

2 *Mettete in una casseruola un cucchiaio di olio d'oliva con la cipolla tritata, lasciatela rosolare un momento senza che prenda colore; unite le fave; fate insaporire e lasciate cuocere a fiamma bassa e con la pentola coperta, mescolando ogni tanto con un cucchiaio.*

3 *Durante la cottura unite la santoreggia e uno o due cucchiai d'acqua calda, quel che basta perché le fave siano ben morbide.*

4 *Una volta cotte legatele coi rossi d'uovo diluiti in due cucchiai d'acqua fredda.*

Origine: Provenza

Minestra di fave e bulghur

STAGIONE: *tutto l'anno*
PREPARAZIONE: *20 minuti, più una notte per l'ammollo delle fave*
COTTURA: *1 ora e mezza*
MOLTO FACILE

STRETTAMENTE VEGETARIANO

INGREDIENTI *(per 4 persone)*

200 g di fave secche
200 g di bulghur fine
1 cipolla
5 cucchiai di olio d'oliva
qualche foglia di coriandolo (fresca o secca)
sale

PREPARAZIONE

1 *Mettete a bagno le fave la sera prima.*

2 *Fate rosolare le cipolle affettate in una casseruola dal fondo spesso.*

3 *Unite le fave, un litro d'acqua, il sale e portate a ebollizione.*

4 *Quando le fave sono cotte aggiungete il bulghur. Al momento di servire guarnite con le foglie di coriandolo.*

Origine: Medio Oriente

Minestra di fave fresche

STAGIONE: *primavera*
PREPARAZIONE: *20 minuti*
COTTURA: *40 minuti*
MOLTO FACILE
MOLTO ECONOMICO

STRETTAMENTE VEGETARIANO

INGREDIENTI *(per 2 persone)*

1 tazza di fave fresche sgusciate
10 carotine novelle
2 cipollotti col gambo verde
2 rametti di santoreggia
sale

PREPARAZIONE

1 *Coprite le fave di acqua fredda salata e cuocetele per mezz'ora con la santoreggia, le cipolle tagliate in quarti e le carote intere.*

2 *Poco prima di spegnere unite i cipollotti e i gambi tritati molto finemente. Alla fine aggiungete il sale marino integrale.*

Il mio consiglio è quello di non dimenticare i 2 rametti di santoreggia: questa erba è molto utile, infatti, per rendere più digeribili le fave (e anche tutte le altre leguminose...)

Purè di fave al limone

STAGIONE: *tutto l'anno*
PREPARAZIONE: *30 minuti, più una notte per l'ammollo delle fave*
COTTURA: *1 ora, 1 ora e mezza*
MOLTO FACILE

STRETTAMENTE VEGETARIANO

INGREDIENTI *(per 4 persone)*

250 g di fave secche
2 cipolle
1 limone e mezzo
5 cucchiai di olio d'oliva
2 cucchiai di prezzemolo tritato
1 cucchiaino di paprika (facoltativo)
sale

PREPARAZIONE

1 *Mettete a bagno le fave per una notte.*

2 *Tagliate finemente le cipolle e fatele rosolare in una padella finché non sono morbide e leggermente dorate. Unite mezzo litro d'acqua e portate a ebollizione.*

3 *Scolate le fave, mettetele nella padella e fatele cuocere a fuoco basso, senza sale, finché non si disfano. Se occorre aggiungete dell'acqua durante la cottura. Quando le fave saranno cotte tutto il liquido dovrà essere stato assorbito.*

4 *A questo punto passate le fave e conditele con succo di limone e sale. Versate il purè in un piatto di portata, condite con olio d'oliva e ancora del succo di limone, prezzemolo tritato e, se volete, paprika.*

Origine: Medio Oriente

Purè di fave del Cinquecento

STAGIONE: *tutto l'anno*
PREPARAZIONE: *30 minuti, più una notte per l'ammollo delle fave*
COTTURA: *1 ora*
MOLTO FACILE

STRETTAMENTE VEGETARIANO

INGREDIENTI *(per 4 persone)*

300 g di fave secche
1 cipolla
qualche foglia di salvia o 1 fico secco o una mela
spezie (facoltativo)
sale

PREPARAZIONE

1 *Mettete le fave a bagno per una notte, poi scolatele, sbucciatele e mettetele a cuocere.*

2 *Quando l'acqua comincia a bollire aggiungete altra acqua fino a coprirle per due dita. Salate. Lasciatele cuocere finché le fave non diventano come un purè ben omogeneo. Riscaldate il purè in padella, versatelo nelle scodelle e conditelo con la preparazione che segue.*

3 *A parte fate soffriggere nell'olio caldissimo una cipolla tritata finemente, unite un po' di salvia o un fico secco o anche una mela tagliata a pezzettini. Versate il tutto sopra il purè di fave che servirete ben caldo in scodelle. Eventualmente potete anche cospargerlo con un misto di spezie in polvere.*

Questa ricetta è tratta dal libro *Il piacere onesto e la buona salute* di B. Platina, edito da Einaudi.

Origine: Italia

Lenticchie alla mugnaia

STAGIONE: *tutto l'anno*
PREPARAZIONE: *5 minuti*
COTTURA: *1 ora circa*
MOLTO FACILE
MOLTO ECONOMICO
VEGETARIANO

INGREDIENTI *(per 4 persone)*

200 g di lenticchie
3 rametti di timo
3 foglie di alloro
2 cucchiai di farina integrale
50 g di ricotta
2 cucchiai di pane grattugiato
1 cucchiaio di tamari
1 cucchiaio di olio
sale

PREPARAZIONE

1 *Fate cuocere le lenticchie con il timo e l'alloro, fino a che saranno morbidissime (50 minuti circa).*

2 *Passatele al passaverdure e mescolatele con la farina integrale, l'olio extravergine di oliva e la ricotta. Condite con il sale e il tamari.*

3 *Versate il composto in una pirofila. Cospargetelo di pane grattugiato e fate gratinare in forno per 10-15 minuti.*

Lenticchie alla zucca

STAGIONE: *autunno, inverno*
PREPARAZIONE: *15 minuti*
COTTURA: *30 minuti*
MOLTO FACILE
MOLTO ECONOMICO
STRETTAMENTE VEGETARIANO

INGREDIENTI *(per 4 persone)*

200 g di lenticchie
1 kg di zucca
2 grosse cipolle
6 spicchi d'aglio
6 cucchiai di succo di limone
5 cucchiai di olio d'oliva
3 cucchiai di concentrato di pomodoro
3 cucchiai di menta tritata
sale

PREPARAZIONE

1 *Affettate le cipolle e fatele rosolare nell'olio. Aggiungete il concentrato di pomodoro, il sale e 1/2 l d'acqua.*

2 *Mondate la zucca e tagliatela a dadi. Unitela alla preparazione precedente insieme alle lenticchie. Cuocete per mezz'ora.*

3 *Prima di servire distribuite in superficie l'aglio schiacciato, il succo di limone e la menta.*

In Turchia questo piatto viene mangiato spesso con lo yogurt.

Origine: Turchia

Lenticchie al sugo

STAGIONE: *tutto l'anno*
PREPARAZIONE: *20 minuti*
COTTURA: *45 minuti*
MOLTO FACILE
MOLTO ECONOMICO
VEGETARIANO

INGREDIENTI *(per 4 persone)*

500 g di lenticchie
1 cipolla
1 cucchiaio di farina
2 spicchi d'aglio (facoltativo)
noce moscata
1 cucchiaio di prezzemolo (facoltativo)
burro o olio
sale
pepe

PREPARAZIONE

1 *Cuocete le lenticchie seguendo la ricetta di base.*

2 *A parte rosolate la cipolla tagliata a fettine sottili, unite la farina e fatela colorire leggermente, poi bagnate con due o tre cucchiai dell'acqua di cottura delle lenticchie e aggiungete sale, pepe e noce moscata.*

3 *Questa salsa deve risultare un po' densa; aggiungete le lenticchie ben scolate e lasciate insaporire qualche minuto prima di servire.*

4 *All'ultimo momento potete aggiungere uno o due spicchi d'aglio tritati con un pizzico di prezzemolo.*

L'aggiunta dell'aglio è questione di gusto personale; se volete potete eliminarla.

Origine: Provenza

Lenticchie bollite con erbe aromatiche

STAGIONE: *tutto l'anno*
PREPARAZIONE: *5 minuti*
COTTURA: *da 10 a 50 minuti*
MOLTO FACILE
MOLTO ECONOMICO
STRETTAMENTE VEGETARIANO

INGREDIENTI *(per 4 persone)*

400 g di lenticchie
1 cipolla
2-3 chiodi di garofano oppure 2 foglie di alloro
sale

PREPARAZIONE

1 *Coprite le lenticchie di acqua, aggiungete un pizzico di sale, la cipolla steccata con i chiodi di garofano o l'alloro.*

2 *Cuocetele a fiamma molto bassa, in modo che il bollore sia appena accennato. Il tempo di cottura può variare da 10 a 50 minuti, a seconda della grandezza delle lenticchie.*

Per questi legumi l'ammollo è inutile.

Non prolungate eccessivamente la cottura e non mescolate troppo se volete che le lenticchie restino intere.

Lenticchie in insalata

STAGIONE: *tutto l'anno*
PREPARAZIONE: *15 minuti*
COTTURA: *da 10 a 50 minuti*
MOLTO FACILE
MOLTO ECONOMICO

STRETTAMENTE VEGETARIANO

INGREDIENTI *(per 4 persone)*

200 g di lenticchie
1 scalogno
1 spicchio d'aglio
2 cucchiai di olio d'oliva
1 cucchiaio di tamari
2 cucchiai di succo di limone

PREPARAZIONE

1 *Cuocete le lenticchie (seguendo la ricetta 'Lenticchie bollite con erbe aromatiche', a pag. 227), poi scolatele e lasciatele raffreddare.*

2 *Unite l'olio d'oliva, il succo di limone, il tamari, lo scalogno e l'aglio tritati finemente.*

Potete aggiungere anche un pomodoro, un po' di cipolla, del cetriolo, qualche foglia di lattuga, del prezzemolo a vostro piacimento.

Origine: Francia

Minestra di lenticchie con limone

STAGIONE: *tutto l'anno*
PREPARAZIONE: *20 minuti*
COTTURA: *10-15 minuti*
MOLTO FACILE
MOLTO ECONOMICO

VEGETARIANO

INGREDIENTI *(per 4 persone)*

200 g di lenticchie di Rodi
3 carote
2 cipolle e 3 spicchi d'aglio
2 cucchiai di olio
30 g di burro
2 limoni
1 costola di sedano
sale

PREPARAZIONE

1 *Mondate le carote e mettetele a bollire in un po' d'acqua. Quando sono cotte tagliatele a pezzi e tenetele da parte.*

2 *Nel frattempo mettete le lenticchie in una pentola, aggiungete lo stesso volume d'acqua e lasciate cuocere a fuoco dolce. Quando l'acqua bolle unite le carote e il sedano a pezzi. Coprite. Ogni tanto aggiungete un po' d'acqua calda e mescolate dolcemente con un cucchiaio.*

3 *Quando la minestra sarà diventata un po' densa e le lenticchie saranno ben cotte, versateci sopra il succo dei limoni e salate.*

4 *Sbucciate le cipolle, tagliatele a rondelle, fatele soffriggere nell'olio in una padella a parte, aggiungete l'aglio schiacciato e versate il tutto sulle lenticchie. Servite dopo aver aggiunto un po' di burro.*

Origine: Africa del Nord

Passato di lenticchie

STAGIONE: *tutto l'anno*
PREPARAZIONE: *15 minuti*
COTTURA: *50-60 minuti*
MOLTO FACILE
MOLTO ECONOMICO

STRETTAMENTE VEGETARIANO

INGREDIENTI *(per 4 persone)*

200 g di lenticchie
10 cm di alga kombu
1/4 di un sedano rapa di medie dimensioni o 2 costole di sedano
1 carota
1 cipolla
2 cucchiai di prezzemolo tritato
1 cucchiaio di tamari
sale

PREPARAZIONE

1 *Fate cuocere per una ventina di minuti le lenticchie in acqua salata con l'alga kombu tagliata finemente, oppure usate un avanzo di lenticchie già cotte.*

2 *Unite le verdure a pezzi e il sale e proseguite la cottura per altri 20-30 minuti. Alla fine aggiungete il tamari.*

3 *Passate al passaverdure e spruzzate col prezzemolo.*

Purè di lenticchie al riso

STAGIONE: *tutto l'anno*
PREPARAZIONE: *30 minuti*
COTTURA: *1 ora*
MOLTO FACILE
MOLTO ECONOMICO

VEGETARIANO

INGREDIENTI *(per 4 persone)*

300 g di lenticchie
150 g di riso
1 porro
2 carote
1 cipolla steccata con 2 chiodi di garofano
2 spicchi d'aglio
burro
crostini (facoltativo)
sale

PREPARAZIONE

1 *Mettete le lenticchie in una casseruola con un litro e mezzo di acqua fredda, il porro, le carote, la cipolla coi chiodi di garofano, l'aglio e lasciate cuocere.*

2 *Quando le lenticchie si disfano passatele e rimettetele a cuocere a fiamma molto bassa. A parte cuocete il riso e quando è pronto aggiungetelo al passato di lenticchie. A questo punto salate.*

3 *Al momento di servire condite con un po' di burro e mescolate bene. Potete servire anche con dei crostini fritti nel burro o nell'olio.*

Provate a preparare i crostini semplicemente facendo abbrustolire nel forno fette di pane integrale tagliato a dadini. Senza né olio, né soprattutto burro, i crostini risulteranno più leggeri.

Origine: Provenza

Minestra di piselli

STAGIONE: *primavera*
PREPARAZIONE: *25 minuti*
COTTURA: *30 minuti*
MOLTO FACILE

VEGETARIANO

INGREDIENTI *(per 4 persone)*

400 g di piselli freschi sgusciati
1 cuore di lattuga
4-5 cipolle piccole
20 g di burro
80 g di panna
2 tuorli d'uovo
cerfoglio o menta
sale

PREPARAZIONE

1 *Mettete il burro a fondere in una casseruola piuttosto grande. Appena è sciolto unite le cipolle, il cuore di lattuga tagliato in quarti, fate rosolare per 5 minuti mescolando ogni tanto, poi aggiungete i piselli.*

2 *Coprite, lasciate stufare a fuoco moderato per 10-12 minuti e bagnate con 1 l d'acqua. Salate, coprite di nuovo e lasciate bollire a fuoco moderato finché i piselli non sono cotti.*

3 *Frullate o tritate finemente col tritaverdure, aggiungete se necessario dell'acqua e controllate il sapore.*

4 *Al momento di servire portate a bollore la minestra. Togliete dal fuoco e unite la panna in cui avrete sciolto i tuorli d'uovo e un cucchiaio di cerfoglio, o un rametto di menta tritato.*

Origine: Francia

Passato di piselli rotti al limone

STAGIONE: *tutto l'anno*
PREPARAZIONE: *30 minuti*
COTTURA: *45 minuti*
MOLTO FACILE

INGREDIENTI *(per 4 persone)*

300 g di piselli spezzati
1 costola di sedano
1 litro di brodo di pollo o di carne (facoltativo)
1 limone
1 cucchiaino di cumino
2 cucchiai di prezzemolo tritato
sale, pepe
crostini

PREPARAZIONE

1 *Mettete a cuocere i piselli rotti e il sedano tagliato a pezzetti in un litro di brodo o d'acqua finché i piselli non sono quasi disfatti. Unite il sale, il pepe, il succo di limone e il cumino.*

2 *Lasciate insaporire qualche minuto, poi proseguite la cottura fino a ridurli in purè.*

3 *Portate il passato a ebollizione e aggiungete, se occorre, un po' d'acqua.*

4 *Servite in scodelle aggiungendo un po' di prezzemolo tritato e crostini fritti.*

Origine: Medio Oriente

Piselli alla menta

STAGIONE: *primavera, estate*
PREPARAZIONE: *20 minuti*
COTTURA: *30 minuti*
MOLTO FACILE
MOLTO ECONOMICO
VEGETARIANO

INGREDIENTI *(per 4 persone)*

1 kg di piselli freschi (non sgusciati)
1 mazzo di cipolle novelle
1 cucchiaio di olio
20 g di burro
3 o 4 foglie di menta fresca
sale, pepe

PREPARAZIONE

1 *Sgusciate i piselli e fateli bollire per 10 minuti in acqua salata con una foglia di menta.*

2 *Mettete l'olio in un tegame e fate rosolare le cipolle intere. Aggiungete i piselli scolati, il sale, il pepe e lasciate stufare a fuoco dolcissimo. Durante la cottura aggiungete qualche foglia di menta.*

3 *Servite i piselli con una noce di burro, spolverizzando con le rimanenti foglie di menta tritate finemente.*

Piselli al tofu

STAGIONE: *primavera, estate*
PREPARAZIONE: *15 minuti*
COTTURA: *30 minuti*
MOLTO FACILE

STRETTAMENTE VEGETARIANO

INGREDIENTI *(per 4 persone)*

400 g di piselli freschi sgusciati
200 g di tofu tagliato a dadi
2-3 pomodorini
2 cipolle
4 spicchi d'aglio
2 cucchiaini di zenzero grattugiato
1 manciata di dragoncello tritato
1/4 di l di latte di soia
1 cucchiaino di olio di sesamo
sale

PREPARAZIONE

1 *Rosolate il tofu in un tegame a fondo spesso finché non è dorato, mettetelo su un piatto.*

2 *Fate saltare in padella lo zenzero, l'aglio e infine la cipolla. Quando questa si è ammorbidita aggiungete il latte di soia, i pomodorini pelati e schiacciati nel mortaio, i piselli, il sale e il tofu.*

3 *Lasciate cuocere a fuoco dolce per mezz'ora.*

4 *Cinque minuti prima della fine della cottura aggiungete il dragoncello.*

Purè di piselli rotti

STAGIONE: *tutto l'anno*
PREPARAZIONE: *15 minuti per il passato semplice, 30 minuti per quello al latte*
COTTURA: *45 minuti*
MOLTO FACILE

VEGETARIANO

INGREDIENTI *(per 4 persone)*

250 g di piselli spezzati
crostini di pane
mazzetto guarnito (alloro, timo, prezzemolo)
sale
1 bicchiere di latte (facoltativo)
burro (facoltativo)

PREPARAZIONE

1 *Cuocete i piselli rotti in due volte e mezza il loro volume d'acqua, col mazzetto degli aromi, fino a ridurli in purè. Salate.*

2 *Per asciugare il passato mescolatelo senza mai fermarvi e a fuoco vivo in una casseruola abbastanza grande, raspando bene il fondo.*

3 *Aggiungete eventualmente a poco a poco mezzo bicchiere di latte bollente continuando a rimestare, e poi, a fuoco spento, unite qualche pezzetto di burro.*

4 *Servite con crostini.*

In questo modo il passato risulterà più vellutato, ma la versione 'al naturale' è altrettanto squisita.

Il passato può essere servito così com'è, con un filo d'olio e crostini abbrustoliti.

Oppure potete arricchirlo con un po' di latte e di burro, ma allora bisogna prima fare evaporare un po' della sua acqua perché riesca ad assorbirli.

Un tempo in Inghilterra il purè di piselli era un piatto così popolare da dare il suo nome al nebbione di Londra, il famigerato *pea soup.* È una ricetta facile da preparare e sempre gradita. Il piatto è ottimo anche se riscaldato.

Il 'mazzetto guarnito', secondo la tradizione (e anche l'Artusi), è costituito da prezzemolo, che predomina, timo e alloro, legati assieme. Voi però naturalmente potete scegliere tutte le erbe che preferite...

Insalata di tofu e riso

STAGIONE: *estate, autunno*
PREPARAZIONE: *20 minuti, più 2 ore per lasciare spurgare i cetrioli*
COTTURA: *2 minuti*
MOLTO FACILE
STRETTAMENTE VEGETARIANO

INGREDIENTI *(per 4 persone)*

300 g di tofu
2 tazze di riso cotto
1 cetriolo grande
3 prugne umeboshi
2 cucchiai di dragoncello tritato
1 cucchiaio d'olio d'oliva
sale

PREPARAZIONE

1 *Cuocete il tofu in acqua bollente per 2 minuti e sbriciolatelo.*

2 *Tagliate il cetriolo a cubetti, cospargetelo con un pizzico di sale grosso e lasciatelo per due ore a buttare la sua acqua.*

3 *Tagliate le umeboshi a pezzettini.*

4 *Riunite in una terrina tutti gli ingredienti, mescolate bene e se è possibile tenete al fresco per qualche ora prima di servire.*

Questa insalata è piacevole da consumare d'estate e molto pratica per i picnic.

Minestra di orzo, tofu e miso

STAGIONE: *tutto l'anno*
PREPARAZIONE: *15 minuti*
COTTURA: *1 ora*
MOLTO FACILE
MOLTO ECONOMICO
STRETTAMENTE VEGETARIANO

INGREDIENTI *(per 4 persone)*

150 g di orzo perlato
1 l di brodo di verdura
50 g di tofu
100 g di miso rosso

PREPARAZIONE

1 *Lessate l'orzo nel brodo di verdura (o assieme alle verdure). Alla fine aggiungete il tofu tagliato a cubetti di 1 cm di lato.*

2 *Mettete il miso in un colino e immergete questo nella minestra. Schiacciate con un cucchiaino finché si scioglie.*

3 *Aggiungete sale e servite questa minestra tiepida o fredda.*

A piacere aggiungerete carote, cipolle, sedano o altre verdure.

Zuppa di miso alle carote

STAGIONE: *tutto l'anno*
PREPARAZIONE: *15 minuti*
COTTURA: *20 minuti*
MOLTO FACILE
MOLTO ECONOMICO
STRETTAMENTE VEGETARIANO

INGREDIENTI *(per 4 persone)*

3 carote
1 cipolla bianca
1/2 tazza di foglie di carota tritate (facoltativo)
10 g di alga wakame
2 cucchiaini di miso
1/2 l d'acqua

PREPARAZIONE

1 *Tenete a bagno per 10 minuti le alghe tagliate a pezzettini. Unite l'acqua fredda, la cipolla tritata e le carote a fettine. Portate a ebollizione. Lasciate cuocere per 15 minuti, poi unite le foglie di carota, fate bollire per altri 3 minuti e aggiungete il miso diluito. Lasciate sobbollire ancora per 2 minuti e servite.*

Tradizionalmente i giapponesi mangiavano la zuppa di miso tutti i giorni.

Questa, in particolare, è squisita. L'alga wakame e le carote sono un ottimo accordo. Potete anche aggiungere tofu a dadini e, in inverno, sostituire le foglie di carote col prezzemolo.

Origine: Giappone

Zuppa di miso alle rape

STAGIONE: *tutto l'anno*
PREPARAZIONE: *15 minuti*
COTTURA: *15 minuti*
MOLTO FACILE
MOLTO ECONOMICO
STRETTAMENTE VEGETARIANO

INGREDIENTI *(per 2 persone)*

4 scalogni
1 rapa
10 g di alga wakame
2-3 cucchiaini di miso

PREPARAZIONE

1 *Affettate e fate rosolare gli scalogni e la rapa. Unite l'alga wakame tagliata a pezzettini.*

2 *Coprite d'acqua e cuocete per 7-8 minuti. Bagnate con 1 l d'acqua e fate bollire ancora per 3 minuti. Incorporate il miso diluito nel brodo e mantenete al limite del bollore per 2 minuti.*

In inverno una buona zuppa di miso al mattino vi stimolerà per tutta la giornata.

Origine: Giappone

Zuppa di miso al tofu

STAGIONE: *tutto l'anno*
PREPARAZIONE: *15 minuti*
COTTURA: *6 minuti*
MOLTO FACILE

STRETTAMENTE VEGETARIANO

INGREDIENTI *(per 2 persone)*

1 piccolo porro
1/3 di rafano nero
10 g di alghe wakame
2-3 cucchiaini di miso
1 l d'acqua
200 g di tofu

PREPARAZIONE

1 *Tagliuzzate l'alga e mettetela a bagno per 10 minuti in una tazza d'acqua.*

2 *Tagliate il porro a fettine sottili e mettetelo con l'alga, il tofu a dadini e l'acqua di ammollo in una pentola.*

3 *Fate bollire il tutto per 3 minuti.*

4 *Unite 3/4 di l d'acqua e il rafano nero grattugiato. Lasciate bollire ancora per 3 minuti. Incorporate il miso diluito nel brodo. Mantenete al limite del bollore per 2 minuti.*

Usate sempre il miso con moderazione e controllate il sapore: la zuppa non deve risultare troppo salata.

Origine: Giappone

Zuppa di tofu e scampi

STAGIONE: *tutto l'anno*
PREPARAZIONE: *15 minuti, più 30 minuti per l'ammollo degli scampi*
COTTURA: *10 minuti*
MOLTO FACILE

INGREDIENTI *(per 4 persone)*

1/2 tazza di scampi secchi
200 g di tofu a cubetti
10 g di alga wakame
1 cipolla
1 cucchiaio di prezzemolo tritato
1 manciata di germogli di soia
1 l d'acqua
2 cucchiaini di miso

PREPARAZIONE

1 *Lavate gli scampi e lasciateli a bagno 30 minuti nell'acqua calda.*

2 *Nel frattempo tagliate l'alga a pezzettini e mettetela a bagno anch'essa per 30 minuti.*

3 *Fate rosolare in padella la cipolla tagliata a fettine.*

4 *Riunite in una casseruola le alghe, gli scampi, il tofu, le cipolle, l'acqua e fate bollire per 10 minuti.*

5 *Un minuto prima di spegnere aggiungete il prezzemolo e il miso diluito. Alla fine della cottura unite i germogli di soia.*

Origine: Giappone

LE PROTEINE ANIMALI

Carne, pesce, uova, latte, formaggi, burro sono presenti in tutti i capitoli di questo libro. Ma solo di rado sono l'ingrediente principale, e questo spiega perché questo capitolo è così poco affollato. Bisogna tener presente che consumiamo una quantità eccessiva di proteine animali, per cui la preparazione di piatti a base di uova, latte o formaggio deve restare occasionale.

Carne e pesce

Come il lettore vedrà, lo spazio dedicato alla carne in questo libro è ridottissimo. Abbiamo già detto qual è la funzione della carne nell'alimentazione (per chi vuole consumarla): dev'essere un complemento, da consumare non troppo spesso e in quantità moderata.

D'altra parte nei libri di cucina classica ci sono tante ricette di carne che abbiamo preferito lasciare il grosso dello spazio agli ingredienti meno conosciuti e più necessari alla salute.

Daremo comunque qualche ricetta di piatti tradizionali a base di carne. E c'è carne anche in parecchie ricette degli altri capitoli.

Abbiamo dato più spazio al pesce. Tutti i nutrizionisti sono d'accordo nel dire che (per i non vegetariani) è bene ridurre la quantità di carne e aumentare quella del pesce.

Salumi

La conservazione per mezzo del sale e di aromi antisettici è antichissima, e ha dato origine a una gamma molto vasta di prodotti diversi.

Salumi non sono solo le carni conservate ma anche certe preparazioni di pesce (bottarga, mosciame, caviale, e altre specialità).

Involtini di cavolo ‹
(vedi *la ricetta a pagina 246*)

In generale chiamiamo salumi i prodotti ottenuti dalla lavorazione delle carni di maiale, e la tradizione contadina, che sacrificava il maiale in modi quasi rituali, sapeva usarne con sapienza anche il minimo frammento.

La salagione del maiale è diffusa in tutta Europa e particolarmente al nord. Invece israeliti e musulmani si astengono dal maiale e dai suoi prodotti, per prescrizione religiosa.

Esistono anche ottimi salami e prosciutti d'oca, e la bresaola è di carne di cavallo.

Possiamo distinguere due tipi basilari di salumi, quelli a pezzo intero (prosciutto, spalla, lardo, bresaola) e quelli a pasta macinata, che comprendono le infinite varietà del salame, delle salsicce, dei wurstel. I primi vengono prodotti salando e stagionando le carni direttamente, gli altri vengono preparati tritando e mescolando in diverse proporzioni carni magre e grasse, a volte carni di altri animali, sale e spezie. Successivamente gli impasti vengono immessi in budello d'animale, poi trattati e stagionati in mille modi.

I salumi sono un alimento 'a rischio' perché, come ogni carne grassa, sono ricchi di grassi saturi, e naturalmente di sale. Tuttavia, quando sono genuini sono alimenti che, mangiati con misura, possono costituire una piacevole integrazione ai pasti, soprattutto in inverno.

È invece opportuno guardarsi da numerosi rischi, diciamo così, industriali. Soprattutto nei salumi a pasta mista sono frequenti le sofisticazioni con carni non pregiate, o con additivi destinati semplicemente ad aumentare l'umidità, e quindi il peso, del prodotto. Inoltre vengono impiegati in abbondanza nitrati

Brodo di carne

La tecnica tradizionale della cottura in brodo distingue accuratamente la ricetta 'per il brodo' e quella per 'il lesso'. Se si vuole ottenere il brodo più profumato e sostanzioso possibile bisogna mettere carne o verdure nell'acqua fredda già salata, possibilmente tagliati a piccoli pezzi. In questo modo i succhi aromatici si scioglieranno nell'acqua, impoverendo l'alimento e arricchendo il brodo.

Invece il buon lesso richiede una tecnica opposta. Le carni, intere e ben scelte, vanno tuffate nell'acqua bollente e non salata, in modo che l'albumina si coaguli immediatamente sulla superficie del pezzo e sigilli all'interno la sostanza e il sapore. Soltanto dopo si abbasserà la fiamma e si aggiusteranno le verdure (cipolla con un chiodo di garofano, carota, sedano) per una cottura lenta lenta, che appena increspi il brodo. Il sale andrà aggiunto solo alla fine; meglio addirittura in tavola, nella caratteristica ciotola del sale grosso.

Il brodo di carne è migliore quando si usano carni diverse (i grandi bolliti 'classici' prevedevano sette, o addirittura quattordici, qualità) e in grossi pezzi. Il bollito era quindi un piatto da ricchi, accessibile solo a pochi o per le grandi occasioni.

Per il consumo familiare si ottengono ottimi bolliti con il pollame allevato tradizionalmente (in particolare la gallina) e con carni bovine di solito poco usate, come il biancostato, la coda, la zampa. Il brodo di carne, se fatto con carni miste, è molto grasso. Per sgrassarlo completamente e senza fatica basta lasciarlo raffreddare (in frigorifero o, in inverno, all'aperto).

Sulla superficie del brodo si forma uno strato di grasso solidificato che protegge la freschezza del brodo e può venire tolto facilmente con una schiumarola.

Gelatina di carne

Il brodo preparato con carni muscolose e ricche di cartilagini diventa, raffreddandosi, un'ottima gelatina. È buona regola usare anche i piedini di vitello. Per avere una gelatina limpida bisogna mettere nel brodo un albume leggermente sbattuto, lasciar bollire per 5 minuti e filtrare.

come conservanti, sia per mantenere il colore rosso alle carni, sia per evitare lo sviluppo di germi che secernono tossine velenose. Più le condizioni di produzione sono antiigieniche, più occorre impiegare conservanti.

In generale i salumi genuini hanno sapori delicati e percettibili, mentre quelli pesantemente trattati utilizzano sapori forti, sale in eccesso e spezie troppo invadenti.

Non è così raro trovare contadini o piccoli produttori che lavorano ancora in casa i loro salumi. (Alcuni, che non possono più allevare direttamente il maiale, lo acquistano da allevatori fidati e si limitano a prepararlo).

Un buon produttore privato, che lavori su bestiame allevato bene e con le necessarie garanzie igieniche, può essere la fonte migliore per i salumi da usare in casa.

Merluzzo: non solo surgelato

Il merluzzo è uno dei pesci più importanti per l'alimentazione umana. Se ne pescano milioni di tonnellate all'anno. Vive nell'Atlantico settentrionale e nei mari artici, a centinaia di metri di profondità, quindi relativamente al riparo dagli inquinamenti più vistosi.

Una pubblicità martellante ci parla delle doti del merluzzo surgelato, ma il merluzzo era consumato e apprezzato in tutto il mondo ben prima della surgelazione.

Esiste tuttora, ed è squisito come sempre, il merluzzo conservato con metodi naturali, cioè l'essiccazione e la salagione. Lo si trova in due tipi diversi, lo stoccafisso e il baccalà.

Il baccalà è il merluzzo semplicemente pulito e messo a seccare all'aria. Lo stoccafisso è pulito e salato immediatamente dopo la cattura, subendo verosimilmente, nelle prime fasi della preparazione, la fermentazione lattica di cui conosciamo i benefici effetti.

Sia stoccafisso sia baccalà richiedono un ammollo di alcune ore prima della preparazione. La cucina tradizionale italiana conosce molte ricette per l'uno e per l'altro; squisito in particolare il cosiddetto 'baccalà alla vicentina', che in realtà richiede l'uso dello stoccafisso.

Baccalà e stoccafisso sono un buon esempio di cibo, diciamo, alternativo. Esiste oggi, esiste da secoli, ma i mass media non ne parlano per non disturbare il mercato del surgelato, molto

Brodo di pesce

Il pesce, anche quando è di grandi dimensioni, cuoce molto più rapidamente della carne e richiede una tecnica di preparazione diversa.

Court-bouillon
Di solito il pesce da lessare viene immerso in un court-bouillon, cioè un'acqua di cottura già aromatizzata. Il court-bouillon si prepara mettendo acqua, aceto o vino bianco, sale e aromi a piacere. Deve bollire piano piano (l'ideale è per tre quarti d'ora) e poi viene lasciato raffreddare.

Quando si mette il pesce sul fuoco lo si copre con il court-bouillon. La bollitura deve essere appena accennata, altrimenti il pesce si rovina.

Tolto il pesce (con precauzione) il brodo viene filtrato e può essere utilizzato per un risotto, una besciamella, una minestra o una zuppa di pesce.

Fumetto
In alcune ricette si usa invece il fumetto di pesce, di profumo intenso e concentrato.

Il fumetto si prepara facendo bollire a lungo le parti non commestibili del pesce (teste, lische, gusci) assieme a qualche aroma, in modo da estrarne tutto il profumo. Il liquido concentrato che rimane (appunto il fumetto) viene utilizzato per aromatizzare il pesce o aggiunto in una salsa o in una besciamella.

Le uova crude

Le uova possono essere mangiate anche crude. In questo caso è meglio evitare il bianco che, crudo, è poco digeribile. La tradizione popolare attribuiva al rosso fresco poteri rivitalizzanti e ricostituenti.

L'uovo 'all'ostrica', semplicissimo, è il tuorlo di un uovo fresco messo in un cucchiaio e condito con un pizzico di sale, un po' di pepe e di succo di limone.

Una variante più elaborata, che si serve in un bicchiere a coppa, prevede un rosso d'uovo spruzzato con un po' di cognac, coperto da panna fresca con un pizzico di noce moscata (è un 'tiramisù' da usare con molta prudenza).

Uova cotte nel guscio

È una delle preparazioni più sane, perché l'uovo cuoce senza grassi nella sua protezione naturale. L'uovo va immerso in acqua fredda, con l'aggiunta di un po' di aceto (che eviterà le fuoriuscite del bianco nel caso il guscio si screpoli). A questo punto bisogna far bollire l'acqua e sorvegliare attentamente il tempo di cottura.

Se togliete le uova dopo 1-2 minuti dall'inizio del bollore, avete le uova 'alla coque', cioè 'al guscio', con il bianco appena coagulato e il rosso ancora crudo. Le uova alla coque si mangiano nel portauovo, spezzando con precauzione una calotta del guscio e poi aiutandovi con un cucchiaino o un grissino.

Se le uova bollono per 3-4 minuti avrete le uova bazzotte, che possono essere tolte dal guscio, ma solo con molta attenzione. Sono simili alle uova affogate e si accompagnano molto bene a ogni tipo di salsa e di verdura cotta. Se la cottura prosegue per 5-6 minuti otterrete le uova sode, che si sgusciano facilmente soprattutto se le passate in acqua fredda. Le uova sode si accompagnano molto bene alle insalate miste e ai piatti freddi estivi.

Uova in tegame

Si rompono le uova in un tegamino pennellato di olio e si cuociono qualche minuto a fuoco non troppo alto, finché il bianco non è rappreso. Sono molto buone anche passate in forno ben caldo per pochi minuti.

La variante 'alla silfide' usa per 'friggere', al posto dell'olio, due cucchiai di acqua. Se l'uovo al tegame viene delicatamente rimescolato con una spatola, si ottengono le uova strapazzate.

Uova affogate

Si chiamano anche 'in camicia' perché il bianco, un po' rassodato, deve rivestire il tuorlo. Si prepara un tegame con acqua bollente, salata e con un po' di aceto chiaro (quello scuro colora sgradevolmente l'albume). Si sgusciano delicatamente nell'acqua le uova, poche per volta, e si lasciano 'fremere', cioè bollire appena appena, per circa 3 minuti. Poi si tolgono le uova con una schiumarola, tagliando via le eventuali sbavature.

Frittate e omelette

Si preparano in un tegame unto con le uova sbattute. Per averle molto gonfie potete sbattere a neve i bianchi e mescolarli delicatamente al resto degli ingredienti.

Le frittate si cuociono dai due lati, rivoltandole con l'aiuto di un piatto o di un coperchio.

Le omelette si cuociono da un lato solo e si servono ripiegate, con il lato morbido all'interno, di solito con un ripieno di verdure, di salse, di marmellata.

Uova a bagnomaria

Ci sono preparazioni molto delicate in cui le uova vengono cotte a bagnomaria, cioè non direttamente sul fuoco ma in un recipiente immerso nell'acqua bollente. In questo modo le uova non si coagulano ma assumono una consistenza cremosa.

Le uova 'in cocotte', cioè preparate in apposite tazze di ceramica o vetro da fuoco, vengono sgusciate nella cocotte appena unta,di solito su uno strato di verdura o di salsa. Poi vengono cotte a bagnomaria in forno o sul fornello.

Per preparare lo zabaione si sbattono a lungo i tuorli con lo zucchero (ne basta molto meno di quanto dicono le ricette 'classiche'), poi si aggiunge marsala oppure vino bianco secco e si mescola sul fuoco, a bagnomaria, finché la crema 'monta', cioè si gonfia, senza però raggiungere l'ebollizione.

È la stessa tecnica della 'crema inglese', in cui, al posto del marsala, si usa latte scaldato con vaniglia o buccia di limone. Le dosi sono, per ogni tuorlo d'uovo, un cucchiaino di zucchero scuro e un decilitro di latte.

più redditizio per le aziende. Le generazioni giovani conoscono il merluzzo conservato solo per tradizione familiare o locale. (A proposito dei surgelati, un'annotazione sui bastoncini di pesce, venduti 'a peso netto', cioè senza scarti. Siccome il bastoncino ha molta superficie rispetto al suo volume, il peso dell'impanatura è spesso pari, o di poco inferiore, al peso del pesce. In pratica, metà di quel che paghiamo come pesce è pane di incerta origine con grassi di scarto.)

Pesce in scatola

Abbiamo visto che tonno, sgombri, aringhe, sardine e pesci in genere, soprattutto quelli che vivono nei mari freddi, hanno un prezioso contenuto di acidi grassi essenziali che si mantiene intatto anche nella conservazione in scatola. Una scorta di pesce in scatola è una pratica risorsa anche nella cucina naturale.

Magari per un supplemento urgente di proteine e di grassi, ma anche come ingrediente per ricette fresche e saporite. Per esempio, una spuma di ricotta e aringa richiede un minuto di frullatore ed è deliziosa come antipasto, magari come accompagnamento ai bastoncini di verdure crude in pinzimonio.

Anche d'estate, una scatola di tonno o di sgombri è un perfetto complemento per le insalate estive ricche di colori e di freschezza.

È bene acquistare conserve in scatole di banda stagnata e non in vetro, che lascia passare la luce accelerando l'alterazione del cibo.

Una volta aperta la scatola, il pesce va subito trasferito in recipienti di vetro o ceramica.

Uova

Abbiamo visto che, usate con giudizio, le uova possono costituire un alimento ottimo e particolarmente digeribile.

È importante però che 'nascano bene', possibilmente da animali nutriti a terra e senza troppi medicinali, coloranti o additivi.

Anche la freschezza è importante, e la tradizione ha tramandato molti sistemi empirici per valutarla. La più importante è comunque l'osservazione diretta. L'uovo è fresco quando, sgusciato su un piattino, presenta il tuorlo e l'albume ben sodi e raccolti. Più l'albume si allarga, più il rosso è facile a rompersi, meno l'uovo è fresco. Per le uova da cuocere nel guscio la prova migliore è l'immersione in acqua. Più le uova affondano più sono fresche; se galleggiano hanno almeno quindici giorni.

Il valore nutritivo dell'uovo non è influenzato dal colore del guscio, né dalla presenza (o meno) della piccola macchia rossa che segnala la fecondazione. Il colore più o meno intenso del rosso era un tempo segnale di buon nutrimento, ma oggi gli allevamenti industriali sono in grado di influire sul colore del tuorlo.

Oggi le uova industriali offrono discrete garanzie di freschezza (le confezioni devono portare la data) ma non di qualità biologica. Per gli acquisti 'selvaggi', magari in fattorie o da piccoli produttori, spesso è vero l'opposto.

Fino a una generazione fa i contadini conservavano le uova con metodi tradizionali ben consolidati. Il principio base è riparare l'uovo (il cui guscio è poroso) dall'aria: con carta oleata, con un velo di paraffina liquida, oppure immergendo le uova a strati nella segatura o nei fiori di sambuco. Oggi basta il frigo, ma è bene che non sia per troppo tempo.

Le uova prodotte da animali allevati senza forzature hanno comunque un andamento stagionale che è bene rispettare. Meglio mangiare le uova quando sono fresche e abbondanti, nei tempi di caldo e di rigoglio vitale della natura, non quando la natura e gli animali sono in riposo.

La preparazione dei formaggi freschi

La preparazione dei formaggi fermentati richiede esperienza e attrezzature speciali. Invece è facile, e dà ottimi risultati, preparare in casa i formaggi freschi

Formaggio bianco
È il più facile di tutti. Basta versare il latte (pastorizzato, non sterilizzato) in un recipiente di terracotta provvisto di coperchio e metterlo vicino a una fonte di calore (camino, stufa, termosifone, sole estivo) a una temperatura di 20-30 °C. Il latte caglia più rapidamente se si aggiunge un po' di latte cagliato proveniente da una preparazione precedente. Di solito, a seconda della temperatura, si coagula in 12-48 ore. Quando il latte è rappreso il recipiente va messo vicino a una fonte di calore, o a bagnomaria a 30 °C, finché la cagliata non è ben separata dal siero. A questo punto basta mettere la cagliata in una tela sottile e lasciarla sgocciolare per circa 12 ore.

Il formaggio bianco è ottimo da solo o con aggiunte di erbe, di frutta, di miele. In Liguria è la base di molti piatti tradizionali, dal pesto alle torte di verdura.

Cancoillotte
È una specialità della Franca Contea e si fa con latte scremato, senza fermenti e con stagionatura di circa nove giorni. Si mette il latte a cagliare in luogo tiepido. Quando è rappreso si scalda a bagnomaria a 40 °C; a questa temperatura si deposita sul fondo del recipiente. Il caglio va scolato in un colabrodo coperto di tela fine, premendo bene con la mano per eliminare tutto il siero contenuto.

Il caglio asciutto si mette in un vaso di terracotta e si fa fermentare per otto giorni circa a una temperatura intorno ai 25 °C, mescolando ogni giorno con una spatola o un cucchiaio di legno passati in acqua bollente. Alla fine si avrà una pasta gialla.

La pasta viene riscaldata a bagnomaria e si impasta con la spatola aggiungendo un po' alla volta del latte bollente, fino alla consistenza del miele. Allora si versa la cancoillotte in vasi di terracotta e si conserva al fresco.

Come preparare la ricotta
Fate sobbollire per due minuti il latte intero con il caglio. Foderate un colapasta con un canovaccio e versateci il latte cagliato.

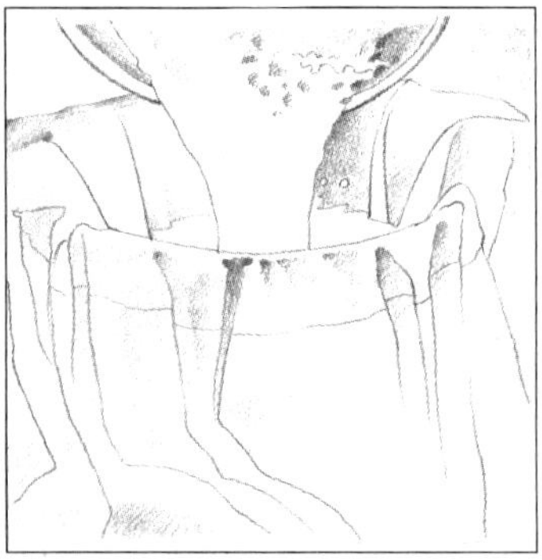

Riunite i lembi della stoffa e legatela con uno spago. Lasciate scolare per circa un'ora (finché il formaggio è sodo).

La ricotta è ora pronta da consumare. Si può conservare in frigorifero (per non più di tre giorni).

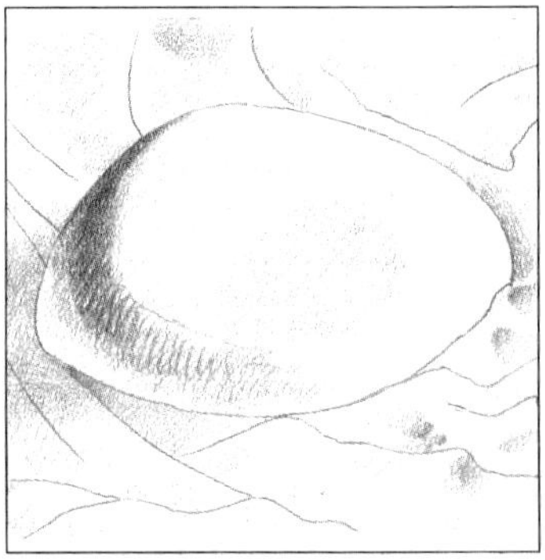

La cucina tradizionale (quella dei ricchi) usava le uova in infinite preparazioni, non tanto per il loro potere nutritivo quanto per la loro capacità legante.

Quando una ricetta elenca le uova solo per questo scopo potete sostituirle utilizzando il potere legante della fecola, dell'arrowroot, oppure dell'agar-agar, un estratto di alghe molto ricco di calcio e di ferro. Un cucchiaino di arrowroot in un quarto di litro d'acqua si solidifica durante la cottura e lega efficacemente gli impasti.

Le uova cotte senza grassi o con pochi grassi (uova al guscio, bazzotte, strapazzate, in cocotte) sono un meraviglioso accompagnamento a molte verdure cotte al naturale, e costituiscono un'integrazione proteica particolarmente fresca e ricca di nutrienti pregiati.

Le uova vanno conservate in frigorifero ma vanno cotte a temperatura ambiente. Bisogna quindi toglierle dal frigo in anticipo. È sempre bene romperle ad una ad una in una tazza per controllare che siano fresche.

Formaggi freschi

Si trovano in commercio molti tipi di formaggi freschi. Alcuni sono ottimi; ma non bisogna farsi confondere dalla pubblicità e credere che siano anche 'leggeri', cioè non grassi.

Tutti i formaggi contengono robuste quantità di grasso, e tutti vengono addizionati con sale.

L'unico 'formaggio' che merita il nome di magro è la ricotta, che si ottiene riscaldando il

Lo yogurt fatto in casa

Per fare in casa propria dello yogurt ottimo e freschissimo bastano tre cose: il latte, i fermenti lattici adatti e una fonte di temperatura costante. Il latte dev'essere buono, pastorizzato e non eccessivamente scremato. Il 'lievito' che innesca la fermentazione dello yogurt può essere un cucchiaio di yogurt commerciale (purché vivo e senza aggiunte), oppure una piccola quantità di fermenti lattici vivi (si trovano nei negozi di alimentazione naturale) o di fermenti in polvere (in farmacia).

Con la yogurtiera
È un apparecchio elettrico, dotato di un termostato, che mantiene costante per varie ore la temperatura di incubazione. Si riempiono di latte i vasetti o il contenitore unico, si procede all'inseminazione con lo yogurt o i fermenti, poi si accende la yogurtiera e dopo qualche ora lo yogurt è pronto. Quando è al punto giusto di fermentazione si consumano, o si mette in frigo in modo che la fermentazione si arresti.

Senza yogurtiera
Si può fare lo yogurt anche senza yogurtiera, anche se forse occorrerà qualche tentativo in più. Si scalda un litro di buon latte senza superare i 40-45 °C.

Tolto il recipiente dal fuoco si mescola al latte lo yogurt o i fermenti, poi si copre con un panno pulito e si avvolge il tutto con un panno di lana o un copriteiera.

Si può lasciare così, oppure mettere in un luogo a temperatura tiepida e costante, per esempio su un termosifone.

Dopo un certo tempo, da tre a dodici ore, lo yogurt è pronto. Quando è al punto giusto va consumato o messo in frigo.

Come preparare lo yogurt con un thermos

Scaldate il latte alla temperatura di 40 °C.

Incorporatevi un cucchiaino di yogurt (o un po' di fermenti).

Versate in un thermos intiepidito. Chiudete ermeticamente.

Dopo 6-12 ore mettete lo yogurt in un vasetto, in frigorifero.

PROTEINE ANIMALI

siero del latte (il siero è la parte che rimane dopo la coagulazione della caseina).

Le albumine del latte presenti nel siero coagulano nei fiocchi che costituiscono, appunto, la ricotta. Gradevole e digeribile, la ricotta è un ingrediente prezioso nella cucina naturale. Entra nella composizione di ripieni, torte salate, ravioli, paste e piacevolissimi dessert.

Attenzione invece ai formaggini fusi, un prodotto che ricicla (oltretutto per il mercato dei bambini) gli scarti e i sottoprodotti più scadenti dell'industria casearia.

Il formaggio da grattugiare

Il formaggio da grattugiare (che si chiama parmigiano reggiano oppure grana a seconda della zona di produzione) è un formaggio antichissimo. Sembra che si sia cominciato a produrlo, con le caratteristiche che ha ancora oggi, circa mille anni fa, nel cuore della stessa zona che lo produce anche oggi.

Può sembrare strano, ma il parmigiano reggiano si ottiene dal latte parzialmente scremato e ha un contenuto di grassi inferiore alla maggior parte dei formaggi. Inoltre la sua lunga stagionatura gli assicura una altissima digeribilità. I suoi componenti, ricchi di proteine nobili, sono ampiamente predigeriti e sono assimilabili facilmente anche dai bambini. In piccola quantità il grana può essere anche accostato ai cibi ricchi di amido senza provocare problemi di digestione.

Come tutti i formaggi duri, il parmigiano reggiano è un alimento ben stabilizzato, che si conserva senza interventi esterni. Il frigorifero gli toglie profumo e sapore. È meglio conservarlo al fresco, avvolto in un tovagliolo perché non dissecchi. (Se il formaggio si è indurito è bene avvolgerlo in un panno inumidito di aceto o di vino bianco.) Il grana si mangia a schegge, staccate dal pezzo con uno speciale coltello a punta. Quando è spolverato sui piatti va grattato al momento.

Le rayta

In India le rayta fanno parte dell'alimentazione quotidiana. Sono composte di latte cagliato o yogurt mescolato con qualsiasi tipo di verdura o di frutta. Accompagnano il riso e le verdure che sono la base di tutti i pasti indiani.

Carne trita alla Parmentier

STAGIONE: *tutto l'anno*
PREPARAZIONE: *30 minuti*
COTTURA: *50 minuti*
MOLTO FACILE

INGREDIENTI *(per 4 persone)*

250 g di manzo già cotto (avanzi di un bollito)
3 scalogni tritati
1 bicchiere di brodo
1 kg di patate
40 g di groviera grattugiato
30 g di burro
sale,
pepe,
noce moscata

PREPARAZIONE

1 *Tritate la carne, unite scalogni, sale, pepe e inumidite col brodo.*

2 *Imburrate un piatto da forno e disponete la carne in uno strato uniforme. Salate, pepate, profumate con la noce moscata e unite il resto del burro.*

3 *Spazzolate le patate, lessatele con la buccia, pelatele e fatene un passato.*

4 *Coprite la carne col purè e spolverate di formaggio grattugiato.*

5 *Mettete in forno ben caldo finché la superficie non diventa dorata: calcolate circa 30 minuti.*

La carne trita alla Parmentier è un 'classico' della cucina familiare francese. Nell'epoca in cui il lesso era un piatto diffusissimo, permetteva infatti di utilizzarne gli avanzi per preparare un piatto nutriente ed economico al tempo stesso.

Se non avete avanzi di lesso potete usare qualunque avanzo di bollito o far bollire appositamente un pezzo di manzo.

È utile far cuocere le patate con la loro buccia, invece che sbucciarle. In questo modo si preservano maggiormente le vitamine in esse contenute.

Per togliere i residui di terra dalla buccia delle patate (e degli altri tuberi) utilizzate uno spazzolino.

Origine: Francia

Involtini di cavolo

STAGIONE: *tutto l'anno*
PREPARAZIONE: *30 minuti*
COTTURA: *1 ora*
MOLTO ECONOMICO

INGREDIENTI *(per 4 persone)*

1 cavolo
300 g di carne tritata
150 g di riso
50 g di burro
4 spicchi d'aglio
2 limoni
20 g di menta in polvere
sale, pepe

PREPARAZIONE

1 *Lavate e staccate le foglie del cavolo.*

2 *Tuffatele per 5 minuti in acqua bollente, poi toglietele e scolatele bene.*

3 *Levate le costole dure e stendete le foglie l'una sopra l'altra.*

4 *Mescolate in una terrina la carne tritata col riso lavato e scolato. Salate e pepate.*

5 *Prendete le foglie di cavolo, a una a una. Stendete ogni foglia su un piatto, metteteci nel mezzo un po' di carne e riso, ripiegate la foglia poi arrotolatela.*

6 *Quando tutte le foglie sono farcite disponetele una vicina all'altra in una casseruola. Aggiungete quattro bicchieri d'acqua e lasciate cuocere a fuoco dolce e a pentola coperta.*

7 *Dopo mezz'ora aggiungete dell'altra acqua, se occorre. Versate sugli involtini il succo dei limoni. Salate e lasciate cuocere.*

8 *Sbucciate l'aglio, schiacciatelo, metteteci un po' di sale e un po' d'acqua, unite la menta in polvere e versate il tutto nella casseruola.*

9 *Quando le foglie di cavolo si lasciano punzecchiare facilmente con una forchetta il piatto è pronto.*

10 *Servite caldo, con una salsa a piacere.*

Origine: Africa del Nord.

Gli involtini di cavolo sono ottimi anche con ripieni a base di pesce o di cereali.

Mettete nel centro di ogni foglia di cavolo il ripieno aiutandovi con un cucchiaio.

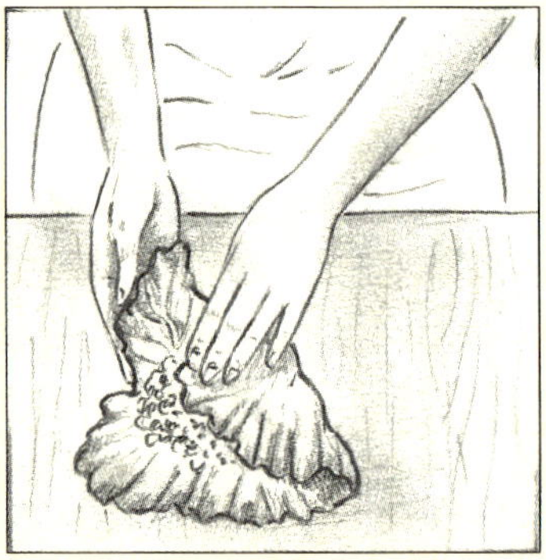

Piegate la foglia dall'esterno in maniera da formare un involtino.

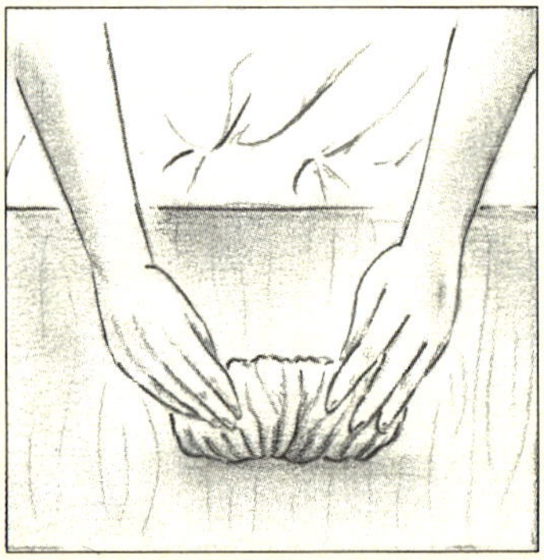

Gli involtini devono essere molto regolari. Potete chiuderli con uno spago da cucina.

Kibbé al forno

STAGIONE: *tutto l'anno*
PREPARAZIONE: *40 minuti*
COTTURA: *40 minuti*

MOLTO FACILE

INGREDIENTI *(per 4 persone)*

300 g di carne tritata (montone o bue)
400 g di bulghur fine
4 cucchiai di olio d'oliva
1 cipolla grossa
1 uovo
noce moscata
burro
sale, pepe

PREPARAZIONE

1 *Sbucciate la cipolla. Prendetene tre quarti, affettatela e fatela rosolare nell'olio insieme a 50 g di carne.*

2 *Lasciate colorire la cipolla e la carne tritata, poi toglietele dal tegame, spolveratele di sale, pepe e noce moscata e mettetele da parte a raffreddare.*

3 *Prendete il resto della cipolla, pestatela nel mortaio e unitela al bulghur che avrete precedentemente inumidito.*

4 *Mescolate il bulghur e incorporate un po' per volta il resto della carne tritata, in modo che il composto risulti omogeneo.*

5 *Aggiungete l'uovo sbattuto. Mescolando, non aggiungete acqua, ma inumiditevi ogni tanto la mano e schiacciate l'impasto contro le pareti del recipiente.*

6 *Salate a piccole dosi.*

7 *Ora che l'impasto del kibbé è pronto prendete un piatto da forno coi bordi bassi e ungetelo di burro.*

8 *Distendete uno strato di composto sul fondo, premete con le mani, facendo in modo che lo spessore risulti uniforme dappertutto. Se occorre aiutatevi anche col palmo della mano.*

9 *Sopra lo strato dell'impasto stendete la carne rosolata con le cipolle, quella che avete preparato all'inizio.*

10 *Coprite con un secondo strato di impasto, e premete bene, rendendo uniforme la superficie.*

11 *Finite con dei pezzettini di burro sparso qua e là, poi con un coltello tagliate tutto l'insieme a losanghe.*

12 *Mettete il piatto nel forno e cuocete a temperatura moderata.*

13 *Quando la superficie è leggermente dorata la cottura è terminata.*

14 *Servite caldo. Ogni commensale prende un certo numero di losanghe, che si staccano facilmente grazie alle incisioni fatte prima della cottura.*

Il kibbé è il piatto nazionale del Libano, e ne esistono numerose varianti. Di solito i kibbé si fanno con carne di montone. Se non ne avete potete usare della carne di bue. A volte nel Libano si mangiano i kibbé con latte cagliato o con insalata di pomodori.

PROTEINE ANIMALI

Moussaka gratinata

STAGIONE: *estate, autunno*
PREPARAZIONE: *50 minuti*
COTTURA: *25 minuti*

INGREDIENTI *(per 4 persone)*

4 melanzane
250 g di montone magro tritato
2 cipolle
1 spicchio d'aglio
timo, alloro, santoreggia, coriandolo
olio d'oliva
sale, peperoncino
2 cucchiai di salsa di pomodoro piuttosto densa
1 limone
2 tuorli d'uovo
sale

PREPARAZIONE

1 *Tagliate le melanzane, senza sbucciarle, nel senso della lunghezza in fette spesse 1 cm.*

2 *Spolveratele di sale e lasciatele per mezz'ora a spurgare l'acqua in eccesso.*

3 *Asciugatele strizzandole in un canovaccio.*

4 *Fatele dorare rapidamente in una padella con l'olio d'oliva, senza preoccuparvi di cuocerle.*

5 *Toglietele dalla padella e mettetele da parte, sopra una carta assorbente.*

6 *Tritate le cipolle con una foglia di alloro; aggiungete un cucchiaino raso di timo, una presa di santoreggia, e un pizzico di coriandolo in polvere.*

7 *Fate ammorbidire le cipolle e gli aromi nella padella ancora unta delle melanzane.*

8 *Quando le cipolle sono trasparenti unite l'aglio schiacciato e la carne tritata, soffriggete un po' senza però far prendere colore.*

9 *Unite poi il passato di pomodoro e controllate il sapore, condite senza salare troppo, insaporite con una punta di peperoncino.*

10 *In un piatto da forno alternate strati di melanzane e di trito, terminando con le melanzane.*

11 *Mettete in forno caldo (200 °C). Quando noterete un leggero bollore spegnete e versate sulle melanzane i tuorli d'uovo diluiti col succo del limone.*

12 *Scuotete il piatto per farli penetrare, e tenetelo nel forno spento e chiuso per qualche minuto.*

Di solito questo piatto molto gustoso si mangia insieme al riso, ma è ottimo (oltre che più 'compatibile') anche consumato con patate lessate.

La moussaka può essere alleggerita cuocendo le melanzane a vapore, anziché friggerle, ed eventualmente eliminando i tuorli d'uovo.

Origine: Grecia

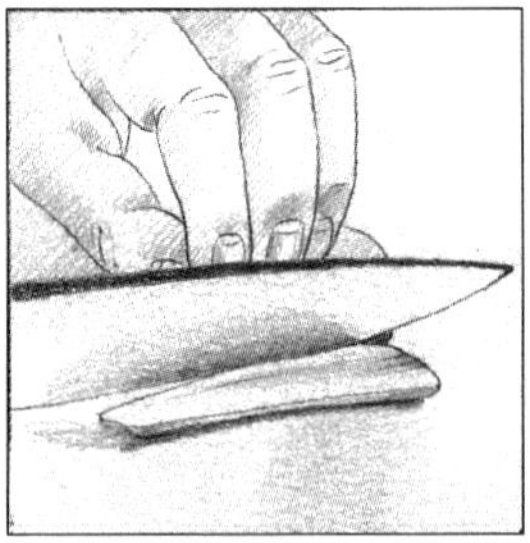

Lavate le melanzane e, senza sbucciarle, tgaliatele in strisce di circa 1 cm, partendo sempre dallo stesso lato.

Pollo al limone

STAGIONE: *tutto l'anno*
PREPARAZIONE: *10 minuti*
COTTURA: *50 minuti*

MOLTO FACILE

INGREDIENTI *(per 4 persone)*

1 pollo
il succo di 2 limoni
2 cucchiai di olio
sale

PREPARAZIONE

1 *Oliate leggermente un piatto da forno.*

2 *Tagliate il pollo in otto pezzi, disponete i pezzi nel piatto, spruzzateteci sopra il succo dei limoni, salate e aggiungete il resto dell'olio.*

3 *Fate cuocere a forno caldo (230 °C) per 40 minuti. Lasciate in forno per altri 10 minuti a fuoco spento.*

4 *Togliete il piatto dal forno e con un cucchiaio togliete il grasso in superficie del sugo di cottura, che servirete a parte in salsiera.*

Questo piatto è squisito anche freddo, e si accorda perfettamente con tutte le insalate e le verdure.

Ragù alla bolognese

STAGIONE: *tutto l'anno*
PREPARAZIONE: *10 minuti*
COTTURA: *1 ora*
MOLTO FACILE

INGREDIENTI *(per 4 persone)*

200 g di manzo trito, o di manzo e maiale
1/2 cipolla
1 costola di sedano
1 carota
olio d'oliva
3 cucchiai di polpa di pomodoro
sale, pepe

PREPARAZIONE

1 *Mettete sul fuoco una casseruolina con un po' d'olio, le verdure tritate finemente e la carne. Cuocete a fuoco basso per qualche minuto.*

2 *Quando la carne prende colore aggiungete un po' d'acqua e, se volete, un pochino di polpa di pomodoro; fate bollire pianissimo, sempre al coperto, per una buona ora.*

3 *Potete eventualmente arricchire il ragù con funghi freschi o secchi tritati.*

Questo ragù (molto usato, anche se non è molto leggero, per condire lasagne e altre paste asciutte) si presta molto bene a insaporire piatti di verdura. Provatelo in questa veste 'inedita', su peperoni, melanzane, cavoli e altre verdure.

Roast beef

STAGIONE: *tutto l'anno*
PREPARAZIONE: *5 minuti*
COTTURA: *40 minuti*
MOLTO FACILE

INGREDIENTI *(per 6 persone)*

1 pezzo di lombata di bue di almeno 1 kg

PREPARAZIONE

1 *Potete fare il roast beef sul fornello, ma è meglio cuocerlo nel forno che prima va scaldato alla temperatura massima per almeno 10 minuti.*

2 *Cuocete la carne senza condimenti, versando in un piatto resistente al calore mezzo bicchiere d'acqua, che impedirà ai succhi della carne di bruciare.*

3 *Cuocete a temperatura alta per 40 minuti circa; se avete dei dubbi punzecchiate la carne con una forchetta. Se il sugo che esce è rosso la cottura è incompleta, se il sugo è rosato il roast beef è al punto giusto. Se è bianco, la cottura è ormai troppo avanzata.*

4 *Spegnete il forno e lasciateci dentro il roast beef ancora per 10 minuti, con lo sportello semiaperto (oppure tirate fuori la teglia e copritela con un coperchio spesso). In questo modo i succhi hanno il tempo di rifluire verso la superficie, e il roast beef risulterà uniformemente morbido e rosato.*

5 *Tagliate il roast beef a fettine sottili solo dopo che si è raffreddato. Potete accompagnarlo con verdure lattofermentate, salse piccanti o col suo sugo di cottura e mescolato con un po' di limone.*

La carne cotta in questo modo è tenera, genuina e naturale. Il roast beef è veramente buono solo se viene fatto con carne tenera, ben scelta e frollata al punto giusto.

Un'alternativa a questa ricetta è quella del roast beef al sale. Occorre un recipiente da forno su cui va steso uno strato spesso di sale. Il pezzo di carne, senza condimenti (a parte qualche aroma), viene posato sul sale e coperto abbondantemente di altro sale. Viene poi posto in forno, a calore elevato. A fine cottura il sale ha formato una crosta solida che va spezzata. All'interno l'alimento è cotto, saporito e per niente salato. Questa è una variante, più pratica, della cottura alla creta.

Origine: Inghilterra

Crema fredda allo yogurt

STAGIONE: *estate, autunno*
PREPARAZIONE: *15 minuti*

MOLTO FACILE

STRETTAMENTE VEGETARIANO

INGREDIENTI *(per 4 persone)*

500 g di yogurt
1 cipolla
1 cetriolo
2 rametti di prezzemolo
qualche foglia di menta
75 g di uvette
50 g di noci sgusciate
sale, pepe

PREPARAZIONE

1 *In una grande zuppiera diluite lo yogurt con un bicchiere d'acqua fresca (un po' di più se lo yogurt è molto denso). Mescolate con una forchetta fino a ottenere una crema ben liscia.*

2 *Salate, pepate, aggiungete la cipolla affettata finemente e il cetriolo a cubetti, il prezzemolo e la menta tritati, le uvette già lavate e infine le noci pestate. Mescolate bene.*

3 *Se preparate questa zuppa in anticipo mescolate di nuovo prima di servire, perché gli ingredienti più pesanti tendono a restare in fondo.*

4 *Distribuite in superficie qualche foglia di menta, gherigli di noce o fettine di cetriolo.*

Origine: Iran

Fonduta alla valdostana

STAGIONE: *tutto l'anno*
PREPARAZIONE: *30 minuti*
COTTURA: *15 minuti*
MOLTO FACILE

INGREDIENTI *(per 4 persone)*

200 g di fontina valdostana
3 dl di latte
3 tuorli d'uova
tartufo
sale, pepe

PREPARAZIONE

1 *Tagliate a dadini la fontina, copritela col latte e lasciatela ammorbidire per 30 minuti.*

2 *Poi sgocciolatela e mettetela in una casseruola tenendo la fiamma bassa. Mescolate continuamente finché non si è sciolta.*

3 *Togliete la fontina dal fuoco e aggiungete i tuorli, uno per volta. Rimettete su fuoco dolcissimo, o a bagnomaria, mescolando ancora per qualche minuto.*

4 *Quando la servite potete cospargerla di lamelle di tartufo.*

Brillat Savarin, il celebre gastronomo francese, aveva un'altissima opinione della fonduta; invece l'Artusi lo riteneva un piatto di ripiego, da fare quando in casa non c'era niente di pronto.

La fonduta si mangia intingendo nella pentola (tenuta al caldo al centro della tavola con un fornelletto) pezzetti di pane infilati negli appositi bastoncini.

Insalata alla caprese

STAGIONE: *estate*
PREPARAZIONE: *5 minuti*

MOLTO FACILE
MOLTO ECONOMICO

VEGETARIANO

INGREDIENTI *(per 4 persone)*

8-10 pomodorini sodi e ben maturi
400 g di mozzarella freschissima
olio d'oliva
basilico
origano
sale

PREPARAZIONE

1 *Si può usare della mozzarella tagliata a fettine o a ovolini, ma dev'essere molto fresca; i pomodori, ben rossi e sodi, vanno tagliati a fettine o a pezzetti.*

2 *Mescolate e condite con olio, basilico e sale, aggiungendo infine una spolverata di origano.*

È uno dei piatti pronti più freschi e amati del mondo, e con un po' di pane buono diventa un piacevolissimo piatto unico.

Origine: Italia meridionale

Minestra di riso e latte cagliato

STAGIONE: *tutto l'anno*
PREPARAZIONE: *5 minuti*
COTTURA: *20 minuti*
MOLTO FACILE
MOLTO ECONOMICO

VEGETARIANO

INGREDIENTI *(per 2 persone)*

1 l di latte cagliato
100 g di riso
1 cipolla media
1 cucchiaio di olio
1 cucchiaino di sale
1 cucchiaio di fecola o di amido
1 cucchiaio di menta in polvere

PREPARAZIONE

1 *Fate rosolare nell'olio la cipolla tritata, versateci il latte cagliato e portate a ebollizione mescolando. A questo punto versate la fecola o l'amido diluiti in un po' di acqua fredda e continuate a mescolare.*

2 *Lavate il riso e versatelo nel latte cagliato bollente. Mescolate ininterrottamente con un cucchiaio di legno finché il composto non bolle. Lasciate cuocere per 20 minuti a fiamma media.*

3 *Servite caldo o tiepido aggiungendovi la menta in polvere.*

Se utilizzate riso integrale, fatelo cuocere a parte e aggiungetelo alla fine della cottura al latte cagliato e alla menta.

Origine: Libano

Mozzarella in carrozza

Stagione: *tutto l'anno*
Preparazione: *5 minuti*
Cottura: *5 minuti*
Molto facile
Molto economico

Ingredienti *(per 4 persone)*

4 fette di mozzarella
8 fette di pane integrale
1/2 l di latte
1 uovo
olio
sale

Preparazione

1 *Prendete dell'ottimo pane integrale e tagliatelo a fette non troppo sottili, se volete, di forma regolare.*

2 *Bagnate per un momento le fette in un po' di latte e poi nell'uovo sbattuto.*

3 *Farcite con una fetta di mozzarella, non troppo alta perché durante la cottura non deve fuoriuscire dal pane.*

4 *In padella dorate con dell'olio i tramezzini dai due lati, o se preferite passateli per qualche minuto in forno. La mozzarella deve restare morbida.*

Questo piatto piacevolissimo e molto nutriente si prepara in pochi minuti.

Origine: Italia centro-meridionale

Rayta all'avocado

Stagione: *tutto l'anno*
Preparazione: *10 minuti*

Molto facile

Vegetariano

Ingredienti *(per 2 persone)*

1/2 l di yogurt o di latte cagliato
1 avocado
1 cucchiaio di olive verdi snocciolate e tritate
1 cucchiaio di dragoncello tritato
1 pizzico di sale

Preparazione

1 *Tagliate l'avocado a cubetti.*

2 *Mettetelo in una terrina con le olive, il dragoncello, il sale.*

3 *Versate lo yogurt (o il latte cagliato), mescolate e mettete al fresco prima di servire.*

Origine: India

Rayta al cetriolo

STAGIONE: *estate, autunno*
PREPARAZIONE: *20 minuti, più qualche ora perché i cetrioli spurghino l'acqua*
MOLTO FACILE
MOLTO ECONOMICO
VEGETARIANO

INGREDIENTI *(per 2 persone)*

1/2 l di yogurt o di latte cagliato
1 cetriolo
1 cipolla
1 pomodorino
1 cucchiaino di bacche di ginepro
1 cucchiaio di basilico tritato
1 cucchiaino di sale

PREPARAZIONE

1 *Dividete il cetriolo a metà nel senso della lunghezza, poi tagliatelo a fette dello spessore di 1/2 cm. Tagliate la cipolla a cubetti. Mettete il cetriolo e la cipolla in una terrina col sale.*

2 *Lasciateli per qualche ora (o meglio ancora per una notte) a temperatura ambiente, in modo che i cetrioli spurghino l'acqua.*

3 *Tagliate il pomodoro a fettine, aggiungete le cipolle e il cetriolo (di cui avrete raccolto il succo per aggiungerlo eventualmente a una salsa), le bacche di ginepro, il basilico e lo yogurt.*

4 *Mescolate con cura in modo che le verdure ne siano ben ricoperte.*

5 *Mettete al fresco fino al momento di servire.*

Origine: India

Rayta alle melanzane

STAGIONE: *estate, autunno*
PREPARAZIONE: *20 minuti*
COTTURA: *1 ora*
MOLTO FACILE
MOLTO ECONOMICO
VEGETARIANO

INGREDIENTI *(per 2 persone)*

1/2 l di yogurt o di latte cagliato sodo e ben sgocciolato
1 melanzana ben matura
1 cipolla
1 cucchiaino di bacche di coriandolo
1 cucchiaio d'olio
sale

PREPARAZIONE

1 *Incidete la buccia della melanzana con parecchi tagli nel senso della lunghezza.*

2 *Salate la melanzana, mettetela in forno caldo e lasciatela cuocere a fiamma bassa per 45 minuti circa, finché non è abbrustolita e ben morbida. Ritiratela dal forno, sbucciatela e tagliatela a dadi piuttosto grossi.*

3 *Fate soffriggere nell'olio la cipolla e unitevi la melanzana, mescolate e cuocete per 5-10 minuti.*

4 *Aggiungete lo yogurt (o il latte cagliato) e lasciate raffreddare.*

Origine: India

Rayta alle pere

STAGIONE: *tutto l'anno*
PREPARAZIONE: *5 minuti*

PIUTTOSTO DIFFICILE

VEGETARIANO

INGREDIENTI *(per 2 persone)*

1/2 l di yogurt denso e molto cremoso
1 tazza di pere all'aceto tagliate a pezzetti

PREPARAZIONE

1 *Tenete al fresco separatamente lo yogurt e le pere all'aceto che avrete precedentemente preparato secondo la ricetta a pagina 381. Riuniteli soltanto al momento di servire. Metteteli in coppe di vetro e versateci sopra qualche cucchiaio del succo delle pere.*

Questi due ingredienti si accordano meravigliosamente bene. Tutti i miei invitati vengono conquistati da questa unione sorprendente.

Supplì alla mozzarella

STAGIONE: *tutto l'anno*
PREPARAZIONE: *30 minuti*
COTTURA: *5 minuti*
PIUTTOSTO DIFFICILE
MOLTO ECONOMICO

INGREDIENTI *(per 4 persone)*

300 g di riso
cipolla, burro, brodo, formaggio grattugiato
300 g di mozzarella
2 uova
farina
pangrattato
olio per friggere

PREPARAZIONE

1 *Preparate un risotto alla parmigiana (vedi pagina 196) e appena è pronto stendetelo in uno strato sottile, perché si raffreddi e non passi di cottura.*

2 *Tagliate a pezzetti la mozzarella.*

3 *Formate col riso delle palline grosse come una piccola arancia, scavateci un incavo, riempitelo di mozzarella e chiudete con altro risotto.*

4 *Infarinate i supplì, passateli nelle uova sbattute e poi nel pangrattato.*

5 *Friggeteli finché non sono dorati e serviteli caldissimi, in modo che la mozzarella si fonda.*

È un simpatico sistema per utilizzare degli avanzi di riso o altri cereali.

Un'alternativa più leggera consiste nel non infarinare né friggere i supplì, bensì farli gratinare nel forno.

Aringhe grigliate all'acetosa

STAGIONE: *inverno*
PREPARAZIONE: *10 minuti*
COTTURA: *20 minuti circa*
MOLTO ECONOMICO
MOLTO FACILE

INGREDIENTI *(per 4 persone)*

4 aringhe
sale
pepe
olio

Per la salsa:
1 scalogno
1 cucchiaio di burro
1 cucchiaio di farina
1 dl di panna
1 tuorlo d'uovo
1 limone
1 manciata di foglie di acetosa

PREPARAZIONE

1 *Chiedete al vostro pescivendolo di svuotare le aringhe e di rimettere dentro il 'latte' e le uova.*

2 *Asciugate le aringhe, praticate loro dei tagli superficiali in due o tre punti, oliatele leggermente.*

3 *Fatele cuocere alla griglia senza fretta, con lo sportello del forno aperto, e il grill acceso per 15-20 minuti.*

4 *Quando la parte esposta al calore comincia a colorirsi voltate le aringhe.*

5 *Lasciate dorare l'altro lato, un po' più a lungo del primo.*

6 *Salate e pepate a fine cottura. Non abbiate troppa fretta, devono cuocere bene anche le uova e il latte.*

7 *Per la preparazione della salsa di acetosa, tritate finemente lo scalogno e fatelo ammorbidire nel burro senza che prenda colore.*

8 *Quando comincia a imbiondire unite la farina e la panna, mescolata al succo di mezzo limone.*

9 *Completate con un po' d'acqua calda in modo da ottenere una salsa vellutata. Se è necessario aggiustate di sale, pepe e aggiungete del succo di limone.*

10 *All'ultimo momento, fuori dal fuoco, aggiungete del tuorlo d'uovo sciolto in qualche cucchiaio di salsa e l'acetosa tagliata a striscioline finissime.*

11 *Lasciate insaporire per un istante sul fuoco e servite accompagnando la salsa alle aringhe.*

Le foglie di acetosa possono essere consumate anche crude in insalata. Una specialità francese è la minestra di acetosa (cuocere come gli spinaci, cambiando una volta l'acqua di cottura per diminuire l'acidità).

Baccalà alla vicentina

STAGIONE: *tutto l'anno*
PREPARAZIONE: *30 minuti più il tempo per l'ammollo se usate del pesce secco (1-3 giorni)*
COTTURA: *3-4 ore, più una giornata di riposo*

INGREDIENTI *(per 4 persone)*

800 g di stoccafisso già bagnato
500 g di cipolle
1/2 l di latte
150 g di olio d'oliva
4 acciughe
aglio
prezzemolo
farina
parmigiano grattugiato

PREPARAZIONE

1 *Pulite lo stoccafisso e apritelo nel senso della lunghezza.*

2 *Mettete in una casseruola metà dell'olio con le cipolle tritate e due spicchi d'aglio. Lasciate soffriggere.*

3 *Quando l'aglio imbiondisce aggiungete le acciughe diliscate, dissalate e ridotte in pasta, insieme a una manciata di prezzemolo tritato. Rimestate bene e lasciate insaporire per qualche minuto.*

4 *Spargete sul merluzzo aperto farina, parmigiano grattugiato e metà della salsa che avete preparato. Ricomponete il pesce e tagliatelo a fette lunghe 5 o 6 cm.*

5 *Passate le fette, sempre composte da due parti riunite insieme, nella farina mista a parmigiano grattugiato.*

6 *Disponete a strati le fette infarinate in un tegame di coccio, versateci l'altra metà della salsa, il sale e l'olio rimasto, fino a coprire il pesce.*

7 *Cuocete a fuoco lento per tre o quattro ore. Scuotete ogni tanto il tegame, ma senza mescolare.*

8 *Infine lasciate riposare il pesce per un giorno e portatelo in tavola dopo averlo scaldato a fuoco bassissimo.*

Il baccalà alla vicentina è servito tradizionalmente con fette di polenta abbrustolita.

'Baccalà' e 'stoccafisso' sono due modi diversi di denominare il merluzzo conservato. Per baccalà si intende il pesce salato e seccato, mentre lo stoccafisso è il merluzzo seccato al vento.

Un tempo, nel Veneto, si trovava solo lo stoccafisso, (che, per, errore, veniva chiamato baccalà): così, tuttora, una delle più celebri ricette regionali italiane a base di stoccafisso si chiama 'baccalà alla vicentina'.

Bouillabaisse di baccalà

STAGIONE: *tutto l'anno*
PREPARAZIONE: *30 minuti*
COTTURA: *45 minuti*

MOLTO ECONOMICO

INGREDIENTI *(per 4 persone)*

1 kg di patate a polpa soda
300 g di merluzzo salato
2 cipolle
2 pomodori
3 spicchi d'aglio
4 cucchiai di olio d'oliva
timo, alloro, finocchio, prezzemolo
1 pizzico di zafferano
pepe
qualche fetta di pane

PREPARAZIONE

1 *Dissalate il baccalà lasciandolo a bagno per una notte in acqua cambiata più volte.*

2 *Affettate le cipolle e rosolatele nell'olio senza farle colorire.*

3 *Unite i pomodori tritati, lasciate insaporire qualche minuto, aggiungete 2 l d'acqua, i tre spicchi d'aglio schiacciati, gli aromi (salvo il prezzemolo) e i condimenti, poi le patate tagliate a fette sottili.*

4 *Lasciate bollire a fuoco vivo. Quando le patate sono a metà cottura aggiungete il merluzzo e portatela a termine.*

5 *Mettete qualche fetta di pane in un piatto fondo e versateci sopra il brodo.*

6 *In un altro piatto servite le patate, sistemate al centro, e i pezzi di baccalà disposti intorno e spolverati di prezzemolo tritato.*

7 *Si serve prima il brodo col pane, poi il piatto di merluzzo e patate.*

Questa è un'altra bouillabaisse alquanto diversa dalla celebre zuppa di pesce provenzale.

Se acquistate baccalà secco, dovete ammorbidirlo tenendolo a bagno per una notte, in acqua cambiata più volte.

I 'puristi' consigliano un ammollo anche di 3 giorni o più, fino a una settimana (questo è valido soprattutto per lo stoccafisso, cioè merluzzo seccato al vento, e non salato).

Origine: Provenza

Merluzzo alla marinara

STAGIONE: *tutto l'anno*
PREPARAZIONE: *20 minuti*
COTTURA: *25 minuti*
MOLTO FACILE

INGREDIENTI *(per 4 persone)*

600 g di filetti di merluzzo dissalati
2 limoni
300 g di cipolle tritate
2 pomodorini o 3 cucchiai di salsa di pomodoro
6 spicchi d'aglio
1 manciata di prezzemolo tritato
1/2 foglia di alloro
1 rametto di timo
3 cucchiai di olio d'oliva

PREPARAZIONE

1 *Tagliate il merluzzo dissalato a bastoncini lunghi circa 8 cm e larghi 2. Metteteli in un piatto e spruzzateli col succo dei limoni.*

2 *Versate l'olio in un tegame di coccio, lasciatelo scaldare, unite le cipolle.*

3 *Quando sono dorate aggiungete i pomodori a pezzettini o la salsa. Lasciate cuocere piano per qualche istante.*

4 *Poi mettete nel tegame i pezzi di merluzzo, gli aromi e l'aglio tritato fine.*

5 *Lasciate insaporire sul fuoco per 10 minuti, poi aggiungete il prezzemolo e servite caldissimo accompagnando il piatto con verdure crude e cotte.*

Merluzzo alla menta

STAGIONE: *tutto l'anno*
PREPARAZIONE: *20 minuti*
COTTURA: *30 minuti*
MOLTO FACILE

INGREDIENTI *(per 4 persone)*

500 g di filetti di merluzzo dissalato
2 cipolle
400 g di patate
3 spicchi d'aglio
menta fresca o secca
1 rametto di timo
1 mazzetto di prezzemolo
5 cucchiai di olio d'oliva
10 g di zenzero
sale, pepe

PREPARAZIONE

1 *Fate saltare leggermente nell'olio caldo le cipolle sbucciate e tagliate a fettine.*

2 *Unite tre bicchieri d'acqua, le patate sbucciate e tagliate a pezzi, l'aglio tritato finissimo, il prezzemolo, il timo e la menta.*

3 *Aggiungete il merluzzo già dissalato e lasciate cuocere, unendo dell'altra acqua se occorre. Dopo il primo bollore insaporite con sale, pepe e zenzero.*

4 *Servite caldo.*

Origine: Medio Oriente

Orata farcita

STAGIONE: *tutto l'anno*
PREPARAZIONE: *30 minuti*
COTTURA: *50 minuti*

INGREDIENTI *(per 4 persone)*

1 orata

Per il ripieno:
1 testa d'aglio
8 cipolle
1 manciata di prezzemolo
timo
200 g di funghi
sale
la mollica di una fetta di pane

Per il court-bouillon:
2 carote
2 cipolle
1 foglia di alloro
1 rametto di finocchio
1 pizzico di sale grosso
vino bianco

PREPARAZIONE

1 *Squamate l'orata.*

2 *Tagliatela in due di traverso e vuotatela attraverso l'apertura. Otterrete così due tasche che ospiteranno il ripieno.*

3 *Mettete i due pezzi dell'orata in un recipiente largo con il court-bouillon che avrà già bollito per 20 minuti con le verdure e gli aromi.*

4 *Lasciate sobbollire per 20 minuti circa, sorvegliando la cottura. Le carni del pesce devono restare un po' sode.*

5 *Togliete l'orata dal court-bouillon servendovi di due spatole.*

6 *Sgocciolate i pezzi e riempiteli col ripieno che avrete preparato pestando insieme l'aglio, le cipolle, il prezzemolo, i funghi, il pane e il sale.*

7 *Ricostruite l'orata.*

8 *Tenete per 10 minuti in forno a temperatura bassa prima di servire.*

Il court-bouillon (*vedi* la ricetta indicata a pagina 239) è un brodo di pesce. Si prepara mettendo acqua, aceto o vino bianco, sale e aromi a piacere (molto adatti sono l'anice o il finocchio).

Il court-bouillon dovrebbe bollire per circa tre quarti d'ora a fuoco dolce.

Tenete presente che potete utilizzare il court-bouillon per preparare salse, minestre, risotti, zuppe di pesce.

Rotolini di sogliola alle cipolle

STAGIONE: *tutto l'anno*
PREPARAZIONE: *30 minuti*
COTTURA: *30 minuti*
PIUTTOSTO DIFFICILE

INGREDIENTI *(per 4 persone)*

4 filetti di sogliola
2 cucchiai di succo di limone
2 cucchiai di sale
8 spicchi d'aglio
1 cucchiaio di zenzero fresco
5 cipolle
1 manciata di aneto
sale

PREPARAZIONE

1 *Sciacquate e asciugate i filetti.*

2 *Spruzzateli sui due lati con succo di limone e sale.*

3 *Lasciateli marinare per 15 minuti.*

4 *Tritate finemente l'aglio, la cipolla e l'aneto, grattugiate lo zenzero.*

5 *Fate soffriggere il tutto finché le cipolle non sono dorate e unite un pizzico di sale.*

6 *Su ogni filetto di pesce stendete poi uno strato di soffritto, distribuendolo bene e arrotolate in modo da ottenere un cilindretto spesso che fisserete con uno o due stuzzicadenti.*

7 *Sistemate i rotolini in un piatto da forno.*

8 *Mettete nel piatto mezzo bicchiere d'acqua e lasciate cuocere a forno dolce per circa 15 minuti. La polpa del pesce deve rimanere soda*

9 *A fine cottura mettete i rotolini a dorare per 5 minuti sotto il grill.*

10 *Trasferiteli poi su un piatto caldo.*

11 *Mettete nel piatto da forno 2-3 cucchiai d'acqua, fateli scaldare, versateli poi sul pesce e servite immediatamente.*

PROTEINE ANIMALI

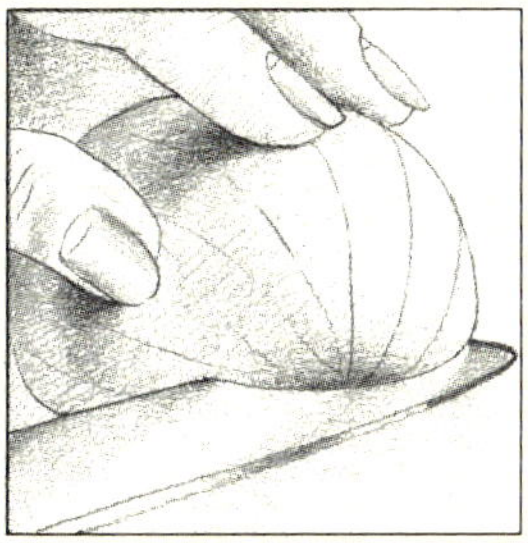

Per tagliare a dadini una cipolla, pelatela, lasciando la radice per poterla tenere unita; quindi tagliatela a metà ponendola sul piano di lavoro con la parte tagliata verso il basso.

Con un grosso coltello fate una serie di tagli orizzontali e quindi di tagli verticali. Alla fine tagliate la cipolla trasversalmente in maniera da ottenere dei dadini.

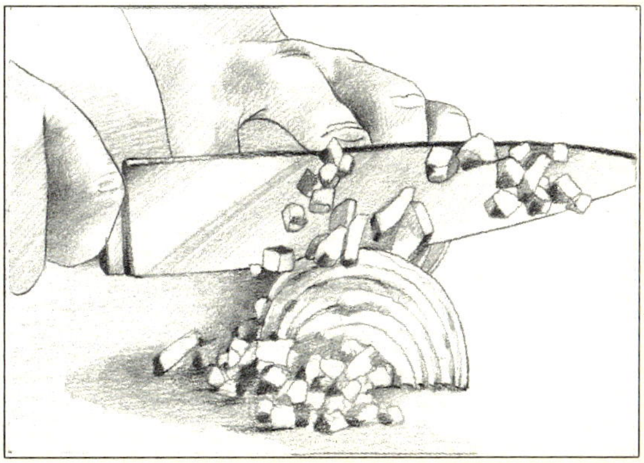

Sogliole ai funghi

STAGIONE: *tutto l'anno*
PREPARAZIONE: *30 minuti*
COTTURA: *40 minuti*

INGREDIENTI *(per 4 persone)*

2 sogliole da 700 g
250 g di funghi
3-4 carote sbollentate
1 limone
1 manciata di prezzemolo
1 cipolla
1 foglia di alloro
aneto

Per la salsa:
olio di sesamo
3 cucchiai di farina
sale

PREPARAZIONE

1 *Fate staccare i filetti dal pescivendolo, ma conservate il resto per il fumetto, cioè il brodo di pesce.*

2 *Togliete ai funghi il piede terroso, lavateli velocemente sotto l'acqua corrente e asciugateli subito.*

3 *Dopo averli affettati, fateli saltare nella padella unta d'olio, con un pizzico di sale, poi aggiungete il succo di mezzo limone e un bicchiere d'acqua calda.*

4 *In una pentola a parte mettete le lische e le teste delle sogliole in acqua fredda con il sale, l'alloro, la cipolla e l'aneto. Fate bollire e lasciate cuocere per 15 minuti. Tenete una parte del fumetto di pesce per la cottura dei filetti, e un'altra per la salsa.*

5 *Sciacquate i filetti, asciugateli, salateli e metteteli in un piatto da forno. Bagnate col fumetto fino a coprire il pesce. Mettete a cuocere per 20 minuti a forno già caldo. A fine cottura il fumetto deve essersi rappreso un po' e i filetti devono restare sodi.*

6 *A parte preparate la salsa. Scaldate l'olio, unite la farina e il sale, mescolate con una frusta e aggiungete il fumetto caldo finché la salsa non avrà la consistenza che desiderate. Lasciate cuocere per 5 minuti unendovi in ultimo un cucchiaio di succo di limone.*

7 *Versate la salsa sui filetti e disponete fra loro i funghi, le carote a pezzetti e il prezzemolo.*

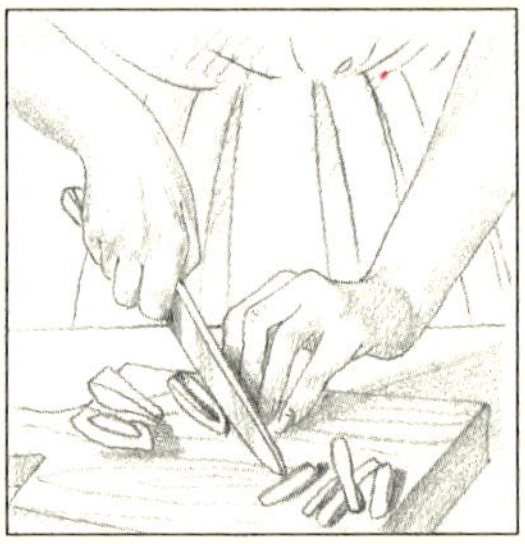

Per preparare i funghi, dovete ripulirli della terra e quindi lavarli (molto velocemente) e asciugarli subito con un canovaccio. Tagliateli quindi a fettine molto sottili.

Dopo aver affettato i funghi fateli soffriggere un attimo in una padella che avrete pennellato con olio d'oliva. Aggiungete quindi il succo di limone e l'acqua calda.

PROTEINE ANIMALI

Sogliole allo scalogno

STAGIONE: *tutto l'anno*
PREPARAZIONE: *20 minuti*
COTTURA: *30 minuti*
PIUTTOSTO COSTOSO
MOLTO FACILE

INGREDIENTI *(per 4 persone)*

4 sogliole
8 spicchi d'aglio
10 scalogni
timo
maggiorana
salvia
sale

PREPARAZIONE

1 *Lavate e asciugate i pesci e disponeteli in un recipiente di terracotta.*

2 *Tritate finemente l'aglio, gli scalogni e gli aromi.*

3 *Mescolate bene e cospargete con questo trito l'interno dei pesci.*

4 *Salate i pesci all'esterno.*

5 *Cuocete per 30 minuti in forno a temperatura bassa.*

Stoccafisso mantecato alla vicentina

STAGIONE: *tutto l'anno*
PREPARAZIONE: *15 minuti più il tempo per l'ammollo dello stoccafisso*
COTTURA: *40 minuti*

INGREDIENTI *(per 4 persone)*

800 g di stoccafisso già bagnato
2/3 di l di latte
olio
sale
pepe

PREPARAZIONE

1 *Sgocciolate il merluzzo dall'acqua dell'ammollo, toglietegli le spine e tagliatelo a pezzi non troppo piccoli.*

2 *Mettete a fuoco i pezzi di stoccafisso in un tegame di coccio, coperti di latte.*

3 *Durante la cottura mescolate e lavorate energicamente il composto con un cucchiaio di legno, fino a ridurlo in crema.*

4 *Quando il latte è stato quasi assorbito versate a poco a poco, a filo, mezzo bicchiere di olio ben caldo, continuando a mescolare; potete aggiungere qualche cucchiaio supplementare di latte caldo.*

5 *Deve risultare un purè soffice ma consistente; insaporitelo col pepe e, se occorre, aggiustate di sale. Potete servirlo con polenta abbrustolita a fette.*

Tian di orata

STAGIONE: *tutto l'anno*
PREPARAZIONE: *30 minuti*
COTTURA: *1 ora*

INGREDIENTI *(per 2 persone)*

1 kg di patate
1 orata di 500 g
1 cipolla
3 pomodori
2 cucchiai di prezzemolo
5 cucchiai di olio d'oliva
3 spicchi d'aglio
timo
sale
pepe

PREPARAZIONE

1 *Svuotate e squamate l'orata senza staccare la testa. Lavatela, asciugatela e prima di cuocerla cospargetela di sale.*

2 *Tagliate le patate a fette sottili, tritate la cipolla e mescolatele con una buona presa di timo, sale e pepe.*

3 *Metteteli in un piatto da forno strofinato con l'aglio e coprite con acqua fredda fino a sfiorare appena il livello delle patate. Aggiungete quattro cucchiai d'olio. Mettete in forno a 200 °C. Quando non resta più acqua e le patate hanno una 'crosticina' in genere sono cotte.*

4 *Intanto tagliate a metà i pomodori, togliete i semi e salateli. Dopo un po' rigirateli perché scolino l'acqua e metteteci il prezzemolo e l'aglio.*

5 *Disponete l'orata ben asciutta sulle patate cotte, ungetela d'olio, circondatela coi pomodori sui quali metterete un cucchiaio d'olio e un po' di timo.*

6 *Rimettete in forno. Quando il pesce comincia a dorare oliatelo leggermente di tanto in tanto. Controllatene la cottura inserendo il coltello lungo il dorso: deve scivolare senza resistenza fino alla lisca centrale.*

Un tempo, in Provenza, il termine 'tian' indicava un piatto fondo di coccio che poteva andare in forno. A poco a poco sono state chiamate così anche molte preparazioni cotte in questo recipiente.

Origine: Provenza

La maggior parte dei pesci deve essere squamata prima della preparazione. Fatelo (con lo strumento apposito o con un coltello seghettato) partendo dalla coda verso la testa. Alla fine sciacquate il pesce sotto l'acqua.

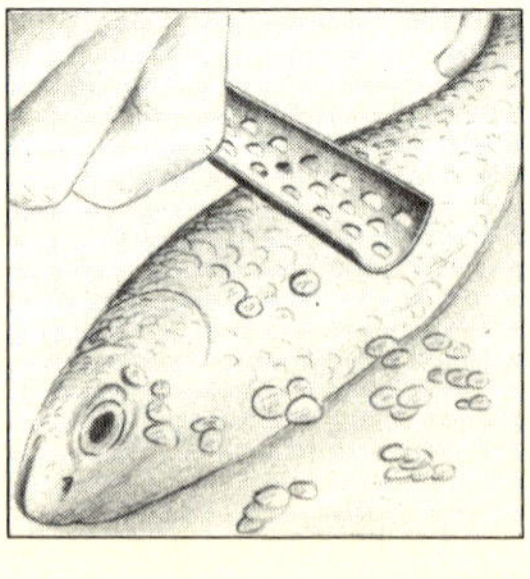

Tonno fresco ai pomodori

STAGIONE: *estate, autunno*
PREPARAZIONE: *10 minuti*
COTTURA: *10 minuti*
PIUTTOSTO COSTOSO
MOLTO FACILE

INGREDIENTI *(per 4 persone)*

4 fette di tonno fresco (500-600 g)
2 cipolle grosse
4 pomodori grossi sbucciati
6 cucchiai di olio d'oliva
timo
sale
pepe

PREPARAZIONE

1 *Togliete la pelle e le spine alle fette di tonno.*

2 *Fate scaldare l'olio in una padella dal fondo spesso.*

3 *Mettete le fette di tonno nell'olio ben caldo e fatele dorare sui due lati.*

4 *Unite le cipolle tritate o a fettine, salate, pepate e lasciate che il tutto prenda colore.*

5 *Aggiungete i pomodori pelati e il timo.*

6 *Coprite e lasciate cuocere per circa 10 minuti.*

Tranci di nasello

STAGIONE: *tutto l'anno*
PREPARAZIONE: *15 minuti*
COTTURA: *20 minuti*
MOLTO FACILE

INGREDIENTI *(per 4 persone)*

4 tranci di nasello
4 cucchiaini di tamari
2 cucchiai di prezzemolo
olio d'oliva

PREPARAZIONE

1 *Dopo aver sciacquato e asciugato bene i tranci di pesce disponeteli nella padella scaldata e oliata.*

2 *Fateli dorare sui due lati, poi versate su ognuno un cucchiaino di tamari.*

3 *Aggiungete una tazza d'acqua calda.*

4 *Coprite e lasciate cuocere 3 minuti a fuoco dolcissimo.*

5 *Durante la cottura sorvegliate l'evaporazione del liquido.*

6 *Al momento di servire cospargete sui tranci il prezzemolo tritato.*

Triglie al forno

Stagione: *estate, autunno*
Preparazione: *20 minuti*
Cottura: *20 minuti*
Molto facile

Ingredienti *(per 4 persone)*

4 triglie
qualche foglia di vite o di mais
7 spicchi d'aglio
1 cucchiaio di olio d'oliva
maggiorana
sale

Preparazione

1 *Vuotate, lavate e asciugate le triglie, salatele dentro e fuori.*

2 *Imbottitele con qualche foglia di vite o di mais che avrete precedentemente lavato.*

3 *Pestate l'aglio nel mortaio con un pizzico di sale grosso, unite un cucchiaio d'olio e una presa di maggiorana.*

4 *Con questo composto spennellate ogni triglia sui due lati, poi avvolgetele nelle foglie rimanenti e legatele con uno spago.*

5 *Mettete in forno caldo e cuocete 10 minuti per parte.*

6 *Al momento di servire togliete le foglie bruciacchiate.*

In alternativa potete cuocere le triglie anche sulla brace.

Questi pesci profumati hanno un sapore squisito.

Frittata col pane

Stagione: *tutto l'anno*
Preparazione: *20 minuti*
Cottura: *10 minuti*
Piuttosto difficile
Molto economico
Vegetariano

Ingredienti *(per 4 persone)*

8 uova
1 tazza di mollica di pane a dadini
2 cucchiai di olio
sale, pepe

Preparazione

1 *Fate dorare i dadini di pane nell'olio e teneteli al caldo.*

2 *Sbattete le uova con la forchetta, salate e pepate. In una padella grande mettete un filo d'olio scaldato e aggiungeteci le uova in un colpo solo.*

3 *Scuotete la padella in avanti e indietro aiutandovi con la spatola per staccarne i bordi finché l'omelette non avrà preso una consistenza cremosa. A questo punto, facendo attenzione che non attacchi, lasciatela dorare leggermente e distribuite i dadini di pane sulla superficie.*

4 *Quando questa è ancora morbida ripiegate un terzo della frittata verso il centro, e mentre la piegate un'altra volta fatela scivolare sul piatto da portata. Se la frittata non fosse venuta bene datele la forma direttamente con le mani protette da un panno e passateci sopra un pezzetto di burro.*

Origine: Francia

Frittata di patate

STAGIONE: *tutto l'anno*
PREPARAZIONE: *20 minuti*
COTTURA: *45 minuti*
MOLTO FACILE
MOLTO ECONOMICO
VEGETARIANO

INGREDIENTI *(per 4 persone)*

8 uova
500 g di patate
1 spicchio d'aglio
2 cucchiai d'olio
sale

PREPARAZIONE

1 *Fate cuocere le patate senza sbucciarle.*

2 *Sbucciatele, ancora calde, tagliatele a fettine, fatele saltare con l'olio finché non sono dorate. All'ultimo minuto aggiungete l'aglio schiacciato.*

3 *Versate il tutto in un piatto da forno. Salate, mescolate e rendete uniforme la superficie.*

4 *Sbattete le uova con un po' di sale e di pepe e versatele sulle patate. Mettete la preparazione nel forno già caldo. Appena la parte superiore della frittata comincia a raddensarsi, abbassate la fiamma. La frittata deve sentire il calore, ma non deve bollire.*

5 *Lasciate cuocere finché la frittata in superficie non si stacca dal bordo del piatto, cioè per circa 15-20 minuti.*

Origine: Francia

Frittata di zucchine

STAGIONE: *estate, autunno*
PREPARAZIONE: *10 minuti*
COTTURA: *20 minuti*
MOLTO FACILE
MOLTO ECONOMICO
VEGETARIANO

INGREDIENTI *(per 4 persone)*

3 zucchine
8 uova
2 cucchiai di olio d'oliva
sale
pepe

PREPARAZIONE

1 *Mondate le zucchine e tagliatele a fette di mezzo cm di spessore, poi a dadini.*

2 *Scaldate l'olio in una padella e fate cuocere le zucchine (dapprima coperte, poi senza il coperchio), mescolandole ogni tanto.*

3 *Salate, pepate; poi aggiungete, mescolando bene con la forchetta, le uova già sbattute e insaporite di sale e pepe.*

4 *Quando la frittata è cotta da una parte rivoltatela in modo che dori anche dall'altra.*

PROTEINE ANIMALI

Uova farcite

STAGIONE: *estate, autunno*
PREPARAZIONE: *30 minuti*
COTTURA: *10 minuti*
MOLTO FACILE

INGREDIENTI *(per 4 persone)*

8 uova sode
2 pomodori
100 g di olive nere
1 cuore di lattuga
110 g di tonno (una scatoletta)
filetti di acciughe sott'olio (una scatoletta)
2 cucchiai di salsa tapenade
olio d'oliva
1 cucchiaio di erbe fini tritate
sale
pepe

PREPARAZIONE

1 *Fate cuocere le uova e tagliatele a metà nel senso della lunghezza.*

2 *Togliete i tuorli e passateli al passaverdure usando il disco fine.*

3 *Dividete i tuorli tritati in tre porzioni, dopo averne tenuti da parte due cucchiai rasi per la decorazione.*

4 *Mescolatene una parte col tonno passato al mulinetto e un buon pizzico di erbe fini.*

5 *Insaporite con sale e pepe, ammorbidite con qualche goccia di olio d'oliva.*

6 *Riempite un terzo delle uova e decorate coi tuorli tritati.*

7 *Mescolate la seconda parte dei tuorli coi filetti d'acciuga schiacciati accuratamente con la forchetta, un pizzichino di erbe e qualche goccia di olio. Tenete da parte otto filetti d'acciuga per decorare le mezze uova che riempirete in questo modo.*

8 *Mescolate la terza parte dei tuorli con la tapenade (trovate la ricetta a pagina 407).*

9 *Riempite le mezze uova e decoratele coi tuorli tritati.*

10 *Disponete la vostra preparazione su un piatto decorato di foglie di lattuga e abbellite con spicchi di pomodoro e olive nere.*

In Francia questo piatto si serve come antipasto. È squisito e di grande effetto.

Cuocere le uova nel loro guscio è una delle preparazioni più sane, in quanto le uova cuociono senza l'aggiunta di grassi.

Per preparare uova sode abbastanza dure (come quelle da utilizzare in questa ricetta), immergete le uova in acqua fredda, con l'aggiunta di un po' di aceto per evitare eventuali fuoriuscite di albume nel caso il guscio si screpoli. Fate quindi bollire le uova per 5-6 minuti.

Per riconoscere la freschezza di un uovo, potete immergerlo in acqua fredda. Se l'uovo rimane sul fondo del recipiente significa che è fresco (solo nel corso di qualche giorno infatti si forma una zona di vuoto, piena d'aria, che fa galleggiare una parte dell'uovo in superficie).

Uova sode con cavolo rosso

STAGIONE: *inverno*
PREPARAZIONE: *20 minuti, più 1 ora per lasciar marinare il cavolo*
COTTURA: *30 minuti*
MOLTO FACILE

VEGETARIANO

INGREDIENTI *(per 4 persone)*

1 cavolo rosso
2 dl di aceto di mele
1 dl di panna
3 uova sode
1 cucchiaio di cerfoglio tritato
1 cucchiaio di erba cipollina tritata
1 limone, sale

PREPARAZIONE

1 *Eliminate le foglie esterne del cavolo e tagliate il resto a fettine sottilissime. Scottatele in abbondante acqua salata per almeno 2 minuti, poi scolate. Tenete presente che quando metterete il cavolo nell'acqua bollente lo vedrete diventare blu, ma durante la marinatura riprenderà il suo colore.*

2 *Mettete il cavolo in una terrina, spruzzatelo con l'aceto, salate. Lasciate marinare per 1 ora mescolando spesso e ricoprendo subito la terrina. Intanto macinate finemente le uova sode passandole al tritaverdure. Mescolatele con la panna, il succo di limone, le erbe, aggiungete sale e pepe.*

3 *Togliete il cavolo dalla marinata, scolatelo, mettetelo in un'insalatiera e versateci la salsa.*

Potete preparare questa ricetta anche con il cavolo crudo (invece che scottato): è buonissimo, oltre a essere più digeribile.

Origine: Alsazia

Uova strapazzate alle zucchine

STAGIONE: *primavera, estate, autunno*
PREPARAZIONE: *25 minuti*
COTTURA: *20 minuti*
MOLTO FACILE

INGREDIENTI *(per 4 persone)*

4 uova
1 kg di zucchine
1 cipolla grossa
200 g di spalla di montone tritata
15 g di burro
sale, pepe

PREPARAZIONE

1 *Tagliate le zucchine a dadini. Affettate finemente la cipolla e fatela rosolare con la carne tritata nel burro. Unite le zucchine. Lasciate cuocere prima a fuoco medio (per 5 minuti), poi a fuoco basso (per 10 minuti). Se le zucchine perdono troppa acqua alzate un po' la fiamma.*

2 *Rompete le uova e unitele alla preparazione mescolando bene con un cucchiaio di legno per 3-5 minuti.*

3 *Aggiungete sale e pepe solo a fine cottura perché le zucchine non diventino troppo acquose.*

In alternativa potete sostituire le zucchine con melanzane, cavolfiori o rape (aggiungendo un po' d'acqua perché queste verdure ne contengono meno delle zucchine). Tenete presente che se non riuscite a trovare la carne di montone potete sostituirla con del manzo.

LE VERDURE

Un pasto, l'abbiamo visto, non può essere equilibrato senza le verdure.

Crude, cotte o lattofermentate, come piatto forte o come 'tocco in più', ma devono esserci.

Ricordiamo le cose essenziali:
- scegliete verdure 'di stagione', evitando i vegetali cresciuti in serra, importati da lontano o conservati con sistemi dannosi. Abbiamo visto che la maniera più semplice per individuare le verdure 'naturali' è quella di fare attenzione al prezzo (più è alto, più la verdura è 'sbagliata');
- scegliete verdure fresche e possibilmente senza veleni, cioè coltivate biologicamente e conservate con sistemi naturali;
- conservate le verdure con attenzione, facendole attendere il meno possibile, pulendole e trattandole in modo da non deteriorare la loro ricchezza nutritiva.

Le verdure sono la nostra fonte principale di vitamine fresche, di minerali, di nutrienti vivi.

Inoltre sono l'unico alimento che si abbina bene sia con i cereali, sia con le proteine; possiamo quindi puntare sulle verdure perché i nostri pasti siano sempre variati e stuzzicanti, anche quando seguiamo rigidamente la 'legge' delle combinazioni alimentari.

Infine non dimenticate una preziosa proprietà delle verdure, la loro bassissima carica calorica. Chi è sovrappeso o deve disintossicarsi in profondità può preparare interi menù che sono quasi a 'zero calorie' ma che sono piacevoli, saporiti, capaci di saziare anche psicologicamente e di rispondere al bisogno di nutrienti vitali. Un minestrone composto solo di aromi e di verdure verdi, senza patate né fagioli, le mille variazioni sulle verdure crude, gli stufati di verdure, delicati e gustosi, sono soltanto alcuni esempi. Una crema di carote al

Zucca ripiena
(vedi *la ricetta a pagina 353)*

Le principali alghe

Alghe Kombu: sono verdi, cuoiose e durante l'ammollo si gonfiano e si allungano. Hanno la singolare capacità di esaltare i sapori. Rendono i cibi più teneri, più saporiti e più digeribili; sono quindi un'ottima aggiunta nella cottura delle leguminose.

Alghe Wakame: sono scure, a forma di ventaglio, e particolarmente ricche di calcio. Pare che abbiano la capacità di disintossicare il fegato e di aiutare il corpo a liberarsi dei metalli pesanti. Contengono la preziosa vitamina B_{12}, difficile da trovare in natura per chi non mangia carne.

Alghe Nori: sono quadrate e sottili, come foglietti pressati, e sono ricche di proteine e di vitamine B e C. Si tostano leggermente sul fuoco, facendole diventare color verde oliva, poi si sbriciolano sulle minestre già pronte. Sono le più adatte nell'alimentazione dei bambini.

Alghe Iziki: hanno l'aspetto di piccole stringhe scure, di sapore dolce. Secondo i giapponesi stimolano la circolazione del sangue. Si mangiano nelle insalate e con le verdure, dopo un quarto d'ora di ammollo e da pochi minuti a mezz'ora di cottura.

Alghe Arame: sono rosso scuro, di forma simile agli spaghetti. Sono ricche di ferro e di calcio. Vengono usate come contorno.

Alghe Kanten, o Agar-Agar: sono alghe grosse e traslucide, vendute a strisce o a fiocchi. Sciolte in un liquido caldo e lasciate raffreddare diventano un'ottima gelatina. Non contengono proteine, grassi e carboidrati, e sono ricche di sali minerali. Cuociono in pochi minuti.

basilico ha un conto calorico quasi nullo, ma un alto valore in termini di piacere, di vitamine e minerali, e di raffinatezza gastronomica.

Questo capitolo è ricco di suggerimenti che vengono da ogni parte del mondo.

Potete utilizzarli anche per fare nuovi esperimenti, utilizzando le verdure di stagione in modi sempre più saporiti e creativi.

In questo capitolo le verdure sono le protagoniste, ma le trovate anche in moltissime ricette sparse nelle altre sezioni.

Le ricette sono in ordine alfabetico, distribuite in paragrafi a seconda della verdura predominante nelle varie ricette. Anche le diverse verdure sono elencate in ordine alfabetico: potete ritrovarle facilmente guardando la 'testatina' in alto a ogni pagina.

L'aglio

È un alimento che non dovrebbe mai mancare sulle nostre tavole. Ha infatti molte proprietà terapeutiche e preventive nei confronti di infezioni generali, intestinali e delle vie respiratorie. È utile anche in caso di ipertensione, arteriosclerosi e contro i parassiti intestinali. L'aglio è inoltre un buon diuretico e facilita la digestione (specialmente dei cibi proteici, grazie alla sua capacità di stimolare i succhi gastrici).

Le alghe

Le alghe sono molto importanti nella cucina macrobiotica e vegetariana perché sono ricche dei minerali e delle vitamine presenti nella carne e nei latticini.

Per il loro valore nutritivo, il loro sapore e la loro digeribilità sono entrate a buon diritto fra gli ingredienti di tutte le cucine sane.

Le alghe si trovano nei negozi di alimenti naturali. Si possono aggiungere alle minestre e ai brodi e cuociono in fretta, dopo pochi minuti di ammollo.

La barbabietola

Ricca di sali minerali, è indicata nei casi di demineralizzazione e nelle cure ricostituenti. Viene consumata quasi sempre cotta, mentre andrebbe mangiata cruda, grattugiata nelle insalate miste.

Il carciofo

Una deliziosa verdura-fiore ricca di virtù depurative. Contiene fibre in quantità rilevante; abbassa il colesterolo ed elimina gli acidi urici. Ostacola la produzione del latte nelle mamme che allattano.

È saporito e consistente. Si mangia crudo, in pinzimonio e in insalata, e cotto in molte maniere. È molto buona e delicata anche la parte tenera del gambo, che di solito si scarta.

Quando viene tagliato annerisce al contatto con l'aria, quindi è meglio passarlo con un mezzo limone, o gettarlo in una bacinella con acqua acidulata.

Pare che i fondi di carciofo fossero il piatto preferito di Caterina de' Medici.

La carota

Non soltanto è buonissima e sempre disponibile, è anche dotata di grandissime proprietà salutari. Delicata e rinfrescante, è tollerata anche dai piccolissimi; migliora tutte le affezioni della pelle e previene l'invecchiamento. È la verdura più ricca di carotene, che la rende particolarmente preziosa in inverno.

Inoltre è dotata di un'efficace azione anticancro, e fa da antidoto alle sigarette, allo smog e al benzopirene che si forma durante le cotture alla griglia.

Sono molto buone anche le foglie, ricche di minerali, che di solito si scartano.

Il cavolo

Ci sono varietà estive e autunnali come i broccoli, i cavolfiori, i cavoli rossi, ma la grande ricchezza della famiglia dei cavoli sono le varietà invernali: verza, cavolini di Bruxelles, cime di rapa, che portano preziosa vitamina C nella lunga stagione senza sole.

Praticamente tutte le varietà condividono il sapore spiccato e le potenti virtù salutari. Ricchi di zolfo, i cavoli (come si avverte dall'odore che emanano in cottura) contengono in abbondanza ferro e vitamina C, concentrati soprattutto nelle foglie più verdi e più scure. Molti ortaggi della famiglia dei cavoli costituiscono categorie a sé stanti: un cavolfiore bianco e compatto è ben diverso dalla lucida palla del cavolo rosso, o dai boccioli verdi dei cavolini di Bruxelles. Ma anche le singole specie sono coltivate in molte varietà diverse, come il cavolo nero di Toscana, la verza a foglia riccia, il cavolo di Milano...

Un tempo le donne di casa sapevano scegliere le varietà e il momento più adatti per le diverse ricette, con una raffinatezza che oggi è in gran parte perduta.

I cavoli si possono mangiare crudi, cotti o lattofermentati (i crauti sono l'esempio più tradizionale di verdura lattofermentata). Quando si mangiano crudi vanno tagliati finemente e masticati bene. Cotti, sono ottimi nelle minestre e in molti piatti invernali.

Curiosamente, il cavolo diventa indigesto quando viene cotto nell'acqua, mentre è molto più digeribile cotto al vapore o in stufato.

Nel Nord Italia le foglie di cavolo scottate vengono usate per deliziosi involtini farciti, un po' come le foglie di vite nella cucina greca.

Il cetriolo

Contiene il 95% d'acqua: è il prototipo della verdura estiva, rinfrescante e ricchissima di acqua biologica. Ha un sapore pronunciato che lo rende un buon complemento delle insalate miste. Non è necessario sbucciarlo, né spurgarlo; si dice che eliminando le punte diventa più digeribile.

I cetrioli coltivati nell'orto sono molto più buoni di quelli di serra. I cetrioli sono fra le verdure più adatte per la lattofermentazione.

Il succo dei cetrioli è emolliente, schiarente e purifica la pelle.

La cipolla

È un vero e proprio alimento-medicina, usato da millenni nella medicina popolare di ogni paese. È uno stimolatore generale, favorisce l'eliminazione delle scorie azotate, mantiene elasticità alle arterie.

È quindi provvidenziale l'aggiunta di cipolla a numerosissimi piatti, come aroma, soffritto, o complemento di sapore. Ma la cipolla è anche un ortaggio con una sua autonomia, capace di diventare protagonista di piatti celebri, come la zuppa di cipolle.

La cipolla ha la capacità di abbassare i livelli di zucchero nel sangue ed è quindi particolarmente consigliata ai diabetici.

Il dente di leone

I denti di leone (conosciuti anche come tarassaco, insalata matta, cicoria selvatica, e con molti altri nomi popolari) sono una notissima erba selvatica che cresce spontanea in tutta Italia: potete riconoscerli dai fiori gialli e dai soffioni, ben conosciuti da tutti i bambini.

Potete trovare i denti di leone a caro prezzo dai fruttivendoli più raffinati; oppure potete coglierli da voi, cercando di scegliere strade poco frequentate per evitare l'inquinamento da piombo.

Potete mangiare i denti di leone crudi in insalata in primavera, quando sono teneri. Più avanti sono più duri, ma potete mangiarli cotti.

Il dente di leone stimola il fegato e i reni, agendo come potente depurativo; rende la pelle più limpida ed è efficace anche contro anemia e stanchezza. La medicina popolare lo usa con tanta ampiezza che si è parlato addirittura di 'tarassacoterapia'. Sarebbe bene mangiarne regolarmente.

Sono particolarmente nutritivi fra i vegetali estivi, ed è bene coglierli non troppo giovani.

Il finocchio

Un'altra verdura quasi a 'zero calorie', perfetta per disintossicarsi e perdere peso. Inoltre è molto ricca di vitamina C (il doppio delle arance) il che è particolarmente utile in una verdura dei tempi freddi. Il finocchio è piacevolmente saporito, con un tocco di anice.

È buono cotto e crudo; un classico protagonista di tutti i pinzimoni, ottimo anche per uno spuntino improvvisato, così com'è, al naturale e senza condimenti.

Il finocchio si presta anche a deliziose preparazioni cotte. È facile 'travestirlo' da piatto forte, senza bisogno di aggiungergli troppe calorie.

Una preziosa risorsa per la cucina naturale.

VERDURE

Secchi, coltivati, selvatici

Funghi secchi. Si usano dopo averli tenuti lungamente a bagno in acqua tiepida. È meglio non utilizzare l'acqua dell'ammollo.

Funghi coltivati, o champignon. I funghi coltivati, facilmente reperibili, sono freschi ma non molto saporiti. È bene quindi cucinarli con abbondanti aromi.

Funghi selvatici. Si acquistano a caro prezzo dai fruttivendoli oppure si raccolgono nei boschi.

Poiché i funghi mangerecci sono molto simili a quelli velenosi occorre molta prudenza, sia se li raccogliete voi stessi, sia se li acquistate da raccoglitori privati.

Se esiste il minimo dubbio fateli comunque controllare all'Ufficio d'Igiene.

Cottura base dei funghi

È bene lavare poco i funghi, perché perdono il loro profumo.

La cosa migliore è grattare via la terra con un coltellino, e strofinare la pelle con un asciugamano inumidito. Quando li mettete in padella non coprite il recipiente finché non si sono asciugati dall'acqua di vegetazione. Calcolate una mezz'ora di cottura.

Come preparare i germogli

Con il germinatoio a ripiani
Mettete i semi in uno dei recipienti. Collocate quest'ultimo nel contenitore pieno d'acqua e mettete il coperchio. Il giorno dopo mettete nuovi semi in un recipiente pulito e collocate quest'ultimo nel contenitore pieno d'acqua. Su questo appoggiate il recipiente che avete messo a bagno il giorno prima. Il terzo giorno mettete nuovi semi in un altro recipiente e collocatelo nel contenitore con l'acqua, appoggiandovi sopra i recipienti precedenti.

Con il vasetto di vetro
Mettete i semi in un vasetto di vetro; ricoprite con acqua e richiudete il barattolo con una garza fissata con un elastico. Posate il vasetto capovolto in un luogo dove l'acqua possa sgocciolare. Sciacquate i semi 2 volte al giorno. Il metodo del vasetto è il più semplice per una produzione casalinga.

Con il colino
Mettete i semi in un grande colino e immergetelo per 12 ore in un recipiente pieno d'acqua. Il secondo e il terzo giorno sciacquate i semi sotto il rubinetto (lasciandoli nel colino) al mattino e alla sera.

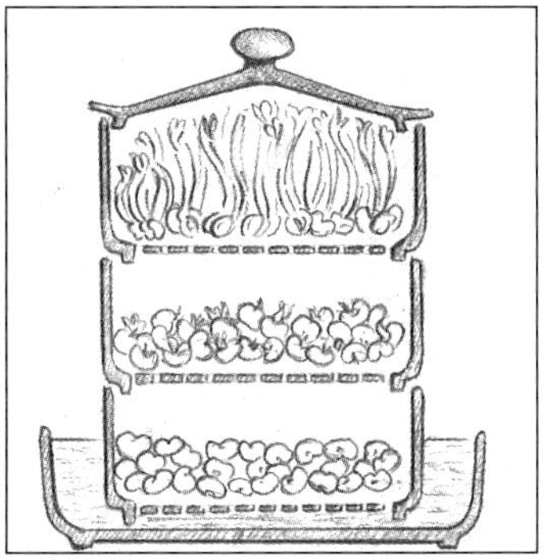
Con il germogliatore a ripiani

Con il vasetto di vetro

Con il colino

I funghi

Sono un prezioso contributo ai sapori della cucina, coi loro aromi raffinati e intensi che aggiungono prestigio ad ogni piatto. Possiamo usarli freschi (coltivati o selvatici) oppure secchi.

I germogli

I semi germogliati sono una vera e propria fabbrica di vitamine e di enzimi preziosi. Farli in casa è facile, non costa quasi nulla e richiede pochi minuti al giorno. Il materiale che occorre è un semplice colino, un barattolo, o per chi vuol fare le cose in grande un germinatoio vero e proprio.

I semi che vengono fatti germogliare più frequentemente sono il grano e il fagiolo mung, che viene detto 'soia verde', ma in realtà non appartiene alla famiglia della soia. Ma si può far germinare l'orzo, l'avena, la segale, la lenticchia, il fieno greco, la senape, il sesamo, il crescione, il ravanello, eccetera.

I semi germinati si conservano per due o tre giorni al fresco. Possono essere mangiati crudi o cotti, nelle minestre, nelle insalate e in molti piatti speciali. In Asia si mangiano sempre sbollentati, cioè passati velocemente nell'acqua bollente; in questo modo sono più teneri e digeribili, pur conservando quasi tutte le loro preziose vitamine.

Uno dei più celebri germogli della gastronomia è il bulghur, fatto col grano duro germinato e spezzato, che è il protagonista di splendide ricette mediorientali. La tecnica per preparare in casa il bulghur è nelle ricette relative al grano (*vedi* pag. 144).

La melanzana

È originaria dell'Oriente. Come tutte le solanacee, quando è acerba contiene la solanina, che è un alcaloide pericoloso; quindi va mangiata in piena stagione e a perfetta maturità. Le melanzane sono molto saporite, e in tutto il Sud Italia sono considerate una specie di 'carne vegetale'.

Si possono mangiare anche con la buccia e a volte si consiglia di spurgarle, cioè di spruzzarle di sale in modo che si liberino della loro acqua amarognola. Quando dovete friggerle, dopo averle spurgate e asciugate lasciatele all'aria per un quarto d'ora, senza preoccuparvi se anneriscono un po'. Saranno più buone, e assorbiranno anche meno olio.

Ma potete anche lessare le fette a vapore leggermente cosparse di sale. In questo modo si spurgano da sole e rimangono molto digeribili e morbide.

Le melanzane hanno proprietà diuretiche e stimolano la produzione della bile.

L'ortica

In generale l'ortica è considerata niente più che un'erbaccia, ma è una verdura squisita e più salutare degli spinaci. Forse è l'unica erba selvatica che tutti conoscono, perché punge; bisogna coglierla con guanti da giardino, ma quando è cotta perde la capacità irritante.

È bene coglierla in punti lontani dalle automobili. Approfittatene per una passeggiata salutare, che vi metterà appetito.

La patata

È un'altra solanacea, anch'essa originaria del Nuovo Mondo e arrivata in Europa coi primi viaggi di Colombo. È molto ricca di amidi, ma non ha un equilibrio alimentare paragonabile a quello dei cereali. Tuttavia contiene abbondante potassio e molta vitamina C.

La patata è velenosa quando è inverdita o germogliata: non consumatela mai quando presenta queste caratteristiche.

La patata si presta a infinite preparazioni. Tuttavia è bene non abusarne, sia per il suo contenuto calorico, sia per la sua composizione poco equilibrata. In ogni caso è bene dare la preferenza alle cotture semplici, evitando i grassi fritti pesantemente, l'eccesso di condimento, e soprattutto le patatine industriali.

La patata è coltivata in numerose varietà. Quelle a pasta bianca o gialla (olandesi) sono a pasta soda, e sono le più adatte per le cotture in cui devono restare intere. Invece le patate con la buccia rossastra hanno la polpa farinosa e sono le più adatte per gnocchi, purè, passati.

Il peperone

Anche il peperone è una solanacea, originaria del Nuovo Mondo. E anche il peperone va mangiato preferibilmente nella sua stagione, ben maturo, e non troppo di frequente.

Il peperone si mangia come verdura, ma esiste anche in una varietà più piccola e piccante, il pimento (o peperoncino), ricchissimo di vitamina C.

Anche il peperone è povero di componenti energetici, e consente di preparare piatti saporitissimi e pieni di colore quasi a 'zero calorie'. I peperoni vanno svuotati dai semi e dalle costole interne, molto piccanti.

Il pomodoro

È rinfrescante, diuretico, ricco di vitamine C e A. È anche un buon rimineralizzante. Non consumate i pomodori quando sono ancora verdi: contengono solanina, l'alcaloide tossico che si trova in tutte le solanacee.

Come pelare, privare dei semi e tagliare i pomodori

Per preparare zuppe, minestre, stufati e salse, i pomodori devono essere pelati e privati dei semi. Un sistema rapido è quello di 'scottarli' in acqua bollente. Ricordiamo che il pomodoro è meno digeribile quando è cotto molto a lungo. Nella preparazione delle salse i tempi di cottura vanno quindi molto ridotti.

Se dovete cuocere i pomodori in forno, tagliate una fetta e spremete per fare uscire i semi.

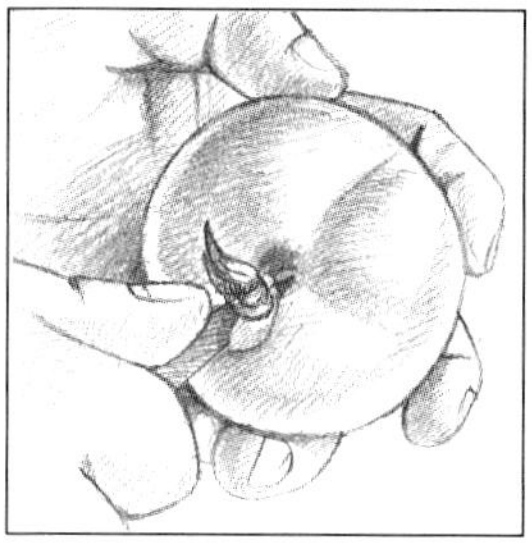

Per pelare un pomodoro, togliete dapprima il centro con un coltellino.

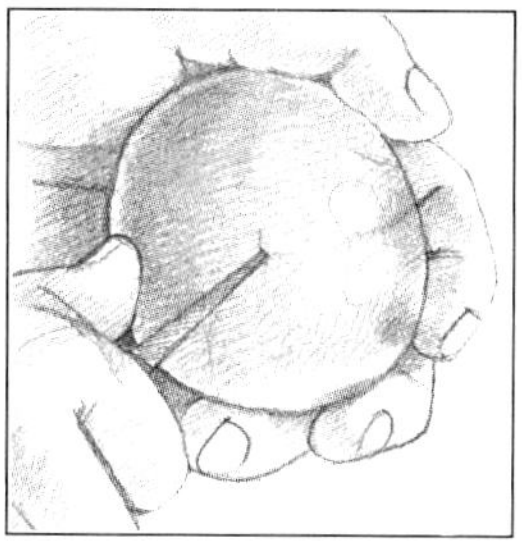

Quindi capovolgetelo e fate un'incisione a forma di croce sul fondo.

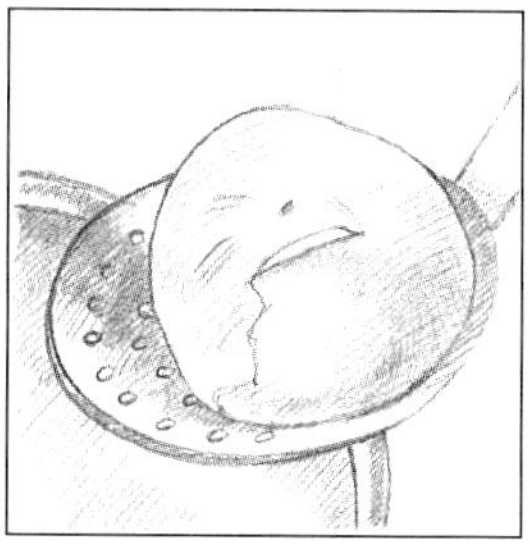

'Scottate' il pomodoro in acqua bollente per pochi secondi.

Lasciate raffreddare il pomodoro e pelatelo, partendo dall'incisione.

Per togliere i semi, tagliate il pomodoro in 2 parti e spremetelo.

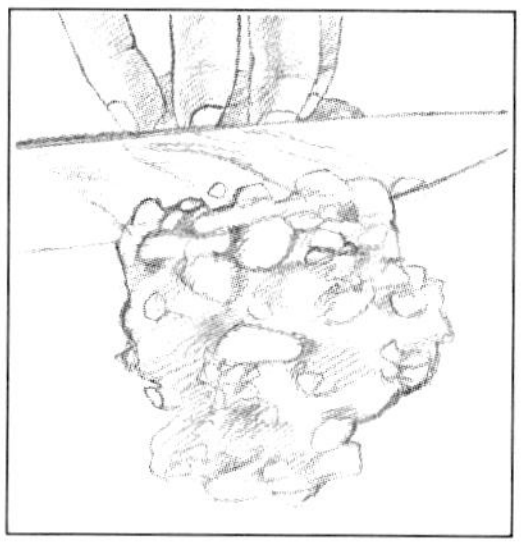

Per tagliarlo, fate alcune fette regolari; da queste ricavate poi i dadini.

Il porro

È simile alla cipolla per l'aroma (che però è più delicato), ma anche per la versatilità e per le virtù salutari. È un tonico generale; ma la sua caratteristica specifica è di essere un meraviglioso ripulitore delle vie intestinali e urinarie.

Il porro è una piacevole aggiunta a tutte le minestre invernali ed è, da solo, un ortaggio squisito. Pochi sanno che è molto buono anche crudo, tagliato ad anelli sottili nelle insalate miste a cui aggiunge un sapore tutto suo.

La rapa

Una volta era l'ortaggio più coltivato in Francia e in Germania, poi è stata soppiantata dalla patata e oggi è ritenuta, a torto, un vegetale insipido e senza qualità. Invece, come molte radici, è un buon rivitalizzante, è un efficace diuretico e calma tosse e mal di gola.

La rapa è ricchissima di calcio, di magnesio e di fosforo.

Non buttate via le foglie: quando sono fresche contengono in abbondanza vitamina A, B, C, calcio, ferro, rame e iodio. Hanno quindi una funzione importante nella nutrizione e nell'equilibrio nervoso.

Le rape piccole e rotonde col colletto viola sono le più delicate.

La rapa non ama la cottura in piena acqua. Potete cuocerle a vapore: le rape giovani e piccole cuociono in 10 minuti, quelle grosse vanno tagliate a fette. Oppure potete farle stu-

Come si preparano le verdure lattofermentate

La tecnica di preparazione è la stessa per tutte le verdure. Tagliate le verdure a fettine.

Aggiungete un po' di sale, circa 5 grammi per chilo di verdura, un po' di più per le verdure poco acquose. Il sale serve a facilitare la fuoriuscita dell'acqua di vegetazione. Si possono mescolare le verdure col sale in un recipiente a parte, oppure aggiungere il sale direttamente nel recipiente della fermentazione: un pizzico ogni 2-3 cm di verdura.

Le verdure tagliate e salate vengono ben pressate in recipienti di terracotta o di legno. È importante pigiare ben bene ogni strato man mano che si riempiono i recipienti. Se rimane aria la fermentazione lattica non può avere luogo, e le verdure ammuffiscono invece di fermentare.

Quando il recipiente è pieno, appoggiate sulle verdure un coperchio di legno avvolto in tela sottile. Sul coperchio si pone una pietra pesante (non di calcare, che è intaccato dall'acido lattico) in modo che le verdure restino sempre immerse nel loro succo. Poi il recipiente viene riparato con un coperchio. Lasciate fermentare le verdure per circa 3 settimane, a 10-15 °C. Non bisogna superare i 18 °C. Per mangiare le verdure fermentate occorre togliere e pulire pietra, coperchio e tela; poi, prelevata la quantità che occorre, rimettere ogni cosa come stava.

Terminata la fermentazione si possono travasare le verdure in vasetti di vetro ben chiusi, che si conservano perfettamente.

Oppure si possono usare i recipienti speciali con chiusura ad acqua, che sono assolutamente ermetici anche senza coperchio, tela e pietra.

Le verdure più adatte per la lattofermentazione sono i cetrioli, le rape e le barbabietole rosse.

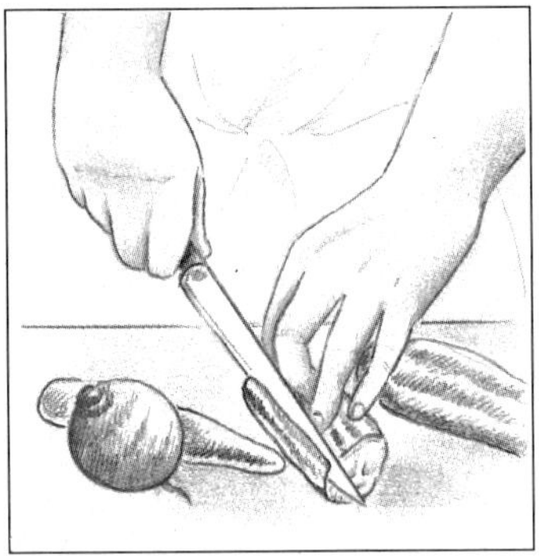

Tagliate le verdure (cetrioli, rape, barbabietole) a fettine. Aggiungete il sale (un pizzico ogni 2-3 cm di verdure) per facilitare l'uscita dell'acqua.

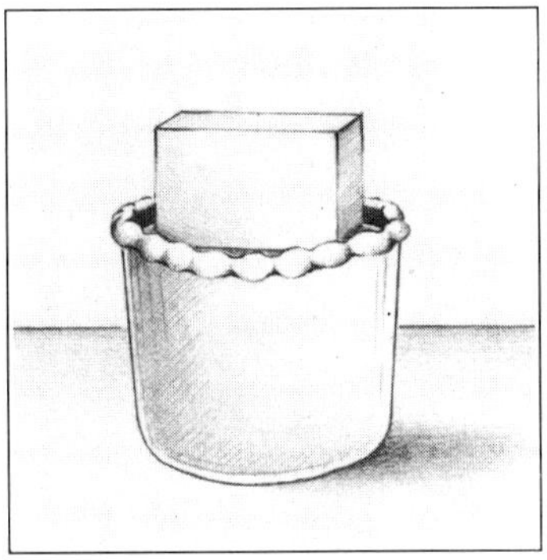

Quando il recipiente è pieno, ponete sopra esso un coperchio e quindi una pietra. Lasciate fermentare le verdure per circa 3 settimane.

Il sistema più pratico per conservare le verdure lattofermentate è quello di travasarle in vasetti di vetro a chiusura ermetica.

fate. Dorate in forno con un po' di latte, pepe e noce moscata abbondante sono un'altra verdura quasi a 'zero calorie', e piacciono anche a chi non le ha mai mangiate.

Le rape sono buonissime anche crude, grattugiate o affettate molto sottili ('a velo'), da sole o in un'insalata mista con altre verdure a piacere. Potete mangiare anche le foglie.

Il sedano

Il sedano a costole è più un aroma di cucina che una vera e propria verdura, ma si presta bene a completare le insalate miste e, a bastoncini, i pinzimoni.

Il sedano rapa si mangia raramente da solo, ma completa bene i passati e le zuppe.

Il sedano ha buone capacità tonificanti e rimineralizzanti. Drena efficacemente i reni, il fegato e le vie respiratorie. La voce popolare gli attribuisce proprietà afrodisiache. Dal punto di vista del valore energetico, si dice che i bastoncini di sedano siano l'unico alimento a calorie negative: le calorie che l'organismo brucia per masticarli sono di più di quelle fornite dal sedano.

Gli spinaci

Sono originari della Persia, e molto amati in Europa per il loro sapore non troppo spiccato.

Come tutti gli ortaggi a foglia verde sono ricchi di ferro, e una campagna pubblicitaria ormai storica (chi non conosce Braccio di Ferro?) ha creato la fama degli spinaci 'ricostituenti'. In realtà rischiano di contenere dosi eccessive di nitrati e sono fin troppo ricchi di sali minerali, in particolare di acido ossalico.

È bene non mangiarne troppi, soprattutto quando sono cotti e si riducono a un piccolo volume.

Solo da poco si è scoperto come sono buoni crudi, tagliuzzati fini nelle insalate miste.

Le verdure fermentate

Abbiamo già visto che la lattofermentazione è fra i pochissimi sistemi di conservazione che accrescono il valore nutritivo dei cibi conservati invece di impoverirlo. La tecnica per fermentare le verdure si può tranquillamente applicare in casa, senza attrezzature speciali.

La zucca

La zucca ha proprietà sedative, rinfrescanti, lassative, diuretiche e antinfiammatorie.

Può essere consumata cruda in insalata (grattugiata come le carote) oppure cotta, abbinata al riso o ad altri ortaggi.

La zucchina

Delicata, ricchissima d'acqua, si presta tuttavia a numerose ricette, ed è uno degli ortaggi più versatili e apprezzati. Quando è troppo giovane tende a contenere troppi nitrati; meglio sceglierla ben matura, quando è anche più saporita.

È poco noto il fatto che la zucchina è molto buona anche cruda nelle insalate, a fettine sottilissime o a fiammiferi. È ottima anche tagliata a fettine, asciugata al sole per un giorno o due e condita con olio e aromi. Sono deliziosi anche i fiori di zucca, che vengono passati nella pastella e fritti in olio abbondante.

Un piatto di zucchine trifolate, gustosissimo e rinfrescante, è un buon esempio di cucina quasi a 'zero calorie', che rende preziosi servigi quando si è sovrappeso o con un sistema digestivo affaticato.

Passato d'aglio

STAGIONE: *tutto l'anno*
PREPARAZIONE: *30 minuti*
COTTURA: *25 minuti*
MOLTO FACILE
MOLTO ECONOMICO
STRETTAMENTE VEGETARIANO

INGREDIENTI *(per 4 persone)*

6 teste d'aglio
3 patate
1 foglia di alloro
2 cucchiai di prezzemolo tritato
1 cucchiaio di olio d'oliva
1 l d'acqua
1 presa di sale grosso

PREPARAZIONE

1 Sbucciate le patate, tagliatele in quarti, mettetele con l'alloro nel cestello per la cottura a vapore; lasciate cuocere per 15 minuti.

2 Intanto sbucciate l'aglio, tagliatelo a pezzettini e fatelo soffriggere, senza che prenda colore, con l'olio.

3 Unite l'aglio alle patate e fate cuocere per altri 10 minuti.

4 Passate il tutto al passaverdure o al frullatore.

5 Al momento di servire aggiungete il prezzemolo.

Questo passato deve risultare abbastanza vellutato. A seconda della qualità delle patate può essere necessario aggiungere un cucchiaio di fecola per dargli la consistenza giusta.

Da noi, nelle Fiandre, la specialità locale è questa ricetta a base di aglio. Mia madre aveva la sua, particolare, assolutamente deliziosa. Non è scritta in nessun libro: era il suo segreto. Quante volte ci ha servito questa zuppa in inverno, per riscaldarci o per proteggerci dall'influenza. La ricetta che vi ho presentato è esattamente come me l'ha trasmessa mia madre.

Origine: Fiandre

La cottura a vapore è valida per tutte le verdure. Una parte delle vitamine e dei minerali passa comunque nell'acqua di cottura (meno rispetto alla cottura ad acqua): conservatela quindi per preparare altre ricette.

Bortsch

STAGIONE: *inverno, primavera*
PREPARAZIONE: *30 minuti (se non avete a disposizione barbabietole lattofermentate occorrono 2 giorni per la fermentazione)*
COTTURA: *1 ora*

STRETTAMENTE VEGETARIANO

INGREDIENTI

2 porri
1/2 cavolo
1/8 di sedano rapa
2 rape
4 carote
2 cipolle
1 barbabietola rossa piccola
1 tazzina di fagioli cotti
1 foglia di alloro
1 crosta di pane di segale raffermo
1 cucchiaino di semi di finocchio
sale

PREPARAZIONE

1 *Fare bollire per 10 minuti una piccola barbabietola rossa in una pentola d'acqua, poi versate il tutto in una terrina aggiungendovi la crosta di pane.*

2 *Coprite e lasciate per due giorni vicino a una fonte di calore, in modo che la barbabietola fermenti. (Naturalmente se avete già a disposizione delle barbabietole rosse lattofermentate potete utilizzarle direttamente.)*

3 *Versate l'acqua fredda in una pentola, aggiungete le carote tagliate a rondelle, le rape, il sedano a cubetti, il finocchio, l'alloro e il sale.*

4 *Portate a ebollizione e lasciate cuocere a fuoco moderato per 35 minuti, poi aggiungete il cavolo tagliato a fettine, le cipolle, la barbabietola a cubetti, e i fagioli.*

5 *Lasciate bollire per altri 15 minuti.*

6 *A cottura ultimata unite il succo fermentato della barbabietola e fate scaldare senza portare a ebollizione.*

Di origine ucraina, il bortsch è la più celebre delle zuppe russe. Esiste in moltissime varianti, con o senza carne. Tutte hanno in comune la presenza di barbabietola rossa lattofermentata, che conferisce al bortsch il suo caratteristico sapore acido.

Questa preparazione è ottima anche fredda.

Il sedano rapa, utilizzato in questa ricetta di bortsch, è detto anche 'sedano di Verona'. È una particolare varietà di sedano caratterizzata da un ingrossamento della radice (che è la parte da consumare). Ricco di vitamina C e povero di calorie, il sedano rapa è ottimo, crudo, nelle insalate invernali.

Per evitare che annerisca, è bene aggiungere, dopo aver tolto la scorza e averlo tagliato finemente, del succo di limone.

Zuppa di barbabietole

STAGIONE: *inverno, primavera*
PREPARAZIONE: *30 minuti*
COTTURA: *50 minuti*
MOLTO FACILE
MOLTO ECONOMICO
VEGETARIANO

INGREDIENTI *(per 4 persone)*

500 g di barbabietola rossa cruda
1/4 di cavolo rosso
1 cipolla
3 porri
1 costola di sedano
2 foglie di alloro
2 chiodi di garofano
olio o burro
1 dl di panna fresca
1 limone
sale, pepe

PREPARAZIONE

1 *Pulite tutte le verdure. Poi affettate la cipolla, tagliate il cavolo a striscette non troppo sottili, i porri a pezzettini, le barbabietole a fettine che taglierete in due, o in quattro se sono grosse.*

2 *Soffriggete tutte le verdure con un po' d'olio in una casseruola per una decina di minuti.*

3 *Aggiungete poi 1 l d'acqua calda (o di brodo di verdure) il sedano, l'alloro, i chiodi di garofano, il sale e il pepe.*

4 *Coprite e lasciate cuocere a piccolo bollore per 40 minuti circa, finché la barbabietola diventa tenera.*

5 *Battete la panna col succo di limone e versate questa crema sulla zuppa.*

Bietole alle noci

STAGIONE: *tutto l'anno*
PREPARAZIONE: *5 minuti*
COTTURA: *10 minuti*
MOLTO ECONOMICO
MOLTO FACILE
VEGETARIANO

INGREDIENTI *(per 4 persone)*

500 g di bietole
50 g di noci sgusciate
1 cipolla piuttosto grossa
1 cucchiaio di panna
1 cucchiaio di olio d'oliva
sale, pepe

PREPARAZIONE

1 *Tritate le noci grossolanamente e fatele colorire nella padella senza aggiungere altro.*

2 *Cuocete le bietole in acqua bollente per qualche minuto.*

3 *Rosolate la cipolla tritata finemente con un po' d'olio.*

4 *Aggiungete le bietole e le noci. Salate, pepate e unite la panna.*

È possibile sostituire le bietole con degli spinaci, e le noci con delle nocciole.

Gnocchi di verdure

STAGIONE: *tutto l'anno*
PREPARAZIONE: *20 minuti*
COTTURA: *10-15 minuti*
MOLTO FACILE

VEGETARIANO

INGREDIENTI *(per 4 persone)*

700 g di verdura in foglia (bietole, spinaci, bietolone rosso o ortiche)
200 g di ricotta
1 uovo
100 g di parmigiano grattugiato
200 g di farina
sale

PREPARAZIONE

1 *Sbollentate le verdure per un minuto. Scolatele e passatele nell'acqua fredda, spremetele fra le mani per eliminare l'acqua in eccesso e tritatele servendovi di un coltello da cucina. Mettetele in una terrina e unite la ricotta, l'uovo sbattuto, il parmigiano e la farina.*

2 *Modellate questo impasto fra le dita formando degli gnocchi, che butterete nell'acqua bollente.*

3 *Lasciate cuocere per 10-15 minuti.*

4 *Quando sono pronti gli gnocchi risalgono in superficie. Metteteli man mano in un piatto e teneteli al caldo nel forno tiepido.*

Origine: Lazio

Minestra di bietole

STAGIONE: *tutto l'anno*
PREPARAZIONE: *15 minuti*
COTTURA: *10 minuti*
MOLTO FACILE
MOLTO ECONOMICO
VEGETARIANO

INGREDIENTI *(per 4 persone)*

300 g di foglie di bietole
1 costola di sedano
1 porro
1 cipolla
3 spicchi d'aglio
3 cucchiai di salsa di soia
20 g di burro
1 l d'acqua o di brodo di verdura
1 cucchiaio di fiocchi d'avena

PREPARAZIONE

1 *Tritate finemente le bietole, il sedano, il porro, la cipolla e l'aglio. In una casseruola fate fondere il burro e versateci il trito. Mescolate per qualche minuto.*

2 *Poi unite la salsa di soia e i fiocchi d'avena, bagnando il tutto gradatamente con l'acqua o il brodo di verdura.*

3 *Lasciate cuocere per 10 minuti a fuoco medio.*

Questa minestra può essere servita così com'è oppure frullata, in modo che risulti più omogenea.

Origine: Francia

Torta di bietole

STAGIONE: *inverno, primavera*
PREPARAZIONE: *30 minuti, più qualche ora per l'ammollo delle uvette e per far riposare l'impasto*
COTTURA: *40 minuti*
PIUTTOSTO DIFFICILE
VEGETARIANO

INGREDIENTI *(per 4 persone)*

1 kg di bietole
4 mele
1 cucchiaio di uvette
1 scorza di limone
150 g di pinoli
1 tuorlo d'uovo
500 g di pasta per torta
sale

PREPARAZIONE

1 *Lasciate le uvette in ammollo nell'acqua calda per parecchie ore. Nel frattempo tagliate le mele a fette sottili, sbollentate le bietole, spremetele per eliminare l'acqua e tritatele. Mettete le bietole in una terrina con le uvette, i pinoli, il sale e la scorza di limone. Mescolate tutti gli ingredienti e, se possibile, lasciate riposare l'impasto per 1 o 2 ore.*

2 *Preparate la pasta per torta secondo la ricetta indicata a pagina 360 (pasta matta). Stendetene i due terzi in una teglia facendola aderire bene anche ai bordi e riempitela con le bietole. Coprite con il resto della pasta stesa in uno strato molto sottile e pizzicate i bordi.*

3 *Dorate la superficie col tuorlo d'uovo diluito con un cucchiaio d'acqua e cuocete per 35 minuti a forno medio.*

Origine: Francia

Broccoli al gratin

STAGIONE: *inverno, primavera*
PREPARAZIONE: *20 minuti*
COTTURA: *40 minuti*
MOLTO FACILE
MOLTO ECONOMICO
VEGETARIANO

INGREDIENTI *(per 4 persone)*

500 g di broccoli
30 g di burro
2 cucchiai di farina
2 dl di latte
100 g di panna
80 g di groviera grattugiato
sale, pepe, noce moscata

PREPARAZIONE

1 *Dopo aver tolto ai broccoli le costole dure e i torsoli, fateli cuocere velocemente in acqua bollente salata. Allora passateli subito sotto l'acqua fredda, premeteli per eliminare l'acqua e tritateli grossolanamente col coltello.*

2 *Mettete in una padella un po' di burro e soffriggete i broccoli, solo fino a fargli perdere l'acqua in eccesso. Salate e pepate.*

3 *Col resto del burro e due cucchiai di farina fate una besciamella, prima col latte, poi, quando è ben soda, aggiungendovi la panna. Salate, pepate, spolverate di noce moscata e aggiungete la metà del formaggio grattugiato.*

4 *Disponete i broccoli in un piatto da forno, coprite con la besciamella aiutandola a penetrare negli spazi vuoti con una forchetta, e cospargete in superficie col resto del formaggio. Mettete in forno a 200-220 °C e lasciate gratinare.*

Soufflé di broccoli e arachidi

STAGIONE: *inverno*
PREPARAZIONE: *20 minuti*
COTTURA: *30 minuti*

MOLTO FACILE

VEGETARIANO

INGREDIENTI *(per 4 persone)*

500 g di broccoli
1 tazza di arachidi tostate
1 tazza di cereali cotti (miglio, oppure riso)
1 cipolla
3 o 4 spicchi d'aglio
1 uovo
3 cucchiai di olio d'oliva
sale, pepe, noce moscata

PREPARAZIONE

1 *Mettete nel frullatore i broccoli, le arachidi, la cipolla, l'aglio, il prezzemolo, l'uovo, l'olio e un po' d'acqua. Frullate fino a ottenere una crema omogenea.*

2 *Versate la crema in una terrina piuttosto grande e aggiungete i cereali, il sale, il pepe e un po' di noce moscata grattugiata.*

3 *Mescolate e versate il tutto in un piatto da forno oliato.*

4 *Fate cuocere per 30 minuti a forno caldo.*

Origine: Stati Uniti

Carciofetti stufati

STAGIONE: *primavera, estate*
PREPARAZIONE: *15 minuti*
COTTURA: *30 minuti*
MOLTO FACILE
MOLTO ECONOMICO
STRETTAMENTE VEGETARIANO

INGREDIENTI *(per 4 persone)*

6 carciofi
2 cucchiai di olio d'oliva
1/2 bicchiere d'acqua
1 limone tagliato a rondelle
1 pizzico di sale

PREPARAZIONE

1 *Scegliete dei carciofi giovani e tagliateli in quattro. Nel caso troviate solo carciofi grandi tagliateli in sei, eliminate il fieno e con un coltello affilato tagliate via l'ultimo terzo delle foglie.*

2 *In una casseruola a fondo spesso mettete l'acqua fredda, l'olio, il sale e il limone. Portate a ebollizione e lasciate bollire per 5 minuti a fuoco vivo. Aggiungete i carciofi e riducete la fiamma al minimo.*

3 *Cuocete per 30-40 minuti a seconda del tipo di carciofi.*

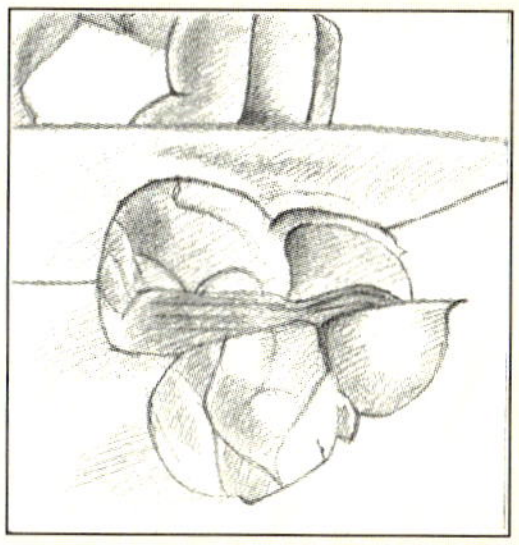

Dividete i carciofi in 'quartini' con un coltello molto affilato (dopo aver tolto il gambo ed eliminato le foglie esterne).

Carciofi e patate

STAGIONE: *primavera, estate*
PREPARAZIONE: *30 minuti*
COTTURA: *30 minuti*
MOLTO FACILE
MOLTO ECONOMICO
VEGETARIANO

INGREDIENTI *(per 4 persone)*

16 carciofi molto piccoli
500 g di patatine novelle
16 cipolline bianche
2 spicchi d'aglio
1 foglia di alloro, timo, santoreggia, basilico secco
2 limoni
2 cucchiai di olio d'oliva
sale

PREPARAZIONE

1 *Pulite le cipolle e fatele imbiondire dolcemente in un cucchiaio d'olio. Intanto rompete il gambo ai carciofi, eliminate l'estremità delle foglie e ripulite il resto con un buon coltello, serbando solo i cuori. Togliete il fieno, e man mano che lavorate passate sui carciofi del succo di limone in abbondanza.*

2 *Incastrate una cipolla in ogni cuore di carciofo e metteteli in casseruola con le patate novelle sbucciate.*

3 *Aggiungete due cucchiai di olio d'oliva, una foglia di alloro, l'aglio, un cucchiaino di timo, un pizzico di santoreggia, un pizzico di basilico, sale, pepe.*

4 *Coprite d'acqua e fate cuocere dolcemente per 20-25 minuti.*

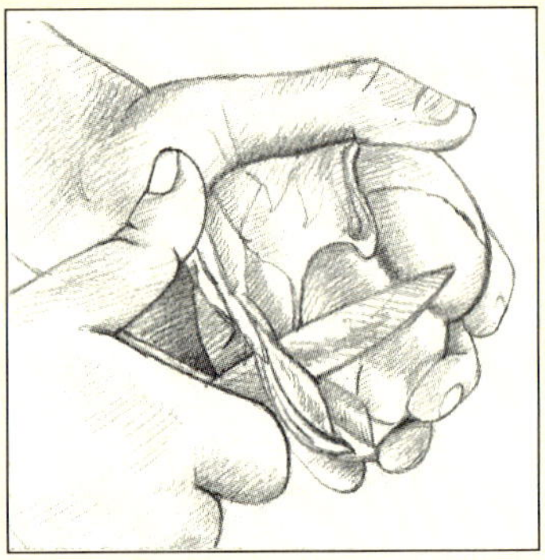

Per preparare i cuori di carciofo, tagliate dapprima il gambo ed eliminate le foglie esterne.

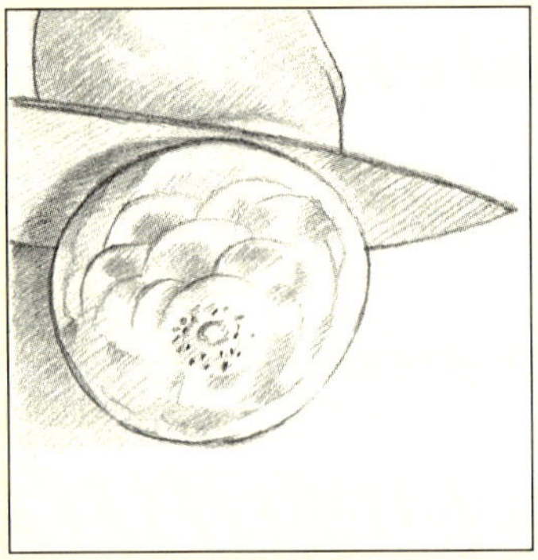

Pulite la base dai residui di foglie. Strofinatela con del limone per evitare che annerisca.

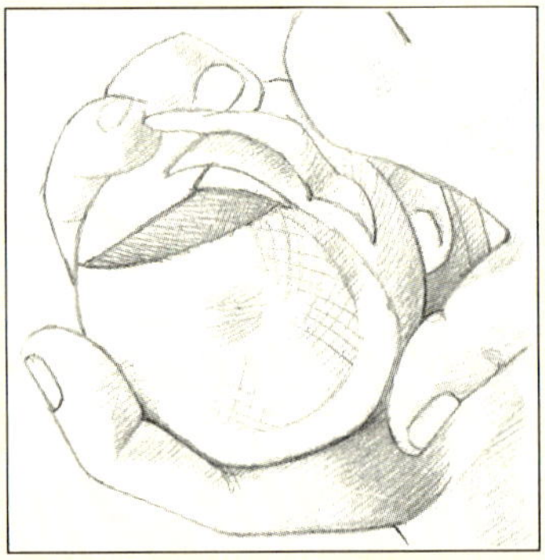

Date alla base una forma regolare e fate cuocere il carciofo a fuoco dolce per 15 minuti.

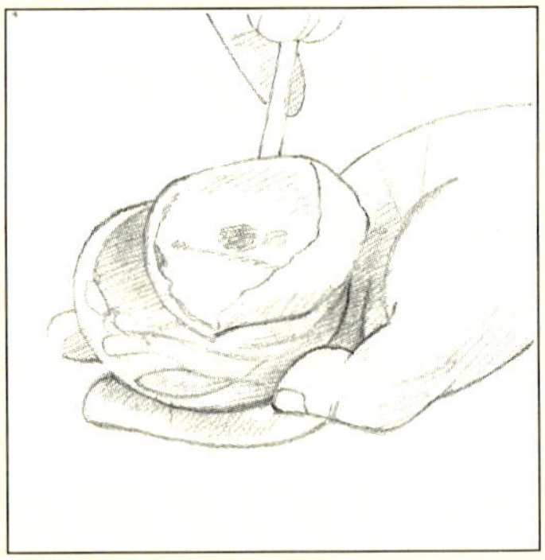

A questo punto sarà facilissimo togliere il cuore del carciofo con un cucchiaino.

Carote alla crema

STAGIONE: *tutto l'anno*
PREPARAZIONE: *15 minuti*
COTTURA: *30 minuti*
PIUTTOSTO DIFFICILE
MOLTO ECONOMICO
VEGETARIANO

INGREDIENTI *(per 4 persone)*

1 kg di carote
40 g di burro
100 g di panna
1 cucchiaio di prezzemolo o di cerfoglio
sale, pepe

PREPARAZIONE

1 *Tagliate le carote a fettine, mettetele in una casseruola abbastanza ampia, aggiungete tanta acqua da coprirle a filo, il burro, il sale e il pepe.*

2 *A fuoco vivo e a pentola scoperta fate cuocere le carote finché l'acqua non è del tutto evaporata. (Di solito a questo punto le carote sono pronte.)*

3 *Aggiungete la panna, coprite e fate insaporire a fuoco bassissimo.*

4 *Al momento di servire, se la panna è ancora liquida alzate la fiamma, in modo che si rapprenda e rivesta bene le carote.*

5 *Servite spolverando di prezzemolo o di cerfoglio tritato.*

Le carote preparate in questo modo sono delicatissime.

Origine: Francia

Stufato di carote e porri

STAGIONE: *estate, inverno*
PREPARAZIONE: *10 minuti*
COTTURA: *20 minuti*
MOLTO FACILE
MOLTO ECONOMICO
VEGETARIANO

INGREDIENTI *(per 2 persone)*

2 grosse carote
1 grosso porro
1 cucchiaino di tamari
3 cucchiai d'acqua

PREPARAZIONE

1 *Tagliate le carote prima in due nel senso della lunghezza, poi a fettine sottili. Mettetele in una padella con tre cucchiai d'acqua e un pizzico di sale. Coprite e tenete la cottura a fiamma bassa.*

2 *Dopo 10 minuti aggiungete il porro tagliato a pezzi grossi; spruzzate col tamari e lasciate insaporire ancora per 10 minuti.*

È una preparazione rapida e deliziosa, che permette alle verdure di mantenere i loro bei colori decisi.

Torta di carote

STAGIONE: *tutto l'anno*
PREPARAZIONE: *30 minuti*
COTTURA: *50 minuti*
MOLTO FACILE
MOLTO ECONOMICO
STRETTAMENTE VEGETARIANO

INGREDIENTI *(per 4 persone)*

250 g di pasta per torta
700 g di carote
3 grosse cipolle
1 manciata di prezzemolo
1 cucchiaio d'olio d'oliva
100 g di mandorle
2 foglie di alloro
la scorza di un limone
sale

PREPARAZIONE

1 *Preparate la pasta per la torta secondo la ricetta indicata a pagina 360 (pasta matta). Nel frattempo lessate le carote nell'acqua salata e passatele al tritaverdure. Aggiungete al passato le mandorle pestate, la scorza di limone e il prezzemolo.*

2 *Mettete da parte una pallina di pasta grossa come un uovo. Col resto foderate una teglia dai bordi lisci e riempitela con il passato di carote.*

3 *Stendete col matterello la pasta che avete tenuto da parte. Tagliatela a striscette larghe 1 cm che disporrete sulla torta a reticolato.*

4 *Cuocete per mezz'ora a forno medio.*

In alternativa potete sostituire le mandorle con due cucchiai di semi di sesamo.

Cavolfiore e patate al coriandolo

STAGIONE: *inverno, primavera*
PREPARAZIONE: *20 minuti*
COTTURA: *30 minuti*
MOLTO FACILE
MOLTO ECONOMICO
VEGETARIANO

INGREDIENTI *(per 4 persone)*

1 cavolfiore medio
750 g di patate
50 g di burro
1 cucchiaino di curcuma
1 cucchiaio di coriandolo in polvere
1 cucchiaio di semi di carvi o di cumino
un pizzico di peperoncino in polvere
sale

PREPARAZIONE

1 *Lavate il cavolfiore e dividetelo in cimette. Sbucciate le patate e tagliatele a pezzi.*

2 *Scaldate il burro in una casseruola e fateci soffriggere i semi di carvi, la curcuma e il peperoncino. Aggiungete il cavolfiore e lasciate che si insaporisca con il burro, mescolando ogni tanto.*

3 *Unite anche le patate e lasciate che prendano colore. Se occorre aggiungete ancora un po' di curcuma perché diventino di un bel colore giallo. Spolverate di coriandolo e salate. Coprite e lasciate stufare per 20-30 minuti: alla fine le verdure devono essere cotte senza però disfarsi.*

Origine: India

Cavolfiore gratinato

STAGIONE: *inverno, primavera*
PREPARAZIONE: *20 minuti*
COTTURA: *30 minuti*
MOLTO FACILE
MOLTO ECONOMICO
VEGETARIANO

INGREDIENTI *(per 4 persone)*

1 cavolfiore
150 g di panna
1 cucchiaio di farina
40 g di burro
100 g di groviera grattugiato
sale, pepe, noce moscata

PREPARAZIONE

1 *Mondate il cavolfiore e dividetelo in cimette. Eliminate il piede di ogni mazzetto, che è ricoperto da una pellicola fibrosa.*

2 *Mettete il cavolfiore nell'acqua bollente salata, a pentola scoperta. Appena il bollore riprende abbassate la fiamma. In questo modo il cavolfiore non diffonderà un odore sgradevole. Controllate con un coltello che non cuocia troppo, poi scolatelo.*

3 *Con i due terzi del burro, la farina, la panna e un po' d'acqua fate una salsa besciamella e aggiungeteci il groviera grattugiato tenendone però da parte due cucchiai. Salate, pepate e insaporite con la noce moscata.*

4 *Disponete il cavolfiore in un piatto da forno e copritelo di salsa facendola colare anche tra una cimetta e l'altra. Cospargetelo col formaggio tenuto da parte, disponete qua e là qualche fiocco di burro e mettete in forno a 200 °C finché la superficie non sarà di un bel colore dorato.*

Cavolfiore saltato

STAGIONE: *inverno, primavera*
PREPARAZIONE: *10 minuti*
COTTURA: *20 minuti*
MOLTO FACILE
MOLTO ECONOMICO
STRETTAMENTE VEGETARIANO

INGREDIENTI *(per 2 persone)*

1 piccolo cavolfiore
1 cucchiaio d'olio, sale

PREPARAZIONE

1 *Mondate il cavolfiore e dividetelo in cimette; tagliate i gambi grossi a fettine.*

2 *Mettete il cavolfiore in una padella di ghisa calda e oliata. Salate e fate soffriggere per 2-3 minuti; abbassate la fiamma al minimo; non mettete il coperchio. Sorvegliate la cottura, mescolando spesso. In 15-20 minuti il cavolfiore sarà cotto e ben digeribile.*

Tagliate le foglie più esterne e pulite bene il gambo vicino alla base.
Eliminate il 'cuore' con piccole incisioni.
Tagliate, una per una, le infiorescenze, cercando di lasciarle intere.

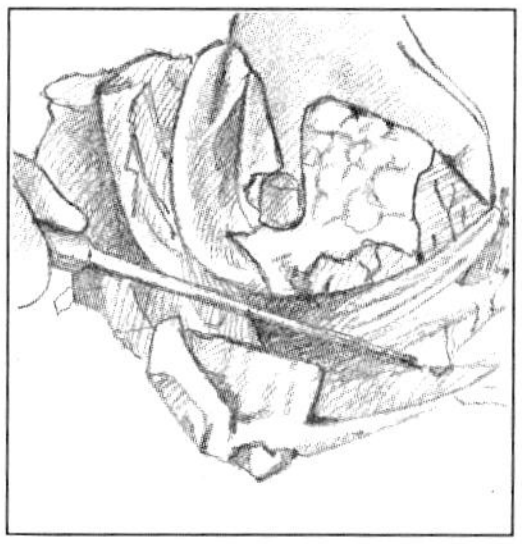

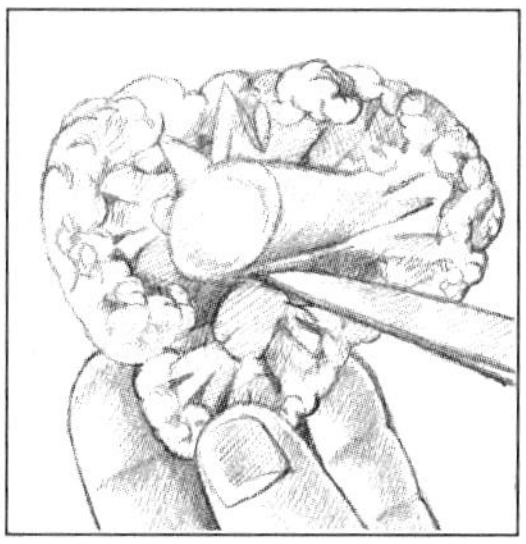

VERDURE

Cavolo con le castagne

STAGIONE: *autunno*
PREPARAZIONE: *20 minuti*
COTTURA: *30 minuti*
MOLTO FACILE
MOLTO ECONOMICO
STRETTAMENTE VEGETARIANO

INGREDIENTI *(per 4 persone)*

2 tazze di castagne fresche
1 cavolo medio
1 cucchiaio di olio d'oliva
1 cucchiaino di finocchio

PREPARAZIONE

1 *Lavate il cavolo, tagliatelo a striscette e fatelo rosolare.*

2 *Fate un taglio trasversale sulle castagne e mettetele in una pentola di acqua bollente; dopo qualche minuto di ebollizione toglietele una per una e sbucciatele. (Quando sono calde questa operazione risulta facile, se si raffreddano non è più possibile.)*

3 *Rimettetele nell'acqua calda salata, unite il finocchio e lasciate che cuociano per 20 minuti a fuoco dolce prima di aggiungerle al cavolo.*

Cavolo farcito con la kasha

STAGIONE: *tutto l'anno*
PREPARAZIONE: *15 minuti*
COTTURA: *1 ora*
MOLTO FACILE
MOLTO ECONOMICO
VEGETARIANO

INGREDIENTI *(per 4 persone)*

1 cavolo
1 tazza di kasha (*vedi* la ricetta a pag. 172)
2 uova
timo
sale

PREPARAZIONE

1 *Sbollentate le foglie del cavolo per 2 o 3 minuti. Sgocciolatele e asciugatele in un canovaccio.*

2 *Cuocete la kasha e lasciatela scolare. Sbattete le uova in una terrina. Oliate il fondo di un piatto da forno di terracotta. Foderatelo con una foglia di cavolo, stendete uno strato di kasha spesso 1 o 2 cm, distribuiteci sopra un po' di timo e di uovo sbattuto. Disponete un'altra foglia di cavolo, aggiungete kasha, timo e uovo come in precedenza. Ripetete l'operazione finché il recipiente non è colmo, poi mettetelo per 1 ora in forno caldo.*

3 *Sformate al momento di servire.*

Cavolo fritto all'indiana

STAGIONE: *tutto l'anno*
PREPARAZIONE: *20 minuti*
COTTURA: *20 minuti*
MOLTO FACILE
MOLTO ECONOMICO
VEGETARIANO

INGREDIENTI *(per 4 persone)*

1 cavolo
80 g di burro
4 cipolle
1 cucchiaio di curcuma
1 cucchiaino di peperoncino piccante in polvere
sale, pepe

PREPARAZIONE

1 *Affettate le cipolle e fatele dorare con un po' di burro, sale e pepe.*

2 *Tagliate il cavolo a striscette. In una padella fate fondere il burro a fuoco dolce insieme al peperoncino e alla curcuma. Quando il burro comincia a dorare aggiungete il cavolo tagliato; salate e proseguite la cottura a fuoco medio.*

3 *Alla fine unite le cipolle. Il cavolo deve restare un po' croccante.*

Origine: Russia

Cavolo rosso con mele e cipolle

STAGIONE: *autunno, inverno*
PREPARAZIONE: *20 minuti*
COTTURA: *30 minuti*
MOLTO FACILE
MOLTO ECONOMICO
VEGETARIANO

INGREDIENTI *(per 4 persone)*

1 cavolo rosso
4 cipolle
4 mele renette
60 g di burro
2 cucchiai di olio (di arachide o di mais)
sale
pepe

PREPARAZIONE

1 *Pulite il cavolo e tagliatelo a striscette sottili.*

2 *Affettate le cipolle e fatele imbiondire a fuoco dolcissimo in 30 g di burro e un cucchiaio d'olio. Ritiratele dal fuoco, scolandole bene con una schiumarola e tenetele da parte.*

3 *Aggiungete il burro e l'olio rimanenti e usateli per soffriggere le mele, sbucciate e tagliate a grossi spicchi.*

4 *Intanto mettete il cavolo in una pentola con una tazza d'acqua bollente, e lasciate cuocere a fuoco bassissimo mescolando spesso. Salate e pepate a vostro piacimento.*

5 *Quando il cavolo si è ammorbidito aggiungete le cipolle e le mele; lasciate insaporire sul fuoco per 20 minuti mescolando ogni tanto. Se occorre potete aggiungere un pochino d'acqua.*

Choucroute (crauti)

STAGIONE: *autunno, inverno*
PREPARAZIONE: *1 ora, più 3 settimane per la fermentazione del cavolo*
MOLTO FACILE
MOLTO ECONOMICO
STRETTAMENTE VEGETARIANO

INGREDIENTI

10 kg di cavoli
100 g di sale marino
20 g di cumino
20 g circa di bacche di ginepro

PREPARAZIONE

1 *Lavate i cavoli e tagliateli a fettine sottilissime con l'apposito coltello, o in mancanza di questo con un coltello grande e ben affilato.*

2 *Mescolate il cavolo con il sale e le spezie (il cumino e le bacche di ginepro) in un recipiente grande, poi mettete il tutto in un vaso di grès, premendo bene a mano a mano che riempite il vaso.*

3 *Quando il recipiente è pieno appoggiate sulla verdura un coperchio di legno avvolto in un telo bianco e pulito, poi mettete sul coperchio una grossa pietra (possibilmente di granito; non di calcare, perché l'acido lattico lo scioglierebbe), in modo da mantenere una pressione costante sui cavoli, che devono restare immersi nel loro succo. Mettete un coperchio sul recipiente, per riparare i cavoli dalla polvere e dagli insetti.*

4 *Lasciate fermentare per tre settimane a una temperatura di 12-15 °C.*

5 *Terminata la fermentazione, è il momento di gustare la choucroute: togliete il coperchio di legno e pulitelo, pulite anche la tela che lo circonda, prendete quanto vi serve, e rimettete a posto il tutto.*

Il cavolo tradizionalmente impiegato per la choucroute è il *quintal* d'Alsazia, ma si può usare qualsiasi varietà.

Da segnalare che si trovano in commercio vasi di grès fatti apposta per la fabbricazione della choucroute, con un coperchio a chiusura ad acqua che assicura una tenuta stagna perfetta.

Origine: Alsazia

Vediamo in sezione un vaso di grès per la preparazione della choucroute (e delle altre verdure lattofermentate). In mancanza di questo tipo di vaso 'a tenuta stagna', possiamo utilizzare per la lattofermentazione un qualsiasi recipiente (il grès, per la sua durezza, compattezza e resistenza è comunque il materiale migliore), tenendo presente i consigli che vengono dati in questa ricetta.

VERDURE

Cetrioli alla greca

STAGIONE: *estate, autunno*
PREPARAZIONE: *20 minuti*
COTTURA: *40 minuti*
MOLTO FACILE
MOLTO ECONOMICO
STRETTAMENTE VEGETARIANO

INGREDIENTI *(per 4 persone)*

4 cetrioli
5 costole di sedano
2 carote medie
1 cucchiaio di semi di finocchio
1 pizzico di origano
1 cucchiaio di olio d'oliva
3 cucchiai di succo di vegetali lattofermentati (facoltativo)
sale

PREPARAZIONE

1 *Mondate le costole di sedano e tagliatele a fiammiferi assieme alle carote. Fate scaldare un tegame di terracotta con l'olio. Aggiungete le verdure con gli aromi e il sale e lasciate cuocere pian piano per 10 minuti.*

2 *Sbucciate i cetrioli, tagliateli in quattro nel senso della lunghezza e togliete i semi. Tagliate i quarti a pezzi lunghi circa 3 cm e mettete anche questi nella casseruola. Lasciateli cuocere mezz'ora a fuoco bassissimo.*

3 *Tenete le verdure al fresco per 24 ore prima di consumarle. Prima di servire cospargete di prezzemolo e versate sopra il succo lattofermentato.*

Origine: Grecia

Cetrioli alla menta

STAGIONE: *estate, autunno*
PREPARAZIONE: *10 minuti, più 30 minuti per lasciar spurgare i cetrioli*
MOLTO FACILE
MOLTO ECONOMICO
VEGETARIANO

INGREDIENTI *(per 4 persone)*

3 cetrioli piuttosto grossi
1 dl di panna
1/2 limone
1 rametto di menta
sale
pepe

PREPARAZIONE

1 *Tagliate i cetrioli a fettine sottili, metteteli in una terrina e spolverateli con un cucchiaio di sale fino. Lasciateli spurgare una mezz'ora poi metteteli in un asciugamano e spremeteli bene per eliminare l'acqua.*

2 *In un'insalatiera mescolate la panna, il sale, il pepe e la menta tritata.*

3 *Prima di servire unite il succo di mezzo limone. Aggiungete il cetriolo e mescolate.*

Cetrioli brasati

STAGIONE: *estate, autunno*
PREPARAZIONE: *15 minuti*
COTTURA: *50 minuti*
MOLTO FACILE
MOLTO ECONOMICO

STRETTAMENTE VEGETARIANO

INGREDIENTI *(per 4 persone)*

3 cetrioli
6 pomodori
1 grossa cipolla
1 spicchio d'aglio
olio d'oliva
sale, pepe

PREPARAZIONE

1 Scegliete dei cetrioli ben maturi, sbucciateli, tagliateli in due nel senso della lunghezza e togliete i semi, poi affettateli. Sbucciate la cipolla e i pomodori.

2 In una casseruola fate soffriggere nell'olio la cipolla tagliata finemente. Unite i pomodori a spicchi, l'aglio schiacciato, il sale, il pepe, e infine le fette di cetriolo.

3 Coprite e lasciate cuocere a fuoco dolce per 40 minuti.

Origine: Martinica

Cetrioli in padella

STAGIONE: *estate, autunno*
PREPARAZIONE: *20 minuti*
COTTURA: *40 minuti*
MOLTO ECONOMICO
MOLTO FACILE

STRETTAMENTE VEGETARIANO

INGREDIENTI *(per 4 persone)*

5 cetrioli di dimensioni medie
60 g di burro
sale, pepe, erbe aromatiche

PREPARAZIONE

1 Mondate i cetrioli poi tagliateli in quarti nel senso della lunghezza. Eliminate i semi e tagliate il resto a pezzi piuttosto grossi.

2 Buttate i pezzi di cetriolo in abbondante acqua salata bollente. Quando il bollore riprende fate cuocere per 3-5 minuti, secondo le dimensioni dei pezzi.

3 Rinfrescateli nell'acqua fredda e scolateli molto bene.

4 Fate sciogliere il burro in una padella, metteteci i cetrioli e fateli cuocere a fuoco non troppo vivo, in modo che non coloriscano.

5 Durante la cottura salateli e pepateli. Mescolateli delicatamente. Quando cedono sotto la forchetta sono cotti.

6 Serviteli dopo averli cosparsi di erbe aromatiche tritate.

Preparati in questo modo, i cetrioli hanno un gusto molto delicato e sono un ottimo accompagnamento per diversi piatti di cereali o di carne.

Cetrioli con lattofermentazione

STAGIONE: *estate*
PREPARAZIONE: *10 minuti, più 48 ore per la fermentazione dei cetrioli*
MOLTO FACILE
MOLTO ECONOMICO
STRETTAMENTE VEGETARIANO

INGREDIENTI

1 kg di cetrioli d'orto (se possibile)
5 gambi di aneto
1 cucchiaino di semi di coriandolo
sale fino

PREPARAZIONE

1 *Tagliate i cetrioli a fette di circa 1/2 cm.*

2 *In un vaso abbastanza grande mettete un primo strato di cetrioli alto qualche centimetro, spolverizzateci sopra l'aneto tritato e un po' di semi di coriandolo. Spargete anche un pizzico di sale.*

3 *Ripetete l'operazione altre due volte.*

4 *Scegliete un piatto di un diametro tale che possa scendere fino in fondo al recipiente. Appesantitelo con un sasso o con un boccale pieno d'acqua e copritelo con un telo rado.*

5 *Mettete al fresco; 2 giorni dopo dovreste poter cominciare a consumare i cetrioli che saranno leggermente fermentati e bagnati di sugo abbondante; togliete quello che è in eccesso, ma lasciatene a sufficienza per coprire bene i cetrioli. Usate pure il succo per preparare salse, minestre, insalate, cuscus, tabulè.*

Potete prelevare i cetrioli dal vaso ogni giorno a mano a mano che fermentano, per una settimana circa. Non dimenticate di rimettere a posto ogni volta il piatto pulito e il peso.

Cetrioli con lattofermentazione lunga

STAGIONE: *estate*
PREPARAZIONE: *10 minuti, più 24 ore per la fermentazione dei cetrioli*
MOLTO FACILE
MOLTO ECONOMICO
STRETTAMENTE VEGETARIANO

INGREDIENTI

1 kg di cetrioli d'orto (se possibile)
5 gambi di aneto
1 cucchiaino di semi di coriandolo
sale fino

PREPARAZIONE

1 *Lasciate i cetrioli al fresco solo per 24 ore, poi metteteli in vasetti con un rametto di dragoncello e una foglia di ribes, di ciliegio o di quercia.*

2 *Metteteci sopra un piccolo sasso e riempite col succo che deve coprire interamente i cetrioli.*

3 *Chiudete ermeticamente e tenete al fresco.*

Gli ingredienti sono gli stessi della ricetta precedente. La differenza è nella prima fase di preparazione.

Questa ricetta permette di conservare i cetrioli per parecchi mesi.

Zuppa fredda di cetriolo

STAGIONE: *estate, autunno*
PREPARAZIONE: *15 minuti*
COTTURA: *15 minuti*
MOLTO FACILE
MOLTO ECONOMICO
VEGETARIANO

INGREDIENTI *(per 2 persone)*

1 cetriolo
1 cucchiaio di concentrato di pomodoro
1 cipolla
1 cucchiaio di olio d'oliva
pepe di Caienna
cannella in polvere
sale, pepe

PREPARAZIONE

1 *Fate rosolare la cipolla tagliata finemente, unite il concentrato di pomodoro, salate, pepate, e aggiungete una presa di pepe di Caienna e di cannella.*

2 *Bagnate con 1 l d'acqua e fate cuocere per 10 minuti.*

3 *Unite il cetriolo pelato e tagliato a dadini, che deve cuocere appena per un minuto.*

4 *Lasciate raffreddare la zuppa e consumatela freschissima.*

Origine: Spagna

Cipolle al forno

STAGIONE: *tutto l'anno*
PREPARAZIONE: *5 minuti*
COTTURA: *30 minuti*
MOLTO FACILE
MOLTO ECONOMICO
STRETTAMENTE VEGETARIANO

INGREDIENTI *(per 4 persone)*

12 cipolle medie
olio d'oliva
maggiorana
sale

PREPARAZIONE

1 *Mettete le cipolle senza sbucciarle in un piatto di terracotta o di pyrex. Cuocetele a fuoco vivo per 10-15 minuti, poi giratele sottosopra e fatele cuocere per altri 15 minuti. Sorvegliate la cottura: devono abbrustolirsi senza bruciare.*

2 *Servitele con la buccia. Ciascuno sbuccerà le sue cipolle, poi le taglierà in quattro e le condirà con sale, olio e maggiorana.*

Origine: Francia

Cipolle al 'diable'

STAGIONE: *tutto l'anno*
PREPARAZIONE: *2 minuti*
COTTURA: *30-60 minuti*
MOLTO FACILE
MOLTO ECONOMICO

STRETTAMENTE VEGETARIANO

INGREDIENTI *(per 4 persone)*

1 kg di cipolle piuttosto grosse
sale

PREPARAZIONE

1 Mettete le cipolle con la loro buccia nel 'diable'. Lasciate cuocere a fuoco medio per mezz'ora, se le cipolle sono piccole, per 1 ora se sono grosse. Voltate il 'diable' una volta durante la cottura.

Il diable è un recipiente di terracotta composto di due parti identiche poste l'una sopra l'altra. È indicato per una cottura in forno assolutamente priva di grassi.

Cipolle alla greca

STAGIONE: *primavera, estate, autunno*
PREPARAZIONE: *15 minuti, ma è un piatto da preparare il giorno prima*
COTTURA: *15 minuti*
MOLTO FACILE

STRETTAMENTE VEGETARIANO

INGREDIENTI *(per 4 persone)*

300 g di cipolline bianche
300 g di champignon
3 carote
mezzo limone
1 cucchiaino di semi di coriandolo
1 cucchiaio di salsa di pomodoro densa
2 cucchiai d'olio
sale

PREPARAZIONE

1 I funghi e le cipolle vanno lasciati interi. Tagliate invece le carote a fettine rotonde.

2 Fate rosolare le carote. Aggiungete le cipolle, i funghi, una tazza d'acqua, il succo del limone e la sua scorza tritata finemente, la salsa di pomodoro e il coriandolo. Portate a ebollizione e lasciate cuocere per 15 minuti senza coperchio.

3 Mettete in un piatto da portata e aggiungete l'olio. Mescolate e tenete al fresco fino al giorno dopo.

Origine: Grecia

VERDURE

Cipolle alle acciughe

STAGIONE: *tutto l'anno*
PREPARAZIONE: *15 minuti*
COTTURA: *15 minuti*
MOLTO FACILE
MOLTO ECONOMICO

INGREDIENTI *(per 4 persone)*

500 g di cipolle
3 acciughe
2 cucchiai di olio d'oliva
sale

PREPARAZIONE

1 *Affettate le cipolle, fatele soffriggere in una padella di ghisa con poco sale, tenendo presente che le acciughe sono già salate.*

2 *Spinate bene le acciughe e pestatele nel mortaio. Aggiungete un cucchiaio d'acqua bollente.*

3 *Incorporate il pesto alle cipolle 5 minuti prima che la cottura sia completa.*

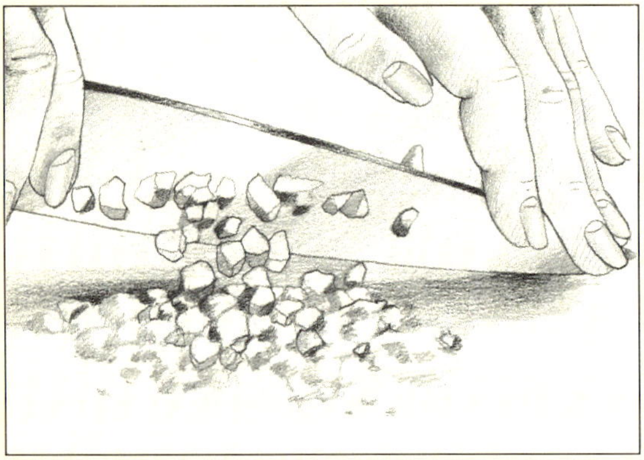

Per tritare la cipolla passate un grosso coltello con movimenti dall'alto verso il basso e viceversa, premendo la punta verso il basso.

Cipolle al miso

STAGIONE: *tutto l'anno*
PREPARAZIONE: *10 minuti*
COTTURA: *30-45 minuti*
MOLTO FACILE
MOLTO ECONOMICO
STRETTAMENTE VEGETARIANO

INGREDIENTI *(per 4 persone)*

6 cipolle
1 cucchiaio di miso d'orzo
3 dl d'acqua

PREPARAZIONE

1 *Mondate le cipolle e praticate un taglio a forma di croce fino a metà altezza. Mettetele in un tegame di terracotta.*

2 *Diluite il miso finché non ha una consistenza cremosa e mettetene un cucchiaino su ogni cipolla.*

3 *Versate l'acqua sul fondo della pentola e portate a ebollizione. Poi coprite il tegame e cuocete a fuoco dolce per mezz'ora o tre quarti d'ora, secondo le dimensioni delle cipolle.*

Cipolle coi cereali

STAGIONE: *tutto l'anno*
PREPARAZIONE: *20 minuti*
COTTURA: *45 minuti*
MOLTO FACILE
MOLTO ECONOMICO
STRETTAMENTE VEGETARIANO

INGREDIENTI *(per 4 persone)*

4 grosse cipolle
2 tazze d'orzo o di riso (già cotti)
2 cucchiai di parmigiano grattugiato
sale

PREPARAZIONE

1 *Tagliate in quattro le cipolle e mettetele in una pentola con un cucchiaio d'acqua e il sale. Coprite e cuocete a fuoco bassissimo per 30 minuti.*

2 *Poi passate le cipolle o frullatele insieme all'orzo o al riso.*

3 *Incorporate al composto il parmigiano, mettete il tutto in un piatto da forno e cuocete per 15 minuti a temperatura media.*

Cipolle ripiene

STAGIONE: *inverno*
PREPARAZIONE: *30 minuti*
COTTURA: *1 ora*
MOLTO FACILE
MOLTO ECONOMICO
VEGETARIANO

INGREDIENTI *(per 4 persone)*

8 cipolle medie
250 g di fiocchi d'avena
1 uovo
1 cucchiaio di prezzemolo
1 rametto di timo
1 patata
1 pezzo di sedano rapa
olio d'oliva
1 cucchiaio di tamari, sale

PREPARAZIONE

1 *Cuocete il sedano rapa e la patata col timo, un pizzico di sale e mezzo bicchiere d'acqua. A cottura ultimata passate le verdure e lavoratele con la frusta, fino a ottenere un purè abbastanza asciutto e soffice.*

2 *Intanto cuocete l'avena per 10 minuti con un pizzico di sale e una tazzina d'acqua.*

3 *Tritate il prezzemolo e mescolatelo al purè, ai fiocchi d'avena, al tamari e all'uovo.*

4 *Mondate le cipolle, tagliatene via la parte superiore e scavate l'interno con un coltello. Cuocetele per 7-8 minuti in acqua bollente, scolatele e asciugatele.*

5 *Mettete in ogni cipolla un po' di sale, qualche goccia di olio d'oliva, del ripieno e rimettete la calotta, poi cuocete per 45 minuti in forno caldo, mettendo sul fondo del piatto di cottura mezzo bicchiere d'acqua.*

Crema Soubise

STAGIONE: *tutto l'anno*
PREPARAZIONE: *30 minuti*
COTTURA: *1 ora*
MOLTO FACILE
MOLTO ECONOMICO
STRETTAMENTE VEGETARIANO

INGREDIENTI *(per 4 persone)*

1 kg di cipolle
1/2 cucchiaino di noce moscata grattugiata
1 cucchiaio di farina
sale

PREPARAZIONE

1 *Sbucciate le cipolle e tagliatele a pezzi grossi, poi mettetele in un tegame di ghisa; salate, aggiungete la noce moscata e qualche cucchiaio d'acqua.*

2 *Coprite e lasciate cuocere per 45 minuti circa. Di tanto in tanto controllate se c'è acqua a sufficienza.*

3 *A cottura ultimata passate le cipolle al passaverdure, poi versatele nel tegame con la farina. Mescolate e fate addensare tenendo la fiamma bassa.*

Questa crema dolce e vellutata può accompagnare qualsiasi piatto di cereali.

Origine: Francia

Torta di cipolle

STAGIONE: *tutto l'anno*
PREPARAZIONE: *30 minuti*
COTTURA: *30 minuti*
MOLTO FACILE
MOLTO ECONOMICO
VEGETARIANO

INGREDIENTI *(per 4 persone)*

250 di pasta brisée
10 olive nere
5 cipolle
1 tuorlo d'uovo
1 cucchiaio d'olio
1 pizzico di noce moscata
sale

PREPARAZIONE

1 *Affettate le cipolle e fatele rosolare nell'olio senza che prendano colore. Togliete i noccioli alle olive e dividetele in due.*

2 *Distribuite sulla pasta le cipolle* (vedi *la ricetta a pagina 360), poi il tuorlo d'uovo sbattuto, il sale, la noce moscata e infine le olive.*

3 *Cuocete per mezz'ora a forno medio.*

Un giorno avevo un avanzo di orzo mondo già cotto da utilizzare. L'ho pestato nel mortaio (ma lo si può anche frullare) e ho mescolato il pesto con qualche scalogno schiacciato, maggiorana e tamari. L'ho steso sulla pasta (che aveva circa 1/2 cm di spessore) prima di disporre sopra le cipolle. Tutta la famiglia ha preferito questa variante: una torta di cipolle più soffice, e un modo piacevolissimo di mangiare dell'orzo.

Tourin al pomodoro

STAGIONE: *estate, autunno*
PREPARAZIONE: *30 minuti*
COTTURA: *1 ora e mezza*
MOLTO FACILE
MOLTO ECONOMICO
STRETTAMENTE VEGETARIANO

INGREDIENTI *(per 4 persone)*

1 kg di cipolle
1 kg di pomodori
spezie e aromi a scelta
olio d'oliva
sale, pepe

PREPARAZIONE

1 *Pulite le cipolle, affettatele e fatele rosolare in un tegame con un po' d'olio.*

2 *Quando sono dorate e morbide unite i pomodori tagliati a spicchi. Proseguite la cottura mescolando dolcemente. Salate, pepate, aggiungete le erbe e gli aromi che preferite e 1 litro e mezzo di acqua fredda.*

3 *Portate a ebollizione e lasciate cuocere a piccolo bollore per un'ora almeno. Passate il tourin al passaverdure e servitelo caldissimo.*

Origine: Paesi Baschi

Zuppa di cipolle

STAGIONE: *tutto l'anno*
PREPARAZIONE: *20 minuti*
COTTURA: *40 minuti*
MOLTO FACILE
MOLTO ECONOMICO
VEGETARIANO

INGREDIENTI *(per 4 persone)*

500 g di cipolle
1 cucchiaio abbondante di farina
40 g di burro
2 cucchiai di panna
60 g di emmenthal grattugiato
8 fette di pane integrale
sale, pepe

PREPARAZIONE

1 *Affettate le cipolle e fatele rosolare nel burro a fuoco moderato. Quando si sono ammorbidite spruzzatele di farina e cuocete per 2-3 minuti mescolando bene.*

2 *Bagnate con 1 l d'acqua. Portate velocemente a ebollizione, poi lasciate cuocere per 20 minuti a fuoco basso. Salate e pepate.*

3 *Fate abbrustolire il pane. Versate la zuppa, arricchita con la panna, in una pentola di coccio resistente al forno.*

4 *Disponete il pane sulla zuppa, cospargete abbondantemente di formaggio, e fate gratinare in forno*

5 *Servite immediatamente.*

A Parigi è una tradizione l'andare a mangiare la zuppa di cipolle uscendo dal cinema o da teatro, la sera tardi.

Origine: Francia

VERDURE

Zuppa di miso alle cipolle

STAGIONE: *tutto l'anno*
PREPARAZIONE: *15 minuti*
COTTURA: *20 minuti*
MOLTO FACILE
MOLTO ECONOMICO
STRETTAMENTE VEGETARIANO

INGREDIENTI *(per 3 persone)*

3 cipolle
10 g circa di alghe wakame
1 cucchiaino di olio d'oliva
2-3 cucchiaini di miso
1 rametto di timo
1 l d'acqua

PREPARAZIONE

1 *Mettete a bagno le alghe per 10 minuti.*

2 *Affettate le cipolle, rosolatele nella padella con l'olio, versatele nell'acqua bollente, unite le alghe e l'acqua dell'ammollo. Cuocete per 10 minuti a fuoco dolce.*

3 *Aggiungete il miso diluito e lasciate sobbollire per un paio di minuti prima di servire.*

Origine: Giappone

Denti di leone in insalata

STAGIONE: *primavera*
PREPARAZIONE: *30 minuti*
MOLTO FACILE
MOLTO ECONOMICO
VEGETARIANO

INGREDIENTI *(per 4 persone)*

250 g di dente di leone, o tarassaco
2 cucchiai di olio d'oliva o di noci
1 cucchiaino di aceto di mele o di vino
una crosta di pane raffermo
2 uova sode
3 spicchi d'aglio
sale

PREPARAZIONE

1 *Lavate, asciugate e tagliate il tarassaco.*

2 *Tagliate il pane a cubetti dopo averlo strofinato con gli spicchi d'aglio.*

3 *Mettete nell'insalatiera il sale, l'olio, l'aceto e mescolate con la frusta. Aggiungete il tarassaco.*

4 *Tagliate le uova a dadini e aggiungetele al tarassaco. Mescolate bene e servite.*

Le uova sode si sposano particolarmente bene col tarassaco. Questa insalata è una delizia.

Origine: Francia

Denti di leone scottati

STAGIONE: *primavera*
PREPARAZIONE: *10 minuti*
COTTURA: *1 minuto*
MOLTO FACILE
MOLTO ECONOMICO
STRETTAMENTE VEGETARIANO

INGREDIENTI *(per 4 persone)*

250 g di denti di leone

PREPARAZIONE

1 *Mettete sul fuoco un litro d'acqua in una casseruola abbastanza grande. Quando bolle metteteci i mazzetti di dente di leone allargandoli bene. Mettetene pochi per volta; devono stare comodamente nella pentola. Non salate l'acqua, perché il sale rinforzerebbe il loro sapore amarognolo.*

2 *Togliete i denti di leone dopo un minuto di bollitura e stendeteli su un piatto grande. L'acqua della cottura, che assume un bel colore verde smeraldo, potrà essere tenuta da parte per preparare una minestra.*

I denti di leone sono deliziosi crudi, in insalata, ma si possono mangiare anche cotti.

Finocchi stufati

STAGIONE: *inverno, primavera*
PREPARAZIONE: *15 minuti*
COTTURA: *20 minuti*
MOLTO FACILE
MOLTO ECONOMICO
STRETTAMENTE VEGETARIANO

INGREDIENTI *(per 2 persone)*

2 grossi finocchi
1 cipolla
1 cucchiaio d'olio
1 cucchiaino di miso
2 pomodorini (facoltativo)

PREPARAZIONE

1 *Mettete sul fondo di una casseruola la cipolla affettata, poi i finocchi tagliati sottilmente.*

2 *Aggiungete il miso, l'olio, un cucchiaio d'acqua e i pomodorini a pezzi.*

3 *Coprite e lasciate cuocere per 30 minuti a fuoco dolcissimo.*

Insalata di finocchio

STAGIONE: *inverno*
PREPARAZIONE: *10 minuti*

MOLTO FACILE
MOLTO ECONOMICO

STRETTAMENTE VEGETARIANO

INGREDIENTI *(per 4 persone)*

1 finocchio
1 mela
2 cucchiai di olio di noci
2 cucchiaini di aceto di mele
sale

PREPARAZIONE

1 *Affettate il finocchio; aggiungete la mela grattugiata, il sale, l'olio e l'aceto. Mescolate bene e servite.*

Al posto dell'olio di noci si può usare dell'olio d'oliva, ma il primo dà senza'altro a questa insalata un sapore inimitabile.

Insalata di funghi

STAGIONE: *primavera, estate, autunno*
PREPARAZIONE: *10 minuti*

MOLTO FACILE

VEGETARIANO

INGREDIENTI *(per 4 persone)*

200 g di funghi freschi
3 cucchiai di panna
1 limone
1 cucchiaino di senape piccante
1 cucchiaio di prezzemolo tritato
sale, pepe

PREPARAZIONE

1 *Tagliate a fettine i funghi passandoli a mano a mano col limone perché non anneriscano.*

2 *Diluite la senape con la panna; salate, pepate, versate sui funghi e cospargete di prezzemolo.*

Origine: Francia

Insalata belga al gratin

STAGIONE: *inverno, primavera*
PREPARAZIONE: *10 minuti*
COTTURA: *30 minuti*
MOLTO FACILE

VEGETARIANO

INGREDIENTI *(per 4 persone)*

1 kg di insalata belga
50 g di burro o 3 cucchiai d'olio
1 cucchiaio di farina
1/4 di l di panna
100 g di parmigiano grattugiato
1 limone
1 foglia d'alloro
sale

PREPARAZIONE

1 *Lavate e asciugate i cespi dell'insalata belga e tagliateli a pezzi della lunghezza di 1-2 cm.*

2 *Metteteli ad ammorbidire nell'olio o nel burro con qualche goccia di limone. Rigirateli spesso, perché non coloriscano troppo. Quando sono teneri e l'acqua in eccesso è evaporata cospargeteli con un buon cucchiaio di farina, mescolando bene. Bagnate con la panna, aggiungete i tre quarti del parmigiano grattugiato, il sale e la foglia di alloro sbriciolata.*

3 *Versate in un piatto da forno leggermente imburrato e spruzzate col resto del formaggio, poi gratinate in forno caldo.*

L'insalata belga si mangia spesso anche cruda, in insalata. Quando è cotta si accompagna molto bene ai cereali, al pesce e alla carne.

Origine: Francia

Insalata belga con le noci

STAGIONE: *inverno, primavera*
PREPARAZIONE: *10 minuti*

MOLTO FACILE
MOLTO ECONOMICO

STRETTAMENTE VEGETARIANO

INGREDIENTI *(per 4 persone)*

2 cespi di insalata belga
2 mele
100 g di noci
1 barbabietola rossa
1 costola di sedano
olio d'oliva
aceto
sale

PREPARAZIONE

1 *Tagliate finemente l'insalata belga, unite le noci, il sedano, le mele e la barbabietola a dadini.*

2 *Condite con olio, aceto e sale.*

Insalata belga e noci, ecco un altro matrimonio ben riuscito.

Origine: Francia

Minestra di fiori di malva

STAGIONE: *tutto l'anno*
PREPARAZIONE: *15 minuti*
COTTURA: *20 minuti*
MOLTO FACILE
MOLTO ECONOMICO
STRETTAMENTE VEGETARIANO

INGREDIENTI *(per 4 persone)*

1 manciata di fiori di malva secchi
3 cipolle
1/2 rafano nero
1 cucchiaio di kuzu o di fecola
1 l d'acqua

PREPARAZIONE

1 *Soffriggete le cipolle affettate, salate, versate l'acqua già scaldata in precedenza e portate a ebollizione.*

2 *Unite il rafano nero tagliato a fiammiferi e lasciate cuocere per 10 minuti.*

3 *A questo punto aggiungete i fiori di malva e il kuzu, o la fecola, diluiti in mezza tazza d'acqua.*

4 *Fate bollire ancora per un paio di minuti, poi servite questa minestra che è piacevole al gusto e favorisce la digestione.*

D'estate potete usare i fiori e le foglie di malva freschi.

Minestra di malva

STAGIONE: *tutto l'anno*
PREPARAZIONE: *20 minuti*
COTTURA: *20 minuti*
MOLTO FACILE
MOLTO ECONOMICO
STRETTAMENTE VEGETARIANO

INGREDIENTI *(per 4 persone)*

6 carote piccole
1 cipolla
2 costole di sedano
1 manciata di foglie di malva
1 tazza di lenticchie cotte
o 3 cucchiai di lenticchie di Rodi
1 pezzo di alga wakame
2 cucchiaini di miso di riso (facoltativo)

PREPARAZIONE

1 *Tagliate l'alga a pezzettini e mettetela a bagno per 5 minuti.*

2 *Tagliate a piccoli pezzi anche le verdure, versatele in una casseruola con le lenticchie, l'alga e l'acqua dell'ammollo.*

3 *Fate bollire per 15-20 minuti poi aggiungete le foglie di malva intere, il miso o il sale. Lasciate sobbollire per altri 5 minuti.*

Questa minestra è nutriente e deliziosa.

La malva, che possiamo trovare facilmente nei prati e nei terreni coltivati, non solo è un ottimo ortaggio, ma anche un'efficace pianta medicinale (ha proprietà lassative, emollienti e antitosse). Della malva possiamo utilizzare sia le foglie sia i fiori.

Caponata

STAGIONE: *estate*
PREPARAZIONE: *1 ora*
COTTURA: *30 minuti*
MOLTO FACILE
MOLTO ECONOMICO
STRETTAMENTE VEGETARIANO

INGREDIENTI *(per 4 persone)*

4 melanzane tonde
2 costole di sedano
200 g di olive verdi snocciolate
capperi
pinoli
sale
olio
aceto

PREPARAZIONE

1 *Tagliate le melanzane a dadi grossi, senza sbucciarle, poi spruzzatele di sale e lasciatele per un'ora a spurgare l'acqua.*

2 *Asciugatele, friggetele in padella finché non sono ben dorate e morbide e tenetele da parte.*

3 *Fate rosolare il sedano tagliato a dadini con i capperi, le olive, i pinoli e una spruzzata di aceto.*

4 *Amalgamate alle melanzane, aggiungete un po' d'olio e cospargete di basilico tritato.*

5 *Servite la caponata fredda. Diventerà ancora più buona dopo qualche ora di attesa.*

Origine: Italia meridionale

Caviale di melanzane

STAGIONE: *estate, autunno*
PREPARAZIONE: *30 minuti*
COTTURA: *30 minuti*
MOLTO FACILE
MOLTO ECONOMICO
STRETTAMENTE VEGETARIANO

INGREDIENTI *(per 4 persone)*

4 melanzane
2 pomodori
3 spicchi d'aglio
1 limone
5 cucchiai di olio d'oliva
qualche foglia di prezzemolo
sale, pepe in grani

PREPARAZIONE

1 *Lavate le melanzane, fatele cuocere a forno caldo per mezz'ora mettendole sulla griglia e rivoltandole spesso durante la cottura. Quando la pelle è leggermente bruciacchiata tuffatele nell'acqua fredda per 2 o 3 minuti e poi sbucciatele.*

2 *Passate la polpa al tritaverdure; aggiungete sale, pepe macinato, prezzemolo e aglio tritati e succo di limone. Aggiungete l'olio a poco a poco, mescolando.*

3 *Lasciate raffreddare e decorate con spicchi o fettine di pomodoro prima di servire.*

Origine: Russia

Delizie dell'Imam

STAGIONE: *estate, autunno*
PREPARAZIONE: *20 minuti*
COTTURA: *1 ora e 50 minuti*
MOLTO FACILE
MOLTO ECONOMICO

STRETTAMENTE VEGETARIANO

INGREDIENTI *(per 4 persone)*

4 melanzane
700 g di pomodori
4 cipolle
1 bicchiere di olio d'oliva
7 spicchi d'aglio
1 cucchiaio di foglie di timo
1 cucchiaio di maggiorana
1 presa di sale

PREPARAZIONE

1 *Scegliete delle melanzane ben mature ma sane. Senza sbucciarle, incidetele leggermente sui quattro lati e fatele abbrustolire a forno caldo per 20 minuti, rivoltandole di tanto in tanto.*

2 *Poi toglietele dal forno e lasciatele raffreddare.*

3 *Nel frattempo tritate finemente l'aglio, tagliate le cipolle a pezzi grossi e i pomodori a spicchi.*

4 *Farcite le melanzane ammorbidite dalla cottura introducendo i pezzi di cipolla nelle fenditure.*

5 *Disponetele in un piatto di terracotta e mettete i pomodori fra le melanzane, avvicinandoli bene.*

6 *Spolverate con l'aglio, il sale e gli aromi e condite con l'olio.*

7 *Fate cuocere per 1 ora e mezza a fuoco dolce.*

Racconta una leggenda che un Imam, un capo religioso musulmano, gustando questo piatto sia andato in estasi fino a perdere conoscenza.

Questa preparazione, assolutamente deliziosa, va comunque consumata in quantità moderata e solo durante l'estate.

La melanzana (vocabolo composto da 'mela' e dalla voce araba *badingian*) viene chiamata in America *eggplant*, 'pianta uovo', per il suo aspetto caratteristico. Dotata di un grosso frutto commestibile dall'aspetto 'lucidato', è originaria dell'India e fu introdotta in Europa dagli Arabi. Prima di essere ammessa sulle mense europee fece un lungo 'tirocinio' come pianta ornamentale.

È utile, prima di consumarla, togliere l'acqua in eccesso (scottandola in forno, come in questa ricetta, oppure aggiungendo del sale alle fette di melanzana cruda e quindi, dopo almeno mezz'ora, scolandole).

Diuretica, rinfrescante e leggermente sedativa, la melanzana può essere usata anche per una maschera di bellezza decongestionante (tritata e stesa su una garza).

Origine: Turchia

Melanzane ai ceci

STAGIONE: *estate, autunno*
PREPARAZIONE: *20 minuti, più una notte di ammollo per i ceci*
COTTURA: *2 ore*
MOLTO FACILE

STRETTAMENTE VEGETARIANO

INGREDIENTI *(per 4 persone)*

500 g di melanzane
200 g di ceci
3 cucchiai di olio d'oliva
3 spicchi d'aglio
1 pizzico di cannella
qualche foglia di coriandolo
pepe in grani
sale

PREPARAZIONE

1 *Fate cuocere i ceci già ammollati precedentemente.*

2 *Mondate le melanzane, tagliatele a pezzetti e mettetele in una casseruola.*

3 *Pestate l'aglio col pepe e la cannella, poi diluite il tutto con un bicchiere d'acqua.*

4 *Versate questa salsina sulle melanzane, aggiungete l'olio e il sale, coprite e lasciate cuocere a fuoco lento.*

5 *Quando le melanzane sono a metà cottura unite il coriandolo tritato e i ceci cotti e scolati. Se occorre aggiungete un bicchiere d'acqua.*

6 *Lasciate cuocere ancora per qualche minuto in modo che la salsa si addensi un po'.*

È una ricetta tipica dell'Africa del Nord.

Melanzane ai pomodori

STAGIONE: *estate, autunno*
PREPARAZIONE: *15 minuti*
COTTURA: *30 minuti*
MOLTO ECONOMICO
MOLTO FACILE

STRETTAMENTE VEGETARIANO

INGREDIENTI *(per 4 persone)*

4 pomodori
4 melanzane
2 spicchi d'aglio
1 rametto di timo
1 foglia di alloro
4 cucchiai di olio d'oliva
sale, pepe

PREPARAZIONE

1 *Scottate rapidamente i pomodori in acqua bollente, poi sbucciateli, privateli dei semi e tagliateli a pezzetti.*

2 *In una casseruola fate scaldare un cucchiaio d'olio. Metteteci l'aglio tritato, mescolate e lasciate che prenda colore.*

3 *Unite i pomodori, il timo e l'alloro. Salate, pepate, mescolate e lasciate insaporire a fiamma bassa.*

4 *Sbucciate le melanzane e tagliatele a fette sottili nel senso della lunghezza.*

5 *Friggetele in una padella con l'olio ben caldo, fatele ben colorire e scolatele su carta assorbente a mano a mano che sono pronte.*

6 *Disponete le fette in un piatto resistente al forno e versateci sopra il sugo di pomodoro, dopo aver tolto il timo e l'alloro.*

7 *Cuocete in forno caldo per 15 minuti e servite.*

Melanzane farcite

Stagione: *estate, autunno*
Preparazione: *30 minuti*
Cottura: *50 minuti*

Vegetariano

Ingredienti *(per 4 persone)*

4 melanzane
1 cipolla
1 spicchio d'aglio
1 peperone
2 pomodori
100 g di riso integrale
1 pizzico di zafferano
olio d'oliva
50 g di groviera o di parmigiano grattugiato
sale
pepe

Preparazione

1 *Cuocete il riso in abbondante acqua salata.*

2 *Lavate le melanzane, asciugatele, tagliatele in due nel senso della lunghezza senza sbucciarle.*

3 *Fatele cuocere in padella o al forno.*

4 *Quando sono diventate tenere svuotatele con un cucchiaino della polpa che metterete da parte.*

5 *Affettate la cipolla, schiacciate l'aglio, vuotate il peperone dai semi e tagliatelo a strisce, sbucciate i pomodori e tagliateli a pezzettini.*

6 *Rosolate il tutto con un po' d'olio.*

7 *Quando le cipolle saranno ben dorate unite il riso e la polpa di melanzana schiacciata.*

8 *Salate, pepate, insaporite con una punta di zafferano sciolta in un cucchiaio d'acqua.*

9 *Mescolate bene e lasciate cuocere a fuoco dolcissimo per un quarto d'ora.*

10 *Farcite le melanzane con questo ripieno, disponetele in un piatto da forno oliato, spolverate di formaggio grattugiato e lasciate gratinare per qualche minuto in forno caldo.*

La pentola migliore per fare rosolare le verdure è il wok. Pennellatelo con un po' di olio di oliva prima di mettere le verdure.

Parmigiana di melanzane

STAGIONE: *estate*
PREPARAZIONE: *1 ora*
COTTURA: *30 minuti*
MOLTO FACILE
MOLTO ECONOMICO
VEGETARIANO

INGREDIENTI *(per 4 persone)*

3 melanzane
1 mozzarella
salsa di pomodoro
basilico
pangrattato
olio, sale

PREPARAZIONE

1 *Tagliate le melanzane a fette lunghe e friggetele in abbondante olio, asciugandole bene su carta assorbente.*

2 *Preparate una salsa di pomodoro leggera e senza grassi, solo col basilico. Tagliate la mozzarella a fettine sottili.*

3 *Versate sul fondo di un piatto da forno uno straterello di salsa. Disponeteci sopra uno strato di melanzane, poi uno di mozzarella, qualche foglia di basilico, un velo di salsa. Continuate così fino a terminare con le melanzane e la salsa.*

4 *Spolverate di pangrattato, condite con un po' d'olio e cuocete in forno a temperatura media finché la superficie non è dorata. La parmigiana è ottima calda e anche fredda.*

È possibile rendere il piatto più digeribile cuocendo le melanzane alla griglia.

Ortiche (ricetta di base)

STAGIONE: *primavera, estate*
PREPARAZIONE: *10 minuti*
COTTURA: *pochi minuti*
MOLTO FACILE
MOLTO ECONOMICO
STRETTAMENTE VEGETARIANO

INGREDIENTI *(per 4 persone)*

1/2 kg di ortiche
2 scalogni
2 spicchi d'aglio
1 cucchiaio di olio d'oliva
sale

1 *In una casseruola abbastanza larga portate a ebollizione 1 l d'acqua e un pizzico di sale. Metteteci le ortiche e scottatele per 2 minuti. Scolatele, sciacquatele in acqua fredda, spremetele e tritatele.*

2 *In un mortaio mettete l'aglio e i 2 scalogni con un pizzico di sale grosso. Pestate fino a formare una crema. Incorporateci un cucchiaino di olio d'oliva. Unite le ortiche e mescolate il tutto.*

Anche se in generale è considerata niente più che un'erbaccia, l'ortica è una verdura squisita.

Ortiche al tofu

STAGIONE: *primavera, estate, autunno*
PREPARAZIONE: *25 minuti*
COTTURA: *30 minuti*
MOLTO FACILE
MOLTO ECONOMICO
STRETTAMENTE VEGETARIANO

INGREDIENTI *(per 4 persone)*

1 piccola terrina di ortiche (già cotte, strizzate e tritate)
500 g di tofu
5 spicchi d'aglio
2 cipolle
1 pezzetto di zenzero
1/4 di l di latte di soia
500 g di yogurt di soia
1 cucchiaio di olio
2 cucchiaini di tamari
sale

PREPARAZIONE

1 *Tritate l'aglio, affettate la cipolla, grattugiate lo zenzero e tagliate il tofu a dadini. Fatelo dorare con un cucchiaio d'olio e mettetelo da parte.*

2 *Rosolate l'aglio e lo zenzero, poi unite la cipolla con una presa di sale. Quando la cipolla è leggermente dorata aggiungete le ortiche e mescolate bene. Poi versate il latte di soia, incorporate lo yogurt e il tamari, unite il tofu e mescolate bene il tutto.*

3 *Coprite ermeticamente e lasciate insaporire a fuoco dolce per 20 minuti.*

Zuppa di ortiche

STAGIONE: *primavera, estate, autunno*
PREPARAZIONE: *20 minuti*
COTTURA: *30 minuti*
MOLTO FACILE
MOLTO ECONOMICO
STRETTAMENTE VEGETARIANO

INGREDIENTI *(per 4 persone)*

1 terrina di ortiche
2 patate
1 pizzico di noce moscata
1 cucchiaio di olio
sale

PREPARAZIONE

1 *Cuocete le patate in 1 litro d'acqua fredda col sale.*

2 *Lavate le ortiche, asciugatele e tagliatele a striscette sul tagliere. Fatele saltare rapidamente in una padella unta d'olio, poi unitele alle patate.*

3 *Cuocete per 7-8 minuti poi passate il tutto al tritaverdure o al frullatore. Spruzzate di noce moscata.*

4 *Cuocete ancora per 5 minuti e servite.*

Questa minestra leggera e dal bel colore è molto apprezzata in primavera.

Zuppa di ortiche ai fiocchi

Stagione: *primavera, estate, autunno*
Preparazione: *15 minuti*
Cottura: *15 minuti*
Molto facile
Molto economico

Strettamente vegetariano

Ingredienti *(per 2 persone)*

1 grande terrina di ortiche
1 tazza di fiocchi d'orzo
o una tazzina di farro cotto
1 pizzico di noce moscata
1 cucchiaio di tamari (facoltativo)
sale

Preparazione

1 Lavate le ortiche, asciugatele e tagliatele a striscette sul tagliere.

2 Fatele saltare rapidamente in una padella unta d'olio, poi unitele ai fiocchi d'orzo o al farro e aggiungete un po' di acqua calda salata. Cuocete per 7-8 minuti.

3 Passate al tritaverdure o al frullatore e spruzzate di noce moscata. Fate bollire per altri 5 minuti e servite.

I fiocchi d'orzo possono essere leggermente tostati. Il tamari migliora il gusto di questa minestra.

Passato di pastinaca e castagne

Stagione: *inverno, primavera*
Preparazione: *15 minuti, più 4 ore di ammollo per le castagne*
Cottura: *40 minuti*
Molto facile

Strettamente vegetariano

Ingredienti *(per 4 persone)*

1 pastinaca media o mezzo sedano rapa
1 tazza di castagne secche
1 porro
2 cucchiaini di semi di finocchio
1 presa di sale grosso

Preparazione

1 Mettete le castagne a bagno per 4 ore poi mettetele sul fuoco e portate a ebollizione.

2 Unite la pastinaca tagliata a cubetti, il sale, il finocchio e fate cuocere per 40 minuti.

3 Passate al passaverdure. Rimettete sul fuoco per un paio di minuti col porro tritato finemente.

Questa radice, un tempo tanto popolare, è sparita quasi completamente dai nostri giardini e dai nostri mercati. È un peccato, perché è un'ottima verdura invernale, molto nutritiva e che si conserva ottimamente. La sua lunga radice di colore bianco ha un sapore zuccherino. Se ne possono fare delle zuppe profumatissime.

Pastinaca al miglio

STAGIONE: *inverno, primavera*
PREPARAZIONE: *20 minuti*
COTTURA: *25 minuti*
MOLTO FACILE
MOLTO ECONOMICO
STRETTAMENTE VEGETARIANO

INGREDIENTI *(per 4 persone)*

1 pastinaca a cubetti
2 carote a cubetti
3 cipolle a fettine
1 cucchiaino di miso d'orzo o di riso
1 pizzico di origano
1 avanzo di miglio cotto (circa 2 tazze)
1 bicchiere d'acqua
1 cucchiaino di cipolle secche (facoltativo)

PREPARAZIONE

1 *In un tegame di terracotta o di ghisa mettete prima le cipolle, poi la pastinaca e infine le carote.*

2 *Aggiungete il miso diluito in un po' d'acqua poi il miglio, l'origano e l'acqua.*

3 *Lasciate insaporire per 25 minuti a fuoco dolce.*

È possibile inventare altre associazioni per servire gli avanzi di cereali in modo gradevole. Potete anche sostituire il miso col sale, ma la ricetta risulterà meno saporita e meno nutriente.

Pastinaca stufata

STAGIONE: *inverno, primavera*
PREPARAZIONE: *15 minuti*
COTTURA: *25 minuti*
MOLTO FACILE
MOLTO ECONOMICO
VEGETARIANO

INGREDIENTI *(per 2 persone)*

1 pastinaca
1 carota
2 cipolle
1 pizzico di timo
1 cucchiaino di tamari
1 avanzo di miglio (una tazzina circa)
mezza foglia di alloro
sale

PREPARAZIONE

1 *Tagliate le verdure a dadini.*

2 *In un tegame di terracotta o di ghisa mettete prima le cipolle, poi le radici di pastinaca e infine la carota; aggiungete il sale, il timo e il tamari.*

3 *Coprite e lasciate cuocere per un quarto d'ora a fuoco dolce.*

4 *In ultimo mettete il miglio sopra alle verdure.*

5 *Lasciate cuocere per altri 10 minuti prima di servire.*

Il mio consiglio è di stufare la pastinaca invece che bollirla, in modo che conservi tutti i suoi succhi e il suo sapore.

Origine: Francia

Torta di pastinaca

STAGIONE: *inverno, primavera*
PREPARAZIONE: *30 minuti, più qualche ora di ammollo per le uvette*
COTTURA: *50 minuti*
MOLTO FACILE

STRETTAMENTE VEGETARIANO

INGREDIENTI *(per 4 persone)*

250 g di pasta per torte
700 g di pastinaca
1 cucchiaio di uvette
2 cucchiai di semi di sesamo tostati e macinati
10 mandorle o 10 noci
1 cucchiaino di olio d'oliva
sale

PREPARAZIONE

1 *Mettete le uvette a bagno nell'acqua calda e lasciatecele per parecchie ore. Nel frattempo stendete la pasta in una teglia facendola aderire bene anche alle pareti.*

2 *Spazzolate la pastinaca, tagliatela a grossi dadi e fatela rosolare in una padella unta d'olio. Versatela in una casseruola con le uvette scolate, il sale e un bicchiere d'acqua bollente. Dopo 15-20 minuti di cottura passate il tutto al passaverdure.*

3 *Versate il passato sulla pasta (la ricetta della pasta matta è indicata a pagina 360), e rendetelo uniforme servendovi di una spatola, cospargetelo di semi di sesamo e infine disponeteci sopra le mandorle.*

4 *Cuocete per 35 minuti a forno medio.*

Origine: Francia

Gnocchi di patate

STAGIONE: *tutto l'anno*
PREPARAZIONE: *45 minuti*
COTTURA: *10 minuti*
MOLTO FACILE
MOLTO ECONOMICO

STRETTAMENTE VEGETARIANO

INGREDIENTI *(per 6 persone)*

2 kg circa di patate
500 g di farina
sale

PREPARAZIONE

1 *Occorrono delle patate a pasta morbida. Le migliori sono quelle dalla buccia rossa. Fatele lessare, sbucciatele e passatele allo schiacciapatate. Impastatele subito con la farina; la dose è solo indicativa, perché dipende dalla qualità delle patate. Se è la farina è poca gli gnocchi si sfanno, se è troppa restano duri.*

2 *Tirate l'impasto in bastoncelli lunghi, poco più grossi di un dito. Tagliateli a pezzetti di 2-3 cm che passerete sul rovescio di una grattugia, premendoli un po' col pollice in modo da formare un incavo.*

3 *Cuocete gli gnocchi in abbondante acqua salata, togliendoli con una schiumarola a mano a mano vengono a galla. Potete condirli con burro e parmigiano, con salsa di pomodoro oppure con burro e salvia.*

Gratin del Delfinato

STAGIONE: *tutto l'anno*
PREPARAZIONE: *15 minuti*
COTTURA: *1 ora e 15 minuti*
MOLTO FACILE
MOLTO ECONOMICO
VEGETARIANO

INGREDIENTI *(per 4 persone)*

1,5 kg di patate
2 uova
100 g di formaggio grattugiato
3 dl di latte
2 dl di panna
10 g di burro
1 spicchio d'aglio
sale, pepe, noce moscata

PREPARAZIONE

1 *Sbucciate e lavate le patate, poi tagliatele a rondelle sottili. Conditele in una terrina con sale, pepe e noce moscata grattugiata.*

2 *Strofinate l'interno di un piatto da forno con lo spicchio d'aglio sbucciato e imburrate il piatto.*

3 *In una tazza battete insieme le uova, la panna e il latte.*

4 *Disponete nel piatto le patate a strati, spolverandoli di formaggio grattugiato. Poi ricoprite il tutto col contenuto della tazza. Terminate con uno strato di formaggio e disseminate qua e là dei fiocchi di burro.*

5 *Cuocete per un'ora e un quarto a forno medio.*

Questo gratin è in un certo senso il piatto nazionale del Delfinato (la regione vicino a Grénoble, nelle Alpi francesi). Accompagnato da un'insalata, costituisce da solo un pasto completo.

Patate al cumino

STAGIONE: *tutto l'anno*
PREPARAZIONE: *15 minuti*
COTTURA: *45 minuti*
MOLTO FACILE
MOLTO ECONOMICO
STRETTAMENTE VEGETARIANO

INGREDIENTI *(per 4 persone)*

12 patate di medie dimensioni
1 cucchiaino di cumino in polvere
1 cucchiaino di sale fino
olio

PREPARAZIONE

1 *Lavate o spazzolate le patate senza sbucciarle. Tagliatele in due nel senso della lunghezza.*

2 *Mescolate in una tazza il sale e il cumino e cospargete con questo miscuglio la parte tagliata delle patate. Appoggiatela su una placca unta di olio e spennellate con esso anche la buccia delle patate*

3 *Cuocete per 45 minuti a forno medio.*

Origine: Germania

Patate al 'diable'

STAGIONE: *tutto l'anno*
PREPARAZIONE: *5 minuti*
COTTURA: *45 minuti*
MOLTO FACILE
MOLTO ECONOMICO
STRETTAMENTE VEGETARIANO

INGREDIENTI *(per 4 persone)*

1 kg di patate
sale

PREPARAZIONE

1 *Spazzolate le patate, asciugatele, salatele e mettetele nel 'diable'; cuocetele in forno per 45 minuti a fuoco medio. Durante la cottura girate il recipiente sottosopra.*

È il sistema più semplice e più sano di cuocere le patate, che rimangono croccanti e leggere e mantengono tutte le loro vitamine.

Il 'diable' è un recipiente di terracotta formato da due parti uguali sovrapposte: si può così girare sottosopra durante la cottura, in maniera da renderla più uniforme.

Origine: Francia

Patate vestite

STAGIONE: *tutto l'anno*
PREPARAZIONE: *5 minuti*
COTTURA: *30 minuti*
MOLTO FACILE
MOLTO ECONOMICO
VEGETARIANO

INGREDIENTI *(per 4 persone)*

1 kg di patate
olio o burro
sale

PREPARAZIONE

1 *Prendete delle patate di grandezza uniforme e di forma regolare e pulitene bene la buccia, possibilmente senza lavarla.*

2 *Mettetele in forno e cuocetele finché non sono morbide (il tempo di cottura dipende dalla grossezza: provate a punzecchiarle ogni tanto).*

3 *Quando togliete le patate dal forno incidetele con la punta del coltello e conditele con un po' d'olio, oppure con una fettina di burro.*

È una ricetta molto sana e gradevole. Gli inglesi chiamano queste patate 'in jacket', con la giacca, e i francesi 'en robe de champs', cioè col vestito da campagna.

Queste patate sono squisite anche servite con il caviale fresco.

Le patate cotte con la buccia conservano tutta la loro vitamina C.

Purè di patate alle bietole

STAGIONE: *tutto l'anno*
PREPARAZIONE: *30 minuti*
COTTURA: *30 minuti*
MOLTO FACILE
MOLTO ECONOMICO

VEGETARIANO

INGREDIENTI *(per 4 persone)*

1 kg di patate
1 kg di bietole
60 g di burro
1/2 l circa di latte
2-3 cucchiai di lievito di birra
qualche oliva verde (facoltativo)
sale, pepe

PREPARAZIONE

1 *Sbucciate le patate e cuocetele nell'acqua salata. A metà cottura unite le foglie delle bietole già lavate. Quando le patate cominciano a disfarsi passate tutto al passaverdure e aggiungete a poco a poco il latte caldo e il burro.*

2 *Salate, pepate, incorporate il lievito e mescolate bene.*

3 *Eventualmente decorate la preparazione con delle olive verdi.*

Origine: Francia

Purè di patate all'olio

STAGIONE: *tutto l'anno*
PREPARAZIONE: *30 minuti*
COTTURA: *20 minuti*
MOLTO ECONOMICO
MOLTO FACILE

VEGETARIANO

INGREDIENTI *(per 4 persone)*

1 kg di patate
1 dl di olio d'oliva
1/2 bicchiere di latte caldo
50 g di olive nere secche e tritate
sale, pepe

PREPARAZIONE

1 *Lavate e sbucciate le patate.*

2 *Fatele bollire, scolatele e passatele usando una griglia fine oppure schiacciatele con lo schiacciapatate.*

3 *Proseguite la cottura del passato a fuoco dolce e incorporatevi l'olio poco per volta, mescolando con una frusta.*

4 *Versate il latte precedentemente scaldato, continuando a mescolare.*

5 *Condite con sale e pepe e aggiungete le olive nere tritate.*

Purè di patate e sedano rapa

STAGIONE: *inverno, primavera*
PREPARAZIONE: *30 minuti*
COTTURA: *40 minuti*
MOLTO FACILE
MOLTO ECONOMICO
VEGETARIANO

INGREDIENTI *(per 4 persone)*

1 kg di patate
2 grossi sedani rapa
1 dl di panna
50 g di burro
sale, pepe, noce moscata
60 g di groviera grattugiato (facoltativo)

PREPARAZIONE

1 *Sbucciate i sedani rapa e le patate, tagliate i sedani rapa in pezzi piuttosto grossi e cuoceteli insieme alle patate in acqua bollente salata.*

2 *Scolateli, passateli con lo schiacciapatate e proseguite la cottura a fuoco dolce.*

3 *Incorporate il burro, poi la panna; insaporite con pepe e noce moscata grattugiata.*

4 *Lasciate cuocere per 10 minuti mescolando sempre e alla fine, se volete, aggiungete un po' di formaggio grattugiato.*

Ragù di patate

STAGIONE: *autunno*
PREPARAZIONE: *20 minuti*
COTTURA: *30-40 minuti*
MOLTO FACILE
MOLTO ECONOMICO
STRETTAMENTE VEGETARIANO

INGREDIENTI *(per 4 persone)*

1 kg di patate
5 pomodori
1 cipolla
100 g di olive nere snocciolate
20 g di funghi porcini secchi
1 cucchiaio di olio d'oliva
timo, alloro
sale, pepe

PREPARAZIONE

1 *Mondate le verdure e tagliate le patate a pezzi regolari.*

2 *Rosolate la cipolla affettata in un tegame con un po' d'olio, metteteci i pomodori tagliati a pezzi e lasciateli restringere un pochino. Salate, pepate, unite un bel rametto di timo, due o tre foglie di alloro, e infine le patate che lascerete colorire nella salsa.*

3 *Ricoprite il tutto con molta acqua calda e aggiungete le olive nere, insieme ai funghi leggermente ammollati.*

4 *Lasciate cuocere a fuoco dolce per 20-30 minuti. Salate poco o niente, regolandovi sulla qualità delle olive che usate.*

Patate dolci saltate

STAGIONE: *inverno, primavera*
PREPARAZIONE: *15 minuti*
COTTURA: *45 minuti*
MOLTO FACILE
MOLTO ECONOMICO
VEGETARIANO

INGREDIENTI *(per 4 persone)*

1 kg di patate dolci
20 g di burro
3 cucchiai di olio di arachide
sale

PREPARAZIONE

1 *Cuocete in acqua leggermente salata le patate dolci non sbucciate per mezz'ora circa e lasciatele raffreddare. Sbucciatele e tagliatele a rondelle sottili.*

2 *Fate scaldare a fuoco moderato un misto di burro e di olio di arachide. Quando sono ben caldi aggiungete le patate dolci e fatele saltare finché non sono ben dorate.*

3 *Spolverate con un po' di sale fino e servite caldissimo.*

La patata dolce è un tubero delizioso, ma ancora poco noto in Europa. Il suo valore nutritivo è simile a quello della patata.

Origine: Africa

Purè di patate dolci

STAGIONE: *inverno, primavera*
PREPARAZIONE: *30 minuti*
COTTURA: *30 minuti*
MOLTO FACILE
MOLTO ECONOMICO
VEGETARIANO

INGREDIENTI *(per 4 persone)*

1 kg di patate dolci
30 g di burro
1/4 di l di latte
sale

PREPARAZIONE

1 *Sbucciate, lavate e tagliate in quattro le patate dolci.*

2 *Fatele cuocere in acqua bollente salata.*

3 *Non appena sono cotte passatele con lo schiacciapatate e poco per volta unite il burro e il latte precedentemente scaldato.*

4 *Lavorate vigorosamente il composto con una spatola o un cucchiaio di legno in modo da rendere il purè ben liscio e omogeneo.*

5 *Versate in un piatto caldo e servite subito.*

Origine: Africa

La patata dolce (o 'batata' o 'patata americana') è poco usata nella cucina europea, mentre occupa un posto di rilievo in America. Ha un delicato sapore, simile a quello della castagna.

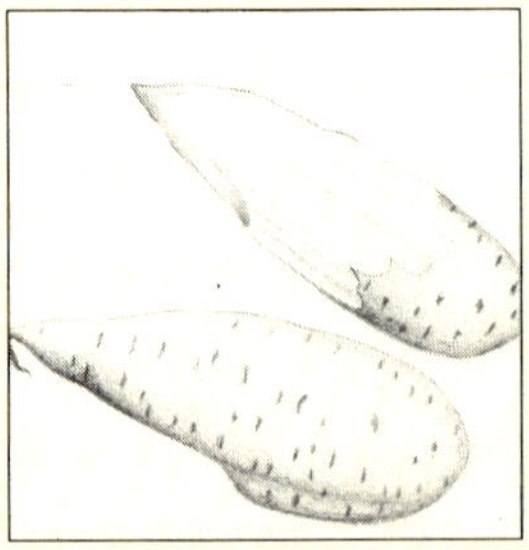

Peperoni farciti alla moda araba

STAGIONE: *estate, autunno*
PREPARAZIONE: *30 minuti, più 1 o 2 ore di ammollo per le uvette*
COTTURA: *45 minuti*
MOLTO FACILE

VEGETARIANO

INGREDIENTI *(per 4 persone)*

8 peperoni
200 g di riso
2 pomodori
2 cucchiai di pinoli o di mandorle a filetti
50 g di uvette
2 cipolle
1 cucchiaino di coriandolo
1 chiodo di garofano
1/2 cucchiaino di cannella in polvere
sale, pepe
40 g di burro o di olio

PREPARAZIONE

1 *Lavate i peperoni, asciugateli, tagliateli intorno al gambo ed eliminate i semi attraverso questa apertura.*

2 *Mettete le uvette a bagno nell'acqua tiepida e lavate rapidamente il riso.*

3 *Fate sciogliere il burro in una pentola dal fondo spesso, aggiungendo poi la cannella e il coriandolo, il chiodo di garofano; amalgamate il tutto e appena il composto è omogeneo versateci il riso, mescolando in modo che i chicchi se ne impregnino bene.*

4 *Coprite il riso con acqua calda (un po' più del doppio del volume del riso), salate e aggiungete i pomodori che avrete nel frattempo sbucciato e tagliato a fettine sottili.*

5 *Lasciate cuocere a fuoco dolcissimo e a pentola coperta finché l'acqua non è tutta assorbita (per 15-20 minuti).*

6 *Intanto fate rosolare in padella le cipolle tritate con un po' di burro. Quando sono morbide aggiungete pinoli e uvette scolate; fate dorare per qualche minuto, mescolando.*

7 *Unite il composto al riso e riempite i peperoni, che disporrete su una placca oliata. Lasciate cuocere a forno medio per 20-30 minuti.*

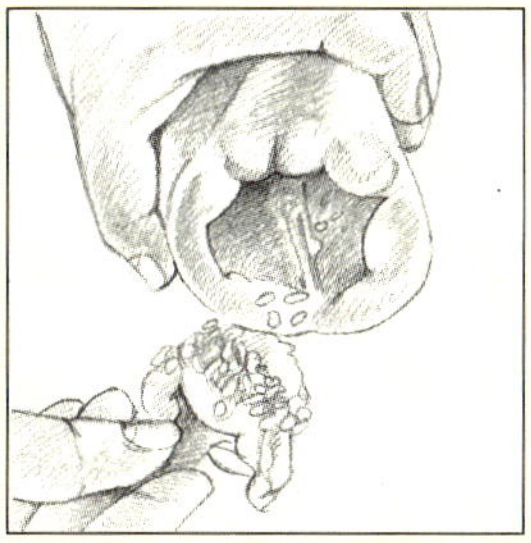

Togliete il 'cuore' al peperone..

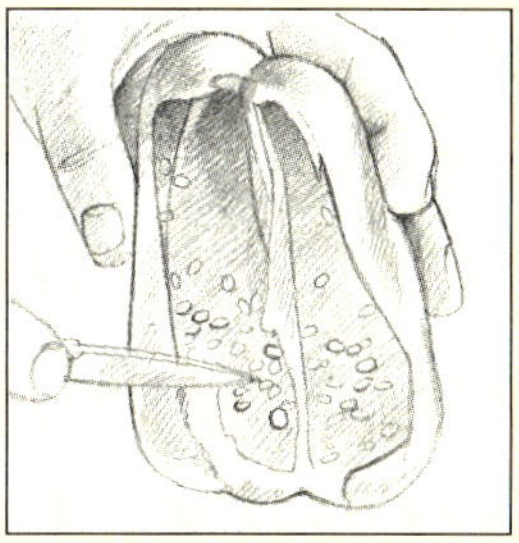

Dividete il peperone a metà ed eliminate i semi.

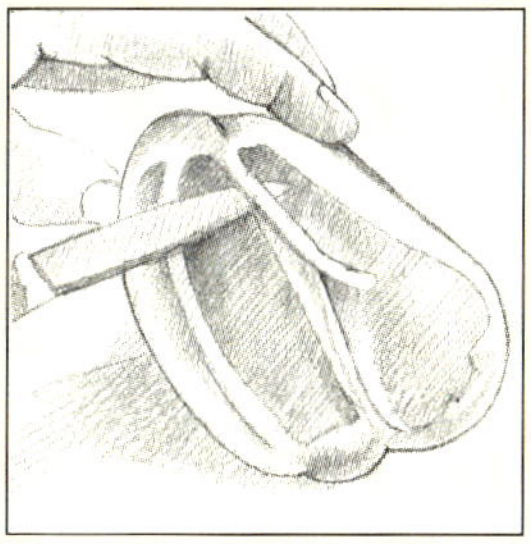

Togliete le parti chiare in rilievo all'interno.

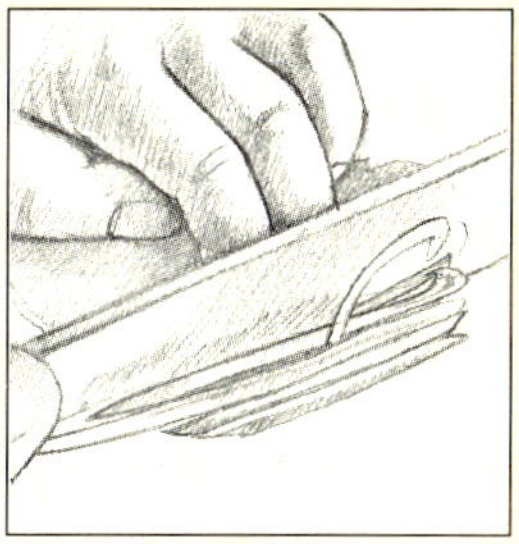

Tagliate il peperone a strisce sottili.

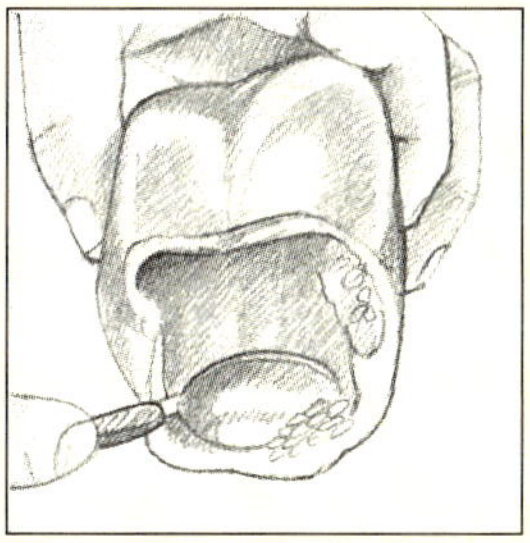

Per farcire un peperone intero, eliminate il centro e i semi, dopo aver tolto una fetta.

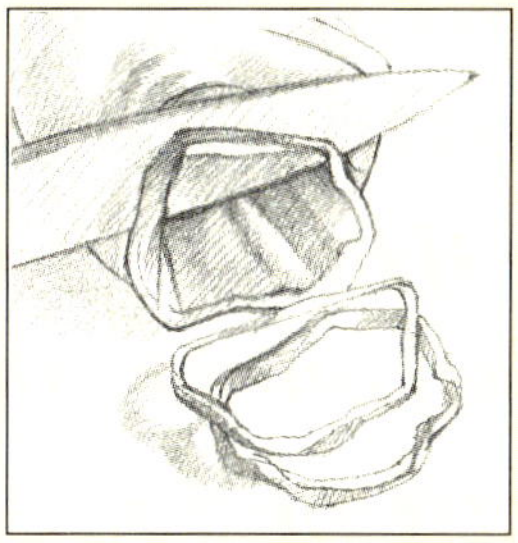

Per preparare gli anelli, tagliate trasversalmente il peperone, dopo averlo mondato all'interno.

Peperoni ripieni

STAGIONE: *estate, autunno*
PREPARAZIONE: *25 minuti*
COTTURA: *1 ora e un quarto*
MOLTO FACILE
MOLTO ECONOMICO
STRETTAMENTE VEGETARIANO

INGREDIENTI *(per 4 persone)*

4 peperoni
300 g di riso
15 g di pinoli
1 pomodoro
1 cipolla
2 scalogni
1/2 cucchiaino di semi di coriandolo
1 chiodo di garofano
2 cucchiaini d'olio d'oliva

PREPARAZIONE

1 *Con un coltello appuntito togliete la parte dura vicino al picciolo dei peperoni e ripuliteli dei semi.*

2 *Nel frattempo cuocete il riso all'indocinese (secondo la ricetta a pagina 188).*

3 *Fate soffriggere gli scalogni e la cipolla affettati, poi aggiungete i pinoli col coriandolo e il chiodo di garofano pestati e infine il riso. Mescolate con un cucchiaio di legno. Unite il pomodoro pelato, privato dei semi e schiacciato e tre cucchiai d'acqua calda. Coprite e lasciate cuocere per un quarto d'ora.*

4 *Farcite i peperoni con questo ripieno, sistemateli in un piatto da forno leggermente oliato e cuocete per mezz'ora a forno medio girando i peperoni durante la cottura.*

Origine: Africa del Nord

Acquacotta

STAGIONE: *estate, o tutto l'anno se usate i pomodori in conserva*
PREPARAZIONE: *10 minuti*
COTTURA: *20 minuti*
MOLTO FACILE
STRETTAMENTE VEGETARIANO

INGREDIENTI *(per 2 persone)*

4-5 pomodori
2 cipolle
pane integrale
olio d'oliva
aglio, timo, maggiorana, salvia, menta, 1 peperoncino

PREPARAZIONE

1 *Tagliate finemente le cipolle e mettetele a rosolare in poco olio con la salvia, il timo, e volendo anche col peperoncino. Quando sono dorate aggiungete i pomodori tagliati a pezzetti, qualche foglia di menta e coprite d'acqua.*

2 *Lasciate cuocere a fiamma bassa per 20 minuti in modo che tutto si insaporisca bene. Gli aromi devono distinguersi; eventualmente aggiungetene ancora.*

3 *Servite in ciotole versando sopra a fette di pane sfregate con l'aglio, e condite con olio crudo.*

Questa è la versione originale di una minestra che è stata poi arricchita e variata in molti modi: magari aggiungendo un bicchiere di vino bianco, qualche uovo sbattuto, funghi, pecorino, eccetera. Ma è già ottima così, fatta con quasi niente, come dice ironicamente il nome della ricetta.

Origine: Italia centrale

Insalata di pomodori

Stagione: *estate, autunno*
Preparazione: *10 minuti*

Molto facile
Molto economico

Strettamente vegetariano

Ingredienti *(per 4 persone)*

500 g di pomodori
1 peperone
1 cetriolo
1 cipolla piccola
prezzemolo
olio d'oliva
aceto
sale

Preparazione

1 *Lavate i pomodori, il peperone, il prezzemolo, il cetriolo.*

2 *Sbucciate la cipolla e tagliatela a fette come i pomodori. Il cetriolo verrà preparato a fettine sottilissime, il peperone a quadratini.*

3 *Mettete tutto nell'insalatiera. Salate e mescolate bene.*

4 *Aggiungete il prezzemolo tritato finissimo, l'olio e l'aceto. Mescolate ancora e servite.*

Insalata di pomodori all'aglio

Stagione: *estate, autunno*
Preparazione: *10 minuti*

Molto facile
Molto economico

Strettamente vegetariano

Ingredienti *(per 4 persone)*

500 g di pomodori
5 spicchi d'aglio
prezzemolo
2 cetrioli
2 cipolle
olio d'oliva
aceto
pepe
sale

Preparazione

1 *Tagliate i pomodori a pezzi e metteteli in un'insalatiera.*

2 *Unite il prezzemolo tritato, gli spicchi d'aglio pelati e tagliati a pezzettini, i cetrioli sbucciati e tagliati a rondelle, le cipolle affettate, olio, aceto, sale e pepe.*

3 *Mescolate il tutto e servite.*

Insalata turca

STAGIONE: *tutto l'anno*
PREPARAZIONE: *15 minuti*

MOLTO FACILE

STRETTAMENTE VEGETARIANO

INGREDIENTI *(per 4 persone)*

500 g di mais in scatola
2 pompelmi
200 g di funghi freschi
3 pomodori
1 cipolla grossa
1 peperone (facoltativo)
olio
1 limone
prezzemolo, erba cipollina, basilico
sale, pepe

PREPARAZIONE

1 *In un'insalatiera molto capace preparate una salsa con olio, succo di limone, sale, pepe e le erbe tritate finemente.*

2 *Tagliate i pomodori e i pompelmi a dadi, i funghi a fettine, il peperone ad anelli finissimi, la cipolla a pezzettini.*

3 *Versate il tutto nell'insalatiera aggiungendovi il mais scolato. Mescolate e servite ben fresco.*

Per una volta, ecco una ricetta che utilizza una conserva (il mais). Ma naturalmente se ne avete di fresco è ancora meglio.

Frittata di porri

STAGIONE: *estate, inverno*
PREPARAZIONE: *15 minuti*
COTTURA: *20 minuti*
MOLTO FACILE
MOLTO ECONOMICO
VEGETARIANO

INGREDIENTI *(per 2 persone)*

4 porri
3 cucchiai di farina
1 uovo
1 pizzico di noce moscata
1 cucchiaio di olio d'oliva
sale

PREPARAZIONE

1 *Tritate i porri più finemente che potete. Metteteli in una terrina, aggiungete il sale, l'uovo sbattuto, uno o due cucchiai d'acqua, la farina e la noce moscata grattugiata. Mescolate bene.*

2 *Versate il composto in una padella oliata in modo che abbia 1 cm di spessore circa e lasciatelo cuocere a fuoco dolcissimo per circa 10 minuti.*

3 *Mettete sulla padella un piatto capovolto per rivoltare la frittata e cuocete l'altra parte allo stesso modo.*

Porri al gratin

Stagione: *tutto l'anno*
Preparazione: *15 minuti*
Cottura: *20 minuti*
Molto facile
Molto economico
Vegetariano

Ingredienti *(per 4 persone)*

500 g di porri (solo la parte bianca)
1 cucchiaio di olio d'oliva
1 pizzico di noce moscata
2 tuorli d'uovo
150 g di panna
sale

Preparazione

1 *Tagliate i porri a fettine di 1 cm di spessore. Rosolateli leggermente in padella, poi disponeteli in un piatto da forno.*

2 *Mescolate insieme il sale, la noce moscata, i due tuorli d'uovo e la panna. Amalgamate bene il tutto servendovi della frusta e versate sui porri, poi gratinate per 10 minuti a forno caldo.*

Origine: Francia

Torta di porri

Stagione: *inverno, primavera*
Preparazione: *30 minuti*
Cottura: *45 minuti*
Molto facile
Molto economico
Vegetariano

Ingredienti *(per 4 persone)*

500 g di pasta brisée
8 porri di medie dimensioni
1 cucchiaino di sedano selvatico secco o di timo
10 noci
1 cucchiaio di miso

Preparazione

1 *Tagliate a tronchetti i porri ben lavati e fateli rosolare in una padella leggermente oliata. Cospargeteli di sedano.*

2 *Preparate la salsa di noci seguendo la ricetta indicata a pagina 404.*

3 *Dividete la pasta* (vedi *la ricetta 'pasta brisée' di pagina 360) in due parti. Stendetela in una teglia dai bordi lisci e fatela aderire bene anche alle pareti.*

4 *Metteteci sopra i porri precedentemente mescolati con la salsa di noci.*

5 *Rendete uniforme la superficie con una spatola e chiudete la torta con la rimanente pasta, tirata in una sfoglia sottile. Inumidite i bordi per sigillarli bene. Praticate al centro un piccolo sfiatatoio.*

6 *Cuocete per 35 minuti a forno caldo.*

Origine: Francia

VERDURE

Rape gratinate

STAGIONE: *inverno, primavera*
PREPARAZIONE: *20 minuti*
COTTURA: *1 ora e mezza*
MOLTO FACILE
MOLTO ECONOMICO

VEGETARIANO

INGREDIENTI *(per 4 persone)*

500 g di rape
500 g di patate
500 g di carote
3 cipolle
4 dl di latte
100 g di groviera grattugiato
timo, basilico, aglio
olio
sale, pepe

PREPARAZIONE

1 *Pulite tutte le verdure, tagliatele a rondelle e affettate le cipolle.*

2 *In un piatto da forno che avrete oliato in precedenza alternate uno strato di carote, uno di patate e uno di rape. Salate, pepate, cospargete di cipolle ogni strato, e se volete aggiungete timo, aglio e basilico. Quando avrete disposto tutte le verdure ricopritele con una salsa fatta col latte e il formaggio grattugiato mescolati insieme.*

3 *Cuocete in forno caldo per un'ora e mezza.*

Origine: Francia

Rape ripiene

STAGIONE: *primavera, autunno, inverno*
PREPARAZIONE: *20 minuti*
COTTURA: *1 ora*
MOLTO ECONOMICO

STRETTAMENTE VEGETARIANO

INGREDIENTI *(per 4 persone)*

12 rape rotonde
lenticchie avanzate
1 porro
2 cipolle
prezzemolo tritato
1 cucchiaio di tamari

PREPARAZIONE

1 *Scegliete delle rape piccole e tonde, svuotatele.*

2 *Mescolate un avanzo di lenticchie cotte, un porro crudo tagliato finissimo, un po' di prezzemolo tritato e il tamari. Farcite le rape con questo ripieno.*

3 *Coprite il fondo di una casseruola di coccio con uno strato di cipolle a fettine e aggiungete qualche cucchiaio d'acqua. Sistemate le rape farcite sulle cipolle e cuocete con la fiamma al minimo per un'ora.*

Origine: Francia

Rape stufate

STAGIONE: *inverno, primavera*
PREPARAZIONE: *15 minuti*
COTTURA: *20 minuti*
MOLTO FACILE
MOLTO ECONOMICO
VEGETARIANO

INGREDIENTI *(per 4 persone)*

3 rape
3 cipolle
1 fetta di zucca
5 olive nere
1 cucchiaio di prezzemolo tritato
sale

PREPARAZIONE

1 *Affettate finemente le verdure, ma non mescolatele. Snocciolate e tritate le olive. Oliate con un pennello un tegame di terracotta, metteteci dentro le rape poi le cipolle e infine la zucca. Salate.*

2 *Fate cuocere per 20 minuti a fuoco bassissimo, mettendo anche una reticella frangifiamma.*

3 *A cottura ultimata completate col trito di olive e il prezzemolo.*

Origine: Francia

Zuppa di rape al latte

STAGIONE: *inverno*
PREPARAZIONE: *30 minuti*
COTTURA: *30 minuti*
MOLTO FACILE
MOLTO ECONOMICO
VEGETARIANO

INGREDIENTI *(per 4 persone)*

1 kg di rape
1 l di latte
100 g di burro
8 fette di pane integrale
noce moscata
sale, pepe

PREPARAZIONE

1 *Mondate le rape, affettatele e fatele rosolare nel burro. Aggiungete il sale, il pepe e 1 litro d'acqua.*

2 *Quando le rape sono cotte riducetele in purè e aggiungete 1 litro di latte bollente.*

3 *Al momento di servire unite 50 g di burro e un po' di noce moscata, e versate nella zuppiera sopra alle fette di pane.*

Questa zuppa paesana, saporita e poco costosa, permette di riscoprire una verdura dimenticata: la rapa.

Origine: Provenza

Crema di sedano

STAGIONE: *tutto l'anno*
PREPARAZIONE: *15 minuti*
COTTURA: *30 minuti*
MOLTO FACILE
MOLTO ECONOMICO
STRETTAMENTE VEGETARIANO

INGREDIENTI *(per 4 persone)*

1 piccolo cespo di sedano
o 1/2 sedano rapa
3 carote
1 cipolla
250 g di fiocchi d'avena
sale

PREPARAZIONE

1 *Tagliate tutte le verdure a pezzettini.*

2 *Fate soffriggere successivamente le cipolle, le carote e il sedano.*

3 *Aggiungete 1 litro d'acqua e il sale. Portate a ebollizione e lasciate cuocere per 20 minuti a fuoco dolce.*

4 *Unite i fiocchi d'avena, proseguite la cottura per altri 10 minuti poi passate al passaverdure.*

Sedano alla provenzale

STAGIONE: *estate, autunno*
PREPARAZIONE: *20 minuti*
COTTURA: *30 minuti*
MOLTO FACILE
MOLTO ECONOMICO
STRETTAMENTE VEGETARIANO

INGREDIENTI *(per 4 persone)*

1 kg di sedano (a costole)
2 pomodori
2 cipolle
2 spicchi d'aglio
sale, pepe
olio d'oliva

PREPARAZIONE

1 *Fate cuocere il sedano nell'acqua salata.*

2 *Intanto affettate le cipolle, pelate e schiacciate i pomodori, pestate l'aglio.*

3 *Fate rosolare le cipolle in una padella con l'olio; quando accennano a dorare aggiungete l'aglio e i pomodori. Proseguite la cottura per 15-20 minuti poi unite il sedano ben sgocciolato e tagliato a pezzi.*

4 *Lasciate insaporire a fuoco dolce, coperto, per una decina di minuti.*

È possibile cucinare allo stesso modo anche le coste.

Origine: Provenza

Sedano rapa in salsa rémoulade

STAGIONE: *inverno, primavera*
PREPARAZIONE: *20 minuti*

MOLTO FACILE
MOLTO ECONOMICO
VEGETARIANO

INGREDIENTI *(per 4 persone)*

1 sedano rapa
1 limone
150 g di olive nere
1 cucchiaino di latte
salsa rémoulade

PREPARAZIONE

1 *Grattugiate il sedano rapa e asciugatelo in un canovaccio.*

2 *Conditelo con la salsa rémoulade, una maionese con un cucchiaio di senape e alleggerita da un cucchiaino di latte.*

3 *Unite le olive nere e il limone a fette.*

Origine: Francia

Passato di sedano rapa

STAGIONE: *inverno, primavera*
PREPARAZIONE: *30 minuti*
COTTURA: *20 minuti*
MOLTO FACILE
MOLTO ECONOMICO
STRETTAMENTE VEGETARIANO

INGREDIENTI *(per 4 persone)*

1 sedano rapa
2 carote
3 cipolle
15 olive nere
2 cucchiai di prezzemolo tritato
1 cucchiaio di tamari
1 spicchio d'aglio
sale

PREPARAZIONE

1 *Mondate il sedano rapa e tagliatelo a grossi pezzi insieme alle carote e alle cipolle.*

2 *Mettete le verdure in una casseruola e copritele d'acqua fredda salata.*

3 *Lasciate cuocere per 20 minuti poi passate il tutto.*

4 *Pestate l'aglio, tritate le olive e il prezzemolo e aggiungeteli con l'olio e il tamari al passato.*

Origine: Francia

Bouillabaisse di spinaci

STAGIONE: *primavera, autunno*
PREPARAZIONE: *30 minuti*
COTTURA: *1 ora*
MOLTO FACILE
MOLTO ECONOMICO
VEGETARIANO

INGREDIENTI *(per 4 persone)*

1 kg di spinaci
1 kg di patate (a polpa soda)
4 uova
1 cipolla
4 cucchiai d'olio
sale
pepe
zafferano
2 spicchi d'aglio
1 finocchio
8 fette di pane di circa 1/2 cm

PREPARAZIONE

1 *Cuocete gli spinaci nell'acqua bollente per pochi minuti. Scolateli, lasciateli raffreddare, spremeteli fra le mani e tritateli.*

2 *Scaldate l'olio in una casseruola di coccio, affettate la cipolla e fatela rosolare senza che prenda colore. Unite gli spinaci lasciandoli cuocere per 5 minuti a fuoco dolce.*

3 *Aggiungete le patate tagliate a fette sottili (1/2 cm circa di spessore). Mettete il sale, il pepe e lo zafferano. Bagnate con 1 dl d'acqua molto calda, aggiungete l'aglio tritato e il finocchio a fettine, coprite e cuocete a fuoco dolce.*

4 *Quando le patate sono cotte rompete le uova, a una a una, direttamente sulla zuppa, tenendole ben separate fra loro, e lasciatele cuocere per qualche minuto.*

5 *Per servire, mettete due fette di pane in ogni fondina e fateci scivolare sopra una porzione di bouillabaisse, senza però rompere le uova che dovranno avere la consistenza di quelle affogate.*

In Provenza il termine 'bouillabaisse' indica di solito una zuppa di pesce. È uno dei piatti più famosi della regione. Ma nella cucina contadina si preparavano tradizionalmente anche delle bouillabaisse senza pesce, come questa.

Le 'zuppe' sono le minestre in brodo che, pur di diversa composizione, hanno in comune l'aggiunta di pane (preparato come in questa ricetta oppure spezzettato, tostato, a volte anche fritto). Possono essere preparate con brodo di carne, di pesce, di legumi o verdure. Le zuppe di pesce hanno diversi nomi a seconda della loro provenienza regionale: oltre alla bouillabaisse possiamo incontrare il 'brodetto' (riviera adriatica), il 'cacciucco' (nella zona di Livorno), la 'buridda' (a Genova), la 'cassola' (in Sardegna).

Origine: Provenza

Gnocchi di spinaci

STAGIONE: *inverno, primavera*
PREPARAZIONE: *40 minuti*
COTTURA: *10 minuti*
MOLTO FACILE
MOLTO ECONOMICO
VEGETARIANO

INGREDIENTI *(per 4 persone)*

1 kg e mezzo di spinaci
2 tuorli d'uovo
parmigiano grattugiato
farina
sale

PREPARAZIONE

1 *Lessate gli spinaci in pochissima acqua, strizzateli e tritateli finemente. Mescolate il passato con due cucchiai di parmigiano grattugiato, un cucchiaio di farina e i tuorli d'uovo. Aggiungete, se occorre, ancora formaggio o farina.*

2 *Con l'impasto formate delle palline grosse come una noce e passatele nella farina, poi lasciatele riposare per una mezz'ora.*

3 *Cuocete gli gnocchi immergendone pochi per volta in acqua bollente. Quando vengono a galla toglieteli servendovi di una schiumarola.*

4 *Condite con burro e formaggio o con salsa di pomodoro.*

Questi gnocchi risulteranno ancora più delicati se li farete semplicemente di spinaci e ricotta, con un pizzico di noce moscata e un po' di formaggio grattugiato.

Spinaci alla panna

STAGIONE: *inverno, primavera*
PREPARAZIONE: *20 minuti*
COTTURA: *5 minuti*
MOLTO FACILE
MOLTO ECONOMICO
VEGETARIANO

INGREDIENTI *(per 4 persone)*

1 kg di spinaci freschi
4 cucchiai di panna fresca
30 g di burro
sale, pepe
noce moscata

PREPARAZIONE

1 *Lavate bene gli spinaci e scottateli in acqua bollente salata per 3-5 minuti: devono restare consistenti. Scolateli.*

2 *Intanto fate scaldare a bagnomaria il burro e la panna, insaporendo con sale, pepe e noce moscata. Il gusto del pepe deve essere predominante.*

3 *Disponete gli spinaci in un piatto e al momento di servirli copriteli con questa salsa semplice ma deliziosa.*

Allo stesso modo potete preparare asparagi, insalata belga, funghi, erbette, finocchi, sedano, porri, lattughe, eccetera.

Origine: Francia

Padellata di topinambur

STAGIONE: *inverno, primavera*
PREPARAZIONE: *20 minuti*
COTTURA: *40 minuti*
MOLTO FACILE
MOLTO ECONOMICO
VEGETARIANO

INGREDIENTI *(per 4 persone)*

1 kg di topinambur
6 spicchi d'aglio
1 cucchiaio di olio d'oliva
4 cipolle
sale, pepe

PREPARAZIONE

1 *Scottate i topinambur in acqua salata per 5 minuti. Sbucciateli e tagliateli in quarti.*

2 *Scaldate un tegame di coccio con l'olio. Metteteci le cipolle tagliate a fettine sottili insieme ai topinambur a pezzi e all'aglio tritato.*

3 *Fate rosolare il tutto per qualche minuto. Salate, aggiungete mezzo bicchiere d'acqua calda e lasciate cuocere per mezz'ora a fuoco dolcissimo.*

Questo tubero dal sapore simile a quello del carciofo altro non è che una varietà di girasole.

Topinambur alla greca

STAGIONE: *inverno, primavera*
PREPARAZIONE: *20 minuti (ma va preparato il giorno prima di essere consumato)*
COTTURA: *30-40 minuti*
MOLTO FACILE
STRETTAMENTE VEGETARIANO

INGREDIENTI *(per 4 persone)*

1 kg di topinambur
1 cipolla
2 spicchi d'aglio
1 limone tagliato a rondelle
il succo di un limone
1 costola di sedano
2 cucchiaini di semi di finocchio
1 cucchiaio di olio d'oliva
1 l d'acqua, sale

PREPARAZIONE

1 *Mettete tutti gli ingredienti nell'acqua fredda, salvo i topinambur. Portate a ebollizione e fate bollire a fuoco vivo per 10 minuti, poi unite i topinambur lavati, spazzolati e tagliati a fette piuttosto spesse.*

2 *Abbassate la fiamma e lasciate cuocere per altri 20-30 minuti.*

3 *Lasciate raffreddare.*

4 *Questo piatto va consumato freddo dopo ventiquattro ore dalla preparazione.*

Topinambur stufati

STAGIONE: *inverno, primavera*
PREPARAZIONE: *20 minuti*
COTTURA: *20 minuti*
MOLTO FACILE
MOLTO ECONOMICO
STRETTAMENTE VEGETARIANO

INGREDIENTI *(per 4 persone)*

500 g di topinambur
2 cipolle
1 cucchiaio di olio d'oliva
1 cucchiaio di prezzemolo tritato
sale

PREPARAZIONE

1 *Spazzolate i topinambur senza sbucciarli.*

2 *Tagliateli a fette di 1/2 cm, poi a bastoncini e affettate le cipolle.*

3 *Spennellate d'olio una padella, metteteci le verdure, salate e fate soffriggere per qualche minuto. Aggiungete 3 cucchiai di acqua, coprite e lasciate cuocere piano per 15 minuti mescolando più volte perché le verdure non brucino.*

4 *Dopo la cottura spolverate di prezzemolo.*

Il topinambur, un alimento energetico facile da digerire, favorisce la secrezione del latte. È consigliato ai diabetici perché contiene insulina.

Charlotte di verdure

STAGIONE: *primavera, estate*
PREPARAZIONE: *45 minuti*
COTTURA: *45 minuti*
MOLTO FACILE
MOLTO ECONOMICO
VEGETARIANO

INGREDIENTI *(per 4 persone)*

300 g di carote
300 g di fagiolini
300 g di rape
300 g di piselli sgusciati
300 g di patate
60 g di burro
prezzemolo, cerfoglio, dragoncello

PREPARAZIONE

1 *Nell'ordine in cui sono indicati disponete nella casseruola (senza acqua né grasso) le carote grattugiate, i fagiolini tagliati a pezzi lunghi 1-2 cm, le rape grattugiate, i piselli sgusciati e le patate tagliate a dadini. Non comprimete le verdure. Non salate.*

2 *Fate cuocere a fuoco moderato, tenendo la casseruola coperta finché le patate non sono cotte.*

3 *Alzate la fiamma e scoprite la casseruola per lasciare evaporare l'acqua delle verdure.*

4 *Sformate sul piatto da portata e servite in tavola con il burro e le erbe tritate finemente. Ognuno aggiungerà sale e pepe a suo piacimento.*

Origine: Francia

Garbure bearnese

STAGIONE: *primavera, estate*
PREPARAZIONE: *25 minuti*
COTTURA: *1 ora*
MOLTO FACILE
MOLTO ECONOMICO
STRETTAMENTE VEGETARIANO

INGREDIENTI *(per 4 persone)*

250 g di fagioli freschi sgusciati
150 g di fave fresche sgusciate
1 cipolla grossa
4 carote
1 cavolo piccolo
4 porri
4 patate grosse
1 rapa
4 spicchi d'aglio
2 cucchiai di olio d'oliva
sale, pepe
timo, rosmarino, un rametto di basilico
1 cucchiaio di concentrato di pomodoro (facoltativo)

PREPARAZIONE

1 *Fate soffriggere nell'olio la cipolla, poi unite le carote a striscette, il cavolo a pezzettini, i porri a fettine, le patate e la rapa a pezzetti, i fagioli e, se è la stagione, anche le fave.*

2 *Aggiungete1 litro e mezzo d'acqua, salate, pepate, profumate con timo e rosmarino e lasciate cuocere a fuoco dolce per 1 ora.*

3 *Verso la fine della cottura unite il basilico, gli spicchi d'aglio interi ed eventualmente il concentrato di pomodoro.*

È una preparazione molto ricca e nutriente, che può costituire da sola un pasto.

Origine: Paesi Baschi

Gazpacho

STAGIONE: *estate, autunno*
PREPARAZIONE: *20 minuti*
COTTURA: *20 minuti per la preparazione dei peperoni*
MOLTO FACILE
VEGETARIANO

INGREDIENTI *(per 4 persone)*

3 peperoni verdi
1 pomodoro ben maturo
1 cipolla
3 spicchi d'aglio
1 tazza di pane raffermo
300 g di yogurt denso
1 cucchiaino di maggiorana
1 cucchiaio di dragoncello o di basilico tritato
1/2 l d'acqua o di brodo di verdure
sale

PREPARAZIONE

1 *Fate abbrustolire i peperoni in forno, sbucciateli e apriteli a metà per togliere i semi.*

2 *Passateli al passaverdure usando il disco grosso insieme alla cipolla e al pane.*

3 *Pestate l'aglio e il pomodoro, tritate il dragoncello. Mescolate bene il tutto. Unite il brodo di verdure, la maggiorana, il dragoncello e lo yogurt. Mescolate ancora.*

4 *Servite freschissimo.*

Il gazpacho è sicuramente la più celebre delle zuppe spagnole.
D'estate è molto rinfrescante.

Origine: Spagna

Giardiniera al tofu

STAGIONE: *primavera*
PREPARAZIONE: *20 minuti*
COTTURA: *25-30 minuti*
MOLTO FACILE
MOLTO ECONOMICO
VEGETARIANO

INGREDIENTI *(per 4 persone)*

1 kg di piselli
600 g di carote
1 cuore di lattuga
1 cucchiaino di zenzero grattugiato
600 g di tofu
3 dl d'acqua
sale

PREPARAZIONE

1 *Mettete in un tegame di coccio o di ghisa i piselli sgusciati, le carote tagliate a rondelle, il cuore di lattuga spezzettato, il sale, lo zenzero, l'acqua e il tofu a cubetti.*

2 *Portate a ebollizione e lasciate cuocere a fuoco dolce per 20 minuti se le verdure sono tenere, e per 30-35 minuti se sono piuttosto dure.*

Giardiniera primaverile

STAGIONE: *primavera*
PREPARAZIONE: *30 minuti*
COTTURA: *30 minuti*
MOLTO FACILE

STRETTAMENTE VEGETARIANO

INGREDIENTI *(per 4 persone)*

1 kg di piselli teneri
1 mazzo di cipolle bianche
1 mazzo di carote
1 mazzo di rape
1 cuore di lattuga
3 foglie di menta
1 rametto di salvia
sale

PREPARAZIONE

1 *Tagliate a cubetti le cipolle, le carote e le rape.*

2 *Mettete queste verdure con i piselli sgusciati in un tegame di ghisa con la menta e la salvia stropicciate. Unite il sale e 3 cucchiai d'acqua prima di coprire.*

3 *Lasciate cuocere per mezz'ora a fuoco dolcissimo.*

Origine: Francia

Gratin provenzale

STAGIONE: *estate, autunno*
PREPARAZIONE: *15 minuti*
COTTURA: *40 minuti*
MOLTO FACILE
MOLTO ECONOMICO
VEGETARIANO

INGREDIENTI *(per 6 persone)*

500 g di pomodori
500 g di zucchine
500 g di melanzane
2 cipolle
100 g di parmigiano grattugiato
30 g di pangrattato
4 cucchiai di olio d'oliva

PREPARAZIONE

1 *Tagliate le zucchine a rondelle. Sbucciate le melanzane e tagliatele allo stesso modo.*

2 *Gettate queste verdure in abbondante acqua bollente salata. Lasciatele cuocere per 5 minuti e scolatele su un canovaccio.*

3 *Lavate e asciugate i pomodori che taglierete a fette spesse.*

4 *Affettate le cipolle e fatele ammorbidire dolcemente in padella con 3 cucchiai di olio d'oliva. Disponetele poi sul fondo di un piatto da forno.*

5 *Ricoprite le cipolle con uno strato di melanzane, uno di pomodori, uno di zucchine. A ogni strato salate, pepate, spruzzate di formaggio e condite con un filo d'olio. Finite coi pomodori e spolverate di pangrattato.*

6 *Fate cuocere a forno medio per 35 minuti circa.*

Insalata alla tapenade

STAGIONE: *primavera, estate*
PREPARAZIONE: *25 minuti*
COTTURA: *20 minuti*
MOLTO ECONOMICO
MOLTO FACILE
VEGETARIANO

INGREDIENTI *(per 4 persone)*

300 g di patatine novelle
300 g di pomodorini
150 g di cipolline
80 g di olive nere
1 spicchio d'aglio
2 cucchiai di prezzemolo tritato
4 cucchiai di olio d'oliva
2 cucchiaini di aceto
1 cucchiaio di tapenade
sale, pepe

PREPARAZIONE

1 *Lessate le patatine novelle senza sbucciarle.*

2 *Scolatele e quando sono raffreddate tagliatele in quarti.*

3 *Affettate i pomodori e tritate le cipolle.*

4 *In una terrina preparate la salsa diluendo la tapenade (la ricetta è indicata a pagina 407) con l'olio, lo spicchio d'aglio ben schiacciato e l'aceto.*

5 *Assaggiate, se occorre salate e aggiungete il prezzemolo tritato finemente.*

6 *Al momento di servire unite all'insalata le olive nere, versate la salsa e mescolate. In alternativa potete anche presentare l'insalata servendo la salsa a parte.*

Insalata libanese

STAGIONE: *primavera, estate*
PREPARAZIONE: *30 minuti*

MOLTO FACILE
MOLTO ECONOMICO

STRETTAMENTE VEGETARIANO

INGREDIENTI *(per 4 persone)*

1 cetriolo
1 mazzetto di prezzemolo
1 cespo di cicoria riccia
12 cipolline novelle
1 peperone verde
1 peperone rosso
3 pomodori
2 spicchi d'aglio
6 cucchiai di olio d'oliva
1 limone
sale, pepe

PREPARAZIONE

1 *Tritate il prezzemolo, la metà delle cipolline e schiacciate l'aglio.*

2 *Preparate la salsa all'olio e limone con tutti questi aromi. Salate, pepate e lasciate macerare mentre preparate l'insalata.*

3 *Sbucciate il cetriolo e tagliatelo in quattro nel senso della lunghezza. Levate i semi e tagliate la polpa a dadi. Fate lo stesso coi peperoni.*

4 *Spezzettate le foglie dell'insalata e tagliate a spicchi i pomodori.*

5 *Mettete il tutto in un'insalatiera e condite con la salsa. Mescolate solo al momento di servire.*

In mancanza di cicoria riccia potete ricorrere alla lattuga romana.

Insalata mista

STAGIONE: *estate, autunno*
PREPARAZIONE: *15 minuti*

MOLTO FACILE
MOLTO ECONOMICO

VEGETARIANO

INGREDIENTI *(per 4 persone)*

1 cespo di cicoria riccia
1 costola di sedano
2 mele
10 ravanelli
100 g di gherigli di noci
1 dl di panna
senape
aceto di sidro o di vino
1 limone
sale, pepe

PREPARAZIONE

1 *Pulite, lavate e strizzate la cicoria. Tagliate le foglie a striscette.*

2 *Sbucciate le mele e tagliatele a fettine spruzzandole a mano a mano con un po' di succo di limone perché non anneriscano.*

3 *Pulite i rapanelli e tagliateli a fettine. Tagliate i pomodori e il sedano a dadini.*

4 *Mettete tutti gli ingredienti in un'insalatiera terminando con le fettine di mela.*

5 *In una tazza grande mettete un cucchiaino di senape, sale e pepe, aggiungete la panna e due cucchiai di aceto.*

Come per tutte le insalate miste è meglio servire la salsa a parte, evitando di sconvolgere la composizione.

Origine: Francia

Insalata Waldorf

STAGIONE: *primavera, estate, autunno*
PREPARAZIONE: *15 minuti*

MOLTO FACILE

VEGETARIANO

INGREDIENTI *(per 4 persone)*

2 costole di sedano
2 mele medie (meglio se renette)
1 arancia
80 g di noci o nocciole sgusciate
4 cucchiai di panna
2 cucchiai di succo di limone
1 cucchiaio di senape dolce
paprika, sale, pepe

PREPARAZIONE

1 *Tritate grossolanamente le noci o le nocciole. Pulite il sedano, lavate e sbucciate le mele, poi l'arancia, di cui conserverete la scorza.*

2 *In un'insalatiera preparate una salsa con la panna fresca, sale e pepe a vostro gusto, la senape diluita nel succo di limone, due o tre pizzichi di paprika, un po' di scorza d'arancia grattugiata. Battete con la forchetta fino a ottenere una crema ben soda e densa.*

3 *Unite il sedano a pezzettini, le mele a dadini o a fettine, gli spicchi d'arancia tagliati in quattro e le noci tritate. Mescolate bene il tutto.*

Questa insalata è molto rinfrescante. Potete consumarla così com'è o tenerla un po' in frigorifero.

Jambah

STAGIONE: *estate, autunno*
PREPARAZIONE: *30 minuti*
COTTURA: *45 minuti*
PIUTTOSTO DIFFICILE
MOLTO ECONOMICO
STRETTAMENTE VEGETARIANO

INGREDIENTI *(per 4 persone)*

3 cipolle
3 carote
5 spicchi d'aglio
1 melanzana
1 peperone verde
2 cucchiaini di olio d'oliva
maggiorana o timo
sale

PREPARAZIONE

1 *Affettate le cipolle e tagliate le carote a fiammiferi sottili.*

2 *Soffriggete le cipolle, poi aggiungete le carote, due cucchiai d'acqua e una presa di sale. Coprite e lasciate cuocere per 10 minuti a fuoco bassissimo.*

3 *Nel frattempo mettete la melanzana e il peperone nel forno caldo. Voltateli con una forchetta perché abbrustoliscano in modo uniforme. Quando la pelle si stacca sbucciate il peperone. Lasciate abbrustolire la melanzana finché la pelle non si screpola, poi togliete la buccia. Tagliate le due verdure a pezzetti e mescolatele con le cipolle e le carote. Spolverate con la maggiorana e lasciate insaporire sul fuoco per 10 minuti.*

Potete mangiare questo piatto di origine ucraina con un cereale, o mettere le verdure ben pressate in un vaso e conservarle al fresco per parecchi giorni.

Macedonia di verdure

STAGIONE: *tutto l'anno*
PREPARAZIONE: *15 minuti*
COTTURA: *15 minuti*
MOLTO FACILE
MOLTO ECONOMICO
STRETTAMENTE VEGETARIANO

INGREDIENTI *(per 2 persone)*

1 cespo di broccoletti
2 carote
1 cipolla
1 cucchiaino di tamari

PREPARAZIONE

1 *Dividete i broccoli a mazzetti e tagliate a fiammifero le carote e la cipolla a rondelle.*

2 *Disponete in un tegame a strati successivi la cipolla, le carote e i broccoli. Bagnate con un bicchiere d'acqua e aggiungete infine il tamari.*

3 *Coprite e lasciate cuocere per 15 minuti a fuoco dolce.*

Macedonia di verdura alle alghe

STAGIONE: *inverno*
PREPARAZIONE: *15 minuti*
COTTURA: *15 minuti*
MOLTO FACILE
MOLTO ECONOMICO
STRETTAMENTE VEGETARIANO

INGREDIENTI *(per 2 persone)*

1 cavolfiore piccolo
1 porro
2 carote
1 tazza di alghe iziki cotte
sale

PREPARAZIONE

1 *Dividete il cavolfiore a mazzetti. Tagliate le carote e il porro a fiammifero.*

2 *Disponete nel tegame a strati successivi le carote, il porro e il cavolfiore. Aggiungete mezzo bicchiere d'acqua, salate, coprite e lasciate cuocere per 15 minuti a fuoco dolce.*

3 *Terminata la cottura mettete le verdure su un piatto e distribuiteci sopra le alghe iziki. Questo piatto vi incanterà per i suoi colori armoniosi e il suo sapore delicato.*

Come tagliare le verdure a fiammifero (chiamate anche 'a julienne')

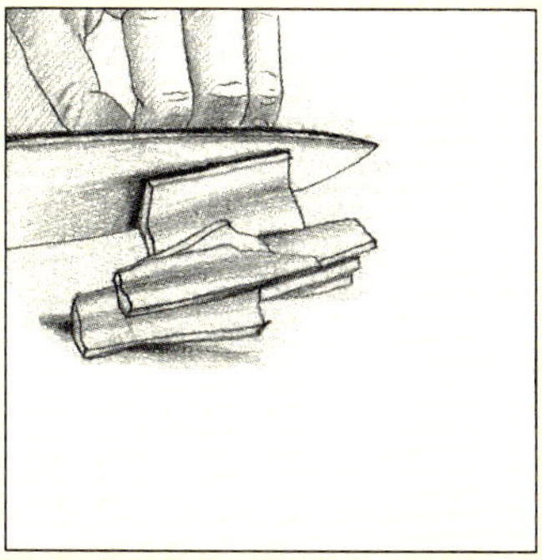

Per tagliare le verdure a fiammifero, fate delle strisce sottili. Ammucchiate poi le strisce e tagliatele ancora tenendo la punta del coltello sul tagliere. Le verdure tagliate così cuociono più rapidamente.

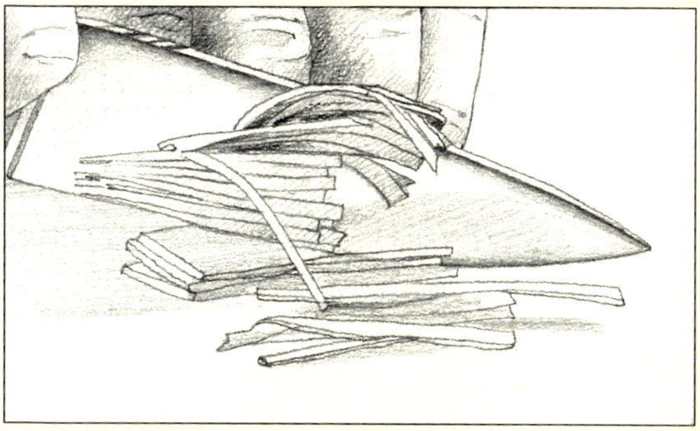

VERDURE

Macedonia di verdure lattofermentate

STAGIONE: *tutto l'anno*
PREPARAZIONE: *20 minuti, più 3 settimane per la fermentazione delle verdure*
MOLTO ECONOMICO
MOLTO FACILE

STRETTAMENTE VEGETARIANO

INGREDIENTI

500 g di sedano, carote e cipolle
oppure 500 g di carote, rape e cipolle
oppure due di queste verdure a scelta
dragoncello o issopo
qualche bacca di coriandolo
sale (1 cucchiaino per ogni vaso da 500 g)

PREPARAZIONE

1 *Tagliate le verdure in bastoncini spessi 1 cm oppure a cubetti.*

2 *Riempite il vaso con le verdure, premendo bene.*

3 *Aggiungete il sale e gli aromi, versate l'acqua fredda; non utilizzate l'acqua di rubinetto se è clorata, perché il cloro disturberebbe la fermentazione.*

4 *Chiudete ermeticamente il vaso e tenetelo a temperatura ambiente per 48 ore, poi mettetelo al fresco.*

5 *Potete cominciare a consumare le verdure dopo tre settimane dalla loro preparazione.*

Minestra al pistou

STAGIONE: *primavera, estate, autunno*
PREPARAZIONE: *20 minuti*
COTTURA: *1 ora*
MOLTO FACILE
MOLTO ECONOMICO

STRETTAMENTE VEGETARIANO

INGREDIENTI *(per 4 persone)*

500 g di fagioli freschi sgusciati
4 patate
3 porri piccoli
2 zucchine
1 cipolla
4-6 spicchi d'aglio
1 piccolo gambo di sedano
2 rametti di basilico fresco
150 g di pasta
parmigiano grattugiato
5 cucchiai di olio d'oliva
sale, pepe

PREPARAZIONE

1 *Mettete i fagioli in 1 litro e mezzo d'acqua fredda. Coprite e fate cuocere a fuoco medio. Nel frattempo pulite le verdure e tagliatele a dadini.*

2 *Quando l'acqua comincia a bollire unite ai fagioli tutte le altre verdure; salate, pepate, lasciate che il bollore riprenda poi proseguite la cottura a fuoco bassissimo e a pentola coperta per 1 ora. Dieci minuti prima della fine aggiungete la pasta.*

3 *Pestate in un mortaio gli spicchi d'aglio e le foglie di basilico. Aggiungete l'olio a filo, mescolando fino a ottenere un pesto omogeneo.*

4 *Versate il 'pistou' nella zuppa subito prima di servire e mettete in tavola il parmigiano grattugiato perché ciascuno ne aggiunga a suo piacimento.*

Minestrone alla genovese

STAGIONE: *estate*
PREPARAZIONE: *30 minuti*
COTTURA: *2 ore*
MOLTO FACILE
MOLTO ECONOMICO
STRETTAMENTE VEGETARIANO

INGREDIENTI *(per 4 persone)*

80 g di pasta o riso
100 g di fagioli freschi o già ammollati
2 o 3 pomodori
2 zucchine
1 o 2 melanzane
1/2 cavolo
verdure di stagione
15 g di funghi secchi
olio
sale
qualche cucchiaio di pesto

PREPARAZIONE

1 *Mettete al fuoco una pentola d'acqua salata coi fagioli, fate bollire e aggiungete tutte le verdure tagliate a pezzi, non dimenticando le melanzane, i funghi già ammollati e tritati, i pomodori sbucciati e tritati e qualche patata intera.*

2 *Lasciate cuocere pianissimo a lungo; nell'ultimo quarto d'ora aggiungete la pasta o il riso.*

3 *Togliete le patate, pestatele leggermente, mettetele di nuovo in pentola e mescolate.*

4 *Il pesto (la ricetta è indicata a pagina 399) va aggiunto dopo che il minestrone è stato tolto dal fuoco.*

5 *Servite, se volete, con olio e formaggio grattugiato a parte.*

Minestrone alla milanese

STAGIONE: *tutto l'anno*
PREPARAZIONE: *30 minuti*
COTTURA: *2 ore*
MOLTO FACILE
MOLTO ECONOMICO

INGREDIENTI *(per 4 persone)*

100 g di riso
50 g di lardo
100 g di fagioli borlotti, freschi o già ammollati
verza
aglio, cipolla, sedano, carote, zucchine, patate
tutte le verdure di stagione
olio
formaggio grattugiato

PREPARAZIONE

1 *Con la mezzaluna tritate il lardo con la cipolla, l'aglio e una costola di sedano.*

2 *Mettete in pentola il trito con tutte le verdure spezzettate e i fagioli. Lasciate rosolare per un po', poi aggiungete l'acqua necessaria e fate cuocere piano piano finché tutte le verdure non si sono ammorbidite.*

3 *In ultimo unite la verza tagliata a striscette e il riso, che deve cuocere per circa 18 minuti.*

4 *Il minestrone dev'essere piuttosto spesso. Servitelo con olio crudo e formaggio grattugiato.*

D'estate potete versarlo in scodelle o ciotole rustiche e servirlo tiepido o freddo.

Origine: Lombardia

Minestrone alla piemontese

Stagione: *autunno, inverno*
Preparazione: *30 minuti*
Cottura: *30 minuti*
Molto facile
Molto economico
Strettamente vegetariano

Ingredienti *(per 4 persone)*

500 g di porri
500 g di patate
200 g di pasta
olio
noce moscata
alloro
formaggio grattugiato
sale

Preparazione

1 *Tagliate a fettine le patate e i porri e cuoceteli a fuoco dolce in un tegame largo, con un po' d'acqua e le foglie d'alloro, finché non sono abbastanza morbidi da poter essere schiacciati con una forchetta.*

2 *Conditeli con sale e noce moscata poi passate o frullate il composto.*

3 *Cuocete a parte la pasta e quando è al dente, unitela alle verdure. Servite ben caldo aggiungendo olio e parmigiano grattugiato.*

Origine: Piemonte

Misticanza

Stagione: *primavera, estate*
Preparazione: *30 minuti*

Molto facile
Molto economico
Strettamente vegetariano

Ingredienti *(per 4 persone)*

1 kg di erbe di campo: cicorietta, acetosa, dente di leone, menta, aglio selvatico, finocchiella, dolcetta, ed eventualmente altre
1 cipollina fresca
olio
aceto
sale

Preparazione

1 *Pulite e lavate molto bene le erbe di campo, asciugatele e tagliatele a striscette sottili.*

2 *Condite con olio, sale, una cipollina fresca tagliata a fettine e dell'aceto genuino.*

La 'misticanza', cioè la squisita mescolanza di erbe selvatiche nell'insalata, è una tradizione ancora viva nell'area del Lazio. Gli intenditori sanno riconoscere anche trenta erbe differenti adatte al miscuglio.

Ricchissima di sali e vitamine, con aromi e sapori che a ogni boccone variano, è una portata deliziosa e assolutamente salutare.

La misticanza può essere accompagnata da fette di pane integrale strofinato con aglio.

Origine: Italia centrale

VERDURE

Misto di verdure alla persiana

Stagione: *primavera, estate*
Preparazione: *20 minuti*

Molto facile
Molto economico
Vegetariano

Ingredienti *(per 4 persone)*

1 cetriolo
4 cipollotti bianchi col gambo verde
1 barbabietola rossa cotta, oppure
1 tazza di barbabietola lattofermentata
1 uovo sodo
1/2 cucchiaino di semi di finocchio pestati
3 cucchiai di cerfoglio tritato
1/2 l d'acqua o di brodo di verdure
2 cucchiai di latte cagliato
sale

Preparazione

1 *Sbucciate il cetriolo e tagliatelo a metà nel senso della lunghezza. Mettetelo in un piatto con un pizzico di sale e lasciatelo a temperatura ambiente fino al giorno successivo.*

2 *Tagliatelo a striscette sottili insieme alla barbabietola, ai cipollotti e ai loro gambi.*

3 *Mescolate il tutto, unite l'uovo tritato, il finocchio, l'acqua (o il brodo di verdure), poi il latte cagliato e il cerfoglio.*

4 *Servite la zuppa freschissima.*

Origine: Iran

Pasticcio di verdure

Stagione: *tutto l'anno*
Preparazione: *15 minuti*
Cottura: *20 minuti*
Molto facile
Molto economico
Strettamente vegetariano

Ingredienti *(per 4 persone)*

avanzi di verdure varie
1 tavoletta di agar-agar
1 pizzico di timo
1 pizzico di maggiorana
1 cucchiaino di tamari
2 cucchiai di prezzemolo
1 cucchiaio di erba cipollina
o di basilico tritati
150 g di funghi freschi (facoltativo)

Preparazione

1 *Tritate le verdure sul tagliere.*

2 *Rompete l'agar-agar a pezzetti e fatelo bollire per un paio di minuti in una tazza d'acqua.*

3 *Unite gli aromi e l'agar-agar alle verdure e mettete il tutto in uno stampo precedentemente bagnato con acqua fredda.*

4 *Cuocete per 20 minuti a forno medio.*

È una buona idea per utilizzare gli avanzi di verdure, magari aggiungendo anche avanzi di pasta, riso o miglio.

Il pasticcio riesce benissimo anche con un passato di ceci, di piselli rotti o di fagioli (1/3 di legumi e 2/3 di verdure).

Pasticcio di verdure al tofu

STAGIONE: *tutto l'anno*
PREPARAZIONE: *15 minuti*
COTTURA: *25-30 minuti*
MOLTO FACILE
MOLTO ECONOMICO

STRETTAMENTE VEGETARIANO

INGREDIENTI *(per 4 persone)*

avanzi di verdure, tritati finemente
300 g di tofu
1 manciata abbondante di foglie di basilico tritate
2 cucchiaini di tahin
1 cucchiaio di tamari
1 cetriolo
3 scalogni
1 cucchiaio di fecola
sale

PREPARAZIONE

1 *Frullate il tofu, il cetriolo, gli scalogni, il tahin, il sale, il tamari e il basilico.*

2 *Unite gli avanzi di verdure e la fecola, mescolate e versate in uno stampo oliato.*

3 *Infornate per 25-30 minuti a temperatura moderata.*

Ratatouille

STAGIONE: *estate, autunno*
PREPARAZIONE: *20 minuti*
COTTURA: *40 minuti*
PIUTTOSTO COSTOSO
MOLTO FACILE

STRETTAMENTE VEGETARIANO

INGREDIENTI *(per 4 persone)*

2 peperoni verdi
2 melanzane
4 zucchine
4 pomodori
2 spicchi d'aglio
2 cucchiai di olio d'oliva
timo, alloro
sale, pepe

PREPARAZIONE

1 *Sbucciate le melanzane e le zucchine. Sbucciate i pomodori dopo averli rapidamente scottatti in acqua bollente.*

2 *Fate scaldare l'olio in una padella grande e dal fondo spesso e metteteci le melanzane tagliate a dadini. Mescolate e lasciate che prendano colore.*

3 *Lavate i peperoni, togliete il peduncolo e i semi, tagliateli a pezzettini e aggiungeteli alle melanzane. Mescolate. Tagliate le zucchine a dadini, mettetele nella padella e mescolate. Togliete i semi ai pomodori e tagliateli a pezzetti, sbucciate l'aglio e tagliatelo a fettine.*

4 *Metteteli nella padella, unendo timo, alloro, sale e pepe. Mescolate il tutto e coprite.*

5 *Lasciate cuocere a pentola coperta per 20 minuti, poi abbassate la fiamma, togliete il coperchio e proseguite la cottura per altri 20 minuti.*

Torta all'erba di Lucca

STAGIONE: *tutto l'anno*
PREPARAZIONE: *30 minuti*
COTTURA: *40 minuti*
MOLTO FACILE

VEGETARIANO

INGREDIENTI *(per 4 persone)*

1 piccola palla di pasta per torta o di pasta da pane
400 g di verdure in foglia, coltivate o selvatiche: bietole, spinaci, ortiche, malva, bietolone rosso
250 g di ricotta
200 g di mandorle
1 scorza di limone o di mandarino
3 scalogni medi
1/2 cucchiaino di semi di coriandolo (facoltativo)
sale

PREPARAZIONE

1 *Sbollentate le verdure per un paio di minuti. Scolatele, passatele sotto l'acqua fredda, strizzatele e tritatele.*

2 *Diluite la ricotta con un cucchiaio d'acqua in modo che risulti ben liscia.*

3 *Polverizzate le mandorle e i semi di coriandolo; tritate finemente gli scalogni e uniteli alle verdure insieme alle mandorle, al coriandolo, al sale e alla scorza di limone.*

4 *Stendete la pasta (la ricetta della pasta matta è indicata a pagina 360, quella della pasta per pane alle pagine 134 e 135) in uno strato sottile, foderate una teglia dalle pareti lisce e riempite con l'impasto.*

5 *Cuocete per 35 minuti a forno medio.*

Tchaktchouka

STAGIONE: *estate, autunno*
PREPARAZIONE: *30 minuti*
COTTURA: *45 minuti*
MOLTO FACILE

VEGETARIANO

INGREDIENTI *(per 4 persone)*

3 peperoni
750 g di pomodori
2 cipolle
2 spicchi d'aglio
1 foglia d'alloro
2 rametti di timo
4 uova
olio d'oliva
sale, pepe di Caienna

PREPARAZIONE

1 *Fate abbrustolire i peperoni e subito avvolgeteli in un foglio di carta bagnata per 10 minuti, in modo da eliminare la pellicola che li rende indigesti. Tagliateli a striscette e togliete i semi.*

2 *Ammorbidite i peperoni in 3 cucchiai di olio d'oliva, poi aggiungete la polpa dei pomodori, salate, pepate, unite un peperoncino piccante schiacciato o un pizzico di pepe di Caienna, l'aglio tritato, la foglia di alloro sbriciolato e le foglie di timo. Lasciate cuocere con la pentola scoperta a fuoco medio finché non diventano come una crema.*

3 *Versate la preparazione in un piatto da forno, e con il dorso di un cucchiaio scavateci una fossetta per ogni uovo. Fate cuocere a fuoco moderato finché il bianco non coagula, e finite la cottura a fuoco caldissimo ma senza lasciare rassodare il tuorlo.*

Torta di verdure

STAGIONE: *tutto l'anno*
PREPARAZIONE: *30 minuti*
COTTURA: *1 ora*
MOLTO FACILE
MOLTO ECONOMICO
VEGETARIANO

INGREDIENTI *(per 4 persone)*

250 g di pasta da pane o per torte
bietole, carote, cipolle, porri
timo o basilico secco
1 cucchiaio d'olio
sale

PREPARAZIONE

1 *Affettate finemente le verdure e fatele dorare l'una dopo l'altra nella padella con l'olio.*

2 *Mettetele a mano a mano in una terrina, unite le erbe e il sale.*

3 *Mescolate, poi stendete le verdure sulla pasta (la ricetta della pasta per pane è indicata alle pagine 134 e 135, quella della pasta matta è indicata a pagina 360) in uno strato alto circa 2 cm.*

Le lamiere smaltate rettangolari che ci sono in tutti i forni di cucina sono molto adatte a questo tipo di torte salate e facilitano l'operazione di taglio.

Zuppa fredda allo kvas

STAGIONE: *estate, autunno*
PREPARAZIONE: *20 minuti*

MOLTO FACILE
MOLTO ECONOMICO
VEGETARIANO

INGREDIENTI *(per 4 persone)*

1 l di kvas, oppure di succo di barbabietola rossa o di un altro vegetale lattofermentato
1 cetriolo
1 patata cotta
1 tazzina di barbabietole rosse cotte o lattofermentate
2 uova sode
1 manciata di prezzemolo tritato
1 cucchiaio di aneto tritato
2 cucchiai di latte cagliato o di yogurt
sale

PREPARAZIONE

1 *Sbucciate il cetriolo e tagliatelo a fettine. Spruzzatelo con un pizzico di sale, copritelo e comprimetelo con un boccale o con un altro oggetto. Lasciatelo tutta la notte a temperatura ambiente. In alternativa potete utilizzare dei cetrioli già lattofermentati.*

2 *Riunite tutte le verdure tagliate a dadini in una bella zuppiera, aggiungete il cetriolo, le uova sode tagliate a cubetti, il latte cagliato, il prezzemolo e l'aneto.*

3 *Versate il kvas sulle verdure e mettete al fresco fino al momento di servire.*

Origine: Russia

Zucca americana (ricetta di base)

STAGIONE: *inverno, primavera*
PREPARAZIONE: *15 minuti*
COTTURA: *20 minuti*
MOLTO FACILE
MOLTO ECONOMICO
STRETTAMENTE VEGETARIANO

INGREDIENTI *(per 2 persone)*

1 zucca americana
sale

PREPARAZIONE

1 *Sbucciate la zucca e toglietele i semi.*

2 *Tagliatela a dadi e mettetela in casseruola con un po' d'acqua (più o meno fino a metà altezza della zucca).*

3 *Fate cuocere a fuoco dolce per 15-20 minuti; eventualmente potete anche cuocere la zucca al forno, ma in tal caso la cottura necessita di un tempo maggiore.*

La zucca americana non ha niente da spartire con la grossa zucca comune che si trova al mercato.

È molto più piccola, la sua polpa color arancio è soda e zuccherina. È poco acquosa, quindi si conserva fino a maggio.

È preziosa per l'inverno, perché è ricchissima di carotene (la provitamina A). È anche poco esigente da coltivare, e conviene riservarle uno spazio abbondante nell'orto.

Tra le verdure, la zucca americana (nota anche come zucca dolce, o zucca giapponese) è una delle più note, delle più antiche e delle più diffuse in tutto il mondo.

Nell'America precolombiana era uno dei tre alimenti base, insieme al mais e ai fagioli. Di solito fra gli Amerindi queste tre verdure erano coltivate in associazione.

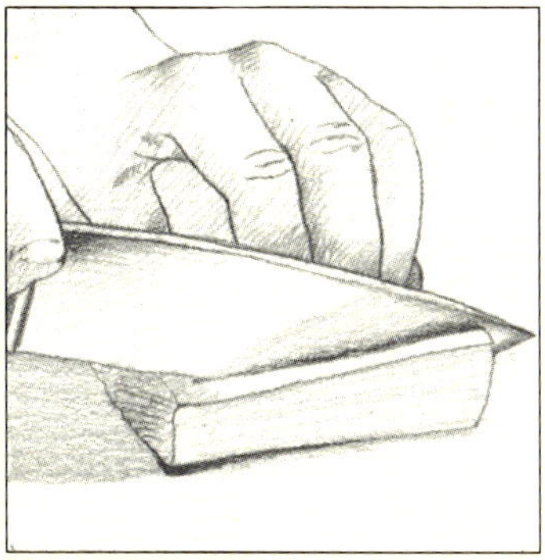

Pelate la zucca. Squadrate i lati e tagliate i pezzi a fettine verticali.

Ammucchiate le strisce e tagliatele a fettine di spessore uniforme.

Raccogliete tutte le strisce e tagliatele trasversalmente per ottenere i dadini.

Citrouillat

STAGIONE: *autunno, inverno*
PREPARAZIONE: *30 minuti, più una notte per lasciar spurgare la zucca*
COTTURA: *30 minuti*
MOLTO FACILE
VEGETARIANO

INGREDIENTI *(per 4 persone)*

1 kg di zucca americana
500 g di pasta brisée
(*vedi* la ricetta a pagina 360)
1 dl di panna
1 cipolla
1 tuorlo d'uovo
una manciata di prezzemolo
sale grosso

PREPARAZIONE

1 *Mondate la zucca e tagliatela a piccoli dadi.*

2 *Spolverizzatela con un cucchiaio di sale grosso, mettetela in un canovaccio e appendetela sopra il lavello o sopra un recipiente, dove la lascerete per tutta una notte.*
(Nella regione francese del Berry questa operazione viene definita 'far piangere la zucca'.)

3 *L'indomani spianate la pasta brisée (la ricetta è indicata a pagina 360) in due quadrati, l'uno più grande dell'altro.*

4 *Stendete il quadrato più grande su una teglia unta d'olio, metteteci sopra la zucca, pepatela e cospargetela di cipolla e di prezzemolo tritati.*

5 *Coprite col secondo quadrato di pasta e sigillate bene i bordi.*

6 *Dorate col tuorlo d'uovo la superficie e praticate due o tre buchi perché il vapore possa uscire.*

7 *Fate cuocere per 30 minuti a forno caldo.*

8 *Quando togliete la pasta dal forno fate con un coltello una piccola apertura, versateci dentro la panna e richiudete.*

9 *Servite il citrouillat tiepido.*

È un piatto tipico della regione del Berry, in Francia.

La zucca americana è più piccola della zucca comune. È nota anche con il nome di 'zucca dolce' (per la sua polpa molto zuccherina) o 'zucca giapponese'.

Fiori di zucca farciti

STAGIONE: *primavera, estate, autunno*
PREPARAZIONE: *40 minuti*
COTTURA: *30 minuti*
PIUTTOSTO DIFFICILE
MOLTO ECONOMICO

INGREDIENTI *(per 4 persone)*

12 fiori di zucca ben aperti
1 tazza di riso cotto
5 cipollotti col gambo verde
4 spicchi d'aglio
1 filetto d'acciuga
1 cucchiaino di semi di finocchio
2 cucchiai di basilico tritato (o di aneto)
1 tazza di pane raffermo (precedentemente bagnato)
1 uovo
1 cipolla
1 cucchiaio d'olio
alcune foglie di bietola
sale

PREPARAZIONE

1 *Preparate i fiori non appena colti, perché appassiscono in fretta; in frigorifero si rovinano e una volta chiusi non è più possibile farcirli.*
Non lavate i fiori, ma asciugatene soltanto i petali servendovi di un asciugamano di tela fine.

2 *Pestate l'aglio, il sale, il filetto d'acciuga, ai quali unirete i semi di finocchio e il basilico; e continuate a pestare aggiungendo l'olio a poco a poco.*

3 *Rosolate i cipollotti coi loro gambi, tagliateli finemente, poi aggiungete il riso.*

4 *Incorporate l'uovo sbattuto alla mollica di pane, che avrete prima spremuto molto bene; uniteli al composto di riso e cipolle ai quali mescolerete insieme gli ingredienti pestati.*

5 *Quando il ripieno è ben omogeneo farcite i fiori servendovi di un cucchiaino.*

6 *Disponeteli in una padella sulle foglie di bietola e la cipolla tagliata a fettine che apporteranno l'elemento acquoso.*

7 *Cuocete in una padella coperta per 30 minuti a fuoco dolce.*

Con i fiori di zucca si preparano gustose frittelle, friggendoli (in olio extravergine di oliva per pochi minuti) con una pastella di farina, acqua e poco sale. Si tratta di un fritto, da consumare quindi solo occasionalmente.

VERDURE

Minestra di zucca e miglio

STAGIONE: *inverno, primavera*
PREPARAZIONE: *20 minuti*
COTTURA: *20 minuti*
MOLTO FACILE
MOLTO ECONOMICO
STRETTAMENTE VEGETARIANO

INGREDIENTI *(per 4 persone)*

500 g di zucca americana
150 g di miglio
3 cipolle
1/2 sedano rapa
3 cucchiaini di miso di riso
alloro
sale

PREPARAZIONE

1 *Sbucciate la zucca e tagliatela a cubetti. Fate altrettanto con il sedano e le cipolle.*

2 *Disponete in un tegame il sedano, poi le cipolle, la zucca, il miso diluito, e coprite il tutto con il miglio.*

3 *Versate dell'acqua fredda in modo da arrivare al livello del miglio, unite il sale e l'alloro.*

4 *Fate bollire dolcemente per 20 minuti controllando che l'acqua non evapori.*

Passato di zucca

STAGIONE: *inverno, primavera*
PREPARAZIONE: *30 minuti*
COTTURA: *20 minuti*
MOLTO FACILE
MOLTO ECONOMICO
STRETTAMENTE VEGETARIANO

INGREDIENTI *(per 4 persone)*

600 g di zucca americana
3 cipolle
2 cucchiaini di miso di riso
1 tazza di crostini abbrustoliti
2 cucchiai di olio d'oliva
2 cucchiai di prezzemolo tritato
1 l d'acqua

PREPARAZIONE

1 *Sbucciate e tagliate a cubetti la zucca e le cipolle facendole poi soffriggere separatamente.*

2 *Mettetele poi insieme, bagnate con 1 litro d'acqua calda e lasciate cuocere per 20 minuti. Un minuto prima che la zuppa sia pronta aggiungete il miso diluito e il prezzemolo.*

3 *Servite con crostini.*

Sformato di zucca

STAGIONE: *inverno, primavera*
PREPARAZIONE: *30 minuti, più qualche ora per l'ammollo delle uvette*
COTTURA: *30 minuti*
MOLTO FACILE
STRETTAMENTE VEGETARIANO

INGREDIENTI *(per 2 persone)*

500 g di zucca americana
1 tavoletta e mezza di agar-agar
1 cucchiaio di uvette
1 stecca di vaniglia
sale

PREPARAZIONE

1 *Tenete a bagno le uvette per parecchie ore e lasciate l'agar-agar a pezzi in una tazza d'acqua finché non si sarà sciolto completamente.*

2 *Nel frattempo cuocete la zucca e passatela al passaverdure. Mettete l'agar-agar sul fuoco e lasciatelo sobbollire per 10 minuti.*

3 *Unite il passato di zucca, le uvette, la vaniglia e mescolate.*

4 *Versate il composto in uno stampo bagnato dai bordi piuttosto alti. Tenete al fresco per qualche ora prima di sformare.*

Tian di zucca

STAGIONE: *inverno, primavera*
PREPARAZIONE: *15 minuti*
COTTURA: *1 ora*
MOLTO FACILE
MOLTO ECONOMICO
VEGETARIANO

INGREDIENTI *(per 4 persone)*

1 kg di zucca americana
200 g di riso
2 cipolle
100 g di parmigiano
50 g di burro
1 dl di latte
1 chiodo di garofano
sale, pepe

PREPARAZIONE

1 *Mondate la zucca, liberatela dai semi e tagliatela a pezzi. Mettetela nel latte allungato con 1 dl d'acqua bollente, insieme a una cipolla steccata con un chiodo di garofano. Salate e pepate. Cuocetela a fuoco dolce.*

2 *Nel frattempo lessate il riso in abbondante acqua salata.*

3 *Fate dorare la cipolla rimasta, tagliata finemente, con un po' di burro.*

4 *Quando la zucca è cotta (deve risultare morbida, e praticamente non deve restare alcun liquido nella casseruola) mescolatela col riso, la cipolla e con la metà del formaggio grattugiato.*

5 *Stendete il tutto in un piatto da forno (meglio se di terracotta), e cospargete la superficie con pezzetti di burro e col formaggio rimasto.*

6 *Gratinate in forno caldo per 15-20 minuti.*

Torta di zucca

STAGIONE: *inverno, primavera*
PREPARAZIONE: *30 minuti*
COTTURA: *50 minuti*
MOLTO FACILE
MOLTO ECONOMICO
VEGETARIANO

INGREDIENTI *(per 4 persone)*

600 g di zucca americana
100 g di mandorle mondate
1 scorza di arancia (o di mandarino)
1 pizzico di cannella
1 stecca di vaniglia
pasta per torte
sale

PREPARAZIONE

1 *Fate cuocere la zucca in mezzo bicchiere d'acqua col sale, la cannella e la vaniglia. Dopo un quarto d'ora togliete gli aromi e passate la polpa; il passato deve risultare piuttosto soffice.*

2 *Pestate le mandorle riducendole in polvere e aggiungetele al passato insieme alla scorza di arancia.*

3 *Stendete la pasta (la ricetta della pasta matta è indicata a pagina 360), tenendone da parte un pezzo grande come un uovo. Foderate una tortiera con la pasta e riempitela col passato. Tirate la pasta che avete messo da parte in una sfoglia finissima, tagliatela a striscette larghe 1 cm e disponetele a reticolato sulla torta.*

4 *Cuocete per 35 minuti a forno medio.*

Vellutata di zucca

STAGIONE: *autunno, inverno, primavera*
PREPARAZIONE: *30 minuti*
COTTURA: *30 minuti*
MOLTO ECONOMICO
MOLTO FACILE
STRETTAMENTE VEGETARIANO

INGREDIENTI *(per 4 persone)*

600 g di zucca
2 cipolle
4-5 spicchi d'aglio
1 cucchiaio di olio d'oliva
4 cucchiai di farina di grano saraceno
crostini di pane
sale, tamari

PREPARAZIONE

1 *Tagliate la zucca a dadini, l'aglio e le cipolle a fettine sottili.*

2 *Fate rosolare il tutto in una pentola con l'olio. Aggiungete una tazza d'acqua e portate a ebollizione.*

3 *Nel frattempo stemperate la farina in un po' d'acqua fredda, poi mettetela sul fuoco mescolando senza mai fermarvi. Deve cuocere per 15 minuti dall'inizio dell'ebollizione.*

4 *Versate la crema di farina sulla zucca, mescolate bene e lasciate cuocere per qualche minuto aggiungendo, se occorre, un po' d'acqua o di latte. Salate pochissimo.*

5 *Togliete dal fuoco e frullate.*

6 *Insaporite col tamari e servite con crostini di pane tostato.*

Zucca ripiena

STAGIONE: *inverno, primavera*
PREPARAZIONE: *30 minuti (più qualche ora di ammollo per i funghi)*
COTTURA: *2 ore*
MOLTO FACILE

VEGETARIANO

INGREDIENTI *(per 4 persone)*

1 zucca americana
200 g di miglio
50 g di funghi secchi
50 g di parmigiano
1 cucchiaino di maggiorana
1 cucchiaino di tamari
2 costole di sedano
1 cucchiaio d'olio
4 scalogni medi
sale

PREPARAZIONE

1 *Tagliate la calotta della zucca.*

2 *Toglietele i semi servendovi di un cucchiaino e spolverate l'interno con un pizzico di sale.*

3 *Fate cuocere il miglio col formaggio seguendo la ricetta (miglio al formaggio) indicata a pagina 178.*

4 *Sgocciolate i funghi (che avrete messo a bagno qualche ora prima nell'acqua) e fateli rosolare con l'olio, gli scalogni e un pizzico di sale.*

5 *In un'altra padella fate saltare il sedano tagliato a fettine con un cucchiaio d'olio e il sale.*

6 *Unite due cucchiai d'acqua bollente.*

7 *Coprite e lasciate insaporire per una decina di minuti.*

8 *Incorporate al miglio il sedano e i funghi, unite la maggiorana e il tamari.*

9 *Farcite la zucca e rimettete la calotta a posto.*

10 *Per la cottura calcolate da 1 ora e mezza a 1 ora e 40 minuti a forno medio, secondo le dimensioni della zucca.*

In questa ricetta la zucca è stata riempita con miglio e verdure e il tutto è stato cotto nel forno.

Potete presentare nella stessa maniera anche altre ricette a base di zucca (per esempio il 'passato di zucca' di pagina 350 o la 'vellutata di zucca' di pagina 352).

In questi casi la zucca verrà svuotata dei semi e della polpa. Si cuocerà la minestra a parte e la zucca servirà da originale 'zuppiera' da presentare su una tavola rustica.

Zucchine crude al limone

STAGIONE: *estate, autunno*
PREPARAZIONE: *10 minuti, più 2 ore per la macerazione*

MOLTO FACILE

STRETTAMENTE VEGETARIANO

INGREDIENTI *(per 4 persone)*

8 zucchine piccole
1 mazzo di cipolle novelle
6 cucchiai di olio d'oliva
1 limone
sale, pepe

PREPARAZIONE

1 *Scegliete delle zucchine piccole e belle in modo da poterle usare senza sbucciarle. Lavatele e tagliatele a rondelle sottili.*

2 *Mondate le cipolle e tagliatele a fettine.*

3 *Spremete il limone, mescolatelo all'olio d'oliva sbattendo con una forchetta, poi versatene la metà in un piatto fondo.*

4 *Mettete nel piatto le zucchine e le cipolle a strati alternati, cospargendo ogni strato di sale e pepe.*

5 *Terminate versando sulle verdure la rimanente salsa di olio e limone.*

6 *Lasciate marinare al fresco per due ore.*

Zucchine prezzemolate

STAGIONE: *inverno, primavera*
PREPARAZIONE: *10 minuti*
COTTURA: *30 minuti*
MOLTO FACILE
MOLTO ECONOMICO
VEGETARIANO

INGREDIENTI *(per 4 persone)*

1 kg di zucchine
4 spicchi d'aglio
1 mazzetto di prezzemolo
5 cucchiai di olio d'oliva
sale, pepe

PREPARAZIONE

1 *Lavate le zucchine, asciugatele, tagliatele in due nel senso della lunghezza, privatele dei semi ma non sbucciatele.*

2 *Tagliatele a dadini e fatele saltare nell'olio in una padella grande, mescolando spesso.*

3 *Quando sono ben dorate scolatele e disponetele in un piatto da forno. Salate, pepate e spolverate con l'aglio e il prezzemolo macinati.*

4 *Mettete in forno caldissimo a 230 °C per 15 minuti, dove le zucchine finiranno di cuocere.*

Zucchine stufate

STAGIONE: *primavera, estate, autunno*
PREPARAZIONE: *10 minuti*
COTTURA: *30 minuti*
MOLTO FACILE
MOLTO ECONOMICO
STRETTAMENTE VEGETARIANO

INGREDIENTI *(per 2 persone)*

500 g di zucchine
2 cipolle
3 cucchiai d'acqua
timo o santoreggia
1 cucchiaio di olio
sale

PREPARAZIONE

1 *Scegliete delle zucchine piccole e tenere. Tagliatele in due nel senso della lunghezza. Fate rosolare le cipolle affettate con un cucchiaio d'olio, e quando sono dorate aggiungete le zucchine col sale, l'acqua e gli aromi.*

2 *Coprite e abbassate la fiamma al minimo. Lasciate cuocere per mezz'ora circa.*

Le zucchine stufate in questo modo sono profumate e si sciolgono in bocca.

Zucchine stufate al tamari

STAGIONE: *primavera, estate, autunno*
PREPARAZIONE: *5 minuti*
COTTURA: *25 minuti*
MOLTO FACILE
MOLTO ECONOMICO
STRETTAMENTE VEGETARIANO

INGREDIENTI *(per 2 persone)*

500 g di zucchine
2 prese di timo o di origano
1 cucchiaino di tamari
3 cucchiai d'acqua
sale

PREPARAZIONE

1 *Tagliate le zucchine a fettine tonde e mettetele in una padella; spolveratele col sale e il timo o l'origano.*

2 *Aggiungete l'acqua e il tamari e lasciate cuocere per 25 minuti a fuoco bassissimo.*

I DOLCI, GLI SPUNTINI E LE CONSERVE

Vediamo in questo capitolo sia alcune preparazioni di creme, di torte e di conserve 'classiche' (come sempre le più leggere) sia alcune 'inedite' (per esempio le conserve senza zucchero). Ricordiamo comunque che i dolci non sono, come spesso viene considerato, dei 'fine-pasto', bensì alimenti in genere molto ricchi di nutrienti e di calorie.

Dovrebbero essere quindi consumati solo occasionalmente, meglio da soli (come spuntini o merende).

Le creme

Molte creme della cucina classica possono servire da preparazioni di base, che possono essere insaporite e modificate in molti modi diversi.

Tra queste la crema inglese e la crema pasticcera sono forse quelle più rapide da preparare e più versatili.

Le paste per torte

Le paste della pasticceria classica derivano in genere dalla grande cucina alla francese, molto elaborata e ricca di grassi, che, per la sua pesantezza, ha provocato in anni più recenti la rivoluzione della 'nouvelle cuisine'.

Ma, accanto alle paste 'ricche', costose e pesanti (come la pasta frolla o la pasta sfoglia) la tradizione italiana ha usato anche basi per dolci o per torte salate più semplici e sane.

I clafoutis

Devo dire che i clafoutis (dolci a base di frutta) non mi piacevano affatto. Alcuni erano troppo ricchi, pieni di uova, di zucchero, di latte. Altri,

Tritello di grano saraceno
(vedi *la ricetta a pagina 386*)

fatti da amici strettamente vegetariani, che non utilizzavano nessun prodotto di origine animale, non contenevano più neppure un uovo ed erano pesanti e poco appetitosi.

Così avevo eliminato completamente i clafoutis dal mio capitolo dei dolci, fino a una certa primavera italiana nella mia casa di campagna in Toscana, in cui la natura mi ha offerto un superbo ciliegio. I bambini dei pastori e gli uccelli, non meno numerosi gli uni degli altri, ci aiutavano a mangiare le ciliege, ma ne avanzavano ancora.

È stato allora che il clafoutis ha ripreso il suo posto d'onore fra noi. Che splendida invenzione i clafoutis, veloci, economici e saporiti! Sapore e colore cambiano a ogni stagione.

In estate

In estate si fanno con le ciliege, con il ribes e le pesche di vigna (squisite!), con i lamponi, con le albicocche, con le fragole.

In autunno

In autunno si preparano con l'uva nera, con l'uva e le nespole, con le susine.

In inverno

In inverno si preparano con le mele; con le pere e le albicocche secche; con le mele e le prugne secche; con la zucca americana; con la zucca, le mele e le prugne secche.

Lo yogurt

Ha tutte le caratteristiche positive del latte, ma grazie alla predigestione realizzata dai fermenti è molto più ricco di elementi vitali e più digeribile. Si può fare in casa con molta semplicità oppure si può comprare. In questo caso occorre fare attenzione: il vero yogurt è un alimento vivo e va conservato con la sola azione del freddo. Ma nei negozi esistono moltissimi tipi di yogurt con aggiunte di zucchero, frutta, miele, eccetera, che richiedono ovviamente conservanti e additivi in più. Inoltre esistono alimenti e dessert cotti che sembrano yogurt ma non lo sono, perché la cottura ha distrutto i fermenti vitali. Attenzione, quindi, a comprare del vero yogurt e non qualcos'altro.

In cucina, lo yogurt (anche magro) è un ottimo sostituto della panna quando si tratta di mescolare, ammorbidire, frullare. Non si avverte differenza di sapore, è altrettanto soffice e piacevole ed è enormemente meno grasso.

Lo zucchero

Come abbiamo visto, la cucina naturale si tiene alla larga dallo zucchero bianco e cerca di andarci piano anche con i dolcificanti naturali, come il miele, il malto o la frutta secca.

Il malto è un cereale che ha subìto un inizio di germinazione, diventando solubile.

In particolare i malti di mais, di orzo e di riso sono ricchi di maltosio e fruttosio, due zuccheri gradevoli e meno aggressivi del saccarosio.

Man mano che il gusto si normalizza viene spontaneo ridurre le solite dosi di zucchero; un consiglio facile da seguire è quello di dimezzare o ridurre a un terzo le dosi di zucchero consigliate nelle ricette classiche, eventualmente controllando con qualche tentativo qual è il livello giusto per voi.

Come per il sale, un buon consiglio è quello di non zuccherare in cucina ma lasciare a ciascuno l'opportunità di aggiungere o meno lo zucchero a tavola.

Accanto, o al posto dello zucchero scuro, può esserci il malto, o una ciotola di frutta secca, o il barattolo del miele integrale.

Molti bambini crescono con il gusto delle bevande al naturale, ed è bene non alterarlo aggiungendo zucchero a ogni tazza di latte, di yogurt o di frutta.

Chi fa cucina naturale ha raramente occasione di usare zucchero bianco. È cortese averne comunque in casa un po' di scorta: magari per la vecchia zia o l'amica tradizionalista, che guardano con diffidenza lo zucchero di canna.

Le conserve della cucina naturale

Le marmellate che si trovano in commercio contengono una percentuale di zucchero che è fissata per legge, e che è molto elevata.

Le ricette casalinghe prescrivono di solito pari peso di frutta e di zucchero (di più se si tratta di frutta asprigna), ammonendo che diminuendo la quota di zucchero la marmellata rischia di ammuffire o di fermentare.

Esistono però numerose ricette di conserve di frutta senza zucchero o con poco zucchero; molte sono state elaborate nelle famiglie durante i tempi delle guerre, in periodi in cui lo zucchero scarseggiava ma era importante conservare la frutta durante l'inverno.

In questo capitolo trovate la ricetta della conserva tradizionale (da evitare) e una serie di ricette alternative.

Come preparare la crema inglese

Per sei porzioni di crema inglese occorrono mezzo litro di latte, 3 tuorli d'uovo, 50 g di zucchero e una scorza di limone.

Mescolate i tuorli d'uovo con lo zucchero, aggiungendo poco per volta il latte caldo.

Fate rapprendere su fiamma dolce, mescolando con un cucchiaio di legno. Versate in una zuppiera, rimestando ogni tanto mentre si raffredda.

Come preparare la crema pasticcera

La crema pasticcera è una crema di base, che si può arricchire o modificare in mille maniere: al caffè, al cioccolato, alla frutta, eccetera.

È una variante un po' meno delicata della crema inglese, e si prepara allo stesso modo, solo con l'aggiunta di un po' di farina.

Ricordiamo la ricetta-base: si battono i tuorli d'uovo (1 ogni due persone) con lo zucchero e la farina (due cucchiai di zucchero e un cucchiaio di farina ogni tuorlo d'uovo) finché il composto è chiarissimo.

Poi si unisce il latte (un decilitro per ogni tuorlo), aromatizzato con vaniglia o buccia di limone e non più a bollore.

Si mescola la crema, con un cucchiaio di legno, a bagnomaria o sull'angolo del fornello.

È importante non smettere mai di mescolare la crema, finché non è ben montata.

Per preparare la crema pasticcera, montate i tuorli con lo zucchero e la farina.

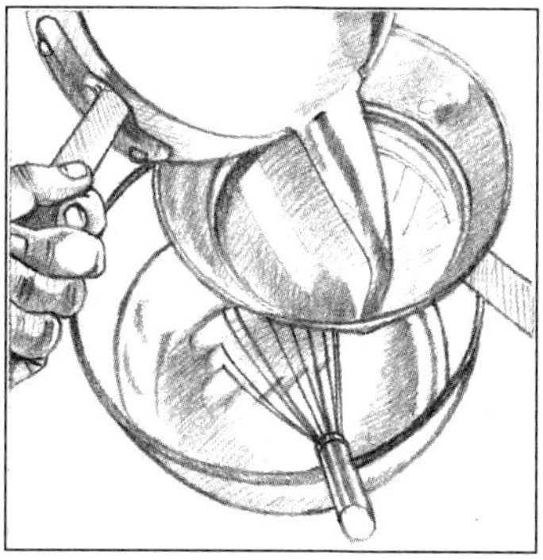

Aggiungete il latte, dopo che l'avrete bollito con un baccello di vaniglia.

Cuocete la crema mescolando continuamente, finché si è ammorbidita.

Come preparare la pasta 'matta'

È fatta solo di farina e acqua, volendo con un po' di sale e un cucchiaio d'olio.

L'Artusi dice che si chiama così per la sua semplicità, che la rende adatta per tutti gli usi e le situazioni.

È ottima per foderare stampini, coprire torte ripiene, eccetera. Una deliziosa e semplicissima torta di mele si prepara foderando una teglia con pasta matta alta circa 1 cm e a bordi alti. L'interno viene riempito di pezzetti di mela (meglio se di varietà soda e saporita) fino a formare una montagnola.

Sulle mele si sparge qualche cucchiaio di zucchero, abbondante cannella e fiocchetti di burro.

Si mette in forno finché la torta non diventa bruna e profumata.

I succhi aromatici della torta si mescolano alla pasta di base formando un accostamento assolutamente delizioso.

Come preparare la pasta brisée

Si chiama così (cioè 'spezzata') perché è delicata e friabile.

La ricetta richiede solo farina, burro (metà dose della farina) e 1 tuorlo d'uovo. Si può usare anche olio d'oliva.

Si mescola con attenzione, aggiungendo un po' d'acqua, per ottenere un impasto omogeneo.

Come in tutte le paste con il burro, prima di usarla bisogna lasciarla riposare al fresco per una mezz'oretta.

Per stenderla facilmente sulla tortiera, quando è ridotta in sfoglia, si può avvolgerla sul matterello oppure stenderla su un foglio di carta oleata che poi si capovolge sulla torta.

Per preparare la pasta brisée potete usare una spatola di plastica o di metallo: è molto utile per mescolare. Se l'impasto è molto secco, aggiungete un cucchiaio di acqua. Questa pasta è ottima anche usando metà burro e metà ricotta. La temperatura iniziale deve essere elevata; poi abbassatela per completare la cottura.

Fate al centro della farina una fontana, dove metterete zucchero, burro e tuorlo d'uovo.

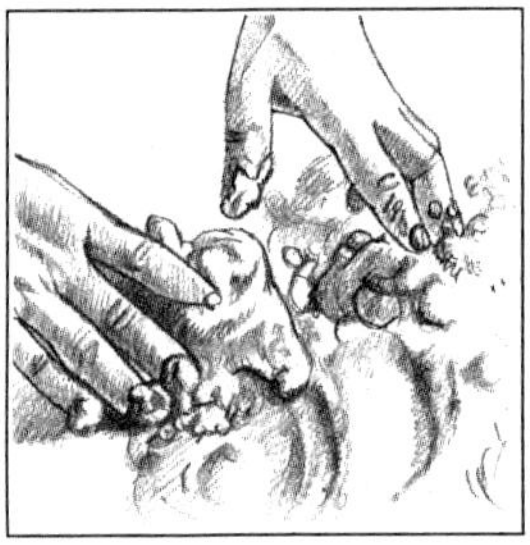

Amalgamate bene tutti gli ingredienti, finché si formano pezzetti piuttosto grossi.

Raccogliete l'impasto (con l'aiuto di una spatola) e iniziate a lavorarlo.

Impastate accuratamente finché la pasta diventa morbida ed elastica.

Date alla pasta la forma di una palla; avvolgetela in un canovaccio. Deve riposare per mezz'ora.

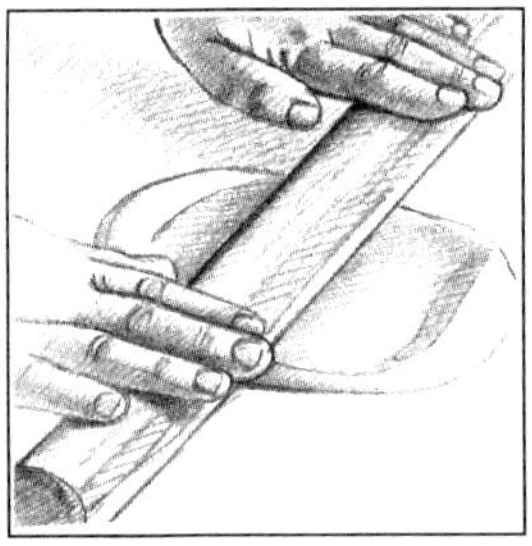

Stendete la pasta con il matterello per ottenere la forma desiderata.

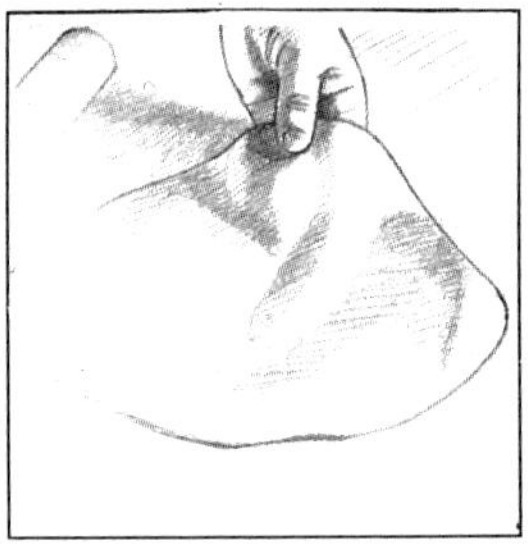

Dopo 3-4 passaggi con il matterello, la pasta dovrebbe poter essere sollevata.

Come preparare la pasta per bignè

Mettete sul fuoco una casseruola con mezzo litro di acqua e 170 g di burro.

Appena si alza il bollore togliete il recipiente dal fuoco e versate 200 g di farina (tutta in una volta), mescolando con un cucchiaio di legno.

Rimettete l'impasto su fuoco medio e mescolate vigorosamente per 7-8 minuti, finché il composto non si stacca dalle pareti. Togliete ancora il recipiente dal fuoco e mescolateci 7 uova una per una, sbattendo bene il composto.

Aggiungete ogni uovo soltanto quando il precedente è ben incorporato.

Alla fine la pasta dev'essere liscia e vellutata come una crema. Per fare i bigné bisogna mettere la pasta in una tasca da pasticcere a bocchetta tonda (basta anche un cono di carta oleata col fondo tagliato alla giusta misura) e spremere sulla lastra del forno oleata fiocchetti grossi quanto una noce, non troppo vicini l'uno all'altro.

I bigné vanno cotti in forno a calore medio per circa un quarto d'ora. Vanno tolti quando sono ben sodi, altrimenti si sgonfiano.

A questo punto sono pronti per essere riempiti o ricoperti di creme, dolci o salate a seconda della preparazione.

Come preparare la pasta frolla

La ricetta base prevede 200 g di farina, 100 g di zucchero, 100 g di burro, tre rossi d'uovo (o un uovo e un tuorlo), scorza di limone grattugiata, un po' di sale.

L'impasto va maneggiato senza lavorarlo troppo.

Lasciate riposare l'impasto una mezz'ora al fresco prima di adoperarlo.

Come preparare la pasta sfoglia

La pasta sfoglia è la più difficile delle paste 'classiche'.

Si prepara con pari peso di farina e burro, e la lavorazione è lunga e abbastanza complicata.

In questo caso è bene usare burro di panna, il migliore possibile. Dalla qualità del burro utilizzato dipende la leggerezza e la finezza della pasta.

La farina va mescolata con sola acqua fino a ottenere un impasto di media consistenza.

Poi si mette a riposare coperta da un tovagliolo, perché non si secchi. Nel frattempo il burro va impastato fra le mani finché non ha la stessa consistenza della pasta, dopo di che se ne forma un panetto rettangolare.

A questo punto stendete la pasta in un rettangolo, mettete il burro al centro e ripiegate la pasta come per fare un pacchetto. Schiacciate un po' col matterello e lasciate riposare per almeno cinque minuti. Dopo di che inizia la vera lavorazione: i 'giri'.

A ogni giro si stende la pasta a rettangolo (circa 20 cm per 60), poi si ripiega la sfoglia in tre, formando un quadrato.

Al giro successivo si stende nell'altro senso.

Fra un giro e l'altro la pasta deve riposare un quarto d'ora.

In tutto la pasta sfoglia deve fare sei giri, poi è pronta per essere messa in forno.

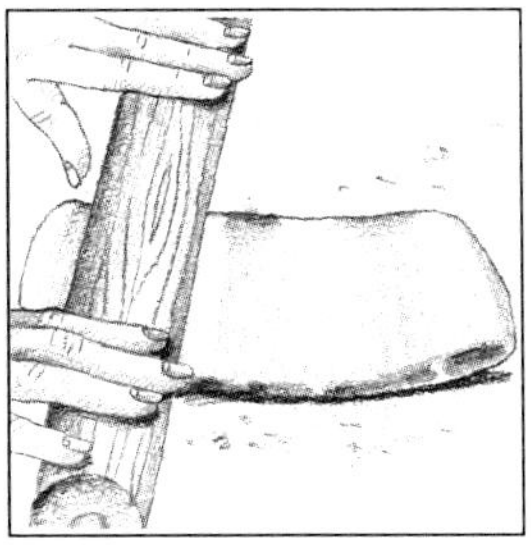

Stendete la pasta fino a ottenere un rettangolo di circa 20 cm per 60.

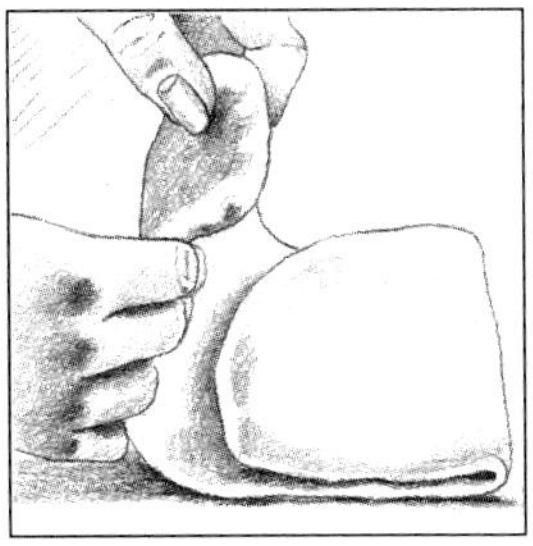

Ripiegate il rettangolo di pasta in tre, formando un quadrato.

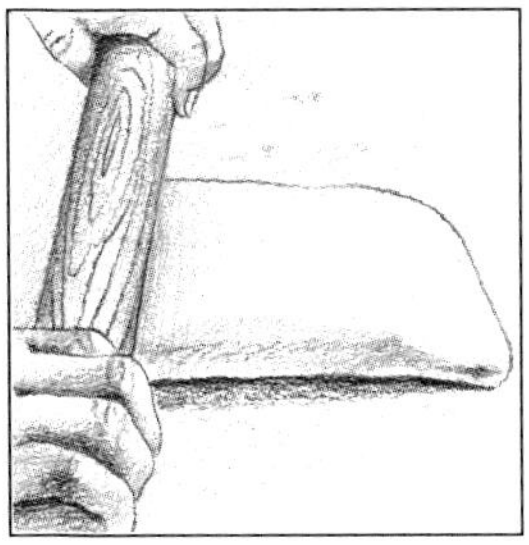

Premete bene i bordi con il matterello: il primo 'giro' è completo.

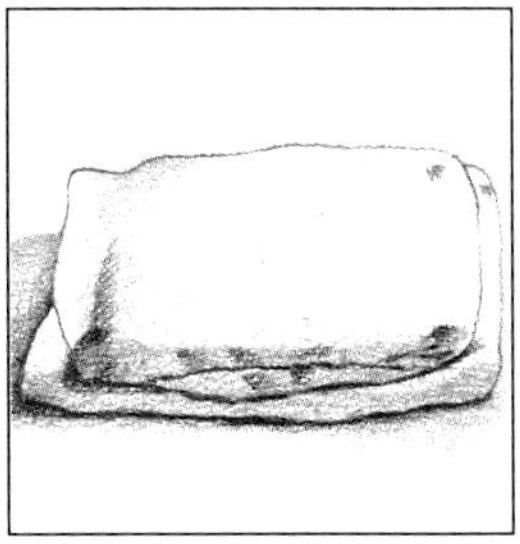

Ripetete l'operazione di stendere e ripiegare la pasta per 6 volte.

Amaretti ai semi di sesamo

STAGIONE: *tutto l'anno*
PREPARAZIONE: *20 minuti, più 1 ora per far rigonfiare i fiocchi d'avena*
COTTURA: *25 minuti*
MOLTO FACILE

STRETTAMENTE VEGETARIANO

INGREDIENTI

500 g di fiocchi d'avena
250 g di farina di grano
3 cucchiai di semi di sesamo tostati e pestati
1 cucchiaio di semi di sesamo interi, tostati
1 pizzico di zenzero grattugiato
1 cucchiaino di miso d'orzo o di riso

PREPARAZIONE

1 *Mettete in una terrina i fiocchi d'avena e copriteli d'acqua fredda, unite il miso, mescolate e lasciate a bagno per 1 ora.*

2 *Passato questo tempo aggiungete la farina, lo zenzero e i semi di sesamo.*

3 *Mettete l'impasto a cucchiaiate su una piastra da forno unta d'olio.*

4 *Cuocete gli amaretti a temperatura media per circa 25 minuti.*

La pasta non dev'essere troppo asciutta né troppo fluida; deve aderire al cucchiaio e quando la disponete sulla piastra deve risultare ben omogenea.

Biscotti al cumino

STAGIONE: *tutto l'anno*
PREPARAZIONE: *20 minuti, più 30 minuti perché la pasta riposi*
COTTURA: *20 minuti*
MOLTO FACILE

VEGETARIANO

INGREDIENTI

250 g di farina di grano
250 g di farina di mais
250 g di farina di grano saraceno
3 cucchiai d'olio di sesamo o di mais
1 cucchiaio di zucchero integrale o di miele
1 presa di cumino, 1 presa di cannella
1 presa di sale

PREPARAZIONE

1 *Tostate leggermente le spezie e pestatele nel mortaio.*

2 *Mescolate le tre farine. Aggiungete le spezie, il sale, lo zucchero o il miele e l'olio.*

3 *Impastate gli ingredienti formando dapprima dei granellini, poi aggiungete poca acqua per volta, fino a ottenere una pasta piuttosto morbida.*

4 *Lasciate riposare la pasta al fresco per mezz'ora, poi stendetela in uno strato di circa 1/2 cm di spessore.*

5 *Ritagliate i biscotti con uno stampino o un bicchiere.*

6 *Disponeteli su una teglia unta d'olio e cuocete a forno medio per 20 minuti.*

Questi biscotti si conservano benissimo in una scatola di metallo. Gli stampini in diverse forme (frutti, cuori, animali, stelle) divertono molto i bambini che vogliono partecipare alla preparazione dei biscotti.

Biscotti di grano saraceno

STAGIONE: *tutto l'anno*
PREPARAZIONE: *20 minuti, più 2 ore di ammollo per le uvette*
COTTURA: *15 minuti*
MOLTO FACILE
STRETTAMENTE VEGETARIANO

INGREDIENTI

500 g di farina di grano
250 g di farina di grano saraceno
1 tazza di semi di sesamo
1 tazza di uvette
1 l d'acqua
2 dl di olio d'oliva
sale

PREPARAZIONE

1 *Mescolate le farine, il sesamo, le uvette già ammollate. Disponeteli a fontana e aggiungete l'acqua, l'olio e il sale.*

2 *Impastate col cucchiaio di legno e poi con le mani. La pasta dev'essere abbastanza compatta e non deve appiccicarsi alle dita.*

3 *Formate una palla con l'impasto. Stendetelo col matterello e tagliatelo a quadrati.*

4 *Cuocete i biscotti in forno per un quarto d'ora a temperatura media, girandoli durante la cottura.*

Potete eventualmente aggiungere agli ingredienti anche 250 g di farina di mais.

Brioche

STAGIONE: *tutto l'anno*
PREPARAZIONE: *20 minuti, più 6-7 ore per la lievitazione*
COTTURA: *50 minuti*
PIUTTOSTO DIFFICILE
STRETTAMENTE VEGETARIANO

INGREDIENTI

500 g di farina setacciata
2 uova
6 cucchiai di olio di sesamo o di mais
1 cucchiaio di zucchero integrale
2 cucchiai di uvette
2 cucchiai di lievito
1 cucchiaio di acqua di fior d'arancio
1 pizzico di sale fino

PREPARAZIONE

1 *Lavate le uvette, copritele d'acqua calda, aggiungete l'acqua di fior d'arancio e lasciatele a bagno per 3 ore.*

2 *Passato questo tempo mettete la farina in una grande terrina e aggiungete il sale. Disponetela a fontana e incorporatevi il lievito, lo zucchero, l'olio, le uova sbattute, le uvette con l'acqua dell'ammollo. Mescolate con la forchetta, poi impastate con le mani.*

3 *Quando la pasta è abbastanza omogenea fatene una palla, copritela e lasciatela riposare per 3-4 ore.*

4 *Trascorso questo tempo impastatela di nuovo, stendetela in una teglia oleata e lasciate lievitare per altre 2-3 ore.*

5 *Mettete in forno caldo e lasciate cuocere la pasta per 50 minuti. Verificate la cottura con uno stuzzicadenti. Se esce asciutto vuol dire che la brioche è pronta.*

Castagnaccio

STAGIONE: *tutto l'anno*
PREPARAZIONE: *10 minuti*
COTTURA: *30 minuti*
MOLTO ECONOMICO
MOLTO FACILE
STRETTAMENTE VEGETARIANO

INGREDIENTI *(per 4 persone)*

300 g di farina di castagne
2 cucchiai di olio
1/2 cucchiaino di sale
100 g di pinoli
1 rametto di rosmarino

PREPARAZIONE

1 *Mescolate la farina con l'acqua, l'olio e il sale fino a ottenere una pasta morbida piuttosto liquida.*

2 *Versate l'impasto in una teglia che avrete spennellata d'olio con il rametto di rosmarino.*

3 *Spargete i pinoli e spolverizzate di rosmarino tutta la superficie del dolce.*

4 *Cuocete per mezz'ora a forno medio.*

Ecco un'altra ricetta tipica toscana.

Castagne arrosto, o caldarroste

STAGIONE: *autunno*
PREPARAZIONE: *10 minuti*
COTTURA: *30 minuti circa*

MOLTO FACILE
STRETTAMENTE VEGETARIANO

INGREDIENTI *(per 4 persone)*

1 kg di castagne fresche

PREPARAZIONE

1 *Incidete ogni castagna con un taglio di traverso servendovi di un coltellino affilato, altrimenti durante la cottura scoppiano.*

2 *Cuocetele in forno a calore medio per una mezz'oretta oppure, secondo la ricetta classica, mettetele nella speciale padella forata, che serve a far saltare le castagne su una bella fiammata.*

Si mangiano nelle giornate d'autunno, accompagnate da un vino rosso leggero.

Castagne lesse

STAGIONE: *autunno*

COTTURA: *1 ora*

MOLTO FACILE

STRETTAMENTE VEGETARIANO

INGREDIENTI *(per 4 persone)*

1 kg di castagne fresche
1 rametto di finocchio o 2 foglie di alloro
sale

PREPARAZIONE

1 *Mettete le castagne in abbondante acqua fredda, con un pizzico di sale e un rametto di finocchio.*

2 *Cuocete a fuoco leggero per circa un'ora.*

Le castagne che galleggiano nell'acqua sono guaste e vanno scartate.

Cestelli di mele

STAGIONE: *tutto l'anno*
PREPARAZIONE: *20 minuti, più qualche ora per l'ammollo delle uvette*
COTTURA: *35 minuti*

VEGETARIANO

INGREDIENTI *(per 4 persone)*

200 g di farina di grano
2 cucchiai di olio di sesamo o di mais
4 mele (possibilmente renette)
1 cucchiaio di uvette
1 tuorlo d'uovo
1 pizzico di sale

PREPARAZIONE

1 *Preparate la pasta seguendo una delle ricette di base (pasta matta o pasta brisée) indicate alla pagina 360.*

2 *Scegliete delle mele piccole, togliete il torsolo con l'apposito apparecchietto o con un coltellino e riempitele con le uvette già ammollate.*

3 *Stendete la pasta col matterello fino a ottenere una sfoglia finissima. Ritagliate dei riquadri di circa 15 cm di lato.*

4 *Su ogni riquadro appoggiate una mela, poi inumidite i quattro angoli e uniteli insieme sopra la mela, schiacciando bene.*

5 *Diluite il tuorlo d'uovo con un cucchiaio d'acqua e spennellatelo sulla pasta.*

6 *Fate cuocere per 35 minuti in forno a media temperatura.*

Charlotte

STAGIONE: *tutto l'anno*
PREPARAZIONE: *10 minuti*
COTTURA: *30-40 minuti*
MOLTO ECONOMICO
VEGETARIANO

INGREDIENTI *(per 4-6 persone)*

500 g di pane a fette
100 g di burro
4 mele renette (o altra frutta)
1 scorza di arancia
1/2 l di vino bianco

PREPARAZIONE

1 *Per fare una charlotte foderate uno stampo (ma va bene anche una casseruola) con delle fette di pane private della crosta e bagnate nel burro fuso. (Si può usare anche olio al posto del burro fuso.)*

2 *Riempite poi di composta di frutta, per esempio con delle mele cotte in un po' di vino e aromatizzate con buccia d'arancia.*

3 *Chiudete il dolce con delle altre fette di pane, sempre inumidite di burro fuso.*

4 *Poi mettete lo stampo in forno caldo e cuocete per 30-40 minuti, fino a quando le fette di pane non saranno di un bel biondo dorato.*

5 *Quando togliete la charlotte dal forno attendete una decina di minuti prima di sformarla e servirla.*

La charlotte è un dolce molto semplice e buono che può essere variato in infinite maniere. L'Artusi lo disprezzava un po'; e forse proprio per questo è tanto squisito.

Potete fare anche delle ottime charlotte fredde usando dei biscotti per foderare lo stampo e riempiendo l'interno di frutta fresca inframmezzata di crema, di gelato, o di panna montata.

Se volete potete accompagnare le charlotte con della crema inglese (*vedi* la ricetta a pag. 359), o con delle salse di frutta.

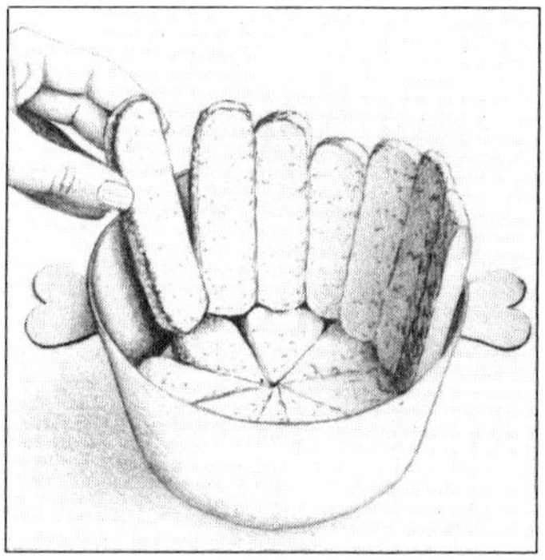

Come preparare una charlotte fredda

Foderate uno stampo con i biscotti (dopo aver tagliato i bordi) ponendoli 'a corolla', con la parte arrotondata verso il basso.

Ponete gli altri biscotti, dopo averli tagliati in misura, intorno alle pareti, con la parte arrotondata verso l'esterno.

Dopo aver messo il ripieno (frutta fresca, crema, gelato...), pareggiate le punte dei biscotti con un coltello molto affilato.

Chiacchiere, cenci, galani, frappe, bugie...

STAGIONE: *tutto l'anno, ma sono tipiche del tempo di Carnevale*
PREPARAZIONE: *30 minuti, più 30 minuti di riposo*
COTTURA: *il tempo necessario per friggerle*
PIUTTOSTO DIFFICILE

VEGETARIANO

INGREDIENTI *(per 6 persone)*

200 g di farina bianca
1 uovo
2 cucchiai d'olio
1 bicchierino di vino bianco o di grappa
olio o strutto per friggere
zucchero a velo (facoltativo)

PREPARAZIONE

1 *Impastate gli ingredienti e lavorateli a lungo, poi lasciate riposare l'impasto per una mezz'ora circa.*

2 *Spianate la pasta in una sfoglia sottile, la più sottile che potete, poi tagliatela con la rotellina dentata, o con un coltello, in strisce larghe circa 3 cm, annodandole e ripiegandole per formare gale e nodi.*

3 *Per friggere vi occorrono olio o strutto in abbondanza, in cui le chiacchiere possano galleggiare. Buttatene poche per volta: subito diventeranno croccanti e dorate, assumendo forme strane e aggraziate; poi sgocciolatele su carta assorbente.*

Quando sono ben fatte le chiacchiere sono leggerissime e asciutte. Potete spolverarle di zucchero a velo, ma sono molto buone anche con pochissimo zucchero o senza del tutto. Se le servite con lo zucchero a parte chi le apprezza al naturale ve ne sarà molto grato.

Origine: tutta Italia

Clafoutis di albicocche

STAGIONE: *estate*
PREPARAZIONE: *25 minuti, più una notte per la fermentazione della pasta*
COTTURA: *35 minuti*
MOLTO FACILE

STRETTAMENTE VEGETARIANO

INGREDIENTI *(per 4 persone)*

700 g di albicocche
250 g di fiocchi d'avena
1 cucchiaio di zucchero integrale
1 cucchiaino di miso, preferibilmente di riso
1 uovo
1/3 di stecca di vaniglia
olio, sale

PREPARAZIONE

1 *Procuratevi dei fiocchi d'avena di buona qualità. Uniteci lo zucchero sciolto in un po' d'acqua, una tazza d'acqua fredda e il miso diluito. Mescolate il tutto.*

2 *Coprite e tenete a temperatura ambiente fino al giorno dopo, affinché la pasta fermenti.*

3 *A questo punto mettete le albicocche snocciolate in un recipiente di terracotta leggermente oliato.*

4 *Diluite i fiocchi con un po' d'acqua fredda in modo da ottenere un impasto abbastanza fluido. Unite l'uovo, una presa di sale e la vaniglia.*

5 *Fate cuocere per 35 minuti in forno medio.*

Un giorno avevo avanzato un po' di pasta per le cialde d'avena. Avevo a disposizione delle albicocche ben mature e ho avuto l'idea di farne un clafoutis: è stato un successo.

Clafoutis di ciliege

STAGIONE: *estate*
PREPARAZIONE: *15 minuti*
COTTURA: *35 minuti*
PIUTTOSTO COSTOSA
MOLTO FACILE
VEGETARIANO

INGREDIENTI *(per 4 persone)*

700 g di ciliege
150 g di farina
1 uovo
4 dl d'acqua
sale

PREPARAZIONE

1 *Diluite la farina con l'acqua, aggiungete il sale, incorporate al composto l'uovo sbattuto.*

2 *Mettete le ciliege snocciolate, ben vicine fra loro, in un recipente fondo resistente al forno.*

3 *Versate la pastella sulle ciliege e cuocete per 35 minuti in forno a temperatura media.*

4 *Servite il clafoutis tiepido nel recipiente di cottura.*

Clafoutis di prugne secche

STAGIONE: *tutto l'anno*
PREPARAZIONE: *20 minuti, più una notte per l'ammollo dei fiocchi d'avena e delle prugne*
COTTURA: *40 minuti*
MOLTO FACILE
STRETTAMENTE VEGETARIANO

INGREDIENTI: *per 4 persone*

500 g di fiocchi d'avena
mezza tazza di prugne secche
1 cucchiaio di zucchero integrale
1 pizzico di sale

PREPARAZIONE

1 *Mettete i fiocchi in una terrina e copriteli d'acqua fredda; unite il sale e lo zucchero precedentemente diluito in un cucchiaio d'acqua bollente. Lasciate rigonfiare per tutta la notte.*

2 *In un altro recipiente mettete le prugne a rigonfiare nell'acqua.*

3 *L'indomani unite le prugne e i fiocchi; mescolate bene e versate l'impasto in uno stampo oleato, dai bordi scannellati.*

4 *Fate cuocere a forno medio per 40 minuti.*

Crema di prugne

STAGIONE: *tutto l'anno*
PREPARAZIONE: *una notte per l'ammollo delle prugne*
COTTURA: *20 minuti*
MOLTO FACILE
STRETTAMENTE VEGETARIANO

INGREDIENTI *(per 4 persone)*

500 g di yogurt di soia
10 prugne secche
1/2 stecca di vaniglia
qualche mandorla tagliata a filetti e tostata
sale

PREPARAZIONE

1 *Mettete a bagno le prugne per una notte.*

2 *Quando si sono ben ammorbidite e gonfiate cuocetele per 20 minuti col sale e la vaniglia.*

3 *Lasciate raffreddare completamente le prugne, poi snocciolatele e passatele al passaverdure usando una griglia media. (Eventualmente potete anche usare il mixer.)*

4 *Mescolate le prugne allo yogurt.*

5 *Riempite delle coppette, decoratele con i filetti di mandorle e tenete al fresco fino al momento di servire.*

Crema di prugne all'arancia

STAGIONE: *tutto l'anno*
PREPARAZIONE: *20 minuti, più una notte per l'ammollo delle prugne secche*
PIUTTOSTO COSTOSO
MOLTO FACILE
STRETTAMENTE VEGETARIANO

INGREDIENTI *(per 4 persone)*

500 g di prugne secche
3-5 arance, secondo le dimensioni
150 g di zucchero (facoltativo)

PREPARAZIONE

1 *La sera prima di preparare la crema coprite a filo le prugne con dell'acqua tiepida.*

2 *La mattina seguente snocciolate le prugne e passatele al passaverdure. Aggiungete l'acqua di ammollo poco per volta, perché la crema non risulti troppo liquida.*

3 *Mondate le arance e passatele al passaverdure, poi mescolatele alla crema di prugne.*

4 *Amalgamate bene il tutto e zuccherate, se volete: la crema è comunque ottima anche al naturale.*

Questa crema di prugne costituisce un rimedio eccellente per combattere la costipazione.

Crema di tofu

STAGIONE: *tutto l'anno*
PREPARAZIONE: *20 minuti, più 3 ore per l'ammollo delle uvette*
COTTURA: *20 minuti*
MOLTO FACILE
STRETTAMENTE VEGETARIANO

INGREDIENTI *(per 4 persone)*

200 g di tofu
1 cucchiaio di uvette
1 cucchiaino di tahin
la scorza di un limone
succo d'uva o di mele (facoltativo)
vaniglia
sale

PREPARAZIONE

1 *Dopo un ammollo di 3 ore fate cuocere le uvette col succo di mela, il sale, la vaniglia, poi frullatele.*

2 *Ammorbidite il tahin schiacciandolo con una forchetta.*

3 *Incorporate al tofu il passato di uvette, il tahin e la scorza di limone grattugiata. Lavorate bene il tutto fino a ottenere una crema liscia.*

4 *Riempite delle coppette con la crema e servitela fresca.*

Crêpiau alle mele

STAGIONE: *autunno, inverno, primavera*
PREPARAZIONE: *15 minuti*
COTTURA: *15 minuti*
MOLTO ECONOMICO
MOLTO FACILE
VEGETARIANO

INGREDIENTI *(per 4 persone)*

200 g di farina
3 mele
1/4 di l di latte
4 uova
50 g di burro
zucchero integrale o miele
sale

PREPARAZIONE

1 *Mettete in una terrina la farina, un pizzico di sale e le quattro uova.*

2 *Mescolate. Prima amalgamate le uova alla farina, poi aggiungete il latte freddo, fino a ottenere una pastella da crêpes un po' pesante.*

3 *Mondate le mele e affettatele finemente.*

4 *Mettete in padella un po' di burro. Quando è fuso versate un mestolo di pastella; appena il fondo si è un po' rassodato stendeteci sopra le mele, poi versate il resto della pastella.*

5 *Lasciate cuocere a fuoco medio scuotendo la padella perché il crêpiau non attacchi al fondo. Quando è dorato fatelo saltare oppure rivoltatelo aiutandovi con un piatto delle stesse dimensioni della padella e cuocetelo dolcemente anche dall'altra parte.*

6 *Servite il crêpiau, spolverato di zucchero e di fiocchetti di burro, oppure coperto di miele.*

Origine: Francia

Croissant

STAGIONE: *tutto l'anno*
PREPARAZIONE: *30 minuti, più 6 ore per la lievitazione della pasta*
COTTURA: *20 minuti*
PIUTTOSTO DIFFICILE

VEGETARIANO

INGREDIENTI

250 g di farina
5 g di lievito di birra
1 uovo
80 g di ricotta
30 g di burro
1 cucchiaino di zucchero integrale
sale

PREPARAZIONE

1 *Sciogliete in una tazza il lievito con un po' d'acqua tiepida e 100 g di farina. Lasciate lievitare.*

2 *Mettete il resto della farina in una terrina e aggiungeteci il sale, lo zucchero, l'uovo e due cucchiai d'acqua. Mescolate.*

3 *Aggiungete la ricotta e il lievito diluito. Mescolate fino a ottenere una pasta ben omogenea.*

4 *Stendete l'impasto col matterello.*

5 *Dividete il burro in tre parti.*

6 *Stendete una parte del burro in strato sottile sulla pasta. Arrotolate la pasta e spianatela di nuovo.*

7 *Ripetete altre due volte l'operazione.*

8 *Terminate spianando e arrotolando la pasta per la quarta volta; mettetela su un piatto ricoperto da un tovagliolo umido e lasciatela al fresco per almeno 5 ore.*

9 *Passato questo tempo spianate la pasta. Tagliate la sfoglia in triangoli e arrotolateli per formare i croissant.*

10 *Dorateli col tuorlo d'uovo e fateli cuocere per 20 minuti in forno caldo.*

Questi croissant contengono molti meno grassi della ricetta tradizionale e sono tuttavia deliziosi.

Stendete la pasta fino a ottenere un rettangolo dal quale taglierete strisce della larghezza di circa 15 cm; tagliate ogni striscia diagonalmente ottenendo triangoli.

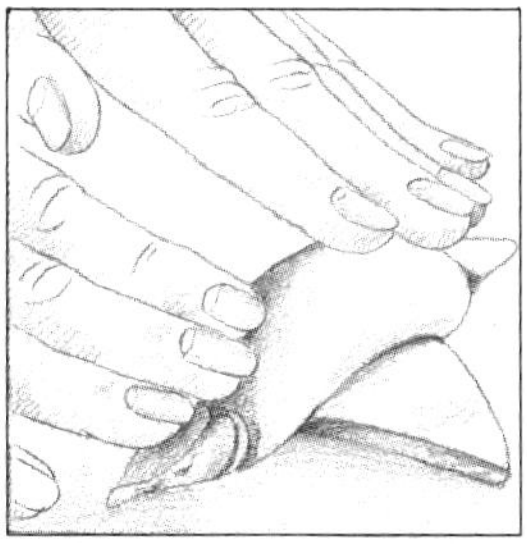

Arrotolate ogni triangolo iniziando dal lato più lungo e terminando con la punta; per evitare che i dolci si arrotolino mentre cuociono, nascondete la punta sotto il croissant.

Dopo aver dato ai croissant la forma di mezzaluna, metteteli su una piastra unta; pennellateli con glassa d'uovo (1 uovo sbattuto con 1 pizzico di sale).

Cuocete i croissant in forno a 220 °C per circa 15 minuti; quando saranno dorati e croccanti, toglieteli dal forno e lasciateli raffreddare.

Dolce di fagioli

STAGIONE: *tutto l'anno*
PREPARAZIONE: *20 minuti, più una notte per l'ammollo dei fagioli*
COTTURA: *1 ora e mezza*
MOLTO FACILE

VEGETARIANO

INGREDIENTI *(per 4 persone)*

300 g di fagioli secchi
100 g di zucchero integrale
3 uova
cannella

PREPARAZIONE

1 *Fate cuocere i fagioli già ammollati (il tempo di cottura può variare a seconda della varietà di fagioli). Scolateli bene e passateli possibilmente al setaccio per eliminare bene la buccia, oppure al passaverdure.*

2 *Unite la cannella, lo zucchero e i tuorli d'uovo, poi incorporate delicatamente gli albumi montati a neve.*

3 *Versate in uno stampo imburrato e cuocete per mezz'ora a forno medio. Potete mangiare il dolce tiepido o freddo.*

Questa torta è molto popolare in America Latina. Riesce facilmente e non contiene grassi aggiunti.

Dolce di riso

STAGIONE: *tutto l'anno*
PREPARAZIONE: *15 minuti*
COTTURA: *1 ora e 10 minuti*
MOLTO ECONOMICO
MOLTO FACILE

VEGETARIANO

INGREDIENTI *(per 4 persone)*

500 g di riso semi-integrale
3 dl di latte di soia (o di latte)
2 cucchiai di zucchero integrale
2 uova
1 stecca di vaniglia
1 tazza di mandorle sgusciate
200 g di ricotta
sale

PREPARAZIONE

1 *Mettete il riso in acqua fredda salata, unite il latte e la vaniglia. Cuocete per 35 minuti a fuoco dolce.*

2 *Dopo la cottura lasciate raffreddare un po' il riso, poi unite i tuorli d'uovo, la ricotta e i bianchi montati a neve ferma.*

3 *Mettete l'impasto in uno stampo tondo, oliato, e distribuite le mandorle sul riso.*

4 *Fate cuocere per 35 minuti a forno medio. Alla fine le mandorle devono risultare leggermente dorate.*

Dolcetti alle nocciole

Stagione: *tutto l'anno*
Preparazione: *20 minuti, più 2 ore per l'ammollo delle uvette*
Cottura: *35 minuti*
Molto facile

Strettamente vegetariano

Ingredienti

500 g di fiocchi d'avena
100 g di uvette
100 g di nocciole (o di pinoli)
1 cucchiaio di acqua di fior d'arancio
acqua
1 pizzico di sale

Preparazione

1 *Lavate le uvette. Fatele rigonfiare per un paio d'ore in acqua calda.*

2 *Passato questo tempo mettete a bagno i fiocchi d'avena, aggiungete il sale, l'acqua di fior d'arancio e l'acqua di ammollo delle uvette. Fate attenzione a non eccedere con l'acqua: la pasta dovrà restare attaccata al cucchiaio, senza colare.*

3 *Intanto fate tostare le nocciole, pestatele nel mortaio e unitele ai fiocchi insieme alle uvette.*

4 *Prelevate la pasta a cucchiaiate e disponetela su una piastra da forno unta d'olio.*

5 *Fate cuocere a forno medio per 35 minuti.*

Dolcetti ai semi di lino

Stagione: *tutto l'anno*
Preparazione: *20 minuti, più 1 ora per lasciar rigonfiare i fiocchi d'avena*
Cottura: *25 minuti*
Molto facile

Strettamente vegetariano

Ingredienti

3 cucchiai di semi di lino
300 g di fiocchi d'avena
250 g di farina di grano
1 cucchiaio di zucchero integrale o di sciroppo d'acero
1 cucchiaio di acqua di fior d'arancio
2 pizzichi di sale
olio

Preparazione

1 *Versate i fiocchi in una terrina, copriteli d'acqua fredda, unite lo zucchero sciolto in acqua bollente e il sale. Lasciate riposare per un'ora perché i fiocchi abbiano il tempo di rigonfiare.*

2 *A questo punto aggiungete i semi di lino macinati, l'olio, l'acqua di fior d'arancio e la farina. Mescolate bene il tutto.*

3 *Disponete la pasta a cucchiaiate su una piastra unta d'olio.*

4 *Cuocete per circa 25 minuti a forno medio.*

Fougasse

STAGIONE: *tutto l'anno, ma è un dolce tipico natalizio*
PREPARAZIONE: *30 minuti, più qualche ora per la lievitazione*
COTTURA: *1 ora*
VEGETARIANO

INGREDIENTI

1 kg di farina ben setacciata
3 cucchiai di lievito naturale
2 uova
100 g di mandorle dolci
30 g di mandorle amare
100 g di pinoli
1 bicchierino di olio d'oliva
1 bicchierino di acqua di fior d'arancio
100 g di zucchero integrale
2 cucchiaini di cumino o di anice

PREPARAZIONE

1 *Sciogliete il lievito con un po' d'acqua tiepida; mescolatelo a 200 g di farina e lasciate lievitare per circa un'ora in un ambiente tiepido.*

2 *Pestate nel mortaio le mandorle e i pinoli con lo zucchero.*

3 *Impastate il lievito col resto della farina; incorporateci le uova, la pasta di mandorle, l'olio, l'acqua di fior d'arancio e lasciate lievitare al tiepido .*

4 *Oliate una teglia dai bordi lisci, stendete la pasta con le mani e spolveratela col cumino o con l'anice.*

5 *Fate cuocere per un'ora a forno medio.*

La fougasse è un dolce tipico provenzale.

Frittelle di farina di castagne

STAGIONE: *tutto l'anno*
PREPARAZIONE: *15 minuti*
COTTURA: *20 minuti*
MOLTO ECONOMICO
MOLTO FACILE
STRETTAMENTE VEGETARIANO

INGREDIENTI

200 g di farina di castagne
olio di arachide, di mais o di girasole
zucchero (facoltativo)
sale

PREPARAZIONE

1 *Mescolate in una terrina la farina di castagne e il sale. Incorporate un po' d'acqua per volta, eliminando i grumi con una spatola o con un cucchiaio di legno, fino a ottenere una pasta ben liscia e omogenea.*

2 *Fate scaldare un po' d'olio in una padella; quando è ben caldo versateci la pasta a cucchiaiate. La pasta deve allargarsi e formare una frittella piatta.*

3 *Quando i bordi diventano di colore bruno scuro girate la frittella e lasciatela cuocere dall'altra parte; le frittelle sono pronte quando si staccano facilmente dalla padella; devono restare morbide.*

4 *Mettetele su un canovaccio o su carta assorbente da cucina per togliere l'olio in eccesso.*

Queste frittelle sono un dolce tradizionale della Corsica. Di solito si mangiano calde e spruzzate di zucchero, ma sono ottime anche se salate e accompagnate, per esempio, a cipolle e peperoni saltati.

Halé (pane intrecciato di origine ebraica)

STAGIONE: *tutto l'anno*
PREPARAZIONE: *30 minuti, più 12 ore per la lievitazione della pasta*
COTTURA: *35 minuti*
PIUTTOSTO DIFFICILE
VEGETARIANO

INGREDIENTI

850 g di farina
3 cucchiai di olio d'oliva
2 uova
1 noce di lievito naturale
semi di sesamo
3 cucchiaini di sale fino

PREPARAZIONE

1 *Sciogliete il lievito in un po' di acqua tiepida, mescolatelo con 150 g di farina, un uovo e un cucchiaio d'olio fino a formare una pallina abbastanza morbida.*

2 *Coprite l'impasto con un canovaccio e un panno di lana e lasciate lievitare per tutta la notte.*

3 *Il giorno seguente aggiungete il resto della farina, l'olio e il sale.*

4 *Impastate a lungo, come per preparare la pasta del pane, poi lasciate riposare.*

5 *Quando la pasta è ben lievitata (dopo circa tre ore) dividetela in pezzetti.*

6 *Arrotolateli fra le mani in modo da ottenere dei cilindretti lunghi circa 30 cm.*

7 *Preparate una treccia, prima a tre fili, poi, quando avrete più esperienza, anche a sei.*

8 *Dorate col tuorlo d'uovo diluito in un po' d'acqua e spolverate coi semi di sesamo.*

9 *Fate cuocere per 35 minuti in forno caldo.*

Per preparare una treccia di pane, tagliate la pasta in tre strisce della stessa lunghezza. Arrotolate ogni striscia tra i palmi delle mani in maniera da ottenere rotolini piuttosto lunghi (che raggiungano almeno 30 cm).

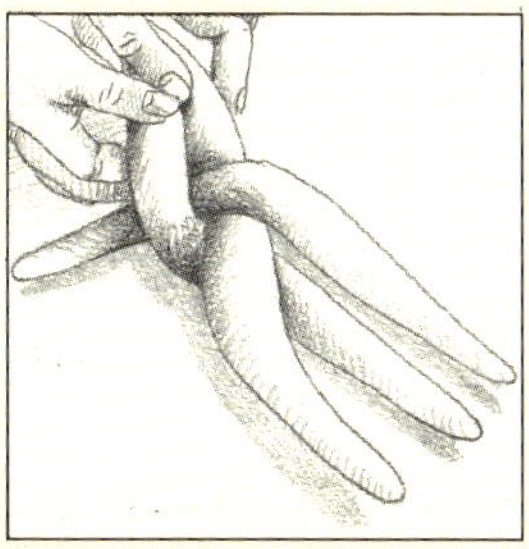

Allineate i rotolini di pasta e, iniziando dalla parte centrale, cominciate a intrecciarli. Tirate le due estremità della treccia, in maniera che la pagnotta risulti più gonfia al centro. Alla fine premete le estremità della treccia.

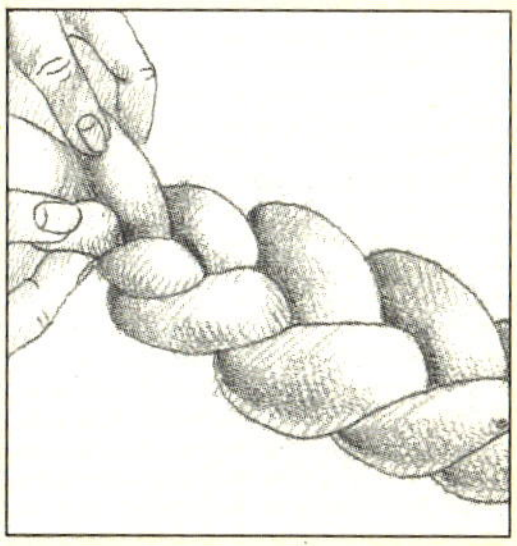

Krapfen

STAGIONE: *tutto l'anno, ma sono tipici del periodo di Carnevale*
PREPARAZIONE: *circa 4 ore*
COTTURA: *5 minuti*

VEGETARIANO

INGREDIENTI *(per 4 persone)*

100 g di farina bianca
10 g di lievito di birra
1 uovo intero e un tuorlo
2 dl di latte
conserva di frutta o crema pasticcera
zucchero (facoltativo)
olio o strutto per friggere
sale

PREPARAZIONE

1 Stemperate in poca acqua tiepida il lievito e un cucchiaio di farina. Tenete al caldo finché non raddoppiano il loro volume (per questo occorrerà circa un quarto d'ora).

2 Impastate insieme il resto della farina, un cucchiaio d'olio, le uova, un pizzico di sale e il panetto lievitato; maneggiate l'impasto con forza, finché non sarà ben amalgamato e omogeneo.

3 Coprite la pasta con un panno e lasciatela lievitare in luogo tiepido per 2 ore. Poi battetela leggermente per sgonfiarla, stendetela e ripiegatela su se stessa tre o quattro volte.

4 Infine stendete la pasta in uno strato spesso circa un dito e con un bicchiere ricavatene dei dischi. Impastate e stendete di nuovo anche i ritagli.

5 Bagnate una metà dei dischi con un po' di latte o col bianco d'uovo avanzato, poi metteteci un cucchiaio di conserva di frutta o di crema pasticcera.

6 Coprite con i dischi rimasti e schiacciate bene i bordi, perché i krapfen non si aprano durante la cottura.

7 Lasciateli riposare per mezz'ora, in modo che lievitino ancora.

8 Quando sono ben gonfi gettateli nell'olio o nello strutto bollenti, fateli dorare (bastano pochi istanti) e asciugateli su carta assorbente da cucina.

9 Se volete potete cospargere i krapfen di zucchero, ma sono squisiti anche senza.

Sono una meraviglia, soprattutto se riuscite a mangiarli appena fatti.

I krapfen possono essere farciti, come viene consigliato in questa ricetta, con piccole quantità di crema (per esempio di crema pasticcera, *vedi* la ricetta a pagina 359) o di marmellata (*vedi* per esempio le ricette di pagina 387), ma possono essere anche preparati senza l'aggiunta del ripieno.

Non dimentichiamo comunque che, per la notevole quantità di zuccheri e di grassi che contengono, i krapfen sono un alimento ipercalorico, da consumare quindi solo occasionalmente.

Kugelhopf

STAGIONE: *tutto l'anno*
PREPARAZIONE: *40 minuti, più 3-6 ore per la lievitazione*
COTTURA: *40 minuti*
PIUTTOSTO DIFFICILE

VEGETARIANO

INGREDIENTI *(per 6 persone)*

500 g di farina
1/4 di l di latte
125 g di burro
20 g di lievito di birra
2 uova
125 g di zucchero
100 g di uvette
100 g di mandorle a filetti
sale

PREPARAZIONE

1 *Fate sciogliere il lievito in due cucchiai di latte tiepido e tenetelo in un luogo tiepido fino al momento di usarlo.*

2 *Sciogliete il burro nel resto del latte, a bagnomaria.*

3 *Mettete la farina in una terrina, disponetela a fontana e aggiungete il sale, lo zucchero e le uova.*

4 *Impastate con le mani aggiungendo a poco a poco il latte, poi il lievito sciolto che starà fermentando.*

5 *Impastate sollevando la pasta, senza sbatterla, finché non si stacca dalle dita e dalla terrina (ci vorranno almeno 20 minuti).*

6 *Aggiungete all'impasto le uvette rigonfiate in acqua tiepida, asciugate e senza semi, e la metà delle mandorle.*

7 *Imburrate uno stampo dai bordi alti e cospargete con qualche filetto di mandorla fra le scanalature. Versate la pasta fino ad arrivare ai due terzi dell'altezza dello stampo.*

8 *Coprite con un panno e tenete in un luogo tiepido finché la pasta non lievita riempiendo tutto lo stampo (occorreranno dalle 3 alle 6 ore, a seconda della temperatura).*

9 *Scaldate il forno per 20 minuti a calore medio, e infornate.*

10 *Aspettate 20 minuti prima di controllare la cottura. Se il colore è già dorato coprite il kugelhopf con della carta da forno e lasciate cuocere almeno per 40 minuti. Verificate se il dolce è pronto immergendo la lama di un coltello, che deve uscire pulita.*

11 *Sformate soltanto qualche minuto dopo aver tolto il kugelhopf dal forno.*

Il kugelhopf è un celebre dolce di origine alsaziana.

Kugelhopf in tedesco significa 'salto della palla'. Questo nome particolare deriva probabilmente dalla tradizionale modalità di preparazione del dolce: la pasta infatti, dopo essere stata fatta lievitare (e ridotta a forma di palla) veniva ripetutamente battuta con il palmo della mano, fino a diminuirne il volume di circa la metà. Potete provare anche voi: in questo caso lasciate riposare la pasta fuori dallo stampo e, dopo la lievitazione, 'battete' la palla di pasta. Otterrete in questo modo un dolce dalla pasta più compatta.

Anche questo dolce è molto ricco di zuccheri e di grassi. Non è quindi un alimento da consumare troppo spesso.

Mele al forno

STAGIONE: *autunno, inverno, primavera*
PREPARAZIONE: *15 minuti, più qualche ora di ammollo per le uvette*
COTTURA: *30-40 minuti*
MOLTO FACILE
STRETTAMENTE VEGETARIANO

INGREDIENTI *(per 4 persone)*

4 mele
1 pizzico di sale, oppure 1 cucchiaino di miso di riso
4 fette di pane raffermo
80 g di uvette
4 noci sgusciate

PREPARAZIONE

1 *Mettete a bagno le uvette per qualche ora in acqua calda.*

2 *Spazzolate le mele senza sbucciarle e togliete il torsolo con un coltellino.*

3 *Riempite la cavità con le uvette, aggiungete un po' di miso diluito e coprite con un gheriglio di noce.*

4 *Togliete la crosta alle fette di pane e mettetele in un piatto da forno; appoggiateci sopra le mele.*

5 *Versate nel piatto un bicchiere d'acqua.*

6 *Cuocete a forno medio per 30-40 minuti.*

Se possibile scegliete delle mele renette, più saporite e leggere.

Monte Bianco

STAGIONE: *autunno*
PREPARAZIONE: *1 ora e mezza*
COTTURA: *50 minuti*
MOLTO FACILE
MOLTO ECONOMICO
VEGETARIANO

INGREDIENTI *(per 4 persone)*

1 kg di castagne (marroni)
1 dl di latte
6 amaretti
3 dl di panna montata
1 bicchierino di rum
1 cucchiaino di semi di finocchio
sale

PREPARAZIONE

1 *Togliete alle castagne la buccia e cuocetele per 40 minuti in acqua leggermente salata con i semi di finocchio.*

2 *Scolate le castagne e togliete la pellicina, che si staccherà facilmente.*

3 *Rimettete al fuoco le castagne sbucciate col latte e schiacciatele con un cucchiaio di legno; se necessario aggiungete altro latte. Togliete il recipiente dal fuoco e aggiungete il rum e gli amaretti sbriciolati.*

4 *Passate il composto al mulinetto o allo schiacciapatate, spremendolo direttamente sul piatto da portata. Disponetelo a cono e coprite la sommità con la panna montata.*

In alternativa potete disporre il passato di castagne in coppe individuali, foggiandolo a piramide. Decorate i lati e la base di crema tofu, di ricotta o di latte cagliato. Spolverate con delle mandorle tostate a filetti.

DOLCI

Necci (cialde di farina di castagne)

STAGIONE: *tutto l'anno*
PREPARAZIONE: *10 minuti*
COTTURA: *5 minuti per cialda*
MOLTO ECONOMICO
MOLTO FACILE
STRETTAMENTE VEGETARIANO

INGREDIENTI *(per 6 persone)*

500 g di farina di castagne
1 rametto di rosmarino
olio per ungere il ferro da cialde
1 pizzico di sale

PREPARAZIONE

1 *Versate della farina di castagne in una terrina e aggiungete dell'acqua salata fino a ottenere una pastella di media consistenza.*

2 *Oliate bene il ferro da cialde col rametto di rosmarino immerso nell'olio.*

3 *Lasciate scaldare il ferro da cialde e versateci sopra un mestolo di pastella. Chiudete il ferro. La cottura deve durare qualche minuto.*

I necci, un dolce tipico toscano, per tradizione serviti con la ricotta, si mangiano ben caldi. Il loro sapore è simile a quello del cioccolato.

Pane di spezie

STAGIONE: *tutto l'anno*
PREPARAZIONE: *25 minuti*
COTTURA: *1 ora e 10 minuti*
PIUTTOSTO COSTOSO
MOLTO FACILE
VEGETARIANO

INGREDIENTI

500 g di farina di segale (setacciata)
200 g di miele
1/2 l d'acqua
1 cm circa di cannella
1 cucchiaino di semi di coriandolo
1 cucchiaino di semi di finocchio
1 tazza di mandorle in polvere
1 cucchiaio di scorze di mandarino secche
1 cucchiaino di cumino
3 cucchiai di lievito naturale
1 pizzico di sale

PREPARAZIONE

1 *Pestate le spezie nel mortaio. Sciogliete il miele nell'acqua mescolando con un cucchiaio di legno a fuoco dolce. Fate bollire per un paio di minuti, poi togliete dal fuoco e lasciate raffreddare.*

2 *Mettete la farina in una terrina, disponetela a fontana e versateci il miele raffreddato.*

3 *Aggiungete il lievito. Mescolate col cucchiaio fino a ottenere una pasta liscia e senza grumi.*

4 *Foderate due stampi per plum cake di carta oleata. Versateci la pasta e copriteli.*

5 *Infornate e cuocete il pane a temperatura moderata per 40 minuti e poi a temperatura alta per 30 minuti. Sformate ma aspettate uno o due giorni prima di mangiare il pane.*

Pasta per torte con olio di sesamo

STAGIONE: *tutto l'anno*
PREPARAZIONE: *10 minuti*

MOLTO ECONOMICO
MOLTO FACILE

INGREDIENTI *(per 4 persone)*

250 g di farina
3 cucchiai di olio di sesamo (spremuto a freddo)
1 pizzico di sale

PREPARAZIONE

1 *Mescolate in una terrina la farina, il sale e l'olio strofinando fra le mani ogni manciata di farina, in modo da formare come dei granelli di sabbia; pian piano la pasta, da granulosa, diventerà morbida e liscia.*

2 *Aggiungete un cucchiaio di acqua fredda per volta; la morbidezza della pasta dipenderà da questa operazione. Bisogna incorporare il minimo d'acqua possibile, molto in fretta e mescolando il meno che si può.*

3 *Coprite la palla di pasta con un tovagliolo umido e lasciate riposare al fresco per 1 ora.*

Pasta per torte di farina di castagne

STAGIONE: *tutto l'anno*
PREPARAZIONE: *15 minuti*

MOLTO FACILE

INGREDIENTI *(per 4 persone)*

200 g di farina di grano
100 g di farina di castagne
1 pizzico di semi di finocchio (o di anice verde)
3 cucchiai di olio di sesamo
1 pizzico di sale

PREPARAZIONE

1 *Mescolate le farine col sale, l'olio e i semi di finocchio pestati.*

2 *Impastate formando dapprima dei granelli fra le dita, e poi aggiungendo l'acqua poco per volta, finché la pasta non diventa ben liscia.*

3 *Lasciate riposare per 1 ora.*

Pasticcini ripieni di mele

STAGIONE: *tutto l'anno*
PREPARAZIONE: *20 minuti*
COTTURA: *35 minuti*
MOLTO ECONOMICO
MOLTO FACILE
STRETTAMENTE VEGETARIANO

INGREDIENTI *(per 4 persone)*

250 g di pasta per torte
1 tazza di composta di mele
2 mele dolci

PREPARAZIONE

1 *Preparate la pasta secondo la ricetta (pasta per torte con olio di sesamo) indicata nella pagina a fronte.*

2 *Stendete la pasta in una sfoglia sottilissima e tagliatela in cerchi servendovi di un piattino.*

3 *Stendete sulla metà di ognuno una cucchiaiata di composta di mele, fino ad arrivare a 1 cm dal bordo.*

4 *Ricoprite con delle fettine di mela.*

5 *Chiudete i pasticcini ripiegando l'altra metà della pasta e pizzicate il bordo tutto intorno.*

6 *Cuocete in forno caldo per 35 minuti.*

In alternativa potete preparare dei pasticcini ripieni anche con mele e pere oppure mele e prugne secche.

Pere all'aceto

STAGIONE: *autunno, inverno*
PREPARAZIONE: *15 minuti*
COTTURA: *2 ore*
MOLTO ECONOMICO
MOLTO FACILE
STRETTAMENTE VEGETARIANO

INGREDIENTI *(per 4 persone)*

1 kg di pere
2 pizzichi di sale
1 bicchiere di aceto (di sidro o di vino)
1 bicchiere d'acqua
3 chiodi di garofano

PREPARAZIONE

1 *Mondate le pere, senza togliere né il picciolo né il torsolo; mettetele intere in un piatto resistente al calore del forno, o meglio ancora in una casseruola di terracotta col coperchio.*

2 *Spruzzatele di sale e versate nel piatto l'acqua, l'aceto e i chiodi di garofano pestati.*

3 *Fate cuocere in forno per un paio d'ore a fuoco dolcissimo. Sorvegliate l'evaporazione del liquido e se occorre aggiungete dell'altra acqua.*

Le pere selvatiche, piccole e succose, sono l'ideale per questa preparazione.

Una volta venivano cotte in forno dopo aver preparato il pane.

Pesche ripiene

STAGIONE: *estate*
PREPARAZIONE: *20 minuti*
COTTURA: *30 minuti*
MOLTO FACILE
MOLTO ECONOMICO
VEGETARIANO

INGREDIENTI *(per 4 persone)*

8 pesche gialle
8 amaretti
1 tuorlo d'uovo
1/2 bicchiere di marsala
2 cucchiai di zucchero

PREPARAZIONE

1 *Lavate le pesche senza sbucciarle, tagliatele a metà e levate i noccioli. Allargate un po' l'incavo servendovi di un cucchiaino.*

2 *Mettete in una terrina la polpa scavata, gli amaretti sbriciolati, il tuorlo dell'uovo, e le mandorle delle pesche che avrete estratto dai noccioli e pestato un poco.*

3 *Mescolate bene, riempite gli incavi con l'impasto e disponete le mezze pesche in un recipiente resistente alla cottura in forno.*

4 *Versateci sopra il marsala e, se volete, cospargete un po' di zucchero sulle pesche.*

5 *Cuocete per mezz'ora a forno medio, aggiungendo se occorre un po' d'acqua.*

6 *Servite le pesche con il loro sciroppo caldo.*

Pulenda di castagne

STAGIONE: *tutto l'anno*
PREPARAZIONE: *20 minuti*
COTTURA: *40 minuti*
MOLTO ECONOMICO
PIUTTOSTO DIFFICILE
VEGETARIANO

INGREDIENTI *(per 4 persone)*

400 g di farina di castagne
latte o formaggio bianco
sale

PREPARAZIONE

1 *Fate bollire in una pentola 1 litro di acqua salata.*

2 *Quando l'acqua bolle versateci la farina a pioggia e mescolate con un cucchiaio di legno.*

3 *Dopo 20 minuti spolverate di farina di castagne le pareti della pentola per staccare bene la pulenda, e ammassatela verso il centro.*

4 *Lasciate cuocere pian piano la farina, in modo che faccia delle bolle e si stacchi bene dal fondo.*

5 *Versatela poi su un canovaccio spolverato di farina di castagne e tagliatela a fette servendovi di un filo.*

La pulenda è un piatto tipico della Corsica, e tradizionalmente si prepara in una marmitta di terracotta. Se non l'avete prendete una pentola grande o una marmitta smaltata.

In Corsica la pulenda si mangia calda con del 'brocciu' (che è un formaggio bianco e non stagionato dell'isola) o con del latte freddo. Oppure, dopo che si è raffreddata e rassodata, potete friggerla a fette nell'olio.

Raisiné

STAGIONE: *autunno*
PREPARAZIONE: *20 minuti*
COTTURA: *20 minuti*

MOLTO FACILE

STRETTAMENTE VEGETARIANO

INGREDIENTI

10 kg di uva (per ottenere 2 kg di raisiné)

PREPARAZIONE

1 *Lavate bene l'uva e schiacciatela per estrarne il succo.*

2 *Filtratelo attraverso un canovaccio, mettetelo in una grande pentola e portate a ebollizione a fuoco medio.*

3 *Poi abbassate la fiamma, ma mantenete il bollore e mescolate ogni tanto. Schiumate di frequente.*

4 *Quando il colore del liquido vira al rossastro verificate se forma un filetto continuo ricadendo dalla schiumarola; in questo caso la cottura è da ritenersi sufficiente.*

5 *Quando il raisiné è raffreddato, di solito lo si agita con un ramoscello perché prenda un colore dorato e diventi più consistente. Ma si può usare anche un mixer.*

Questa è una ricetta libanese, perfettamente corrispondente alla 'sapa' già in uso in Italia fin dal Rinascimento.

Il raisiné si conserva per tutto l'inverno. Può sostituire lo zucchero in molti dolci. In Libano viene servito spesso mescolato al tahin.

Schiacciata di uva nera

STAGIONE: *estate, autunno*
PREPARAZIONE: *25 minuti*
COTTURA: *30 minuti*
MOLTO ECONOMICO
MOLTO FACILE

STRETTAMENTE VEGETARIANO

INGREDIENTI *(per 4 persone)*

200 g di pasta da pane
700 g di uva fresca
1 cucchiaino di semi di finocchio
1 pizzico di sale

PREPARAZIONE

1 *Preparate la pasta da pane secondo la ricetta indicata alle pagine 134 e 135 e, una volta lievitata, stendetela con le mani in uno strato di mezzo cm di spessore, nella forma che preferite.*

2 *Affondate degli acini d'uva nella pasta soffice; ripiegate la pasta e schiacciatela di nuovo in modo da affondare nella pasta un secondo strato di acini.*

3 *Spolverate tutta la superficie del dolce col sale e i semi di finocchio.*

4 *Cuocete per mezz'ora in forno caldo. Il succo dell'uva cuocendo penetra nella pasta e fa apparire delle chiazze marmorizzate rosa, dando inoltre alla schiacciata il suo sapore tipico.*

Per questo dolce tradizionale toscano scegliete un'uva non troppo dolce; l'uva moscatella, per esempio, non è indicata per questa ricetta.

Strudel di mele

STAGIONE: *autunno, inverno, primavera*
PREPARAZIONE: *40 minuti, più 20 minuti per lasciar riposare la pasta*
COTTURA: *40 minuti*

STRETTAMENTE VEGETARIANO

INGREDIENTI *(per 4 persone)*

Per la pasta:
250 g di farina
2 cucchiai di olio di sesamo
sale

Per il ripieno:
3-4 mele renette
60 g di mollica di pane
100 g di uvette
50 g di mandorle
1 pizzico di cannella
1 pizzico di zenzero
oppure la scorza di un limone

PREPARAZIONE

1 *Preparate una pasta per torte seguendo la ricetta (pasta per torte con olio di sesamo) indicata alla pagina 380, fatene una palla e lasciatela riposare per una ventina di minuti.*

2 *Sbucciate le mele, togliete i semi e tagliatele a fette, poi mescolatele con la mollica di pane, le uvette, le mandorle macinate, le spezie e la scorza di limone grattugiata.*

3 *Stendete la pasta in una sfoglia più sottile.*

4 *Distribuite il ripieno sulla sfoglia lasciando qualche centimetro libero ai bordi.*

5 *Arrotolate con cura, cercando di non rompere la pasta, curvate lo strudel a ferro di cavallo e mettetelo su una piastra oliata.*

6 *Fate cuocere per 40 minuti in forno caldo.*

È un dolce di origine austriaca.

Per conferire elasticità alla pasta dello strudel, è necessaria un'accurata lavorazione: la pasta va stesa e tirata in uno strato così sottile da diventare quasi trasparente. Ha bisogno inoltre di almeno 30 minuti di riposo Oltre che con il ripieno di frutta lo strudel può essere riempito anche di formaggio cremoso.

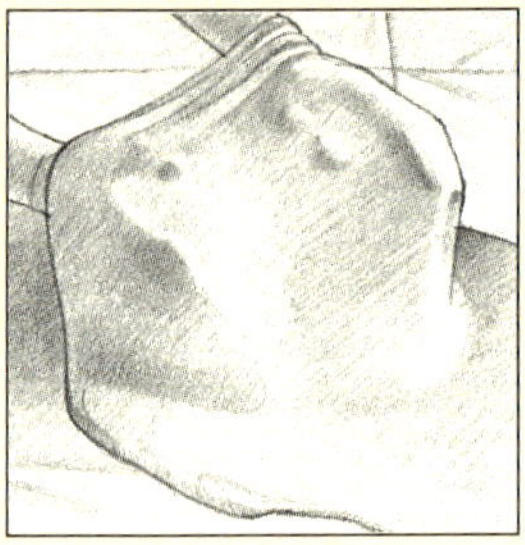

Formate un 'quadrato' e stendetelo su un canovaccio.

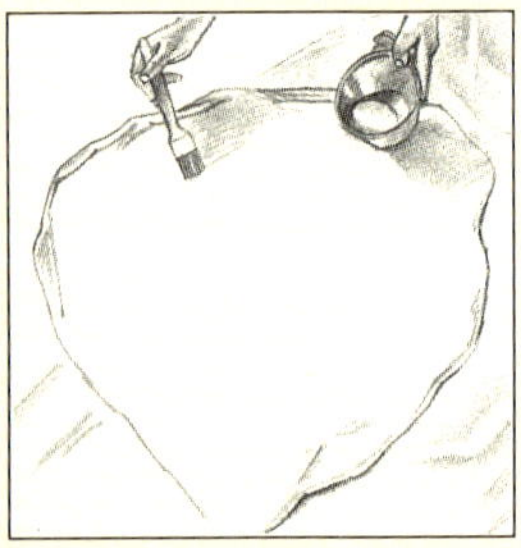

Pennellate la pasta con burro sciolto per evitare che si secchi.

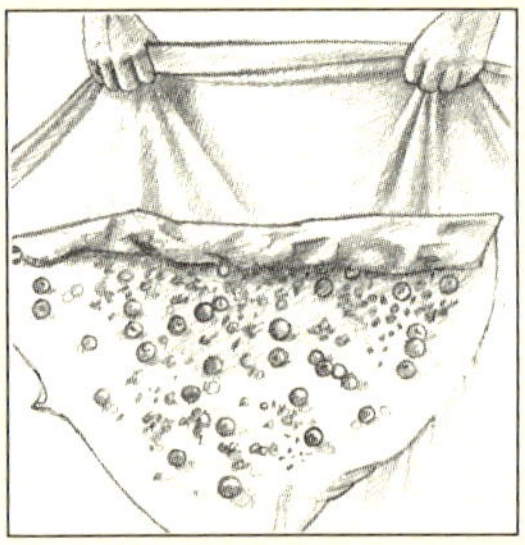

Distribuite il ripieno e arrotolate aiutandovi con il tovagliolo.

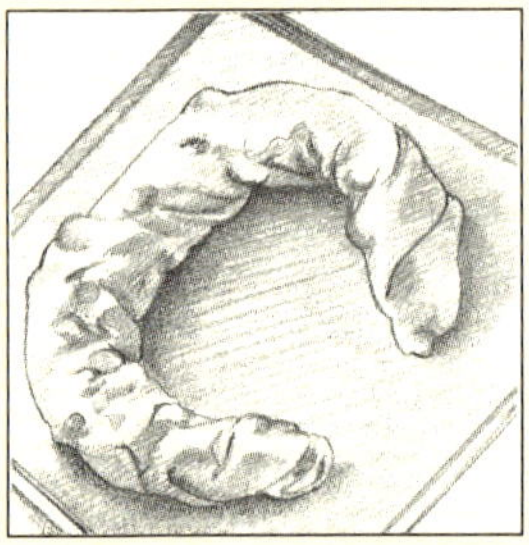

Trasferite lo strudel sulla piastra unta e spennellate col burro.

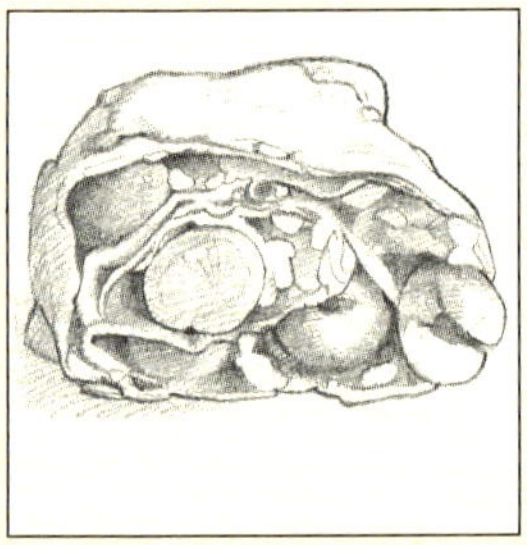

Servite lo strudel ancora caldo; potete cospargerlo di zucchero a velo.

DOLCI

Torta di ciliege

STAGIONE: *estate*
PREPARAZIONE: *20 minuti*
COTTURA: *35 minuti*
MOLTO ECONOMICO
MOLTO FACILE
VEGETARIANO

INGREDIENTI *(per 4 persone)*

250 g di pasta per torte
150 g di ricotta
2 hg di ciliege

PREPARAZIONE

1 *Preparate la pasta seguendo una delle ricette di base indicata alle pagine 360 (pasta matta e pasta brisée) e 380 (pasta per torte con olio di sesamo).*

2 *Stendetela su una teglia.*

3 *Spalmate sulla pasta uno strato di ricotta alto circa 1 cm, poi disponeteci sopra le ciliege snocciolate.*

4 *Cuocete a forno medio per 35 minuti.*

Questa torta saporita viene consumata quando ancora è tiepida.

Torta di fragole

STAGIONE: *primavera*
PREPARAZIONE: *30 minuti*
COTTURA: *35 minuti*
MOLTO ECONOMICO
MOLTO FACILE
VEGETARIANO

INGREDIENTI *(per 4 persone)*

250 g di pasta per torte
600 g di fragole
2 bianchi d'uovo
150 g di mandorle mondate
1 cucchiaio da dessert di sciroppo d'acero
la scorza di un limone
1/2 noce di cardamomo
sale

PREPARAZIONE

1 *Preparate la pasta per torte seguendo una delle ricette di base indicate alle pagine 360 (pasta matta e pasta brisée) e 380 (pasta per torte con olio di sesamo).*

2 *Stendetela in una teglia, copritela di fagioli secchi perché non si sollevi e cuocetela in forno a temperatura moderata finché non è dorata. Lasciatela raffreddare e togliete i fagioli.*

3 *Pestate il cardamomo e le mandorle.*

4 *Battete i bianchi d'uovo in neve ferma col sale, incorporate le mandorle, lo sciroppo d'acero, il cardamomo e la scorza di limone.*

5 *Decorate la torta con questa crema, e distribuiteci sopra le fragole.*

6 *Cuocete a forno dolcissimo finché la meringa non si è ben rassodata.*

Potete eventualmente sostituire i bianchi d'uovo con del tofu.

Torta di mele

STAGIONE: *tutto l'anno*
PREPARAZIONE: *20 minuti*
COTTURA: *35 minuti*
MOLTO ECONOMICO
MOLTO FACILE

INGREDIENTI *(per 4 persone)*

250 g di pasta per torte
3 mele
1 pizzico di cannella
la scorza di un limone
1 cucchiaio di grani di sesamo
sale

PREPARAZIONE

1 *Preparate la pasta seguendo una delle ricette di base indicate alle pagine 360 (pasta matta e pasta brisée) e 380 (pasta per torte con olio di sesamo) e aggiungete il sesamo e la scorza di limone grattugiata.*

2 *Stendetela su una teglia.*

3 *Mondate le mele, tagliatele a fette sottili e distribuitele sulla pasta.*

4 *Spolverate sulle mele il sale e la cannella.*

5 *Fate cuocere per 35 minuti a forno medio.*

Tritello di grano saraceno

STAGIONE: *estate*
PREPARAZIONE: *15 minuti*
COTTURA: *15-20 minuti*
MOLTO ECONOMICO
MOLTO FACILE
VEGETARIANO

INGREDIENTI *(per 4 persone)*

150 g di grano saraceno
1/4 di l di acqua
50 g di nocciole
1 noce di burro
2 banane
1/2 limone
300 g di albicocche fresce
50 g di uvetta

PREPARAZIONE

1 *Macinate grossolanamente il grano saraceno, fino a ottenere un tritello e fatelo sobbollire nell'acqua per 15-20 minuti.*

2 *Lavate l'uvetta e lasciatela sgocciolare.*

3 *Tritate le nocciole e fatele tostare leggermente, aggiungendo il burro verso la fine.*

4 *Pelate le banane e tagliatele a fettine.*

5 *Lavate e tagliate a metà le albicocche. Togliete il nocciolo.*

6 *Mescolate il tritello con le banane, le albicocche e l'uvetta. Servite con le nocciole.*

Conserva di frutta con zucchero

Per questa ricetta la stagionalità e i tempi di preparazione e di cottura dipendono dal tipo di frutta scelto. Lo stesso vale per quanto riguarda il costo.

MOLTO FACILE

STRETTAMENTE VEGETARIANO

INGREDIENTI

1 kg di frutta a scelta
1/2 kg di zucchero di canna

PREPARAZIONE

1 *La frutta, ben matura e senza parti guaste, deve essere pulita e sbucciata.*

2 *Viene poi pesata e messa al fuoco con la quantità corrispondente di zucchero (indicativamente una parte di zucchero per due di frutta, ma questa proporzione può variare a seconda del tipo di frutta scelto, più o meno zuccherino).*

3 *Durante la cottura bisogna mescolare a lungo. Per controllare se la marmellata è pronta se ne versa una goccia su un piattino. È pronta quando, una volta raffreddata, non è più liquida.*

4 *A questo punto si versa la frutta in vasi di vetro ben puliti. Prima di chiudere è opportuno aspettare che la marmellata formi una crosticina protettiva.*

Conserva di frutta senza zucchero

Anche per questa ricetta la stagionalità e i tempi di preparazione e di cottura dipendono dal tipo di frutta scelto. Lo stesso vale per quanto riguarda il costo.

MOLTO FACILE

STRETTAMENTE VEGETARIANO

INGREDIENTI

1 kg di frutta a scelta

PREPARAZIONE

1 *Questa ricetta di base vale per tutta la frutta dolce. I frutti, che devono essere ben maturi e dunque ricchi di fruttosio, vanno puliti e tagliati a pezzetti, poi messi a cuocere a fiamma bassa in una pentola coperta, senza acqua né zucchero, finché non emettono la loro acqua.*

2 *Quando sono immersi nel loro succo togliete il coperchio alla pentola e alzate la fiamma, mescolando bene fino a ottenere una consistenza pastosa.*

3 *Portate la conserva a ebollizione e versatela immediatamente nei vasetti sterilizzati.*

Conserva di mele e pere

STAGIONE: *autunno, inverno*
PREPARAZIONE: *20 minuti*
COTTURA: *in base al tipo di frutta*
MOLTO ECONOMICO
MOLTO FACILE
STRETTAMENTE VEGETARIANO

INGREDIENTI

1 kg di mele o di pere

PREPARAZIONE

1 *Passate la frutta al passaverdure (per le bucce ripetete l'operazione due o tre volte) e raccogliete il passato in un telo pulito che appenderete a sgocciolare sopra una terrina. Il succo che viene così raccolto contiene lo zucchero della frutta.*

2 *Mettete il succo a cuocere finché non si è addendensato, poi aggiungete la polpa della frutta e cuocete a lungo, mescolando con attenzione perché lo zucchero tende ad attaccare.*

È una ricetta del tempo di guerra, consigliata per pere e mele ben mature.

Questa ricetta ha lo svantaggio di esigere una lunga cottura (in particolare se usate delle mele) che toglierà profumo e nutrienti alla frutta.

Conserva di prugne al forno

STAGIONE: *estate*
PREPARAZIONE: *30 minuti*
COTTURA: *4 ore*

MOLTO FACILE
STRETTAMENTE VEGETARIANO

INGREDIENTI

4 kg di prugne
1/2 kg di zucchero

PREPARAZIONE

1 *Snocciolate le prugne.*

2 *Aggiungete lo zucchero e mettete in forno a temperatura moderata, in un recipiente basso e scoperto, per circa 4 ore, mescolando ogni tanto.*

La conserva si riduce della metà del suo volume, ed è una delizia.

Conserva di rosa canina

STAGIONE: *inverno*
PREPARAZIONE: *1 ora, più una settimana per l'infusione delle bacche*
COTTURA: *45 minuti*

STRETTAMENTE VEGETARIANO

INGREDIENTI

bacche di rosa canina
750 g di zucchero
vino bianco o rosso (facoltativo)

PREPARAZIONE

1 *Le bacche vanno raccolte in inverno, dopo qualche gelata, quando sono ben morbide. Togliete il bottoncino nero all'estremità e mettete i frutti puliti in un recipiente coprendoli con del buon vino bianco o rosso (volendo si può usare anche della semplice acqua).*

2 *Attendete una settimana, mescolando tutti i giorni.*

3 *Poi fate cuocere per un quarto d'ora a fuoco vivo.*

4 *Passate i frutti al passaverdura, usando la griglia fine (è l'operazione più lunga, perché ci sono molti semini) oppure passateli al setaccio.*

5 *Pesate la polpa dei frutti e aggiungete 750 g di zucchero per ogni kg di crema.*

6 *Fate cuocere per mezz'ora, mescolando bene, poi versate nei vasetti. È una squisitezza.*

Questa conserva ha il pregio di utilizzare una bacca selvatica straordinariamente ricca di vitamina C. (Un solo hg ne contiene quanto un kg di limoni).

Una variante della conserva di rosa canina è quella della rosa canina al miele.

1 *Cogliete le bacche, togliete i piccioli e la puntina nera, poi passatele al passaverdura, raccogliendo a mano a mano la polpa aiutandovi con il dorso di un coltello. È un'operazione lunga e un po' noiosa, ma ne vale la pena.*

2 *Mettete da parte la polpa e mescolatela con pari peso di miele.*

Le bacche così preparate si conservano indefinitamente e sono ricchissime di vitamina C.

Con le bacche di rosa canina potete anche preparare una salsa per gli arrosti. Preparate un purè con le bacche, zuccherate e aggiungete succo di limone.

DOLCI

Conserva in vasi sterilizzati

Anche per questa ricetta la stagionalità e i tempi di preparazione e di cottura dipendono dal tipo di frutta scelto. Lo stesso vale per quanto riguarda il costo.

STRETTAMENTE VEGETARIANO

INGREDIENTI

1 kg di frutta a scelta
zucchero

PREPARAZIONE

1 *I frutti, a pezzi o ridotti in purè, vengono semplicemente portati a bollore mentre in un'altra pentola vengono sterilizzati i vasetti e i coperchi. I vasetti vanno svuotati dell'acqua bollente quando la frutta è pronta.*

2 *Versata la frutta nei vasi, chiudete immediatamente con il coperchio (a vite o con la guarnizione di gomma).*

3 *Poi rovesciate i vasetti, in modo che il calore sterilizzi anche l'aria rimasta all'interno. Raddrizzateli quando ormai sono raffreddati.*

Questa tecnica, che usa il minimo di cottura per la frutta, utilizza l'ebollizione per sterilizzare i vasi da conserva. Potete aggiungere pochissimo zucchero o niente del tutto.

Gelatine di frutta

STAGIONE: *estate*
PREPARAZIONE: *10 minuti*
COTTURA: *15 minuti*

STRETTAMENTE VEGETARIANO

INGREDIENTI

1 l di succo centrifugato di qualsiasi tipo di frutta
zucchero (da 250 a 400 g)
5 g di agar agar

PREPARAZIONE

1 *Lavate la frutta e passatela alla centrifuga per raccogliere tutto il succo possibile.*

2 *Pesate il succo, mettetelo in una pentola e aggiungete dello zucchero (da 250 a 400 g per ogni litro di succo).*

3 *Mescolate per 5 minuti perché lo zucchero possa sciogliersi bene. Aggiungete dell'agar agar (5 g per litro) diluito in un po' d'acqua, e fate bollire per altri 5 minuti.*

4 *Togliete dal fuoco e versate il liquido ancora bollente (attenzione!) in vasetti precedentemente sterilizzati. Chiudete coi coperchi, sempre sterilizzati, e capovolgete immediatamente i vasetti.*

5 *Lasciate raffreddare e quando la gelatina si sarà rappresa (dopo circa un giorno) capovolgete di nuovo i vasetti.*

Queste gelatine si conservano senza problemi da un anno all'altro; sono poco zuccherate e profumatissime.

Pasta di frutta

Anche per questa ricetta la stagionalità e i tempi di preparazione e di cottura dipendono dal tipo di frutta scelto. Lo stesso vale per quanto riguarda il costo.

STRETTAMENTE VEGETARIANO

INGREDIENTI

1 kg di frutta a scelta

PREPARAZIONE

1 *Fate cuocere la frutta senz'acqua (o con poca acqua, secondo le specie) mescolandola fino a ottenere una pasta spessa.*

2 *Stendete la pasta di frutta sulla piastra del forno leggermente unta d'olio, in uno strato spesso 1 cm.*

3 *Fate seccare a temperatura bassissima con lo sportello del forno semiaperto, finché la pasta non sarà ben asciutta.*

Potete tagliare la pasta a rettangoli e conservarla per parecchi mesi in una scatola metallica.

Sapa

STAGIONE: *autunno*
PREPARAZIONE: *10 minuti, nessuna se avete del mosto già pronto*
COTTURA: *il tempo, necessario per far addensare il mosto o l'uva*

STRETTAMENTE VEGETARIANO

INGREDIENTI

2 l di mosto
oppure 2 kg di uva

PREPARAZIONE

1 *Per fare la sapa basta cuocere a lungo del mosto in una pentola grande (perché monterà durante la cottura) rimestando spesso, finché il liquido non si è ridotto a un quarto. Se non trovate del mosto già pronto, sgranate dell'uva di qualità dolce e mettetela sul fuoco, mescolando con una spatola.*

2 *Poi versate il mosto o l'uva sopra un setaccio e raccogliete il succo in un recipiente. Successivamente fate condensare nuovamente sul fuoco.*

La sapa è il mosto dell'uva condensato sul fuoco, ed è un prodotto di antica tradizione, già usato nella cucina italiana medievale.

In origine anche la mostarda di frutta era fatta con la sapa, ed era aromatizzata con la senape che è dotata di forti proprietà antisettiche.

È possibile fare delle ottime conserve di frutta usando al posto dello zucchero la sapa, cioè il succo d'uva condensato. Potete anche cuocere nella sapa tutti i frutti di stagione: pere, mele, fichi, mele, cotogne, noci.

LE SALSE
E I CONDIMENTI

In Francia un cattivo cuoco si chiama gâte-sauce, 'rovinasalse'. E infatti molto spesso il segreto del successo di un piatto sta nella salsa. Ma le salse hanno una cattiva fama e con ragione, perché molte sono pesanti e difficili da digerire. Per questo in genere i dietisti sconsigliano i piatti 'in salsa' e preferiscono le verdure cotte a vapore o la carne alla griglia.

Ma si possono anche preparare salse leggere, perfettamente in accordo con una alimentazione sana e digeribile. Ne troveremo un certo numero in questo capitolo; e parleremo dei loro ingredienti di base e anche di qualche condimento particolarmente interessante.

L'aceto

L'aceto di vino, che in tempi non troppo lontani si faceva in casa lasciando fermentare spontaneamente il vino genuino, oggi si compra già fatto (anche perché molto del vino in commercio è pastorizzato, 'morto', incapace di acetificarsi) e il suo sapore deve molto di più agli acidi chimici che ai fermenti vitali. Ma è facile fare in casa un aceto ottimo e assolutamente genuino.

Molto amato nella cucina naturale è l'aceto di mele, più gentile, e ricco delle proprietà salutari della mela. Invece per i macrobiotici l'aceto migliore è l'aceto dolce di riso, dal gusto particolarmente delicato.

L'aceto aggiunge vitalità e tocchi di sapore delicato a molte preparazioni della cucina naturale. Ricordiamo, tra l'altro, che le verdure tagliate conservano a lungo la vitamina C in un ambiente acido; inoltre, come il succo di limo-

L'aceto fatto in casa

Per fare l'aceto basta un recipiente adatto e un po' di vino, anche inacidito. I nostri vecchi preferivano una botticella, col foro sopra per aggiungere vino e un rubinetto per spillare l'aceto.

Ma basta anche un bottiglione in cui versare con precauzione vino o sidro genuini, non pastorizzati. Il recipiente non deve essere troppo pieno e va tappato in modo non ermetico, magari con una tela sottile. In breve tempo alla superficie del liquido si forma la 'madre', cioè la colonia di *mycoderma aceti* che trasforma in aceto il vino.

Dopo qualche tempo l'aceto è pronto da utilizzare, basta versarlo con precauzione senza toccare la 'madre'.

Man mano che si toglie aceto bisogna aggiungere vino nuovo e il procedimento può andare avanti all'infinito.

Conserve sott'aceto

L'aceto viene usato anche per la conservazione delle verdure. Questo è un procedimento che dà risultati simili alla lattofermentazione (entrambi danno agli alimenti un sapore piacevolmente acido) ma molto meno nobile dal punto di vista dei nutrienti vitali.

Per conservare verdure sott'aceto basta versare aceto caldo nei boccali già riempiti.

È bene però sbollentare le verdure, che altrimenti rilasciano un'eccessiva quantità di acqua con il rischio di diluire troppo l'aceto.

ne, l'aceto le preserva dall'annerimento. In più l'aceto naturale ha un suo potere antisettico, e aggiunto in gocce all'acqua di lavaggio degli alimenti aiuta a garantirne l'igiene.

L'aceto è anche un ottimo alleato nelle pulizie in cucina. Deodora e sgrassa le superfici lavabili, come il frigo e i lavelli, senza problemi ecologici; scioglie il calcare dalle pentole e, a caldo, aiuta a ripulire le tubature incrostate.

Poche gocce di aceto aggiunte all'acqua sono una bevanda rivitalizzante e rinfrescante, e una ricetta di bellezza per pelle e capelli.

Il burro, il lardo, lo strutto

Il burro è panna di latte (affiorata spontaneamente o separata per centrifugazione) che viene pastorizzata, leggermente fermentata, infine sbattuta e lavata per liberarla dal latticello e dai residui di proteine. È dunque un prodotto completamente naturale, trattato con metodi dolci che non ne pregiudicano, anzi ne valorizzano, i nutrienti vitali.

Per chi dispone di latte buono è possibile fare il burro in casa senza grossi problemi. Una ricetta del tempo di guerra consigliava alle massaie di sbattere a lungo la panna in una bottiglia; quando il burro si raggrumava bastava lavarlo e impastarlo, in un panetto certo piccolissimo ma completamente genuino.

Il burro concentra i pregi e i difetti del latte da cui deriva, perché è molto ricco di acidi grassi saturi e di colesterolo, ma contemporaneamente contiene alte dosi di vitamine A e D, che sono appunto vitamine liposolubili, cioè solubili nei grassi.

Il burro è un alimento delizioso ma a rischio, sia per il suo potere calorico, sia per la sua quota di grassi saturi. È bene usarne in piccola quantità e soprattutto a crudo, perché resiste male alla cottura e libera molto presto sostanze nocive. Se lo si usa per rosolare occorre fare attenzione a non superare il punto in cui brucia e diventa scuro: in questo caso forma acroleina e diventa nocivo.

Molte ricette classiche riescono altrettanto bene e sono ancora più buone riducendo nettamente la dose del burro; oppure sostituendola del tutto con olio d'oliva o con burro vegetale. Si può usare il tahin, il burro di sesamo (vedi 'alimenti speciali') oppure preparare un burro di nocciole pestando le nocciole nel mortaio finché non sono cremose. In America è amatissimo il burro d'arachidi, che tra l'altro è ricco di preziosi acidi grassi essenziali.

Il burro irrancidisce rapidamente, quindi va comprato in piccole quantità e conservato al fresco (o addirittura nel freezer, per chi ne usa pochissimo). Un modo tradizionale per conservarlo è chiarificarlo, cioè farlo fondere a fuoco basso (se si vuole unendo qualche aroma) e poi, tolta la schiuma, colarlo in orci pulitissimi da conservare al fresco.

Il lardo è lo strato di grasso del maiale, conservato con abbondante aggiunta di sale; lo strutto è il grasso delle parti meno raggiungibili, recuperato per fusione e salato. Sono prodotti evidentemente ricchissimi di acidi grassi saturi e di sale, quindi rischiosi sotto molti aspetti. Sono però apprezzati per il loro sapore speciale in numerose tradizioni alimentari (in particolare nelle zone fredde).

Alcune preparazioni classiche richiedono espressamente lardo o strutto, che quando sono genuini e ben preparati sono comunque meno dannosi degli oli e delle margarine industriali.

Il grasso di maiale viene usato tradizionalmente anche per conservare, in orci, alimenti speciali come salamelle fresche e interiora.

I dadi e i sughi pronti

I dadi normalmente in commercio sono fabbricati con grassi di scarto, aromi artificiali e quantità industriali di sale o glutammato monosodico. (Ricordiamo una delle regole base delle etichette: ogni volta che compare la parola 'sodio', 'sodico' e derivati significa che il prodotto contiene sale, di solito in eccesso).

Nei negozi di alimentazione naturale sono in vendita dadi e insaporitori che utilizzano poco sale e molti aromi naturali. Potete provarli; sono più genuini, ma è bene controllare se il loro sapore si addice al vostro gusto e al piatto che preparate.

Potete farvi da soli ottimi ragù vegetali che durano in frigo qualche giorno. L'importante è cominciare dalla cipolla o dal porro, tritati o a fette sottili, che dovranno ammorbidirsi e insaporirsi prima di aggiungere le altre verdure tritate a vostro piacimento. Cuocete a coperchio chiuso, aggiungendo se necessario mezzo cucchiaio d'acqua; se attacca un pochino al fondo diventa ancora più aromatico.

La cucina tradizionale orientale usa molti squisiti insaporitori, ricchi di sapore ma anche di preziosi elementi nutritivi. Sono quasi tutti derivati dalla soia.

Le erbe aromatiche e le spezie

Sui sentieri di montagna trovo in abbondanza il sermollino, la pimpinella, il finocchio selvatico, la salvia, la maggiorana, l'origano, l'equiseto che cresce nei luoghi umidi.

Le altre piante le coltivo nell'orto. Sono l'erba cipollina, il dragoncello, il cerfoglio, il basilico, la santoreggia, il timo, il sedano, l'aneto, l'issopo, il rosmarino, la salvia, la menta. Ho lasciato crescere un piccolo cespo di menta che è nata del tutto spontaneamente. È una varietà a foglia tonda (*rotundifolia*); è dolcissima e ha un profumo discreto.

Dopo aver eliminato le spezie violente mi rimangono la noce moscata, la cannella in bastoni, la vaniglia in baccelli, le radici di zenzero, la noce di cardamomo, i chiodi di garofano, i semi di cumino, di coriandolo, di finocchio.

Conviene usarli con discrezione: bisogna che gli aromi non siano riconoscibili. Il piatto dev'essere una rivelazione di sapori sottili. Gli aromi sono il granello di fantasia che libera i sapori e ravviva la personalità del piatto, come l'accordo fra una donna e il suo profumo. È il tocco finale.

Le gelatine e gli addensanti

Quando si tratta di 'legare' un composto, cioè di dargli compattezza e coesione, la cucina classica usa volentieri le uova, mentre la cucina naturale preferisce usare il potere addensante di alcune farine ed estratti vegetali. In particolare sono usate *l'agar-agar*, che è una gelatina estratta da un'alga, *l'arrowroot*, una fecola estratta dalla radice della pianta che ha lo stesso nome, e il *kuzu*, anch'esso ricavato da una radice. Fecola di patate, amido e in alcuni casi la semplice farina possono servire allo stesso scopo, come pure la mollica di pane bagnata e strizzata.

Quando servono le gelatine trasparenti è possibile usare le gelatine fatte in casa (una ricetta è nella sezione dedicata ai brodi) oppure la colla di pesce. Entrambe sono ricche di sostanze estrattive e rinforzano unghie e capelli.

Il gomasio

È un miscuglio di semi di sesamo e sale, tostato e tritato. Se lo preparate con molta cura avrete questo meraviglioso alimento-condimento, che neutralizza l'acidità e fortifica il sistema nervoso.

Nel gomasio non bisogna trovare i semi interi, ma i semi non vanno neanche ridotti in polvere.

Il miso

Il miso è una pasta composta di soia, a volte di un cereale (riso o orzo) e di sale marino, sottoposta a fermentazione lattica per più di un anno. È uno degli alimenti più antichi in Cina e in Giappone. È popolarissimo in tutta l'Asia.

Il miso è un alimento eccezionale. È ricco di proteine, di vitamine del gruppo B e di lecitina. Colore e sapore possono variare molto, secondo il luogo di provenienza.

La fabbricazione del miso è un processo lungo e complicato. Il cereale viene cotto e poi inseminato con un fermento (ancora l'*Aspergillus Oryzae*). Lo si mette a incubare per tre giorni a 30 °C, poi si aggiunge la soia già cotta e il sale marino. Il tutto viene messo in barili o in tini di legno o di pietra, ben premuto, perché possa aver luogo la fermentazione anaerobica.

Il miso deve fermentare un anno o più prima di essere adatto per il consumo.

Alcuni, in Europa, trascurano questo meraviglioso prodotto col pretesto che viene dall'Estremo Oriente; il che non impedisce loro di consumare tè o caffè!

Dovremmo piuttosto essere umili e riconoscenti davanti a questo tesoro della natura e dell'ingegno umano, che i nostri fratelli orientali ci hanno fatto conoscere.

Ci sono tre tipi di miso:
- il miso di soia;
- il miso di orzo;
- il miso di riso.

Il miso di soia

È preparato con sola soia. Per arrivare a maturità gli occorrono almeno due anni.

Il sapore è più forte e la consistenza più densa di quella degli altri miso; sciolto nell'acqua ha il colore del cioccolato.

Il miso di orzo

Per prepararlo si aggiunge orzo alla soia. La fermentazione è più attiva di quella del miso di soia, e fermenta in uno-due anni.

È un miso dolce, che si addice a tutte le ricette. Per la zuppa di miso si può mescolarlo in parti uguali con miso di soia.

Preparazione del gomasio

Per i bambini occorrono 1 cucchiaino di sale e 20 cucchiaini di semi di sesamo. Per gli adulti occorrono 1 cucchiaino di sale e 13 cucchiaini di semi di sesamo.

Versate il sesamo in un colino a maglie fini, lavatelo con cura sotto l'acqua corrente, poi mettete i semi in un asciugamano di spugna per asciugarli.

Versateli in una padella di ghisa calda e asciutta e fateli tostare a fuoco medio mescolando a spirale con una spatola di legno, finché i grani non si mettono a saltare. Quando tutti i semi sono di un colore biondo dorato e spandono un profumo gradevole, versateli nel suribachi.

Fate scaldare il sale e aggiungetelo al sesamo. Schiacciate col pestello; ogni chicco, rotto a pezzi, libera l'olio di sesamo che verrà assorbito dal sale. Ecco perché è importante fare questo lavoro con cura.

Conservate il gomasio in un vasetto ben chiuso.

Il gomasio si può usare sui cereali cotti, nella misura di 1-2 cucchiaini al giorno. È un ottimo alimento-condimento, ma non bisogna abusarne.

Il suribachi è uno speciale tipo di mortaio scanalato, usato non solo per preparare il gomasio ma anche per tritare, per fare il purè e per preparare condimenti, salse, eccetera.

Il miso di riso
È composto di riso e di soia. La fermentazione è ancora più rapida del miso d'orzo. È pronto in 12-18 mesi. È un miso molto dolce, che si usa principalmente nella preparazione dei dolci.

L'olio e gli altri grassi

A parte i rari casi in cui si parla di oli particolari, come l'olio di noce, dal sapore speciale, quando parliamo di olio in questo libro intendiamo esclusivamente olio extravergine di oliva. È bene ripeterlo chiaramente: l'olio d'oliva ha una composizione nutrizionale perfetta e particolarmente resistente alla cottura. Ed è integro, non raffinato. Cioè ricco di preziose vitamine, che lo proteggono dall'irrancidimento e dalle alterazioni del calore.

Gli oli di semi sono ottimi per condire a freddo quando non sono raffinati, ma in Italia tutti gli oli, salvo quello di oliva, vanno trattati a caldo. Gli oli vegetali hanno perso vitamine, sapore e fattori protettivi; inoltre si alterano facilmente al calore. Quindi non sono adatti per le fritture. Le margarine sono oli vegetali idrogenati. Durante il procedimento assumono una struttura molecolare estranea alle caratteristiche dell'organismo, quindi è meglio evitarle.

L'unico olio realmente consigliabile in cucina è l'olio vergine di oliva. E, quando è possibile procurarseli, gli oli vergini di altri semi.

Olio di sesamo
La pianta di sesamo, alta circa un metro, ha semi bianchi, gialli, bruni o neri, chiusi in piccoli gusci.

Il sesamo è ricco di lecitina, fosforo, calcio e aminoacidi. Nell'antichità entrava nella composizione di numerosi rimedi naturali, e, fra l'altro, è particolarmente benefico per il sistema nervoso.

L'olio di sesamo, ricco di acidi grassi insaturi, è sempre stato usato per la cottura degli alimenti e anche come prodotto di bellezza per la pelle e i capelli.

Le prugne umeboshi

Queste prugne salate sono state introdotte in Giappone circa milletrecento anni fa, dalla Cina. Oggi si sta provando a coltivare in Francia e in Italia le varietà di prugne usate per le umeboshi.

Si possono fare le umeboshi anche con le albicocche.

Le prugne vanno colte prima che siano mature, lavate e disposte nei tini di legno con sale e foglie di shiso (*Iresine herbistii*). Le foglie comunicano il loro color porpora al succo, che se ne impregna e dà alle prugne il loro tipico colore rosso.

Il shiso contiene un conservante naturale. Per la preparazione si procede come per le verdure lattofermentate, ma occorrono 2-3 anni di fermentazione.

Le umeboshi sono insieme un cibo e una medicina. Facilitano la digestione e sono un potente purificatore del sangue.

Eliminano le tossine, la fatica e sono efficaci in caso di disturbi digestivi e intestinali.

Il sale

Il sale più adatto alla nostra alimentazione è il sale marino integrale, ricco di tutti gli elementi naturali del mare. È grigiastro, a volte umido, e si trova in commercio sia grosso che fine.

Il sale aggiunto ai cibi, sia crudi che cotti, ne modifica le caratteristiche. L'acqua salata impiega più tempo a bollire e scioglie più facilmente gli elementi nutritivi del cibo; carne e leguminose non vanno mai salate mentre cuociono, perché il sale favorisce la dispersione dei succhi e indurisce l'alimento.

Per la stessa ragione, ma con risultati opposti, il sale aggiunto alle verdure in stufato le rende più umide e morbide. Anche quando è sparso sulle verdure crude il sale provoca la fuoruscita dei succhi, e viene a volte usato per togliere il sapore un po' amaro a verdure come melanzane o cetrioli.

Il sale contribuisce anche alla riuscita degli impasti lievitati, e in forte dose è un conservante, usato sia direttamente (come nel pesce sotto sale) sia sciolto in acqua, come salamoia.

Il sale è essenziale per la nostra vita, soprattutto d'estate, quando il caldo provoca un forte ricambio di sali minerali, ma è già contenuto al naturale in molti dei nostri alimenti, e l'industria alimentare lo sparge a piene mani nei suoi prodotti.

Quindi è importante aggiungerne ai cibi il meno possibile.

Questo non significa mangiare senza sapore. Significa imparare a valorizzare al massimo i sapori naturali degli alimenti, usare con sapienza gli aromi e gli accostamenti, e mettere il sale in tavola invece che durante la cottura, in modo che ciascuno possa aggiungerne (o no) secondo le sue esigenze.

Le salse

È ben noto che si mangiano troppi grassi. L'europeo medio ne consuma più di cento grammi al giorno, mentre 30 grammi sono già ampiamente sufficienti, compresi i grassi nascosti nei cibi.

Come grassi aggiunti, due cucchiai di olio (circa 25 g) coprono il bisogno giornaliero.

È meglio lasciar da parte i grassi animali, salvo eventualmente un po' di burro di fattoria non pastorizzato e consumato crudo (mai cotto).

Si possono fare eccellenti salse con un minimo d'olio e anche sopprimendolo del tutto e sosti-

Come preparare il pesto
Tritate 50 g di foglie di basilico con 6 fese d'aglio, 50 g di pinoli e 150 g di parmigiano grattugiato.

Pestate tutti gli ingredienti nel mortaio finché sono stati del tutto ridotti in una morbida purea.

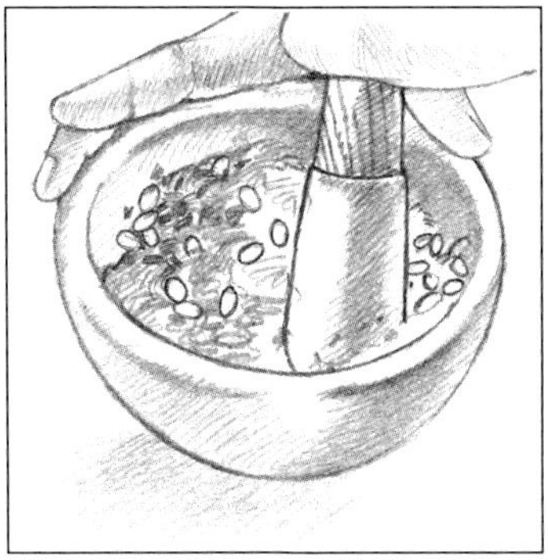

Aggiungete l'olio (150 ml di olio extravergine di oliva) poco alla volta finché il pesto è ben amalgamato e morbido.

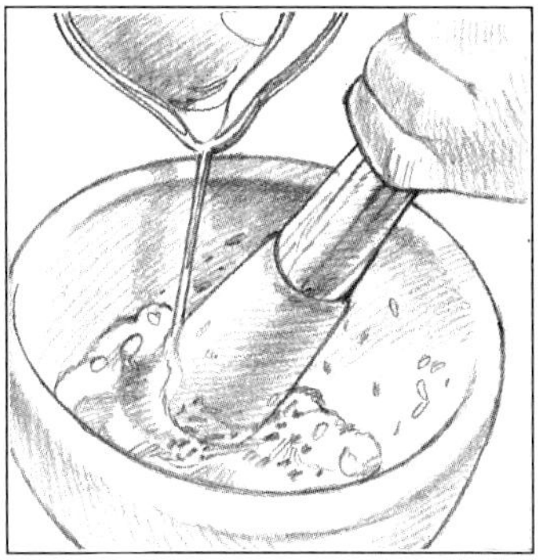

tuendolo con semi e frutti oleosi (semi di sesamo, noci, mandorle, pinoli) che hanno sull'olio il vantaggio di essere utilizzati in forma integrale.

In ogni caso l'olio di prima spremitura, in quantità moderate, è un alimento prezioso. È evidente invece che bisogna eliminare tutti gli oli estratti con solventi chimici e raffinati.

Lo shoyu (salsa di soia)
Lo shoyu è un concentrato di proteine vegetali ricchissimo di vitamine, soprattutto del gruppo B (in particolare la vitamina B12), di aminoacidi e di oligoelementi. È un magnifico ricostituente naturale; può riequilibrare l'organismo e aiutarlo a guarire da alcune malattie.

Mette in risalto il sapore dei cibi e viene usato nelle salse, nelle minestre, nella cottura

Come preparare la maionese
La maionese è una salsa a base di rossi d'uova.
Per evitare di farla 'impazzire', usate gli ingredienti a temperatura ambiente.
Le difficoltà sono all'inizio: per ottenere un'ottima maionese aggiungete l'olio goccia a goccia.
In seguito il resto dell'olio può essere aggiunto anche più velocemente: la maionese non rischia più di impazzire.
Il sapore dipende dal tipo di olio usato e dall'aggiunta o meno di succo di limone (che può essere sostituito dall'aceto).

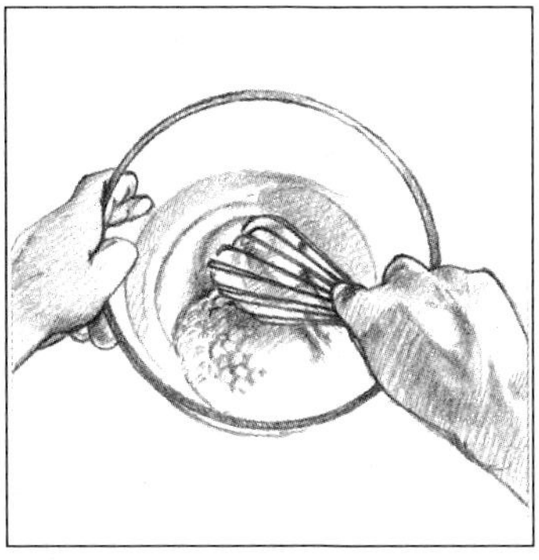

In una scodella piuttosto piccola battete con una frusta due rossi d'uovo con sale e un cucchiaino succo di limone.

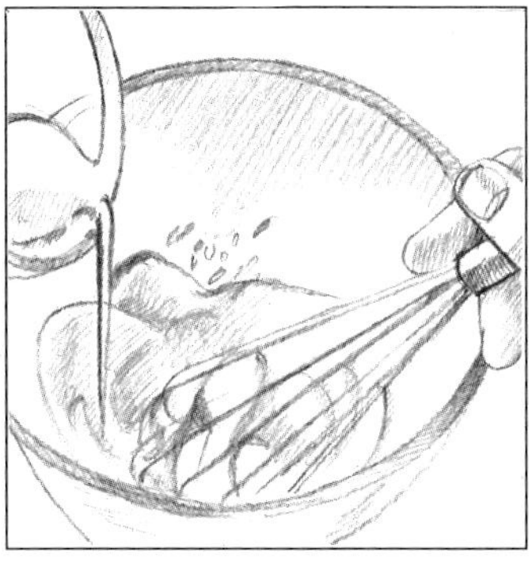

Aggiungete l'olio (300 ml di olio d'oliva) goccia a goccia, continuando a battere con la frusta.

SALSE

Come preparare una salsa a base di verdure

Scaldate le verdure (a piacere) per cinque minuti nell'olio. Aggiungete un cucchiaio di farina, mescolate e cuocete per tre minuti.

Versate l'acqua (circa 300 ml) e fate bollire, mescolando costantemente in maniera da amalgamare bene fra loro tutti gli ingredienti.

Aggiungete le erbe aromatiche (una foglia di alloro e un rametto di timo). Fate sobbollire per circa 10 minuti. Aggiungete il sale.

delle verdure e nella preparazione di alcune verdure lattofermentate; entra anche nella formula di alcune bevande curative.

La materia prima di questo splendido prodotto è un miscuglio di soia stufata e di grano tostato e spezzato. Per produrre un buon shoyu ci vogliono tre anni.

Il tamari è un prodotto simile allo shoyu, ma viene preparato da un misto di soia e di grano.

Bisogna distinguere lo shoyu naturale da quello industriale, che viene sottoposto a temperature molto più alte e fermenta molto più in fretta; è preparato con farina di soia e non con soia in grani; è già pronto in tre o quattro mesi.

Come preparare una salsa besciamella povera di grassi

Scaldate il latte (300 ml) con una foglia d'alloro. Alla fine filtratelo.

Scaldate 2 cucchiai di olio d'oliva e aggiungete 20 g di farina integrale mescolando.

Aggiungete il latte, mescolando finché il composto è omogeneo. Fate sobbollire per 3-5 minuti.

Aiôli

STAGIONE: *tutto l'anno*
PREPARAZIONE: *20 minuti*

PIUTTOSTO COSTOSA
MOLTO FACILE

INGREDIENTI

10 spicchi d'aglio
1/4 di l d'olio d'oliva
il succo di un limone
1 tuorlo d'uovo
sale

PREPARAZIONE

1 *Sbucciate l'aglio e pestatelo nel mortaio.*

2 *Aggiungete il tuorlo d'uovo e il sale, poi un po' di olio, mescolando senza mai fermarvi col pestello. È essenziale versare l'olio lentamente, senza mai smettere di mescolare, fino a quando la salsa otterrà la consistenza di una maionese.*

3 *Dopo aver versato l'equivalente di tre o quattro cucchiai di olio unite il succo del limone, un cucchiaio d'acqua e terminate con l'olio, sempre aggiungendolo a poco a poco.*

Questa salsa, che è famosa in Provenza come il pesto in Liguria, accompagna tradizionalmente il merluzzo, ma si accosta bene con tutti i tipi di pesce e con le verdure.

Bagna caôda

STAGIONE: *tutto l'anno*
PREPARAZIONE: *5 minuti*
COTTURA: *pochi minuti*
MOLTO FACILE
MOLTO ECONOMICO

INGREDIENTI *(per 4 persone)*

1/4 di l di olio
100 g di filetti di acciuga
4 spicchi d'aglio
qualche noce (facoltativa)

PREPARAZIONE

1 *Mettete sul fuoco in una piccola casseruola l'olio con l'aglio tagliato a fettine sottili. Tenete la fiamma molto bassa, perché l'aglio non deve colorirsi (diventerebbe amaro).*

2 *Quando l'olio è ben caldo togliete il recipiente dal fuoco, aggiungete le acciughe diliscate e spezzettate e mescolate bene finché non sono sfatte. Si dice che l'aggiunta di una o due noci pestate renda questa salsa più digeribile.*

La bagna caôda si serve in tavola su un apposito fornelletto, in modo che resti bollente.
Nelle salse si intingono costole di cardi teneri, sedano bianco, peperoni, ma anche altre verdure a piacere, come cimette di cavolfiori, carote, finocchi. Un delizioso e celebre piatto piemontese.

Origine: Piemonte

Maionese di tofu

STAGIONE: *tutto l'anno*
PREPARAZIONE: *15 minuti*
COTTURA: *nessuna*
MOLTO ECONOMICO
MOLTO FACILE
STRETTAMENTE VEGETARIANO

INGREDIENTI *(per 4 persone)*

300 g di tofu
3 cucchiaini di olio di girasole o di mais
2 umeboshi o 2 cucchiaini di aceto di mele
1/2 cucchiaino di semi di finocchio pestati
1 cucchiaino di tamari

PREPARAZIONE

1 *Frullate tutti gli ingredienti fino a ottenere una specie di maionese ben liscia.*

2 *A questa salsa potete eventualmente aggiungere erba cipollina, dragoncello, basilico o cime di ortica giovane tritate finemente.*

Salsa besciamella speciale

STAGIONE: *tutto l'anno*
PREPARAZIONE: *15 minuti*
COTTURA: *15 minuti*
MOLTO ECONOMICO
MOLTO FACILE
STRETTAMENTE VEGETARIANO

INGREDIENTI *(per 4 persone)*

3 cucchiai di farina
1/2 l d'acqua o di latticello di soia o di brodo di kombu
1 pizzico di timo
1 pizzico di noce moscata
sale

PREPARAZIONE

1 *Mettete il timo nel liquido e lasciate in infusione per 5 minuti; filtrate e tenete da parte quest'acqua per la salsa.*

2 *In una casseruola dal fondo spesso diluite la farina col liquido tiepido, unite il sale e la noce moscata.*

3 *Lasciate cuocere a fuoco dolce per 10 minuti, mescolando per evitare la formazione di grumi.*

Questa salsa senza grassi è molto leggera. All'inizio della cottura potete aggiungere un cucchiaio di arachidi o di noci di acagiù o di mandorle tostate e tritate finemente.

Un consiglio: le salse che contengono farina sono da usare solo occasionalmente.

Salsa di erba medica

STAGIONE: *tutto l'anno*
PREPARAZIONE: *15 minuti*

MOLTO ECONOMICO
MOLTO FACILE

STRETTAMENTE VEGETARIANO

INGREDIENTI *(per 4 persone)*

1/2 tazza di semi di erba medica germinati
1 cucchiaino di semi di finocchio
1/2 cipolla
2 prugne umeboshi
1 cucchiaino d'alga wakame sbriciolata
1 cucchiaio di prezzemolo tritato
1 cucchiaio di olio di zucca o di oliva
2 dl d'acqua
sale

PREPARAZIONE

1 *Frullate tutti gli ingredienti fino a ottenere una salsa omogenea.*

2 *Alla fine aggiungete il sale.*

Salsa di mandorle

STAGIONE: *tutto l'anno*
PREPARAZIONE: *15 minuti*

MOLTO ECONOMICO
MOLTO FACILE

STRETTAMENTE VEGETARIANO

INGREDIENTI *(per 4 persone)*

1 cipolla
3 spicchi d'aglio
1 tazza di mollica di pane
1 tazza di mandorle sgusciate
1 pizzico di semi di coriandolo
1 rametto di issopo o di prezzemolo
1 l di acqua o brodo di verdure
sale

PREPARAZIONE

1 *Pestate nel mortaio gli aromi, poi l'aglio e la cipolla tritati finemente e le mandorle.*

2 *Mescolate bene e aggiungete il liquido un po' per volta.*

Salsa di noci

STAGIONE: *tutto l'anno*
PREPARAZIONE: *15 minuti*

MOLTO ECONOMICO
MOLTO FACILE

STRETTAMENTE VEGETARIANO

INGREDIENTI *(per 4 persone)*

1 tazza scarsa di gherigli di noci
1 cipolla
1/4 di l di brodo di alghe kombu (o di acqua)
1 pizzico di semi di finocchio
1 rametto di santoreggia
1 rametto di prezzemolo
1 cucchiaio di olio di semi di zucca o di girasole
sale

PREPARAZIONE

1 *Tritate finemente la cipolla, la santoreggia e il prezzemolo, poi pestateli aggiungendo i semi di finocchio e il sale.*

2 *Continuate a pestare incorporando le noci.*

3 *Aggiungete il brodo e l'olio e mescolate bene.*

Salsa di sesamo

STAGIONE: *tutto l'anno*
PREPARAZIONE: *20 minuti*

MOLTO ECONOMICO
MOLTO FACILE

STRETTAMENTE VEGETARIANO

INGREDIENTI *(per 4 persone)*

200 g di semi di sesamo
2 cucchiaini di aceto di riso o di sidro
2 cucchiaini di tamari
3 dl di brodo di verdure o di kombu

PREPARAZIONE

1 *Pestate nel mortaio i semi di sesamo precedentemente tostati.*

2 *Aggiungete l'aceto, il tamari e il brodo di verdure fino a ottenere una salsa semifluida.*

Salsa di tofu

STAGIONE: *tutto l'anno*
PREPARAZIONE: *15 minuti*

PIUTTOSTO COSTOSO
MOLTO FACILE

STRETTAMENTE VEGETARIANO

INGREDIENTI *(per 2 persone)*

2 prugne umeboshi
200 g di tofu
2 foglie di basilico fresco (o secco, se d'inverno)
acqua

PREPARAZIONE

1 *Pestate nel mortaio la polpa delle umeboshi con le foglie di basilico ben tritate.*

2 *Incorporate il tofu schiacciandolo con una forchetta e lavorandolo bene e aggiungete l'acqua necessaria per ottenere una crema vellutata.*

Salsa di umeboshi alle erbe

STAGIONE: *tutto l'anno*
PREPARAZIONE: *20 minuti*

MOLTO ECONOMICO
MOLTO FACILE

STRETTAMENTE VEGETARIANO

INGREDIENTI *(per 2 persone)*

2 prugne umeboshi
3 spicchi d'aglio
2 foglie di salvia
1/2 cucchiaio di prezzemolo
1/2 cucchiaio di issopo
3 cucchiai di acqua calda
3 cucchiai di olio d'oliva
sale

PREPARAZIONE

1 *Mettete nel mixer l'aglio tagliato a fettine sottili, le erbe aromatiche tritate, il sale e le umeboshi. Frullate aggiungendo l'acqua goccia a goccia.*

2 *Controllate se il composto è ben omogeneo poi unite l'aglio e gli aromi, e tritateli incorporando l'olio molto lentamente.*

In questo modo otterrete una salsa ben soda, simile a una maionese.

Un consiglio: quando la ricetta prevede delle prugne umeboshi salate poco.

Salsa di umeboshi e sesamo

STAGIONE: *tutto l'anno*
PREPARAZIONE: *15 minuti*

MOLTO ECONOMICO
MOLTO FACILE
STRETTAMENTE VEGETARIANO

INGREDIENTI *(per 2 persone)*

1 prugna umeboshi
1/2 tazza di sesamo
1/4 di l di brodo di alghe kombu o acqua
sale

PREPARAZIONE

1 *Pestate nel mortaio i semi di sesamo precedentemente tostati e salate leggermente.*

2 *Unite la polpa dell'umeboshi e continuate a pestare aggiungendo un po' per volta il brodo, fino a ottenere una salsa abbastanza consistente.*

Salsa di yogurt

STAGIONE: *tutto l'anno*
PREPARAZIONE: *15 minuti*

MOLTO ECONOMICO
MOLTO FACILE
STRETTAMENTE VEGETARIANO

INGREDIENTI *(per 4 persone)*

300 g di yogurt
4 spicchi d'aglio
1 cucchiaino di coriandolo
1 cucchiaio di dragoncello tritato
sale

PREPARAZIONE

1 *Pestate il dragoncello col sale, l'aglio e il coriandolo.*

2 *Incorporate lo yogurt a poco a poco, mescolando continuamente.*

3 *Servite ben fresco.*

Salsa per il cuscus

STAGIONE: *tutto l'anno*
PREPARAZIONE: *15 minuti*

MOLTO ECONOMICO
MOLTO FACILE

STRETTAMENTE VEGETARIANO

INGREDIENTI *(per 4 persone)*

4 spicchi d'aglio
3 scalogni o una cipolla piccola
3 foglie di menta dolce
1 rametto di prezzemolo
3 cucchiai di olio d'oliva
1 cucchiaino di tamari
3 cucchiai di acqua
sale

PREPARAZIONE

1 *Lavorate nel mortaio l'aglio, lo scalogno, la menta, il prezzemolo e il sale fino a ottenere una specie di pasta.*

2 *Aggiungete l'acqua (che deve essere bollente), mescolate vigorosamente con un cucchiaio di legno, poi unite l'olio continuando a mescolare fino a ottenere una salsa omogenea.*

Tapenade

STAGIONE: *tutto l'anno*
PREPARAZIONE: *20 minuti*

PIUTTOSTO COSTOSA
MOLTO FACILE

INGREDIENTI *(per 4 persone)*

200 g di olive nere grosse
100 g di filetti di acciuga
2 cucchiai di capperi
1/4 di l di olio d'oliva
1 limone
pepe

PREPARAZIONE

1 *Passate ogni ingrediente separatamente al tritaverdure, usando la griglia fine, poi al setaccio in modo da ottenere da ciascuno una crema omogenea.*

2 *Mescolate il tutto, pepate e montate il composto come una maionese, aggiungendo l'olio d'oliva e ogni tanto qualche goccia di succo di limone fino a ottenere una crema consistente e ben legata.*

3 *Mettete la salsa in un vasetto ben chiuso e conservatelo al fresco.*

Questa preparazione provenzale, che si ritrova in numerose salse, si mangia soprattutto su tartine imburrate, come antipasto.

LE BEVANDE

«Che cosa bisogna bere per mantenersi in buona salute?»

Se questo capitolo sulle bevande si limitasse a rispondere a questa domanda dovremmo parlare solo dell'acqua, l'unica bevanda realmente indispensabile alla nostra salute.

In realtà consumiamo innumerevoli bevande che hanno in comune solo il fatto di essere dei liquidi.

Alcune sono veri e propri alimenti, altre hanno una funzione puramente medicinale, altre possono diventare veleni quando ne abusiamo.

Quando si studiano le tradizioni alimentari, si fanno constatazioni che meritano una riflessione.

La prima è che, salvo casi assolutamente eccezionali, non si beve mai mentre si mangia.

L'altra è che, a parte l'acqua e alcuni alimenti liquidi come il latte e le bevande fermentate che ne derivano, si trovano solo due grandi categorie di bevande:
- le infusioni di piante, come il tè o il mate;
- le bevande fermentate, a base di cereali (per esempio le 'birre', fatte coi cereali locali in ogni parte del mondo) o, meno di frequente, di frutta (vino, sidro) o di linfa (vino di palma, pulque).

I succhi di frutta, così apprezzati da certe scuole di alimentazione sana, sembrano invece praticamente assenti dalla tradizione alimentare.

È possibile, con un pizzico di arbitrarietà, classificare le bevande in cinque grandi categorie:
- l'acqua;
- i succhi di frutta;
- le bevande fermentate, caratterizzate dalla

presenza di una certa quantità (a volte debolissima) di alcol;
- le infusioni e decozioni di piante;
- le bevande stimolanti (tè e caffè).

Citeremo il latte e le bevande fermentate a base di latte (kefir di latte, koumiss) soltanto per ricordarli, perché vengono chiamati bevande solo per il fatto che sono liquidi. In realtà si tratta di veri e propri alimenti.

Il latte

Abbiamo visto che il latte non è indispensabile né innocuo, come sosteneva la propaganda dell'alimentazione all'americana. Ma anche se non è un alimento 'obbligato', da usare necessariamente ogni giorno o peggio ancora a tavola, come sostituto dell'acqua, è comunque un alimento buono e ricco, da utilizzare con misura ma con fiducia e nel modo migliore.

Il latte prodotto nelle centrali offre di solito buone garanzie non solo di freschezza ma anche di igienicità (la salute delle mucche è controllata regolarmente) e di valore nutritivo, perché il latte che non raggiunge certi parametri di qualità viene scartato all'origine.

Non esistono invece garanzie sull'assenza di residui chimici e medicinali indesiderabili, la cui presenza è assai probabile negli allevamenti industriali. Latte realmente biologico può provenire soltanto dai piccoli allevatori o dagli allevamenti che applicano su vasta scala i sistemi naturali.

Il latte che troviamo in commercio riceve diversi trattamenti 'dolci'. Viene omogeneizzato, cioè fatto passare per piccolissimi fori. Così il latte diventa più digeribile e la crema non affiora. Poi, se è il caso, viene scremato nella misura prevista dalla legge. Il latte intero deve contenere un minimo del 3,2 per cento di grassi, quello parzialmente scremato l'1-1,8 per cento di grassi, quello scremato lo 0,5 per cento. (L'eliminazione del grasso priva il latte del suo pericoloso potenziale calorico, ma anche delle sue preziose vitamine.)

Infine il latte viene pastorizzato (dal nome del chimico Luigi Pasteur), cioè riscaldato a 72-80 °C per 15-20 secondi e poi rapidamente raffreddato. In questo modo vengono eliminati i principali germi patogeni, ma restano vivi quelli benefici.

Ben diversa è la sterilizzazione, quella che produce il latte a lunga conservazione e che distrugge tutta la flora batterica del latte, oltre che la maggior parte delle vitamine.

Il latte ben trattato è quindi un alimento vivo, che va consumato fresco, conservato con attenzione in frigorifero, e non bollito. Può essere intiepidito, se occorre, ma la bollitura è inutile e lascia nella pentola una quota di calcio e proteine.

Il latte va quindi usato con intelligenza e senza preconcetti, valutando caso per caso se è meglio usarlo intero (più grasso e più ricco di preziose vitamine) oppure scremato, più leggero ma meno vitale.

Chi non desidera consumare latte, o non può farlo a causa di un'intolleranza, può sostituirlo con 'latti' di soia o di mandorle, che è possibile anche preparare in casa, ma che si trovano in commercio con facilità.

Le ricette del latte di soia sono nel capitolo dedicato alla soia e ai suoi derivati.

L'acqua

L'acqua è la bevanda di base. Ma quale acqua dobbiamo bere? L'acqua del rubinetto è sempre più inquinata dai nitrati, dai pesticidi, dai metalli pesanti, e ci si può chiedere se veramente è ancora 'potabile', anche quando è ufficialmente dichiarata tale.

Oggi il problema più preoccupante è quello dei nitrati, sempre più abbondanti nelle falde d'acqua sotterranee a causa dell'uso sconsiderato di fertilizzanti azotati e della moltiplicazione degli allevamenti industriali, produttori di liquami che vanno a inquinare i fiumi e le falde acquifere.

L'acqua può contenere, naturalmente, una piccola quantità di nitrati, fra 1 e 10 mg per litro. A causa dell'inquinamento oggi non è raro però trovare percentuali di oltre 100 mg per litro. Il massimo tollerabile, perché un'acqua sia considerata potabile, è 50 mg al litro. Ma è prudente non dare acqua di rubinetto ai neonati se la quota dei nitrati supera i 25 mg per litro.

Se l'acqua del rubinetto è troppo inquinata bisogna far ricorso all'acqua minerale in bottiglie, evitando le acque molto mineralizzate, che vanno riservate all'impiego terapeutico.

Per l'uso quotidiano è consigliabile non superare una quota totale di minerali di 2 g al litro.

I succhi di frutta

Come dice il loro nome, i succhi di frutta risultano dalla separazione della parte liquida e della parte solida dei frutti.

Sono ottenuti per spremitura e centrifugazione dei frutti.

Sono veri alimenti liquidi, ricchi di zuccheri, minerali e vitamine.

Spesso considerati come la bevanda sana per eccellenza, presentano però il grave inconveniente, rispetto al frutto intero, di essere privi di fibre. Per questo lo zucchero che contengono viene assimilato molto rapidamente, e, se i succhi vengono consumati in abbondanza, possono avere sulla glicemia gli stessi effetti perturbatori dello zucchero. Inoltre, a causa del loro sapore gradevole è facile abusarne. Mezzo litro di succo di mele contiene il succo di circa un kg di mele. Per poco che si abbia sete, si può bere mezzo litro di succo di mela in pochi minuti, mentre è difficile mangiare un chilo di mele anche in una intera giornata.

I succhi di frutta sono comunque una bevanda sana, a condizione di non abusarne e di consumarli, come la frutta, fuori dai pasti. Bevuti durante i pasti disturbano la digestione.

Il succo d'uva merita un discorso a parte: sotto forma di cura, presenta infatti interessanti virtù medicinali.

Si distinguono tre grandi categorie di succhi di frutta:
- i frutti spremuti (o centrifugati) al momento del consumo. Sono di gran lunga i migliori, perché contengono tutte le vitamine dei frutti e non hanno subito alcun trattamento di conservazione;
- i succhi di frutta freschi pastorizzati. I frutti vengono spremuti e il succo viene immediatamente imbottigliato e pastorizzato. La maggior parte dei succhi di frutta biologici è preparata in questo modo. Conservano l'essenziale delle vitamine e del sapore;
- i succhi di frutta commerciali 'classici'. Nella quasi totalità sono preparati a partire dal succo concentrato. I frutti vengono spremuti, il succo viene filtrato e poi concentrato per evaporazione in modo da ridurne il volume. Il succo viene immagazzinato sotto questa forma, poi diluito con acqua al momento di venire preparato per la vendita. Evidentemente il processo di concentrazione fa perdere al succo una parte delle vitamine e ne modifica il gusto.

Quando si comperano succhi di frutta bisogna controllare attentamente che non contengano aggiunte di zucchero, come succede per i nettari di frutta e per moltissime bevande a base di succo di frutta.

Le bevande fermentate

In Europa, quando si parla di bevande fermentate si pensa soprattutto al vino e alla birra, ma ce ne sono altre, molto meno conosciute, che sono interessantissime.

Il vino

Il vino è, nei paesi della vite (che sono l'Italia, la Francia e la Spagna), la bevanda fermentata per eccellenza.

Carico di storia, simbolo di una civiltà oltre che bevanda, il vino ha scatenato innumerevoli polemiche per quanto riguarda i suoi effetti sulla salute.

Per qualcuno è una bevanda da abolire assolutamente se si vuole vivere in modo sano.

Per altri è l'accompagnamento indispensabile di un buon pasto, un nettare senza il quale la vita non sarebbe degna d'essere vissuta.

Per altri ancora può costituire una vera medicina; sono stati scritti libri interi sull'uso medicinale del vino.

Come capita spesso, in questo immenso dibattito tutti hanno torto e tutti hanno ragione.

Nessuno può negare infatti che l'alcol abbia un effetto disastroso sulla salute, e che il consumo eccessivo di vino sia una delle cause principali dell'alcolismo.

Tuttavia, è ben noto che il vino contiene numerosi costituenti utili: minerali, vitamine, tannini, eccetera. Utili, ma intendiamoci bene, assolutamente non indispensabili, perché li troviamo anche in altri alimenti.

La sola vera domanda che si pone alla fine è la seguente. Che effetti ha sulla nostra salute il consumo regolare di una piccola quantità di vino (diciamo un bicchiere per pasto): nocivi, benefici, o magari indifferenti?

Secondo noi la scienza non ha ancora risposto a questa domanda, ed è un peccato. È probabile in realtà che la risposta dipenda dai singoli individui, dalla loro costituzione, dalla loro età, dal loro stile di vita.

Ci sono fondamentalmente due grandi categorie di vino in commercio:
- il vino 'da tavola';
- il vino DOC, a 'denominazione d'origine controllata'.

I vini da tavola sono i vini 'di tutti i giorni'. Sono i meno cari, ma non si sa niente della loro origine, a meno che non siano vinificati e imbottigliati in proprio.

I vini da tavola che si trovano di solito in commercio, di origine sconosciuta, sono da evitare perché non si sa con quali miscugli (o tagli) siano stati fatti e quali prodotti chimici vi siano stati aggiunti.

Esistono anche però eccellenti vini da tavola biologici, imbottigliati dal produttore. Rispetto ai vini DOC presentano il vantaggio di essere in genere leggermente meno alcolici.

La birra

La birra è senz'altro la più universale delle bevande fermentate.

In Europa viene preparata con orzo germinato (il malto) e aromatizzata con l'aggiunta di fiori di luppolo.

Nell'America del Sud la birra si prepara con il mais (la chicha), in Africa con il sorgo, in Asia con il riso, in Russia con la segale (kvas).

Tutte le birre hanno in comune il fatto di essere a base di cereali; spesso sono poco alcoliche (da 1 a 4 gradi alcolici).

Alcune sono veri e propri alimenti, ricchi di elementi nutritivi e in particolare di vitamine. In certi casi non è chiaro se si tratta di una zuppa o di una bevanda vera e propria.

I vecchi parlavano, a proposito di queste birre-zuppe, di 'pane da bere', il che conferma che si trattava proprio di alimenti. Le birre africane, non filtrate e contenenti dal 5 all'8 per cento di residuo secco, appartengono a questa categoria.

Le birre attuali, filtrate e molto alcoliche, non sono così interessanti dal punto di vista nutrizionale; restano comunque bevande sane, a condizione di sceglierle poco alcoliche e di non abusarne. Oggi si trovano eccellenti birre fatte di orzo biologico.

Il sidro

Il sidro è un'altra bevanda interessante, ottenuto dalla fermentazione del succo di mele. La sua percentuale di alcol è quella di una birra leggera (circa 4 gradi).

Nelle regioni in cui la sua fabbricazione è tradizionale (Asturia, Ovest della Francia, Germania, Inghilterra, Belgio) la produzione familiare è ancora diffusa, in particolare fra gli agricoltori.

Il kvas e il kefir

Il kvas e il kefir sono due bevande fermentate che si possono preparare in casa (*vedi* le ricette alla fine di questo capitolo).

Il kvas, bevanda nazionale russa, fa parte della grande famiglia delle birre.

È una bevanda leggerissimamente alcolica (circa l'1 per cento di alcol) di sapore acido, senz'altro una delle bevande più sane che esistano. Ce ne sono molti tipi, fatti con cereali diversi (grano, orzo, segale) eventualmente aromatizzati con bacche.

La ricetta più classica usa come ingrediente base il pane di segale.

Anche il kefir è una bevanda russa, originaria del Caucaso. Il kefir autentico è preparato con latte di mucca, di capra o di pecora, che un tempo veniva messo a fermentare in otri di pelle. La fermentazione avveniva in continuo; man mano che si attingeva il kefir dall'otre lo si sostituiva con altrettanto latte fresco. Il kefir di latte è un alimento, come lo yogurt.

Il kefir di frutta è meno antico e meno conosciuto, e si è diffuso soprattutto nei paesi mediterranei.

È una bevanda leggerissimamente alcolica, come il kvas, gradevole e rinfrescante. È un'eccellente bevanda familiare, meno acida del kvas, ideale per togliersi la sete d'estate.

Per prepararlo bisogna procurarsi i fermenti (da qualcuno che fa il kefir in casa o in farmacia).

Gli infusi e i decotti a base di piante

Le infusioni si ottengono versando acqua bollente sulla pianta e lasciandola a contatto per qualche minuto.

I decotti si ottengono lasciando bollire le piante nell'acqua per un certo tempo (in genere 5-10 minuti).

Infusi e decotti in genere vengono consumati per le loro virtù medicinali. Però alcune possono diventare bevande per tutti i giorni, che spesso vengono bevute la sera prima di dormire o durante la giornata.

Qui ci limiteremo a qualche infuso e decotto per l'uso quotidiano.

La preparazione degli infusi e dei decotti

Ecco alcuni consigli per una corretta preparazione degli infusi e dei decotti.

- Lavate le piante prima dell'uso in acqua corrente fredda. Alcune piante, essendo state immagazzinate, possono essere portatrici di microrganismi o anche semplicemente di polvere. Poiché d'abitudine laviamo un'insalata prima di mangiarla, facciamo lo stesso con le piante medicinali.

- Non utilizzate mai per le preparazioni l'acqua del rubinetto, che normalmente contiene molto cloro, bensì usate acqua minerale naturale, cioè non gasata.

- Non conservate mai, neppure in frigorifero, un infuso o un decotto per più di 36 ore. Non si può impedirne l'inquinamento da parte di microbi o di muffe.

- Conservate le piante in ambiente asciutto, al riparo dalla luce e dalla polvere. I vasi di vetro scuro, chiusi ermeticamente, sono adatti a questo scopo.

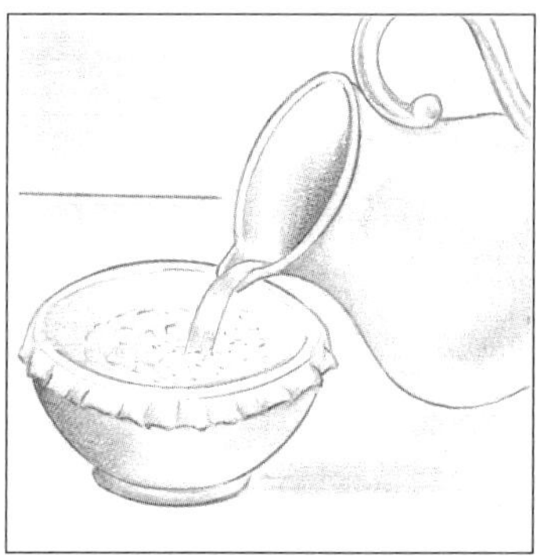

Filtrate gli infusi e colateli attraverso una pezza a trama larga molto pulita o, meglio, sterile.

Infuso di timo
L'infuso di timo è consigliato da molte scuole di alimentazione sana per sostituire il caffè o il tè. È leggermente stimolante.

Tè bancha
Il tè bancha, chiamato anche 'tè di tre anni', è raccomandato come bevanda quotidiana dalla scuola macrobiotica. Si tratta di foglie di tè invecchiate (in linea generale per tre anni) che per questo sono praticamente prive di teina. Diversamente dagli altri tè, il tè bancha è un decotto e non un infuso: le foglie devono bollire nell'acqua per qualche minuto.

Tiglio, verbena e foglie d'arancio
Diverse piante dotate di virtù calmanti permettono di preparare la sera infusi che favoriscono il sonno, in particolare il tiglio, la verbena, le foglie d'arancio.

Orzo torrefatto, cicoria e 'caffè' di cereali

La preparazione di bevande a base di piante torrefatte sembra aver avuto in origine la volontà di sostituire il caffè, sia perché era impossibile procurarselo (in tempo di guerra) sia per ritrovare un gusto simile a quello del caffé in bevande che non ne avessero gli inconvenienti.

Queste bevande vengono preparate a partire da un cereale (in particolare l'orzo), a volte con aggiunte di leguminose (soia) o ancora a partire da radici (di cicoria o, più raramente, di tarassaco).

In Italia la più popolare di queste bevande è l'orzo. In Francia la cicoria ha conosciuto un grande successo durante e dopo l'ultima guerra: il 'caffè' del mattino molto spesso era preparato con un miscuglio di cicoria e di caffè.

Effettivamente tutte queste bevande possono essere usate al posto del caffè, ma non sembra che presentino (a parte forse la cicoria) particolari virtù.

Le bevande stimolanti: il caffè e il tè

Nessuna scuola di alimentazione sana raccomanda il consumo regolare del tè, e ancora meno del caffè.

Infatti queste bevande contengono un eccitante, la caffeina (che a volte nel tè viene chiamata teina) che stimola momentaneamente l'organismo, ma i cui effetti nel lungo periodo sono tuttora poco conosciuti. In quantità eccessiva la caffeina provoca palpitazioni, nervosismo e irritabilità, ansietà, insonnia, e forse ipertensione.

Ci sono due varietà di caffè, la Robusta e l'Arabica. La prima contiene l'1 per cento di caffeina, la seconda lo 0,6 per cento. I caffè in commercio sono spesso una miscela dei due, ma ci sono anche caffè '100 per cento Arabica', che sono da preferire. Una tazza di Arabica contiene circa 60 mg di caffeina, contro i 100 mg di una tazza di Robusta.

Il tè è meno ricco di caffeina del caffè: una tazza ne contiene circa 40 mg.

Notiamo che un tè tenuto poco in infusione (3-5 minuti), apparentemente 'leggero', è invece più eccitante di un tè di colore intenso, tenuto in infusione più a lungo, che sembra più 'forte'. Ecco la ragione: oltre alla caffeina il tè contiene tannini, che, essendo meno solubili della caffeina, passano nell'acqua più lentamente. Nello stomaco i tannini si combinano con la caffeina, e in questo modo l'organismo ne assorbe di meno.

Ci sono innumerevoli tipi di tè, che si dividono in due grandi categorie:
- i tè verdi, non fermentati;
- i tè neri, fermentati.

I tè verdi sono meno eccitanti e più ricchi di tannini. Possiamo consumare regolarmente tè o caffè senza rischi per la salute? È una questione controversa, e la risposta dipende evidentemente dalla quantità. Sembra (fino a prova contraria) che l'organismo possa sopportare senza danni quantità moderate di tè o di caffè. Ma se si può farne a meno, tanto meglio!

I 'soft drink'

I soft drink che si trovano in commercio (coca cola, gazzose, limonate, eccetera) sono citati qui solo per dovere di cronaca: contengono tutti zucchero (salvo le varianti 'light' delle bibite a base di cola) e additivi chimici, per cui non possono venir considerate bevande sane ed è consigliabile astenersene.

Kefir (di frutta secca)

STAGIONE: *tutto l'anno*
PREPARAZIONE: *10 minuti (e 24 ore per la fermentazione)*
MOLTO ECONOMICO
MOLTO FACILE
STRETTAMENTE VEGETARIANO

INGREDIENTI

100 g di frutta secca (fichi, uva o albicocche)
qualche 'grano di kefir' (fermenti per il kefir di frutta)
1 litro di acqua

PREPARAZIONE

1 *Mettete in un litro d'acqua qualche 'grano di kefir' (il fermento del kefir ha l'aspetto di chicchi traslucidi) e un po' di frutta secca. Scegliete di preferenza frutta biologica, non solforata. Se avete dubbi lavate la frutta con molta cura.*

2 *Lasciate fermentare per 24 ore a una temperatura di 18-25 °C.*

Il kefir può essere bevuto subito oppure messo in bottiglie ermeticamente chiuse, dopo aver tolto la frutta e i fermenti.

Dopo qualche giorno in cantina avrete un kefir molto frizzante.

Kefir (di limone)

STAGIONE: *tutto l'anno*
PREPARAZIONE: *10 minuti (e 24 ore per la fermentazione)*
MOLTO ECONOMICO
MOLTO FACILE
STRETTAMENTE VEGETARIANO

INGREDIENTI

1 limone
qualche 'grano di kefir' (fermenti per il kefir di frutta)
1 litro di acqua
1 cucchiaio di zucchero scuro o integrale

PREPARAZIONE

1 *Mettete in un litro d'acqua qualche 'grano di kefir', lo zucchero e un limone tagliato in otto pezzetti. Scegliete di preferenza un limone biologico, non trattato. Se avete dubbi lavatelo prima con molta cura.*

2 *Lasciate fermentare per 24 ore a una temperatura di 18-25 °C.*

Il kefir può essere bevuto subito oppure messo in bottiglie ermeticamente chiuse, dopo aver tolto il limone e i fermenti.

Dopo qualche giorno in cantina avrete un kefir molto frizzante.

Kvas (di segale)

Stagione: *tutto l'anno*
Preparazione: *30 minuti (ma almeno un mese per la fermentazione)*

Molto economico

Strettamente vegetariano

Ingredienti

1 kg di pane di segale secco
8 litri di acqua
2 cucchiai di lievito naturale
1 pugno di uvette

Preparazione

1 *Fate tostare leggermente in forno il pane di segale tagliato a fette.*

2 *Mettetelo in una giara di terracotta e aggiungete 8 litri d'acqua bollente.*

3 *Lasciate raffreddare fino a 35-40 °C e aggiungete il lievito.*

4 *Lasciate riposare per 12 ore.*

5 *Imbottigliate filtrando attraverso una tela.*

6 *Mettete qualche uvetta in ogni bottiglia (più ne metterete, più il kvas sarà alcolico).*

7 *Tappate ermeticamente, mettendo sui tappi le gabbiette di fil di ferro come per lo champagne, e mettete in cantina.*

8 *La bevanda sarà pronta da bere nel giro di un mese.*

Se non avete lievito naturale potete prepararne uno in questo modo: mescolate un cucchiaino di miele, una grossa presa di luppolo (lo trovate nelle erboristerie) e un bicchiere d'acqua. Fate bollire e lasciate ridurre un po', fate raffreddare fino a 35-40 °C e aggiungete un cucchiaio di farina; mescolate bene e lasciate in luogo tiepido; il lievito sarà pronto due giorni dopo.

Questa bevanda è molto frizzante e molto rinfrescante.

Si può anche aggiungere alle minestre, in sostituzione del brodo tradizionale; dà alle minestre un gusto acidulo gradevolissimo.

Non tutti sanno che del luppolo possiamo mangiare sia i fiori sia le foglie e i germogli. I fiori, bolliti, si possono aggiungere alle insalate e le foglie alle minestre. I teneri germogli, bolliti, possono essere serviti come gli asparagi, con le uova.

BEVANDE

La 'Tabella indice' (che viene presentata in questa pagina) ci aiuta a ritrovare rapidamente la ricetta che meglio corrisponde alle nostre esigenze.
Ma attenzione: non si tratta di un semplice 'indice'! Questa grande tabella a colori ci comunica, oltre al numero di pagina di ogni ricetta, anche numerose altre notizie:
- quali sono le stagioni più adatte
- la rapidità ✓
- la facilità *f*
- se la ricetta è vegetariana ***v*** o vegetaliana (cioè strettamente vegetariana, senza nemmeno latte, uova, formaggi...) ***v v***
- se si tratta di un piatto di base, se si tratta di un piatto di contorno, oppure di uno spuntino ✗

La rapidità delle ricette merita un discorso a parte. Per fare cucina naturale non occorrono in genere, come abbiamo visto, lunghi tempi di preparazione e di cottura.
La cucina naturale non è però una cucina 'fast food': occorre sempre un po' di programmazione, non solo per l'acquisto degli ingredienti (che devono essere il più freschi possibile) ma anche per alcune operazioni preliminari (come per esempio l'ammollo delle leguminose).
Esistono però ricette il cui tempo di preparazione aggiunto a quello di cottura (escludendo eventuali operazioni preliminari) è inferiore a 30 minuti: sono queste le ricette a preparazione rapida che troviamo nella 'Tabella indice'.

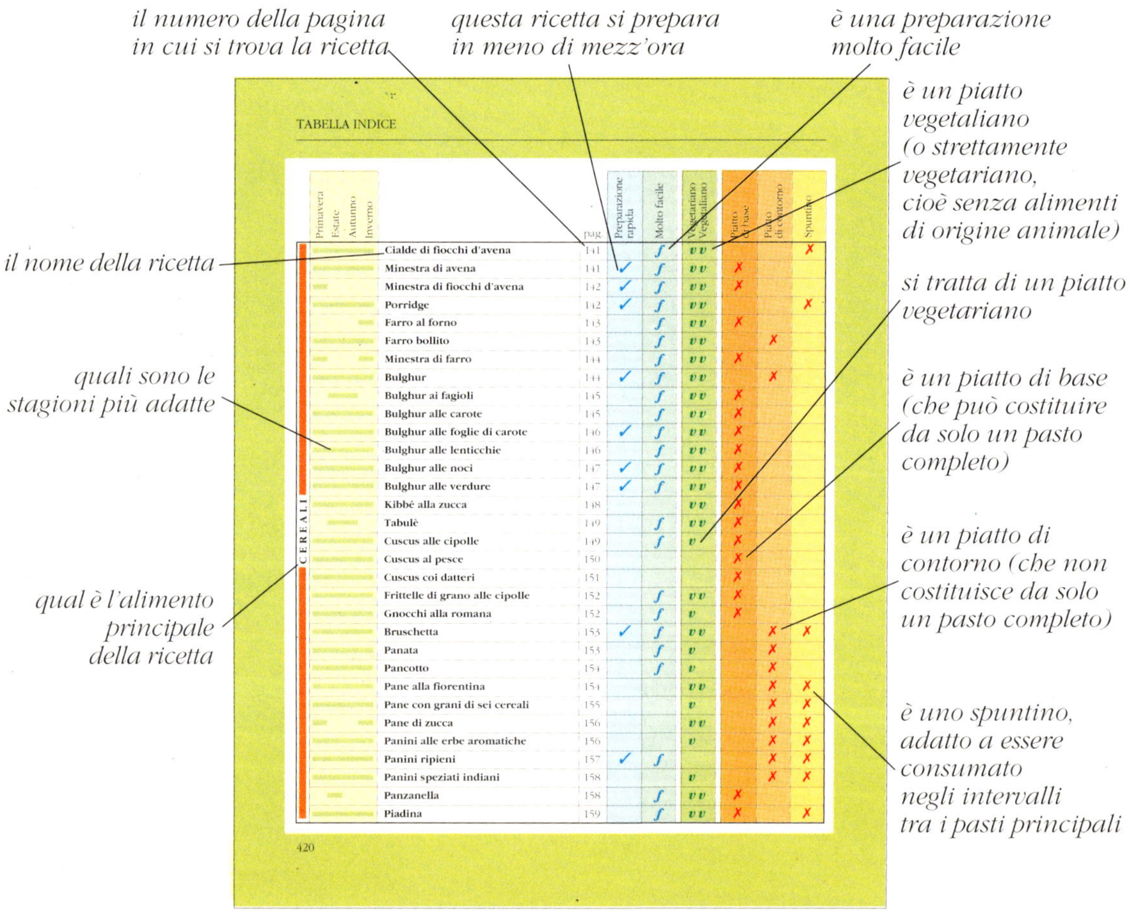

	pag.	Preparazione rapida	Molto facile	Vegetariano Vegetaliano	Piatto di base	Piatto di contorno	Spuntino
Cialde di fiocchi d'avena	141		*f*	*v v*			✗
Minestra di avena	141	✓	*f*	*v v*	✗		
Minestra di fiocchi d'avena	142	✓	*f*	*v v*	✗		
Porridge	142	✓	*f*	*v v*			✗
Farro al forno	143		*f*	*v v*	✗		
Farro bollito	143		*f*	*v v*		✗	
Minestra di farro	144		*f*	*v v*	✗		
Bulghur	144	✓	*f*	*v v*		✗	
Bulghur ai fagioli	145		*f*	*v v*	✗		
Bulghur alle carote	145		*f*	*v v*	✗		
Bulghur alle foglie di carote	146	✓	*f*	*v v*	✗		
Bulghur alle lenticchie	146		*f*	*v v*	✗		
Bulghur alle noci	147	✓	*f*	*v v*	✗		
Bulghur alle verdure	147	✓	*f*	*v v*	✗		
Kibbé alla zucca	148			*v v*	✗		
Tabulè	149		*f*	*v v*	✗		
Cuscus alle cipolle	149		*f*	*v*	✗		
Cuscus al pesce	150				✗		
Cuscus coi datteri	151				✗		
Frittelle di grano alle cipolle	152		*f*	*v v*	✗		
Gnocchi alla romana	152		*f*	*v*	✗		
Bruschetta	153	✓	*f*	*v v*		✗	✗
Panata	153		*f*	*v*		✗	
Pancotto	154		*f*	*v*		✗	
Pane alla fiorentina	154			*v v*		✗	✗
Pane con grani di sei cereali	155			*v*		✗	✗
Pane di zucca	156			*v v*		✗	✗
Panini alle erbe aromatiche	156			*v*		✗	✗
Panini ripieni	157	✓	*f*			✗	✗
Panini speziati indiani	158			*v*		✗	✗
Panzanella	158		*f*	*v v*	✗		
Piadina	159		*f*	*v v*	✗		✗

TABELLE DI CONSULTAZIONE

Vorrei preparare una ricetta a base di grano saraceno...
Siamo in estate e devo preparare una cena per amici vegetariani...
Mi è avanzato dell'orzo già cotto e mi piacerebbe utilizzarlo per un rapido spuntino...
Non mi ricordo che cos'è il tahin...
L'agar agar è un additivo nocivo alla salute oppure no?
A queste e a mille altre esigenze e domande sono in grado di dare una rapida e concreta risposta le 'Tabelle di consultazione'.

Queste pagine alla fine del libro sono un agile strumento che ci permette di utilizzare al meglio Il grande manuale della cucina naturale. *Rapidamente, infatti, senza la necessità di aver letto le pagine precedenti, ci mettono in grado di individuare quale ricetta preparare oppure di risolvere qualche dubbio in merito alla cucina naturale.*

Un consiglio: è molto utile tenere una delle due fettucce segnalibro in questa parte del manuale.

420 Tabella indice

È una grande tabella colorata che ci permette di cercare rapidamente la ricetta che vogliamo preparare in base a una serie di criteri: gruppo di alimenti, stagionalità, rapidità, facilità, presenza o meno di proteine di origine animale, se si tratta di un piatto di base, di un piatto di contorno o di uno spuntino...

433 Glossario dei termini di cucina naturale

Troviamo qui sinteticamente presentati una serie di termini relativi sia alle preparazioni di base, sia alle ricette, sia agli ingredienti.
Si tratta di parole che abbiamo spesso già incontrato, spiegate in maniera più diffusa all'interno del manuale, che qui trovano una breve definizione.

436 Tabella degli additivi alimentari

Questa tabella ci può essere molto utile nella lettura delle etichette dei prodotti che acquistiamo.
Sono in essa indicati tutti i principali additivi utilizzati nell'industria alimentare, con una spiegazione della loro derivazione, del loro uso, della loro eventuale nocività.

438 Bibliografia

Completa questo libro una bibliografia con alcune indicazioni per approfondire gli argomenti legati alla cucina naturale, dall'agricoltura biologica alle combinazioni dei cibi, dalla macrobiotica a tutti i problemi di salute che sono legati all'alimentazione.

	Primavera	Estate	Autunno	Inverno		pag.	Preparazione rapida	Molto facile	Vegetariano Vegetaliano	Piatto di base	Piatto di contorno	Spuntino
CEREALI	■	■	■	■	**Cialde di fiocchi d'avena**	141		*f*	*v v*			✗
	■	■	■	■	**Minestra di avena**	141	✓	*f*	*v v*	✗		
	■				**Minestra di fiocchi d'avena**	142	✓	*f*	*v v*	✗		
	■	■	■	■	**Porridge**	142	✓	*f*	*v v*			✗
				■	**Farro al forno**	143		*f*	*v v*	✗		
	■	■	■	■	**Farro bollito**	143		*f*	*v v*		✗	
	■			■	**Minestra di farro**	144		*f*	*v v*	✗		
	■	■	■	■	**Bulghur**	144	✓	*f*	*v v*		✗	
		■	■		**Bulghur ai fagioli**	145		*f*	*v v*	✗		
	■	■	■	■	**Bulghur alle carote**	145		*f*	*v v*	✗		
	■	■	■	■	**Bulghur alle foglie di carote**	146	✓	*f*	*v v*	✗		
	■	■	■	■	**Bulghur alle lenticchie**	146		*f*	*v v*	✗		
	■	■	■	■	**Bulghur alle noci**	147	✓	*f*	*v v*	✗		
	■	■	■	■	**Bulghur alle verdure**	147	✓	*f*	*v v*	✗		
	■	■	■	■	**Kibbé alla zucca**	148			*v v*	✗		
		■	■		**Tabulè**	149		*f*	*v v*	✗		
	■	■	■	■	**Cuscus alle cipolle**	149		*f*	*v*	✗		
	■	■	■	■	**Cuscus al pesce**	150				✗		
	■	■	■	■	**Cuscus coi datteri**	151				✗		
	■	■	■	■	**Frittelle di grano alle cipolle**	152		*f*	*v v*	✗		
	■	■	■	■	**Gnocchi alla romana**	152		*f*	*v*	✗		
	■	■	■	■	**Bruschetta**	153	✓	*f*	*v v*		✗	✗
	■	■	■	■	**Panata**	153		*f*	*v*		✗	
	■	■	■	■	**Pancotto**	154		*f*	*v*		✗	
	■	■	■	■	**Pane alla fiorentina**	154			*v v*		✗	✗
	■	■	■	■	**Pane con grani di sei cereali**	155			*v*		✗	✗
	■			■	**Pane di zucca**	156			*v v*		✗	✗
	■	■	■	■	**Panini alle erbe aromatiche**	156			*v*		✗	✗
	■	■	■	■	**Panini ripieni**	157	✓	*f*			✗	✗
	■	■	■	■	**Panini speziati indiani**	158			*v*		✗	✗
		■			**Panzanella**	158		*f*	*v v*	✗		
	■	■	■	■	**Piadina**	159		*f*	*v v*	✗		✗

	Primavera	Estate	Autunno	Inverno		pag.	Preparazione rapida	Molto facile	Vegetariano Vegetaliano	Piatto di base	Piatto di contorno	Spuntino
CEREALI	●	●	●	●	**Pissaladiera**	159		*f*		✗		
	●	●	●	●	**Zuppa alla pavese**	160	✓	*f*	*v v*	✗		
	●	●	●	●	**Bucatini all'amatriciana**	160	✓	*f*		✗		
	●	●	●	●	**Cappelletti all'abruzzese**	161				✗		
	●				**Insalata di maccheroni**	162		*f*	*v*	✗		
	●	●	●	●	**Krepler**	162			*v*	✗		
	●	●	●	●	**Lasagne vegetariane**	163			*v*	✗		
	●	●	●	●	**Pasta ai funghi**	164		*f*	*v v*	✗		
	●	●	●	●	**Pasta con le sarde**	164		*f*		✗		
			●		**Pirojki**	165			*v*	✗		
	●	●	●	●	**Ravioli all'uso di Romagna**	166				✗		
	●	●	●		**Ravioli alle ortiche**	167			*v*	✗		
	●	●	●	●	**Spaghetti alle arachidi**	168		*f*	*v v*	✗		
	●	●	●	●	**Spaghetti al pomodoro**	168	✓	*f*	*v v*	✗		
	●	●	●	●	**Timballo di spaghetti**	169				✗		
	●	●	●	●	**Grano saraceno (ricetta di base)**	170	✓	*f*	*v v*		✗	
	●	●	●	●	**Far guvines**	170		*f*	*v v*	✗		
	●	●	●	●	**Frittelle di grano saraceno**	171		*f*	*v*			✗
	●	●	●	●	**Grano saraceno agli aromi**	172	✓	*f*	*v v*	✗		
	●	●	●	●	**Kasha ai funghi**	172		*f*	*v v*	✗		
			●	●	**Pizzoccheri valtellinesi**	173		*f*	*v*	✗		
		●	●		**Macedonia di mais**	174		*f*	*v v*		✗	
	●	●	●	●	**Miques**	174		*f*	*v*	✗	✗	
		●	●		**Pannocchie di mais**	175	✓	*f*	*v*		✗	
			●	●	**Polenta**	175		*f*	*v v*		✗	
	●	●	●		**Polenta alle ortiche**	176		*f*	*v v*	✗		
	●	●	●	●	**Miglio (ricetta di base)**	176	✓	*f*	*v v*		✗	
	●	●	●		**Gnocchi di miglio**	177	✓	*f*	*v*	✗		
	●	●	●	●	**Miglio ai funghi**	177		*f*	*v v*	✗		
	●	●	●	●	**Miglio al formaggio**	178	✓	*f*	*v*	✗		
	●	●	●	●	**Miglio alle verdure**	178		*f*	*v*	✗		
		●	●		**Miglio al mais fresco**	179		*f*	*v v*	✗		

CEREALI

Primavera	Estate	Autunno	Inverno		pag.	Preparazione rapida	Molto facile	Vegetariano Vegetaliano	Piatto di base	Piatto di contorno	Spuntino
■	■	■	■	**Orzo (ricetta di base)**	179		*f*	*v v*		✗	
■	■	■	■	**Minestra d'orzo**	180		*f*	*v v*	✗		
■	■	■	■	**Orzo alle olive**	180		*f*	*v v*	✗		
■	■	■	■	**Pane d'orzo al sesamo**	181		*f*	*v v*		✗	✗
■	■	■	■	**Dosas**	181			*v v*	✗		
■	■	■	■	**Idli**	182			*v v*	✗		
	■	■		**Insalata della Camargue**	183		*f*		✗		
■	■	■	■	**Minestra di riso**	184		*f*	*v*	✗		
	■	■		**Paella col baccalà**	184		*f*		✗		
	■	■		**Paella vegetariana**	185		*f*	*v v*	✗		
■	■	■	■	**Pane di riso**	186			*v v*		✗	✗
■	■	■	■	**Pane di riso alla frutta secca**	186			*v v*		✗	✗
■	■	■	■	**Riso agli anacardi**	187		*f*	*v v*	✗		
■	■	■	■	**Riso ai pinoli**	187		*f*	*v v*	✗		
■	■	■	■	**Riso al forno**	188		*f*	*v v*		✗	
■	■	■	■	**Riso all'indocinese**	188		*f*	*v v*		✗	
■	■	■	■	**Riso alla mantovana**	189		*f*		✗		
■	■	■	■	**Riso alle foglie di carota**	189	✓	*f*	*v v*	✗		
	■	■		**Riso alle melanzane**	190		*f*	*v*	✗		
		■		**Riso con le castagne fresche**	190		*f*	*v v*	✗		
■	■	■	■	**Riso con le castagne secche**	191		*f*	*v v*	✗		
■	■	■	■	**Riso con le lenticchie**	191		*f*	*v v*	✗		
■	■	■	■	**Riso con le verdure**	192		*f*	*v v*	✗		
■	■	■	■	**Riso e zucca**	192		*f*	*v v*	✗		
■	■	■	■	**Riso integrale bollito**	193		*f*	*v v*		✗	
■	■	■	■	**Riso pilaf**	193		*f*	*v*		✗	
■	■	■	■	**Riso pilaf alle cozze**	194		*f*		✗		
■	■	■	■	**Riso tostato**	195		*f*	*v v*		✗	
■	■	■	■	**Risotto alla milanese**	195	✓	*f*		✗		
■	■	■	■	**Risotto alla parmigiana**	196	✓	*f*		✗		
	■	■		**Risotto alle verdure**	196		*f*	*v v*	✗		
■	■	■	■	**Pane di segale**	197			*v v*		✗	✗

LEGUMI

Primavera	Estate	Autunno	Inverno		pag.	Preparazione rapida	Molto facile	Vegetariano Vegetaliano	Piatto di base	Piatto di contorno	Spuntino
■	■	■	■	**Ceci bolliti con erbe aromatiche**	205		*f*	*v v*	✗		
■	■	■	■	**Ceci e uova alla menta**	205		*f*	*v*	✗		
■	■	■	■	**Farina di ceci gratinata**	206		*f*	*v*	✗		
■	■	■	■	**Farinata**	206	✓	*f*	*v v*	✗		
■	■	■	■	**Frittelle di ceci**	207	✓	*f*	*v v*	✗		
■	■	■	■	**Hommos**	207		*f*	*v v*	✗		
■	■	■	■	**Insalata di ceci**	208		*f*	*v v*	✗		
■			■	**Insalata di ceci allo yogurt**	208		*f*	*v v*	✗		
■	■	■	■	**Lobio**	209	✓	*f*	*v v*		✗	
	■	■		**Minestrone coi ceci**	209		*f*				
	■	■		**Minestrone di ceci e bulghur**	210		*f*	*v v*	✗		
■	■	■	■	**Passato di ceci**	210		*f*	*v v*	✗		
■	■	■	■	**Purè di ceci alla greca**	211		*f*	*v v*	✗		
■	■	■	■	**Purè di ceci col pane tostato**	211		*f*	*v v*	✗		
■	■	■	■	**Fagioli all'olio**	212		*f*	*v v*	✗		
■	■	■	■	**Fagioli bolliti con salvia o santoreggia**	212		*f*	*v v*	✗		
■	■	■	■	**Fagioli dell'occhio alle noci**	213		*f*	*v v*	✗		
■	■	■	■	**Fagioli di Spagna al forno**	213		*f*	*v v*	✗		
■	■	■	■	**Fagioli nel fiasco**	214		*f*	*v v*	✗		
■	■	■	■	**Frittelle di fagioli**	215		*f*		✗		
■	■	■	■	**Frittelle di fagioli dell'occhio**	215		*f*	*v v*		✗	✗
	■	■		**Insalata di fagioli con crescione**	216		*f*		✗		
■			■	**Macedonia di verdura coi fagioli**	216		*f*	*v v*	✗		
■	■	■	■	**Minestra di fagioli borlotti e bulghur**	217		*f*	*v v*	✗		
■	■	■	■	**Minestra di fagioli e farro**	217		*f*		✗		
■	■	■	■	**Minestrone di riso e fagioli dell'occhio**	218		*f*	*v v*	✗		
■	■	■	■	**Passato di fagioli e porri**	218		*f*	*v v*	✗		
■	■	■	■	**Zuppa di fagioli borlotti col pane**	219		*f*		✗		
■	■	■	■	**Zuppa di fagioli cannellini**	219		*f*	*v v*	✗		
	■	■		**Fagiolini alla greca**	220		*f*	*v v*		✗	
	■	■		**Fagiolini stufati**	220		*f*	*v v*		✗	
■	■	■	■	**Insalata di fagiolini e ceci**	221		*f*	*v*	✗		

		pag.	Preparazione rapida	Molto facile	Vegetariano Vegetaliano	Piatto di base	Piatto di contorno	Spuntino
LEGUMI	Crema di fave e piselli con crostini	222			v	✗		
	Fave ai carciofi	223		f		✗		
	Fave fresche alla casalinga	223		f	v	✗		
	Minestra di fave e bulghur	224		f	v v	✗		
	Minestra di fave fresche	224		f	v v	✗		
	Purè di fave al limone	225		f	v v	✗		
	Purè di fave del Cinquecento	225		f	v v	✗		
	Lenticchie alla mugnaia	226		f	v	✗		
	Lenticchie alla zucca	226		f	v v	✗		
	Lenticchie al sugo	227		f	v	✗		
	Lenticchie bollite con erbe aromatiche	227	✓	f	v v	✗	✗	
	Lenticchie in insalata	228	✓	f	v v	✗	✗	
	Minestra di lenticchie con limone	228	✓	f		✗		
	Passato di lenticchie	229		f	v v	✗		
	Purè di lenticchie al riso	229		f	v	✗		
	Minestra di piselli	230		f		✗		
	Passato di piselli rotti al limone	230		f		✗		
	Piselli alla menta	231		f	v	✗		
	Piselli al tofu	231		f	v v	✗		
	Purè di piselli rotti	232		f	v	✗		
	Insalata di tofu e riso	233		f	v v	✗		
	Minestra di orzo, tofu e miso	233		f	v v	✗		
	Zuppa di miso alle carote	234	✓	f	v v		✗	
	Zuppa di miso alle rape	234	✓	f	v v		✗	
	Zuppa di miso al tofu	235	✓	f	v v		✗	
	Zuppa di tofu e scampi	235		f			✗	
CARNE	Carne trita alla Parmentier	245		f		✗		
	Involtini di cavolo	246				✗		
	Kibbé al forno	247				✗		
	Moussaka gratinata	248				✗		
	Ragù alla bolognese	249		f			✗	
	Roast beef	250		f		✗		

VERDURE

Primavera	Estate	Autunno	Inverno		pag.	Preparazione rapida	Molto facile	Vegetariano Vegetaliano	Piatto di base	Piatto di contorno	Spuntino
■	■	■	■	**Bietole alle noci**	282	✓	*f*	*v*	✗		
■	■	■	■	**Gnocchi di verdure**	283	✓	*f*	*v*	✗		
■	■	■	■	**Minestra di bietole**	283	✓	*f*	*v*	✗		
■			■	**Torta di bietole**	284			*v*	✗		
■			■	**Broccoli al gratin**	284		*f*	*v*	✗		
			■	**Soufflé di broccoli e arachidi**	285		*f*	*v*	✗		
■	■			**Carciofetti stufati**	285		*f*	*v v*	✗		
■	■			**Carciofi e patate**	286		*f*	*v v*	✗		
■	■	■	■	**Carote alla crema**	287		*f*	*v*	✗		
	■			**Stufato di carote e porri**	287	✓	*f*	*v v*		✗	
■	■	■	■	**Torta di carote**	288			*v v*	✗		
■			■	**Cavolfiore e patate al coriandolo**	288		*f*	*v*	✗		
■			■	**Cavolfiore gratinato**	289		*f*	*v*	✗		
■			■	**Cavolfiore saltato**	289	✓	*f*	*v v*	✗	✗	
		■		**Cavolo con le castagne**	290		*f*	*v v*	✗		
■	■	■	■	**Cavolo farcito con la kasha**	290		*f*	*v*	✗		
■	■	■	■	**Cavolo fritto all'indiana**	291		*f*	*v*	✗		
		■	■	**Cavolo rosso con mele e cipolle**	291		*f*	*v*	✗		
		■	■	**Choucroute (crauti)**	292		*f*	*v v*		✗	
	■	■		**Cetrioli alla greca**	293			*v v*	✗	✗	
	■	■		**Cetrioli alla menta**	293		*f*	*v*		✗	
	■	■		**Cetrioli brasati**	294		*f*	*v v*		✗	
	■	■		**Cetrioli in padella**	294		*f*	*v*		✗	
	■			**Cetrioli con lattofermentazione**	295		*f*	*v v*		✗	
	■			**Cetrioli con lattofermentazione lunga**	295		*f*	*v v*		✗	
	■	■		**Zuppa fredda di cetriolo**	296	✓	*f*	*v v*		✗	
■	■	■	■	**Cipolle al forno**	296		*f*	*v v*	✗	✗	
■	■	■	■	**Cipolle al 'diable'**	297	✓	*f*	*v v*		✗	
■	■	■		**Cipolle alla greca**	297	✓	*f*	*v v*	✗	✗	
■	■	■	■	**Cipolle alle acciughe**	298	✓	*f*		✗	✗	
■	■	■	■	**Cipolle al miso**	298		*f*	*v v*		✗	
■	■	■	■	**Cipolle coi cereali**	299		*f*	*v*	✗		

VERDURE

Primavera	Estate	Autunno	Inverno		pag.	Preparazione rapida	Molto facile	Vegetariano Vegetaliano	Piatto di base	Piatto di contorno	Spuntino
			■	**Cipolle ripiene**	299			v	✗		
■	■	■	■	**Crema Soubise**	300		f	v v		✗	
■	■	■	■	**Torta di cipolle**	300		f	v	✗		
	■	■		**Tourin al pomodoro**	301		f	v v		✗	
■	■	■	■	**Zuppa di cipolle**	301		f	v	✗		
■	■	■	■	**Zuppa di miso alle cipolle**	302			v v		✗	
■				**Denti di leone in insalata**	302	✓	f	v		✗	
■				**Denti di leone scottati**	303	✓	f	v v		✗	
■			■	**Finocchi stufati**	303		f	v v		✗	
			■	**Insalata di finocchio**	304	✓	f	v v		✗	
■	■	■		**Insalata di funghi**	304	✓	f	v		✗	
■			■	**Insalata belga al gratin**	305		f	v	✗		
■			■	**Insalata belga con le noci**	305	✓	f	v v		✗	
■	■	■	■	**Minestra di fiori di malva**	306		f	v v		✗	
■	■	■	■	**Minestra di malva**	306		f	v v		✗	
	■			**Caponata**	307		f	v v		✗	
	■	■		**Caviale di melanzane**	307		f	v v		✗	
	■	■		**Delizie dell'Imam**	308		f	v v	✗		
	■	■		**Melanzane ai ceci**	309		f	v v	✗		
	■	■		**Melanzane ai pomodori**	309			v v	✗		
	■	■		**Melanzane farcite**	310			v	✗		
	■			**Parmigiana di melanzane**	311		f	v	✗		
■	■			**Ortiche (ricetta di base)**	311	✓	f	v v		✗	
■	■	■		**Ortiche al tofu**	312		f	v v	✗		
■	■	■		**Zuppa di ortiche**	312		f	v v		✗	
■	■	■		**Zuppa di ortiche ai fiocchi**	313	✓	f	v v		✗	
■			■	**Passato di pastinaca e castagne**	313		f	v v		✗	
■			■	**Pastinaca al miglio**	314		f	v v	✗		
■			■	**Pastinaca stufata**	314		f	v v		✗	
■			■	**Torta di pastinaca**	315		f	v v	✗		
■	■	■	■	**Gnocchi di patate**	315		f	v v	✗		
■	■	■	■	**Gratin del Delfinato**	316		f	v	✗		

	Primavera	Estate	Autunno	Inverno		pag.	Preparazione rapida	Molto facile	Vegetariano Vegetaliano	Piatto di base	Piatto di contorno	Spuntino
VERDURE	■	■	■	■	**Patate al cumino**	316		*f*	v v		✗	
	■	■	■	■	**Patate al 'diable'**	317		*f*	v v		✗	
	■	■	■	■	**Patate vestite**	317		*f*	v v		✗	
	■	■	■	■	**Purè di patate alle bietole**	318		*f*	v		✗	
	■	■	■	■	**Purè di patate all'olio**	318		*f*	v		✗	
	■			■	**Purè di patate e sedano rapa**	319		*f*	v	✗		
			■		**Ragù di patate**	319		*f*	v v	✗		
	■			■	**Patate dolci saltate**	320		*f*	v		✗	
	■			■	**Purè di patate dolci**	320		*f*	v		✗	
		■	■		**Peperoni farciti alla moda araba**	321			v	✗		
		■	■	■	**Peperoni ripieni**	322		*f*	v v	✗		
	■	■	■	■	**Acquacotta**	322	✓	*f*	v v		✗	
		■	■		**Insalata di pomodori**	323	✓	*f*	v v		✗	
		■	■		**Insalata di pomodori all'aglio**	323	✓	*f*	v v		✗	
	■	■	■	■	**Insalata turca**	324	✓	*f*	v v		✗	
	■			■	**Frittata di porri**	324		*f*	v	✗		
	■	■	■	■	**Porri al gratin**	325		*f*	v	✗		
	■			■	**Torta di porri**	325		*f*	v	✗		
	■			■	**Rape gratinate**	326		*f*	v	✗		
	■			■	**Rape ripiene**	326		*f*	v v	✗		
	■			■	**Rape stufate**	327		*f*	v v		✗	
				■	**Zuppa di rape al latte**	327		*f*	v	✗		
	■	■	■	■	**Crema di sedano**	328		*f*	v	✗		
		■	■		**Sedano alla provenzale**	328		*f*	v v		✗	
	■			■	**Sedano rapa in salsa rémoulade**	329	✓	*f*	v		✗	
	■			■	**Passato di sedano rapa**	329		*f*	v v		✗	
	■			■	**Bouillabaisse di spinaci**	330		*f*	v	✗		
	■			■	**Gnocchi di spinaci**	331		*f*	v	✗		
	■			■	**Spinaci alla panna**	331	✓	*f*	v		✗	
	■			■	**Padellata di topinambur**	332		*f*	v v		✗	
	■			■	**Topinambur alla greca**	332		*f*	v v		✗	
	■			■	**Topinambur stufati**	333		*f*	v v		✗	

	Primavera / Estate / Autunno / Inverno		pag.	Preparazione rapida	Molto facile	Vegetariano Vegetaliano	Piatto di base	Piatto di contorno	Spuntino
VERDURE		**Charlotte di verdure**	333			v	✗	✗	
		Garbure bearnese	334		f	v v	✗		
		Gazpacho	334		f	v	✗		
		Giardiniera al tofu	335		f	v v		✗	
		Giardiniera primaverile	335		f	v v		✗	
		Gratin provenzale	336		f	v	✗	✗	
		Insalata alla tapenade	336		f	v v		✗	
		Insalata libanese	337	✓	f	v v		✗	
		Insalata mista	337	✓	f	v		✗	
		Insalata Waldorf	338	✓	f	v		✗	
		Jambah	338			v v		✗	
		Macedonia di verdura	339	✓	f	v v		✗	
		Macedonia di verdura alle alghe	339	✓	f	v v		✗	
		Macedonia di verdure lattofermentate	340		f	v v		✗	
		Minestra al pistou	340		f	v	✗		
		Minestrone alla genovese	341		f	v v	✗		
		Minestrone alla milanese	341		f		✗		
		Minestrone alla piemontese	342		f	v	✗		
		Misticanza	342	✓	f	v v		✗	
		Misto di verdure alla persiana	343		f	v		✗	
		Pasticcio di verdure	343		f	v v		✗	
		Pasticcio di verdure al tofu	344		f	v v		✗	
		Ratatouille	344		f	v v		✗	
		Torta all'erba di Lucca	345		f	v	✗		
		Tchaktchouka	345			v	✗		
		Torta di verdure	346		f	v v	✗		
		Zuppa fredda allo kvas	346		f	v	✗		
		Zucca americana (ricetta di base)	347		f	v v		✗	
		Citrouillat	349		f	v	✗		
		Fiori di zucca farciti	348			v	✗		
		Minestra di zucca e miglio	350		f	v v	✗	✗	
		Passato di zucca	350		f	v v	✗	✗	

	Primavera	Estate	Autunno	Inverno		pag.	Preparazione rapida	Molto facile	Vegetariano Vegetaliano	Piatto di base	Piatto di contorno	Spuntino
VERDURE	■			■	**Sformato di zucca**	351		*f*	*v v*		✗	
	■			■	**Tian di zucca**	351		*f*	*v*	✗		
	■			■	**Torta di zucca**	352		*f*	*v v*	✗		
	■		■	■	**Vellutata di zucca**	352		*f*	*v v*		✗	
	■			■	**Zucca ripiena**	353		*f*	*v*	✗		
		■	■		**Zucchine crude al limone**	354		*f*	*v v*		✗	
	■	■	■	■	**Zucchine prezzemolate**	354		*f*	*v v*		✗	
	■	■	■		**Zucchine stufate**	355		*f*	*v v*		✗	
	■	■	■		**Zucchine stufate al tamari**	355	✓	*f*	*v v*		✗	
DOLCI E SPUNTINI	■	■	■	■	**Amaretti ai semi di sesamo**	362		*f*	*v v*			✗
	■	■	■	■	**Biscotti al cumino**	362		*f*	*v v*			✗
	■	■	■	■	**Biscotti di grano saraceno**	363		*f*	*v v*			✗
	■	■	■	■	**Brioche**	363			*v*			✗
	■	■	■	■	**Castagnaccio**	364		*f*	*v v*			✗
			■		**Castagne arrosto, o caldarroste**	364		*f*	*v v*			✗
			■		**Castagne lesse**	365		*f*	*v v*			✗
	■	■	■	■	**Cestelli di mele**	365		*f*	*v*			✗
	■	■	■	■	**Charlotte**	366						✗
	■	■	■	■	**Chiacchiere, cenci, galani, bugie...**	367						✗
		■			**Clafoutis di albicocche**	367		*f*				✗
		■			**Clafoutis di ciliege**	368		*f*				✗
	■	■	■	■	**Clafoutis di prugne secche**	368		*f*	*v v*			✗
	■	■	■	■	**Crema di prugne**	369		*f*	*v v*			✗
	■	■	■	■	**Crema di prugne all'arancia**	369		*f*	*v v*			✗
	■	■	■	■	**Crema di tofu**	370		*f*	*v v*			✗
	■	■	■	■	**Crêpiau alle mele**	370	✓		*v*			✗
	■	■	■	■	**Croissant**	371			*v*			✗
	■	■	■	■	**Dolce di fagioli**	372		*f*	*v*			✗
	■	■	■	■	**Dolce di riso**	372		*f*	*v*			✗
	■	■	■	■	**Dolcetti alle nocciole**	373		*f*	*v v*			✗
	■	■	■	■	**Dolcetti ai semi di lino**	373		*f*	*v v*			✗
	■	■	■	■	**Fougasse**	374		*f*	*v v*			✗

	Primavera	Estate	Autunno	Inverno		pag.	Preparazione rapida	Molto facile	Vegetariano Vegetaliano	Piatto di base	Piatto di contorno	Spuntino
DOLCI E SPUNTINI	■	■	■	■	Frittelle di farina di castagne	374		f	v v		✗	✗
	■	■	■	■	Halé (pane di origine ebraica)	375			v		✗	✗
	■	■	■	■	Krapfen	376			v			✗
	■	■	■	■	Kugelhopf	377			v			✗
	■		■	■	Mele al forno	378		f	v v			✗
			■		Monte Bianco	378		f	v			✗
	■	■	■	■	Necci (cialde di farina di castagne)	379	✓	f	v v		✗	✗
	■	■	■	■	Pane di spezie	379		f	v		✗	✗
	■	■	■	■	Pasta per torte con olio di sesamo	380		f	v v			✗
	■	■	■	■	Pasta per torte di farina di castagne	380		f	v v			✗
	■	■	■	■	Pasticcini ripieni di mele	381		f	v v			✗
			■	■	Pere all'aceto	381		f	v v			✗
		■			Pesche ripiene	382		f	v			✗
	■	■	■	■	Pulenda di castagne	382			v		✗	✗
			■		Raisiné	383		f	v v			✗
		■	■		Schiacciata di uva nera	383		f	v v			✗
	■		■	■	Strudel di mele	384		f	v v			✗
		■			Torta di ciliege	385		f	v			✗
	■				Torta di fragole	385		f	v			✗
	■	■	■	■	Torta di mele	386		f	v v			✗
		■			Tritello di grano saraceno	386	✓	f	v			✗
	■	■	■	■	Conserva di frutta con zucchero	387		f	v v			✗
	■	■	■	■	Conserva di frutta senza zucchero	387		f	v v			✗
			■	■	Conserva di mele e pere	388		f	v v			✗
		■			Conserva di prugne al forno	388		f	v v			✗
				■	Conserva di rosa canina	389			v v			✗
	■	■	■	■	Conserva in vasi sterilizzati	390		f	v v			✗
		■			Gelatine di frutta	390		f	v v			✗
	■	■	■	■	Pasta di frutta	391		f	v v			✗
			■		Sapa	391			v v			✗
	■	■	■	■	Aiôli	401	✓	f	v		✗	
	■	■	■	■	Bagna caôda	401	✓	f			✗	

	Primavera / Estate / Autunno / Inverno		pag.	Preparazione rapida	Molto facile	Vegetariano Vegetaliano	Piatto di base	Piatto di contorno	Spuntino
SALSE		**Maionese di tofu**	402	✓	*f*	*v v*		✗	
SALSE		**Salsa besciamella speciale**	402	✓	*f*	*v v*		✗	
SALSE		**Salsa di erba medica**	403	✓	*f*	*v v*		✗	
SALSE		**Salsa di mandorle**	403	✓	*f*	*v v*		✗	
SALSE		**Salsa di noci**	404	✓	*f*	*v v*		✗	
SALSE		**Salsa di sesamo**	404	✓	*f*	*v v*		✗	
SALSE		**Salsa di tofu**	405	✓	*f*	*v v*		✗	
SALSE		**Salsa di umeboshi alle erbe**	405	✓	*f*	*v v*		✗	
SALSE		**Salsa di umeboshi e sesamo**	406	✓	*f*	*v v*		✗	
SALSE		**Salsa di yogurt**	406	✓	*f*	*v v*		✗	
SALSE		**Salsa per il cuscus**	407	✓	*f*	*v v*		✗	
SALSE		**Tapenade**	407	✓	*f*	*v v*		✗	
BEVANDE		**Kefir (di frutta secca)**	416	✓	*f*	*v*		✗	
BEVANDE		**Kefir (di limone)**	416	✓	*f*	*v*		✗	
BEVANDE		**Kvas (di segale)**	417		*f*	*v v*		✗	

Glossario dei termini di cucina naturale

In questo glossario troviamo brevemente riassunte (in ordine alfabetico):
- le spiegazioni di alcuni termini insoliti (metodi di cottura, preparazioni, tecniche) che abbiamo trovato all'interno di questo libro;
- le spiegazioni di alcuni 'alimenti speciali' provenienti dalla tradizione di altri paesi (ma che, giorno dopo giorno, si inseriscono piacevolmente nella 'lista della spesa' di molte famiglie italiane). Questi alimenti speciali, che sono molto ricchi di valore nutritivo, sono in vendita nei negozi di cibi naturali (ma anche, sempre più spesso, in qualche supermercato) e per la maggior parte sono derivati dalla soia. Altri cibi speciali, come per esempio il bulghur, il cuscus, la kasha, provengono dall'Africa, dal Medio Oriente o dall'Europa dell'Est.

ACETO DI MELE
È un ottimo aceto usato non solo come condimento, al posto dell'aceto di vino, ma anche come bevanda disintossicante (un cucchiaino in acqua calda con un po' di zucchero).

ACIDOPHILUS
È uno dei fermenti lattici vivi usati per la preparazione dello yogurt. Regolarizza la flora intestinale. È ottimo contro l'irritazione al colon e per limitare i danni da antibiotici.

AGAR AGAR
È una sostanza estratta dal gambo di alcune alghe. È utilizzato nell'industria alimentare come addensante (*vedi* anche la 'Tabella degli additivi alimentari').

AMASAKI
Detto anche 'latte di riso', è una bevanda rinfrescante e addolcente ricavata dalla fermentazione del riso. Si beve spesso caldo nelle sere invernali.

AZUKI
Sono piccoli fagioli di soia di colore rosso scuro, conosciuti con il nome giapponese di azuki perché la varietà pregiata viene dal Giappone.

BAGNOMARIA
È un sistema di cottura che non presenta il rischio di bruciare gli alimenti. Il recipiente con il cibo viene immerso in un recipiente più grande, riempito per due terzi di acqua, che deve restare a temperatura prossima all'ebollizione.

BATTUTO
È il trito di erbe aromatiche (cipolla, carota, sedano oppure aglio e prezzemolo) che si fa soffriggere a fuoco basso con olio di oliva.

BAZZOTTE
Si dicono 'bazzotte' (o barzotte) le uova fatte bollire per tre-cinque minuti. Sono più morbide delle uova sode.

BESCIAMELLA
Classica salsa bianca a base di latte, farina e burro, aromatizzata con noce moscata. Di origine francese, viene usata anche per piatti tipici italiani, come le lasagne al forno o i tortelloni di magro (*vedi* anche il capitolo 'Le salse').

BIRCHERMUESLI
Miscuglio di cereali e frutta secca ideato dal nutrizionista svizzero Bircher Benner. È una prima colazione molto energetica (a lento rilascio di energia).

BORTSCH
È una zuppa a base di barbabietole rosse lattofermentate. È usato come base per molte minestre in tutta l'Europa orientale (*vedi* anche il capitolo 'Le verdure').

BOUILLABAISSE
È una particolare zuppa di pesce, di origine provenzale, caratterizzata dalla presenza dello zafferano. In Provenza viene servita con patate bollite nel brodo di pesce e con una salsa a base di aglio.

BRODETTO
È il nome dato alla zuppa di pesce in alcune regioni italiane (Friuli, Emilia Romagna, Marche, Abruzzo e Molise). Differisce da una regione all'altra per i pesci utilizzati e per la diversa densità del brodo.

BRUSCHETTA
È una fetta di pane abbrustolita. Viene poi strofinata con aglio e condita con olio e sale (a volte si aggiunge anche del pomodoro fresco).

BULGHUR
È grano duro germinato e spezzato. Ricchissimo di elementi vitali, è forse il più economico degli alimenti: basta il bulghur che si compera al prezzo di un francobollo per saziare quattro persone. Il bulghur fine viene usato per la preparazione del tabulè, un celebre piatto mediorientale. *Vedi* anche il capitolo 'I cereali'.

CARRAGEEN
Estratto naturale di diverse alghe, noto anche

con il nome di 'lichene marino'. È un emulsionante e addensante.

CARTOCCIO
È un sistema per cuocere in forno mantenendo succhi e profumi intatti. L'alimento che viene cotto al cartoccio viene deposto su un foglio di carta da forno (o di carta stagnola), di solito con aromi. Il cartoccio viene chiuso, lasciando un certo agio intorno alla vivanda, e messo in forno. È molto usato per i pesci.

COCOTTE
È un recipiente di vetro o ceramica da fuoco, per cuocere le uova.

COURT-BOUILLON
Si tratta del brodo aromatizzato con verdure e vino, o aceto, in cui vengono lessati i pesci (*vedi* anche il capitolo 'Le proteine animali').

CRÊPE
È una frittatina sottile. Si ottiene da una pastella, di farina di grano o di grano saraceno, latte o acqua. L'amalgama viene versato su una superficie antiaderente a cucchiaiate e, dopo una rapida cottura dai due lati, la crêpe è pronta per essere farcita con un ripieno dolce o salato.

CUSCUS
È la semola grossa di grano con cui si prepara un famosissimo piatto unico, di origine mediorientale. *Vedi* anche il capitolo 'I cereali'.

FARE LA FONTANA
Significa disporre la farina in una montagnola, con un incavo nel mezzo. Nell'incavo vengono versate le uova, l'acqua e gli altri ingredienti che verranno impastati con la farina per preparare paste e torte.

FREMERE
Si dice di un liquido che è vicino all'ebollizione, ma non la raggiunge. Si usa questa tecnica per le preparazioni particolarmente delicate.

FUMETTO
È il brodo concentrato che si ricava bollendo a lungo in poca acqua le parti non commestibili dei pesci o dei crostacei (teste, gusci, lische).

GOMASIO
È una specie di 'sale', fatto di semi di sesamo e di sale integrale in proporzioni variabili (da una parte di sale su otto a una su venti). I semi e il sale, tostati separatamente, vengono macinati a mano con un pestello, in modo che l'olio del sesamo impregni i granelli di sale. Il gomasio può essere usato al posto del sale con effetti benefici.

GRATINARE
Significa far dorare nel forno una preparazione, normalmente coperta di formaggio, besciamella o burro. Alla fine della gratinatura la superficie dell'alimento deve essere bruna.

JULIENNE
Un particolare taglio delle verdure, a striscioline regolari e sottili come fiammiferi.

KASHA
La kasha è una particolare preparazione (una specie di polenta), a base di grano saraceno, tipica dell'Europa Orientale. Per kasha si intende anche il grano saraceno decorticato e tostato. *Vedi* anche il capitolo 'I cereali'.

KEFIR
Si tratta di una bevanda fermentata che può essere a base di latte o di frutta. Si prepara come lo yogurt (con particolari fermenti, diversi per il latte e per la frutta) ed è effervescente, acido, poco alcolico (circa un grado), piacevole da bere e nutriente (*vedi* anche il capitolo 'Le bevande').

KOUMISS
È una bevanda di latte fermentato, già nota ai Tartari di Marco Polo, ed è fatta col latte di giumenta.

KOKKOH
È una deliziosa farina di vari cereali biologici (riso, frumento, avena, miglio) con l'aggiunta di soia, sesamo e alghe kombu. È un alimento molto digeribile e di grande valore nutritivo, ottimo anche per le pappe dei bambini. Ha un contenuto di aminoacidi molto equilibrato.

KUZU
È un amido ricavato dalla radice della pianta che ha lo stesso nome. Si usa per addensare e per preparare pappe.

KVAS
È la bevanda nazionale russa, ottenuta dalla fermentazione del pane di segale. È frizzante, acidula e molto rinfrescante (*vedi* anche il capitolo 'Le bevande').

LATTOFERMENTAZIONE
Detta anche 'fermentazione lattica', è molto adatta per la conservazione delle verdure. Questo sistema non solo non diminuisce il valore alimentare di un cibo, ma, attraverso la fermentazione degli zuccheri contenuti nelle verdure, addirittura lo aumenta. *Vedi* anche il capitolo 'Le verdure'.

LEGARE
Significa ispessire una salsa (con farina, fecola, maizena) per renderla più vellutata.

LIEVITO
Il lievito di birra, o meglio ancora il lievito naturale seccato, è un alimento ricchissimo di so-

stanze vitali, che può essere un buon integratore vitaminico se consumato da solo o aggiunto ai cibi. È bene comunque consumarlo sotto questo aspetto solo su prescrizione medica; anche se non è dannoso, infatti, può alterare inutilmente l'equilibrio dell'organismo. (Per la preparazione del lievito naturale *vedi* il capitolo 'I cereali').

MISO
Il miso (un alimento fermentato di origine giapponese a base di fagioli di soia, orzo e sale) può sostituire il comune dado. Se ne utilizza un cucchiaio per quattro persone, sciolto in due dita di acqua calda, e si aggiunge a fine cottura alle minestre o zuppe (*vedi* anche il capitolo 'Le salse').

MONTARE
Significa sbattere gli ingredienti (soprattutto uova, panna o salse) con una particolare frusta (oppure con una forchetta) fino a renderli soffici e spumosi.

ROSOLARE
Significa cuocere in poco grasso a fuoco vivo, in modo che l'alimento formi una crosticina croccante.

SAKÈ
È il vino di riso giapponese, di circa 15 gradi alcolici. Si beve caldo, in coppette, come accompagnamento del pasto.

SALAMOIA
Soluzione salina (con l'aggiunta spesso di erbe aromatiche) usata per conservare gli alimenti, soprattutto verdure, carni e pesci.

SCOTTARE
Scottare (o sbollentare) significa immergere le verdure in abbondante acqua bollente, per pochi secondi, o per pochi minuti. Serve a intenerire gli alimenti.

SEITAN
È una pasta compatta, a base di glutine di grano con l'aggiunta di tamari e sale. Molto usato in Oriente, serve per legare i ripieni.

SESAMO
È uno dei primi semi coltivati dall'uomo, e ha un benefico influsso sulla memoria e sulla lucidità di spirito. È ricchissimo di lecitina e di aminoacidi essenziali. Viene usato in cucina in diverse preparazioni, ma il modo più semplice e più sano di utilizzarlo consiste nell'aggiungere direttamente i semi alle verdure, alle minestre o all'impasto del pane.

SOFFRIGGERE
Cuocere in poco grasso a fuoco moderato, in modo che l'alimento si intenerisca e si insaporisca.

TABULÈ
È un piatto libanese, a base di bulghur, con l'aggiunta di pomodori, cipolle, peperoni e foglie di menta fresca.

TAHIN
È un 'burro' di sesamo. Si ottiene pestando nel mortaio semi di sesamo interi, leggermente tostati, fino a ottenere una crema omogenea. Si tratta di un ottimo e sano sostituto del burro. Esiste anche il tahin salato, con il 3 per cento di sale.

TAMARI
Salsa a base di soia di origine cinese. La lavorazione tradizionale prevede una stagionatura di tre anni in tini di legno.

TÈ BANCHA E TÈ MU
Il tè Bancha, o tè di tre anni, viene raccolto dalla pianta dopo tre anni di maturazione e non contiene caffeina. Il tè Mu, anch'esso senza caffeina, è una miscela di nove o sedici erbe rinvigorenti.

TEMPEH
È un gustoso derivato della soia, fermentato e dalla consistenza spessa. Originario dell'Indonesia, contiene più proteine di un hamburger ed è molto ricco di vitamina B_{12}. Come sapore ricorda il pollo fritto.

TEMPURA
È un sistema di cottura: la frittura veloce, 'alla cinese' di alimenti (verdura, pesce, frutti di mare) tagliati in piccoli pezzi e rivestiti di pastella.

TOFU
Formaggio di soia, ottima fonte di grassi insaturi e proteine. È uno degli ingredienti fondamentali della cucina macrobiotica e cinese. *Vedi* il capitolo 'Le leguminose'.

UMEBOSHI
Sono prugne giapponesi di una varietà particolare, fermentate a lungo in salamoia. Hanno un sapore piuttosto forte, salato e acido. Si mangiano intere o in pasta; stimolano l'appetito e la digestione.

VOL AU VENT
È un involucro di pasta sfoglia, di forma cilindrica, che viene servito con ripieni di verdura, carne oppure pesce.

WOK
È la caratteristica padella per friggere della cucina cinese. È semisferica e cuoce ad alta temperatura, anche con pochissimo olio.

YANNOH
È chiamato anche 'caffè di cereali' ed è composto di ceci, azuki, riso, orzo, frumento, bardana e tarassaco. Si prepara come il caffè istantaneo ed è senza caffeina. In Oriente gli si attribuisce un potere 'nutritivo' per il sistema nervoso.

Tabella degli additivi alimentari

Gli additivi sono i prodotti aggiunti agli alimenti confezionati per correggerne l'aspetto, la consistenza o la conservabilità, e (salvo rare eccezioni) devono comparire in etichetta insieme agli ingredienti.

Gli additivi utilizzati in Italia devono far parte di una lista approvata a livello europeo, ed è per questo che la loro sigla è sempre preceduta da una 'E', che significa appunto Europa.

Gli additivi devono comparire in etichetta con la loro sigla, o il nome scientifico, preceduti dalla categoria di appartenenza. Per esempio: 'Coloranti: E 127 (eritrosina)'. Anche se è difficile orientarsi a prima vista coi nomi e le sigle delle sostanze, possiamo almeno sapere a cosa serve quel particolare additivo.

Coloranti Servono solo per correggere l'aspetto degli alimenti. Dal punto di vista alimentare sono completamente inutili, e molti sono dannosi.

Conservanti Nelle etichette compaiono anche sotto il nome di 'antisettici', 'antifermentativi', 'batteriostatici', 'battericidi', 'preservanti', 'inibitori'. Servono a impedire lo sviluppo di muffe, lieviti, microrganismi pericolosi. È grazie alla loro presenza che il pane in

Coloranti			
BUONI		CATTIVI	
E 100	curcumina	E 102	tartrazina
E 101	lattoflavina (o vitamina B_2)	E 104	giallo di chinolina
E 140	clorofilla	E 110	giallo arancio
E 153	carbo medicinalis vegetalis (carbone vegetale)	E 120	coccinIglia
E 160	carotenoidi (carotene, bixina, capsanteina, cantaxantina). Sono estratti di piante	E 123	amaranto
		E 124	rosso cocciniglia
		E 127	eritrosina
E 161	xantofille	E 131	blu patent
E 162	betanina (estratto di barbabietola)	E 142	verde acido brillante BS
E 163	antociani (estratti di frutti e verdure)	E 150	caramello ammoniacale
		E 151	nero brillante BN

Conservanti			
BUONI		CATTIVI	
E 200	acido sorbico (estratto dalle bacche del sorbo)	E 210	acido benzoico
E 201-203	sorbato di sodio, di potassio, di calcio (come E 200)	E 212-218	sono composti del gruppo benzoico, e nel nome compare il termine 'benz'
E 260	acido acetico	E 220-227	anidride solforosa e composti di zolfo. Beneficiano di una deroga e non vengono segnalati sulle etichette. Sono usati nel vino e nella birra, nei succhi di frutta, nella frutta secca
E 261-263	acetato di potassio, diacetato di sodio, acetato di calcio (come E 260)		
E 270	acido lattico		
E 290	anidride carbonica	E 230	difenile
		E 236	acido formico
		E 240	acido borico
		E 250-252	nitrito di sodio, nitrato di sodio, nitrato di potassio

cassetta si conserva per mesi e lo yogurt alla frutta per settimane. Proteggono il consumatore dal rischio di avvelenamenti alimentari, ma molti hanno effetti dannosi sull'organismo. Potrebbero essere eliminati o ridotti anche nei prodotti industriali, se le condizioni di produzione fossero più igieniche e accurate.

ANTIOSSIDANTI Proteggono i grassi dal contatto con l'ossigeno dell'aria, evitando che i cibi si scuriscano e irrancidiscano. I più usati sono gli antiossidanti naturali, come la vitamina C e altre sostanze biologiche, così come sono in natura o 'copiati' in laboratorio.

EMULSIONANTI Possono comparire in etichetta anche con il nome di 'addensanti', 'gelificanti', 'stabilizzanti'. Servono a tenere insieme a lungo alimenti diversi che tendono a separarsi, come l'olio e l'acqua. I più diffusi sono le lecitine e i componenti degli acidi grassi alimentari.

Categoria per categoria, guardiamo più da vicino gli additivi dei nostri alimenti. Alcuni sono dannosi o ampiamente 'chiacchierati', altri sono quasi al di sopra di ogni sospetto per la loro origine naturale. Ricordiamo comunque che si tratta, anche in questi casi, di prodotti profondamente manipolati e trattati.

Dei 'buoni' e dei 'cattivi' vi diamo la sigla e il nome completo. In questo elenco non ci sono tutti gli additivi. Ci sono solo quelli per cui esistono prove abbastanza consistenti, per una condanna o per una assoluzione.

Antiossidanti			
BUONI		CATTIVI	
E 300	acido ascorbico (è la vitamina C riprodotta in laboratorio)	E 308-309	gallato di ottile e di dodecile
E 301-304	derivati dell'acido ascorbico	E 320	BHA - butilidrossianisolo
E 306	è la vitamina E naturale o tocoferolo	E 321	BHT - butilidrossitoluene
E 307-309	tocoferolo di sintesi	E 325-327	lattati (rischiosi nei bambini)
E 322	lecitine naturali estratte dalla soia e dal tuorlo d'uovo	E 338	acido ortofosforico
E 330	acido citrico di sintesi	E 339-341	ortofosfati. Possono trasformarsi in polifosfati, pericolosi per il metabolismo del calcio
E 331-333	citrati		
E 334	acido tartarico di sintesi		
E 335-337	tartrati		

Emulsionanti			
BUONI		CATTIVI	
E 400	acido alginico (estratto da alghe brune)	E 450	polifosfato di sodio e di potassio. Vale quel che si è detto per E 338 e successivi. I polifosfati bloccano numerosi enzimi e possono provocare decalcificazione nei bambini
E 401-405	alginati	E 460-466	derivati dalla cellulosa, usati come zavorra negli alimenti dietetici. Possono provocare disturbi digestivi
E 406	agar-agar (estratta dall'alga omonima)		
E 407	carragenina (estratta da un'alga)		
E 410	farina di semi di carrube		
E 411	farina di semi di tamarindo		
E 412	farina di semi di guarana		
E 413	gomma adragante		
E 414	gomma arabica		
E 420	sorbitolo		
E 421	mannitolo		
E 422	glicerolo		
E 440	pectina (estratta dalla polpa dei frutti)		

Bibliografia

Vogliamo qui di seguito darvi delle indicazioni concrete perché possiate approfondire il discorso sull'alimentazione naturale.

Sull'alimentazione naturale

R. Kunz-Bircher *Il libro della salute Bircher-Benner*, Mondadori, Milano
l'autrice, figlia del medico svizzero famoso per il suo Birchermuesli, propone una serie di rimedi e ricette terapeutici naturisti.

A. Hoffer, M. Walker *Nutrizione ortomolecolare*, red edizioni, Como
le vitamine e i sali minerali sono elementi vitali per il nostro organismo e la loro ingestione equilibrata può curare le malattie del nostro secolo.

J. Rodale e coll. *Il libro completo dei minerali per la salute*, Giunti Martello, Firenze
mette in evidenza la necessità di una corretta assunzione di minerali, analizzando la funzione specifica di ognuno di essi.
Dello stesso autore, presso il medesimo editore: *Il libro completo delle vitamine per la salute*.

G. Hauser *Vivere giovani vivere a lungo*, Mondadori, Milano
«Non è un libro come gli altri: è il passaporto per un nuovo modo di vita»: con queste parole l'autore presenta alcune diete da lui studiate per vivere a lungo in buona salute, prevenendo i disturbi tipici dell'invecchiamento.

A. Gevaert, E. Van der Seelen *Vivere sani con cibi sani*, Mondadori, Milano
una guida preziosa, contenente più di 400 ricette di cucina naturale e macrobiotica.

N. Valerio *L'alimentazione naturale*, Mondadori, Milano
un manuale enciclopedico che illustra i principi dell'alimentazione naturale e della dietetica naturista, analizza i più diffusi luoghi comuni sul 'mangiare sano' e fornisce indicazioni circa le proprietà terapeutiche e preventive degli alimenti.

C. Aubert *Un altro piatto*, Mondadori, Milano
dall'autore di questo libro tutti i consigli pratici per alimentarsi in modo equilibrato ed economico.

L. Pecchiai *Per un'alimentazione sana e naturale*
raccolta di articoli e pubblicazioni di uno dei padri dell'alimentazione naturale nel nostro paese. Si può richiedere al Centro di Eubiotica Umana presso l'Ospedale dei Bambini, via Castelvetro 32, Milano.

A. Cecchini *Vivere domani*, Edizioni Erboristeria dottor A. Cecchini, piazza Pellerano 13, 54037 Marina di Massa (MS)
dove i vari alimenti vengono presi analiticamente in considerazione.

Associazione Naturista Bolognese *Naturalmente, manuale di cucina e alimentazione naturista*, edizioni Gruppo Abele, Torino
fornisce semplici indicazioni di molto buon senso e ottime ricette.

A. Cott *Digiuno, via di salute*, red edizioni, Como
digiunare è il metodo migliore per disintossicarsi e per ottenere un eccezionale slancio di energia.

P. Cataldi *Dieta Mayr*, red edizioni, Como
il programma del medico austriaco F. X. Mayr per depurare l'intestino, disintossicare l'organismo e acquisire più sane abitudini alimentari.

G. Dalla Via *Le combinazioni alimentari*, red edizioni, Como
l'associazione corretta dei cibi è alla base di ogni vera e sana dieta: questo manuale pratico insegna come preparare salutari menu abbinando sempre gli alimenti nella maniera migliore. In questo libro sono presentate anche numerose ricette.

K. Clements *Perché vegetariani*, red edizioni, Como
le ragioni etiche, politiche, alimentari di una scelta, e i primi consigli pratici per chi vuole iniziare una dieta di soli cibi vegetali.

L. Nava *Fast food naturale*, red edizioni, Como
un piccolo manuale che insegna come mangiar sano e veloce in casa e fuori e ricavare sempre il meglio da tutti i cibi (con ricette, piccoli 'trucchi', consigli).

G. Dalla Via *Alimentazione energetica*, red edizioni, Como
che indica come nutrirsi in modo altamente energetico e appropriato a chi pratica attività fisica e ogni tipo di sport.

L. Nava *Alimentazione in gravidanza*, red edizioni, Como
con menu, ricette, cure naturali, consigli pratici per prepararsi alla maternità nel migliore dei modi.

T. Valpiana *Alimentazione naturale del bambino*, red edizioni, Como
con i criteri, le ricette e le indicazioni per nutrire i bambini, dall'allattamento all'età scolare, nel pieno rispetto delle leggi della natura.

M. Kushi *Macrobiotica*, red edizioni, Como
con gli insegnamenti di uno dei maggiori esperti di macrobiotica.

D. Sheinkin, M. Schachter, R. Hutton *Le intolleranze alimentari*, red edizioni, Como
le allergie e le intolleranze ai cibi provocano nel nostro organismo disturbi quali: mal di testa, stanchezza cronica, insonnia, irritazioni della pelle, dolori... Questo libro vi suggerisce come affrontarle.

Sui processi di trasformazione degli alimenti

J. Yudkin *Puro, bianco, ma nocivo*, Edizioni Vitalità, Torino
tutto quanto c'è da sapere sulla pericolosità dello zucchero, causa di molte malattie del nostro tempo.

C. Aubert *Dimmi come cucini ti dirò come stai*, red edizioni, Como
un manuale completo sui vantaggi e svantaggi di tutti i metodi di preparazione e di cottura degli alimenti.

G. Dalla Via *L'arte del crudo*, red edizioni, Como
per conoscere tutti i vantaggi dei cibi crudi rispetto a quelli troppo cotti ed elaborati.

C. Aubert *La fermentazione tradizionale*, MEB, Padova
che spiega i meccanismi della fermentazione e i loro effetti sul valore nutritivo degli alimenti, descrive i principali cibi fermentati conosciuti nel mondo e presenta numerose ricette.

Sull'agricoltura naturale

M.L. Kreuter *Il grande libro dell'orto biologico*, Giunti, Firenze
un'introduzione all'agricoltura naturale.

C. Aubert *Curare la terra per guarire gli uomini*, red edizioni (esaurito)
un'introduzione all'agricoltura biologica, che permette di offrire cibi che rafforzino l'organismo anziché indebolirlo e di ridare vita alle campagne.

S. Stickland *Coltivare le erbe aromatiche*, red edizioni, Como
una guida per chi vuole creare un 'giardinetto' (o un davanzale) di erbe aromatiche con metodi naturali.

Per un approfondimento generale della difesa delle piante con i mezzi non tossici, propri dell'agricoltura biologica, si possono consultare i seguenti volumi
M. Tringale *Antiparassitari naturali*, Demetra, Sommacampagna (VR)
AA. VV. *Difesa biologica dell'orto e del frutteto*, Clesav, Milano
I. Gabriel *La difesa delle piante secondo il metodo biologico*, Giunti, Firenze.

Su alcuni ingredienti

La casa editrice red edizioni ha pubblicato, nella collana 'Dalla natura i prodotti migliori', numerosi libri sugli ingredienti
G. Dalla Via *La soia*, *L'acqua*, *L'aceto di mele*, *Le alghe*, *Il lievito*
C. Gelineau *I germogli*
L. Nava *L'aglio*
T. Valpiana *Yogurt*, *Vini medicinali*
troviamo in ognuno di essi una descrizione completa del prodotto trattato, con tutti i consigli pratici per utilizzarlo nel modo migliore in cucina, in cosmesi e per la salute.

Alcune riviste

Segnaliamo qui anche alcune riviste che si occupano di cucina naturale.

'Buono'
Tecniche Nuove, via Ciro Menotti 14, 20129 Milano

'Demetra Alimentazione e salute'
Strada Rezzola 48, 37066 Sommacampagna (VR)

'Vita & Salute'
via Chiantigiana 30, Falciani, 50023 Impruneta (FI)

'AAM Terra Nuova'
C.P. 2, 50038 Scarperia (FI)

'Cucina naturale'
Zanfi Editore, via Granaceto 121, 41100 Modena

'Gente Sana'
via Ferradina 7, 6512 Giubiasco, Canton Ticino (CH)

AUBERT, Claude - AUBERT, Emmanuelle

Il grande manuale della cucina naturale.

Como, red edizioni, 1992
440 p. ill. 24 cm (L'altra medicina, 111)

1. Culinaria
2. Alimentazione naturale, Ricette

ISBN 88-7031-384-0
CDD 641.5

I volumi pubblicati da red./studio redazionale sono corredati da una scheda bibliografica, redatta secondo le norme di catalogazione della Bibliografia Nazionale Italiana. Ciò vuol essere un contributo, certamente modesto ma concreto, al lavoro svolto dai bibliotecari italiani per un migliore funzionamento degli istituti in cui operano. L'iniziativa tende inoltre a favorire l'organizzazione delle informazioni bibliografiche in tutte le sedi della documentazione (biblioteche scolastiche, specializzate, aziendali) e presso professionisti, ricercatori e studiosi.